营销教材译丛

Marketing Research

10th Edition

当代市场调研

（原书第10版）

[美] 小卡尔·麦克丹尼尔（Carl McDaniel，Jr.）
得克萨斯大学阿灵顿分校
罗杰·盖茨（Roger Gates）
DSS调研公司
著

李桂华 等译

机械工业出版社
China Machine Press

图书在版编目（CIP）数据

当代市场调研（原书第 10 版）/（美）小卡尔・麦克丹尼尔（Carl McDaniel，Jr.），（美）罗杰・盖茨（Roger Gates）著；李桂华等译．—北京：机械工业出版社，2017.12（2023.7 重印）

（营销教材译丛）

书名原文：Marketing Research

ISBN 978-7-111-58518-3

I. 当…　II. ① 小…　② 罗…　③ 李…　III. 市场调研 - 教材　IV. F713.52

中国版本图书馆 CIP 数据核字（2017）第 280366 号

北京市版权局著作权合同登记　图字：01-2017-2473 号。

本书是国外最为流行的市场调研教材之一，两位作者均为国际知名的市场调研专家，既有很高的理论水平，又有丰富的实践经验。本书特色鲜明，语言生动，以“进行真实的市场调研”为宗旨，从管理者使用或购买市场调研信息的角度介绍市场调研的思想，内容涵盖市场调研在管理决策中的作用、调研方案的设计、利用统计工具对数据资料进行分析，以及市场调研的实际应用等诸多方面。

本书适用于营销学专业本科生、研究生及 MBA 的教学，也可供企业营销管理人员参考之用。

出版发行：机械工业出版社（北京市西城区百万庄大街 22 号　邮政编码：100037）

责任编辑：岳晓月	责任校对：李秋荣
印　　刷：固安县铭成印刷有限公司	版　　次：2023 年 7 月第 1 版第 9 次印刷
开　　本：185mm×260mm　1/16	印　　张：32.75
书　　号：ISBN 978-7-111-58518-3	定　　价：99.00 元

客服电话：（010）88361066　68326294

前　言

Preface

当代市场调研的变化

自 2012 年该书第 8 版出版以来，市场调研领域可谓发生了翻天覆地的大变革。我们不得不承认，一些创新和新趋势对市场调研领域产生了深远的影响。大数据时代来临了！大数据使市场调研能更好地了解消费者、潜在消费者和市场。我们将在第 1 章引进大数据内容，并在本书中穿插大数据应用的最新案例。大数据的到来使其成为企业了解市场和把握顾客需求的重要手段，并成为辅助企业制定决策的基本工具。

移动端和社交媒体市场调研正在改变着决策信息的获取和数据的收集，我们将在第 7 章进行广泛的讨论。在线调研工具的应用使更多的公司自己进行（DIY）市场调研（如 Monkey 调研公司），我们将在第 12 章系统地讨论 DIY 市场调研的利弊。

我们将一如既往地提供
真实的数据、真实的调研、真实的人

真实的数据

我们的最新案例探讨了 18 ～ 34 岁年龄段的美国人，是如何看待在麦当劳、塔可钟等类似快餐连锁店的消费的。通过数据分析，你可以了解到影响消费者在某快餐连锁店消费的因素有哪些，以及哪个快餐连锁店在食品质量、菜单种类、餐厅环境等方面表现得更好。案例也描述了许多人口统计学特征，如教育水平、收入、生活状况和其他变量等，使你能更好地分析消费者偏好，以及他们对健康和营养的态度。

我们保留了三个受欢迎的数据案例，这些案例是以美国全国范围内 2 000 名大学生为样本得出的。这些样本由全球领先的市场调研公司 Survey Sampling International（SSI）负责收集，要了解更多的信息，你可以浏览 www.surveysampling.com。这三个案例都聚焦于大学生的兴趣，其中包括网上约会服务调研、大学生网上旅游服务调研，以及一个位于大学校园附近的集快餐和便利店于一体的新型连锁店的调研。我们不仅获得了每一位应答者的人口统计信息和态度数据，还通过与 Claritas 公司（一家可提供市场信息数据的公司，www.claritas.com）的合作，把 PRIZM NE 数据库中的内容添加到我们的数据中，这个最新版本的 PRIZM NE 数据库是被广泛使用的市场信息系统。新版 PRIZM NE 数据库

包括 66 个部分，并形成了社会群体和生活阶段群体两个标准数据集合。

除了最新的数据，我们在第 10 版中还保留了罗金厄姆（Rockingham）国家银行 Visa 卡调查数据，这主要是应广大使用者的要求而保留的，我们也希望本书成为学生们的心爱之物。

真实的调研

没有一个调研能比 SSI 市场调研公司针对美国全国范围内的快餐店调研更真实，这是因为不仅样本是经过专业挑选的，而且问卷也是经 DSS 调研公司的调研专家设计开发的。罗金厄姆国家银行 Visa 卡调研也是基于一家美国最大调研公司所获得的真实数据得出的。第 10 版所有章末的调研实例都是真实的，这些都是我们承诺的一部分，我们承诺带给学生们一本真实、客观的市场调研教材。

真实的人

我们的世界观也是市场调研。我们每天不仅在观察，也在参与。DSS 调研公司董事长罗杰·盖茨是本书的联合作者之一，DSS 是美国最大的保健服务市场调研公司之一，你可以浏览 www.dss-research.com 以了解更多。本书的另一位作者小卡尔·麦克丹尼尔是一家市场调研公司的创始人，他还曾经是美国得克萨斯大学阿灵顿分校市场调研科学硕士项目的共同创办人之一。卡尔等人共同创立了 MSMR 顾问委员会（www.uta.edu/msmr/advisory-board/advisory-board-members.com），该顾问委员会由市场调研行业的领先者组成。身为市场调研的业内人士，我们为你提供本领域最新的发展动向，并替你甄别各项内容适用与否。本书与其他教材的最大区别在于，我们不是站在讲台上做研究，而是深入市场调研实际发生的现场做研究，我们能够让你实时感触到市场调研行业的脉搏。

随着市场调研领域的不断变化，每章都涉及尖端潮流和方法的新内容

每章的新内容

第 1 章　市场调研在管理决策中的作用。新增了“大数据时代”及其对市场调研行业的影响；新专栏聚焦于为随时准备面对市场调研的新变化提供全新的案例。

第 2 章　市场调研行业的道德抉择。新增了大数据分析公司的最新资料，以及美国大型调研公司的名单表；新增了在线、移动化、大数据分析跟踪公司的资料；新增了关于新兴市场调研方面最新材料的讨论。

第 3 章　定义问题、探索性调研以及市场调研过程。重新修订了将调研目标作为假设的部分；分析了新兴市场的调研具有更多战略意义。

第 4 章　二手数据和大数据分析。重新修订并着重强调了二手数据和大数据的本质；新增了大数据的优势以及关于大数据是如何产生的讨论；新增了关于大数据可操作性的新资料；新增了关于数据可视化的重要性的部分。

第 5 章　定性调研。关于一个优秀的焦点小组访谈主持人的关键个性特征的资料修订；新增了焦点小组中名为“角色反转访谈法”新趋势的讨论；新增了关于焦点小组如何招募合适受访者的最新讨论；新增了关于个人深度访谈和“叙述故事法”的最新案例。

第 6 章　传统的询问调研法。新增了关于电话访谈拒访率的最新资料；新增了关于预测性拨号的最新讨论；新增了对新兴市场调研中受访者的尊重；新增了关于访谈长度的最新数据。

第 7 章　互联网的应用：移动端以及社交媒体调研的成长。新增了关于移动互联网调研和社交媒体市场调研的新内容；新增了关于使用博客作为个人深度访谈的新资料；新增了关于电子公告牌式焦点小组座谈的最新讨论；新增了在线焦点小组座谈的新内容；新增了关于用远程监控改善虚拟焦点小组的新内容；重新修订了在线个人深度访谈和网络社区调研受访者的资料；新增了关于在线样本质量的最新讨论。

第 8 章　原始资料收集：观察法。关于人种志讨论的延伸；新增了关于神经营销学的内容；重新修订了视线追踪的内容；新增了关于店内跟踪的内容；增加了关于电视观众测量和跟踪的新材料；新增了关于在线跟踪和社交媒体跟踪的内容；增加了脸谱网、Pinterest 以及推特的新例子。

第 9 章　原始数据收集：实验法和市场测试。剔除了部分内容；重点关注实验中的实际问题，包括增加了模拟测试市场的新资料；更新了本章所有的评论和例子。

第 10 章　测量的概念。新增了关于架构等价的新资料，新增了设计一个好的调查问卷在市场调研中的应用。

第 11 章　态度测量。新增了关于图示评比量表的延伸讨论，新增了净推荐值法的新内容。

第 12 章　问卷设计。讨论数据收集本质在市场调研中的变化；增加了移动设备问卷设计的新内容，包括有效的移动访试技巧在市场调研中的应用；新增了关于针对在目前可供选择的方案中如何选择合适的数据收集方法的最新讨论；更新了在线访谈工具及其选择的讨论；补充了关于 DIY 调研利弊的信息；新增了涵盖移动调研实例的最新案例。

第 13 章　基本抽样问题。新增了关于大数据和社交媒体抽样问题的最新讨论；更新了数据收集的方法，以及与移动数据收集和大数据收集相关的抽样；新增了市场调研中社交媒体和网上固定样本组融合主题的最新讨论；新增了在线调研和电话调研结果比较的内容。

第 14 章　样本容量的确定。使用了很多新例子，更新了章末案例。

第 15 章　数据处理与数据分析。新增了关于保证在线数据收集质量的内容；新增了编码和自动编码系统的最新讨论，文本处理软件和有扩展功能的词云处理软件；解决了一些大数据和社交媒体分析文本处理方面的问题；新增了 Semantria 文本分析在市场调研中的应用，以及探讨如何利用这个系统去提高市场洞察力；讨论了交叉分组表使用的下降及原因；新增了学生关于传统编码和从提供免费数据的 Semantria 中得出结果的比较。

第 16 章　差分统计检验。新增了关于大数据背景下统计检验的新材料，讨论了统计检验背后的逻辑性及在市场调研中的应用。

第 17 章　二元变量相关和回归。介绍了回归在市场调研中的最新应用；介绍了关键驱动分析中使用回归分析的最新讨论；新增了回归分析应用的最新案例。

第 18 章　多变量数据分析。新兴市场调研满足了数据分析人员在市场调研中更高层次的需求；在聚类分析中增加了对模糊聚类、神经网络的讨论；更新了联合分析的最新应用；新增了多变量方法在大数据中的应用；新增了预测分析，包括对预测分析的过程和影响的详细讨论；新增了预测分析的最新材料；新增了涵盖预测分析的零售案例。

第 19 章　沟通调研结果。新增了市场调研报告准备阶段的技巧，在调研报告中故事叙述的重要性，以及如何更有效地展示调研报告。

第 20 章　市场调研管理。着重强调项目管理；新增了关于 RFP 过程和方案准备的最新讨论；新增了未来市场调研部门可能具有的新特征；新增了选择调研供应商过程的新案例。

目录

Contents

第 1 章

Chapter 1

市场调研在管理决策中的作用

□ **学习目标**

1. 回顾营销观念和营销组合
2. 了解管理者做决策时所处的营销环境
3. 了解市场调研的历史

欢迎来到迷人的市场调研世界！市场调研如何帮助管理者实现目标？市场调研领域如何发展？有什么巨大变化正在发生？我们将在第 1 章探讨这些主题。

1.1 市场营销的实质

市场营销（marketing）是为顾客、客户、合作伙伴和整个社会创造、沟通、传送并交换有价值产品的活动、一系列组织和过程。良好的顾客关系通常会产生交易，这种交易是产品或服务与金钱进行的交换。只有当至少存在两方并且每一方都拥有对对方有潜在价值的东西时，才存在交换的潜在可能性。当双方能够沟通并传递所期望的产品或服务时，交换才能发生。

营销经理如何促进交换呢？他们遵守"恰当"原理，即在恰当的地点、恰当的时间，以恰当的价格，使用恰当的促销方式，把恰当的商品或服务卖给恰当的人。"恰当"原理表明，营销经理要如何对许多最终决定营销成功的因素进行控制。为了做出"恰当的"决策，管理者必须及时地获取制定决策所需的信息，市场调研就是提供这种信息的一种主要渠道。

1.1.1 营销观念

为了有效实现组织目标，现今的公司已经接受了具有消费者导向、目标导向和系统导向的**营销观念**（marketing concept）。

营销观念的第一要素是**消费者导向**（consumer orientation），是指企业应尽力识别最有可能购买它们产品的个人或企业（目标市场），同时生产或提供在激烈竞争中能够最有效地满足目标顾客需求的产品或服务。

营销观念的第二个要素是**目标导向**（goal orientation），即企业消费者导向的程度应能够保证实现企业的目标。对于以盈利为目的的企业，这些目标通常以财务标准为中心，例如 15% 的投资回报率。

营销观念的第三个要素是**系统导向**（systems orientation）。系统是一个协调运行或运作的有组织的整体，或者能够构成一个整体的分散单位。对企业来说，表面上的消费者导向与事实上的消费者导向是一回事。要实现真正的消费者导向，首先，企业必须建立能够发现消费者需求并识别市场机会的系统。正如后面要谈到的，识别目标市场需求和市场机会是市场调研的任务。其次，信息必须反馈给企业。没有来自市场的反馈，企业也就谈不上真正的消费者导向。

1.1.2 市场调研的机会导向

市场调研是一个发现市场机会的出色工具。中档连锁酒店，比如假日酒店（尤其是少于 150 个房间的酒店），经常不能产生足够的客流量来支持一个全方位服务的餐厅。假日酒店调查了 10 000 位顾客，发现顾客大部分是商务人员、销售人员和政府员工，这些人透露出，他们不想简单地待在自己的房间里，他们想要在其他人周围。

假日酒店管理层判定酒吧应该在酒店中扮演更重要的角色。社会中心会调整假日酒店的午餐和晚餐菜单，使之适应能够被分享的酒吧食物，比如美味的肉丸、芝麻鸡翅、汉堡以及一些重要的主菜，比如牛排和鲑鱼俱乐部三明治。

这些改变允许酒吧员工提供更多食物，反过来，也允许假日酒店的特许经营人通过减少餐厅员工来限定劳动力成本，尤其是在一天中的悠闲时间。

1.1.3 外部营销环境

随着时间的推移，以及消费者和企业所处的生存、工作、竞争和制定购买决策的环境的变化，企业必须对**营销组合**（marketing mix）进行调整。这往往意味着一些新的消费者和企业将成为目标市场的一部分，而另一些将退出市场；那些仍旧属于目标市场的顾客与原始的消费者相比，也可能会有与以往不同的爱好、需求、收入、生活方式和购买习惯。

尽管管理者能够控制营销组合，但他们却无法控制那些外部环境中不断影响和重新塑造目标市场的因素。除非管理者了解所处的外部环境，否则企业不能科学地规划未来，并且组织常常没有意识到正是外部的力量影响了它们的未来。

市场调研是了解外部环境的一种关键手段。了解外部环境不仅有助于企业改变目前的营销组合，而且还有助于识别新的市场机会。

例如，约翰·迪尔（John Deal），一位圣路易斯的居民，受命用一项市场调研来确定当地那些以浴室和厨房电器用具及其附件为特色的小型连锁店（两三个店）的潜在需求。调研结果是确定的，于是约翰决定进行进一步研究。互联网在他的连锁店中应该扮演什么样的角色？这个问题引起了约翰的关注。幸运的是，他得到了埃森哲咨询公司的一项以“无缝零售”（Seamless Retail）为题的研究，几项重点内容如下：

> 49% 的消费者相信，零售商能提升购物体验的最好方法就是更好地融合店内的、网上的以及移动的渠道；89% 的消费者认为，对零售商来说，无论他们选择哪种销售渠道，以最便利的方式购得产品是最重要的。

> 报告显示，一致性对消费者体验十分重要：73%的消费者期待零售商的网上价格和店内价格一致；61%的消费者期待零售商的网上促销和店内促销一致。
>
> 当被问到在去实体店之前，来自他们最喜爱的零售商的哪种信息最为实用时，82%的消费者把获得当前产品的实用性作为他们的首选。
>
> 49%参与调研的人受到店内提供物的影响（如促销展示、销售人员），56%的人受到电子赠券和提供物的影响，并且有相同数量的人说他们受到邮寄到家的赠券的影响。实际上有69%（预期为62%）的人说，网上弹出的广告以及移动横幅广告从未影响他们的购买。

研读这些报告之后，约翰立即制定了一套有关网络及传统零售店的有效的整体零售战略。

1.2　市场调研与决策制定

市场调研在营销系统中扮演着两种重要角色：首先，它是市场情报反馈过程的一部分，向决策者提供关于当前营销组合有效性的信息和进行必要变革的线索；其次，它是探索新的市场机会的基本工具。市场细分调研和产品都有助于营销经理识别最有利可图的市场机会。

1.2.1　市场调研定义

了解市场调研在整个营销系统中所处的位置后，我们再看一下美国市场营销协会（AMA）对市场调研所下的正式定义：

> 市场调研是一种通过信息将消费者、顾客和公众与营销者连接起来的职能。这些信息用于识别和确定营销机会及问题，产生、提炼和评估营销活动，监督营销绩效，改进人们对营销过程的理解。市场调研规定了解决这些问题所需的信息，设计了收集信息的方法，管理并实施信息收集过程，分析结果，最后要沟通所得的结论及其意义。

我们更倾向于另一种定义：**市场调研**（marketing research）是指对营销决策相关数据进行计划、收集和分析，并把分析结果与管理者进行沟通的过程。

1.2.2　市场调研对管理的重要性

市场调研可以被认为发挥了三种功能作用：描述、诊断和预测。它的**描述功能**（descriptive function）包括收集并呈现对事实的陈述。行业中的历史销售趋势是什么样的？消费者对于一种产品的态度和信念是什么？打开熏肉的包装是一个脏活，喜爱熏肉的人不得不将手伸进包装内，并且，如果他们只是取出其中的几片，是没有很好的方式来存放剩余部分的。奥斯卡麦尔公司（Oscar Mayer）的市场调研人员获知了许多消费者对于早期熏肉包装的厌恶，所以营销人员考虑到最好的解决办法就是包装的创新，通过将其放置于可重新塑封的塑料袋或用塑料和锡纸包装来避免累人的工作。执行这项多余的任务能够保证最后一片熏肉和第一片一样新鲜。

最近，奥斯卡麦尔切片熏肉引进了一种新的“保鲜封口盘”。可翻转的顶盖能够很容易地存取里面的熏肉，关上顶盖之后能够随时重复密封，扁平的盘子能够在冰箱中方便地储存。

调研的第二个作用是**诊断功能**（diagnostic function），通常用来解释数据和活动。例如，奥斯卡麦尔改变包装设计对销量有什么影响？如何改变产品 / 服务供应来更好地服务顾客和潜在消费者？由于小孩子每年都会食用 50 亿盎司㊀的番茄酱，亨氏（Heinz）认为，重度使用者（小孩子）对于如何更有趣地使用番茄酱应该有很多要说的（通过市场调研）。亨氏倾听并观察孩子们使用番茄酱，最后形成了新的瓶子设计和名称。真正的番茄酱行家促成了亨氏 EZ Squirt 番茄酱的诞生！

调研的最后一个作用是**预测功能**（predictive function）。在不断变化的市场中企业如何更好地利用所出现的机会？博马努瓦（Bonobos）是美国最大的一直以网络为基础的服装品牌，它们认为与客户对话（市场调研）能帮助它们创造出更合身的男裤标志线。它们的调研把客户带入设计的过程来创造成功的产品。市场调研已经为博马努瓦识别出不同的目标市场，如“运动者”“隔壁的人”和“穿红裤子的人”。

1. 对质量和客户满意度的不懈追求

在今天的市场中，质量和顾客满意度已经成为关键的竞争武器。近些年美国汽车业已经成为最艰难的产业之一，但是现在汽车制造商的运营状况和进口齐头并进，它们的口号是质量和客户服务。正如一位汽车公司高管所言：

> 如果你回到很短一段时间以前，我们整体的客户理念是把车批发给一个中间商，然后这个中间商把车卖给客户。我们从不希望收到客户的消息，因为如果这样，就意味着出了状况。今天，我们想要和客户建立一个遍及全部拥有体验的对话，我们想要和客户讨论这个过程中的每一个步骤，我们想要成为一个消费者－产品和服务公司，这仅仅是在汽车业务中。

市场调研在哪里发挥作用？ J. D. Power Awards 以客户满意度水平为基础为汽车排名，这反过来推动了特定公司和型号的销售。雷克萨斯在许多质量和客户满意度研究中一直做得很好。这帮助增加了 IS、LS 和 RS 型号的销售。在一些雷克萨斯经销商那里，在换油的时候，你能得到一次美甲和一次按摩服务。汽车制造商用市场调研来帮助设计者，决定什么新特征要加到特定的型号中，并且了解它们的汽车如何累计这些有竞争力的特征。

质量对于顾客而言意义不大，通常不会产生提高销售额、利润或市场份额的回报，质量也代表着浪费精力和开销。今天的新观念是强调**质量回报**（return on quality）。质量回报有两层含义：第一，企业所提供的高质量应是目标市场所需要的；第二，质量改进必须对获利性产生积极影响。例如，银行巨头美国银行（Bank of America）根据获利性的改变来衡量服务质量的每一点改进，包括从增加更多的营业员到提供新的抵押货款服务等。REI，一家总部位于西雅图的户外运动产品连锁店，有一个昵称“返还一切东西的股份有限公

㊀ 1 盎司 =28.349 5 克。

司”。数以百计的退回商品堆积在箱子里，悬挂在行李架和成排的货架上。标签上详细列出了客户抱怨：“突然不防水”写在一件几十年以前破损的蓝色男士雨衣上；“不合适”写在一双破旧到看不出设计的黑色女士厚木底鞋上。

在另一家 REI 商店，最近一个客户退回了一双为徒步旅行和在河中蹚水而设计的女式凉鞋。问题是什么？根据标签上所写，“不够性感”。几年以前，一位华盛顿州的客户成功地退回了一件 1970 年为爬瑞尼尔山而购买的 REI 防雪装。

尽管在 2013 年，连锁店宣布今后只回购一年以内的商品。在这种情况下，夸大其词的服务质量对质量回报产生了消极影响。

2. 留住现有顾客具有至关重要的作用

顾客满意度和顾客忠诚度之间存在一种必然的联系。长期的关系不是自然产生的，它植根于企业传递的服务和价值，正如 REI 的例子所展现的。留住顾客可以给企业带来丰厚的回报。重复购买和顾客推荐可以提高企业的收入和市场份额。由于企业可以不必花更多的资金和精力去争夺新顾客，因而成本可以下降。稳定的顾客更容易服务，因为他们已经熟悉企业的习惯，相应要求员工投入的时间也较少。企业留住顾客的能力也给员工带来了工作上的满足感和成就感，从而使企业员工的保留率更高。员工在企业工作时间越长，获得的知识越多，这样又可以提高企业的生产效率。

贝恩咨询公司（Bain & Company）的一项研究估计，顾客流失率下降 5% 能够使利润迅速提高 25% ～ 95%；另一项研究表明，顾客保持率会对企业价值产生重要影响。

留住顾客的能力建立在企业对顾客需求详细了解的基础上，这种了解主要来自于市场调研。例如，在经过详细的市场调研后，英国航空公司（British Airways）改变了它在横跨大西洋航线上的头等舱服务。大多数航空公司对跨大西洋航线头等舱强调的都是高档服务，而英国航空公司通过调研发现，大多数头等舱的乘客希望的仅仅是能够睡安稳觉。现在，该公司头等舱的顾客可以在飞机起飞前，在头等舱休息室就餐。一旦登机后，他们就可以穿上英国航空公司提供的睡衣，枕在枕头上，盖上毯子，享受一次免受打扰的旅行。到达目的地后，头等舱的旅客可以吃早餐，进行梳妆和洗浴，并且可以在离开前穿上熨烫平整的衣服。这些变化都是在严格的市场调研推动下产生的。

1.2.3　了解持续变化的市场

市场调研有助于管理者了解市场趋势以及利用市场机会。从营销出现开始，市场调研就已经开始进行应用了。当早期的腓尼基人在地中海沿岸各港口之间进行交易时就进行了市场需求的调研；马可波罗日记也记载了在中国旅行时，他所执行的正是市场调研的职能；甚至有证据表明，西班牙人在探索新大陆时就曾系统地进行过市场调研；另外也存在文艺复兴时期从事市场调研的例子。

1.2.4　社交媒体和用户生成内容

在过去的几年里，促销世界已经完全颠覆了。以前，营销人员创建一条消息，然后一个或一系列传统媒体，如电视、报刊、广播、广告牌把信息传递给目标市场。现在和以前相比，更多人参与博客、论坛、虚拟社区、产品/服务评论文章［思考一下猫途鹰（Trip Advisor）］以及创建用户生成内容（UGC）的社交媒体网站。在犯罪地点所表达的观点是主动提供的，一般是诚实的、坦白的、激昂的，并且能够是极其体贴的。像推特（Twitter）、脸谱网（Facebook）、领英（LinkedIn）这样的社交媒体，一天之内会产生几百万条有关产品和服务的评论。其中20%的推文是关于品牌的。

2003年，数字媒体占比低于电视和报刊等广告开销的10%；2008年，其份额略高了10%。根据实力传播集团（Zenith Optimedia）和TNS媒体情报公司（TNS Media Intelligence）的数据，到2013年已超过了20%。

市场调研人员正逐步获得这些大数据流来确定人们如何看待他们自己以及竞争对手的产品和服务。调研人员在网上建立人们的个人档案，用这些数据来确定促销努力的目标；其他调研人员利用虚拟社区来创建新的产品和服务。

智能手机导致了在媒体使用方式和购买决定制定方面的主要改变。包括平板电脑、传统电脑和电视在内，研究发现，消费者也许同时看四个不同的屏幕！调研人员现在必须衡量消费者的内容消费以及他们跨越全部四个屏幕的广告接触。ESPN，一个运动网络，正在从五个平台收集数据，分别是广播、电视、电脑、智能手机和平板电脑。

1.2.5 市场调研的主动性

了解营销系统的性质对于成功地实现营销导向是十分必要的。如果对影响目标市场和营销组合的因素有一个彻底的了解，那么管理将是主动的而不是被动的。主动的管理意味着通过调整营销组合来适应新的经济、社会、科技和竞争环境，而被动的管理则是等到对公司有重大影响的变化出现时才决定采取什么行动。将剧烈变化的营销环境看作是一种威胁（被动态度）还是一种机会（主动态度）差别很大。例如，苹果公司（Apple）对把尖端科技产品引入市场十分积极，这反过来为公司带来了巨大的利益。

一位主动的管理者不仅要发现即将出现的市场，而且会通过战略计划的制订尽力为企业提供长期的**营销战略**（marketing strategy）。基于现有的和将来的内部能力以及预计的外部环境的变化，战略计划可以用来指导企业资源的长期使用。一个好的战略计划是在出色的市场调研基础上得出的，它有助于企业实现长期利润和市场占有率目标。

1.2.6 应用性调研与基础性调研

实际上，从事任何市场调研都是为了更好地了解市场，发现战略失败的原因，或是减少营销决策中的不确定性。出于这些目的所进行的市场调研叫作**应用性调研**（applied research）。例如，DiGiorno的冷冻比萨价格应该提高40美分吗？丰田应该为新款轿车选择一个什么名字？A和B两个广告哪个有更高的回忆度？另一方面，**基础性或纯粹性调研**（basic or pure research）则是为了拓展新的知识领域，它并不以某个具体的实际问题为目标。基础性调研的目的是为现有的理论提供证明或者对某一概念或现象获得更多的了解。例如，基础性调研可能检验一个关于高度复杂的决策问题的假设，或者检验一个关于消费者信息处理问题的假设。从长期看来，基础性调研有助于更多地了解我们所生活的世界。通常，基础性调研的结果通常在短期内不能被管理者所应用。现在大多数基础性调研都在大学中进行，调研结果被刊登在一些期刊上，如《市场调研杂志》（*The Journal of Marketing Research*）和《市场营销杂志》（*The Journal of Marketing*）这样的出版物上。相反，企业所做的大多数调研都是应用性的，因为它们必须在成本上划算并且对于决策人员有明显的价值。

尽管基础性调研在一些公司，尤其是高科技公司依旧重要，但上市时间的概念已经改变了。更确切地说，基础性调研可以是适当长期的，但必须集中于最终解决现实世界的问题。进行基础性调研的公司包括基因泰克（Genentech）、思科系统（Cisco Systems）和谷歌（Google）。例如，谷歌进行的基础性调研推动了应用性调研，这促成了自动驾驶汽车的诞生。

1.2.7　应用性调研的本质

市场调研可以分成三个大类：计划性、选择性和评估性。**计划性调研**（programmatic research）的实施是通过市场细分、市场机会分析，或者通过消费者态度与产品使用研究来确定营销决策；**选择性调研**（selective research）用于测试备选决策，如测试新产品的概念、广告方案测试和试销等；**评估性调研**（evaluative research）用于评估项目绩效，它包括跟踪广告回忆度，进行组织形象研究和考察顾客对于企业服务质量的态度等。

计划性调研产生于管理部门对定期获取市场概况的需求。例如，产品管理部门会关注现有市场信息库对于制定决策来说不充分或已经过期，或者营销计划会需要关于新产品、广告宣传或包装的介绍。无论什么特定的情况，都需要当前的信息来进行可行的营销选择。通常的计划性调研包括以下信息：

- 目标市场发生变化了吗？是如何变化的？
- 该市场显示出新的细分机会了吗？
- 对于企业的营销投入，是不是有些细分市场看起来更容易成为候选消费者？
- 在多样的细分市场中存在什么新的产品或服务机会？

猛犸山坐落于洛杉矶和旧金山中间的塞拉内华达山脉，已经为加利福尼亚州中部的滑雪爱好者服务了 50 年。猛犸山有达到 11 000 英尺[⊖]的顶峰和年均 400 英尺的降雪量，每年都会有数以万计的游客成群地来到这里的滑雪坡和乡间旅舍。

但是，这个旅游胜地为时已久的直邮项目并没有促使访问量提升。虽然景区没有失去游客（整个行业大多数景区的交易量都来自现有的滑雪爱好者，而不是那些刚刚参加运动的游客），但行政部门希望通过向已过时的营销宣传中注入活力来实现在整体稳定的市场中有所超越，并且提高数据库中 90 万游客光顾的频率。

景区行政部门使用了计划性调研，从一项年度调查——“国家滑雪和滑雪板爱好者意见调查”（the National Skier and Snowboard Opinion Survey）中收集数据，这项调查是代表全国的景区进行的，调查发现，94% 的猛犸山游客是从互联网上寻找所需的信息，包括从天气咨询到查看猛犸山旅舍的房价。

⊖　1 英尺 =0.304 8 米。

这条信息导致了一个能联系 18 000 名预约者的电子邮件营销系统的诞生，这种形式是非正式的且是告知型的。比如说："随后这里的天气会非常好，雪的厚度有 12 ～ 14 英尺，在山上任何地方都不会迷路。下午 1:15，主庄园的温度是 1℃，天空晴朗，中到大风。山顶风非常大，很冷，只有 −8℃，要确保穿得暖和。"这项计划性调研的成果就是每年增加了 5% 以上的滑雪访问数量。

选择性调研通常是在计划性调研中确定了几个可行措施之后进行的。如果明显没有一个备选是非常突出的，产品管理部门通常愿意去测试几个备选。然而，可能在营销过程中的任意一步都需要选择性调研，比如当开发广告文案时，或者评估多种产品构想或评估整体营销程序时，又或者在试销的过程中。

当必须评估营销计划的效果和效率时，就产生了对评估性调研的需求。由于现在的绩效表现而要改变计划或者需要全新选择的时候，像猛犸山的例子，评估性调研或许会被整合到计划性调研中。

1.2.8 决定是否开展市场调研

对于一个特定问题，管理者在面临几种解决问题的方案时，不应该凭直觉草率开展应用性市场调研。事实上，首先需要做的决策是是否需要开展调研。在下述情况下，最好不要做调研：

- **缺乏资源**。由于缺乏资源而没有市场调研可能性的情况有两种。首先，一个组织可能缺少正常开展调研所需的必要资金。如果一个项目要求样本达到 800 个被调研人员，但预算只允许调查 50 个人，那么就很难保证信息的质量。其次，一个组织或许能够提供调研的资金，但是没有足够的资金去实施调研所产生的任何决策。有时，小企业尤其缺乏创造有效营销组合必需的资源。例如，一个表演艺术团的经理可能完全同意市场调研项目提出的方案，但在项目完成两年后，该组织却由于资金缺乏而只能将方案束之高阁。
- **调研结果毫无用处**。有些类型的市场调研测量的是稳定顾客及潜在顾客的生活方式和个性特征因素。假设某项调研发现，一个自卑、内向但渴求成功的男人最可能光顾票据贴现经纪服务。但是，这个信息对于嘉信理财（Charles Schwab）贴现经纪服务的管理来说并没有什么价值。
- **错过市场时机**。如果已经错过成功进入某一市场的时机，那么就不应该开展市场调研。如果产品处于产品生命周期的成熟期或衰退期（比如磁带录音机或黑白电视机），此时还去做新产品导入调研将是非常愚蠢的。对于很快就能达到饱和的市场，情况也是如此，比如高价位冰激凌哈根达斯与本杰瑞。但是对于已经上市的产品，如果需要调整产品来适应消费者口味、竞争和其他因素的变化，调研还是必要的。
- **已经做出决策**。在现实的管理决策和企业政治中，市场调研有时会被不恰当地使用。几年前，一家存款额超过 8 亿美元的银行进行了一项大型的市场调研，目的是帮助高层管理者规划银行在以后 5 年的战略方向。银行总裁在听完汇报后说：

"我完全同意你们的建议，因为这正是我无论如何都要去做的！明天向董事会提交战略计划时，我将会使用你们的调研。"调研人员接着问道："如果我的建议和您的决定恰恰相反呢？"这家银行总裁笑道："那样他们就不会知道我曾经进行了一次市场调研了！"这个项目不仅仅浪费了金钱，而且还让调研人员怀疑这种行为的"道德"。

- **管理者还未对制定决策所需信息达成一致**。尽管先明确目标再进行调研似乎是显而易见的道理，但有时情况并非如此。虽然开展初步的或探索性的调研有助于更好地认识问题的本质，但是大型的主要调研项目却不能这样做。如果有人说："噢，让我们先进行调研，然后就会更好地理解问题并知道下一步该做什么了。"这是一种错误的逻辑。调研的现象可能不准确，或者制定管理决策所必需的主要因素被忽略了。
- **决策信息已经存在**。有些企业对某个市场已经研究了很多年，充分了解目标顾客的特征以及目标顾客对现有产品的偏好。在这种情况下，再做进一步调研就是多余的并且浪费金钱。比如宝洁对咖啡市场已经有了详细的了解，在进行了一些初始品尝实验之后，便迅速将福爵（Folger）速溶咖啡推向美国市场，而并没有做进一步调研。莎莉公司（The Sara Lee Corporation）在推出冷冻羊角面包时也采取了这种做法，桂格麦片公司（Quaker Oats）的燕麦能量棒也是一样。但是，这个策略并不总是奏效。宝洁公司认为它已经彻底了解了镇痛剂市场，于是没有进行调研就推出了 Encaprin 牌阿司匹林胶囊。但是，由于该产品相对于其他产品而言缺少独特的竞争优势而失败，宝洁公司最终只好退出市场。
- **调研成本超过收益**。如果与待定决策相关的进一步信息可以随时免费得到，相信每位管理者都会接受信息，不过这种情况几乎不存在。事实上，管理者可能不愿意为得到信息而付太多的钱或者等太长的时间。获取额外信息的意愿取决于管理者对信息的质量、价格和时效的认知。经理人愿意为充分的信息（即可以让人们准确无误做出决策的数据）支付更多的钱，而不是那些对于如何去做仍有不确定性的信息。因此，只有当信息的预期价值大于获取信息的成本时，调研才应当进行。

潜在收益的两个重要决定条件是边际利润和市场规模。总的来说，假定产品具有同样的销售潜力，高边际利润的新产品要比低边际利润的产品更具有潜在收益；同样，如果两个市场的竞争强度相同，那么大市场中的新产品机会要比小市场上提供更多的潜在收益（见表 1-1）。

表 1-1　决定是否进行市场调研

市场规模	低边际利润	高边际利润
小	成本可能高于收益（如眼镜螺丝更换、轮胎气门扩张） 不要进行市场调研	收益可能高于成本（如超昂贵的兰博基尼运动装、大型专用工业设备如电脑辅助的金属压切机） 可能进行市场调研。在决定进行调研之前，尽量了解所有已经存在的信息

（续）

市场规模	低边际利润	高边际利润
大	收益可能高于成本（如斯托弗冷冻主菜、佳洁士美白牙贴） 可能进行市场调研。在决定进行调研之前，尽量了解所有已经存在的信息	收益很可能高于成本（如医疗设备CAT扫描机、3D打印机） 进行市场调研

1.3 市场调研的发展

在美国，使用市场调研给管理者带来了很多益处，这也是促使人们开展市场调研的原动力。以竞争优势的观点来看，企业能通过实行市场调研获得竞争优势。令人惊讶的是，市场调研直到20世纪初才走出萌芽状态。

1.3.1 初始阶段：20世纪之前

有记载的最早的市场调研是1824年7月由宾夕法尼亚《哈里斯堡报》（*Harrisburg Pennsylvanian*）进行的。那是一次投票选举，其中安德鲁·杰克逊（Andrew Jackson）获得335票，约翰·昆西·亚当斯（John Quincy Adams）获得169票，亨利·克莱（Henry Clay）获得29票，威廉H.克劳福德（William H.Crawford）获得9票。同年稍后时间，另一家报纸《罗利星报》(*Raleigh Star*）对在北卡罗来纳州举行的具有民众意识的政治会议进行了民意调查。或许首位市场调研人员是约翰·雅各布·阿斯特（John Jacob Astor)，他在18世纪90年代雇用了一名画家来绘制时髦的纽约妇女戴的帽子的草图，以便于他能够跟上流行趋势。

有正式记载的为制定营销决策而开展的第一次调研是1879年由广告代理商艾尔（N. W. Ayer）做的。这是一次系统的市场调研，它对州和地方官员进行调查以决定谷物产量的期望水平。调研目的是为农业设备制造者确定广告时间安排。第二次系统的调研可能是在19世纪末20世纪初由杜邦公司做的，它对推销人员提交的有关顾客特征的报告进行了系统整理。对这次调研的反应十分强烈。负责获取并报告数据的推销人员由于不喜欢额外的书面工作而感到异常愤怒。

学术研究者大约在1895年进入市场调研领域。当时，明尼苏达大学的一名心理学教授哈洛·盖尔（Harlow Gale）使用邮寄问卷调研方法研究广告。他邮寄了200份问卷，最后收到20份完成的问卷，回收率为10%。之后不久，西北大学的沃尔特D.斯克特（Walter D. Scott）也做了一些开创性的工作。斯克特采用实验和心理学方法来研究刚起步的广告实践。

1.3.2 成长初期：1900～1920年

进入20世纪后，激增的消费者需求和大规模生产的发展导致更大、更远市场的出现。在传统的手工作坊下兼具卖者和工匠身份的人每天与市场接触的情况一去不复返，了解消费者的购买习惯和对制造商产品的态度的需求应运而生。为适应这种需求，柯蒂斯出版公司（Curtis Publishing Company）在1991年设立了第一家正式的市场调研机构。该机构的调研主要针对汽车业，因为制造商认定那些有钱并且愿意购买汽车的人都已经拥有汽车了，因此制造商试图不断寻求新的消费者群以便对其进行促销。几年以后，达尼尔·斯塔奇（Daniel Starch）创立了广告反应的认知测度，斯特朗（E.K. Strong）提出了回忆测度和市场调研量表。

1.3.3　未成熟期：1920 ～ 1950 年

珀西瓦尔·怀特（Percival White）首次将科学调研方法应用到解决商业问题中。怀特下面的话反映了他对系统、持续的市场调研的认识：

> 或许，公司拥有自己的市场分析部门的最大优势是将调研变成一个连续的过程，或者至少是可以定期分析的过程。这样，企业就可以在总体上检测市场和行业不断变化的环境。应该把市场看作是不断变化的而不是固定的现象，这种必要性不容忽视。

怀特关于市场调研的著作与上述观点并不一致。例如，除了简单提及一些美国人口普查局以外，他的书中没有使用统计和数学方法。

20 世纪 30 年代，问卷调查法得到广泛使用。尼尔森（A.C. Nielsen）于 1922 年进入调研服务业。他在怀特早期工作的基础上提出“市场份额”概念以及其他很多种服务，从而为后来成为美国最大的市场调研机构之一奠定了基础。直到 20 世纪 30 年代末，市场调研才作为正式课程在大学校园中得到普及。知识的实质主体部分是由实践和学术团体共同开发的。两个重要的事件，即广播媒体的发展和第二次世界大战，促使市场调研由一门不成熟的学科演变为一个界定清楚的专业。社会学家发现，广播媒体创造了有趣的新现象并且增大了人类行为的不确定性。

到 20 世纪 30 年代末，人们不再满足于对应答者回答的简单分析，于是开始根据收入、性别和家庭地位等方面的差异被调研人员进行分类和比较。简单相关分析开始得到应用，但并不广泛。使用这种方法的人必须有条件借助当时该领域先驱所做的工作获得技术等统计资源，如 G. Udney Yule、Mordecai Ezekiel、Horace Sechrist 等人。

第二次世界大战迫使社会学家从事前线所要求的调研。战前被认为是新奇事物的一些方法和工具被用于研究士兵的消费行为以及后方家庭的消费行为，其中包括实验设计、民意测验、人为因素调研和运筹学等。

20 世纪 40 年代，小组访谈在罗伯特·默顿（Robert Merton）的领导下发展起来。到 20 世纪 40 年代末，随机抽样的重要性得到广泛的认识，在抽样方法和调查过程等方面取得了很大进步。少数曾在美国陆军军需部门服务的心理学家在第二次世界大战后进入企业界，推出了有关产品的消费者测试方法。

1.3.4　成熟期：1950 ～ 2000 年

由卖方市场向买方市场（源于第二次世界大战后被抑制的需求）的转变要求更好的市场情报，生产者不再能够卖出他们生产的任何产品。生产设备、广告、存货成本的上涨以及其他一些因素的成本增加，使得价格失败的可能性比以往大大增加。这时，重要的是通过市场调研发现市场需求，然后生产产品满足这些需求。

20 世纪 50 年代中期，主要依据容易区分的顾客人口统计特征提出了市场细分概念。同一时期，人们开始进行动机调研，重点分析消费者行为的原因。市场细分、动机分析的基本概念与先进的调研技术的结合，产生了个人心理变化和利益细分等重要创新。20 世纪 60 年代，先后提出了许多描述性和预测性的数学模型，如随机模型、马尔可夫模型（Markovian model）和线性学习模型。更为重要的是 20 世纪 60 年代初计算机的快速发展。计算机大大提高了调研人员快速分析、储存和检索大量信息的能力。

1.3.5 互联的世界：2000 ～ 2010 年

互联网给市场调研带来了意义深远的改变。在一次全球调查中，94% 的调研公司表明它们在进行在线调研。一些公司正逐步集中于移动访谈，在智能手机、苹果手机、黑莓、机器人等上进行移动自我完善。当今，56% 的美国成年人有一部智能手机，超过 98% 的美国人能连接互联网。

互联网对市场调研人员有许多益处：

- 提供更快的商业情报获得途径，有利于更好更快地制定决策。
- 提高公司对消费者需求和市场变化的反应能力。
- 促进实施进一步研究和纵向调研。
- 削减劳力和时间密集调研活动的相关成本，包括邮寄、电话营销、数据录入和报告的成本。

在市场调研中，实施调研和分析大量使用者数据不是互联网革命的全部。互联网同时大大增强了调研过程和信息传播的管理，尤其是互联网极大影响了几个关键领域：

- **作为信息来源，最终被替代的图书馆和多样的印刷材料。**在网页上，美国人口普查局（http://www.census.gov）表明计划逐渐使互联网成为分类人口普查数据的主要方式。许多其他的政府机构也是如此。大量数据库（政府的和非政府的）中的信息能够即刻从使用者的电脑桌面、笔记本、智能手机、电子书阅读器（Kindle）、平板电脑等中提取出来。
- **征求建议书（RFP）的分配和建议书本身。**公司现在能够快速高效地把征求建议书发送到调研供应商的可选择邮件列表中，然后供应商再把建议书和邮件给客户发回去。这个过程过去需要几天时间，现在只要几个小时。
- **客户和调研供应商在调研计划管理上的协商。**调研人员和客户在进行电话讨论时也许同时盯着电脑屏幕看建议、征求建议书、报告或一些其他的统计分析。这是非常快速高效的，因为样本容量、指标和调研计划其他方面的变化能随时讨论并立刻做出调整。
- **数据管理和网上分析。**客户能通过调研供应商的安全网页很便利地看到他们的调查并且实时管理已收集的数据。调查进行过程中，实际上客户能够用复杂的工具来实施数据分析。这种实时分析能够让调查问卷、样本容量或调查对象类型改变。调研供应商和客户成为即时市场调研的合作者。

- **公布和报告分配。**报告以及主要文字处理、总分析表和演示软件安装包的最新版本都可以用 PowerPoint 等程序直接发布到网上，这意味着世界各地的合适管理者几乎能即时看到结果。报告的具体利益内容可以在用来看报告的同一个网页浏览器搜到。
- **市场调研调查的口语展示。**分散在各处的观众都可以看到。全世界的管理者可以在密码保护网页上看到并且听到真实的客户端展示。这为公司节省了时间和金钱，因为管理者不再需要去中心会议场所。

1.3.6　大数据：2010 年至今

市场调研中最热的行话是大数据。很有趣的是，大部分学者从不费心去定义这个术语，所以不确定人们总是说的是否是同一件事。为了我们的目标，我们把**大数据**（big data）定义为大量信息的积累和分析。每天每秒三次，我们生成等量数据，美国国会图书馆有全部的打印集。

直到最近，管理者分析排列数据受到限制。已排列的数据由固定的答案和已按行列排列的数字构成。这些数据很容易储存、归类、询问、分析和报告。排列数据的格式有几个例子：①你是 a. 男人 b. 女人？②你觉得这个餐馆 a. 很棒 b. 不错 c. 一般 d. 很差？第二个问题中的数据交错着性别数据来确定多少男人和多少女人觉得这个餐馆“很棒”。分析是简单直接的。

突破发生在 2009 年分析非排列和自由形式数据的新算法的创建。现在数据科学家可以分析 YouTube 视频、社交媒体的文章、网页点击行为、GPS 追踪数据、卫星影像、视频流公众监督视频、店内跟踪摄像机等。

所以市场营销者如何使用大数据来提高他们的盈利能力？这有一个例子。

> 奇科（Chico’s FAS）公司，总部位于佛罗里达州迈尔斯堡的个人品牌女装特色零售商，在脸谱网、推特和 YouTube 以及讨论论坛和博客上看到了消费者关于品牌的评论。利用社交媒体分析工具，奇科能够找到品牌的关键影响因素，决定品牌相关的网上对话如何影响商业结果。这些发现最终指导了品牌和交流战略以及顾客关注努力。奇科的工厂实时识别与品牌相关的推文，并以观点和作者的影响程度分类。然后公司会对重要的评论做出回应。

国际咨询公司麦肯锡说，使用大数据和适当分析的公司能使其生产力和利润比竞争者高 5% ～ 6%。大数据的巨大价值意味着大数据科技和服务市场增长 31%，到 2016 年总收入将达 240 亿美元。

用于分析大数据的数学超出了本书的范畴。然而，我们将在第 4 章从管理者和使用者的角度更加详细地讨论大数据的本质和益处。

“市场调研实践 1-1”中表明，大数据不是围绕市场调研环境的唯一改变的代理商。

市场调研实践 1-1

会改变市场调研世界的几种力量

约瑟夫·吕德霍尔姆（Joseph Rydholm）是行业中最流行、最具影响力的商业杂志《夸克》(*Quirk*) 市场调研评论的编辑。约瑟夫引用 Quartz——一个专注于他们看到的力量和因素形成全球经济的网上新闻资源。约瑟夫沉思这些力量会对市场调研世界产生什么影响。

（1）移动网络。在更便宜的智能手机和仅仅花费 10 美元的非智能手机之间，附加上银行业、信息产业和能够在任何设置上运行的社会网络服务，了解地球上每个人的可能性比以前更为真实，像手表和基于脸的电脑的新方式因素会如何改变我们的网络体验呢？

可能对市场调研产生的影响：很明显一段时间之后这是一种方式，但是谷歌眼镜或像 Pebble 手表这样的产品对市场调研意味着什么呢？“可穿戴计算”仅仅是互联网的延伸，还是对于调查对象和调研人员或者消费者和公司是一种全新的相互作用形式呢？

（2）数字货币。网络、手机和新型消费终端使得提升信用卡交易或者同时去除这些东西的支付机械成为可能。这是一个盈利的业务，也是支付部门已经看到了硅谷任一公司上市前的最高价值的原因。同时，比特币（Bitcoin）及其模仿者的增加意味着无国界的虚拟货币能够独立成为其他货币或支付方式之间的重要媒介。在新兴市场中，手机支付使得电信公司成为银行。

可能对市场调研产生的影响：随着时间推移，几种小额付款的自然增长能够比进入“从未有人赢过”的比赛对调查对象更具吸引力吗？这些支付（小额或其他）必须是货币形式吗？ Quartz 称自己为“无国界的虚拟货币”，它会作为一种优先支付方式参与研究吗？

我们如何购买

随着全球中产阶级的持续增加，从玉米到汽车再到空调，消费者花在每件东西上的金钱都达到新高峰，在线互动，新兴经济发展如此之快……什么类型的公司和产品满足这些变化的需求呢？消费在发展的经济中如何转变？实体零售店的未来如何？电子商务运营和传统的实体企业真是零和博弈吗？消费如何塑造全球贸易和经济？变化的政治潮流又如何影响消费呢？

可能对市场调研产生的影响：这使你头晕。我认为 Quartz 的问题列表如果不向我请求更多投入，其本身是完全令人难以置信的。

问题：

1. 你认为这些力量会如何影响商业和市场调研？
2. 哪个主题对商业最有影响力？为什么？

本章小结

市场营销是为顾客创造、沟通并传递价值，以及以利于组织和股东的方式管理顾客关系的组织功能和一系列过程（第 8 版为“市场营销是为顾客、客户、合作伙伴和整个社会创造、沟通、传送并交换有价值产品的活动、一系列组织和过程”)。营销经理试图在恰当的地点、恰当的时间，以恰当的价格，使用恰当的促销方式，把恰当的商品或服务卖给恰当的人，这只有遵循市场营销观念才能得以实现。市场营销观念是基于消费者导向、目标导向和系统导向的。

营销经理必须在组织内部环境中工作，同时又必须了解几乎不能控制的外部环境。营销经理可以控制的主要变量包括渠道、价格、促销和产品决策，这四个变量的独特组合称为营销组合。

市场调研在向管理者提供制定营销组合所需信息方面发挥非常重要的作用。由于管理者越来越关注顾客满意度和留住顾客，市场调研的重要性不断提高。同时，它也是进行主动管理的重要工具。只有当预期收益大于成本时，才应该进行市场调研。

市场调研可以被描述成计划性的、选择性的或评估性的。计划性调研是通过市场细分、市场机会分析，或者通过消费者态度与产品使用研究来制定营销决策；选择性调研用于测试备选决策；评估性调研用于评估项目绩效。

在美国，市场调研的历史可以追溯到 1824 年，当时进行了第一次民意测验；成长初期为 1900 ～ 1920 年，以第一个正式市场调研部门的建立为标志；市场调研未成熟期为 1920 ～ 1950 年，这时能看到市场调研的广泛应用；市场调研的成熟期开始于 1950 年，持续到 2000 年。

互联网对市场调研行业具有重大的影响。因为在线调研可以快速部署，成本显著降低，即时的个性化，具有高的回应率并且能够联系难以接近的受访者等优点，在线调研的使用急剧增加。最为重要的是，随着家庭的网络接入的增加，相同的线上和线下调研已经表明会产生相同的商业决策。

市场调研为网络找到了许多其他的应用。网络起到了信息来源的作用，帮助 RFP 和建议书的散发，促进客户和调研提供商在管理调研项目中的协作，提供数据管理和在线分析，并且使出版物、报告和口头汇报能被各地的观众收到和看到。

我们现在处于大数据时代，复杂的新型分析非排列数据的方式的发展成为可能。非排列数据包括脸谱网帖子和 YouTube 视频等。大数据分析为已掌握技术的公司带来生产力和利润的增长。

复习思考题

1. 营销的作用是创造交易。市场调研在使交易更为便利时发挥了什么作用？
2. 传统的市场调研已与消费品的制造相联系。如今日益增加的营利性和非营利性组织都在使用市场调研。你认为为什么会有这种趋势？请举出一些例子。
3. 解释市场调研与营销概念之间的联系。
4. 请评论以下一个商业区餐厅老板的陈述：“我天天看到我的顾客，我们的关系十分密切，互相直呼其名，我了解他们的喜恶。如果我放在菜单上的食品卖不出去，我就知道他们不喜欢。我也通过阅读《现代餐厅》(*modern restaurants*) 来了解行业的发展趋势，这就是我需要去做的市场调研。”

5. 为什么市场调研对于营销执行管理人员很重要呢？请给出一些原因。
6. 对以下几个对象进行市场调研时你会注意到哪些不同：①零售商；②消费品生产商；③工业品生产商；④慈善组织。
7. 评论以下内容：拉尔夫·莫兰正计划对圣路易斯的一家新餐厅投资 150 万美元。当他申请建设融资贷款的时候，银行的工作人员问他是否进行了市场调研。拉尔夫回答："我对市场调研行情进行了调研，一家市场调研公司为这些工作索要 2 万美元。我觉得在开展一项新业务时，与其他花费相比，调研太奢侈了，没有调研我一样可以做到。"
8. "质量回报"是什么含义？你认为这个概念为什么这样演化？请举出一些例子。
9. 描述下不应当进行市场调研的三种情况，并解释这为什么是正确的。
10. 为以下几个情况举例：①市场调研的描述性功能；②市场调研的诊断性功能；③市场调研的预测性功能。
11. 使用互联网和网页浏览器访问搜索引擎，比如谷歌或 Bing，并输入"市场调研"。从几千个选项中选择一个感兴趣的网站，并在课堂上报告该网站的内容。
12. 将班级分成四组，每组都要参观一个大型组织（营利性或非营利性的），并且与营销总监进行一次访谈，来探究企业是怎么使用市场调研的。随后，每组都应该在课堂上报告自己的发现。
13. 互联网是如何改变市场调研领域的？
14. 解释大数据的概念。

调研实例 1-1

给我一张可以网上使用的赠券

既然消费者都喜欢赠券，零售商坚持用什么来盈利呢？研究表明，除明显的消费者利益外，赠券对零售商的利润有重要影响。因为根据网上购物者情报机构中波斯顿（Boston）调研公司比赛的研究，获得赠券者很可能消费更多，有更高的满意度，重复购买使用过赠券的零售商。

一半以上上一次网上购物时使用优惠码的消费者说，如果他们没有收到这个折扣，也不会买这些东西——57% 的人说不，43% 的人说是——和以前相比，现在更多的网上购物者使用赠券。1/3 的网上购物者表明网上购物时通常使用赠券网站，3 500 万消费者每月浏览赠券网站。赠券有很高的投资回报，因为消费者收到的小折扣会激励他们花更多钱。当被问到最近一次网上购买他们花了多少时，使用赠券的消费者的花费几乎是未使用赠券的消费者的两倍（使用赠券者为 216 美元，未使用赠券者为 122 美元）。

赠券是零售商和消费者建立好感，增加消费者满意度的有效方式。当问到他们所有的购物经历，使用赠券消费者的满意度高于未使用赠券者——92% 使用赠券的消费者感到很满意，高于 88% 未使用赠券的消费者。和未使用赠券的消费者相比，使用赠券的消费者更可能再次向零售商购买。91% 使用赠券的消费者很可能再次向兑换赠券的零售商购买，高于 86% 未使用赠券的消费者。

问题：

1. 家得宝这样的公司会如何使用这些信息？亚马逊会像家得宝一样使用赠券战略吗？

2. 你认为家得宝在实施赠券战略之前需要更多的市场调研吗？如果是，需要知道些什么？

3. 你认为实施市场调研对网上零售商是必需的吗？为什么？

调研实例 1-2

是否任何人都能够成为市场调研人员

最近谷歌宣布向任何想做市场调研的人提供谷歌消费者调查（www.google.com/insights/consumersurvey）。谷歌宣布这项服务向任何人提供，从《财富》500 强到“地方自行车店”。以对传统市场调研是快速准确低成本的选择进行宣传。谷歌调查网页标注“用谷歌消费者调查，选择目标观众，输入问题，几小时内就能查看结果，只需几天而不是几周就能查看完整的结果”。谷歌标注使用者可以测试产品概念，监测品牌，测量消费者满意度等。

谷歌消费者调查的创建者保罗·麦克唐纳（Paul McDonald）强调了市场调研行业对这项服务的几点担心。“我认为你对来自自助服务调查平台的数据质量的担心在调研组织中是广为人知的，”麦克唐纳写道，“正如圣歌所言，‘输入的是错误数据，输出的也是错误数据’……我们尝试鼓励在帮助内容、项目政策中实践最优调查，通过提供调查模板帮助新的调研人员。最后，我们提供平台用来建立专业且统计准确的调查。”

问题：

1. 打开谷歌的消费者调查网页。点击运行之后，你能感觉足够用来创建网络调查吗？为什么？

2. 你认为市场调研行业需要担心谷歌消费者调查吗？为什么？

3. 大多数传统消费者调研包括一系列人口统计特征，如性别、年龄和住址等。谷歌消费者调查不问这些问题，而是利用调查对象的 IP 地址和 DoubleClick cookie 来推测大致的人口统计和住址信息，离调查对象最近的城市由其 IP 地址确定。收入和城市密度可以通过定位人口普查区，使用人口普查数据来推算；年龄和性别可以通过调查对象之前在谷歌展示广告网络上使用 DoubleClick cookie 浏览的网页类型来推算。谷歌表示这些信息用来确保每次调研都能收到代表性的样本，使调研人员能够看到分组人口如何回答问题。推测这些人口统计数据能让调研人员在调研中向消费者问几个问题，这反过来会增加回应的消费者数量。你认为这种方法比简单地问人口统计问题更好吗？你能用谷歌方法论看到问题吗？

第2章

Chapter2

市场调研行业的道德抉择

□学习目标

1. 了解市场调研行业的结构
2. 理解公司市场调研各部门的性质
3. 了解市场调研提供者的类型
4. 讨论公司如何使用市场调研
5. 回顾市场调研行业的现状
6. 学会识别市场调研提供商、客户和市场调研公司现场服务时的道德趋势和不道德行为

近年来市场调研行业经历了巨大的变化。市场调研行业将何去何从？谁是关键角色？每个角色的作用是什么？道德在商业领域是最为重要的主题之一。市场调研领域有哪些道德问题？对于道德的决策有哪几种主要方法？我们在第2章将讨论这些问题。

2.1 市场调研行业的发展结构

目前，世界上每年有超过320亿美元被花在营销、广告或公众态度的研究上。世界上最大的25家市场调研公司的年收入占到全球调研费用的58%。全球最大的25家公司中，有16家总部在美国，其他总部在日本、英国、法国、巴西和德国。

在美国，最大的50家市场调研公司年收入超过170亿美元，这个数字预计会随着经济持续发展而引人注目地增长。其中，许多公司从根本上说是和客户（包装产品制造商、零售商、耐用品制造商和高科技公司）有长期合约的大数据公司。有长期合约的公司在最近的经济衰退中表现还不错，然而许多关注于大客户（即独一无二的调研项目）的公司却在减少。

2.2 市场调研中的相关组织

在表2-1和图2-1中总结的市场调研行业相关组织的多种类型描述了市场调研行业的结构。

表2-1 市场调研组织的主要类别

组织类别	活动、功能和服务
消费者和工业产品及服务的提供商	例如，卡夫食品、宝洁、福特和卡特彼勒等公司属于这个类别，它们无时无刻不在以各种方式使用调研数据来支持营销决策过程

（续）

组织类别	活动、功能和服务
政府和大学	政府机构、大学调查局、私立大学教授以及数据库提供者，都是数据的使用者和提供者
媒体公司	广告机构如智威汤逊（J.Walter Thompson）、扬罗必凯（Young & Rubicam）和博达大桥（Draftfcb）等，公关公司如伟达公关（Hill and Knowlton），促销公司如 Acosta 等
客户定制调研公司	市场调研咨询公司如益普索（Ipsos）、DSS 调研和 Burke Inc.，这些公司为独立的客户就某一特定的问题进行定制的市场调研项目
辛迪加服务调研公司	市场调研数据收集和分析报告公司，如尼尔森公司、阿比创（Arbitron）以及 Symphony IRI，这些公司不为某一特定公司的要求，而是为了众多公司的利益收集信息，也就是说，任何人都可以购买它们收集的信息。这些公司在媒体受众领域和零售数据方面做得十分突出
有限职能调研公司	一些公司只从事一个或几个活动、技能和行业。例如，维思达特（Westat）为政府机构服务
网上和移动跟踪公司	例如，尼尔森、TNS Cymfony 在推特、博客和讨论板等社交媒体网站上收集信息，尼尔森从 130 000 000 条博客和 8 000 条信息板上收集信息。Clearspring、Rap Leaf 和谷歌 Double Click 等公司收集个人的网上活动信息，然后将这些数据卖给用来确定广告目标的公司
大数据分析公司	必须有人能弄懂流入公司的大量排列和非排列数据，并且可通过 Double Click 等数据提供者获得，进入大数据分析公司。在甲骨文（Oracle）、IBM、SAS 等分析市场中有长期角色服务。许多新公司已经进入市场，如斯普伦克（Splunk）和微策略（MicroStrategy）
专业服务公司	一些公司向市场调研行业提供专业化的支持服务，比如锯齿软件（Sawtooth Software），提供复杂的定量分析服务；再如 SSI，专门向市场调研公司提供样本现场服务公司只是在转包合同基础上为公司市场调研部门、广告机构的调研部门、客户调研公司或辛迪加调研公司提供数据收集服务的公司

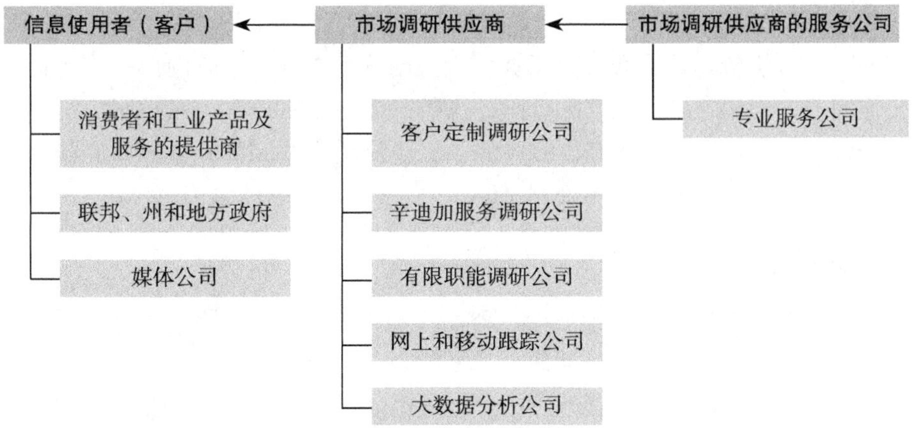

图 2-1 市场调研行业的结构

2.2.1 消费者和工业产品及服务的提供商

产品和服务的提供商，如宝洁公司和美国航空是调研数据的最终使用者，主要的经营活动就是生产产品或提供服务。它们无时无刻不在以各种方式使用调研数据来支持营销决策过程，比如：

（1）了解不同的目标群体对不同营销组合的反应。

（2）评价运行中的营销策略的成功程度。

（3）了解顾客和非顾客对自己的品牌及竞争品牌谈论些什么。

（4）评估外部的、不可控的环境的变化，以及这些变化对其产品或服务的战略影响。

（5）识别新的目标市场。

（6）测量客户服务质量和顾客满意度。

（7）更有效地确定促销目标。

我们将在本章中更详细地讨论市场调研的使用者的问题。

零售商和批发商 在竞争激烈的零售市场中，了解顾客是最为重要的。沃尔玛、家得宝、萨克斯第五大道、Bass Pro Shop，还包括许多其他公司，想了解顾客的满意度水平、满意或不满意的原因，以及他们能够做些什么来提升顾客满意度。那些不了解顾客的公司是注定要失败的。

制造商 使美国汽车行业好转的关键是生产人们想买的汽车。福特、通用汽车、克莱斯勒全部转到通过市场调研来指导它们生产价格合适的好汽车，卡特彼勒工业品制造商甚至用市场调研来测量经销商和顾客满意度。

2.2.2 政府和大学

许多政府部门既是市场调研信息的购买者也是提供者，大学也是如此。政府购买包括从一座新的城市公园应建在何处，到美国人对于营养标识的态度这样的任何事项的信息。尽管并没有对于州和地方级别的市场调研支出的估算，但是联邦政府的市场调研支出有统计估算为每年 50 亿美元。除了美国的第三大市场调研公司维思达特，这些支出几乎没有流向传统的市场调研机构。反而，市场调研的大部分工作是由政府内部完成或者通过非营利学术机构完成，比如芝加哥大学的全国民意研究中心（NORC)、密歇根大学的社会研究所或三角研究所，同时也包括营利性智库，如兰德公司（Rand Corporation）和教学政策研究公司（Mathematica Policy Research）等。

2.2.3 媒体公司

媒体公司包括广告机构、促销公司、公关公司和直销公司。所有这些公司都致力提供正确的目标市场的正确信息，市场调研信息通常被要求达到这一目的。媒体公司可以通过客户定制或辛迪加服务调研公司获得数据，有时也会自己进行市场调研。

2.2.4 客户定制调研公司

客户**定制调研公司**（syndicated service research firms)，产生于为公司客户执行定制化的某种市场调研项目的经营活动中。如果一个公司有一个新的产品、服务或包装创意，或者一个广告的概念、一个新的定价策略、一项新的产品组合，或者相关的营销问题或机会，这家公司往往会向定制调研公司寻求调研帮助。

在美国有数千家定制调研公司。较大的定制调研公司有 Market Facts、MARC 组织（the MARC Group）、国际民意调研公司（Opinion Research Corp. International）、埃尔里克和拉维奇营销研究（Elrick and lavidge Marketing Research）、Burke Inc.、DSS 调研（DSS Research）和决策分析师公司（Decision Analyst）等。然而，从总体上看，大部分定制调研公司的规模较小，资本不超过 100 万美元，员工不超过 10 人。它们大多只发展当地客户，并且不一定会专业从事某项调研或服务。

2.2.5　辛迪加服务调研公司

和定制服务公司形成鲜明对比，**辛迪加服务调研公司**（Syndicated service research firms）收集并向多家公司客户出售市场调研数据。任何愿意支付相当价格的公司都可以购买这些辛迪加公司收集、打包和销售的信息。辛迪加服务调研公司数量相对较少，同定制调研公司相比规模较大。它们主要基于对多家公司共同的信息需求服务的出发点，处理媒体受众和产品动态的信息。例如，在广播电视上做广告的公司想要选择最能有效接触目标顾客的节目，它们需要众多电视节目的观众数量和地理位置的信息。如果由各个公司自己来收集这样的信息，将十分低效。

尼尔森这样的公司向一些被称作辛迪加的公司出售标准化的电视排名，所以这些信息就叫作辛迪加化的信息。一些辛迪加服务公司，如托罗帕公司（Roper Starch Worldwide），同时以客户定制和辛迪加两种方式出售生活方式的信息。标准化的收集信息的流程是相同的，但是有的辛迪加成员公司也会想要专门的属于自己公司的信息，事实上这是很普遍的现象。对于辛迪加调研，如提出定制化问题的需求，每个问题都要求支付额外费用。

表 2-2 展示了一系列辛迪加服务调研公司和它们提供的特定市场调研服务。

表 2-2　辛迪加服务调研公司

公　司	辛迪加服务
尼尔森，（纽约）	电视排名 基于电子扫描设备的数据 批发和零售的统计 互联网调研
FIND/SVP（纽约）	行业和产品的大量多样化研究
马瑞兹调研公司（密苏里州芬顿）	客户满意度研究
GfK NOP（纽约）	公共评价调查 生活方式数据 媒体和广告有效性数据
Symphony IRI（芝加哥）	基于电子扫描设备的数据

2.2.6　有限职能研究公司

一些公司只从事一个或几个领域的活动，比如它们也许只为一个行业的客户服务。例如，Westat 专门为各个政府机构服务，而艾美仕（IMS Health）和 DSS 调研则专注于医疗事务，其他公司专门使用一类或一种研究方法。神秘顾客组织（Mystery Shopper

Organization ）的成员，如 Shop’N Check 和立通（Speedmark），只关注神秘购物行为（将在第 7 章进行讨论）。主讲人公司（The Pretesting Company）使用阅读器等设备来测量阅读报刊时有多少时间被用来阅读广告。

2.2.7 网上和移动跟踪公司

网上跟踪是以电脑为基础的互联网跟踪活动，以移动设备为基础是移动互联网和移动设备的跟踪活动。许多人就生活在移动设备上，他们用移动设备与朋友和商业伙伴保持联系，拍摄、存储照片，阅读新闻和娱乐，玩游戏以及使用方便生活的 App。移动体验比桌面体验更私密。一项调查发现，44% 的调查对象把手机放在床边睡觉，因为他们想要确保晚上的时候没有错过任何电话、信息和更新材料。卢斯调研（Luth Research）、Tapad 和 Drawbridge 等公司跟踪移动行为。调研人员的主要优势是能够跟踪智能手机的位置。许多学术研究者用电话收集 10 万名欧洲移动电话使用者的日期、时间和位置信息。分析了 1 600 万条用户记录之后，研究者可以预测一些人未来的位置，有 93% 的准确性。

2.2.8 大数据分析公司

分析大数据的一些重要角色已经在 2.1 节中提到。了解大数据的第二个要素是数据形象化。大部分人很难想起比自己的电话号码长的数字串，那么如何理解数十亿的数据呢？答案是图片。现在访问 http://hint.fm/wind，你会看到数据形象化。提供数据形象化软件的公司包括 Gooddata、AYASDI、Gfk、Tidemark 和 Platfora。

2.2.9 专业服务公司

已经讨论过，客户定制调研公司、辛迪加服务调研公司、有限职能市场调研公司代表调研行业的前沿，它们出售调研服务、设计调研、分析结果，向客户提出建议。网上跟踪公司将在第 7、8 章进行更为详细的讨论。快速浏览专业服务供应商之后，这部分总结了市场调研的相关角色。本章后面会进一步讨论。

1. 市场调研供应商服务公司

正如上面的标题所暗示的，这些公司是为调研行业服务的，其中包括锯齿软件这样的软件提供商，也包括 SSI 这样的样本提供商。还有许多为市场调研行业提供大的在线样本组（一群愿意回答市场调查的人）的提供商。哈里斯民意调查（Harris Interactive）声称它有世界上最大的样本组，由来自 200 多个国家和地区的成员组成。接下来会详细地介绍这些服务公司。

很多公司为市场调研供应商提供服务。当一家公司（比如卡夫食品）的调研部门要进行自己的研究，它们的服务公司也会进行协助。服务公司的两个最主要类别就是现场服务公司和抽样公司。

现场服务公司 一个真正的现场服务公司，除了收集调研数据，不进行其他的活动，它不需要进行调研设计和分析。现场服务公司是数据收集的专家，在同公司市场调研部门、定制服务公司、广告机构等签订合同的基础上进行数据的收集。

以下对于典型的现场服务公司的活动过程的描述可以让大家很好地了解这些公司是如何运作的：

（1）客户接触。客户、辛迪加服务调研公司或广告代理的研究部门通知现场服务公司（通常通过电子邮件），告知对方自己想进行一项特定种类的研究（电话访问、卖场访问、焦点小组访谈或口味实验等）。

（2）采访者培训。工作正式开始之前，有一个情况介绍或培训环节，以使采访者熟悉某一特定工作或问卷的要求。

（3）采访状况报告。日进度报告是关于已完成的采访数目和花费的报告，并通过电子邮件传达给用户。这些报告使客户可以判断工作是否按时、在预算内完成，并允许现场服务公司就任何问题向客户提出建议。

（4）质量控制。采访被录入编辑，也就是使用一个特别设计的软件来判明采访是否正确地完成。

（5）送达客户。最终完成后，编辑完成的采访结果被送至（多采用电子方式）客户处。

大多数客户定制调研服务公司依赖于现场工作，因为由它们自己进行这些工作并不节约开支。因为涉及太多的地理区域，然而又很难知道哪些地域是一直需要的。此外，某一特定地域的现场服务公司一直保持着在当地的工作流程的运作，因为有数目众多的研究公司、调研公司、广告机构和研究部门作为它们的客户。

今天主要的现场服务公司都有一个固定的办公场所。它们也许有一个或更多的商场测试中心、焦点小组访谈设施、中央电话采访设备，同时还有其他专门的设施和设备。现场服务公司最近的趋势是在不同的城市建设卫星办公场所。

抽样公司　抽样公司提供样本（可供采访的人）给市场调研供应商和其他调研实施者。最大的抽样公司是抽样调查公司（SSI），这家公司的所有工作是为邮件、电话或互联网调研提供样本。SSI 的 Survey Spot Internet 讨论组有超过 600 万成员。公司的 SSI-lite eSample 是一个按照生活方式分类的讨论组，这个讨论组包括 3 500 个以上的话题列表和 1 200 万的用户名。其他公司如哈里斯互动（Harris Interactive）和决策分析师（Decision Analyst），都有很大的互联网讨论组，被它们用于自己的调研或者租借给其他调研供应商。

2. 软件公司

有很多专门提供数据分析和互联网采访软件的公司。超过 2/3 的调研供应商使用的最流行数据软件包是 SPSS，现在属于 IBM 公司，这正是当你购买新版本时得到的我们提供给你的软件。其他公司如 Perseus 和 Web Surveyor，它们专门出售在线采访软件。这些公司也在自己的服务器上主持进行调研。

3. 其他服务公司

其他服务公司为调研公司提供一系列服务。例如，Sawtooth Software 就提供复杂的数据分析给市场调研供应商；市场调研职业生涯（Marketing Research Careers.com）则专门从事（正像它的名字表明的）市场调研职业生涯方面的服务；Quirk's 出版杂志《Quirk 市场调研评论》，还有现场服务公司、国际调研公司和焦点小组访谈设施等的指南。Quirk's

也为一些市场调研人员主持在线论坛。

2.3 消费者和工业公司的市场调研部门

因为公司是市场调研的最终消费者和发起者，逻辑上它们就是了解这一行业运作机理的起点。大部分大公司（以及不论规模大小的所有快消品制造商）都有市场调研部门。一些公司也在将市场调研和战略计划相结合，而其他公司也在试图将市场调研和客户满意部门相结合。

市场调研部门的平均规模都较小。最近的一项调查发现，只有 15% 的像联邦快递和美国航空这种规模的服务公司，有 10 个以上员工的市场调研部门；只有 23% 的制造商，有 10 个以上员工的调研部门。由于兼并重组和流程再造，市场调研部门的规模有下降的趋势。严重的经济衰退使得将调研活动外包给市场调研供应商成为一种长期趋势。现在，内包成了一个口号。公司试图找到花小钱办大事的途径。这也意味着供应商服务公司有更多工作，比如 Confirmit、Marketingsight 和 Vovici，提供网上调研软件和分析报告调研数据的工具。

因为在这里不可能介绍所有类型的市场调研部门，我们将主要介绍那些更大、更复杂的公司内部的此类部门，这些市场调研部门是智囊性部门，它们的领导者主要向高层营销管理人员报告。这些部门的大部分工作要与产品或品牌经理、新产品研发经理或其他一线经理打交道。凭借可以将各种重复性调研编入公司的营销信息系统，市场调研部门通常不需要主动发起实验。现实中，调研经理只能控制很少或者根本不能控制经费，事实上，职能经理管理的经费中有专门给予市场调研的部分。

当品牌经理认为他们遇到了需要调研的问题时，他们就会向市场调研部门寻求帮助。在与调研经理或高级分析员合作的过程中，他们经历的一系列步骤也许就会演变成一个市场调研项目的设计和执行过程。

2.4 调研供应商

尽管市场调研行业的特点是以由数百家小公司为主，在这个行业中还是有很多大公司的。表 2-3 列出了最大的 25 家市场调研公司的年收入。这个行业最大的公司——尼尔森公司是以辛迪加服务为主要业务的公司。

表 2-3 美国最大的 25 家市场调研组织的年收入 （单位：100 万美元）

2012 年排名	组织名称	总部所在地	网站	年收入
1	尼尔森	纽约	*nielsen.com*	2 651.0
2	凯度	伦敦 & 费尔菲尔德，CT	*kantar.com*	929.4
3	益普索	纽约	*Ipsos-NA.com*	590.0
4	维思达特	罗克维尔市，MD	*westat.com*	491.1
5	信息资源公司（IRI）	芝加哥，IL	*iriworldwide.com*	478.7
6	阿比创公司	哥伦比亚，MD	*Arbitron.com*	444.1
7	美国 GfK 集团	纽伦堡，德国	*Gfk.com*	330.0
8	艾美仕	诺瓦克，CT	*IMSHealth.com*	271.3

（续）

2012 年排名	组织名称	总部所在地	网站	年收入
9	NPD 集团有限公司	华盛顿港，NY	*NPD.com*	191.8
10	ICF 国际有限公司	费尔法克斯，VA	*ICFI.com*	191.2
11	comScore 有限公司	雷斯顿，VA	*comScore.com*	183.4
12	Abt SRBI 公司	剑桥，MA	*abtassociates.com*	157.4
13	J.D. Powers & Associates	西湖村，CA	*JDPower.com*	156.1
14	马瑞兹调研公司	芬顿，MO	*MaritzResearch.com*	154.0
15	Symphony Health Solutions	霍舍姆，PA	*SymphonyHealth.com*	153.5
16	Dunnhumby USA LLC	辛辛那提，OH	*Idunnhumby.com/us/*	118.1
17	哈里斯互动公司	纽约	*HarrisInteractive.com*	85.3
18	利柏曼全球研究	拉斯维加斯，CA	*LRWonline.com*	72.9
19	民族研究	林肯，NE	*NationalResearch.com*	67.7
20	国际市场战略	利沃尼亚，MI	*MarketStrategies.com*	62.6
21	Communispace Corp.	波士顿，MA	*Communispace.com*	59.3
22	欧维希市场咨询有限公司	普林斯顿，NJ	*ORCInternational.com*	56.5
23	Vision Critical Communications Inc.	温哥华，BC	*VisionCritical.com*	51.0
24	市场力量信息有限公司（Market Force Information Inc.）	路易斯维尔，CO	*MarketForce.com*	50.5
25	布尔克公司	辛辛那提，OH	*Burke.com*	48.3

注：一些很大的私有公司，像 DSS Research 和决策分析师等，也是能够被列在这个表上的，但是它们并不公布财务数据。

资料来源：“Honomichl Top 50”，*Marketing News*（June 2013），pp. 35. *Some large privately held firms，such as DSS Research and Decision Analyst，would be included in the list，but they do not disclose financial data.

尼尔森创立于 1923 年，连续 40 多年是美国最大的调研公司。尼尔森在 100 多个国家办公，员工超过 33 000 人。尼尔森是提供市场和消费者信息、电视和其他媒体测量、网上情报、移动测量、交易展示和商业出版物服务的全球信息和媒体公司。尼尔森业务被分为两部分：观察——进行媒体调研；购买——集中于消费者调研。

2.4.1　消费者观察

尼尔森观察细分市场包括和电视、网络、移动设备相关的测量和分析服务，主要向媒体和广告行业提供电视观众数据。它的媒体客户使用数据来定价广告目录以使其内容价值最大化；它的广告客户使用数据来计划广告花费并使其最优化，以及更好地确保广告被目标观众观看。尼尔森通过三个媒介提供测量服务：电视、网络和手机。

在美国尼尔森提供两个最重要的电视收视率服务：全部 210 个指定的地方电视市场中的国家电视台观众测量和地方电视台观众测量，其利用多种途径收集家庭数据，包括电子仪表和写日记。方法不仅包括电视观看数据，还有观众的人口统计信息，以此来预测全部电视观众的成本。

尼尔森将互联网媒体和市场调研、观众分析，以及网上观众行为的社交媒体测量提供给网上发布者、互联网和媒体公司、市场营销者和零售商。它测量和分析消费者生成媒体，包括在 1 亿多条微博、社交网站、用户群或聊天版上的观点、建议、P2P 讨论以及个人经历分享。

在移动电子交流行业，公司为电信和媒体公司提供消费者调研和独立的测量，包括移动运输器和设备制造商。在美国，指标是市场份额、消费者满意度、设备共享、服务质量、收入份额、内容观众及其他关键性能的指示器。

2.4.2 消费者购买

尼尔森购买细分市场提供零售交易测量数据，消费者行为信息和主要针对快消品行业的商业分析。其购买客户利用信息及其洞察力努力更好地管理品牌，发现新的资源需求，研发增加新产品，优化营销组合，建立更有效的顾客关系。

2.5 运用市场调研：公司视角

既然现在您已经熟悉了市场调研行业，下面就让我们进一步了解调研使用者方面的细节。很有可能，我们的读者将来也会成为一名商人，与市场调研产生关系，成为调研的使用者。图 2-2 列出了一些典型的市场调研的使用者。暂不提非营销的内部客户（如金融和制造业）对于一个组织的成功具有的重要作用，一些公司的调研部门还未对其非营销客户对具体营销信息的需求引起足够注意。大家都可以想到，这些未得到良好服务的客户对于市场调研信息表现出了较少的兴趣。我们都知道，那些最成功的市场调研部门和公司都能够致力于使它的所有客户都感到满意。下面让我们细致地了解一下这些各式各样的客户需要和使用的信息类型。

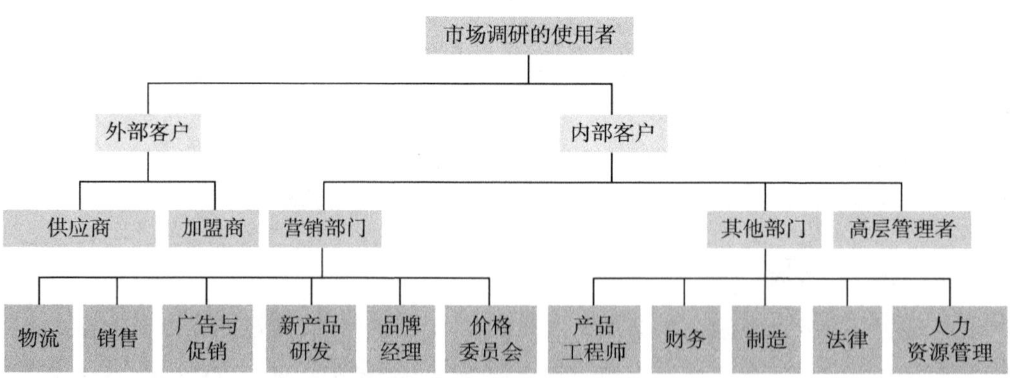

图 2-2 运用市场调研：公司视角

2.5.1 外部客户

因为市场调研可以成为关于新的竞争优势或提升竞争优势信息的有价值的来源，也由于这样的信息往往收集费用巨大，一家公司的调研部门收集的数据很少在公司外部核算。很多公司不对外提供任何信息，比如对供应商。然而，那些能够对外提供信息的公司，往往会发现这是与它们有共同利益的。

1. 供应商

制造商同它们的供应商建立**战略伙伴关系**（strategic partnerships），以实现准时制（just-in-time）制造。这些联盟是基于整合了的制造商 – 供应商物流系统，这一系统将零部件在需要的时候运到组装流水线上，结果就是很少或没有材料存货，并大大减少了运输成本。这种系统的支柱是共享的信息，大的零售商，如沃尔玛和劳氏等，与它们的主要供应商都有这样的联系。

战略联合的框架内部，当消费者在制造商的消费者满意调查中，反映关于某一组件的意见时，市场调研信息就会反馈给制造商的供应商。例如，如果先锋公司（Pioneer，日本音响公司）给本田公司的汽车提供音响，而消费者抱怨某一个操作模式很难设置，先锋公司也会得到这样的信息。又如，一家主要的零售连锁执行了一项关于顾客对于圣诞节相关产品的偏好改变情况的调查，如礼品包装纸、贺卡、人造圣诞树和装饰物等，以帮助它的产品材料的供应商认识到进行相应的产品改进的重要性，并且提供做出这些改变的建议。

2. 加盟商

大多数主要的消费产品和服务的特许经营授权商对它们授权经营的加盟商都提供市场调研数据。也许最普通的收集数据的方法就是通过“神秘顾客”。神秘顾客装扮成普通的顾客，观察多久才能得到服务或者进行支付，以及员工是否注重礼仪、操作区是否清洁、购买或者购买的顺序是否正确准备。有关神秘顾客还将在第 7 章详细论述。

授权加盟商也同它们的加盟商分享市场调研信息，来支持特定的建议或行动。当麦当劳建议某一加盟商的某一店面应当按照特定的风格进行改造时，它就会给加盟商调研数据，显示加盟商的店面风格已经被认为是过时或风格陈旧。其他数据也许就是用来说明现今消费者偏好的建筑主题和风格。当汉堡王进行一项新的促销活动时，它会和加盟商分享调研数据，这些数据显示在众多可选的主题中，已经选择的促销主题更受顾客和非顾客青睐。

2.5.2　内部客户

1. 营销经理

事实上组织内的每个经理都会在某种意义上成为市场调研信息的使用者。然而，营销经理比其他组织成员更多地使用调研数据。回顾营销组合理论，其中包括关于产品、服务、促销、分销和定价方面的决策，市场调研帮助决策者在这些方面做出更好的决策。例如，产品经理使用调研结果来确定目标市场，以开展接下来的工作。在某些情况下，管理者使用调研数据来确定目标市场中的重度消费者。市场调研揭示了奇妙奶（Miracle Whip，卡夫公司产品）的重度消费者每年食用 550 份，即 17 磅[⊖]该产品。这些数据被用来定位一项针对核心客户的耗资 300 万美元的促销活动，告诉这些核心客户不要“不吃这一口”（skip the zip）。由于这次促销活动，奇妙奶的市场份额上升了 2.1%，年销售额达到了 3.05 亿

⊖ 1 磅 =453.592 克。

美元。在广告促销实施之前，其有效性也通过市场调研进行了全面测试。

新产品研发经理是市场调研信息的最重要使用者之一。从产生产品创意的定性调研方法，到概念测试、产品原型测试，再到试销，市场调研是创造一项新产品的关键。例如，宝氏（Post）麦片对于麦片的研究表明，香蕉一直是美国人最喜欢的麦片水果伴侣。既然这样，为什么没有香蕉味的麦片呢？宝氏的新产品经理调制了含有干香蕉片的麦片，但是在市场调研的口味测试中并不成功。进一步的研究被用来解释为什么会产生这样的结果，发现原来消费者并不认为有必要去买另外带香蕉味麦片的必要，因为新鲜水果全年都很便宜。如果消费者需要香蕉味的麦片，他们大多会临时剥开一个香蕉自己做这样的麦片。一天，这位新产品经理有了一个灵感：消费者说他们喜欢香蕉坚果面包，于是他想起奶奶做的那些美味的食品。这位经理让宝氏的实验室做出一种新麦片，用于在消费者家里进行试验营销，结果是这种麦片得到了很高的测试分数。就这样，Great Grains 香蕉坚果口味麦片（Banana Nut Crunch）——宝氏最畅销的麦片诞生了。这完全是由市场调研而生的产品，产生于一位新产品经理的直觉观念。

市场调研也在分销领域起到了很重要的作用。它被用来为新店铺进行选址，检测消费者对于店铺内部设计的安装和特色的反应。例如，香蕉共和国（Banana Republic）一直依靠市场调研在其店铺内创造良好的气氛。

在较大的组织内部，定价决策一般是由营销、财务、生产或其他部门的代表组成的委员会做出。几年前，宝洁的首席执行官调查了电动牙刷市场，发现大多数电动牙刷售价都超过 50 美元。公司进行了定价市场调研，发现对于电动牙刷的需求十分有弹性。宝洁推出了使用电池的佳洁士电动牙刷，然而却只售 9 美元。它现在已经是美国最畅销的牙刷，或手动或电动，它都帮助佳洁士成为宝洁旗下的第 12 个价值 10 亿美元的品牌。

2. 高层管理者

宝洁把市场调研提到了公司管理的最前端，然而这也意味着提升市场份额、盈利和股东价值的风险。杜邦、沃尔玛、万豪、嘉年华航线（Carnival Cruise Lines）、品食乐（Pillsbury）以及亚马逊网站的高层领导者，都依靠市场调研提供战略指导。

3. 其他内部使用者

通常，除了营销经理和高层管理层之外的其他组织成员也会用到市场调研结果。丰田的工程师有时只有在需求被评估了之后，才会去设计某一部件。丰田的市场调研为研发管理提供稳定的客户好恶的信息流。制造部门也从顾客满意度调查中得到持续不断的反馈，比如松动的车门、开关受阻的遮阳板的开关、突然加速等类似的情况。

财务部门利用测试市场的数据来预测未来 1 ～ 3 年的收入流。重新定位研究帮助财务经理预测老产品产生的收入。最初，佳得乐是按为竞技运动员设计的饮品而进行宣传的。市场调研发现它的主要消费者是 19 ～ 44 岁的男性，这些用户更了解该饮品，知道它的功效，也知道该何时饮用。后来产品被重新定位为针对体育运动爱好者，比其他饮品更能解渴和补充运动时流失的矿物质的饮品。新的产品定位戏剧性地增加了销售额。

人力资源经理会就一系列话题运用市场调研来调查员工。客户质量服务要求员工对于公司有一个良好的印象，一个公司希望传达给消费者的态度。西南航空和美国银行通过调查研究监测员工的态度。

公司越来越多地依靠市场调研来赢得诉讼。最近，先灵葆雅（Schering-Plough）和辉瑞（Pfizer）因为医师对于各种抗组胺剂的看法和推销人关于这种药剂使用的销售信息而走上法庭。营销信息被用来证明或反证消费者对于类似品牌名称的看法。

一个旧金山的陪审团在康爵酒庄（Kendall-Jackson Winery）同 E&J 嘉露葡萄酒公司（E. & J. Gallo Winery）的诉讼中否决了前者的诉讼请求。康爵酒庄辩称嘉露（Gallo）抄袭了它的 Vintner's Reserve 的商标——秋天颜色的葡萄叶的图案，嘉露在它的 Gallo Turning Leaf 葡萄酒系列上使用了类似的标识，而市场调研的结果帮助嘉露赢得了诉讼。

2.6 市场调研行业的现状

2013 年，美国在市场调研上的花费超过了 154 亿美元，和 2012 年相比收入是平稳的，美国前 50 的公司占总收入的 91%。到目前为止，在调研上花费最多的是联邦政府机构，2013 年花了 63 亿美元。这 95 亿美元的估算不包括大学，比如密歇根大学的调查研究中心；也不包括许多美国大公司，比如宝洁和通用汽车，它们做了大量的室内调研。大多数的大咨询公司和广告机构的市场调研在国内完成。

这个趋势在市场调研行业持续不减。调查项目网上数据收集的使用持续增长。数据收集可以更快速、更省钱。通过网上访问得到更多样的人口数据与个人的电话访问对比。

戈登·怀纳（Gordon Wyner），大全球调研公司明略行（Millward Brown）顾客解决部门的副总裁，在“市场调研实践 2-1”中谈论了市场调研的快速变化。

讨论市场调研行业的艺术境界和层次，如果缺少了关于伦理和道德的问题，就是不完整的。

市场调研实践 2-1

市场调研在一段时期内的巨大改变

新能力的形成使得人们对调研是什么和做什么的看法有所变化，这些改变使市场营销人员如何更好地实现目标变得不太清晰。

好处

最大的潜在增长领域包括：

（1）更多数据：对更多消费者行为的测量。

（2）更多控制：消费者对市场调研主动性回应的可预测性。

（3）更有深度：了解消费者的头脑如何工作。

在很大程度上，一些今天我们认为理所当然的行为在 10 年前并不存在。例如，网络搜索、数字媒体、电子商务、社交媒体对理解消费者十分重要。测量和这些活动相关的行为在市场调研人员的优先次序列表中排在前列。

列表仍然在增加，感谢新技术，尤其是手机。原则上许多新行为是可测量的，比如记录在每个新位置的社交网络。

即使不是新行为也可以更广泛地测量。消费者和品牌之间的更多互动点也是可用来测量的，比如银行顾客去柜台机、ATM 机、银行网页或与呼叫中心和互动广告的互动。

因为新行为是电子俘获的，使用信息用来市场分析的机会十分充足。更多变量和更细微的测量导致更多可预测的力量，尤其是预见消费者对市场行为的回应。这反过来会导致更好的决定采取什么市场行为及如何分配市场资源。

缺憾

这些新能力不能解决所有重要的市场问题。

创新

市场调研的新能力将会如何协助和提升创新过程？可以确定的是，数据的可获得性将会允许市场营销人员对市场中的改变快速回应，使产品和渠道相应地做出改良，但是新的产品和服务创意从哪里来？对过去和现在行为的强烈关注不会必然显露出消费者未来想要什么的洞察力。

品牌

尽管新技术能够更仔细地聆听消费者说了什么，但它们不能直接回答这些重要的问题：

1. 品牌代表什么？（不仅仅是在网上表达的少数声音，而是对于有址可寻的市场）
2. 品牌应该如何定位？（与竞争相关）
3. 什么类型的交流会最好地提升品牌资产？（与可选的主题、战略、执行相比）

问题：

1. 调研人员如何决定消费者未来想要什么？简单地问他们吗？
2. 在这篇材料中你看到什么隐私问题了吗？如果有，是什么？

2.7 市场调研道德

对于调研客户与它们的调研部门 / 供应商的关系中最重要的两个因素就是保密和诚信，这两个因素中每一个都是一项道德问题。**道德**（ethics）就是通常约束个人或组织行为的道德准则或价值观。然而，有道德的行为不是单方面的关系，客户、供应商和现场服务公司必须都要以道德的方式行事。

道德，包括从实践性的较窄定义下的问题，如调研人员对于客户的诚信义务，到更广阔的社会和哲学问题，如公司保护环境和维护员工利益的义务等问题。许多伦理矛盾就是从公司所有者同员工、客户、周边社团、社会不同利益的矛盾中产生的。管理者必须平衡理想和现实的关系，给予公司股东客观的合理利润，同时保持经济活动中的诚信，并履行更大的环境和社会问题上的义务。

2.7.1 道德理论

人们通常根据自己的生活经历做出个人道德理论的选择。下面就是一些可以适用于商业和市场调研领域的道德理论。

1. 道义论

道义论认为人们在分析道德困境时应该严守他们的义务和责任。这意味着一个人应当遵循他们对其他人或社会的义务，因为坚持个人的责任在道德上被认为是正确的。例如，道义论者总会信守承诺并且遵守法律。遵守这一道德观的人会做出十分稳定持续的决定，因为这些决定都是基于他个人的固定的义务。请注意这种理论并非一定考虑到他人的福利。例如，一个调研供应商认为准时会见客户是他的道德义务。但是有一天他出发晚了，他应该怎样驾车到目的地呢？这个道义论者是应该超速，不遵守对于社会的法律上的义务，还是只能迟到导致守时的义务没有遵守呢？这种义务矛盾的情境让我们没有办法选择一个道德上正确的解决手段，也不能保护道义论决定所影响到的其他人的利益。

2. 功利主义

功利主义道德理论是基于预测行为后果的能力的理论。对于一个功利主义者，能够为更多的人带来更多利益的选择在道德上是正确的。这种道德观的一个好处就是，功利主义者可以比较几个类似的解决方案，并且使用一个指标体系来确定哪种选择为最多的人带来最多的利益。这种指标体系为每项决定提供逻辑化和合理化的评判标准，并且使决策者可以视不同情况而采取不同的选择。

功利主义分两种：一种是情境功利主义，另一种是规则功利主义。情境功利主义严格恪守我们上面谈到的功利主义的定义。在情境功利主义下，个体进行对更多人有利的行为，不考虑个人感情或社会的约束，比如法律。规则功利主义考虑法律和公平正义的因素。规则功利主义试图通过最公平和最公正的可以实现的方式，来为最多的人获得利益。因此，规则功利主义的额外好处就是，它同样重视公正和为更多的人谋福利。

像其他的道德理论一样，情境功利主义和规则功利主义都存在很多缺陷，两者的内在缺陷都同对未来的预测有关。尽管人们可以利用他们的人生经历来预测结果，然而没有人能够完全肯定他的预测就一定是正确的。这种不确定性会带来难以预料的结果，使得功利主义看起来随着时间的推移越来越不那么道德，因为决定并不会像预测的那样给最多的人带来福利。

功利主义者必须做出的另一个假定就是，他们有能力在一个类似的尺度上比较不同的结果。然而，比较物质所得（比如金钱）和难以度量的所得（比如快乐）是不可能的，因为它们的本质相差太大了。

3. 诡辩论

诡辩论将当前的道德困境同类似的道德困境和它们的后果进行比较，这样有助于人们认识情况的严重程度，并根据他人的经验得出最好的解决方案。通常，人们会发现类似的、似乎是极端情况的例子：妥协达成，而且其中极有可能包含了从以前的情形中得到的智慧。

这种道德理论的一个缺点就是，对于一个给定的道德困境，也许不存在类似的例子。也许道德上相反的或者有问题的情况正是全新的和未能预料到的。沿着同样的思路，这种理论认为当前道德困境的结果会同类似例子的结果相同。这并不一定总是正确的，这极大地限制了这种理论应用的有效性。

2.7.2　调研供应商道德

理解道德理论能够帮助我们更好地决定市场调研中的不道德的行为应该如何应对和处

理。表 2-4 详细地展示了市场调研涉及的众多群体中十分常见的不道德行为。这部分讲了不道德的调研供应商行为，从虚报低价到黑箱品牌化。接下来的内容强调和调研客户与现场服务公司相关的道德问题。

表 2-4　市场调研中不道德的行为

调研供应商	调研客户	现场服务
虚报低价	在供应商预先确定的情况下还进行招标	选用职业的受访者
调研带有主观性	通过招标获取免费的建议和方法	未经证实的数据
粗暴对待被调研人员	做出虚假的承诺	
出售无意义的调研	未经授权征求建议书	
侵犯客户机密		
黑箱品牌化		

1. 虚报低价

调研供应商应该根据特定的发生率（抽样调查中有资格完成调查的受访者的比率）和问卷长度（完成的时间）来开出一个固定的价格。如果任何后两个项目改变了，则客户应该预料到合同价格的改变。任何形式的**虚报低价**（low-ball pricing）都是不道德的。本质上，虚报低价是以不真实的低报价以保证企业的经营，然后用某些手段暗地里提高价格。例如，基于一个不真实的高发生率而定价，就是虚报低价的一种形式。又如，供应商提出以每组 8 000 美元的价格组织讨论组，当客户应允之后，供应商又说："被调研人员参与小组讨论的费用，当然是不在这 8 000 美元之内。"这也是一种虚假低价。

2. 调研带有主观性

调研供应商必须避免有偏见地采样、错误地运用数据、忽略相关数据，或者是为了支持一个既定的目的而进行调研。今天调研的一个领域是所谓的拥护性调研，这些调研是受企业或行业委托，为了公共关系的目的或者是拥护和证明某一立场而进行的。例如，汉堡王就曾经运用了一次拥护性调研来证明自己制作汉堡的方法比麦当劳更受欢迎。汉堡王利用了对于调研中一些问题的积极回应，这个问题是这样的："你更喜欢火烤汉堡还是油炸汉堡？"然而，当另外一个调研人员将问题改述为："你更喜欢在不锈钢的烤架上烤熟的汉堡，还是更喜欢在明火上烤熟肉片做出来的汉堡呢？"结果相反：麦当劳比汉堡王更受欢迎。

Kiwi brands 是一家皮鞋洁具生产厂家，它发起了一项针对志向和光亮的皮鞋之间关系的调查。这项调查发现，97% 自我形容为有志向的年轻男性认为光洁的皮鞋是很重要的。很多情况下，拥护性调研只是运用了并不能代表总体的样本。例如，为一家减肥产品制造商而发布的一则新闻这样说："对于当今美国 6 500 万正在减肥的人，现在有一个好消息。"一家公司的调研表明，减肥的人可以做到体重不反弹——样本包括了 20 名公司进行的实验计划的完成者，这些人在广告中表示支持这种产品。

当调研结果在新闻媒体上公布之后，具体研究方法和过程就应随时准备好应对记者了。通常，这些信息不被告知，因为这些资料多是私有的。一项为卡罗来纳州制造商服务公司（Carolina Manufacturer's Service，一家优惠券赎回公司）提供的调查发现，很大一部分美国人认为折扣券才是他们购物的真正诱因。而关于这一结论的具体方法描述，却只有花上 2 000 美元才能得到。

3. 粗暴对待被调研人员

粗暴对待被调研人员以几种形式存在，也许最常见的就是耗时过长的采访。这种现象大多是由于一些产品经理"只要我还在问问题"的心理状态。客户要求额外的"乐于知道"的问题也不是稀奇的事情，甚至这些问题是关于另一项完全不相干项目的"探索性问题"，这些导致了较长的问卷，30 分钟的电话访问或网络访问，抑或 40 分钟的商场采访。由于采访耗时过长和恼人的电话推销，越来越多的美国人拒绝参与电话调查。电话调查的拒绝率现在平均在 60% 以上，在过去 10 年里增长了 10%。49% 的受访者表示这些调查涉及了太多私人问题。幸运的是，比起其他调研方式，更多人愿意参与网络调查。

对某一产品和服务的兴趣往往在电话访问过程中就能辨别出来，采访者也可以通过被采访者对于收入和其他相关经济问题的答案得出受访者的潜在购买力。尽管问卷的介绍阶段往往承诺保密，但是一些调研人员还是将一些潜在消费者的名字和地址卖给了那些渴望销量领先的公司。愿意参与调查的人有权利使他们的隐私得到保护。

纽约州曾起诉学生营销集团（Student Marketing Group）将大量的信息卖给了直销者。这些由学生填写的调查问卷包括年龄、性别、宗教信仰、职业兴趣和平均成绩等。这家公司声称它们收集这些信息是为了反馈给大学，以帮助学生取得入学资格和财政资助。直销者运用这些信息来销售信用卡、杂志、录像带、化妆品和其他产品。

4. 出售无意义的调研

与对市场调研无甚了解的客户交易的调研供应商，经常可以找到机会来"糊弄客户"。例如，如果一个项目只需要召集 4 个讨论组和一次大约 350 名消费者的在线调研，调研供应商就会组织 8 个讨论组和 1 000 次网上采访，其中有 400 次访问还是在 6 个月之后再进行的。

如果情形允许不同的方案设计，则向一位潜在的客户提供几种不同价格的研究方案是十分可取的做法。供应商应当指出各种方案的优劣之处，同时需要样本确认间隔。客户在和供应商咨询之后，可以客观地决定哪种设计能更好地满足企业的需要。

5. 侵犯客户机密

客户日常经营活动的信息或者是客户项目的结果应当对第三方保密。供应商甚至不能泄露客户的名字，除非事先有授权。

保密中最棘手的问题就是决定什么时候不应该再获得"背景知识"，什么时候由于和前一个客户的交易，会发生争端。一位研究者这样形容：

> 我参与过很多私人调研，经常发生的问题就是，一项调研最终被发现同之前的一些调研内容相关。我们的职业道德准则要求我们不能将一项调研的结果用于其竞争者的相关调研中。然而，既然我经常能知道一些关于某一领域的信息，我最终还是会对不起之前的客户。虽然公司上层极其正式地表示这些事情不能做，但是他们也希望我们那样做，因为可以减少开支，这种利益矛盾的情形很难处理。最起码在我的公司，我还没发现对这种情况的解决方法。这不是只有一次的

情形，而是一个问题本身长期存在的过程。让员工重新去做最近刚做过的类似调研的部分是很荒谬的，然而放弃一桩可能的生意从经济角度上又是不可能的。

6. 黑箱品牌化

市场调研供应商发现了品牌的重要性。Synovate 拥有 25 种注册了的产品可供使用，包括品牌视觉（Brand Vision）和 M2M；马瑞兹调研（Maritz Research）提供 Loyalty Maximizer 化；哈里斯互动有 TRBC——一种数量偏差纠正算法。登录较大的市场调研公司的网站，你就会发现很多注册了的调研产品，涵盖了几乎所有业务，从市场细分到顾客价值分析，所有这些产品名称上都会有 SM、TM 或 ®。

这些产品的一个共同特点就是它们都是有专利的，这意味着调研公司不会透露它们的具体流程，这也是它们被贬义地叫作黑箱的原因。黑箱的方法就是专利，公司可以保护它的产品研发投资。如果客户需要增加调研的价值，供应商可以加价。黑箱和品牌名不是同义的，几乎所有私有研究方法都会有一个聪明的品牌名，但是也有并没有专利的调研方法，却有了品牌名。

至少两个因素导致了这样的品牌疯狂：第一，竞争压力强迫组织寻求新的使自己的产品区别于竞争者产品的方法；第二，许多大的调研公司是上市公司，上市公司承受着巨大的每季度提高销量和盈利的持续压力。一种解决办法就是对服务加价。如果公司用私有化的方法做一项市场细分的研究，不难想象，通过这种方式，它可以比其他使用常用的软件（比如 SPSS、SAS 的公司）收取更多的费用。

客户并没有客观的方法判断专利研究方法和更标准的方法是否有显著的不同，我们也不能。例如，我们去 5 家有 5 种不同黑箱决策模型的公司，每家公司都声称自己的模型是更好的，然而从心理测量学角度看，评估哪一种更高效是不可能的。

当然，没有人强迫客户去购买黑箱研究，客户也可以同其他使用调研供应商的专利方法的组织联系，以评估它的有效性。通常，客户会在同一项目上获得多个出价，从一系列方法中进行选择，以帮助他们回答所研究问题。

2.7.3 调研客户道德

同调研供应商一样，客户（使用者）也有一些道德上的注意事项。较常见的客户问题就是在供应商已经预先确定的情况下还进行招标，以获取免费的建议和改进方法，做出虚假的承诺，以及未经授权征求建议书。

1. 在供应商预先确定的情况下还进行招标

相比一个供应商更喜欢另一个供应商不是稀奇的事情，这种偏好也许是由于良好的工作关系、费用的考虑、按时完工的能力、友谊或调研人员的能力。具有偏好就其本身而言并不是不道德的。然而，已经提前决定了调研供应商，为了满足公司要求，却还向其他供应商征求提案，这就是不道德的，让并没有机会赢得合同的公司浪费时间、金钱和努力是不公平的。为什么要一个以上的 RFP？因为一些公司需要不止一个中标者。

2. 通过招标获取免费的建议和改进方法

追求实惠的底价的客户公司，一直以来都会征求详细的建议书，包括来自多个供应商的完整的改进方法和问卷的初稿。在选择了较明智的供应商之后，客户就会自己编写一份问卷，然后直接同现场服务公司签订合同，收集数据。这种策略的不同就是客户带着客户“自己的提案”——从众多供应商的建议书中选择最好的内容组合而成，从供应商中选择要价最低的那一个。客户接下来就会试图以更低的价格让供应商提供更加复杂的研究。

3. 做出虚假的承诺

不道德客户使用的另外一种手段就是，以虚假的承诺换取供应商减少经费。例如，一个客户也许这样说：“我真的不想承诺什么，但是我们计划在这个领域做一系列调研，如果你能在这次调研上给我们一个好价钱，我们下一次调研也会找你来做的。”不幸的是，下一次调研永远也没发生；或者确实有下一次，但却是同样的话被用在另外一个毫无怀疑的供应商身上。

4. 未经授权征求建议书

在下面几种情况中，一位客户代表在未收到授权、已得到调研资金的情况下就征求建议书：

（1）一位客户代表决定先征求意见书，然后再向管理层请示是否可以得到资金来进行调研。

（2）一位德高望重的员工向管理层建议需要在某一领域进行市场调研。尽管经理们对这个想法提不起兴趣，他们还是会叫这位提意见的员工对外征求建议书，不打击他的积极性，同时也不错过一个可能（但是，在他们看来这是不可能的）的好主意。

（3）客户代表和经理对于经营问题是什么和如何解决有不同的观点。调研供应商并不知道管理层的看法，所以即使建议书达到了客户代表的要求，但是管理层还是会拒绝这项提案。

（4）一位客户代表在没有咨询销售部门的情况下，就对外征求对销售情况分析的建议书。公司的高层害怕得到不良的反馈，或者销售部门不了解市场调研，就会阻挠调研的实施。

5. 零售商道德

零售行业的激烈竞争使得消费者满意度调查迅速增长，也许这种现象没有比汽车经销商更明显的了。尤其是在美国，许多汽车制造商大大削减了经销商数量，剩余的经销商也承受着巨大的压力以提供特殊的顾客服务。服务水平由制造商提供的顾客关系调查来测量。一个有 1 700 名新车购买者的调查发现，45% 的调查对象相信经销商试图影响他们的调查回应。一些购买者不确定什么时候经销商会要求“请让我们解决任何问题而不要报告出来”。这是试图影响购买者，还是良好的客户服务？

尤其是对下面这个问题的回答：“当你买车的时候，销售人员或管理者关于这个调查说了些什么？”

- 25%——他们从未提到过这个调查；
- 30%——他们提到了我将会收到一次调查（但没有下面这些）；
- 36%——他们请求我有任何问题让他们来解决，而不要报告出来；
- 28%——他们请求我给他们完美的分数，但没有乞求；
- 8%——他们乞求我给完美的分数；

- 9%——他们说如果我给出完美的分数，他们仅仅会得到一份奖金；
- 2%——他们请求我把调查表带给经销商，让他们看着填写；
- 2%——他们请求我把空白调查表带给经销商，然后他们自己填写；
- 2%——他们给我一份礼物来交换上面的一个。

正如你所看到的，调查对象的回应有一个固定状态，但许多显然是不道德的。制造商可以通过把调查问卷送到调查对象的家中来帮助解决这些问题；建立并执行一项强有力的政策来抵制调查伪造，允许调查对象保持匿名。

2.7.4 现场服务道德

需要电话或面对面访问的市场调研现场服务，是调研行业的生产部门，是受访者和调研供应商之间的关键环节。它们正确地记录信息、小心地遵循抽样计划是十分重要的。否则，最好的调研设计也只会产出不实的信息（进的是垃圾，出来的也是垃圾）。保持较高的道德标准能帮助现场服务为调研公司提供优秀的原始数据。

选用职业受访者

职业受访者的问题在培训焦点小组访谈讨论参与者的时候最常出现。事实上，所有现场服务公司都会保留愿意参加更多讨论的人的数据，同时还有他们大致的个人情况记录。保有这样一份记录是很好的经营手段，也是道德的。当焦点小组讨论成员的限制条件较低时（比如拥有宠物或者驾驶 SUV），没有很大的诱惑去使用职业受访者。然而，当调研供应商需要，比如双氧水（Oxydol）洗涤剂的重度用户，或者是拥有俄罗斯蓝猫（Russian Blue）的人时，就不难听到讨论组培训者给职业受访者打电话说："我明天可以让你参加一个讨论组，受访费是 75 美元，你要做的就是说你有一只俄罗斯蓝猫。"

要想不用职业受访者，调研供应商必须具体声明参与者不能是在 6 个月内参加过样本组的成员。然而，不诚实的现场服务商只需告诉职业受访者，否认 6 个月内参加过样本组就可以规避问题。

2.7.5 受访者的权利

市场调研项目中的受访者通常提供私人时间和看法，却只得到很少回报或根本没有回报。这些受访者也有一些应该被市场调研人员尊重的权利。一项调研项目的所有潜在参与者都有选择权、安全权、知情权和隐私权。

1. 选择权

每个人都有权利决定是否参加一项市场调研项目。一些人（比如受教育程度不高的人或儿童）不能完全享受这项权利。一个想中止一次调查或实验的人也许会给予极短、不完整的回答，甚至是错误的数据。

一个人同意参与一项实验或者回答一个问卷，并不意味着给予了调研人员全权委托让他们做任何他们想做的事。调研人员仍对受访者负有责任，尊重其权利。例如，一个人参与一个包括一件实验产品和其他几件现有产品的品尝实验，他更偏好实验产品，但调研人员没有权利将他的姓名和地址用在推销的产品上，说："同 X 牌相比，琼斯先生更喜欢这个新的产品”。

2. 安全权

调研参与者有免受身体和心理上损害的安全的权利。尽管受访者受到身体损害并不常见，但是也有参与者参加食品品尝实验后生病的案例。更微妙的是，调研人员很少会告知参与者某一产品含有什么，比如含有很多盐分。如果一项实验持续几周，不知情并极度紧张的受访者就有可能出现身体上的危险。

受访者面临心理上受损的情况往往更为普遍。如果采访者强迫受访者参与一项调研，受访者会感觉到压迫；其他受访者也会在回答不出给定的问题或在给定的时间内完成特定任务的情况下感觉到压力（例如，“你有 5 分钟的时间浏览这本杂志，接下来我会问你一系列问题”）。

3. 知情权

调研参加者有知晓调研工作各方面信息的权利。知道了调研内容、调研需要的时间和数据的用途，个人就可以做出合理的选择是否参加调研项目。

通常，为了不影响受访者的客观反映，有必要不公布调研赞助商的名称。比如说：“我们为百事可乐做一项调研：你们平时购买最多的是什么牌子的软饮料？”这就是很糟糕的调研行为。在需要掩饰赞助商的情况下，调研完成后需要进行事后的情况说明，这个情况说明包括调研的目的、出资人、数据、接下来的用途和其他相关信息。事后情况说明能够减少受访者的压力并增加对调研行业的好印象。不幸的是，花时间进行事后说明对大多数公司来说是一项不愿支付的开销。

在一些商业或学术研究中，调研人员也许会提出向受访者提供一份调研结果的副本，以得到受访者愿意参与项目的意愿。一旦分发调研结果给受访者做出承诺，就应该履行这样的承诺。然而现实中很多情况下，我们参与一些学术研究，它们号称向受访者公布研究结果，但是我们却从未收到。

4. 隐私权

所有的消费者都有隐私权。所有的主要调研组织，包括 MRA、CASRO 和 IMRO、AMA、ARF 等都有自己的保密规定。例如，对于在线调研，潜在受访者名单必须有一两个特点。可能的受访者必须或有交流地预先选择性加入，或者他们同发送者已经有交易上的往来——采访者的电子邮件不会被当作随机的、未经过请求就发来的邮件。

网上和移动跟踪公司多起来以后，隐私战争在这个领域最热。跟踪公司知道你用移动设备在网上干什么，但是它们不能或者不会把你的名字加到它们的数据库中。这个行业经常传召匿名计划者，跟踪不应该被视为是侵入的。然而，跟踪公司结合许多网上和离线数据，它们知道你的名字，电子邮箱以及许多个人离线信息。

RapLeaf 为保守政治家提供电子邮箱来确定选举运动的目标。例如，RapLeaf 知道一个保守女人的名字，她对 Bible 感兴趣，热衷于环保和政治事业。RapLeaf 声称在卖给网上广告之前去掉名字等个人信息，然而 RapLeaf 收集和卖出的数据是十分具体的。根据《华尔街日报》的评论记载，RapLeaf 的市场细分包括个人的家庭收入范围、年龄范围、政治倾向、家中孩子的性别和年龄，以及宗教、赌博、吸烟、成人娱乐和提供“暴富”等主题兴趣。RapLeaf 总共把人们分为 400 类。

当谈到社交媒体聆听和网上隐私时，消费者两者都想要。根据美商网基（NetBase）、山景城（a Mountain View）、加利福尼亚（California）调研公司实施的调查，51% 的消费者想要谈论公司但不想被听到，而 58% 的消费者想要公司对社交媒体上分享的抱怨进行回应。43% 的消费者认为公司监测他们的评论侵犯了隐私，而 32% 的各年龄段的消费者不知道公司正在监视他们在社交媒体上说些什么。

我们将在全文强调隐私问题。技术发展如此迅速，以至于美国联邦和州的法律不幸落后。更多隐私立法将会来临，尽管没有人确定会采取什么形式。

2.7.6 道德和职业素养

现今的商业伦理实际上是整个社会价值观体系的一个子集。营销决策核心的价值判断标准是从家庭、教育和宗教机构，以及社会运动（如女权运动、环保等）中得来的。一个拥有成熟道德价值体系的市场调研人员会去接受影响社会决策的个人责任。以下这些需要抉择和考虑的情况就是一些例子：

- 员工的需要和渴望，以及组织的长期美好愿景。
- 公司活动直接影响到人们的长期意愿和利益（奖励：公司的良好企业形象）。
- 为企业存在的社会结构提供基础的企业社会价值和条件。

高水平的道德和职业素养是相辅相成的。好的道德水准为职业素养提供坚实的基础，为了达到更好的职业素养水平，要求调研人员行为符合道德。

1. 培养职业素养

因为所拥有的专业知识和技能，一种职业的成员会对他们提供特定服务的一方更有权力和影响力。医生和律师掌握的技能不能被别人在市场中轻易获得或买到，这些专业人员守护着他们的知识、控制接触到它们的人。尽管市场调研人员和市场营销者使用权力影响他们的客户甚至社会，但营销行业并没有资质认证过程或很高的进入壁垒。所以可以这样说，营销人中最需要在思考、信仰、行为中体现职业素养的就是市场调研人员。

分清职业和职业素养之间的区别是很重要的：一个**职业**（profession）及其内部成员是客观确定的（比如医学委员会测试），然而**职业素养**（professionalism）是以更加个人和主观的水平评价的。一项被设计用来测量市场调研中的职业素养水平的调查发现，市场调研人员在他们的职业中有自主权，允许做自己的判断，还因为他们的知识水平和独立工作的能力受尊重，这些都是职业素养的特点。然而，大多数调研人员不能随时认识到营销对社会做出的贡献，大多数公司也不愿意奖励调研人员在职业组织中的贡献，这些特点不能说明较高的职业素养水平。

市场调研行业最近采取了很多措施来提高行业的职业素养。例如，美国测量研究组织委员会（CASRO）赞助研讨会来处理调查研究中的道德问题；CASRO 还创制了一套道德准则，在调研行业中广受推行；CASRO 还和市场调研委员会（MRA）合作，向考虑设立反市场调研法律的立法机关提供相关支持。MRA 还创建了自己的道德准则，被选择的条款在表 2-5 中总结。

表 2-5　市场调研组织道德准则部分列表

1. 确信每一项调研都按客户同意的那样进行吗
2. 绝不会在调研或项目的任一阶段为任何人伪造或遗漏数据吗
3. 会保护所有调研技术和方法及被认为是机密和专利信息的机密性吗
4. 会准确诚实地报告调研结果吗
5. 会保护调研对象的权利和隐私吗
6. 会以职业礼仪对待调研对象吗
7. 会采取所有的合理预防措施，绝不会使调研对象由于参加市场调研项目受到直接伤害或不利影响吗
8. 会不做虚伪陈述说有资格证书、经验、技能、资源或其他设备等没有的东西吗
9. 会不使用调研信息在未经调研对象允许的情况下来识别调研对象吗？以下是例外：
   a. 调研对象的身份信息被用来处理数据，合并数据存档
   b. 调研对象的身份信息被用来添加客户或第三方数据到以调研为基础的数据存档中
   c. 调研对象的身份信息被揭示以服从来自有决定权、公认的法律机构的法庭要求或其他法律需要（例如，发现未决的法律案件所处阶段）
10. 会尊重调研对象在调研的任何阶段退出或拒绝合作的权利吗？不会使用任何程序或技巧来强迫或暗示合作是义务吗
11. 会确认调研对象在一开始就被通知采访或讨论会以音频或视频记录吗？如果需要，是否得到允许记录下来的采访或讨论将会被
    - 第三方看到
    - 为外部使用再制作
12. 会把客户提供的全部调研材料或者由客户提供的调研材料生成的结果视为客户的财产吗？在调研时是否经过客户同意，这些材料将会被保留或处理
13. 对于在线调研不会未经调研对象允许下以任何方式使用任何违反提供者已发布的隐私声明的数据吗？未经调研对象允许不会获得数据。这样做是对调查对象在行为准则声明的隐私权的直接侵犯，并且侵犯了特定司法范围的法律
14. 对于在线调研，会主动发送电子邮件给那些决定退出的人吗
15. 会编辑、保留、利用网上样本——仅是那些允许被联系（选择加入）的人，以及对因观点和市场调研目的有着合理预期而收到在线邀请的人吗
16. 会在请求下识别样本方法本身和完成调研目标的能力的合理性吗
17. 会给调研对象提供每次调研中为了未来的在线调研被移动的选择（选择退出）吗

2. 调研人员认证

现如今，想要尝试市场调研十分容易。我们经常见到几个口若悬河的人让毫无戒备的客户相信他们就是合适的调研人员。不幸的是，依靠极少的信息来做重要决策只会带来市场份额的损失、盈利的减少，某些情况下甚至破产。

资格认证在市场调研行业成员中造成了不小的争论。应当注意的是资格认证不是执照。执照是由政府机构管理的，是允许从事某一职业的强制程序；认证则是一种由非政府机构管理的自愿行为，可以在市场中证明某种不同之处。认证的话题很敏感，因为它直接影响市场调研人员是否能够自由地从事该职业。

MRA 发起了一个职业调研师认证（Professional Researcher Certification）计划，据 MRA 表示，其目的是“鼓励业内高水平从业人员，以提高竞争力；建立个人知识和效率的客观测量方法，鼓励持续的职业发展”。这个计划包括了对调研使用者、供应商或数据收集员的认证。认证过程要求连续修完一定课程，然后通过一个考试。到目前为止，已有 1 500 多人已经得到认证。

本章小结

市场调研行业包括：①信息使用者（消费者和工业产品及服务的供应商，联邦、州和地方政府，媒体公司，零售商和批发商）；②市场调研提供者（客户定制调研公司、辛迪加服务调研公司、有限职能调研公司、在线和移动跟踪公司、大数据分析公司）；③市场调研提供商的服务公司。

市场调研的使用者可以进一步划分为公司的内部客户和外部客户两种。外部客户包括供应商和加盟商；主要的内部客户是市场营销部门，它为了物流、销售、促销、新产品研发、品牌管理和定价等方面决策的制定而收集数据。其他需要市场调研的内部团体和部门是高层管理者、产品工程师、财务、制造、人力资源管理和法律部门。

市场调研行业的销售额大约是154亿美元。美国政府是市场调研上最大的单一消费者。市场调研行业一个重要趋势是网上数据收集持续快速增长。

道德是通常约束着个人或群体行为的道德准则或价值观。道义论认为，一个人应该严守对其他人或社会的义务，因为坚持个人的责任在道德上被认为是正确的。相反地，功利主义道德观认为能够为更多人带来更多利益的选择在道德上是正确的。诡辩论认为一个决策的做出，必须通过将现在的道德困境同类似的道德困境和它们的后果相比才能得出。

供应商的不道德行为包括虚报低价、调研带有主观性、粗暴对待被调研人员、出售无意义的调研、侵犯客户机密、黑箱品牌化等。市场调研客户的不道德行为包括在供应商预先确定的情况下不进行招标、通过招标获取免费的建议和改进方法、做出虚假的承诺、未经授权征求建议书等。市场调研领域选用职业受访者也是不道德的。在线跟踪公司收集的数据数量的增长导致许多消费者需要更有力的保护隐私的法律。

受访者有一系列权利，包括选择什么时候参与一项市场调研项目的选择权，免受生理、心理伤害的安全权，以及被告知调研任务所有详情的知情权。他们应该可以知道调研都包括什么，时间有多长，这些数据会被用来做什么。此外，受访者也有隐私权。

市场调研行业职业素养的水平，通过CASRO和CMOR这样的机构和有责任感的市场调研公司的努力，是可以提高的。MRA开发了职业调研人员认证体系。

复习思考题

1. 你认为移动设备收集数据会变得日益流行吗？
2. 现场服务公司在市场调研中的作用是怎样的？
3. 大数据是什么，为什么使人如此兴奋？
4. 列出公司市场调研部门的几个主要特点。
5. 讨论辛迪加服务公司所提供的各种调研项目。
6. 将班内的同学进行分组，5人一组。每个组选择授课地点所在城市的一个地区（或者是较近的大城市），然后确定这个区的邮编。访问网站http:// www. claritas.com /MyBestSegments/ Default.jsp，根据提示，通过邮编找到该地区的PRIZM（Potential Rating Index by ZIP Market，按邮政区划分为基础的潜力等级指数）。每个小组接下来讨论这个地区的营销资料。

7. 你认为道德准则在组织内部的作用是什么？怎样才能保证组织成员遵守这些准则？
8. 你认为在市场调研供应商、市场调研客户或现场服务商中，哪一个对于市场调研行业的道德水平的提高负有最大的责任？
9. 在建立市场调研行业的道德标准上，联邦政府应该起到怎样的作用？这样的道德标准如何有力地执行？
10. 如果受访者在被承诺 50 美元的受访费之后才决定参加采访，他是否侵犯了所有受访者的权利？如果是这样，他们丧失了什么权利？
11. 道德和职业素养的关系是什么？你认为怎样才能提高市场调研行业内的职业素养水平？
12. 在线和移动跟踪公司是否收集了人们太多的信息？为什么是或不是呢？

调研实例 2-1

调研对象招募人员——规范你的行为

马克·古丁（Mark Goodin）是拉斯维加斯 Aaron-Abrams 现场服务公司的总裁，公司从事介绍调研对象给定性市场调研人员。他谈论了他所看到的市场调研商业中存在的问题。当谈到“供应商”时，他提到了招募调研对象的公司。因此，正如本章所讨论的，调研对象供应商是为调研供应商或调研客户（如要求做定性调研的制造商 Frito-Lay）进行招募。

在过去的几年，我见证了定性调研中两个令人不安的趋势。我不得不相信，如果在如此巨大又一致的基础上，它会发生在我身上，也会发生在这个行业中其他调研人员身上——他们还没有讨论过这个问题。这些趋势对未来的定性市场调研是不利的：

- 调研对象招募人员接受项目，然后一旦招募开始进行，在项目原本设计的至关重要的方面强制做出改变的趋势。
- 招募无限制调研对象的招募人员，收取招募和鼓励性费用的趋势。

我相信许多供应商只是简单地闭嘴，接收项目，然后让问题显露。我相信他们已经采取这种态度，顾客可以要求月亮，但是最后他们不会得到他们想要的东西。通常，这是项目一旦进入这个领域所发生的事。

我从未见过如此多的项目被调研对象招募人员原样接受——没有说出他们的担忧或任何警告问题，只是随后才说，“我们没有找到你想寻找的东西，你需要放宽你要寻找的人员类型的条件”，或者是“我们已经达到预算，如果你想让我们继续，需要更多的钱”。

还有，在进行中调研对象供应商提供低标准的服务，那么接受放宽条件或交纳更多钱的需求是不可接受的：

- 招募项目报告没有按要求交付。
- 招募项目报告有问题或者有拼写错误。
- 调研对象在再筛选或再确认时不具有资格。
- 筛选者没有正确管理。

- 筛选者的差异被过分看重或忽视。
- 没有遵循说明。
- 招募时间放进了工作中，但没有做足够的内容或电话。

今天必须阻止

调研对象供应商向不合标准的调研对象收取费用的情况，今天必须阻止。如果调研对象不合格，不能在调研中使用，我们不应该向调研对象收取费用。到了调研对象供应商停止招募不合格或处于合格边缘的调研对象，藏在许多借口背后的时候了。招募人员要对调研对象的准确性负全责。如果招募人员不能站在他们所提供的产品背后，他们应该寻找另一行当。我们公司有一个第三方招募供应商在项目开始之前需要了解的简单政策。我们不会支付招募费用或者对在再筛选过程或实际调研时不合格的调研对象的鼓励费用，我们积极地鼓励所有的调研人员这么做。

问题：

1. 为什么调研对象满足在调研项目中提出的准确条件很重要？
2. 你曾经参加过明知自己处于合格边缘还参加的调研项目吗？你告诉调研人员了吗？
3. 调研对象供应商向客户收取不合格调研对象的费用是不道德的吗？
4. 这是道德的吗？如果招募人员寻找现在有猫的人，你说："没有，但是在长大过程中养过一只猫。"招募人员回答说："这也可以，只是要告诉他们你仍然在养猫。"

调研实例 2-2

可口可乐公司活跃了市场调研

这些天来，Dyquan 和他的朋友都有强大的动力每天下午在附近的"男孩女孩俱乐部"（Boys & Girls Club，位于弗吉尼亚州里士满）学习。"如果你完成了学习任务，你就可以得到一个汉堡。"11 岁的 Dyquan 说。

Dyquan 和他的朋友并不知道，这些免费的汉堡是来自一个可口可乐公司雇用的顾问。这家位于亚特兰大的饮料公司（可口可乐）的主管派该人带着 9 000 美元来到里士满，他将钱给了俱乐部和其他非营利组织，让它们在汉堡王餐饮店给孩子们提供"超值"的饮食。

可口可乐在销的价值几百万美元的产品难以售出。公司试图劝说汉堡王协助推广它的雪溶甜味饮品——冰冻可乐。汉堡王在所有店内销售这种饮料，但是汉堡王希望在进行这项活动之前要进行试推广。所以，这家位于迈阿密的快餐连锁店在里士满进行了为期两周的实验，为购买了三明治、炸薯条和劲爽饮品超值套餐的顾客提供一杯冰冻可乐的免费优惠券。如果这个套餐销售得足够好，并且有足够多的人兑换了优惠券，汉堡王则会在美国全国范围内进行推广。

可口可乐投资这样一项引起消费狂潮的活动，是因为最初的实验结果令人沮丧。最后，它们的努力仅在推广期间的 10 万份套餐中增加了 700 份超值套餐的销量。但即使是这样少的数量也支持了可口可乐在美国推广的可行性。汉堡王在这次推广中投入了大概 1 000 万美元。

后来，可口可乐公司发现它的部分员工“不正确地影响”里士满的销售成果，所做的活动是“错误的且与可口可乐的价值观不一致的”。它对汉堡王做了公开的道歉，并同意给汉堡王及其加盟商支付 2 100 万美元进行改进。

问题：

1. 可口可乐公司试图改变市场实验结果的行为是不道德的吗？如果是不道德的，那么是应该可口可乐公司负责，还是一些被误导了的员工负责？

2. 汉堡王是可口可乐公司的第二大饮料机类饮料客户（麦当劳第一）。里士满的实验开始十分不顺利，除非结果得到改善，否则全国性冰冻可乐的推广就不可能了。可口可乐公司担心，如果不进行推广，这种饮料就不能成为汉堡王当年的饮料机类饮料销售对象，所以它们决定在里士满促进超值套餐的销售。良好的愿望（达到销售目标）是否可以为采取的手段辩护呢？为什么？

3. 运用本章提到的道德理论，解释为什么可口可乐公司的决策者会达成一个不同的决定？

4. 可口可乐公司是否应该解雇或者起诉那些责任人，或者什么也不做？

第 3 章

Chapter3

定义问题、探索性调研以及市场调研过程

□ 学习目标

1. 分析问题界定的过程
2. 了解市场调研的步骤
3. 理解调研申请的内容
4. 了解市场调研目的的重要性
5. 了解是什么促使决策者应用市场调研信息

开展市场调研包含了一系列逻辑的步骤，由定义问题和调研目标开始。市场调研过程中有什么步骤？调研过程如何启动？这就是本章中我们要提出的问题。

3.1 正确定义问题的重要性

正确地定义问题是市场调研过程中至关重要的第一步。如果没有正确的定义所调研的问题，那么调研目标也会是错误的，并且整个市场调研过程都将会浪费时间和金钱。一家大型的消费品包装企业想要在品牌的重度消费者中进行一次调研，来了解品牌资产，更特别的是，它想要将资产扩展到新产品中。由于品牌渗透率非常低，企业需要新产品来实现下一会计年度两位数的增长目标，注意缺少将调研学习（理解品牌资产）与企业目标联系起来。

品牌只有很小的赖以成长的基础，所以在最忠诚的用户中调查品牌资产无法帮助决策者实现两位数的增长。经再三考虑，企业目标集中于确定能够提高品牌渗透和成长的营销手段。因此，目标转换成了解现有品牌购买的屏障，并且确认能够激励类别消费者购买品牌的桥梁。

调研结果表明，品牌主要由于意识问题而遭到损害，品牌和类别用户都喜欢这个产品，但却不如类别中其他产品使用那么频繁，因为他们忘记了这个品牌。以广告、刺激和新产品为形式的提醒，成为能够提高品牌渗透率和帮助品牌成长的工具。在主要用户中间开展资产的研究显然不会捕捉到这些。

图 3-1 中显示了定义问题的过程。请注意最终的目标是开发一个清晰简明并且有意义的市场调研目标。对这些问题进行调研将会为管理者提供确切的决策信息。

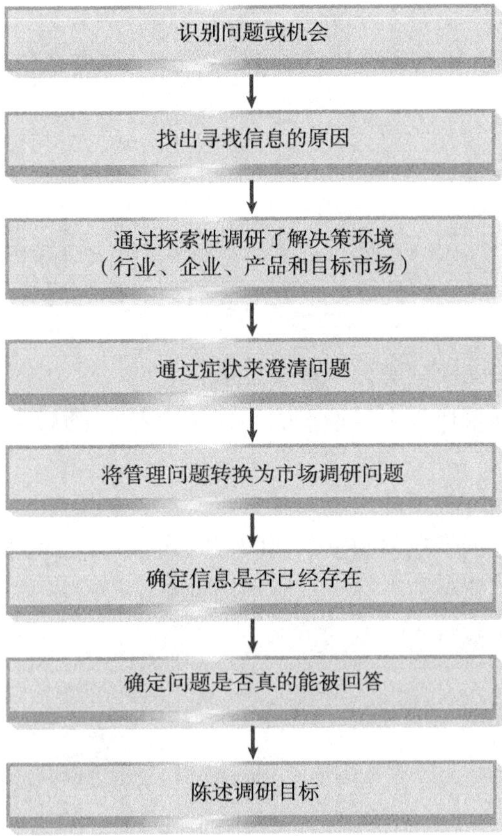

图 3-1　问题定义过程

3.1.1　识别问题或机会

市场调研过程开始于营销问题或机会的识别。由于企业外部环境的变化，企业面临这些问题："我们是否应该改变现有的营销组合？""如果应该改变，怎么去改变？"市场调研可能用于评估产品与服务、促销、分销及定价策略。此外，它也可以寻找和评估新机会，这个过程被称为**机会识别**（opportunity identification）。

让我们观察一个机会识别的例子。美国咸辣酱的年销售额约为 11 亿美元，是美国鹰嘴豆泥的两倍多。鹰嘴豆泥是由鹰嘴豆和脱皮芝麻酱混合蒸制而成，通常搭配橄榄油、柠檬汁和大蒜来调味。新口味（比如黑橄榄味和烤红辣椒味）帮助拉动了需求增长，但是美国只有 18% 的家庭购买过鹰嘴豆泥。西部各州，比如加利福尼亚州和亚利桑那州，通常能很快接受新上市的非肉类食品。但是，美国西部的鹰嘴豆泥每周每店的平均销售额却是最低的（382 美元），随后的是美国南部（406 美元）、美国中部（493 美元）、美国东部（762 美元）。看起来鹰嘴豆泥的市场存在着大量机会，毕竟鹰嘴豆泥只是另一种浸蘸的调料，就像咸辣酱和酸奶油一样。为了促进鹰嘴辣酱的市场增长，以追平或超过咸辣酱的市场需求，需要创新市场营销策略。一个策略是增加试用该产品的顾客数量，另一个关键策略是增加美国西部地区和南部地区对鹰嘴辣酱的消费。

当然，市场调研不总是处理机会问题。管理者可能想知道："为什么我们会失去市场占有率？"或者"阿贾克斯制造商将自己的价格下调了10%，我们应该怎么办？"在这些例子中，市场调研人员都能够帮助管理者解决问题。

3.1.2 找出寻找信息的原因

如果对市场调研信息没有清晰地表达或者产生误解，将会浪费大量的金钱和时间。例如，管理者对他们想要的并不十分清楚或者不能恰当地表达问题。因此，市场调研人员通常找到以下有用的活动：

- 讨论将利用信息和调研结果制定什么决策。通过详尽的例子来帮助澄清问题。
- 让客户或管理者尽量优先考虑他们的问题，这有助于从那些次要的兴趣中整理出核心问题。
- 用一些稍微不同的方式重新表达问题并讨论不同之处。
- 制作样本数据并且询问这些数据是否能帮助回答问题，模拟决策过程。
- 请记住，你考虑问题越清晰并且越快地感觉到这个问题很简单，那么你就越应该怀疑你是否已经真正理解了真实的需求。

3.1.3 通过探索性调研了解决策环境

一旦调研人员了解了开展调研的动机，通常他们都需要额外的背景信息来全面地理解问题。这可能意味着与品牌经理或新产品经理简单地探讨，阅读企业报告，参观生产设备和零售店铺，或许是与供应商讨论。如果行业有一个贸易协会，那么调研人员可能会为了协会所发布的信息而仔细查阅它的网站。市场调研人员对包括行业、企业、产品或服务和目标市场在内的营销环境了解得越深入，问题就越有可能被正确地定义。这一步可以看作是进行**情况分析**（situation analysis）。

有时与经理和供应商进行泛泛的讨论和网络会见并不够，开展**探索性调研**（exploratory research）可用来获取更多对概念的理解或者有助于问题定义的透明化，它也用来识别要研究的重要变量。探索性调研是基础性调研，而不是用于决定一系列行动的明确的调研。

1. 探索性调研的形式

探索性调研可以采取以下形式：前导性研究、经验性调研、二手资料分析、案例分析和焦点小组访谈。

（1）**前导性研究**。前导性研究（pilot studies）是使用有限数量的受访者的调研，通常使用不太严格的抽样技术，而不是像大型的定量调研那样。

例如，尼克公司（Nickelodeon）已经注意到了新的生育高峰，想了解这对于网络意味着什么。探索性调研显示，长期以来持有的对儿童态度的假定是不正确的。在电视节目中，女性形象受女孩喜欢但不受男孩欢迎的现象在改变，这个有趣的发现是通过探索性调研得到的。本次探索性调研是由互联网上小规模的前导性调研，以及召集一小群儿童讨论他们对电视的态度的焦点小组访谈组成。像尼克公司的研究一样，许多探索性调研都具有高度的灵活性，使调研人员能够在时间和金钱的允许范围内跟踪想法、线索和直觉。想法经常可以从某个领域的专家处获得，例如尼克公司与幼儿心理学家的交谈。

随着探索性调研的开展，市场调研人员应从中识别出一些市场调研问题及子问题。调研人员应了解与问题有关的所有因素，这些因素将构成调研的主题。界定问题这个阶段要求采用头脑风暴法，但是应由先前阶段的研究结果所引导。所有可能的问题都应列出，而不要去考虑它们是否可以通过调研解决。尼克公司最终将市场调研问题界定为：一项以女孩为主人公的活泼的娱乐栏目是否同时受到男孩和女孩的喜欢。定量的调研结果显示这个节目会吸引两种性别，于是采取了管理上的行动，结果产生了一个栏目，主人公是女性，但是近 53% 的听众是男性。

（2）**经验性调研**。探索性调研的第二种形式就是经验性调研。**经验性调研**（experience surveys）包括与富有知识的人进行交谈，既有组织内的也有组织外的，它们都能提供对问题的见解。很少有经验性调研会涉及正式的问卷，反而经验性调研可能会有一个简单的讨论主题。例如，如果 Jet Blue 重新设计机舱的内部，可以利用经验性调研来与内部设计者、频繁飞行的飞机旅客、飞机服务人员和飞行员进行交谈。

（3）**二手资料分析**。二手资料分析是另一种形式的探索性调研。二手资料分析会在第 4 章展开介绍，所以在此只是简略地介绍。二手资料是为其他目的获得的数据。现在，市场调研人员能够通过网络非常快地并且以最小的成本接触到二手资料的无数来源。几乎很少主题是二手资料没有的。有一点幸运的是，市场调研人员可以利用二手资料来帮助精确定义问题。

（4）**案例分析**。**案例分析**（case analysis）是探索性调研的第四种形式。案例分析的目的是从一些与现在研究问题相近的情境中评审信息。例如，横跨美洲的电子设备公司非常想采用营销观念并且成为顾客导向，因此它们正实施市场细分研究、顾客满意度研究和顾客忠诚度等的调研。为更好地理解电子设备行业的解除管制，调研人员正通过测试案例来研究航空行业的解除管制。然而，调研人员必须注意确定每个案例与现有研究问题的关联性。

（5）**焦点小组访谈**。焦点小组访谈是深度的讨论，通常包括 8 ～ 12 名成员，由一个主持人领导并且通常局限在一个特定的概念、想法或主题。通常是有一个人说出普通想法，引发其他人的思考和评论，由此产生小组的动态讨论。这就是说，相对于单独采访这些受访者而言，受访者的相互影响会产生更多的信息。焦点小组访谈是第 5 章的基本主题，所以我们在这里只做简单介绍。这里提到焦点小组访谈是因为它是探索性调研中最受欢迎的一种形式。

焦点小组访谈能够包含任何一个可想象到的主题。与其他市场调研文稿的作者不同，焦点小组的执行者进行过 3 000 多次的小组访谈。当利用到探索性调研时，焦点小组访谈通常有助于澄清并理解所包含的问题和争论点。一些讨论主题的例子包括：什么产生了哈雷秘法；当你在孩子头上发现虱子时会怎样；龙舌兰酒在美国制造是否会成为一个问题；哪件厨房用品最难打扫，等等。

2. 使用内部网进行探索性调研

计算机是进行探索性调研的一个有力的工具。在一个拥有内部网络的大型组织内，调研人员能够决定是否需要组织内其他地方的相关信息。例如，德州仪器公司（Texas Instruments）的企业市场调研部门已经开发出了一个强有力的内部网络程序，允许全世界的德州仪器公司管理者在关键字的基础之上搜索过去的研究和正在进行的研究。它们可以直接在线进入每个研究的简要介绍，并且可以发送电子邮件来搜寻许可，以便查看过去项目的报告全文。报告的拥有者（付过费的人）可以通过邮件给予电子许可，整篇报告也可以在线阅读。

越来越多的组织正在开发相似的系统，以便将信息更加有效地应用到管理中。在大型组织内部，一个部门进行的调研项目对另一个部门的经理也有非常大的价值是很平常的事。然而，一个部门通常不知道其他部门做过什么项目。像德州仪器公司这样的内部网络系统，会帮助组织从调研支出中获得最大的利益。

内部网提供了访问内部数据的便捷途径，而互联网也是一种非常宝贵的资源，通过它可以搜索到数以百万的外部信息来源。在探索阶段，调研人员可能使用任何一个或几个在线搜索引擎，以找到所需的信息。这类搜索不仅比传统的图书馆检索快得多，而且提供在任何图书馆都找不到的海量信息。调研人员进行互联网搜索，可在几小时内找到或下载所需的信息，而标准的图书馆检索可能需要几天或几周。最后，调研人员可以发现一些可能与某一调研项目相关的讨论小组或特殊兴趣小组。

3. 完成探索性调研

当市场调研人员确信他们已经找到了这一问题的主要特性时，探索性调研就结束了。他们可能已经定义了一系列的问题，可作为详细的调研设计的具体指导；或者他们可能已经发展出许多潜在性想法，这些想法是关于某一具体重要问题可能的起因的；他们也可能已经确定其他某些因素的可能性是极小的，在进一步的调研中可以有把握地忽视这些因素。最后，调研人员可能结束探索，因为他们认为进一步的调研是不必要的，或者他们认为由于时间、资金或其他条件的限制，进一步的调研在当前是不可行的。

3.1.4 通过症状来澄清问题

市场调研人员必须仔细区别症状与真正的问题。症状是由于其他事物的存在而出现的一种现象。例如，管理者经常谈论销路不佳、利润下滑、消费者投诉增加、消费者背叛等问题。每个问题只是更深层次问题的一个症状。也就是说，某一因素正在导致公司消费者的流失，是竞争者提供了更低的价格吗？或者是竞争者提供了更好的服务吗？关注于症状而非真正的问题通常被称为“冰山原则”。一座冰山约 10% 是露出海面的，剩下的 90% 在海面以下。仅仅全神贯注于能够看见的障碍，管理者可能不会理解隐藏的深层次问题。

确保已经界定了真正的问题并不总是一件容易的事。管理者和市场调研人员必须要有创造力和良好的判断力。深入一个问题的核心有一点像剥洋葱，你必须一次剥掉一层。一种排除症状的方法是问：“这是什么引起的？”当调研人员不能回答这一问题时，真正的问题就在眼前了。例如，圣路易斯市水泵制造商从上年度以来销售额下降了7%，管理者问："这是什么引起的？"查看产品线的销售额后，管理者发现除重型潜水泵以外所有产品的销售额都在上升或者大体没变，而重型潜水泵的销售额下降了近60%。然后他们接着问："这是什么引起的？"与上年度相比，东部与中部的销售额基本未变。然而，在西部地区的销售额却为零！他们再次问："这是什么引起的？"进一步的调研显示，一家日本厂商正在西部市场以它们售价的约50%倾销某种类似的重型潜水泵，这才是真正的问题。于是该厂商游说司法部门，让司法部门对日本公司进行罚款，并发布终止这一行为的命令。

3.1.5　将管理问题转化为市场调研问题

一旦识别了真正的管理决策问题，就必须将其转化为市场调研问题。**市场调研问题**（marketing research problem）详细规定了解决问题需要什么信息，以及如何有效率、有效果地获得这些信息。**市场调研目标**（marketing research objective）就是目标陈述，它界定了解决市场调研问题所需要的具体信息。管理者必须将这些信息与他们自身的经验以及其他相关信息联系起来，以做出恰当的决策。

相比市场调研问题，**管理决策问题**（management decision problem）是行动导向的。管理决策问题的范围更广，远比市场调研问题笼统。调研要想成功的话，必须严密地界定市场调研问题并使其具体化。有时需要开展几项调研才能解决一个宽泛的管理决策问题。

3.1.6　确定信息是否已经存在

相比通过查阅原有报告与数据文件来确定所需要的信息是否已经存在，开发新信息似乎更容易也更有趣。最新数据似乎最能反映"当下情况"，因此调研人员倾向于假设现有数据优于以前收集的数据。调研人员对新数据的格式以及全面性有更多的控制，因此操作起来更容易些。不过，如果已存在的数据可以解答市场调研的问题，那么使用已存在的数据就可以为管理者节省时间和金钱。

调研目标必须尽量具体且不可模棱两可。切记，整个调研项目投入的时间与资金都是为了达成目标。当市场调研人员与某个委员会接触以便了解某一特定项目的目标时，委员会成员可能对需要什么并未达成一致。经验告诉我们，调研人员与委员会（或委员会主管）接触时，应准备好一份书面的调研目标清单。然后，调研人员应该问管理者："如果我们完成了清单上的目标，你是否就有足够的信息来做出这一问题的决策？"如果回答是肯定的，就应该要求管理者签字，以确信管理者是同意这些目标的。之后，调研人员应给管理者一份复印件，保留一份作为调研文件。以书面形式保留协商一致的目标，防止管理者事后说："嗨，这不是我想要的信息。"在繁忙复杂的公司环境中，此类误解比你想象的还要多。

避免"想知道更多"综合征

即使在探索性调研完成之后，管理者仍经常从广泛的、未知的领域来讨论调研目标。他们说，实际上，"这是我不知道的一些事情"。一位星巴克的主管可能想知道："你知道，我们已经在店里销售现场烘焙的食物……我想知道人们是否会在超市购买冷冻的星巴克酥皮糕点和面包卷?”可能我会在关于户外广告媒介的研究中问这个问题。遗憾的是，这种情形通常会带来失望。有趣的调研结果本身并没有错，但它们必须也是“可用于行动的”，也就是说，调研结果必须提供决策所需的信息。完成调研目标并不仅仅在于增加管理者对问题的了解，除非整个调研是探索性的，否则它就应该导致某一决策的产生。也许确保调研是可用于行动的最好方法是确定调研结果将如何被使用。仅问对杂货店中星巴克冷冻烘焙食物是否有购买意向的问题，是不能用于行动的。还需要知道更多的内容，如食物类型、零售价、包装设计等；另外，还需要进行许多的口味测试。

3.1.7 确定问题是否真的能被回答

当市场调研人员言过其实时，他们正在损害市场调研的可信度。无论是由于急于取悦顾客还是迫于管理权威，调研人员都应该避免为可能性很小的成功做出无谓的努力，这是相当重要的。在大多数情况下，你可以通过识别以下几种情况提前了解成功的可能性。

- 你确切地知道所需信息已经存在或能够容易地获得的情况。
- 基于以往的经验，你颇有把握能收集到信息的情况。
- 你正在探索相当新的问题，有劳而无功的风险情况。

3.1.8 陈述调研目标

问题界定过程的最终结果是一份调研目标的陈述。这些目标应以识别市场调研问题/机会所需的准确信息来加以表述。精心制定的目标可以作为实施调研项目的路线图，也可作为管理者评估调研质量与价值的一个标准。“目标可以实现吗?”以及“从目标与调研结果中可以得出符合逻辑的建议吗?”

3.2 将调研目标作为假设

假设（hypothesis）是指调研人员或管理者就被调研的人口特征做出的假定或理论猜想。假设必须是对实际测试数据敏感的。所以，像这样一个声称“一个大头针上有 1 000 个角”的陈述，不是一个假设，它无法印证现实中的数据。

假设倾向于具有预测性。例如，一个汽车经销商对所有本田新车的购买者做出假设，假设那些收到告知他们买到的是市场上最好车的保证信的买家，将会比没有收到保证信的买家更满意。

假设往往以一个无效的形式表示，即“____和____没有区别”。也就是说，“收到增强想象信件的本田车购买者与没有收到该信件的购买者在满意度上没有区别。”最终调研人员的结论将会在研究数据的基础上保留或拒绝该无效假设。

学术调研通常是在假设下进行。在学术调研之外的实践上的市场调研，很少正式采取假设法，然而也要经过统计检验推断。我们将在第 16 章具体展开阐述。

3.3　调研过程

我们刚刚讨论过市场调研的第一步：定义问题或机会，确定市场目标。调研过程的其他步骤是：生成调研设计，选择调研方法，选择抽样程序，收集数据，分析数据，撰写并展示报告，跟踪每一条产生于该报告结果的建议（见图 3-2）。这些过程的综述形成了全文的基础。接下来的章节讲述市场调研过程的具体几个方面。

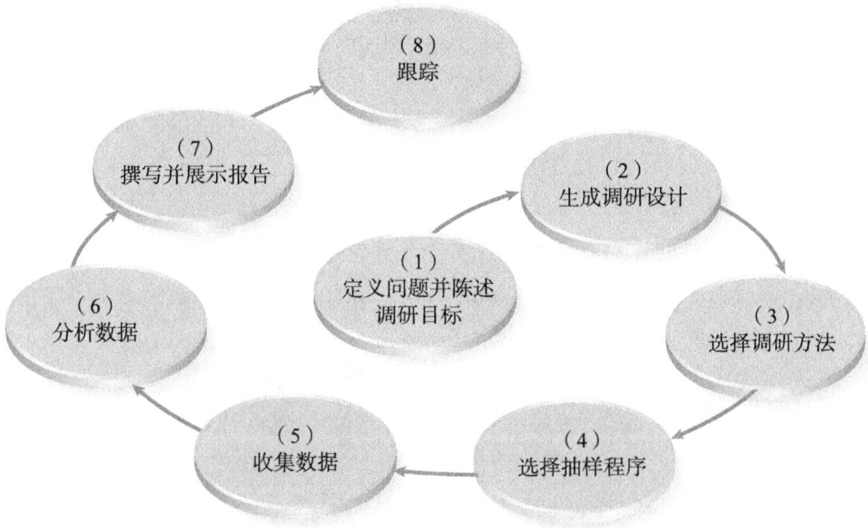

图 3-2　市场调研过程

3.3.1　生成调研设计

调研设计（research design）是指实现调研目标或检验调研假设所要实施的计划，调研人员需要建立一个回答具体调研问题或机会的框架结构。客观上不存在唯一好的调研设计；相反，调研人员可以有多种选择，每种选择各有优缺点，调研人员需要进行权衡。一般来说，主要权衡调研成本和决策信息质量。通常，所获得的信息越准确、错误越少，成本就越高。另外，需要权衡时间限制和调研类型。总之，调研人员必须在各种条件的约束下，向管理者提供尽可能好的信息。调研人员的首要任务是决定调研应该是描述性的还是因果性的。

1. 描述性研究

描述性研究（descriptive study）试图回答诸如谁、什么、何时、何地和怎样等问题。描述性研究暗含的事实是，管理者已经知道或了解了问题背后的基本关系。一个**变量**（variable）是一个简单的符号，或是能够反映任何一组数值的概念。

星巴克的描述性研究可能包括星巴克的典型的、轻度的和重度的购买者的人文和生活方式的特征，以及星巴克烘烤食物的购买者、星巴克三明治的购买者和速溶咖啡的购买者。其他的问题有，确定从家中或工作地点到最近的星巴克的行车时间，以及购买方式是刷卡还是支付现金。

描述性研究可以说明两个变量，例如广告与销售情况似乎存在某种关系，但是它不能提供足够的证据证明较高的广告投入导致较高的销售额。由于描述性研究有助于识别一些联系或关系，因此它可以帮助调研人员确定因果性研究的变量。

2. 因果性研究

在**因果性研究**（causal study）中，调研人员要考察一个变量是否导致或决定另一个变量的值。调研人员要考察一个变量是否导致或决定另一个变量的值，并试图建立它们之间的联系。可以用实验法（参见第 8 章）来检测因果关系。**因变量**（dependent variable）是指能被预测或解释的变量。相对的是，**自变量**（independent variable）是在实验中市场调研人员可以操纵、改变或修正的变量。在调研项目中，自变量是导致因变量变化的原因。例如，星巴克希望知道广告支出（自变量）是否决定了销售水平（因变量）。

对于星巴克而言，一项可以做的因果性研究是：改变了一个自变量的值（例如，在过去的 6 个月中一包 1 磅[⊖]的咖啡给目标客户可以提供 10% 的折扣的直接邮寄数量），然后观察对咖啡销售的影响，促销性邮寄材料的效果提高了。这样的话，说明在事件之间存在某种适当的因果顺序关系或**时间序列**（temporal sequence），效果紧随着假设的原因出现。时间序列概念是确认因果关系的一项标准。

判别因果关系的第二项标准是相随变化。**相随变化**（concomitant variation）是指假设原因（直邮促销）与假设的结果（咖啡的销售）同时发生或变化的程度。如果直邮促销是导致咖啡销售增长的原因，那么当直邮促销的数量增加时，咖啡的销量也应该增长；当直邮促销的数量减少时，咖啡的销量也应该减少。如果直邮促销的增加没有引起咖啡销售的增长，调研人员必须得出结论：对于直邮促销和咖啡销量之间的因果关系性关系的假设没有得到支持。

理想的情形是，星巴克提高直邮促销水平（最高可达到饱和水平），每次都能带来咖啡销售的增长。但是，我们生活在一个并不完美的世界。一次额外的邮寄可能带来销量的少量增长，而下一次邮寄会导致销量的大幅增长。也许再过半年，直邮促销的增长可能并不会对销量产生影响，销量甚至可能会下降。

请记住，即使完全相随变化也不能证实 A 导致 B，调研人员能够得出的结论是，这种联系使得假设很可能成立。

研究因果关系的一个重要问题是，应认识到**虚假联系**（spurious association）的可能性。也就是说，因变量的变化可能是由其他变量引起的。理想的情况是，调研人员能够证明完全不存在其他原因。然而，在市场调研的现实世界中，识别和控制所有其他潜在的可能因素很困难。设想一下能造成一包 1 磅装的咖啡销量上升或下降的所有因素，如博客、价格、报纸、电视广告、奖券、手机广告、折扣和天气等。调研人员可以通过控制其他因素来减少虚假联系的可能性。另外，调研人员也可以考察具有类似社会经济特征的其他地区销量的变化状况。

3.3.2 选择调研方法

调研人员可以根据调研项目的目标选择描述性或因果性的调研设计。下一步是选择收

⊖ 1 磅 =453.592 克。

集数据的方法。有三种基本的调研方法：询问法、观察法、实验法。调查通常是描述性的，也有因果性的。观察通常是描述性的，而实验几乎总是因果性的。

1. 询问法

询问法调研（survey research）是指调研人员（除邮寄问卷调查和网上调查外）通过与被调研人员的面对面互动获得事实、观点和态度等方面的信息。问卷总是获取数据的一种有序的结构化的方法。面对面的访谈可以在受访者家中、购物中心或企业进行。

2. 观察法

观察法调研（observation research）是观察顾客的行为模式，而不是询问顾客做什么、为什么做。这可能包括人观察或者是用各种机器观测。从 2000 年开始，金佰利 – 克拉克公司（Kimberly-Clark）作为 Huggies、Kleenex 和其他家庭主食的制造商，给顾客配装按在帽舌上并连接到记录装置的摄像机。在参加合唱或购物的时候，收到报酬的参与者带着这种被称为 CVS 的有着奇怪外形的监视设备。

在该系统下，金佰利 – 克拉克公司发现那些用这个沐浴露品牌的妈妈们拿瓶子是存在困难的，需要两只手打开和挤出沐浴露。创新和设计部的负责人贝基说："妈妈们不得不同时用一只手抱着孩子。"

金佰利 – 克拉克公司重新设计了一个可以紧紧握住的瓶子，并且有用一个大拇指就轻易可以打开的大盖子。其结果是它们的市场份额有了明显提高，观察法调研将在第 7 章详细阐述。

3. 实验法

实验法（experiments）是调研人员用来收集数据的第三种方法。在实验中，调研人员可以改变一个或多个变量，如价格、包装、设计、货架空间、广告主题或广告费用，然后观测这些变化对另一个变量的影响（通常是销售额）。实验的目的是检测因果关系。最好的实验是，除了那些操纵的变量外，保持其他所有因素不变，这样调研人员可以对销售额的变化是否由广告投入的变化引起进行相当肯定的推断。

在外部环境中，如果不是不可能的话，要保持所有其他因素不变也是非常艰巨和花费高昂的任务，诸如各市场中竞争者的行动、气候和经济状况这些因素均超过了调研人员所能控制的范围。控制可能影响因变量的那些因素的一种方法是采用实验室实验，也就是说，在实验室内而不是在自然环境中进行实验。有时调研人员创造出模拟超市环境，给消费者一些便条（即代金券），然后请他们像平常一样购物。例如，通过几次改变包装设计或颜色，调研人员可以确定哪一种包装最可能刺激销售额。尽管实验室技术能提供有价值信息，但是必须认识到，这些消费者不是在自然环境中。人们在实验室中的行为与实际购物情形可能是不同的。实验法将在第 9 章进行详细讨论。

3.3.3　选择抽样程序

样本是一个大总体中的一个子集。尽管样本实际上是调研设计的一部分，但在调研过程中是一个独立的步骤。在制订抽样计划前，必须先回答几个问题。首先，必须界定所涉及的总体，也就是将要从中抽取样本的群体，它应该包括所有他们的观点、行为、偏好、态度等能够产生有助于回答调研问题的信息的人。例如，所有每 60 天至少吃一次墨西哥食物的人。

总体界定后，下一个需要回答的问题是，是用随机抽样还是非随机抽样。**随机抽样**（probability sample）是总体中的每个元素都有一个被抽中的非零概率。采用这种样本，调研人员可以估计研究中的抽样误差。**非随机抽样**（nonprobability samples）是指总体中的不同元素被抽中的机会是不可知的。具体来说，任何没有试图完全代表总体各部分的样本都是非随机样本。调研人员无法用统计的方法计算非随机样本的置信水平，也就是说，无法确定预计的误差大小。抽样问题将在第 13 章讨论。

3.3.4 收集数据

现在，大多数调研数据是从互联网上收集来的。数据收集工作是由市场调研现场服务公司完成的。遍布全国的现场服务公司根据分包合同，通过面对面或电话访谈来收集数据。一项典型的调研项目往往需要在几个城市中收集数据，需要同许多现场服务公司一起工作。为确保所有的分包商按照统一的方式工作，每件工作都需要制定详细的说明，每个细节都应该得到控制，分包商必须严格执行规定程序。

除了访谈外，现场服务公司还提供焦点小组访谈设施、购物中心调查的场所、试销食品存储和生产检测食品的厨房用品，它们也提供零售清点服务（清点零售货架中销售的产品数量）。

3.3.5 分析数据

数据收集完成后，调研过程的下一步就是进行数据分析。分析的目的是解释所收集的大量数据并提出结论。市场调研人员开始时可能只做简单的频次分析，最后可能会使用复杂的多变量技术。数据分析将会在稍后的章节中进行讨论。

3.3.6 撰写并展示报告

数据分析完成后，调研人员还必须准备报告，并向管理层沟通结论和建议，这是整个过程的关键环节。因为想让结论发挥作用的市场调研人员必须使经理相信，依据所收集的数据得出的结论是可信和公正的。

通常，要求调研人员就项目进行书面和口头的报告。在准备和展示报告时，一定要考虑听众的性质。在报告的开始，应对调研目标做清楚和简洁的说明，然后对采用的调研设计或方法进行全面且简洁的解释。之后，概括性地介绍主要发现。报告的最后，应该提出结论和对管理者的建议。在今天快速发展的市场调研的世界里，苦心经营的书面报告本质上是过去的东西，今天的决策者只想要一份 PPT 的拷贝而已。

1. 判断报告质量

由于准备进入营销领域的大多数人将成为调研的使用者而不是调研的供给者，因此了解应该从报告中得到什么是非常重要的，评价调研报告的能力也是非常重要的。与我们购买其他产品类似，质量并不总是那么显而易见，高价格也不一定意味着高质量。评价调研质量的基础是最初的调研计划书。调研是否实现了调研计划书中所确立的目标？是否采用了计划书中规定的方法？结论是否为数据分析所做的逻辑推理？结合所得出的结论，建议是否审慎？

2. 利用互联网发布调研报告

调研供应商和客户直接在网上发布报告将越来越普遍。所有最新版本的主要文字处理软件、工作表和演示软件包都可以生成网上使用的材料，这大大简化了在网上发布报告的过程。一些公司，如德州仪器公司，今天正在这样做。这些材料一般不放在公共区，而是存在于企业内部网的某个地方，或在向公众开放的互联网上需要密码或口令才能访问的地方。网上发布报告有许多优势：

（1）分布在世界各地的管理者或获得许可的有关各方，可以直接获得这些报告。

（2）这些报告采用多媒体的形式，包含了文本、图标、各种类型的动画、声音评论、剪贴图片等。

（3）这类报告可以实现完全查询。例如，一位经理可能对某个篇幅较长的详细报告中有关广告的所有材料感兴趣，不必翻阅整个报告查找，只需进行查询，他就可以搜索到报告中与广告有关的任何评论。

3.3.7　跟踪

在花费了可观的精力和资金开展市场调研并准备报告后，重要的是付诸实施。管理者应该决定是否实施所提出的建议，为什么实施，为什么不实施。正如你在第 4 章节将要看到的那样，有助于保证调研结果发挥作用的一种方法是，尽量减少市场调研部门和其他部门之间的冲突。

3.4　调研过程的管理

3.4.1　调研申请

在开展调研项目前，像微软这样的公司可能要首先审批正式的调研申请，中型和大型零售商、制造商和非营利性组织经常将调研申请作为决定是否资助项目的基础。一般来说，在大型组织中，市场调研的申请数量远远超过可以用于调研的资金，因此可以将调研申请作为配置稀缺调研的正式手段。

无论是品牌经理、新产品专家，还是其他任何有调研信息需求的人，都应该在正式调研申请中清楚地说明所希望得到的信息对组织至关重要的原因，否则，审批的人可能不会明白为什么需要展开某项调研。

在较小的组织中，品牌经理和市场调研人员之间的沟通非常紧密。日常的接触常常可以取代正式的调研申请，资助调研项目的决策由营销经理或市场调研主管根据需要做出。

提交和审批调研申请是识别调研问题和获取资助的有效管理方法。在调研过程中的这一阶段所花费的努力程度，将直接反映在提供给决策者的信息质量上，因为它将引导调研设计、数据收集、分析和调研的报告等高度集中于调研目标。一份正式的调研申请应包括以下内容：

（1）行动。决策者必须描述依据调研将采取的行动。这将有助于决策者集中关注那些有意义的信息，并引导调研人员提出的调研设计和分析结果。

（2）起因。决策者应陈述导致行动决策的事件，这将有助于调研人员深入了解管理决策问题的性质。

（3）信息。决策者必须列出采取行动所需回答的问题，在这方面深思熟虑有助于提高调研效率，确保调研的问题有意义。

（4）应用。这部分解释每条信息对制定决策的帮助，这有助于调研内容的合理性，确保调研问题有意义。

（5）目标群体和子群体。这部分描述从哪些人处获得与调研问题有关的信息，这有助于调研人员设计调研项目的样本。

（6）后勤保障。时间和预算的限制常常影响项目调研技术的选择，正因为如此，在调研请求中应对所需的费用进行估算，并说明需要结果的时间。

（7）评论。其他任何有关调研项目的事宜均应加以说明，以便调研人员充分了解问题的性质。

3.4.2 征求建议书

调研申请是经理使用的内部文件，用以决定哪些项目需要资助。**征求建议书**（request for proposal，RFP）是传送给市场调研供应商的一种请求，邀请他们提供一份包括投标标书的正式提案。征求建议书是调研供应商的生命线，它是达成业务、取得收益的第一步。

一般来说，征求建议书要介绍进行研究的背景资料、研究的目标、采用的调研方法，并做出时间安排。在有些需求说明书中，供应商需提出一种方法，并实现调研目标。绝大多数的征求建议书包括：①一份费用明细表；②供应商在相关领域的经验；③参考资料。计划书的截止日期一般要确定下来。

供应商在根据征求建议书进行调研时，必须进行全面充分的准备。很多客户提出这一观点：“计划书的制作好坏体现公司产品的优劣”。因此，调研人若想取得竞标，必须拿出充足的时间充分准备计划书。

3.5 市场调研计划书

当进行市场调研的供应商收到需求方案说明书时，他们需要向潜在客户提供一个调研计划书。该**调研计划书**（research proposal）是一份提供调研目的、调研设计、时间安排以及项目费用的文件。在附录 3A 中有来自 Decision Analyst 调研公司（一家国际性调研公司）两名项目经理的实际建议。如今绝大多数的调研计划书都比较短小（3 ～ 5 页），以邮件附件形式寄给潜在客户。联邦政府所做的调研计划书可达 50 页之多，联邦所做的调研计划书都有一些法定格式。

大多数调研计划书都包含以下几方面：

I　标题页

此项包括征求建议书中项目的标题、计划书准备人的姓名、联系方式、计划书所面向群体以及制定日期。

Ⅱ　调研目的陈述

此项通常在征求建议书中提到，若没有，必须按照前几章节所说确定下来。

Ⅲ　调研设计

此项需说明如何收集数据、采样群体以及样本容量。

Ⅳ　问题的范围

此项并非所有计划书都有，但根据经验来讲此项确实十分有帮助。它是基于调研目的所列出的一个初步调研清单。

Ⅴ　数据分析

此项需利用一些技巧来分析数据。

Ⅵ　相关人员

此项列出所有参与此项目的监督和分析人员以及简短的个人简历，也必须列出每个人的分工。如果潜在客户和销售方已经建立持续的业务关系，则此项通常可省去。在大多数政府性工作中此项是必需的。

Ⅶ　产品明细和假设

大多数征求建议书相对简短，未涉及所有细节。为确保销售方和潜在客户意见一致，最好是在制作计划书时将产品明细和假设列出（见附录 3A）。

表 3-1 中详细阐述了好的计划书对客户和卖方双方的益处。

Ⅷ　服务

服务部分主要是用来准确说明研究供应商的工作范围。例如，谁来设计问卷调查表，是顾客、供应商还是两者共同完成？严格规定工作范围的目的，就在于确保客户和调研供应商在持有相同期望的背景下工作。

Ⅸ　费用

费用部分主要是用来阐述项目实施过程中资金的具体去向。

Ⅹ　时间安排

此部分只要是用于标明项目不同阶段的完成日期，并注明项目全部完成的准确日期。

因为建议书的接受与否直接影响着公司的收入情况，所以调研计划书的准备工作也许就是公司调研部门最重要的职能了。若某个调研公司的计划书没有被采纳，那么这个公司就会因为缺少资金而走向倒闭。除此之外，如果公司方案成本偏低，那么即使能够拿到项目，也会收效甚微。同样，即使计划书完美无缺，公司也会因为较高的方案价格而在竞争中处于劣势，继而输给其他竞争者。

表 3-1　一个好的计划书的益处

对于客户而言	对于供应商而言
相当于计划项目的说明书： • 说明调研方法 • 说明具体时间安排 • 说明可交付产品 • 说明项目费用 • 充分考虑计划项目组成员的参与和资源分配情况	相当于计划项目的说明书： • 阐明供应商的相关职责 • 阐明客户在调研中所扮演的角色 • 充分考虑计划项目组成员的参与和资源分配情况

（续）

对于客户而言	对于供应商而言
认真分析相关竞争同行的优势与劣势： • 项目说明 • 调研设计 / 方法 • 项目费用 确保被挑选的供应商清楚地了解调研对商务决策的影响 鼓励顾客思考并比较不同私企的独特能力，从而推动调研项目的成功实施	作为实现客户期望的重要途径，尤其是当客户： • 引起项目计划时间的延迟或更改 • 引起项目实行范围的变更 • 要求额外或替代性的可交付产品 • 取消相应项目 从而为客户提供一种可以用来检验厂商品质合格与否的客观的合理方式

资料来源：Matthew Singer，“Writer's Lock，” *Marketing Research*（Fall2006），p.38.

市场调研供应商在追求什么

堪萨斯的市场调研公司 Market Directions 曾要求美国市场调研的客户就几份关于调研公司和研究部门的陈述的重要性做出评估。评估答复来自各行各业，这些答复概括了客户对市场调研人员相关的品质要求。以下 10 个为最重要的要求：

（1）面对客户要充满自信。

（2）诚实守信。

（3）准时。

（4）灵活变通。

（5）履行项目规范。

（6）坚持提供高质量产品。

（7）密切关注客户需求。

（8）坚持高标准的质量监控。

（9）与客户互动的过程中始终以客户为导向。

（10）新项目的实施必须保证让客户把握相关动态。

在以上 10 个要求中，自信和诚信是两个最受关注的品质，它们同属道德范畴。其他的因素则关系到调研功能的实现和良好沟通的维持。

良好的沟通是十分必要的。在上述 10 个要求中，灵活变通、密切关注客户需求、坚持以客户为导向、保证让客户了解相关动态，全部属于良好沟通的范例。一个成功的市场调研机构无论是在集团内部还是在与客户的交往中都始终贯彻着良好的沟通。

那么沟通究竟有多重要呢？首先，请思考一下下面这个例子。一般而言，经理们每天至少有 80% 的工作时间都花费在与他人的直接沟通上，换句话说，也就是每小时平均有 48 分钟都被用于开会、打电话或交谈。而剩下的 20% 的时间则用于案头工作，这其中的大部分又是以阅读和书写的方式进行交流。因此，我们可以得出一个相关结论，那就是沟通渗透在市场调研管理职能的方方面面。

3.6 是什么促使决策者使用调研信息

当调研管理者能够有效地沟通、生成质量数据、控制成本并及时传递信息时，他们就提高了决策者利用他们提供的调研信息的可能性。然而学术研究显示，政治因素和成见也会影响调研信息是否会被使用。尤其当一个经理人使用调研数据是否是：①按照事先的愿望；②清晰地提示；③研究质量高；④在公司内部的政治认可性高；⑤挑战贫乏的现状。管理者和调研人员都赞同技术质量是调研信息应用的最重要决定因素。然而，管理者不喜欢使用不符合先入为主的观念或者政治上不可接受的调研。当然，这并不意味着调研人员需要去迎合管理者的先入为主的观念。

在工业公司中，营销经理使用调研结果的倾向胜于消费品组织。这可能要归因于收集信息的目标更高、组织结构更加规范以及对收集到信息的惊讶程度更低。

David Santee、True North Marketing Insights 公司的总裁，在下面的“市场营销实践 3-1”中谈论到，市场调研为什么必须变得更具战略性。

市场营销实践 3-1

市场调研需要更具战略性

David Santee 向市场调研人员提出并主张市场调研行业应变得更具战略性。

公司高层管理者想要了解我们的信息和我们的洞察力，尽管他们表现得不那么明显。事实上，他们想让我们成为战略伙伴。Market Research Executive Board 所做的一份发人深省的研究发现，65% 的公司高层管理者希望与市场调研人员成为战略伙伴。但有趣的是，只有 25% 的管理者那么看待我们。换句话说，他们想要，但我们没能提供。

市场调研正在发生变化：从战术性的变为战略性的，从提供数据变为提供解决方案，从技术性的变为协商性的，从执行指令的员工职能变为积极主动的合作伙伴。我们的市场也在变化。就像这些由于没有意识到市场变化而倒闭的公司一样，我们也正见证我们调研市场的变化，那么我们能识别出吗？

我们中的大多数并没有将自己定位为市场领域的专家或战略家。我们没有被任命去制定一个策略，或成为高层管理者想让我们成为的那种战略伙伴，我们不被认可是那种角色，是因为我们的确不是。我们的行业还没有变成那样，我们的技能还没达到那种程度。在我们能解决问题之前，我们必须要意识到问题的存在。

目前的问题不是类似这个产品是绿色好还是蓝色好，哪个广告突破最好，哪个口味最好，或者是测量顾客满意度这些日常战术性决策。真正的问题是，更多的可以为未来几年提供参考经验的重要战略性决策显著影响了公司的成功。这些通常是执行委员会所做的重要决定。公司中唯一的学习是那些有能力采取行动的人所做的学习。

问题：

1. 解释上文故事中的最后一句话。
2. 为什么“变得更具战略性”对市场调研如此重要？

本章小结

准确定义调研问题的过程包括以下几个步骤：①识别问题或机会；②发现寻找信息的原因；③通过探索性调研了解决策环境；④通过症状来澄清问题；⑤将管理问题转化为市场调研问题；⑥确定信息是否已经存在；⑦确定问题是否真的能被回答；⑧陈述调研目标。

如果问题不能明确定义，调研项目将会是浪费时间和金钱。

以下是市场调研步骤：

（1）定义问题并陈述调研目标；

（2）生成调研设计；

（3）选择调研方法；

（4）选择抽样程序；

（5）收集数据；

（6）分析数据；

（7）撰写并展示报告；

（8）跟踪。

在进行调研设计时，调研人员必须决定是采用描述性研究还是因果性研究。描述性研究的目的是回答谁、什么、何时、何地和怎样等问题；因果性研究则是要探索一个变量（自变量）是否导致或决定另一个变量（因变量）的值。生成调研设计的下一步是选择调研方法，是采用询问法、观察法还是实验法。询问法调研是通过调研人员与受访者的交互作用来了解受访者的事实、观点和态度等信息（不包括邮件、网络和手机调查）；相反，观察法调研则不依赖直接的人际接触；实验法是调研人员改变一个或多个变量，然后观测这些变化对另一个变量（通常是销售额）的影响。大多数实验的目的是检测因果关系。

样本是总体的一个子集。随机抽样是总体中的每个元素都有一个被抽中的非零概率；非随机样本指随机样本之外的其他样本；任何在总体中的不同元素被抽中的机会是不可知的抽样都被看作非随机抽样。

在大型企业中，要求在调研目标确定后准备一份调研申请是很普遍的事。调研申请包括的内容通常有：依据调研将采取的行动、需要信息的起因、将如何使用信息、从哪些目标群体中收集信息、完成调研项目需要的时间和资金、与申请有关的其他任何信息。征求建议书是客户使用的从市场调研供应商那里寻求建议的文件。

市场调研计划书是相对于一个征求建议书发展而来的。有些情况下，这些计划书是依据客户和调研供应商之间的一些不正式的电话谈话产生的。这些调研计划书给出了调研目的、调研设计、时间期限和成本。调研计划书是为调研公司带来收入的工具。

良好的沟通是调研管理和使决策者使用调研信息的基础。传递给决策者的信息依赖于展开调研的类型。

复习思考题

1. 为什么说界定调研问题是调研过程中关键的步骤之一？谁参与了这个过程？
2. 探索性调研在市场调研中扮演什么角色？探索性调研与其他形式的市场调研有何区别？
3. 给一些症状的问题的例子，然后提出一些相关的实际问题。
4. 举几个例子说明进行总体普查比分析样本要好。
5. 评价下述方法，并提出更合适的方法选择：
   a. 超市对确定自身形象很感兴趣。它在顾客购物之前将一份简短的问卷放进每位顾客的购物袋中。

b. 为评估服务区域的范围，一家大型购物中心每周一和周五的晚上在露天停车场安排了调研人员。顾客停好车后，调研人员上前询问顾客所在区的邮政编码。

c. 为评估描述外星机器人的恐怖电影的市场潜力，一家电影厂邀请人们拨打 900 电话，说明自己是否喜欢这种电影。每位拨打电话的人可得 2 美元。

6. 你正在负责确定如何为本校商科专业吸引更多的生源，请列出完成该项任务应该采取的步骤，包括抽样程序。
7. 为增加决策者采纳调研人员提供的市场调研信息的机会，调研人员能做些什么？
8. 解释调研计划书的关键作用。
9. [团队练习] 将一个班级分成四五个小组。小组的一半成员就下面的主题准备一些简短的征求建议书。

a. 大学校园里的食物；

b. 大学校园里的男生兄弟会和女生联谊会的角色；

c. 你所在城市的娱乐；

d. 你所在大学的网址；

e. 学生之间的关系对教育的作用；

f. 大学供应商的网上购物；

g. 在互联网上购买音乐。

征求建议书应该清晰准确地界定调研目的和相关信息。剩下的小组成员对照征求建议书，提出一个调研计划书。

调研实例 3-1

我们出去吃饭吧

在零售环境中，创造积极的顾客体验能够使顾客更富有商业价值，有时能增加高达 50% 的平均交易量。然而，在餐饮店的环境中，由于顾客很少如他们所想的那样在同一个地方吃两次饭，就使得通过提供出色的顾客体验来增加交易数量的机会减少了。但为顾客创造积极的体验以及执行服务标准至少能增加平均交易量。

在餐饮店中经历了高度满意的用餐体验的顾客，会比那些只是刚好满意的顾客多花一些钱（见图 3-3），尽管这个结果不是像零售业里那么戏剧性。当一个服务员能说出一个特别的开胃菜或菜品，交易增加的一部分就可以归功于积极销售的影响（见图 3-4）。然而，更高的平均交易数量不仅仅是建议销售的结果，通过创造顾客喜欢的出色的用餐体验和提出额外的菜品，饭店的员工也能够帮助增加交易量。提供极好的顾客体验后立竿见影的效果可能不是那么明显，但对于个体餐馆或连锁餐饮店，显著的影响是在成千上万次交易的积累下形成的。

非常直观

那些经历了高度满意体验的顾客相较于没有经历满意体验的顾客，他们能够告诉我们用餐的时间并说他们还会经常光顾那家饭店。这非常直观，不是吗？好的体验和极好的体验之间的区别可能不那么直观。当饭店经营状况尚佳时，它的服务是友好并声名远扬的，它的食物尝起来很美味，店内的气氛很和谐，这时你就创造了顾客忠诚。平均来说，当比较经历了卓越体验的顾客和那些经历了不怎么满意体验的顾客时，各种结果都表明了在愿意再次光顾的数量上前者是后者的两倍，在愿意向亲朋好友推荐的数量上前者是后者的三倍（见图 3-5）。这个图对从快餐店到高档餐厅的所有餐饮业终端都适用。简单地讲，创造一个极好的顾客体验等于创造了顾客忠诚。

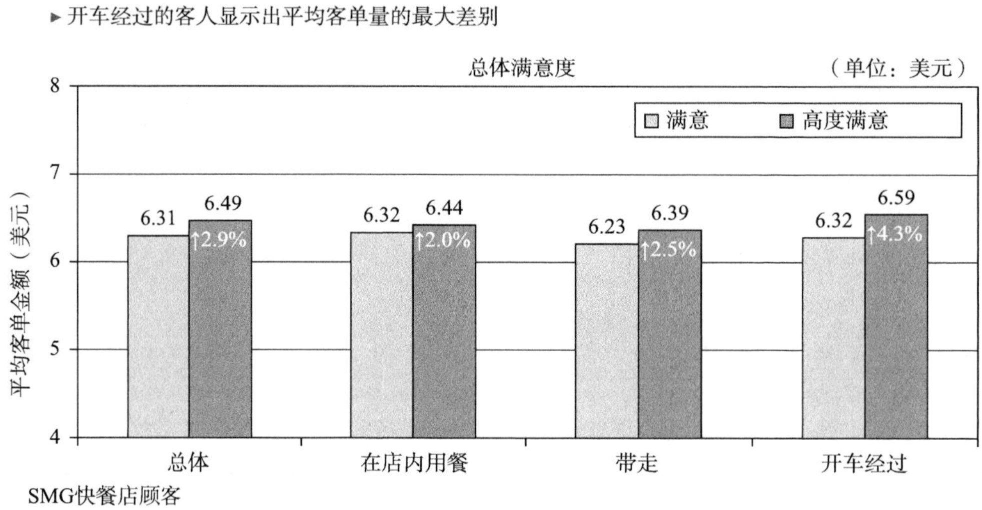

图 3-3　高度满意的顾客比满意的顾客花费更多

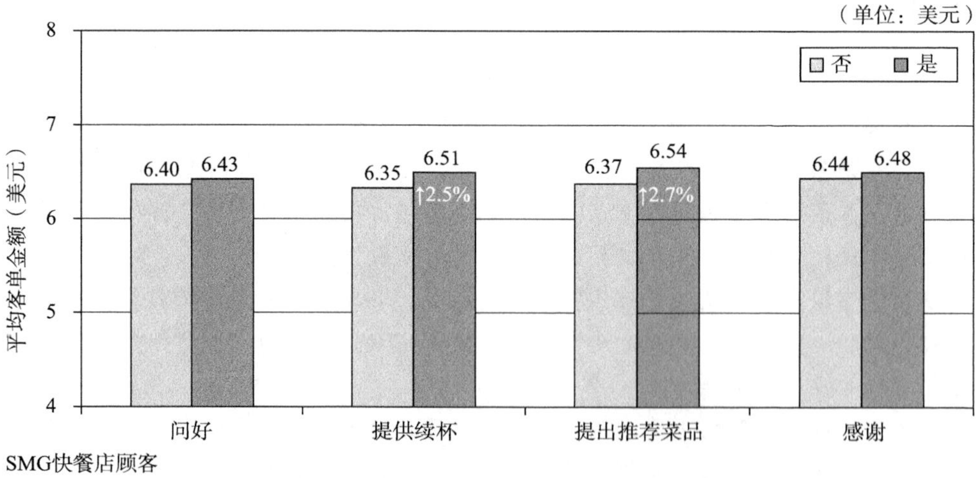

图 3-4　提供续杯和推荐菜品显示了平均花费方面的最大差距

人们不一定说了什么就做什么。当某个人说他是某个饭店的忠实顾客时，他真的是吗？也许另一个人说他会经常再次光顾，他真的会吗？我们可以将顾客忠诚度与信用卡或会员忠诚度数据相联系来测度这一行为。表示非常有可能在未来 30 天内再次光顾而且也的确这么做了的顾客，几乎是只说有可能在未来 30 天再光顾并实际行动的顾客的两倍

（见图 3-6）。如果饭店可以将 5% 或 10% 有良好体验的顾客转换为有特殊体验的顾客，从而形成顾客忠诚，那么到时候对交通和道路的影响便都可想而知。

► 非常满意与一般满意的群体相比，在可能推荐给其他人方面，前者是后者的三倍；在可能的回头客方面，前者是后者的两倍

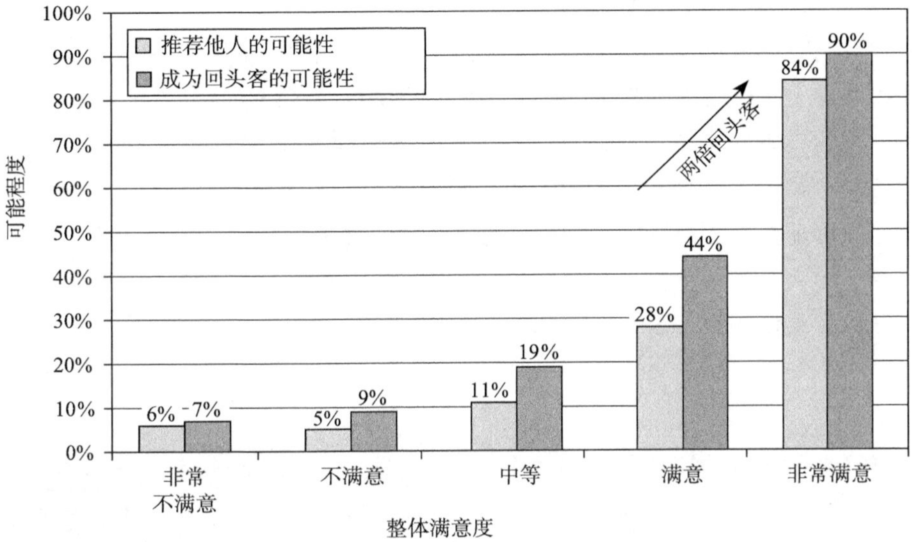

SMG快餐顾客

图 3-5　达到满意度 5 的顾客更可能成为回头客并向他人推荐

► 声称“非常可能回头”的顾客比率是实际回头客比率的两倍

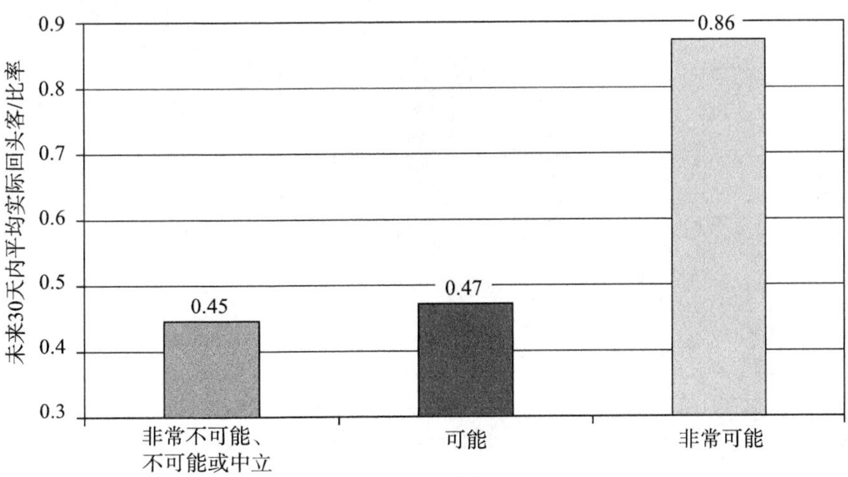

SMG休闲餐饮顾客

图 3-6　打算再次光顾与实际再次光顾

花更多钱

一个有趣的发现：当顾客由于推荐或先前良好的体验而再次光临某个饭店时，他们实

际上会花更多的钱。这与由于宣传推广和广告而初次光临的顾客形成强烈对比。这些人实际上花的钱要比因为其他理由而光顾饭店的人花得少。举一个快餐店的例子，调查发现，由于受到信任的朋友正面推荐而光顾饭店的客人，比由于广告而去饭店吃饭的客人多花费大约 14% 的钱。

服务员是关键

餐饮店如何打造积极的用餐体验以使客人愿意再次光顾并向他人推荐呢？这要从一线员工开始。服务员是将只是刚刚满足的顾客转变为忠诚顾客的关键，只要执行一套简单的服务标准就能大大带动顾客对用餐体验感到满意。图 3-7 说明了只是做到简单地向客人问好，与顾客定期再联系，对他们表示感谢，并确保客人在饭店大厅能看见管理者这几项，比起那些一项都没做或者只做了一项的，能使顾客满意度翻四倍。所以，确保能持续执行简单的服务行为大概是最可行的改善顾客体验的方法，拉动顾客满意度和忠诚度增长的最有效方式是保留最优秀的服务员。

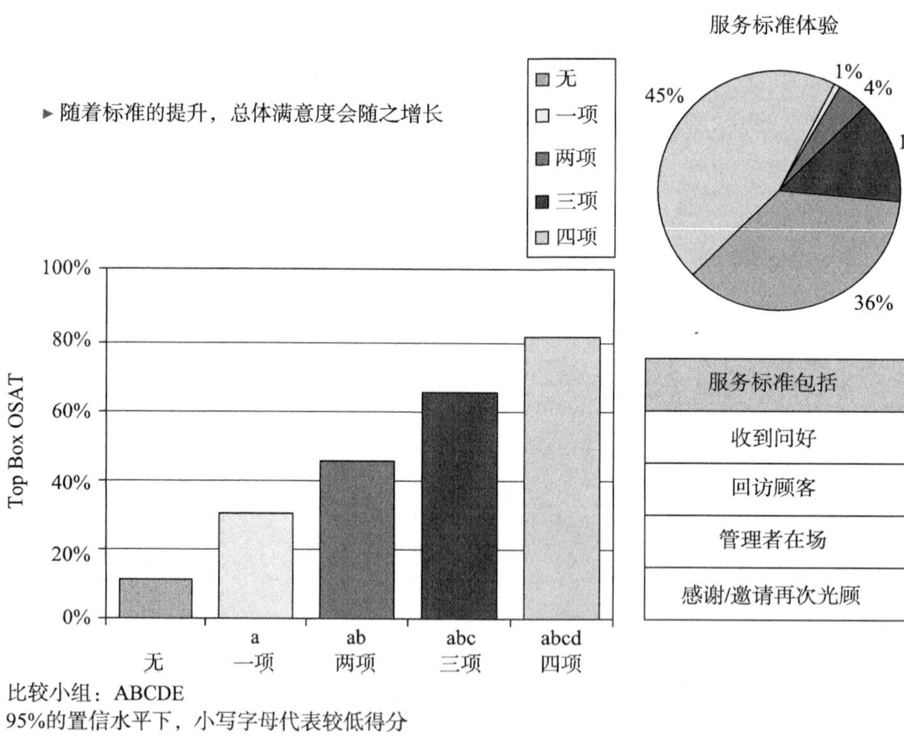

图 3-7 少于一半的顾客体验到了你的基本服务标准

注：SMG 是指服务管理集团，它位于密苏里州堪萨斯城，是一家市场调研公司。

管理者和执行者能够从服务员那里获得创收的方式之一，是回归数据并向他们展示他们的行为对自己收入产生的影响。将顾客反馈与交易信息相联系，可以看出那些体验过上述规定服务的顾客，不仅对那家饭店更忠诚，而且给那家饭店服务员的小费也更多。事实上，对于休闲餐饮，当顾客体验了所有应有的服务而不是仅仅其中之一时，他们给的小费有明显的增加（见图 3-8）。当服务成为焦点时，餐饮店中的所有人都会共赢（见图 3-9）。

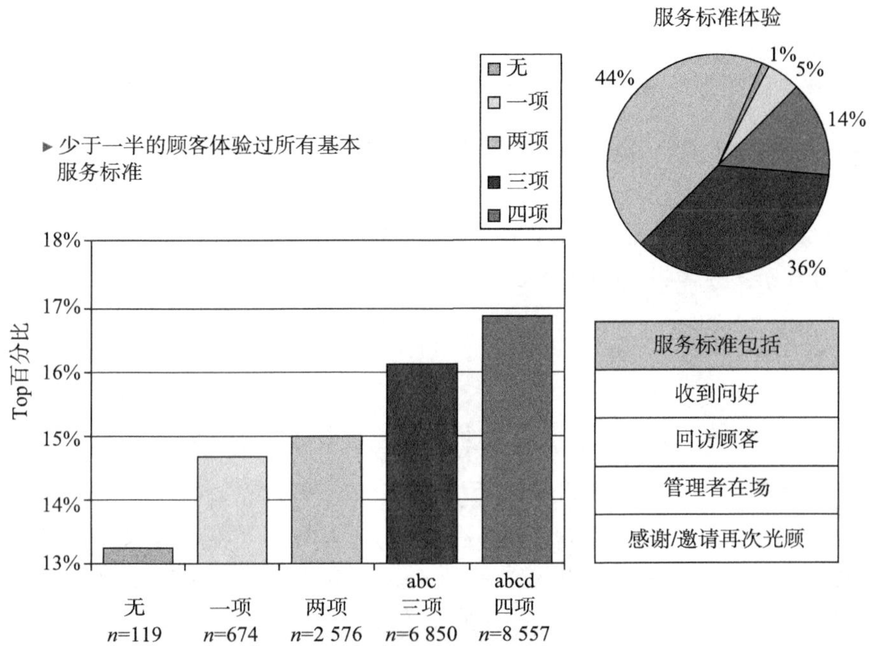

95% 的置信水平下，小写字母代表较低得分

图 3-8　当超过三项服务标准时小费百分比会增加

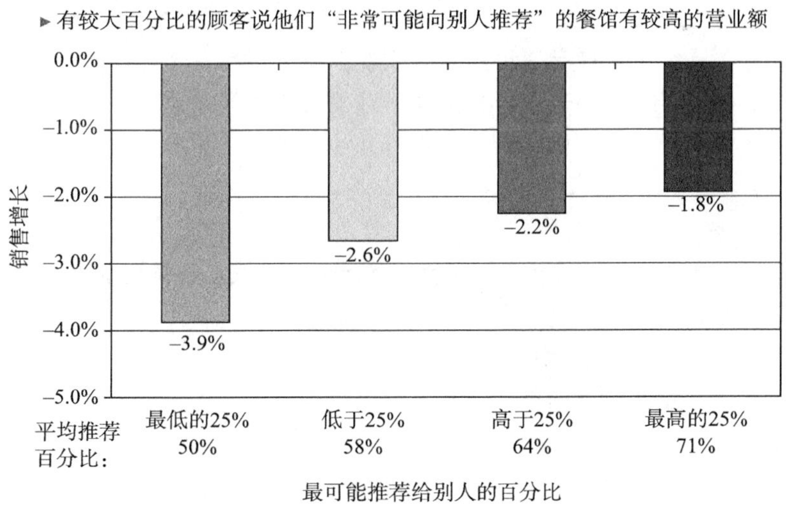

图 3-9　较高的顾客忠诚度有助于减少经济萧条的影响

注：SMG 是指服务管理集团，它位于密苏里州堪萨斯城，是一家市场营销研究公司。

问题：

1. 你认为这是一个探索性调研吗？如果不是，调研问题是什么？
2. 这个调研是因果性的还是描述性的？为什么？
3. 解释为什么 Olive Garden 会用这些信息，那么麦当劳又是为什么？
4. 为做更深入的调研，市场调研计划书应该包括什么？

附录 3A

市场调研计划书

Decision Analyst 调研公司进行品牌资产研究的计划

机密

提供给：博彩娱乐城公司（Fun City Gaming.Inc.）

制作者：凯西·麦肯齐（Kathi McKenzie）和萨莉·丹弗斯（Sally Danforth）

2013 年

背景

博彩娱乐城公司近期经营了一个多级码头沉箱江轮和有三个餐馆、一个宾馆的陆上看台，这些都位于阿伦河边。这个娱乐场所提供 1 500 个老虎机和 70 种桌上游戏，这是该娱乐城特许权的旗舰店。卡西诺娱乐城（Fun City Casino）有四个主要的竞争者，它们都位于娱乐城大约 30 英里[⊖]半径范围内。在所有竞争者中，卡西诺娱乐城在税收上排名第二，但利润居首位。除了这些竞争者，其他竞争者将由计划中的“野河”娱乐场所提供支持，它们很可能在一年内开始建设，这个娱乐场所将坐落在圣乔治市，距离卡西诺娱乐城只有几分钟的路程。

娱乐城近期正在从事大型的再开发，包括建设一艘全新的游戏船，升级看台，新增旅馆和停车场。游戏船将以 2 500 个老虎机、84 种桌上游戏、高限制游戏和精美装饰为特色。这个新娱乐城将会提供比现有产品和主要竞争者产品更优越的特色。

为了保证资金的可行性，这个项目必须从现有顾客中增加盈利，并从竞争者那里吸引顾客，使顾客从竞争者的娱乐城转到卡西诺娱乐城。另外，这个新项目必须用特别的吸引力来奖励娱乐者。

调研目的

这次调研的所有目的应当是有助于经营安置新的娱乐城。将得到解决的关键问题如下：

- 新博彩项目的定位应该是什么？
- 应该使用娱乐城这个名称还是更名？
- 如果更改名称，应该使用什么名称？

调研设计

本次调研将在娱乐城 100 英里半径范围内对 800 个赌博者进行有目的的电话调查。特别地，我们会在阿伦谷地区调查 400 人，在东部地区调研 400 人，因为目前以及将来的大部分竞争者都在这个区域内。被调查人员将从过去 12 个月内去过娱乐城的人群中挑选出来。

问题范围

决策分析师在开发问卷的工作中应当和博彩娱乐城紧密联系。假设我们有三四个将要测试的潜在定位，暂定的调研主题如下：

- 现有赌场的使用情况和博彩行为。

⊖ 1 英里 =1.609 3 千米。

- 娱乐城的名字，以及主要竞争对手的名字和娱乐城公司所有的可能用于新博彩项目上的名字的认知和总体排名。
- 娱乐城及其主要竞争对手在若干（8 ～ 10 个）品牌形象属性上的等级。
- 告知被调研人员“新”(重新开发的）赌博项目的简要描述。每个回答者被告知其中一种潜在定位的描述，这样每个定位都将产生一个可读的样本容量。
- “新”博彩项目的关键形象属性的整体排名和分别排名。
- 娱乐城名字的排序，其他潜在名字的整体吸引力排序以及符合该描述的程度。
- 新博彩项目的预期使用；对消费者的赌博习惯和对赌博项目参观的人数的影响。

数据将会从居住地面积和博彩价值（高 / 中 / 低价值参赌者）两方面进行分析。

数据分析

我们将进行因素分析，识别出与博彩项目的总排名最相关的因素。根据这些因素，制作一份可感知图，从视觉上来显示现有娱乐城和竞争者在品牌形象上的关系。新博彩项目的品牌形象同样也会显示在图上，用差距分析来突出每一个定位（三四个定位）所导致的在形象上的差别。

参与人员

这个项目将由凯西 · 麦肯齐和萨莉 · 丹斯指导，其中凯西将全程指导，萨莉将负责数据分析和陈述。

（注：每个参与者的个人简介通常也会附上）

明细说明 / 假设

成本估算依据以下假设：

- 完成的访问数量 =800 人（次）
- 平均访问时间 =20 分钟
- 平均完成率 =0.62 人（次）/ 小时
- 假定发生率 =25%
- 没有开放型题目。
- 抽样类型：有针对性的、随机的阿拉伯数字。
- Word 数据表格形式的横幅两个。
- 因素分析，两幅感知图（全部样本和高价值的参赌者）和差额分析。
- 报告。
- 个人介绍，如果有要求的话。

服务

Decision Analyst 公司将要：

- 与娱乐城管理者一起开发问卷。
- 在目标范围内实施抽样。
- 制订询问调研计划。
- 管理该调研项目。
- 管理和监督所有电话调研。

- 处理数据，确定交叉表格，编制统计表。
- 分析数据，如果要求再准备展示用报告。

成本

像已经描述的，实施该调研的成本应是 61 900 美元，加上或至少 10% 的机动费用，这仅仅是博彩娱乐城公司事先批准的支出。这个成本预算并不包括达拉斯－福特沃斯地区以外的任何旅行费用。所有不可预见的物品或旅行费用将在本调研结束后结账。

Decision Analyst 公司将严格管理数据收集过程。如果实际数据收集经历不同于计划书的承诺和假设，我们将立即通知你讨论可行的方法。

时间

问卷批准后，完成该项目需要 5 ～ 6 周，具体时间如下：

询问调研与质量控制	3 ～ 4 天
数据收集	3 周
最终数据表格化	3 天
最终报告	1 ～ 2 天

第 4 章

Chapter 4

二手资料和大数据分析

□ 学习目标

1. 了解运用二手资料的优缺点
2. 理解数据挖掘和行为锚定
3. 了解大数据分析的优点，如何使其具有可操作性，以及数据可视化的重要性

什么是二手资料？使用二手资料的优点和缺点是什么呢？管理者所应用的数据挖掘如何在数据库中发挥洞察力？最重要的是，管理者是如何管理这些庞大的信息流的？这些问题我们都将在第 4 章给予解答。

4.1 二手资料的实质

二手资料（secondary data）是指以前已经收集好的，但不一定与当前问题有关的信息资料。**原始资料**（primary data）则正相反，它们是为了解决特定问题而专门收集的调研资料、观察资料或实验数据资料。任何一种市场调研都不可能是完全独一无二的，或是从未发生过的，很可能以前有人做过同样的或类似的调研。因此，二手资料是一种收集市场调研信息的经济实用的方法。二手资料有两个来源：一是公司自身（内部数据库）；二是其他组织，如 Acxiom（外部数据库）。

源自公司内部的公开的二手信息包括年度报表、股东报告、销售数据、顾客文件、购买模式、产品测试结果（可向新闻媒介透露）、顾客的网络和移动终端跟踪、公司网站跟踪，以及由人事部门制作的与员工、顾客和其他人员进行交流的公司刊物等，通常这些信息都被并入公司的内部数据库。

公司外部的二手资料来源包括编辑和发布商业资料摘要的政府（联邦、州和地方）部门和机构；贸易和产业组织也提供公开的二手资料；还有更多资料来自商业期刊，以及经常刊登关于经济、特定的产业，甚至是对个别公司的研究和论文的新闻媒体。Acxiom 用超过 23 000 台电脑服务器来收集、整理和分析顾客数据。该公司创造了世界最大的顾客数据库，这些服务器每年加工处理超过 500 亿个交易数据，该数据库包含超过全球 5 亿顾客和大约每人 1 500 个数据点。Acxiom 的顾客包括 E*Trade、Ford、Wells Fargo、Macy's 这样的公司，而这些主要的大公司都追求对顾客行为的追踪洞察。Acxiom 整合在线的、移动终端的、线下的数据，打造了深入彻底的顾客行为模式。公司专利软件 PersonicX，

将不同消费者细化到 70 个社会经济集群中的一个。例如，“单身贵族”这一群体，意味着这个依赖移动终端的中上阶层群体习惯网上理财，喜欢参与职业体育运动，对价格比较敏感，对免费购物持有积极响应的态度。

4.1.1 二手资料的优点

由于收集二手资料只需要消耗一部分金钱和时间，并且不像收集原始数据那样不便，市场调研人员通常使用二手资料。二手资料的其他优点包括以下几个方面。

1. 二手资料有助于明确或重新明确探索性调研中的调研主题

回想一下第 3 章中本土公司 YMCA 的经历。一家当地 YMCA 对其停滞不前的会员人数和许多缺乏参与者的传统的 YMCA 项目，感到忧心忡忡，它决定对它的会员和非会员进行调研。二手资料显示有大量的年轻单身者流入目标市场地区，而“传统型家庭”的数量则保持稳定。于是调研主题被确定为研究 YMCA 如何大量吸引年轻的单身成人，同时保持其在传统家庭中的市场份额。

2. 二手资料可以切实提供一些解决问题的方法

管理者所面对的问题，以及下达给市场调研人员的问题在很大程度上不可能是从未遇见的。很可能曾经有人研究过同样的或类似的问题。可能有人已经收集了所需的精确的资料，只不过不是针对当前的问题的。

许多州都出版生产商名录（通常在网上可用），内有地址、市场、产品名录、工厂数量、主要领导的姓名、员工数量以及销售水平等信息。一家为半导体企业进行长期战略策划的咨询公司需要有关潜在客户的地区性简介，那么它可以利用各州的名录来编辑这份简介，而不需要收集原始资料。

3. 二手资料可以提供收集原始资料的备选方法

每个原始资料的调研努力都是为顾客设计来解决当前问题的，因此市场调研人员应该广泛吸取提供不同收集方法的信息。例如，作者曾为西南部一个大城市的接待办公室设计了一个调研方案，在设计问卷之前参考了《会议计划者》（*Meeting and Convention Planners*）杂志的一项研究报告。这份研究报告中含有原始问卷，在作者的问卷中引用了其中的一组问题。这样，不仅量表已经规定好了，而且研究的结果还可以与杂志上的数据相比较。

4. 二手资料可以提醒市场调研人员注意潜在的问题和困难

除了提供方法外，二手信息还能暴露出潜在的危险，如收集方法不受欢迎、样本选择有困难或者被调研人员有敌对情绪等。例如，一位调研人员计划进行一项衡量对某种特定的兴奋药物的满意程度的研究。查阅了一项对麻醉学家的调研之后，他发现电话调研的拒绝率很高。于是，这位调研人员将原定的电话调查改成了邮寄问卷，并对回复者给予奖励。

5. 二手资料可以提供必要的背景信息以使调研报告更具说服力

二手资料经常能为设计调研计划方案提供大量的背景资料。它能够粗略地概括出潜在的顾客和非顾客、产业数据、新产品所需的特别广告、购买者在描述该产业时所使用的语言方式，以及新产品和已有产品的优缺点等。了解目标消费者使用语言的方式，有助于组织问卷的语言，使被调研人员更准确和全面地理解问卷。有时，背景资料还能直接符合研究的主题，从而不需在当前的调研中重复类似的问题。通常，问题越简短，回答率越高。有时二手资料能提供对调研资料的进一步分析，或者是对当前的发现提供支持，从而丰富调研发现。最后，二手资料可以作为以后调研方案的参照基础。

6. 二手资料可以提供样本框

如果一家公司，如联合快递（UPS），想要跟踪每个季度的顾客满意度，顾客的姓名必须来自于它的数据库。因此，顾客名单就是样本框，并且样本框是从名单或是设备中进行的随机抽样。

4.1.2　二手资料的局限性

虽然二手资料有很多优点，但是它也存在着一些危险。它最主要的缺点就是缺乏可得性和相关性、不够准确、不够充分。

1. 缺乏可得性

对于某些问题，他们就是不存在二手资料。如果卡夫通用食品公司想要评价三种新的美食布朗尼混合配料的味道、口感和颜色，那么没有二手资料能够回答这些问题。消费者必须亲自品尝每一种混合配料，然后才能做出评价。如果麦当劳想要了解它在亚利桑那州菲尼克斯市的形象，它就必须收集原始资料；如果宝马汽车想要知道大学生对于新款两座跑车的设计的反应，它就必须向学生们展示跑车原型并评价他们的意见。当然，二手资料有可能在工程师设计跑车时起到了重要的作用。

2. 缺乏相关性

二手资料由于形式和方法上的原因而不能为调研人员所用的情况并不鲜见。例如，琼·德莫特是一个出售东方地毯的零售商，她确定主要顾客是家庭总收入在 40 000 ～ 80 000 美元的家庭。更高收入的消费者倾向于购买超出琼·德莫特的价格范围的地毯。当她考虑是否在佛罗里达州的另一个城市开一家店时，她找不到适用的收入信息。一个信息资源提供的阶层划分是 30 000 ～ 50 000 美元、50 000 ～ 70 000 美元、70 000 ～ 90 000 美元，依此类推；另一个二手资料来源将收入划分为低于 15 000 美元、15 000 ～ 30 000 美元和 30 000 美元以上。即使收入阶层符合琼·德莫特的需要，她也会面对另一个问题：这些信息过时了——一项是 1995 年的调研，另一项是 2001 年的调研。在变化迅速的佛罗里达市场上，这些数据很可能不再适用。这是在联邦调研资料中经常出现的情况，这些资料可以用时已经过去将近一年了。

3. 缺乏准确性

二手资料的使用者应该评估二手资料的准确性。在调研人员收集、整理、分析和提交资料的过程中，会有许多潜在的错误。任何一个没有注明可能存在的误差和误差范围的报告都值得怀疑。

使用二手资料并不意味着调研人员可以不评估资料的准确性。以下是一些判定二手资料准确性的方针。

（1）是谁收集的资料？二手资料的来源是准确性的关键。联邦机构、大多数的州政府机构和大型商业性市场调研机构是可以信赖的，它们做得是尽可能专业化的调研。在查阅议程性的资料时应该特别谨慎。例如，一个商会总是要展示它好的一面。同样，同业公会也总是坚持自己的立场。

（2）调研的目的是什么？资料总是为了某种目的而收集的。了解调研的动机可以提供一些评估资料质量的线索。对一个商会为吸引新产业进入该地区而作的调研，应当特别仔细小心。曾经有过广告商被他们的客户雇用，来评价广告方案的影响力。换句话说就是，要求广告代理商自己评价他们为客户工作的质量。

（3）收集的是什么资料？调研人员应该准确地判定所收集的是什么样的信息，是从谁那里收集的。例如，在一项狗食品调查中，是否对听装、脱水和半脱水食物的购买者都进行了面谈？还是只对一两种食物的购买者进行了调研？在对选举人的调研中，是否只与民主党党员或共和党党员进行了面谈？是否所有的受访者都确是注册登记的选民？是否做了任何尝试以查明受访者在下次投票中的倾向？是否用了主观资料来推断实际行为？

（4）资料是什么时候收集的？一项只调研周末顾客的购物中心调研不能反映出“典型的”光顾购物中心的顾客。在上午 9 点至下午 5 点之间做的电话访谈不能反映上班族的情况。对夏季佛罗里达游客做的调研可能反映出与冬季游客不同的动机和兴趣。

（5）资料是如何收集的？资料是通过邮寄、电话，还是个人访谈的方式收集的？每种收集方法都有它的优点和缺点。拒答率是多少？是否与决策者或者决策者的代表进行了面谈？简而言之，调研人员必须努力辨明由于信息收集过程而带入资料中的偏见。一项 1% 回复率的邮件调研（这表示，只有 1% 收到调研邮件的人进行了回复）可能包含很多个人选择性的偏见。

（6）所得资料是否与其他资料相一致？二手资料之间缺乏一致性，是一个值得注意的问题。调研人员应当深入探究造成矛盾的各种可能。不同的样本结构、时间因素、抽样方法、问卷结构，以及其他许多因素都会导致调研结果的不同。如果可能的话，调研人员应当评价各种调研的可靠性，从而决定应当使用哪一种调研来进行决策。

4. 资料不充分

也许调研人员确定资料是可获得的、相关的且准确的，但还是不足以据此做出决策或完全解决问题。沃尔玛的一名管理者要从艾奥瓦州的五个城市中选择一个建立新店。它可能拥有充分的关于收入、家庭规模、竞争对手数量和增长潜力的二手资料。然而，如果没有关于所选城市的交通情况的资料，就必须收集原始资料，才能为新店选择明确的地点。

4.2 内部数据库

对于许多公司来说，存放着现有顾客和期望顾客信息的计算机数据库已经成为非常重要的营销工具。简单说，**内部数据库**（internal database）就是相关信息的集合，而这些信息是从组织内部的资料发展而来的。

4.2.1 建立内部数据库

从公司的销售活动中获取信息，不失为建立初始内部数据库的好办法。而传统的开始点是公司的销售系统或征询系统及跟踪系统。这种系统一般是以销售人员的“电话情况报告”为基础的。电话情况报告反映的是一名销售人员每天的工作活动。报告详细列出所拨电话的号码、所拜访的公司的特点、因电话而产生的销售活动，以及所收集的有关竞争对手的信息，例如，价格的变化、投放的新产品或服务、信用条款的修改以及对手新推出产品和服务的特征等。一个基于销售情况、消费者偏好、互联网、移动终端和社会数据的内部二手营销数据库，可以成为一个有力的营销工具。

4.2.2　数据挖掘

美国运通公司（American Express）使用中枢网络软件来检验它的数据库中的记录，这些记录可以告诉它们个人信用卡的持有者在怎样和在哪里进行了交易。**中枢网络**（neural network）软件是指通过模仿人类大脑极其通过示例的学习能力来从数据中找到一定的模式的过程的计算机项目。这样就可以得到每个持卡者的购买意向指数。以这些指数为基础，美国运通公司通过旗下分公司的个人信用卡持有者的购买情况确定与之匹配的业务并把它们作为月报的一部分。这样做的好处可以较少运通公司和持卡人高价值信息的成本；美国运通公司从事了数据挖掘的工作。

数据挖掘（data mining）是指使用统计或其他先进的软件来发现隐藏在资料中不易发现的模型。其目标是识别那些营销者可以在新的战略和战术中应用的模型，并以此来增加企业的利润。柯莱特音乐控股有限公司（Kamelot Music Holdings）运用数据挖掘来识别高消费群体，65 岁以上顾客（它的频繁购买者俱乐部的成员）购买很多经典和爵士的音乐和电影。更深一步的数据挖掘，很大比例的人也会购买说唱和另类的音乐；这是祖父祖母买给他们的孙子孙女的。现在，柯莱特告诉年轻人在说唱和另类音乐中什么是流行的，就像和传统音乐一样。

数据挖掘包括寻找有趣的模型和追随数据的路径看它通向哪里。这个发现的过程通常需要筛选海量的数据，电子销售点交易、存货记录、在线顾客订购及其相匹配的人口统计特征很轻易地就可以占用上百 G 的存储空间。概率抽样、描述性统计、多变量统计都是可以控制性地进行数据挖掘的工具（概率抽样将在第 13 章进行讨论，描述性统计和多变量分析将会在 14 ～ 18 章进行介绍）。其他更加先进的数据挖掘工具，如遗传算法和案例分析推衍系统，就必须用于更高级的研究。

4.2.3　行为锚定

行为锚定（behavioral targeting）是指为了提高线上投放广告的有效性，利用线上和线下的数据来了解顾客行为、人口特征和社交网络。例如，Acxiom 旗下的 PersonicX 公司就致力于行为锚定。随着互联网的成熟，无目标的广告投放已经失去效用。一项研究发现，只有 4% 的互联网使用者会点击所有显示广告的 67%；DoubleClick 所做的近期研究发现，平均点击率只有 0.1%，那意味着 1 000 个人里只有一个人会去点击投放的广告。行为锚定试图改变这一现状，从而帮助广告商。

一个从事收集和出售网络数据的调研公司 EXelate Media 声称，它是美国最大的市场调研公司尼尔森控股的联盟。它们的交易将 eXelate 的 1.5 亿个互联网使用者数据与尼尔森公司的包含 1.15 亿个美国家庭的数据库相联系，以提供更多用户的具体信息。

EXelate 通过处理成百上千的网站来收集线上用户的数据。公司通过大量搜索网站的注册信息来确定顾客的年龄、性别、民族、社会地位和职业。举个例子，它精确到基于用户的网络搜索和经常浏览的网站来判定哪个汽车买主是健身爱好者。利用追踪历史记录或是在用户浏览网站时缓存在其电脑硬盘中的小数据流，来收集和存储信息。对于跟踪过程的更具体的讨论见第 8 章。

例如，一个汽车制造商，在推广跑车时可以利用 EXelate Media 和尼尔森的数据库定点投放广告给那些浏览汽车博客、在网上搜索跑车信息、被尼尔森公司称作“青年文艺者”群体的人。这个群体的人指 25 ～ 44 岁，年薪在 88 000 美元的人，包括作家、住高级公寓特别是读《经济学人》杂志的人。

社交网数据已经迎来了大繁荣。脸谱网和其他社交网站的用户表现出了他们的兴趣、互相之间的联系，以及不同以往的偏好。在过去，线上广告商发现给买过它们产品、浏览过它们网站或受过广告影响的老用户投放广告效率非常高，但是当有需求的人们并不了解产品时问题就来了，这时社交网数据就出现了。像 Media 68 这样的公司，将广告商的顾客数据与社交网用户注册信息相联系，这一技术使该用户亲近的伙伴也成了潜在客户。所以，信息再次利用活动能将原始用户及其他们的朋友都变成目标客户。这一活动可能汇集到 800 万或 1 000 万的潜在客户，而不仅仅是一个。这就是“物以类聚，人以群分”。

Lotame 和 33across 以及其他公司都在为广告商挖掘社交网数据。Lotame 试图使用社交网数据来获得影响力，在社交网站、博客以及用户撰写话题内容的信息板块都有它的足迹；接下来它通过添加消耗用户生成内容的人来扩大圈子；最后，它添加这些内容的创作者和顾客本人。

eBay 和 Spring 都使用了 33across 来改进它们的线上广告投放效率。

4.3 大数据分析

回想一下，大数据分析是指大量信息的积累和分析。一个调研和咨询公司说，一个有着总共 500 万兆字节的商务活动数据的组织是一个有大数据的组织。百万兆字节是指有 100 万个字节，所以一个有着 500 万商务活动数据的公司就是大数据公司。大数据能为公司提供：

- 更深度的洞察。大数据调研人员洞察一切个体、一切产品、一切部分、一切事件、一切交易，而不是只看到市场细分、类别、集合或其他层级划分信息。
- 更广阔的视野。为了了解复杂的、演变的、相关的情况从而提供更精确的洞察，大数据分析考虑到一切数据，体系的和非体系的。

举个有关更深更广的洞察的例子，Cable 电视的供应商表示，95% 的订购都能按时满足。这听起来很厉害，但当你知道该公司每天有 3 000 个订单，也就是说每天有 150 个顾客要在家里白白浪费时间等待时，你就不这么觉得了。如果可以将遗漏的订单与呼叫中心、搜索中心和重复购买中心的数据，以及推特和脸谱网上的评论相联系，经理就能知道每年他们遭受了多少差评，还不包括重新安排时间和加快进展拜访所带来的额外的成本。

4.3.1 定义关系

对于科学家和市场调研人员来说，大数据分析代表了范式的转变。传统的科学方法包括得到问题信息、做假设，然后测试数据以决定接受或拒绝无效假设。假设驱动的调研，以由调研人员规定好的因素为基础，它限制了去探索思维所能想象的。数据驱动科学让我们先收集数据，再看看数据告诉了我们什么，这与传统科学截然相反。

比起“为什么”，大数据更倾向于研究“是什么”。在很多环境下“为什么”得来不易，而知道“是什么”已经足够了。亚马逊公司用大数据分析销售数据从而发现有哪些是畅销书，推荐书单并不需要知道消费者为什么购买《战争与和平》或《白痴》。亚马逊公司或许并不关心为什么这两本书要合在一起推荐，但是它能这样呈现给消费者推荐他们购买，反之亦然。

有时“是什么”背后的东西会浮现，这时或许就需要传统科学去回答“为什么”。例如，如果大数据告诉医疗保健方面的调研人员，走路多的人不容易肥胖，那么从逻辑上讲，下一个重要问题就是“为什么走路的人这么少”。如果我们给肥胖者一个 App 使他能记录自己的身体活动会发生什么呢？这些问题都是传统科学要回答的了。

4.3.2 大数据的突破

在不久之前，大数据分析的概念只是一个梦。通常用 SQL 语言来写的传统数据库将数据存储在表格和条形图中，但当存储诸如电子邮件和短信这样的文字流时就变得很有限，并且不能处理图像和视频。

新型数据库在 2009 年年末开始出现，如 MongoDB、Cassandra 和 SimpleDB 没有那些限制并能让分析者对数据建立查询。

这种 NoSQL（“not only SQL”）数据库，使公司分析庞大的数据变得不同于以前，即使它们是传统的。例如，Verisk Analytics 的风险顾问分析师对上百万顾客记录运用不同模型和分析方法帮助确定保险诈骗索赔。

Cerisk 公司的副总裁兼信息主管佩里 · 罗泰拉（Perry Rotella）说，在 International Bussiness Machines 上使用传统 DB2 数据库是“耗时 6 小时的工作”，要工作一晚上。分析师要时刻盯着结果并建立查询，不然就要重做。他说，每次都要耗费几周的时间，分析师需要建立一个新的统计模型。公司近期转型向 NoSQL 数据库了，这使分析师在 30 秒内就能运行查询。

最近开发的程序自然语言处理和机器学习依赖于电脑程序自身去寻找图样，甚至是分辨上下文中模棱两可的词汇。使用自然语言处理程序可以使程序识别出“炸弹”是指一个百老汇喜剧，而不是恐怖分子用的东西。

直到最近，复杂的电脑程序需要在昂贵的硬件上运行，比如大型主机计算机。如今，一个由雅虎研发、谷歌提供技术支持，以孩子的玩具大象命名的 Hadoop 开放资源软件框架，使查询由程序自身完成。

不同的分析任务分配给了许多廉价的服务器，当任务完成时的重组查询前面每个服务器解决问题的一部分。将复杂的查询交给成本低廉的电脑服务器完成，使人们更快地解答各种问题。

网上汽车市场 Edmunds.com 能帮助汽车交易者通过与出厂时相比车标、型号等特征，预测交易的车辆能留在它们那里多长时间。这种预测帮助减少了汽车未卖出的天数——“交易者的最重要的销售绩效之一”，Edmunds 网站的信息主管菲利普·波特洛夫（Philip Potloff）说。

在下面的“市场调研实践 4-1”中，Luth Research 的副总贝基·吴（Becky Wu），讨论到大数据分析的前景是非常现实的。

市场调研实践 4-1

大数据揭示知识财富

大数据极其重要的一个部分就是顾客使用电脑和移动设备时的行为跟踪，通过使用像 Luth Research 的 ZQ 智能平台一类的计量技术。这种数据非常重要，因为顾客的生活被数字技术和媒体深深影响。每分钟：

- 200 万次的谷歌查询；
- 571 个新网站建立；
- 人们从苹果应用商店下载 47 000 个移动 App；
- 消费者在线上零售店花费 272 000 美元。

这些是难以置信的数字，值得注意的是所有这些活动都是可跟踪的，实际上是被跟踪。这些数据存在于传统调研方式之外，在下面几个方面创造了市场调研的独特价值：

- 以行为为中心的数据将市场调研人员从必须根据消费者做什么从而做什么解放出来。调查和其他调研方式可以致力于他们真正的任务——了解消费者行为背后的原因。
- 大数据精确化，包括时间和地理位置（就移动跟踪来说）。其独特好处就是提供了上下文的理解、行为发生的时间和地点，这是传统市场调研长期欠缺的。
- 被动跟踪产生了一个庞大的连续数据。没有压力过重的受访者，结果数据优于传统调研可以提供的。

问题：

1. 实时跟踪是如何帮助市场营销者决策的？
2. 跟踪与传统市场调研可以互补吗？如果可以，怎么做？

4.3.3 使大数据更具操作性

过于复杂的输出让人感到无所适从甚至会形成怀疑，因此需要更直观的工具来辅助日常决策。在市场调研的传统世界，产品经理或其他市场经理要到市场调研部门（或发送一份调研计划书）描述问题。调研人员接着要通过访谈他人来执行调研，紧接着是分析数据。下一步是幻灯片展示。最后，经理也许会也许不会采取行动。在大数据分析这一新领域，顾客的心理被传送到在规定基础上运营商务的人员那里。例如，商店经理、产品经理和呼叫中心管理者会收到专门为他们特定职能发送的信息。

自动化的决策制定在大数据分析中同样发挥重要作用。例如，一家网上商店在实时的基础上收到产品推荐，比如顾客正在购买过程中。大数据分析可以在顾客在分行或联系呼叫中心时为其推广信用卡。大数据的自动化要求为顾客进行私人订制，满足其特别需求，这将是一个增长态势。

4.3.4 数据可视化

当然，不是所有的大数据输出都会导致决策自动化，大数据输出必须规范化、合理化。大多数人记不住比电话号码还长的一连串数字。所以，如何使上亿的数字变得合理？答案是利用图像展示或数据可视化。**数据可视化**（data visualization）是使用图像可视技术阐述数据间的关系，回忆第 1 章中横穿美国的气流变化的例子。数据可视化公司，如 Gooddata、Ayasdi、Tidemark 和 Platfora，将大量数据转化成图像，以更直观地面对对它们来说重要的信息。

4.3.5 隐私战争

大数据的弊端：顾客隐私。调研人员说他们的数据不包括个人身份信息。在一项调查中，只有 32% 的人说他们对广告商利用其浏览器的历史记录投送更多相关广告没有感到不适。还有多少跟踪正在发生呢？《华尔街日报》挑选出涵盖 40% 美国网页浏览量的 50 个网站。在一台用于研究的测试电脑上，这 50 个网站安装了总共 3 180 个跟踪历史记录装置，只有一个网站（Wikipedia.org）没有安装，包括 Comcast.net 和 MSN.com 在内的 12 个网站，安装了超过 100 个跟踪工具。Dictionary.com 安装了 168 个使用户不能拒绝的跟踪工具，据私下透漏，还有 121 个规定外的收集财务和健康数据的装置。

美国国会正在考虑对跟踪实施法律限制。联邦贸易委员会出台了该行业的隐私规定。"如果你在 Gap 购物，服务员过来告诉你，'既然你每天都在这购物，从现在开始，我们每天都在这个购物中心跟踪你并且观察你的每次交易'，没人会同意这种事。"佛罗里达州的参议院 George LeMieux 在一次参议院听证会上就网络隐私说道。

电脑顾问汤姆 · 欧沃德（Tom Owad）发布了一个实验结果，关于从 Net. 如何轻易地获取敏感的个人信息，给我们上了一课。欧沃德先生写了一个简单的软件程序，使他能在亚马逊网站上下载顾客贴出的他们想买或想作为礼物收到的公众心愿单，这个心愿单通常包括顾客的姓名和他所在的城市和州。

欧沃德先生使用几个标准配置的电脑就能每天下载超过 25 万个心愿单。他接下来搜索有争议的或政治题材的敏感书籍以及其作者的数据，从库尔特 · 冯内古特（Kurt Vonnegut）写的《五号屠宰场》到韩国作家的书；他接着用雅虎 People Search 来定位写心愿单的顾客的地址和电话号码。

最后，欧沃德先生用美国地图呈现出喜欢某本书和某个想法的人住在哪里，其中包括乔治 · 奥威尔写的《1984》。他本可以只简单地出版一个能呈现人们对心灵鸡汤书籍或对收养孩子书籍感兴趣的人的住处的地图。“以前需要授权以掌控一个人，”欧沃德先生总结道，“现在控制思想却越来越容易，接下来就可以掌控其人了。”

有了挖掘诸多网站和数据库的数据挖掘软件，欧沃德先生亲手操作的事逐渐变得自动化。网络的本质特征之一是不同信息存储的互联，但这也使发现数据背后的联系变得容易。

被称作“挖掘”的这一技术的出现，使许多隐私维护者感到愤怒。公司从社交网站、注册网站和讨论他们生活的网络论坛上获取网上对话和收集个人具体信息（关于挖掘的更多具体探讨详见第 8 章）。

最近 PatientsLikeMe.com 网站上开展了情绪讨论的活动。在那里，人们交换关于他们情绪失控、极端情绪甚至想自杀的高度隐私的个人经历。

这是一种非法闯入。许多网站使用复杂软件进入该网站，挖掘或复制在线讨论的每一条个人信息。

PatientsLikeMe 试图管理并阻止闯入者——尼尔森公司，这个私下掌握纽约媒体调研的公司。尼尔森为客户掌控着网上信息，包括主要的药品制造商。据尼尔森公司说，这些公司会购买它们收集的数据来分析顾客对产品的需求。

“我觉得完全被侵犯了。”来自澳大利亚悉尼的 33 岁居民比埃尔说，在经历痛苦时他使用 PatientsLikeMe 来和其他人谈心。他在消息板上使用的笔名，但 PatientsLikeMe 与他的博客相关联，也就是他的真实姓名。

在 PatientsLikeMe 告诉用户非法闯入一事后，艾哈迈德先生删掉了他所有的帖子还有他平时服用的药物清单。“知道自己的信息被买卖是非常困扰的事。”他说道。尼尔森公司也承诺不会再从用户隐私消息板中挖掘数据。

行为跟踪成了线上广告业的基础。线上广告投放就是为什么谷歌公司愿意花费上百万美元的资金投入免费服务研发（如 Gmail、地图工具、Google Group 和更多这类搜索引擎）的原因。

并不只是谷歌公司。脸谱网、雅虎、MSN 以及成百上千的博客、新网站和评论区通过投放广告来支持运营。针对个人的广告比泛泛的广告更有价值。为了接近你，让你更可能使用他们公司的产品和服务，市场营销人员愿意花更多钱。

互联网正处于一个对个人数据的控制的军备竞赛中。脸谱网超过 600 亿美元的价值就是线上跟踪用户的价值的证明。新公司（如 Disconnect）尽量阻止用户被跟踪。许多公司意识到阻止网络跟踪的价值。例如，Snapchat 提供了一个照片删除手机软件；Ipredator 将用户在网络上的身份锁住；Silent Circle 对用户的来电、短信、邮件进行加密。

一个代表线上市场营销人员的组织——互动广告局，其总法律顾问迈克·詹内斯（Mike Zaneis），担心隐私工具对数字化营销的影响，该行业在 2012 年的收入已达 366 亿美元。“这是一种经济交易，”詹内斯说，“如果广泛推广和大量应用，它会使成千上万的小出版商倒闭。”

表 4-1 列举了几种防止窥探隐私的方法。

1. 身份失窃

人们有权利被关注。身份失窃每年要花费 550 亿美元。Choice Point 公司曾经遭受抨击。自 1997 年从信用机构 Equifax 剥离出来，它尽量买下数据库并从事数据挖掘的经营。企业、个人甚至联邦调查局，现在都依赖它的宝库。其他的消费者：行骗者公然用这些数据来盗取人们的身份（ID）。

表 4-1　如何遮盖你的网上痕迹

简单方式
包括微软的 Corp 浏览器、Mozilla Foundation 的 Firefox 浏览器、谷歌 Chrome 浏览器和苹果公司的 Safari 浏览器在内的几款主流浏览器都有隐私功能。为了达到更高的隐私程度，将你的浏览器升级至最新版本
查看和删除历史记录：所有主流浏览器都有查看和删除缓存的功能，不同浏览器有不同方式。例如，IE 浏览器 8（最广泛使用的浏览器），“工具”一栏的下拉菜单“网络选项”中，在“通用”里可以选择部分删除或全部删除
更改浏览器设置：一旦你删除了历史记录，你可以限制生成新的记录。几款主流浏览器能保留一部分历史记录同时阻止生成其他的。为了保留你经常使用的网站又同时限制跟踪，阻止第三方历史记录生成。Safari 浏览器能自动做到这点，其他浏览器需要手动设置 非主流浏览器允许你跟踪或阻止信标（信标是一个跟踪你浏览网页的一个文件），其他需安装的软件叫作“插件”
启动隐私模式：所有主流浏览器都提供隐私模式以限制缓存的生成。在 Chrome 浏览器中叫“隐藏身份”，在 IE 浏览器中叫“隐私模式”，但这一选项只在最新版 IE 浏览器 8 中才有。隐私模式不会阻止记录生成，在你关闭浏览器时，它的清除历史记录有效地隐藏了你的历史浏览痕迹
控制“动画缓存”：另一种缓存是用 Adobe Systems 公司受欢迎的动画播放程序来保存你电脑上的信息。动画是在线看视频的最普遍的方式。与常规缓存相比，动画缓存可以用来记录表现，比如视频音量设置。但是，市场营销人员也用动画缓存来看你在网站上做什么 为了确定你电脑上的动画缓存并调整你的设置，你需要进入 Adobe 的网站：www.macromedia.com/support/documentation/flashplayer/help/settings_manager.html。你可以删除你电脑上的动画缓存并决定你是否想要接受第三方的动画缓存
高级方式
安装隐私插件：被称作“插件”的一类小程序可以帮助保护隐私，有一些能帮助你控制浏览器中历史痕迹不被看见，另一些让你能定期删除缓存 不是所有的浏览器都能使用插件，并且有的插件安装起来很费事。在这种情况下，有的插件值得一看：
Better Privacy：这款插件能全面控制动画缓存，它不阻止它们生成，但是能让你为删除它们设置规定——一个特质就是如果你经常设置它允许你使用第三方动画缓存查看它们的内容。Better Privacy（只适用于 Firefox 浏览器）在这个网址：http://addons.mozilla.org/en-US/firefox/addon/betterprivacy/
Ghostery：在 ghostery.com 网站上可获得，它帮助控制信标。它提醒你在你浏览的网页上有信标出现，告诉你是谁放置的，并且告诉你该公司隐私政策的具体内容。IE 浏览器和 Firefox 浏览器都能使用

资料来源：Jennifer Valentino DeVries，“How to Avoid the Prying Eyes，” *The Wall Street Journal*（July 31–August 1，2010），p. W3.

问题是不可靠的保障。为了保障只有确定的业务才能存入它们的数据，Choice Point 公司设立了潜在客户必须满足的一些要求。一个叫作 Olatunji Oluwatosin 的人——也有可能是其他人，使用假名和一个好莱坞的复印店的传真机来创造虚构的小企业的服务请求给 Choice Point 公司。在 Oluwatosin 被逮到之前，Choice Point 公司的某些人开始怀疑他的某一个申请，结果发现他已经获取了至少 145 000 个名字（2005 年 2 月，在加利福尼亚州，Oluwatosin 承认了他身份盗窃的重罪，现在他正处于 16 个月的服刑中）。2005 年，

Choice Point 公司声明它们将不再出售消费者的信息，包括驾照牌号和社会保险编号。

在很多情况下，要在网上找到社会保险、信用卡号或医疗记录，并不需要很多网络专业本领，这些信息对知道去哪里寻找的人来说能轻而易举地得到。

达特茅斯大学塔克商学院的教授埃里克·约翰逊（Eric Johnson）发现，成千上万人的包含有姓名、社会保险和医疗保险号的资料被所谓的一对一软件挖掘出。

这种软件，如 LimeWire，允许电脑直接与另一台电脑连接，用来传输音乐和视频文件的，但却能传输各种数据，包括工作地点资料和电子表格。

约翰逊先生说，他通过在软件中键入关键字（比如医院名），打开了 1 718 页资料，包括保险细节和一个医药实验室泄露的诊断。他说，他同时发现一个医院系统的包含 2 万多名病人的社会保险号的电子表格。

“现在是没发生黑客或那一类的事，”他说，“我们只是在搜索。”

约翰逊先生说他联系了一些机构，但尽管他们从雇主电脑里清楚了一对一软件，数据的复制版或许仍能在网上找到。

一个与代表合作客户寻找泄露文件的安全公司 Tiversa 的调研员里克·华莱士（Rick Wallace）说，在许多情况下，信息技术罪犯下载包含敏感个人信息的资料。Tiversa 公司发现，其客户在一年内泄露了超过 130 万份的资料。

信息技术罪犯通常将信用卡号和他们在黑客聊天室找到的其他个人信息进行出售。在谷歌中键入“fullz”和“Cvv2”就能了解一二。

Sellitsafe 公司的总裁史蒂文·佩斯纳（Steven Peiisner）说，泄露出来的数据是黑客闯入了安全保护脆弱的系统，这帮商人避免经历欺诈购买。他估计，他看过大约 15 000 份被窃取的账户被公开到这个互联网的隐蔽角落。

2. 政府行动

为了使消费者免受身份盗窃的困扰，几部主要的法律（一个是州法）已经通过。

（1）联邦法律。

《金融服务现代化法案》：目标是那些金融公司。这需要这些公司告诉消费者如何使用他们的个人信息，并且要为了防止利用这些信息的欺诈行为而制定政策。部分法规从 2001 年就已经开始实行了。

《健康保险与责任法案》：目标是保健行业。禁止泄露个人医疗信息并且将对违反了隐私条例的组织处以惩罚。大公司要求从 2003 年开始实行。

《公平信用报告法案》（FCRA）：由美国联邦贸易委员会执行。在消费者报告中更精确地改进，并且意味着关于隐私的信息会在其中加以确认。

《美国儿童互联网隐私保护法案》（COPPA）：目标在于家长们对网上收集的有关他们子女的信息加以控制，并且如何使用这些信息。

该规则适用于：

- 直接面向 13 岁以下儿童的商业网站经营者和在线服务商收集他们的个人信息。
- 无年龄限制的网站经营者有意收集 13 岁以下儿童的个人信息。
- 无年龄限制的网站经营者拥有分离出的儿童区域，并收集 13 岁以下儿童的个人信息。

该规则要求经营者：

- 在公司网上贴出隐私政策，并且在每个收集个人信息的网页上都应该有到信息政策网页的链接。
- 向家长们提供网站信息收集行为的通知，并且在收集孩子的个人信息之前要真正获得家长们的同意。
- 给家长们关于他们子女的个人信息是否将被泄露给第三方的选择。
- 提供给家长们可以进入他们子女个人信息的通道，并且有机会删除他们子女的个人信息，可以不参加将来的信息收集或使用这些信息。
- 在孩子合理的参加游戏、竞赛或是其他活动时，不应以披露更多孩子的个人信息为条件。
- 保持从孩子处收集的个人信息的保密、安全和完整。

（2）州法。

《加利福尼亚州关于违反安全法律的公告》：如果任何公司或代理人收集现有加利福尼亚居民的信息，一经发现有未经授权而编码个人信息的行为，这个公司或代理人必须告知居民。此公告从 2003 年开始实施（其他 30 个州也正在考虑出台类似法律）。

4.4　地理信息系统

地理信息系统（geographic information system，GIS）是向决策支持系统提供持续更新的地理数据库和可以进行复杂的空间分析等信息的一种手段。空间分析是关于空间内分布的事物和物理维度（方位、附近的或目标所在的方向，如一些商店，彼此互相涉及）的分析。一个地理数据库可以存储和提供公司的数据，如消费者的位置、设施、物流和竞争者。作为一种空间分析的工具，这些公司的信息可以淹没在人口统计资料的数据库中，通过数字地图来确定最佳的方位。公用事业、石油公司、大型零售商和政府部门都早已使用这些系统。今天，这项技术每年在硬件、软件和咨询方面的销售收入达几十亿美元。这样迅速的发展有三个原因：地理信息系统的成本急剧下降；业务相关分析的易用度也已经提高；地理信息系统的数据现在可以很容易地上传到互联网上。地理信息系统现在是最热门的商业信息工具之一。各类公司，如曼哈顿投资银行（Chase Manhattan）、达美乐比萨（Domino's Pizza）、哈德瓦公司（ACE Hardware）、黄金健身房（Gold's Gym）和美国斯巴鲁（Subaru America），都把制图作为一种比打印文件、电子表格和图表更简单、更有力地管理地理信息的方法，并且也使委托商能更直观地组织资料，观察资料间的相互关系和内在模式。

地理学家谈论的是点、线、面，而市场调研人员谈论的则是道路、商店和销售地域。但是，从点、线、面的角度来思考，有助于从按地理学方式显示的数据库中搜寻有用的商业资源。涉及“线”的应用包括为长途运输公司寻找最便捷的线路，以便其为地方递送车安排最短的线路。UPS 推测每天的配送路线，以“估计行驶时间、返回时间、卡车的能力、最优停止序列”为基础。汽车中的 GPS 接收器可以与地理信息系统进行交流，来向司机发送实时的天气和路况信息。涉及“点”的应用包括为零售分支机构寻找可能的最佳地点，以及为小型货栈网络化制定最佳战略；涉及“面”的应用包括从寻找最佳的硬件销售市场到寻找最佳的塔可钟墨西哥饼速食店新店地址。地理信息系统还能够回答更为细节化的营销问题。如果目标公司的一名营销人员想知道本公司有多少销售表现非常好的货栈，在某一销售地域上的重叠率超过了50%，那么地理信息系统回答这种问题就像一名专业地理学家回答有关空间问题一样轻而易举。

汽车修理的零件市场是一个高度竞争的价值900亿美元的市场，其中的代理商也已经提高了它们的服务和市场占有率。为了在竞争中保持领先，万利捷折扣消声器公司（Merneke Discount Muffler）已经转向了地理信息系统。万利捷的900个特许经营商持续地将详细的顾客和服务记录发送给万利捷位于美国北卡罗来纳州夏洛特市的总部，这些记录包括顾客的名字和家庭住址，汽车的型号、厂家和生产年份，性能表现，支付方式，它们也说明顾客是如何看待万利捷的。这些数据与人口统计资料、平均的上下班时间、市场区域的收入之类的数据整合成为一个地理数据库。万利捷接下来可以通过地图显示设计它们顾客基地自己的店铺、竞争对手和其他零件批发商。地理信息系统分析用来选址、市场占有率分析和存货管理。

利用地图信息公司（MapInfo Corporation）生产的地图信息软件，万利捷的分析者发展地理信息模式（地理方案），允许他们明确说明现在或将来的批发商的位置，并且接下来完成一个简单的了解报告。万利捷可以将合适的区域进行顾客定制化。如果市场调研显示，如果一些顾客不会穿越一条河或是一个州选择最近的批发商，而是愿意多开两公里去另一个区的万利捷的特许经营商那里，那么公司就可以用地图信息软件生成一个电子地图来反映那些购买模式。万利捷运用地理信息系统通过分析人口统计资料、平均的上下班时间合理的购买记录来决定最优的存货水平，这样可以指出短期和长期的潜在业务。

“我们可以在地图上定位一家商店，画出它的半径，然后让系统来告诉我们在这个区域内有多少汽车，”万利捷的不动产和国际开发的总监保罗·巴拉塔（Paul Baratta）说，“在一个指定的社区可能有75 000辆汽车，但是其他的数据可能显示有65 000辆都是丰田品牌的。有多少人会把消声器放入他们的每两年就会更换的汽车里？‘地理信息系统’通过另一种方式来看待这些信息。”

地图信息软件现在和地理信息系统、数据挖掘、预测分析软件相结合不仅能预测哪个市场有最好的潜在扩张的能力，到具体的道路交叉口也可以看到与连锁店相比每一家新的店铺如何影响总收入，生成的以颜色标示的地图会显示最优的场所。例如，快餐业类似的商家往往是有利的聚合，典型的晚餐是只花费5分钟就可以解决的快餐，还是倾向于去有无数选择的地方。但是，就如同从亚比快餐（Arby）看到的，特殊的产品可以影响行为。地图信息软件发现，用餐者会选择比连锁炸鸡远20%的亚比烤牛肉三明治。原因是什么呢？购买者可以在其他地方买到炸鸡，但是将烤牛肉看作“终极目标”产品。

4.5 决策支持系统

决策支持系统（decision support system，DSS）必须设计得能够支持决策者个人的需要和风格。在理论上，决策支持系统接近于数据库管理的终极目标。我们说“在理论上”，是因为在实践中，教科书上的理想决策支持系统的大部分都没有实现。然而，已经有了一些值得注意的特例是 DSS 能够直接支持决策制定过程已经隐约让我们看到光明了。真正的决策支持系统具有以下特点：

- **互动性**。管理者发出简单命令，当场察看结果。整个过程在管理者的直接控制之下，不需计算机程序，不需等待定期的报表。
- **灵活性**。系统可以以任意方式分类、重组、汇总、平均和操作数据库。当使用者改变题目时，系统将自动调整，使信息与当前问题相匹配。例如，总经理能够看到高度综合的数据，而营销分析员能够看到非常细微的突破。
- **发现导向性**。它有助于管理者探察趋势，区分问题，并提出新的问题。
- **易于学习和操作**。管理者不需特殊的计算机背景知识。新手通过选择标准或默认操作方式，避开自由选项，就能立刻操作基本系统，然后逐渐学会系统的潜在功能。这使得新软件通常带来的困惑降到最低。

管理者可以使用决策支持系统进行销售分析、预测销售额、评价广告作用、分析产品组合，以及把握市场走向和竞争对手的行动。决策支持系统不仅能回答“如果……那么……”的问题，还能使管理者根据自己的需要来分析数据。

这里有一个新产品经理提供的利用 DSS 的假设案例：

> 为了评价新推出产品的销售情况，他选择了按细分市场逐周、逐月地回顾销售额。当他在自己的终端前工作时，他的询问可以有若干种走向，这取决于当时要做的决定。如果他思路中的问题是比较上一季度的实际月销售额和预测数，他希望他的决策支持系统跟上他的思路，并立刻给他答案。
>
> 他看到新产品的实际销售额明显低于预测数。是预测过于乐观了？他又比较了其他产品的实际销售额与他的预测数，发现预测是很准确的。是产品有问题？也许他的销售部没有得到足够的指导，或者没有很好地利用指导。想了一分钟该如何查明问题之后，他一个产品一个产品地检查了产生实际销售的指导的比例。结果令他很困惑，只有 5% 的新产品的指导最终带来了订单，而公司在这方面的平均比例是 12%。为什么呢？他猜想是销售人员对新产品没有给予足够的支持。决策支持系统还能提供更多的支持这一猜测的证据，而这位副总裁已经获得了令他满意的足够信息，于是他根据自己的直觉和经验开始采取行动，并决定和他的销售经理谈一谈。

本章小结

二手资料是所有过去收集的，但不一定与当前问题相关的信息，二手资料可以通过组织内部和外部两种渠道获得。原始资料是专门为解决当前研究的特定问题而收集的调研、观察或实验资料。

使用二手资料具有若干优点：①在试探性调研中，有助于识别和再确定调研主题；②提供解决问题的方法；③可以提供收集原始资料的备选方法；④提醒市场调研人员注意潜在的问题和困难；⑤提供必要的背景信息以使调研报告更有说服力。使用二手资料的缺点在于缺乏可得性，缺乏相关性，缺乏准确性，以及不足以据此做出决策。

数据库是相关资料的集合。最常见的营销内部数据库是建立在顾客信息基础之上的。例如，一个顾客数据库包括现有顾客的人口统计资料和心理行为方面的信息，还包括购买资料，比如产品和服务的购买时间、商品的种类、销售额以及与销售有关的促销活动。一个数据库甚至可以为了记录谈话、社交媒体帖子、YouTube 网站的视频、GPS 跟踪数据、店内跟踪摄像头、信用卡交易数据而建立。内部数据库可能还包括有关竞争对手的情报，比如竞争对手的新产品、价格变化和服务政策的变化。

数据挖掘很大程度上增加了使用者从数据库中获得有深刻见解的信息的能力。它可以用来获得新的顾客，保留现有的顾客，放弃不符合成本 – 效益的顾客，并且进行以市场为基础的分析。

大数据分析能使管理者更深更广地洞察消费者、市场、竞争环境和商业发展趋势。大数据可以发掘容易被忽略的数据模式，大数据分析告诉管理者面对的是什么情况。当科学家为了分析非结构性数据，比如 YouTube 视频网站，而进一步发展了算法时，便收获了了解大数据作用的这一重大突破。了解大数据作用的一个关键是数据可视化。

互联网上或互联网网下的数据库的增多增加了消费者和政府对于隐私权的关心。已经出台了一些法令来维护隐私权，包括《金融服务现代化法案》《健康保险与责任法案》《公平信用报告法案》《美国儿童互联网隐私保护法案》《加利福尼亚州关于违反安全法律的公告》。

地理信息系统（GIS）由人口统计资料数据库、数字地图和相关软件组成，它也能够在系统组合中添加当前调研中的原始资料（或相关的二手资料）。结果，计算机所画的地图可以让营销经理有多种战略发现，例如反映出新零售店的理想地址。

决策支持系统是根据决策者个人的判断事物的方法而设计的。决策支持系统具有互动性、灵活性、发现导向性以及易于学习和操作等特点。良好的决策支持系统能为小型和大型企业提供同样的裨益。

复习思考题

1. 为什么要建立内部营销数据库？列举几种该数据库中应包含的信息以及这些信息的来源。
2. 为什么对于类似联合航空、美国运通和福特汽车等公司来说数据挖掘变得如此盛行？
3. 有人说大数据分析让科学方法走到尽头了，这是什么意思？
4. 为什么二手资料经常比原始资料更受喜爱？
5. 使用二手资料时易犯什么错误？
6. 为什么行为锚定如此受市场营销人员的喜爱？为什么它备受争议？
7. 当公司没有出现问题时，是否有必要进行市场调研？是否有必要建立决策支持系统？
8. 什么是数据可视化？为什么它如此重要？
9. 将班级分为 4 组或 5 组，每组都在互联网上搜索大数据分析，之后每组向全班汇报一个具体的公司是如何利用大数据来提高它们的营销效率的。

调研实例 4-1

内特·希尔有趣的奇妙世界

现在的问题是大数据（庞大信息的积累和分析）是否会改变我们的世界又或者它只是言过其实的技术、一个美好的不真实的谎言。内特·希尔在体育和政治领域的数据分析可以说是出类拔萃的。在事业早期，他创造了一种棒球统计分析模型 PECOTA，可以非常出色地判断小型联赛最有可能出现的主要表现。最近，他的 FiveThirtyEight.com 博客出色地分析了投票和经济数据，以预测 2008 年总统大选（准确地说是 49 个州或 50 个州）和 2012 年大选。他最近又涉足奥斯卡奖得主、NCAA 篮球冠军以及同性恋婚姻的地理分布的预测。至少在过去 5 年中，他的方法和模型被提问、被质疑、被嘲笑。然而，他以几乎无误的一致性回应质疑者，称大数据集和杀手算法会成为赢家。

那么大数据是否会改变世界？“回顾我们意识到的变革，”希尔说，“都不是我们事先就发现的。”一如既往地，他是正确的，但是他没有准确对待这个问题。我们生活在一个复杂的而且很多事讲不通的世界里，我们经常对计算机期待太多，对我们自己要求太少。“当应该提出更好的问题时，”他说，“人们却责怪数据。”

希尔很快指出我们最熟悉也可以说是最成功的大数据应用，包括依赖庞大数据基础和神奇模型正变得越来越准确的国家天气服务预测和飓风预警。其他熟悉的例子也有。华尔街的金融工程师多年来一直在帮助基金会解释复杂的交易数据。沃森（Watson），IBM 的计算机，在法庭上获胜了，现在被应用到医药治疗和财务规划领域，它在一些用自然语言而不是数字语言描述的非体系化大数据上获得了成功。Palantir，是另一个以国家安全的名义故意模糊处理大数据的公司。其他还有亚马逊、脸谱网、谷歌和推特，都是收集用户数据中最主流的公司代表。

这对汤姆没有什么损失，他的声誉正如他的领域是讨论最新的统计工具大数据是否是真正的变革，总是很有高度、超出现实的。大数据以一种形式或另一种形式存在即使不是几个世纪也是多年的事实，这不意味着近几年没有新情况涌现。如果你询问六位包括希尔在内的国家顶尖数据科学家，你就会知道事物的确是变化发展的。但是为什么呢？正如希尔所见，“很少有事会变得非常好，很多事只会变得好了一点”。

如今我们能够获得更多的数据，多亏电话、感应器和网站流量信息、记录和评估的作用。我们有更多计算机能完成的事情，花费更少的成本。不同类型的数据库之间的相互作用更为强大，帮助揭示了我们以前很难发现的消费者、政策、运动、疾病、市场、媒体的图像，获得特定数据的能力和速度也在提升。

大数据不只关于商业和利润，还有跟踪像流感一类的疾病感染的作用。谷歌用它的大量数据创造了一个最高水平的语言翻译程序；IBM 应用它的数据分析能力早先确诊了新生儿的一些不可侦测的健康风险；通用电气创造了带感应器的新型喷气发动机，能够收集和转换针对表现和发现潜在问题的难以置信的数量的信息。同时，一个许多公司不熟悉的名字为 ore.Osito 的硅谷新兴公司，拥有一个收集定位和用户日常生活数据，以提供他们一天当中有用的信息（如果道路堵塞了，Osito 会提醒你在下一个出现前提早离开）的手机

App。还有Kaggle公司，一个定位向合作伙伴进行“数据挑战”的非营利公司，将成千上万的数据科学家集中到竞赛中以解决它们。最近，为回应康奈尔大学和一个海洋地理大数据公司Marineexplore发出的挑战，Kaggle要求它的使用者想出一个算法来改善浮标系统，以避免船只碰撞濒危鲸鱼物种（奖金是10 000美元）；另一个竞赛是让使用者创造一个计算程序来分析病人的健康记录，以预测他们还要在医院里花多少钱（奖金是300万美元）。

问题：

1. 大数据会从商业中排除市场调研吗？为什么？
2. 进入内特·希尔的博客www.fivethirtyeight.com，并说明他最近在讨论什么话题。
3. 这个案例提到了几个非商业的大数据应用。你能想到其他大数据可以解决的非商业的问题吗？
4. 是什么因素导致了大数据时代？

第 5 章

Chapter5

定性调研

□ **学习目标**

1. 了解定性调研概念以及它的普及性
2. 了解焦点小组访谈的定义、实施以及优缺点
3. 比较其他形式的定性调研与焦点小组访谈的异同
4. 了解定性调研的前景

什么是定性调研？定性调研的优缺点是什么？为什么焦点小组访谈如此地普及？焦点小组访谈调研的趋势又是什么？对于市场调研人员来说，还有哪些其他的定性调研工具可以利用？这些都是本章将要讨论的问题。

5.1 定性调研的本质

定性调研（qualitative research）是一个用得很随意的词。它意味着调研结果并没有经过量化或者定量分析。一项定量调研可能发现大量饮用某种品牌的龙舌兰酒的人，年龄为 21 ～ 35 岁，年收入为 40 000 ～ 60 000 美元。**定量调研**（quantitative research）能够揭示大量饮用的人和不常饮用的人之间重要的统计方面的区别；相反，定性调研可以用来考察大量饮用者的态度、感觉和动机。一个策划一系列龙舌兰酒促销活动的广告代理商会通过定性调研来了解大量饮用者的感受，他们使用什么语言方式，以及很必要的一点——如何与他们交流。

定性调研方法可以追溯到 18 世纪中期的历史学家维科（Giambattista Vico）的文章，维科写道："只有人才能理解人，并且是通过被称作'直觉'的天赋来实现的。"在社会学和其他社会学科中，关于直觉试验以及移情的作用，既有大量的发现，同时又伴随着大量的争议。

5.1.1 定性调研与定量调研的比较

表 5-1 比较了定性和定量调研的几个方面。也许对管理者来说，最重要的一点是定性调研的结果通常是由众多小样本所决定的，这一点也是定性调研受到批评最多的地方。从本质上讲，许多管理者都不愿根据小样本调研进行重大战略决策，因为它在很大程度上依赖于调研人员的主观认识和个人的解释。管理者更愿意参考经过计算机分析的、列成表格

的大样本。大样本和统计性较强的分析是市场调研中管理者感觉比较放心的部分，因为这些资料是通过精确而科学的方法收集的。

表 5-1　定性调研和定量调研的比较

比较维度	定性调研	定量调研
问题的类型	探测性	有限的探测性
样本容量	较小	较大
每一访谈对象的信息	大致相同	不同
执行人员的要求	需要特殊的技巧	不需要太多特殊技巧
分析类型	主观性的、解释性的	统计性的、摘要性的
硬件条件	录音机、投影设施、录像机、照片、讨论指南	调查问卷、计算机、打印输出、移动设备
重复操作的能力	较低	较高
对调研人员的培训内容	心理学、社会学、社会心理学、消费者行为学、营销学、市场调研	统计学、决策模型、决策支持系统、计算机程序设计、营销学、市场调研
研究的类型	探索性的	描述性的、因果性的

5.1.2　定性调研的普及性

企业现在每年花在定性调研上的费用超过 50 亿美元，为什么定性调研的流行趋势持续增长？其原因在于以下几个方面：第一个原因，定性调研通常比定量调研成本低。第二个原因，除了定性调研以外，没有更好的方法能了解消费者内心深处的动机和感觉。因为通常的定性调研形式是产品经理坐在一面单向镜的后面，不引人注目地组织整个过程，所以他们能得到有血有肉的消费者最直接的感受。产品经理和其他营销人员可以亲眼观察消费者对于各种观念的反应，亲耳听到消费者用他们自己的语言详尽地讨论生产商和竞争对手的产品，而不是阅读计算机打印出来的含有数不清的数字和报表的文件，或者是阅读某个顾问做的含有大量数字的报告。对于一位新产品开发经理来说，当消费者把某个花了数月时间在贫乏的实验室条件下开发出来的产品批评得一无是处时，坐在单向镜后面可能是一次令人沮丧的经历。

第三个原因，它可以提高定量调研的效率。护丽（Woolite）和来苏尔（Lysol）的制造商利洁时（Reckitt Benckiser PLC），了解到妇女对洗碟机如何清洗玻璃不太满意。通过焦点小组访谈得知，大多数时候，在洗碟机中洗过的玻璃会变得不透明，有污迹。公司决定实施一次以定量调研为主的研究，探测洗碟机的“污染”问题在家庭中的感知程度。定量调研证实妇女们确实对在洗碟机中清洗过多次后的玻璃外观仍旧很不满意，同时，她们愿意以合理的价格寻找一个解决方法。利洁时公司最近推出了一种防止玻璃器皿矿物腐蚀的洗涤剂——Finish Glass Protect。定性调研提供了好的定量调研构想并证实了新产品的需求。

对于市场调研人员来说，在一次单独调研或一系列调研中，综合使用定性调研方法和定量调研方法，已是越来越平常的事情了。Finish Class Protect 的例子反映了定性调研先于定量调研，在其他的调研中，可能会使用相反的顺序。例如，通过附加的定性调研可以从原因和消费动机方面丰富定量调研所得出的结论。一家大型保险公司进行了一次定量调研，分析消费者对 50 种服务特点的重要性的排序。随后又进行了一次焦点小组访谈，分析小组参与者对前 10 种服务特点的详细阐述。前 10 种中的大部分都涉及顾客与保险代理之间的互动关系。调研人员从焦点小组访谈中发现，“代理商做出迅速答复”事实上意味着立刻答复，或者“在合理的时间内”答复。对焦点小组来说，“在合理的时间内”就是“对于常规性事务在 24 小时以内”“对紧急事务是人力可为的最短时间”。调研人员评论说，假如没有在定量调研后做焦点小组调研，那么他们只能通过推理得出消费者所想的“快速反应 ”。

在最后的总结性分析中，各种调研方法都被综合起来，以提高营销决策的效率。定性调研与定量调研相结合，可以更透彻地了解消费者的需求。定性调研技术包含无规定答案的问题和诱导刺探技术。从中获得的资料内容丰富，更具人情味，也更具揭示性。

5.1.3 定性调研的局限性

定性调研能够也的确提供了有帮助和有用的信息。然而，它还是受到了一些调研人员的轻视。第一个局限性在于营销组合的细微差别经常会导致营销工作的成败，而定性调研不能像大范围的定量调研一样区分出这种差别。应当提醒注意的是，在查明定量调研中被忽略的问题时，定性调研具有一定的优势。例如，一家大型家用清洁剂生产商组织了一次大规模定量调研，想了解为什么它的浴室清洁剂滞销。生产商确信自己产品中的化学成分比竞争对手的更有效力。定量调研并没有给予切中要害的回答，困惑的产品经理转而求助于定性调研。很快就发现，是因为包装上暗淡的粉笔画一样的颜色给人一种没有去污力的感觉，而且许多人用旧牙刷来清洗浴室的瓷砖。于是，包装很快就该改用了明亮的颜色，并且在顶部固定了一个刷子。

第二个局限性是，定性调研并不一定能代表调研人员所感兴趣的人群。很难说一个由 10 个大学生组成的小组能够代表所有的大学生，或是代表某一所大学的学生，或是那所大学中的商科学生，或者甚至是营销专业的学生！小样本以及自由讨论这两点会使得在同一定性调研中出现多种不同的倾向。另外，接受定性调研的人总是不受限制地讲述他们所感兴趣的事。小组中的主导人物可能会使得整个小组的讨论仅仅与调研人员所关注的主题擦边儿。只有一个非常有经验的调研人员才能将讨论重新引回主题，同时又不压制讨论者的兴趣、热情和表达自己的意愿。

5.2 焦点小组访谈法

焦点小组访谈法源于精神病医生所用的群体疗法。目前所说的**焦点小组**（focus group）由 8 ～ 12 人组成，在一名主持人的引导下对某一主题或观念进行深入讨论。焦点小组调研的目的在于了解和理解人们心中的想法及其原因。调研的关键是，使参与者对主题进行充分和详尽的讨论。意义在于了解他们对一种产品、观念、想法或组织的看法，了解所调研的事物与他们生活的契合程度，以及在感情上的融合程度。

焦点小组访谈法远不止是一问一答式的面谈，它们之间的区别也就是群体动力和群体访谈之间的区别。**群体动力**（group dynamics）所提供的互动作用是焦点小组访谈法成功的关键，正是因为互动作用才组织一个小组，而不是进行个人面谈。使用焦点小组的一个关键假设是，一个人的反应会成为对其他人的刺激，从而可以观察到受访者的相互作用，这种相互作用会产生比同样数量的人做单独陈述时所能产生的更多的信息。

在营销研究中应用群体动力的想法是受社会心理学的启发。社会心理学的研究发现，来自各种生活和各种职业的人们，尽管他们自己都没有察觉到，但是当鼓励他们主动地表现自己而不是被动地回答问题时，他们会对某一主题表达出更全面和更深入的看法。通常，在群体动力中避免直截了当的问题，而代之以间接的提问来激发自发的讨论。讨论所带来的极为丰富的信息是通过直接面谈不可能达到的。

5.2.1 焦点小组访谈法的流行

焦点小组访谈法究竟有多流行？大多数的市场调研公司、广告代理商和消费品生产商都使用这种方法。目前，市场调研中大部分定性调研费用都花在焦点小组访谈上。在美国，大量的焦点小组调研占据超过 750 处焦点小组访谈设施，并需要 1 000 多个主持人管理。最常用的定性调研方法包括焦点小组访谈法和深度访谈法（IDI），目前，这两种方法都在互联网上和移动设备上被使用。这个问题我们将在第 7 章讨论。

焦点小组访谈法是一种被全球接受的市场调研方法。每年大约有超过 65 万个焦点小组访谈以及相当数量的深度访谈在全世界范围内实施，美国每年平均有 25 万多个。

比起工业品生产商，消费品生产商更多地使用焦点小组访谈法，这是因为工业品生产商的许多问题无法通过消费者调研来解决。例如，组织一个由 12 名家庭主妇组成的小组通常很容易，然而，要把 10 名工程师、销售经理或财务分析员组织在一起却要花费更多的时间和费用。

高露洁－棕榄公司（Colgate-Palmolive）调研与发展部的前任经理刘易斯·斯通（Lewis Stone）认为：

> 如果没有焦点小组访谈，高露洁棕榄公司也许永远都不知道有些妇女小心地挤出洗洁精，还有的非常非常小心地挤出所需的剂量。然而，也有人使用“纯粹”的洗洁精，也就是说，她们将洗洁精直接倒在海绵或洗碗布上，然后在水龙头下冲洗碗碟，直到没有泡沫了。这样，她们就需要更多的洗洁精。
>
> 斯通还解释了在焦点小组中所表现出来的肢体语言是如何帮助调研人员对产品进行洞察，而这是通过阅读关于习惯和实践的问卷所不能获得的。焦点小组访谈法可以最有效地了解一种产品实际上是如何在家庭中使用的。通过让小组成员详细描述他们从事某项活动的过程，你可以了解大量的潜在的供需差距，从而提供相应的新产品或改进产品，还可以了解一种新产品的受欢迎程度。

这种亲身经历的方法为调研人员提供了一个面对有血有肉的消费者的机会。在厨房和超市中的实际情况与在大多数办公室内的情况有着戏剧性的不同。通过这种方法，调研人员能够感受产品使用过程中的情感背景。从某种意义上说，调研人员能够进入一个人的生活，与他一起重现当产品被带回家后的所有的满意、不满意、兴奋和沮丧。

宝洁公司全球营销与消费者知识部副总裁罗伯特 L. 韦林（Robert L.Wehling）这样要求调研人员：“把握消费者心理你就拥有未来，从而影响消费者的个人偏好！去了解正在变化的消费者，针对每个个体而不是针对一般情况。”

5.2.2　实施焦点小组访谈法

了解了焦点小组访谈法的概念后，我们接着讨论实施焦点小组访谈法的过程（见图 5-1）。在这个问题上花费些笔墨是很必要的，因为在实施焦点小组访谈的过程中可能会犯许多错误。

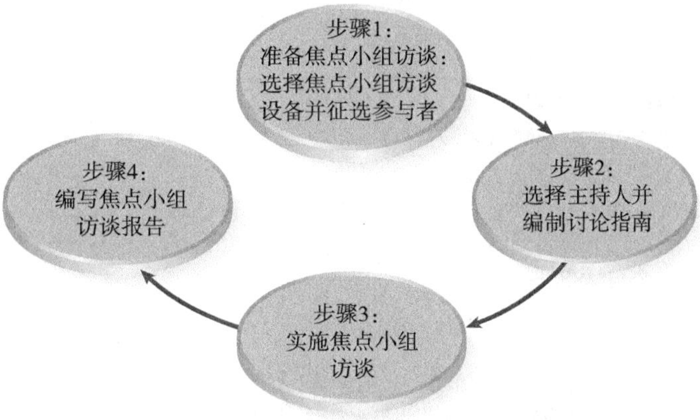

图 5-1　实施焦点小组访谈的过程

1. 环境

焦点小组访谈通常是在一个**焦点小组测试室**（focus group facility）中进行的。这个环境一般是一间会议室风格的房间，其中一面墙上装有一大面单向镜。在不引人注目的地方（一般在天花板上）装有话筒，来记录整个讨论过程。在单向镜后是观察室，室内为观察者准备了椅子和笔记台或桌子。观察室中还装有录音或录像设备。

有些调研机构提供起居室式的环境来代替会议室。像起居室这样非正式的环境，会使参与者感觉更放松，就像在一般的家庭环境中一样。另外一种选择是不使用单向镜，而改用闭路电视设备连接焦点小组和远处的观察室，这种方法的优点在于员工可以随意地走动，用平常的语调交谈而不会被隔壁的人听到。

2. 征选参与者

参与者是通过不同的方法征集来的。在商业街上随机地拦住一些行人，或者随机选择一些电话号码，这是两种较为常见的方法（在第 6 章会对这两种方法有详细的论述）。通常，调研人员都会为参与者制定一些资格标准。例如，如果桂格麦片公司正在调研一种新的谷类食品，那么它可能需要的是有年龄在 7 ～ 12 岁的孩子的母亲，并且在过去 3 周曾给孩子吃过谷类食品，也许还规定了是某种特定的品牌。

其他焦点小组招募人员去目标市场寻找合格的受访者。这种类型的招募相当于去托儿所寻找有孩子的妈妈，去健身俱乐部寻找有着积极生活方式的人，去住房整修中心寻找自食其力的整修者，去超市寻找食物购买者，去社团中心寻找老年人。

通常，调研人员极力避免在焦点小组访谈中有重复性的或“职业”性受访者。许多调研人员将职业受访者看成是做戏的人，至少是不会给予坦率回答的人。人们也许会问什么样的人会一再地参加焦点小组呢？是不是他们觉得孤独？是不是他们真的那么迫切地需要那份报酬呢？绝大多数职业受访者都不能代表目标市场，即便有也是非常少的。令人遗憾的是，外勤工作人员总是觉得使用重复受访者要比每次都组织新的小组要简单得多。大多数的外勤工作都会建立焦点小组访谈参与者的数据库，记录他们的人口特征与购买方式。识别重复受访者的样本筛选问题如表 5-2 所示。

表 5-2 用于识别专业的焦点小组访谈参与者的样本筛选问题

有时和以前参加过调研的人交流很重要，因为他们对谈论特定的话题比较有经验。某些时候，和从未参加过观点调研的人交谈也很重要。通常我们寻求不同经验的参与者的组合。观点调研有哪些类型，你曾参加过哪几类的观点调研？

	所有提及内容
一对一深入访谈	1
两个或多个成员焦点的小组访谈	2
模拟陪审团或审讯	3
包含后续访问的产品摆放测验	4
街上拦截访谈	5
网络调研	6
电话调研	7
其他（具体说明）	8
无	9

1A. 您最后一次参加

________有两个或更多参与者的焦点小组访谈是什么时候？

________(列举另一种你认为不太合理的调研方式)

如果是在过去 6 个月中，谢谢您的参与并到此结束。

1B. 您所参加过的焦点小组访谈中，都讨论什么话题？

____

____

如果提到了下面列出的一个话题，谢谢您的参与并到此结束。

(　　) MP3 播放器

(　　) 可视电话

1C. 您最近有计划参加任何类型的市场调研吗？

	选择
是	1 →（谢谢您的参与并到此结束）
否	2 　　　　→（继续）

资料来源：Merrill Shugoll and Nancy Kolkebeck, " You Get What You Ask For," Quirk's Marketing Research Review (December 1999), pp.61-65.Reprinted by permission.

为什么人们同意参加焦点小组访谈？研究发现，占第一位的原因是报酬。其他的动机依次为：对话题感兴趣、有空闲时间、焦点小组有意思、受访者对产品知道得很多、好奇，以及它提供了一个表达的机会。研究还发现，只为钱的参与者对调研的忠诚度较低，并且更倾向于敷衍了事。

3. 选择主持人

拥有合格的受访者和一个优秀的主持人是焦点小组访谈法成功的关键因素。一个**焦点小组访谈主持人**（focus group moderator）需要具备两方面的技能：第一，主持人必须能恰当地组织一个小组；第二，主持人必须具备良好的商务技巧，以便有效地与委托商的员工进行互动。组织焦点小组访谈的关键性个性特征和技巧包括：

- 尊重受访者。
- 掌控全局——让人明显感受到主持人无形的领导力。
- 清楚地表达自己，声音清晰且洪亮。

- 设定预期并给出相关行业的全部所需信息。
- 提问精简并善于倾听。
- 把握谈话的进度，避免赶时间或离题的情况发生。
- 避免“顺次访谈”(按顺序座谈第一个人、第二个人、第三个人等)。
- 关键时刻思维敏捷，反应灵活。
- 每20分钟调整一下访谈活动。
- 四处走动——避免一直坐在椅子上。
- 保持一个开放包容的身体姿势和位置。
- 在一个话题内将问题从一般过渡到具体。
- 创造一个能够接纳不同意见，尊重个性的谈话氛围。
- 提问的顺序应遵循一定的逻辑。
- 使健谈的受访者和内向的受访者都感到轻松。
- 不错过任何一个可以挖掘额外信息的机会。

以上方法都是便于创造一个和谐融洽的气氛，和谐融洽的气氛意味着主持人和受访者都感到亲切并对另一方抱有好感。主持人创造一种自由简单的可以与受访者讨论任何事情的氛围。通过这种轻松融洽的环境，这些陌生人可以相互认识并找到共同话题。在一个舒适的、无强迫的、愉快的地方，他们可以谈论任何事情——关于香肠、保险、轮胎、烘烤食品、杂志。在调研中，主持人是纽带，融洽的氛围是连接人们日常生活与客户商业兴趣的桥梁。

4. 编制讨论指南

除了主持人所应具备的性格特点和应接受的培训以外，一次成功的焦点小组访谈还要求有一份精心编制的讨论指南。**讨论指南**（discussion guide）是一份关于小组访谈中所要涉及的话题概要。通常，讨论指南是由主持人根据调研客体和委托商所需信息设计的，讨论指南保证按一定顺序逐一讨论所有突出的话题。例如，一份指南可能从讨论对外出吃饭的态度和感受开始，然后转向讨论快餐，最后以讨论某一连锁快餐集团的食品和装修风格结束。应使主管调研的人和其他的委托商人员（如品牌经理）都同意指南上所列的主题是最重要的和必须涉及的，这一点非常重要。所以，编制讨论指南通常采用团队协作法。

主持人所编制的指南通常含有三个阶段部分：首先，建立友好关系，解释小组中的规则，并提出讨论的客体；其次，由主持人激发深入的讨论；最后，总结重要的结论，衡量信任和承诺的限度。

表5-3展示了由一个决策分析主持人编制的关于低热量面包的真实的讨论指南。在周围的几个城市进行了座谈。

表5-3 关于低热量面包的讨论指南

Ⅰ. 介绍说明
A. 磁带录音或观察者
B. 宽松的、放松的、非正式的
C. 答案不分对错
D. 诚实的，讲真话
E. 讨论规则

（续）

- 一次一个话题
- 不要控制讨论
- 讨论不分顺序
- 倾听他人观点

Ⅱ. 大众对面包的态度

A. 与两年前相比，您消费更多还是更少的面包？阐述理由
B. 与其他食物相比，面包的优点
C. 与其他食物相比，面包的缺点
D. 美味面包会让您想起哪些词汇 / 形象联想
E. 面包食品卖得很好？为什么

Ⅲ. 面包的使用 / 购买

A. 消费者经常在什么时间和地点购买面包
B. 家庭成员对面包店的“用法”有什么不同？为什么
C. 哪种类型的面包食用最频繁
D. 对每种类型面包的喜恶
E. 偏爱哪些品牌？为什么是这些品牌，因家庭成员而异吗

Ⅳ. 节食时的面包消费

A. 节食时面包消费有什么变化？为什么
B. 节食时吃哪种类型的面包？为什么
C. 面包在节食中扮演的什么角色

Ⅴ. 对低热量面包是什么态度

A. 低热量面包 / 品牌意识
B. 低热量面包 / 品牌的消费体验
C. 对每种品牌的满意度，为什么喜欢或不喜欢？品牌感知
D. 偏好的品牌有什么重要的产品特征

Ⅵ. 理想的低热量面包

A. 产品特点
- 味道
- 包装
- 颜色
- 面包皮

B. 营养优势
C. 包装偏好

Ⅶ. 展示并讨论广告概念

A. 对每种概念的整体反应
B. 对每种概念的喜欢 / 不喜欢
C. 每种概念的主要想法
D. 信任度

Ⅷ. 对低热量面包样品的反应

A. 对每种品牌的整体反应
B. 对口味的反应
C. 对外观和口感的反应
D. 对切片形状和厚度的反应
E. 对形状和大小的反应
F. 对颜色的反应
G. 手感的反应

资料来源：www.decisionanalyst.com.

5. 焦点小组访谈的长度

现在许多管理者都喜欢较短的焦点小组访谈，然而，平均每个焦点小组访谈的时间仍是 90 分钟左右。虽然短时间的焦点小组访谈是未来的趋势，但较长时间的焦点小组访谈存在许多优点。一个较长时间的焦点小组访谈持续两个小时甚至更长，它可以帮助管理者在单一环节得到更多信息，可以让受访者更多地参与任务，进行更广泛的交流。

焦点小组访谈长度的问题并非孤立存在的，它还伴随着第二个关键因素：讨论指南中问题的数量。我们认为，目前焦点小组访谈面临的最大问题是，讨论指南中的问题有越来越多的趋势，这妨碍了深度访谈和有意义的组内交流。管理者想得到投资回报，所以对他们来说，问每一个可能的问题都有意义。焦点小组访谈变成了一个不受控制，没有科学和数据支撑的小组审问和调研。

为了使提出的问题更清晰、更有逻辑，管理者需要考虑焦点小组访谈的长度和讨论指南的容量之间的协调。如表 5-4 所示，更多的问题和更少的时间相结合，会产生一种调研环境，会使回答仅仅是问卷调查一样的座谈录音节选。在 90 分钟内展开 40 个问题，主持人也会感到匆忙，不能仔细深究感兴趣的答案，并且容易被表达啰唆或缓慢的人打断。随着座谈的进行，这些压力和约束将会减小。问题少了，时间多了，受访者可以详细阐述他们的答案，主持人可以更有效地引导，使访谈的节奏变得轻松、自然、幽默。

表 5-4　每个受访者回答每个问题的时间

问题的数量	焦点小组访谈长度		
	75 分钟	90 分钟	120 分钟
15	30	36	48
20	23	27	36
25	18	22	29
30	15	18	24
35	13	15	21
40	11	14	18

注：该分析假设焦点访谈小组由 10 个受访者组成。

6. 客户的角色

客户当然要挑选焦点小组访谈的实施机构，有时候也会选择主持人。客户通常会选择焦点小组访谈实施的市场并给出小组受访者所应具备的特征，客户有时候也会给主持人一个现成的讨论指南。通常，客户和主持人共同编制最终的讨论指南。

客户不仅需要和主持人一起核查讨论指南，还要探讨相关的产品或服务。例如，主持人正在做一个耳机产品的焦点小组访谈，而客户在之前并没有向主持人展示该耳机如何工作。主持人没有被告知，眼镜的框架将会妨碍耳机的佩戴，当主持人试图演示这个耳机的时候，耳机不能成功地戴上去。显然，这种情况将会给焦点小组访谈参与者一种消极的印象。

7. 编写焦点小组访谈报告

通常，当最后一个小组座谈结束之后，要听取主持人的汇报总结，有时称作**即时分析**（instant analysis）。对这种传统做法既有赞成者也有反对者。支持的观点认为，即时分析提供了一个论坛，可以将观察小组的营销专业人员的知识与主持人的知识结合起来，及时听取主持人的最新感觉并做出反应，而且当时非常活跃的思维和兴奋感会引发全新的观念和理解。

不足之处包括：主持人的偏见；没有对所发生的事情进行深思熟虑就信口开河；有选择的近因回忆和其他与限制性回忆相关的因素；无法听到在不那么受影响和紧张的情况下

所做的描述。只要主持人明确保留在重新看过录像带后修正他的观点的权利，那么听取主持人的汇报就应该是无可非议的。

现在，一份正式的焦点小组访谈报告就像一个 PPT 展示，书面报告就是 PPT 幻灯片的复制。

5.2.3 焦点小组访谈法的发展趋势

1. 移动终端上的线上小组访谈

在移动终端上进行线上小组访谈是焦点小组访谈调研中一个非常普遍的趋势。这点在第 7 章详细叙述。甚至当焦点小组访谈在传统的会议室中进行时，调研委托方通过互联网观看访谈会议也在成为一个越来越流行的趋势。对于调研委托方来说，优点在于节约了长途旅行的时间和金钱成本。现在，在使用传统方法进行的焦点小组访谈中，超过 40% 使用了视频的线上传送。

2. 焦点小组访谈固定样本成员

通常，对于焦点小组访谈参与者的筛选问题是："在最近的 6 个月内，你参加过焦点小组访谈吗？"如果答案是肯定的，那么回答者不符合要求。这里的关键在于调研委托方想要"新的参与者"，而不是职业受访者。现在被一些公司采用的一个不同的筛选模型是焦点小组访谈小组。这种方法是建立一个由 8 ～ 12 个愿意参加一系列给定产品或话题的座谈的、符合要求的受访者组成的小组。一旦确定雇用，这个小组将在近 6 个月内每月会面一次。

这种筛选的好处之一在于不同的话题都能被涵盖，必要的话还可以继续讨论。例如，假设一个销售包装商品的公司想要建设一条沙拉酱调料的新生产线。它的定性筛选首先始于建立一条新的沙拉酱生产线的思想萌芽，下一个阶段将这个想法扩展到这种产品的包装、图样和味道。在下一个部分之前，已经制定了具有激励作用的广告板，并决定其摆放位置，备选的名字也已想好。最终，这种方法能为调研委托方节约时间和金钱。

焦点小组访谈固定样本成员的主要优势如下：

- 与在同一时间内雇用相同数量的独立小组对比，消费者固定样本的成本比较低。由于同样的人员每月使用一次，所以不再有额外的招募费用，只需要一些简单的提醒电话就足够了。这种更加精简的设计能够为调研委托方节约 25% ～ 30% 的花费。
- 只需要一份总结。因为迅速的反馈是极其重要的，而整个过程是不固定的，公司也就不再要求一份完整的报告。一份总结摘要不仅能够反映所需信息，而且能在访谈结束的极短时间内送达。
- 企业认可在这个过程中消费者固定样本可能的影响。他们知道每个月他们需要与市场营销、包装及研发部会面决定现存的问题。同时，各个内部部门欢迎这种方式，即每个月都能听到来自样本成员的相关内容。

3. 使用角色反转访谈法

角色反转访谈法（rotated opposed view，ROV）是利用两个小时的会议来揭示和判断不同的观点并找到一种建立两者之间桥梁的标准。参与者分成两组——在同样的社会经济状况下对同一产品分高频率使用组和低频率使用组，有意让不同组在产品使用频率和感知方面有所不同，以此确保参与者会有不同的观点。

在会议的开始，低频率使用者先列出他们不使用该产品和不认同该品牌的理由，并指出他们偏好的竞争产品。

同时，高频率使用者和该组主持人一起在观察室中通过单向镜观看整个过程。通过主持人一定程度上有目的地引导，鼓励会议的观看者在纸上写下自己相反的意见，为下一个部分做准备。

45 分钟之后，角色反转，高频率使用者变成了被观察的人，会议重复上一阶段流程。然而，在这一部分，高频率使用者讨论他们和该品牌之间的密切关系、他们购买的理由，以及为什么他们在同类产品中偏偏选择这个产品。他们还对和低频率使用者观点一致或不一致的地方进行了开放的讨论。

在分时段讨论的最后，两组使用者被带到了一起，试图探求他们对于产品不同使用和不同态度之间的共性。在“辩论”部分，高频率使用者对低频率使用者就产品进行演说，而低使用频率者解释他们在参加访谈小组之前的反对理由。这个过程在一定程度上达成一致意见时结束。

结果不仅发现了深入消费者内心，了解其态度的独特视角，对参加者来说也是一种有价值的经历。无论是单独会议还是集体会议，都为市场营销策略的制定提供了非常有价值的信息。

角色反转访谈法提升了访谈会质量，以及自由流动的受访者参与度，也不失为一种发现新视角的好方法。它能够帮助产品经理理解不喜欢公司产品或服务的顾客的感受。

4. 增加专业人士参与访谈

当产品或服务有需要时，市场专业人士（如广告总监、新产品开发经理和市场职员等）就会混进典型的消费者中，这类人被称为专业消费者（prosumers）。英国航空希望挑战美国航空以及维珍航空在大西洋航线中商务舱出行的主导地位。调研团队通过对消费者实施定性调研没有获得他们寻求的深度信息，该团队决定，要想在帮助英国航空在商务舱旅行中打造差异化服务上取得突破性进展，就必须打乱原有的方案，推倒重做。

该调研团队采取了不寻常的一步。他们组建了一个正常目标客户——定期商务出差者的焦点小组。同时，该小组加入了经常从纽约飞往伦敦的从事产品研发以及市场营销的工作人员。通常，这些专业工作人员是会被有意排除在外的。

在进行了一个包含普通消费者和专业消费者的联合焦点小组访谈之后，专业消费者的焦点小组加入了英国航空的领导团队会议，该创造性会议旨在解开束缚，吸取焦点小组访谈中学到的经验，并听取专业消费者对于调研团队正在寻求的兼具合理性和创新性想法的理解。

专业消费者中的一员，联合利华的一位研发主管，分享了她出行时的秘密。她喜欢可以完全躺卧的椅子，但是又不喜欢在旁边是陌生人或商业伙伴的时候睡在完全躺卧的模式下。她认为很多女性乘客会同意她的观点。由此，一个新的想法产生了。现在，几乎所有的国际商务舱都设计了能够让乘客像睡在摇篮里一样的座位和遮挡隐私的隔板。

“她的职业经验——对人口统计特征的理解，知道我们在寻求突破性的想法，以及她用有效的方式向调研团队表达自己意见的能力，使她成为这个过程中关键的一部分。”一家宾夕法尼亚的创新公司 Lancaster 的创始人克里斯托弗・米勒这样评价。这种创造性的矛盾，即受访者既要代表个人发言又要作为专业人士，成了这个过程的基础。

WD-40 公司（一家生产金属制品万能保养剂的公司）的市场团队，在采用这种过程帮助它的研发部门时取得了突破。该团队的人员涉及 WD-40 公司的专业人士、两个专业消费者和一组普通消费者。在焦点小组访谈之后的创造性会议，一个专业消费者提出能否将润滑油装进一支“笔”里，这种跳出惯性思维的想法就成就了现在的“没有混乱的笔”（No-Mess Pen）这一产品。另一个需要用 WD-40 来保养一台设备部件的专业消费者抛出这样一个问题——该产品能否放进盛杀虫喷雾那样的喷壶里。答案是肯定的。现在这种 B2B 的产品被称为 Big Blast Can。

5.2.4 焦点小组访谈法的优缺点

定性调研的优缺点也同样适用于焦点小组访谈法。此外焦点小组访谈法还具有一些值得一提的积极方面和消极方面。

1. 焦点小组访谈法的优点

参与者之间的互动作用可以激发新的思考和想法，这是一对一的面谈所达不到的。而且，群体的压力可以使激进者把自己的想法控制得更现实些。参与者之间积极的互动作用还意味着，对委托商而言，通过观察焦点小组来获得第一手的消费者信息比通过一对一的面谈更为快捷和有趣。

第二个优点是，可以在单向镜后观察顾客和期望顾客。事实上，日益普及的焦点小组访谈法使越来越多的员工可以直接接触到顾客的想法和观点。“我们发现要使员工真正了解顾客的唯一办法是让他们亲眼见到顾客，但是能直接接触到顾客的员工是很少的，”数字设备公司（Digital Equipment Corporation）营销部经理邦尼・吉斯（Bonnie Keith）说，“现在，我们正在使专注于生产和设计过程的人也来参与和观察焦点小组访谈。”

第三个优点是，焦点小组访谈法通常比其他方法容易执行。而且，通过焦点小组访谈法所得的发现更容易理解，并能获得最迫切需要的信息以及令人兴奋的信息。“我可以给客户看世界上所有的图表，但这却无法同让他们看到 8 ～ 10 个顾客围坐在桌前说这个公司的服务不好所产生的震撼力相比。”凯旋广告公司（Ketchum Advertising）的市场调研部主管琼 – 安妮・马特（Jean-Anne Mutter）如是说。

2. 焦点小组访谈法的缺点

不幸的是，焦点小组访谈法的一些优势可能会变成它的缺点。例如，对所得的表面性的理解或貌似很理解会产生误导而不是指导。琼 – 安妮・马特说：“即使你只截取了很少的信息，焦点小组访谈法还是会使你认为你已经掌握了全部情况。”她还说，焦点小组访谈法很能够满足“人们寻求快速和简单答案的心理，我还看到人们越来越不愿意面对复杂的现象，也不愿意为定量调研所带来的复杂数据劳心费神了”。

以上观点受到了 NCR 公司营销部经理加里・威利茨（Gary Willets）的响应，他说：

“可能会发生的是，你组织了焦点小组访谈调研，而且你发现了所有的细节，然后有些人就说，‘好了，我们已经得到了我们要知道的一切’，而问题在于焦点小组所说的观点并不一定都具有典型性。你实际上应做的是先进行定性调研，然后再进行定量调研。”焦点小组访谈法以及一般的定性调研，从方法的角度看是非常诱人的。这种调研方法受资料的驱策，可以从所提供的信息中直接得出结论。相反，在完成定量调研之后通常还要使用演绎的方法，用专门收集的资料对公式化的想法和假设进行检验。

其他一些缺点在于焦点小组本身。例如，如果参与者与目标市场人群不一样，那么与其说是征集了一个焦点小组，倒不如说是征集了一个大麻烦。又如，白领中产阶级参与焦点小组的数量与他们在市场上的地位似乎不相称。此外，一些焦点小组测试室给人一种僵硬冷漠的感觉，人们在其中难以进行开诚布公的交谈。使用宽大的桌子和简单乏味或暗淡的装修，造成一种办公室化或者过于正式的环境，这可能使受访者感觉紧张，难以表达他们的真实想法。

焦点小组访谈法的最大的潜在不足在于群体会谈本身。主持人是整个互动过程的一部分，他必须注意不要带有偏见。主持人的个人风格可能是产生偏差的原因。例如，一种进攻性逼迫式的风格，通常使得受访者为了免受攻击而说一些他们认为主持人想要他们说的话。如果主持人“玩深沉”，又会让人觉得主持人是一个骗子，也会使受访者却步。

受访者本身也可能是个问题。有些人就是内向，不喜欢当众发言，而有的人又似乎想独占整个讨论。这些人什么都知道，或者自认为什么都知道，总是第一个回答问题，而且不给别人说话的机会。一个专横的组员可能会影响其他成员。如果主持人对他的态度生硬，会给其他人一种错觉：“你最好小心点，要不然我也会这么对你的。”万幸的是，一个优秀的主持人既能够压制住专横的组员，同时又不伤害其他成员。主持人可以使用一些简单的技巧，比如不与专横的组员对视，向大家强调“我们想让每个人都有机会发言”，或者说“让我们听听其他人的意见”，当其他人在发言而专横者不断插话时，主持人应该注视前一位发言者并说：“对不起，我听不见你说的了。”

市场调研实践 5-1

人员招募一定要正确

不恰当的人员招募一直是我的痛点，也许是因为想要解决这个问题比做一个一般的主持或报告更加困难。作为一个委托者，无论是否要根据我们提供的清单来招募人员，我们都要不遗余力地确定我们想要的小组成员的身份、类型和组合，试图通过一切必要的工作来明确和理解我们所要求的每条标准的含义。我们总是询问比实际需要更多的员工期望报酬，以此来表明我们不介意为了确保我们有最少量符合要求的受访者而多付出金钱。除此之外，我们还额外允许三周的时间进行招募工作，这样如果有意外发生，我们仍然有足够的时间做出调整，使整个座谈按计划时间进行。

如果为我们做调研的机构认为相比于我们的要求报酬给得太低的话，他们应该提前让我们了解。当任何招募问题发生时，我们请求他们立即让我们知道，让我们有时间做出最恰当的改进。即使是负责调研的机构核查报价，支付给负责招募的次承包者，我们也会重新核查报价。从过去的经历中我们已经学到，不要完全指望调研机构或者负责招募的人会做到完美。

草率的或不充分的招募不仅仅是指忽视要求，它可能对整个小组访谈的有效性产生重大影响。例如，我们需要一个带孩子去看医生的人，那么父亲带年幼的孩子去看小儿科的反应可能和母亲的反应极为不同。如果是母亲带孩子去看医生，母亲的想法就比父亲的更重要。

问题：

1. 为什么在焦点小组访谈以及其他形式的定性调研中的人员招募如此重要？
2. 你认为给受访者付报酬会影响他们的回答吗？为什么会 / 不会？

5.3 其他定性调研方法

本章的大部分篇幅都用于阐述焦点小组访谈法，因为在市场调研中它实在太普遍了。然而，人们也在使用其他一些定性调研技术，尽管使用得很有限。

5.3.1 个人深度访谈法

个人深度访谈（individual depth interviews）这个词原意是相对无限制的一对一的会谈。面谈者在刺探和诱导详细的问答方面经过严格训练。有时会用心理学家来当深度访谈的面谈者，他们使用临床的不定向技术来揭示隐藏的动机。深度访谈是第二流行的定性调研形式。

深度访谈的走向依据受访者的回答而定。随着会谈的逐渐展开，面谈者彻底探究每个问题，并根据回答来决定下一个问题。例如，一次深度访谈可能从讨论零食开始。每次回答后，都要追问："你还能再说些什么吗？""你能详细说一下吗？""还有吗？"然后访谈转向对不同食品成分（如谷物、麦类、马铃薯）的看法。接下来，讨论零食的社交性。例如，你是一个人吃弗瑞托雷公司的食品，还是同许多人一起吃？你会在聚会时准备小麦薄饼公司（Wheat Thin）的食品吗？你在什么时候用乐之（Ritz）饼干招待客人？

相对于焦点小组访谈法来说，深度访谈法具有以下优点：

（1）消除了群体压力，因而每个受访者会提供更诚实的信息，而不必只说最容易被群体接受的话。

（2）一对一的交流使得受访者感到自己是被关注的焦点，个人的感受与想法是重要的，是别人真正期望了解的。

（3）在人与人的交流中，受访者的意识被激活了，因为他与面谈者达成一种融洽的关系，而且周围也没有其他人。

（4）在单个受访者身上花的时间比较多，这可以鼓励他们吐露新的信息。

（5）可以深入地探查受访者，揭示隐藏在表面陈述下的感受和动机。

（6）因为不需保持群体秩序，所以比较容易临时发挥。个人会谈更容易激发出偶然的思路和发散的思维，这通常能对主要问题提供重要的洞察。

（7）一对一的近距离接触使面谈者对非语言的反馈更加敏感。

（8）从受访者那里得到独立的观点而不受其他人的影响。

（9）深度访谈不像焦点小组访谈那样需要固定的设施。

（10）在一些特殊情况下，深度访谈法可能是唯一可行的办法，否则相互竞争的对手会同处一室。例如，很难组织相互竞争的百货公司或餐馆的经理对有关话题（如坏账保护系统）进行焦点小组访谈调研。

（11）当研究主题是个人对市场刺激（如网站主页）的决策过程或反应时，公司通常会选择深度访谈。深度访谈能够详细地探索单个受访者的反应而不受干扰。当调研人员想要获取个人经历中的个人反应时，这些将十分有价值。

（12）对于高敏感话题通常采用深度访谈。涉及非常私人（如破产）或者很复杂（如离婚裁定）的事件时，深度访谈是最好的挖掘深度信息的方法。

（13）交流的大多数内容是非语言的，像面部表情、身体语言以及语音语调。甚至像“那很好啊”这样一句很简单的话都拥有很多的含义，说话者是真心的还是在讽刺？

与焦点小组访谈法相比，深度访谈法的缺点在于：

（1）深度访谈法通常比焦点小组访谈法的总成本高，但就每个受访者的单位时间来说却不一定（详见下一部分）。

（2）深度访谈法通常达不到像焦点小组访谈法那样的委托商参与水平。如果你的主要目的是让委托商观察调研过程，从而让他们获得原始信息，那么你很难说服大多数委托商的员工为了听深度访谈而连续坐上几个小时。

（3）对主持人来说，深度访谈是很消耗体力的，所以一天内所访谈的人数有限。大多数主持人一天会谈的人数超不过四五个，而如果他们进行小组访谈，则一天能完成对20个人的访谈。

（4）当需要达成一致意见或采取辩论来获得不同观点时，则焦点小组访谈更加合适。焦点小组访谈能够让两个相反观点得到讨论和解决。

（5）焦点小组访谈法使主持人可以利用群体动力的杠杆作用来刺激组员的反应，这在一对一的会谈中是无法实现的。

美国的一个调研公司Rheingold USA，用深度访谈的方法分析了一些“超级碗”的广告。它的目标是获得广告的潜在信息。诱导问题包括：观看广告的每一个画面时，哪些东西在你心头浮现？广告中的场景或元素引发了什么问题？广告是如何回答这些问题的？哪些问题没有得到问答，作为一个观众，你的看法是什么？在广告之外，你内心对这些问题的回答是什么？这和广告中的产品如何关联起来？它让你对这个产品有什么看法？哪些因素是该产品吸引你或者让你厌恶的关键？

第一个广告是大众的帕萨特汽车，你可以在以下网址观看：www.youtube.com/watch?v=0rDU8K63hbo。

广告内容：一个装扮成达斯·维达（Darth Vader，星球大战中的一个人物）的儿童，在一个上层家庭的房子里玩耍，试图在洗碗机上表演达斯·维达的法术。画面里还有一只狗以及他姐妹的玩偶。但是，他的意念并没有使任何东西移动。当他父亲驾驶着大众的帕萨特汽车回到家中时，他同样想在汽车上施展他的法术。让人意外的是，汽车发动了，车灯也亮了。作为一个旁观者，我们看见他的父母在厨房的窗户后面，很明显是他的父亲用手中的钥匙远程启动了汽车。

受访者被该广告中创造的氛围触动了，开始谈论这家人家庭生活中的甜蜜和幸福："父亲看出了儿子的努力并且想要帮助他。""这是很亲密无间的一家人，这对父母既给了孩子独立的空间又支持了他的创造力。""那很好不是吗？他的孩子对他来说就是整个世界。""对这个孩子来说这是不朽的一刻，他就像在天堂里一样幸福，他的整个一生都将谈论这件事情！"

表面上受访者看到了他们自己理想中的家庭生活，逐渐地他们就会将帕萨特看作最适合一个典型幸福家庭的车。然而，进一步深入受访者心理会发现，在广告场景之后经常无意识地揭示了它本身："达斯·维达是如此得有力量，他在一切之上。""看到这样一个孩子像那样跑来跑去有些使人惊慌。"有些人甚至联系到了大众汽车的黑暗面："这家公司开始于希特勒……"

受访者首先陈述的是这个小男孩与他的幸福家庭之间的乐趣。然而，我们看上去真正享受的是自己将成为的这种充满力量的万能的角色。观看者变成了自信的父亲，偷偷地享受和小男孩儿恶作剧的乐趣："就像是我按动了按钮。我能够完全想象出我对我儿子做这些的场景……"

调研人员称，我们通常不想承认的是，驾驶和一种认为自己是万能的掌控一切的感觉紧紧地联系在一起：我们想要炫耀，想要逃离那些我们想丢在身后的，去探索新的事物。车被当成了一种能够提供我们自己无法获得的超能力的工具。

调研人员声称，帕萨特传达了一种潜在的信息："我不仅仅是平凡的、中庸的、尖锐的甚至有些无聊的一辆车，我可以让你感到无所不能、充满力量。我提供了通往万能的钥匙！"

调研人员认为，深度访谈表明，在没有人妨碍和没有威胁地开车时，大众汽车能够触动观看者内心隐藏的对权力的野心，这则广告提供给他们一种可以完全不用面对这种野心的"愉快又安全的中等阶层的挡板"。

任何一个深度访谈的成败很大程度上都取决于面谈者的技巧。优秀的面谈者，不管是不是心理学家，都是很难找到的，而且费用很高。另一个影响成败的因素是恰当的解说。会谈所具有的无限制的特点和"临床性"分析的特点，更增加了分析的复杂性。小样本和无限制的会谈使其难以进行相互比较，解说又受到主持人偏好的影响，加上高昂的费用，这些都影响了深度访谈法的普及。深度访谈的典型应用包括：

- 交流检验（例如，对出版物、广播、电视广告或其他方面材料的回顾）。
- 感观评价（例如，对除臭剂和洗手液的反应，对新香水的嗅觉检验，对新糖霜的品尝检验）。
- 探索性调研（例如，定义理解基点或一种产品、一项服务、一个想法）。
- 新产品开发，产品原型制作。
- 包装或用法调研（例如，当顾客想要反映个人经历和包含关键语言描述时）。

深度访谈的一种变化叫作顾客关注调研（CCR），其基本思想是用深度访谈来了解购买过程的动态。下面7个问题是CCR的基础：

（1）什么促使你进行这次购买？

（2）为什么现在购买？

（3）过程中最难的部分是什么？有没有让你困惑的地方？

（4）什么时候以及如何决定你能够接受的价格？

（5）这次购买之后有没有我应该与之交流的人，以便得到更多信息？

（6）如果你之前购买过这种产品，与这次购买有什么不同？

（7）什么让你决定相信这个组织或这个人和你一起做你最感兴趣的事？

1. 焦点小组访谈与深度访谈的成本对比

一般标准，8个人90分钟的焦点小组访谈，有9个人（8个参与者和一个主持人）分享发言权，平均每个受访者有10分钟的发言时间（90分钟被9个人平分）。

这种类型的焦点小组访谈的成本大约13 000美元。这个花费包括了所有事情：招募者、主持人、参与者薪酬、食物、设施、报告撰写，以及寻找一些观察者的成本。13 000美元的花费分配在80分钟的参与者讨论时间上（不包括主持人），平均每分钟成本为162.50美元（13 000美元/80）。然而，一般的深度访谈需要30分钟，成本在600～800美元（包括招募、访谈、参与者薪酬和报告），每分钟成本为20～27美元。最大的不同在于受访者的讨论时间，在一次电话深度访谈中占20～25分钟。

2. 解释学的应用

一些深度访谈研究者用一种叫解释调研的技术来实现他们的目标。**解释性调研**（hermeneutic research）侧重用解释说明来作为理解消费者的基础。解释说明从调研人员和参与者的交流中得到。在解释性调研中，调研人员回答参与者的问题，就像在传统的方法中，调研人员只问受访者问题。没有预定的问题，问题是随着谈话的展开自动发起的。

例如，一个调研人员和一个消费者在交谈为什么那个人购买一个高端的家庭影院，也许讨论这次购买的原因，比如举行电影、聚会、享受在家的休闲，或者把自己沉浸在体育项目中。调研人员也许将“举行电影聚会”解释成购买原因，意思是没有这个系统，消费者就不能举办聚会，然后调研人员将会回馈给消费者其他的信息。通过以上回顾和更多的交谈，调研人员和消费者找出为什么这个产品会被购买和使用，而不是说拥有者对产品的感觉。在这个例子中，拥有者作为参与者也许会感到自信，更友善、活跃、充分、放松地参与进来。谈论和探索更多关于家庭影院的使用情况，调研人员可以发现新的数据和问题，从而决定接下来的发展方向。

不管用不用解释学，写一个深度访谈报告都与定量调研报告有很大不同。

3. 德尔菲法的使用

德尔菲法（Delphi method）经常用于新产品的开发，如公司为产品和服务寻找创新性的新想法时，德尔菲根源于希腊历史。德尔菲城是一个混合文化、宗教以及移民信息视角中心。德尔菲也是皮提亚神示所的家乡，她是一位很有远见的女性。神示所对访问者有很大影响，他们相信未来的知识可以帮助他们在生活中取得成功。

通常，德尔菲法依赖于各地方的专家，可能是产品开发调研人员、营销经理、专业人士（MDS、工程师等）、杂志编辑、执行者和牧师等。显然，专家的类型取决于德尔菲会议的目标。如果在一个仓库中要寻找更有效的方法掌握资料管理，专家也许就是仓库中的工人。

德尔菲法包括很多轮的数据收集。在传统的德尔菲程序中，第一轮是不固定结构的，以便允许个别专家从自己的观点相对自由的识别和拟定相关问题，然后这些问题被调研人员巩固成有结构的调查问卷。

这个调查问卷后来用于引出小组专业的观点和判断，以定量的形式体现。回答会被分析，总结并反馈给小组成员以便更近一步考虑。在反馈的基础上受访者有改变原来观点的机会。轮数为 2 ～ 10 次，但要避免超过一两次重复。

德尔菲法的主要特点是匿名性、重复性、反馈性和回答的集合性。其目标是通过一系列的密集的问卷和附加的观点反馈，得到最可靠的一致性观点。

德尔菲研究中匿名性的目的是排除组内相互影响，因为相互影响可以引出许多问题，比如组内矛盾和个别控制。德尔菲依赖于一个有结构的，直接的方法来进行决策制定；参与者不见面，而依赖于个人的预言和方法的统计集合。

可控制的反馈，即第一轮公议的结果，将在下一轮的开始呈现给小组专家。反馈的形式因话题而异。它可能是想法的集合，或者如果小组估计新产品的销量，然后定量估计，例如，中间值可以给出；有时德尔菲法可以拟出说明书，例如，我们如何建立一个更好的客户关系管理软件来让我们从两个市场领导者那里获取市场份额？说明书可以用于回答两种类型的问题：①一些假定的情况怎样一步一步地发生？②有什么变化存在，对于每个角色和每个步骤，是阻碍、扰乱还是简化过程？

重复性、可控制反馈和回答的集合性都是为了从小组专家那里得到问题的高质量回答，以便决策制定。通过从小组成员反馈出的信息以及一系列的重复，专家可以在其他评论的基础上校正他们的估计。

5.3.2 投射测试法

有时，在深度访谈中结合使用投射法。投射法来源于临床心理学。简言之，**投射测试**（projective test）的目的是探究隐藏在表面反应下的真实心理，以获知真实的情感、意图和动机。投射测试的基本原理来自于对人们经常难以或者不能说出自己内心深处的感觉的认识；或者说，他们受心理防御机制的影响而感觉不到那些情感。

投射测试是穿透人的心理防御机制，使真正的情感和态度浮现出来的技术。一般地，对受试者给出一种无限制的并且模糊的情景，要求他做出反应。由于这种情景说得很模糊，也没有什么真实的意义，受试者必须根据自己的偏好做出回答。在理论上，受试者将他的情感“投射”在无规定的刺激上。因为受试者并不是在直接谈论自己，所以就绕过了防御机制。受访者谈论的是其他的事情或其他的人，然而却透露了自己的内在真实情感。

为什么投射法很重要？消费者（或医生、投票者、经理，或者任何我们研究的对象）也许不会完全告诉我们影响他们的事物。其中包括的障碍有：

（1）受访者也许意识不到一个特殊的影响。

（2）他们可能意识到了影响，但感觉它是太个人的或社会不欢迎的（例如，有威望的形象或种族偏见）。

（3）他们也许意识到他们以一种特殊的方式感觉到一种产品，但他们不想提及，因为在他们看来这不是买或不买一个产品的符合逻辑的合理的理由。例如，一些医生坚决认为他们开处方与药品的名称或制造商的商标的吸引力没有任何关系，而仅仅依赖于决策制定因素，比如研究发现、临床经验和病人配合。

大多数的投射测试都很容易操作，它的问题像其他无规定答案的问题一样被列成表格，通常与非投射的无规定答案的问题和非投射的有规定答案的问题连用。投射测试收集的资料比一般提问方法所收集的资料更丰富，而且可能更有揭示性。投射测试法经常与印象调查问卷、观念测试法，偶尔还有广告效果预先测试法混用。在一次深度访谈中也经常运用多种投射技术。

市场调研中最常用的投射测试是词语联想测试法、句子和故事完型测试法、漫画测试法、图片归类法、消费者图画法和第三人称法；其他方法，如心理戏剧测试法和主题统觉测试法（TAT），常用于治疗心理失调者，对市场调研的帮助不大。

1. 词语联想测试法

词语联想测试法（word association tests）对市场调研人员来说是非常实用和有效的投射方法。访谈者给受访者读一个词，然后要求他说出脑海中出现的第一种事物。通常消费者反应的是一个同义词或反义词，一般是快速地念出一连串词语，不让心理防御机制有时间发挥作用。如果受访者不能在3秒钟内做出回答，那么可以断定他已经受到了情感因素的干扰。

词语联想测试法常用于选择品牌名称、广告主题和标语。例如，一家化妆品生产商为了替一种新香水命名，可能会测试消费者对以下候选名称的反应：无限、激情、珍宝、遭遇、渴望、欲望。其中的一个词语或消费者建议的一个同义词可能会被选做新的品牌名。

2. 类比法

与词语联想测试法有些许的不同，**类比法**（analogies）是对两个项目的相似点进行对比。例如，一个调研人员调查消费者对福特汽车的态度，也许会问："我将给你读一些商店名称，然后请你们告诉我哪个与福特汽车最相似？如果可能，试着给出闪现在你脑中的第一个答案，这些商店是：尼曼、沃尔玛、梅西百货、杰西潘尼、凯马特、诺德斯特龙、塔吉特和罗德与泰勒百货（Lord & Taylor）。"接下来，调研人员会问："商店X什么方面与福特汽车最相似？福特汽车的质量与这个商店有多相似？"一系列的问题会激发消费者间接谈论他对福特汽车的感觉。

这个例子中类比法的应用不是为了找出人们会把哪个商店与福特汽车联系起来，而是想让人们用平时不太习惯、不太可能使用的方式谈论他们对福特的感觉和认识。因为对各商店的感觉不同，有的受访者会选择商店A，有的会选择商店B。调研人员应该少关注受访者趋向选择哪个商店，而应多关注他们做出这种选择所给出的原因。甲乙两人选择了不同的商店，但如果两个人对他们所选商店的感觉相近，那就没有什么意义了，福特品牌也是如此。

3. 拟人化法

与类比法相似，**拟人化法**（personification）是将一种产品与人做比较。继续上面的例子，调研人员也许会说："想想福特品牌，并把它想象成一个人，谁将会是这个品牌？你怎样描述这个人？这个人有什么个性特征？你是用什么方式将这个人与这个品牌联系起来的？"

在这种类型的练习中，调研人员应该鼓励参与者讨论像个人价值观、信仰、目标、生活方式、外貌、年龄、职业、社会经济地位、爱好、兴趣这样的内容。所有这些都能大量表达出受访者对品牌的态度并比标准问题更有意义和收获。

4. 句子和故事完型测试法

句子和故事完型测试法（sentence and story completion tests）可以与词语联想测试法连用。受访者拿到一段不完整的故事或一组残缺的句子，然后将其补充完整，如下例所示：

（1）百思买是……

（2）在百思买购物的人是……

（3）百思买应该是……

（4）我不明白为什么百思买不……

这是一个故事完型测试法的例子：

> 萨利·琼斯（Sally Jones）刚从旧金山搬到芝加哥，她在旧金山是IBM的销售员，现在她是芝加哥地区的销售经理。她的邻居罗达·史密斯第一次到萨利家来拜访她，随即她们谈到该到哪里购物，萨利说："我曾听人说过百思买……"罗达会如何回答呢？

正如你所看到的，故事完型测试法给受访者一个较有限制和较详细的剧情，目的同样是让受访者将自己投射到剧情中假设的人物上。

句子和故事完测试型被一些调研人员认为是所有投射技术中最有用和最可靠的一种。现在决策分析者对其客户做在线句子完成和词语联想的调研。

5. 漫画测试法

典型的**漫画测试法**（cartoon tests）包含两个人物，正如在漫画书中看到的，一个框中写有对话，另一个则是空白的（见图5-2），受访者被要求填写空白框。注意图5-2中的卡通形象是模糊的而且没有任何解释。这么做是为使受访者不会得到任何暗示某种规定答案的"线索"。模棱两可是为了使受试者更随意地表达自己。

漫画测试法可用于多种用途。可以用来了解对两种类型的商业机构的态度，了解这些商业机构与特定产品之间是否协调。它可以测试对于某种产品和品牌的态度的强度，还可以确定特定的态度的作用。

6. 图片归类法

图片归类法（photo sorts），消费者通过一组特殊安排的图片来表达他们对品牌的感受，这组图片展示的是不同类型的人群，从公司领导到大学生。受访者将照片与他所认为的这个人应该使用的品牌连在一起。

图 5-2 漫画测试法

环球 BBDO 公司是美国最大的广告代理商，它开发出一种已注册成商标的技术叫作“重复图片查找”(Photosort)。对通用电气的图片归类调查发现，消费者认为受这个品牌吸引的是保守而年长的商界人士。为了改变这一形象，通用电气进行为一次“为生活增添光彩”的宣传促销活动。另一次为维萨信用卡（Visa）所做的图片归类调查发现，在消费者心目中，维萨卡的形象是健康、女性、中庸。于是公司开展了名为“随心所欲”的针对高收入男性市场的宣传促销活动。

另一种图片归类法——理想图形化技术（Pictured Aspirations Technique，PAT）是由格雷广告公司（Grey Advertising）开发的，该公司也是纽约州的一家大型广告代理商。这种技术旨在发现一种产品符合消费者期望的程度。消费者根据图片所描述出的自己的期望的程度，将一组图片进行分类。在为一种女士内衣所做的调研中，运用这种技术发现产品与潜在消费者的期望不相符。受访者选择一系列看起来精神饱满、苗条和充满青春活力的图片来表述“她们也想和我一样”。但公司用来表述对产品的印象的图片却显得有些守旧、粗壮，看起来也不太有朝气和活力。随之公司开展了名为“每个女孩的好消息”的宣传活动，以简·拉塞尔（Jane Russell）为品牌代言人，宣传更为迷人和时髦的品牌概念——“18小时立现完美曲线”。

7. 消费者绘图法

有时调研人员要求消费者画出他们的感受，或者他们对一个事物的感知。有时**消费者绘图法**（consumer drawings）可以揭示消费动机，表达消费者的理解。例如，麦卡恩－埃利克森广告代理公司（McCann-Erickson）想弄清为什么在某些市场上突击牌蟑螂喷雾剂比格斗牌灭虫碟要畅销。在访谈中，大多数使用者都同意格斗牌灭虫碟比较好，因为它对人体无害。于是，调研人员让大量使用蟑螂喷雾剂的人——低收入的南方妇女，画出她们捉蟑螂的过程（见图 5-3）。目的是探究她们内心深处对这种肮脏家务的感受。

所有参加面谈的这 100 位妇女都将蟑螂描绘成男性的形象。麦卡恩－埃利克森的执行副总裁宝拉·德门（Paula Drillman）说：“她们对蟑螂的许多感受同她们对自己生活中的男性的感受非常相似。”这些妇女有很多没有正式结婚。她们说蟑螂就像她们生活中的男人一样，“只有他想吃的时候才回来”。对这些沮丧而又无助的人来说，喷射蟑螂然后看着它们死去也算是一种安慰。“这些妇女渴望控制权，”德门说，“她们使用喷雾剂是因为它使她们能参与杀戮。”

“一天晚上我实在不能忍受这些臭虫在黑暗中悉悉索索地没完。我非得做点儿什么不可。我想如果我一开灯这些蟑螂一下子就像吸血鬼见到太阳一样皱缩成一团死了，那该有多解恨！于是我就拉开了灯，但它们一下子都跑了。但我拿着我的喷雾剂呢，所以它们也没都跑了，我逮住了不少。第二天夜幕降临时，一切又重新……”

“就像一个吃白食的男人，只要有吃的他就不走。”

“我踮着脚悄悄溜进厨房，也许它不在附近。我伸手去开灯，希望灯亮时屋里没人。没准儿他就坐在桌子旁，你认为这不可能吗？对他来说没有不可能的！也许还不止他一个人呢。我想也许灯一亮他就跑了，可是看不到他就更糟了。不，还是在他占了上风又‘找到帮手’前对付他比较好。”

图 5-3 消费者绘图有助于识别可控的受访者需求

注：麦卡恩－埃利克森广告代理公司让蟑螂喷雾剂的使用者画出她们捕杀蟑螂的过程。从图中可以看出，蟑螂喷雾剂比灭虫碟卖得好是因为使用者需要满足自己的控制欲，而喷雾剂使她们能够扮演更主动的角色。

资料来源：Courtesy of McCann-Erickson New york.

8. 叙述故事法

叙述故事法（storytelling）就是让消费者讲述他们自己的经历，从中洞察一些微妙的消费行为。

哈佛商学院的教授杰拉德·萨尔特曼（Gerald Zaltman）为此创建了一个暗喻测试室（暗喻是用一种事物来描述另一种事物，人们用暗喻来表达心照不宣的、暗含的和不可言传的想法）。萨尔特曼先让消费者花几周时间考虑如何形象地表述他们对某一公司的感受。要求他们从杂志上剪下任何能反映这种感受的图片。然后，消费者聚集到他的测试室中，用几个小时的时间，以故事的形式讲述他们所选择的图片以及图片间的相互关系。

以下是一次关于连裤袜的暗喻调查。为连裤袜生产商提供原料的杜邦公司的营销部经理格伦达·格林（Glenda Green）说：“在焦点小组访谈中的女士们总是说她们讨厌连裤袜，只是不得不穿，我们认为我们还没有完全地真正地了解她们的感受，但是我们又想不出好的办法。”杜邦公司求助于暗喻测试室。一些人带来了溢出的冰激凌圣代的图片，这反映出她看到连裤袜上脱线的裂口时的盛怒；有人带来了一张一位美丽的女子和几篮水果的图片；还有人带来了伊丽莎白女王的图片。“随着我们不断地深入探究选择这些图片后的动机，她们逐渐承认连裤袜使她们感到自己变得年轻漂亮富有吸引力，”格林说，“这在焦点小组访谈中是没人会承认的。”于是，若干家连裤袜的生产商根据这一信息来调整自己的广告和产品包装。

下面这个故事里讲了另一个叙述故事法的例子：

一个高级珠宝商想要通过创新应对行业衰落。首先他在两个市场实施了8次焦点小组访谈，邀请购买黄金首饰这一年龄段的女性讨论，对不同种类首饰、材质以及风格的偏好、该零售商和其竞争者之间的比较、对于店铺设计以及销售人员的反应等在内的话题。因为在16小时的焦点小组访谈中缺乏让人惊喜地发现而感到失望，该珠宝商在两周的时间内于两家店铺收集了100个购买故事。

第一个有利于管理的意外发现是有70%的故事是由男士讲述的，这也是在组织焦点小组访谈时被忽略的人口特征。当他们被问到你人生中的什么因素使得你今天到这里来时，他们故事中的一个关键因素是，这不仅仅只是买一份珠宝首饰作为礼物的需要，而是将它作为一个浪漫的惊喜。在他们的需求里，这种浪漫的惊喜是和珠宝本身同等重要的一部分，但是珠宝店却很少采取行动满足这种需求。

男士们描述了他们寻找珠宝包装盒的困难，一个好包装盒可以更好地达到惊喜的效果。他们在寻找呈现珠宝好的镶嵌方面同样遇到麻烦，他们花费很大力气去找合适的话语与礼物搭配。换句话说，珠宝店仅仅提供了顾客所需产品四个要素中的一个。

虽然男士们没有直接向珠宝商要求其他的产品要素，但他们在店铺里面的种种尝试与努力正是一个创新的机会：将公司的产品定义从“好的珠宝”转变到“惊喜，让人感动的话语，精致的镶嵌和礼盒带来的对完美珠宝最浪漫的呈现”，并且重新定位店铺的目标为，提供资源帮助男士们集齐一个完整产品的所有要素。

男士们没有向珠宝店寻求这种帮助，这并不意味着他们不需要，而是因为珠宝店从来没有表示过它们有能力提供这种帮助。不过两周的故事收集并不只是揭示了这种需求，还发明了珠宝商以后使用的珠宝展示的整个包装。

9. 第三人称法

除了词语联想以外的最容易的投射方法也许要算是**第三人称法**（third-person technique）了。这种方法不是直接问一个人的感受，而是用“你的邻居”“大多数人”或其他的第三人称来表述问题。不是直接问一个母亲为什么她给孩子们做的早餐总是营养不均衡，而是问“为什么许多人给家人准备的早餐总是营养不均衡”。第三人称法是为了避免由于直接回答可能使受试者感到的尴尬甚至是激怒受访者。

5.4 定性调研的未来

定性调研测试的基本原理在于：

（1）大多数购买和使用决策中运用的选择标准和评判标准都具有情感和潜意识的内容，这些情感和潜意识的内容是购买和使用决策中的重要影响因素。

（2）这些内容是受访者在直接交流方法中不能充分和准确地表述出来的，只能通过间接交流方法充分而且准确地表述出来。

只要以上这些观念仍然是正确的，或者即使是部分正确的，那么在市场调研中对定性调研技术的运用就会存在下去。但是，小样本和主观偏见这些问题也将继续困扰一些定性调研方法。定性调研还存在无法验证和无法重复的缺点，这也会阻碍其未来的发展。

从积极方面看，焦点小组访谈法将会继续发展。焦点小组访谈法可以提供其他任何方法所不能提供的资料和分析。低成本和易操作将使联机焦点小组访谈法应用更广泛。最后，随着对定性调研方法和定量调研方法的不断调整和革新，这两种方法之间的裂痕将会逐渐缩小，调研人员将会同时享有两种方法的优点。

本章小结

定性调研指的是调研的结果不经量化或数量分析。它通常用于分析态度、感觉和动机。定性调研特别是焦点小组访谈法还在继续普及，原因有以下三个：第一，定性调研通常比定量调研成本低；第二，定性调研在了解消费者内心深处的动机和感觉方面尤为突出；第三，定性调研可以提高定量调研的效率。

定性调研也并非没有缺点：第一，有时定性调研不能像大范围的定量调研那样区分在观点和态度方面的细微的区别；第二，定性调研中的受访者并不一定就是调研人员感兴趣的人群；第三，调研的质量可能是有问题的，因为许多从事定性调研的人没有受过专业训练。

焦点小组访谈法是最流行的一种定性调研方法。焦点小组访谈通常包括 8 ～ 12 人，由一名主持人引导就某一特定的主题或观念进行深入讨论。焦点小组访谈法的目的在于了解人们想要说的话以及为什么要这么说，其关键在于让参与者就主题进行充分而且详细的讨论。群体动力所引发的互动作用是使焦点小组访谈成功的关键。一个人的回答会激发其他人的思路，从而获得比同样数量的人做单独陈述更多的信息。

大多数焦点小组访谈是在特定的测试室中进行的。通常是一间会议室风格的房间，在一面墙上装有单向镜，在不引人注目的地方装有话筒以记录整个讨论，单向镜后是观察室。主持人在焦点小组访谈法的成败中扮演关键角色，并且一个好的讨论指南也是很有帮助的。

还有许多其他的定性调研方法，只是使用得不太频繁。一种方法是深度访谈法。深度访谈实际上是无限制的会谈，面谈者在刺探和诱导详细回答的技巧方面受过严格训练，他们经常使用临床的无定向技术来揭示隐藏的动机。其他定性调研方法有解释学和德尔菲法。投射测试法是另一种定性调研方法，任何投射测试法的目的是透过表面的回答来分析真实的感觉、意图和动机。比较常见的投射测试方法有词语联想测试法、类比法、拟人化法、句子和故事完型测试法、漫画测试法、图片归类法、消费者绘图法、叙述故事法和第三人称法。

复习思考题

1. 定性调研与定量调研的主要区别是什么？

2. 焦点小组访谈的缺点是什么?
3. 设计一个从网上下载音乐的故事完整法的测试。
4. 为了更好地利用焦点小组访谈法，调研委托商的员工应该做什么?
5. 投射法的目的是什么? 组织投射测试时应注意什么?
6. 将全班分成4人组和8人组。4人组将从下面选择一个话题并设计一个讨论指南。其中一个人作为小组的主持人，其中一个8人组将在焦点小组访谈中作为参与者。小组座谈至少持续20分钟，班上其余的人作为观察者。建议话题:
   a. 新的视频游戏;
   b. 买一辆燃油汽车或电动汽车;
   c. 学生在大学生联合会的经历;
   d. 现有的冷冻晚餐和饼干的质量和学生们期望的新食物品种;
   e. 学生们怎样消费他们的娱乐活动，他们想要什么附加的娱乐机会?
7. 做一个消费者绘画测试——画一个典型的百事可乐饮者和一个可口可乐饮者。这些形象让你对百事可乐和可口可乐饮者有什么认识?
8. 用隐喻法讲述一个去超市的故事。
9. 对你的大学进行5个句子或故事完型测试。

调研实例 5-1

麦当劳的倾听之旅

据疾病预防与控制中心统计，超过1/3的美国成年人和接近70%(或者说1 250万)的儿童以及青少年过度肥胖。不用说，市场提供者成了消费者团体期待采取行动遏制肥胖问题的目标，快餐店以及其他高脂高糖食品生产商经常是肥胖问题争论的中心。

麦当劳通过公开宣布一项提供更营养选择的长期计划来作为对此事的官方回应。该计划包括在快乐套餐中增加低脂食品，从菜单中减少钠以及额外的糖，让顾客更多地知道营养信息等。该计划同样包括一个长期的定性调研项目，一个由包括Nutrition Cindy Goody的高级主管，麦当劳美国地区总裁简·菲尔兹(Jan Fields)、CEO尼尔·戈登(Neil Golden)在内的麦当劳的领导者和关键决策制定者号召的全国性的“倾听之旅”。

这次倾听之旅旨在收集当地民众对麦当劳公司的营养信息、可持续性以及整体品牌促进的反馈。近些年来，麦当劳的菜单已经随着时代的发展在改变，这次行动的目的就是要收集来自各种顾客的反馈。整个活动以双向交流为前提。

麦当劳根据不同的受众给予不同的指导。这次活动不仅仅只是一个宽泛的不限话题的谈论。一些活动是和小众消费者的交谈，其他的活动包括BlogHer网上社区讨论，针对女性博主的社交网络会谈等。其他的一些访问小组包括美国营养饮食协会的饮食与营养大会人员、家长教师协会成员，以及来自华盛顿特区的教育工作者、美国杜克大学的学生。

麦当劳发现，大部分人认为该公司现在走在正确的道路上。在另外一些情况下，麦当劳发现它在让更多的人知道麦当劳的故事方面还有很多事情要做，它并没有因为一些它正在做的事情而得到夸赞。例如，麦当劳有一款苹果手机 App 可以获取它的营养信息，但是几乎没有人知道这款 App；还有一些人根本没有意识到麦当劳的菜单可以完全定制化。如果你不想要腌制食品，那么你就可以不要它；如果你想要生菜和土豆，你唯一要做的只是说出你的需求。

问题：

1. 麦当劳的这次倾听之旅是真的定性调研吗？为什么是或为什么不是？
2. 当这次调查的结果被呈现给管理层时，还需要做定量调研吗？
3. 麦当劳可以只实施焦点小组访谈来替代这一系列活动吗？
4. 除了焦点小组访谈，麦当劳可能还采取了哪些其他的定性调研方法？

第 6 章

Chapter 6

传统的询问调研法

□ 学习目标

1. 理解询问调研流行的原因
2. 了解询问调研误差的类型
3. 了解询问调研法的类型
4. 掌握影响特定调研方法选择的因素

询问调研，就是利用问卷来收集事实、意见和态度，它是获取原始数据最流行的方法。询问调研有哪些类型？正如前面所提到的，并不是每个人都愿意参与调查。这会产生哪些类型的误差？在询问调研中还会有哪些其他类型的误差？为什么互联网询问调研会变得如此流行？它的缺点是什么？这些问题将在本章得到回答。

6.1 询问调研流行的原因

大约 1.26 亿的美国人在他们的生活中曾接受过访谈。在美国，每年约有 7 000 万人接受访谈，这相当于每位成年人每年要接受超过 15 分钟的访谈。与其他类型的原始数据收集方法相比，询问调研在市场调研中有很高的使用率，主要原因如下：

- **了解“为什么”的需要。**在市场调研中，需要了解人们为什么做或不做某些事情。例如，为什么他们购买或不购买某一特定品牌的产品？对于这一品牌，他们喜欢或不喜欢哪些方面？谁或什么影响了他们？我们并未暗示通过询问就能探明原因，只是说询问有助于我们了解真正起作用的起因。
- **了解“如何”的需要。**同时，市场调研人员发现通常有必要了解消费者在行动之前的决策过程。他们是如何做决策的？都经历了哪些时间段？他们考察或考虑了些什么？他们在何时何地做出决策？他们计划下一步做些什么？
- **了解“是谁”的需要。**市场调研人员也需要从人口统计或生活方式的角度来了解消费者。在细分市场的识别与界定方面很需要有关年龄、收入、职业、婚姻状况、家庭生命周期阶段、教育程度以及其他方面的信息。

6.2 调研过程中误差的类型

在评估调研过程中所获得的信息的质量时，管理者必须判定这些结果的精度。这就需要仔细研究所使用的调研方法可能导致的误差类型（见图 6-1）。

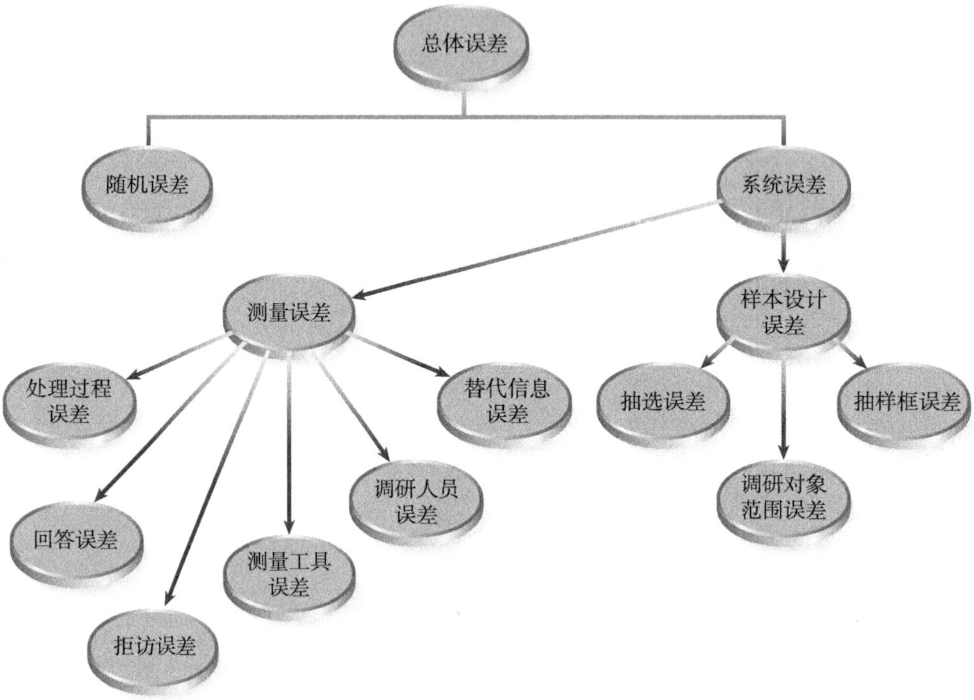

图 6-1　询问调研误差的类型

6.2.1　抽样误差

抽样过程中可能产生两类主要的误差。它们是随机误差和系统误差，系统误差有时又称为偏差。

询问调研通常试图通过目标总体中具有代表性的样本来获取信息，它旨在根据抽取样本给出的回答来推及总体的情况。即使样本的所有方面都被恰当地调研了，调研结果因偶然变异仍不免有一定的**随机误差**（random error）或**随机抽样误差**（random sampling error）。**偶然变异**（chance variation）是样本值与总体均值的真实值之间的差异。这类误差不可避免，但它会随样本容量的增大而减小。在一定的置信水平下，我们可以估计随机误差的误差范围。随机误差以及其估计过程的内容将在第 13、14 章中进行详细讨论。

6.2.2　系统误差

系统误差（systematic error）或**偏差**（bias），是指因调研设计中的错误问题或样本设计实施中的缺陷而产生的误差。如果样本结果在某一方向上有持续偏离（固定地偏高或偏低）总体参数真实值的趋势，那么样本结果就存在系统误差。系统误差包括除随机抽样误差之外的所有误差，因此系统误差有时又被称为非抽样误差。系统误差能系统地影响抽样调研的结果，它分为样本设计误差和测量误差。

1. 样本设计误差

样本设计误差（sample design error）是指因样本设计或抽样程序中的问题而产生的误差。样本设计误差包括抽样框误差、调研对象范围误差和抽选误差。

（1）抽样框误差（frame error）。**抽样框**（sampling frame）是一份总体单位或成员的名单，样本单位可从这份名单中抽取。抽样框误差是指因使用不完整或不正确抽样框而产生的误差。问题是，从包含抽样框误差的名单中抽取的样本可能并不是目标总体的真实样本。在市场调研中，一个常见的抽样框误差例子是，在电话访谈中将出版的电话号码簿作为电话访谈的抽样框。因为很多家庭不希望公开家庭电话，他们的电话并没有列在当前出版的电话簿中；因为很多家庭已经搬家或更换了电话号码，他们的电话号码并未准确地列在当前出版的电话簿中。调研显示，电话簿上所列的人与那些未列在电话簿上的人在某些重要方面存在着系统化差异，如社会经济水平等。这意味着，将当前出版的电话簿作为抽样框对某地区所有家庭的某种意向进行研究，就会出现抽样框误差。

（2）调研对象范围误差（population specification error）。调研对象范围误差是指因对研究对象总体或样本选择范围不正确的界定而引起的误差。例如，假设一个调研人员将 35 岁以上的人界定为某一研究的总体。后来，他判定总体本应该包含更年轻的人，本应将 20 岁或 20 岁以上的人界定为该研究的总体。如果那些未被包括进去的年轻人在某些属性方面存在着系统化差异，那么样本结果将出现误差。

（3）抽选误差（selection error）。即使分析员选择了适当的抽样框，正确地界定了总体，抽选误差也可能出现。抽选误差是指因不完整或不恰当的抽样程序或正确的抽样程序未得到恰当的执行而产生的误差。例如，入户访谈员可能会绕开那些看上去不整洁的房屋，因为他们认为这些居住者不会同意接受访谈。如果这些居住者与住在整洁房屋中的人有着系统化差异的话，那么这一调研结果就会有抽选误差。在第 13 章讨论的非随机抽样中，抽选误差是一个更为严重的问题。

2. 测量误差

对调研准确性而言，测量误差通常比随机抽样误差更具威胁性。当媒体和专业的市场调研报告给出民意调研结果时，总要标出一个误差指数（如 ±5%）。电视观察员或市场调研研究的使用者一般会认为，这个指数指的是总的调研误差。不幸的是，事实并非如此。这个指数仅仅指随机抽样误差，它并不包括样本设计误差，也不涉及调研结果中可能存在的测量误差。**测量误差**（measurement error）是指因寻找的信息（真实值）与测量过程实际获得的信息之间的差异而产生的误差。在本书中我们主要关注系统性测量误差，测量过程中许多不足之处会产生各种类型的误差。这些误差包括替代信息误差、调研人员误差、测量工具误差、处理过程误差、拒访误差和回答误差。

（1）替代信息误差（surrogate information error）。替代信息误差是指因解决某一问题实际所需的信息与调研人员所收集的信息之间的差异而产生的误差。这种误差与调研设计的主要问题有关，尤其与不恰当定义问题相关。几年前，凯洛格公司花费数百万美元开发出一个系列的 17 款谷物类早餐食品，着重突出产品原料有助于降低消费者的胆固醇，这一产品线被称为 Ensemble。它在市场竞争中惨遭失败。的确，人们想降低胆固醇，但是真正的问题是他们是否愿意购买一系列的谷物类早餐食品来完成这一任务。在调研中，这个问题从未被问及过。此外，“Ensemble”这一名字通常要么是指管弦乐队，要么是指我们穿的东西。消费者既不理解产品线的含义，也不知消费这些产品的必要性。

（2）调研人员误差（interviewer error or interviewer bias）。调研人员误差或调研人员偏差是指因调研人员有意识地或无意识地影响受访者，而使受访者给出不真实或不准确的答案而产生的误差。调研人员的衣着、年龄、性别、面部表情、肢体语言或语气语调都可能影响部分或全部受访者的回答。这类误差是由调研员挑选与培训中的问题或调研人员未遵循调研指导而引起的。必须对调研人员加以适当的培训与管理，以使其一直保持中立的立场。另一类调研人员误差是由故意欺骗引起的，这一问题在入户访谈中尤为突出。调研人员可能非常想伪造访谈记录，以骗取报酬。调研人员制定的程序中必须包括防护措施，以确保这类问题能被检测出来（参见第15章）。

（3）测量工具误差（measurement instrument bias）。测量工具误差（有时又被称为问卷偏差）是指因测量工具或问卷方面的问题而产生的误差（参见第12章）。这些问题包括诱导性问题或问卷设计中的某些要素，它们使问卷很难记录真实的回答或受访者回答时容易产生错误。这类问题可以通过密切注意问卷设计阶段的细节和在实地调研前进行预先测试而避免。

（4）输入误差（input error）。输入误差主要是指由于向计算机输入调研文件的信息时发生错误而产生的误差。例如，未正确地扫描文档，在智能手机或笔记本电脑上填写问卷的受访者可能按错键。

（5）拒访误差（nonresponse error）。如果从某一总体中选出一个包含400人的样本，理想的情况是这400人都接受访谈。实际上，这种情况通常不会发生。在邮寄调研中，回答率通常是5%或更低。问题在于“回答者与拒访者在某一重要方面是否存在系统化差异”，这些差异引起的误差就是拒访误差。我们最近考察了一项研究的结果，该研究是在一个大型储蓄与信用社的消费者中进行的。附在消费者每月账单中的问卷的回答率略低于1%。对这些回答者的职业进行分析时发现，退休职工的回答率比该城市的这一比例高20倍。退休职工比例过高使我们深深怀疑调研结果的准确性。

很明显，回答率越高，拒访的影响越小，因为拒访者在总体中所占的比例减小了。如果随着回答率的提高而误差减小不明显的话，那么投入资源提高回答率可能就是一种浪费，因为恰当利用这些资源可以达到更好的目标。

拒访误差在以下三种情况下发生：

- 在特定时间无法联系到受访者。
- 联系到了潜在的受访者，但其在当时的环境下不能或不愿意接受访谈（例如，在全家人吃饭时接到要求其参与访谈的电话）。
- 联系到了受访者，但受访者拒绝接受访谈。这种情况最严重，因为前两种情况还有让受访者再次参与的机会。

拒访率（refusal rate）是指联络到的人中拒绝接受访谈的人的比例。尽管移动端和互联网调研的回答率一直徘徊在60%，专项调研甚至更高一点，但电话和邮件调研的回答率非常低。皮尤研究中心（Pew Research）一个典型的电话调研的回答率在1997年是36%，而 2002 年是 8%。固定电话向智能手机的转移是一个很大的原因。通过 1997 ～ 2002 年的对比我们发现：

	1997	2012
电话接通率 家庭电话用户中能联系到成年人的比例	90%	62%
电话合作率 联系到的家庭电话用户中实施调研的比例	43%	14%
电话回答率 家庭电话用户样本中实施调研的比例	36%	9%

资料来源："Accessing the Representativeness of Public Opinion Surveys," 皮尤研究中心，2013 年 5 月 15 日。

（6）回答误差（response bias）。如果人们有以某一方式回答某一特定问题的倾向，那么就产生了回答误差。回答误差的产生有两种方式：有意误述与无意误述。

有意误述是因为受访者故意做出不真实回答而产生的。人们在调研中故意给出失实信息是有许多原因的，他们可能希望显示自己的智慧，不给出使他们感到尴尬的信息，或者隐瞒他们认为属于个人隐私的内容。例如，在一个有关快餐食品购买行为的调研中，受访者可能记得在上个月去快餐店的次数。然而，他们可能不记得去了哪些快餐店或每一家去了多少次。对于你去过哪些快餐店这一问题，受访者宁愿简单地猜测也不愿意回答"不知道"。

无意误述是指人们想做出真实准确的回答，却给出了不准确的答案。这类误差会因问题的格式、内容或其他原因而产生。

表 6-1 概括了减小调研误差的策略。

表 6-1　误差的类型及减小误差的策略

I. 随机误差	随机误差只能通过增大样本容量来减小
II. 系统误差	通过减小样本设计误差与测量误差来减小系统误差
A. 样本设计误差	
抽样框误差	尽力组建最为完善的抽样框，进行最基本的质量控制检查以评估抽样框的准确性与完整性
调研对象范围误差	调研对象范围误差是指因错误地界定总体而产生的误差，它只能通过更加仔细地考虑和界定总体来减小
抽选误差	抽选误差是指因不完整或不恰当的抽样程序，或者未恰当执行的抽样程序而产生的误差。即使组建了正确的抽样框，恰当地界定了总体的范围，抽选误差仍会出现。可以通过建立确保随机性的抽选程序以及确保这些程序得以执行的质量控制检查来减小这一误差
B. 测量误差	
替代信息误差	替代信息误差是指因收集到错误信息并以错误信息为基础进行决策而产生的误差。它因不佳设计而产生，只能通过慎重地选择能实现调研目标的各类信息来减小这一误差
调研人员误差	调研人员误差是指因调研人员与受访者之间的相互作用影响受访者回答而产生的误差。可以通过细致地挑选和培训调研人员来减小这一误差。另外，质量控制检查应包含对调研人员慎重地监督，以确保调研人员遵守规定的准则
测量工具误差	测量工具误差又被称为问卷误差，它可以通过细致的问卷设计与预先测试来减小
处理过程误差	处理过程误差是向计算机输入问卷收集到的数据的过程中产生的误差。它可以通过建立并遵守严格的数据录入质量控制程序和质量控制检查程序来减小
拒访误差	拒访误差是指因样本中拒访者与回答者系统化差异而产生的误差。邮寄调研中拒访误差尤为显著。可以通过更短的问卷、更友好的问卷、回访、物质刺激以及在受访者最可能在家的时间联系受访者等各种方式，来鼓励受访者做出回答
回答误差	回答误差是指因问卷问题存在不足，而使受访者以某一特定方式回答问题而产生的误差。它能通过斟酌问卷设计而减小。尤其应该适当修改难以回答的问题，这些问题要么使受访者显得无知，要么使受访者处理敏感性问题（参见第 12 章）

6.3 询问调研的类型

向人们提问题是询问调研方法的本质，但在给定的情景下，哪种调研是最好的？本章探讨非互联网调研，包括入户访谈、经理访谈、街上拦截访谈、电话访谈、自我管理式问卷和邮寄调研。

6.3.1 入户访谈

入户访谈（door-to-door interviews）中消费者在家中亲自接受访谈，入户访谈曾被认为是最好的调研方式。这一结论有许多依据。首先，入户访谈是私下的面对面的相互交流，它有许多优点——即时获得受访者的反馈，可以对复杂任务进行解释，可以运用需要现实交流的专门的问卷技术（这些问卷技术可以加快访谈速度或提高数据质量），可以展示产品的理念以及其他促进受访者评估的物品。其次，在熟悉舒适安全的环境中受访者是安心自在的。

入户访谈在 20 世纪 70 年代初开始急剧下降，现在入户访谈几乎已经完全退出了美国市场调研舞台。费用问题是主要的原因，费用就是访谈人员差旅时间、交通补贴、调研时间方面的支出，以及应对不断上升的拒访率方面的支出。然而，这种方法仍然被用在一些政府调研中。例如，最近的一些美国人口普查就是使用入户访谈法。入户访谈法也是很多发展中国家最流行的访谈形式。

6.3.2 经理访谈

市场调研人员将**经理访谈**（executive interviews）当成专业性入户访谈。这类访谈包括在商务人士办公室对他们进行有关工业产品或服务的访谈。例如，如果惠普公司想获得用户在打印机功能偏好方面的信息，就需要对打印机的潜在购买者进行访谈，惠普公司下一批新型办公电脑打印机就可能提供用户偏好的功能，找到这些人并在他们办的公室中访问他们是恰当的做法。

这类访谈费用很高。首先，必须识别并找到我们正在谈论的产品的购买决策者。有时，可以通过多种途径来获得购买决策者名单，但通常需要通过电话来识别真正的购买决策者。公司里可能的确有我们正在寻找的这类人，但是在一个大型组织里面找到他们是耗时且昂贵的。一旦找到这个人，下一步就是让这个人答应接受访谈，并为访谈安排时间。这并不像看上去那么困难，因为多数专业人士似乎乐意谈论与他们工作相关的话题。

最后，访谈员必须在约定的时间到达指定的地点。长时间的等待是常有的事，取消访谈的情况也不并罕见。这类访谈需要技术精湛的访谈员，因为他们通常都是就一个他们不太了解的话题进行访谈。实质上，经理访谈具有与入户访谈相同的缺点与优点。在线经理访谈变得越来越多。

6.3.3 街上拦截访谈

街上拦截访谈（mall-intercept interviews）是一种流行的询问调研法，它用于进行个人访谈，这一调研方法是相对简单的。在购物中心的公共区域，购物者被当场拦住，或者当场接受访谈或到购物中心固定的访谈室接受访谈。全美约 350 家购物中心中有市场调研公司运营的访谈室，数量相当或更多的购物中心每天都允许市场市场调研人员进行访谈。然而，许多购物中心禁止市场调研访谈，因为它们认为访谈是对消费者的一种骚扰。

相比入户访谈，街上拦截访谈成本更低，因为受访者自己出现在访谈员面前，而不需要访谈员去寻找受访者。访谈员可以将更多的时间用于访谈，而用更少的时间去寻找受访者。入户访谈有行程时间和车旅用费方面的大量开支，而街上拦截访谈并没有这些开支。除成本低以外，街上拦截访谈同样具有入户访谈的优点，如受访者可以当场试一试测试产品。

然而，街上拦截访谈也有许多不足之处。第一，事实上不可能从某一购物中心的消费者中抽出一个能代表大都市区域消费者的样本。即使有许多很大的购物中心，它们中的大部分也只是吸引相对较小区域的消费者。而且，基于购物中心所包含商店的类型，购物中心倾向于吸引某些类型的消费者。研究也表明，相比其他人，有些人的购物频率更高，因而他们被选中参加调研的机会更多。许多人拒绝参与街上拦截访谈。总之，街上拦截访谈不能产生好的或具有代表性的样本。在极少数情况下，如总体恰好是某一购物中心的消费者，或总体恰好是某一购物中心消费者的子集，街上拦截访谈能产生具有代表性的样本。

第二，购物中心的环境并不总被视为一个适合进行访谈的地方。受访者可能感到不安、匆忙，可能全神贯注于各种使人分心的事情，而这些事情是访谈员无法控制的。这些因素都会降低收集到的数据的质量。即使有这些问题，近年来街上拦截访谈受欢迎程度仅有轻微的降低。

6.3.4　电话访谈

直到 1990 年，电话访谈仍是询问调研中最受欢迎的方法。电话访谈的优点是引人注目的：第一，利用电话收集调研数据是一种相对廉价的方法；第二，传统意义上讲，电话访谈能产生高质量的样本。95% 的美国人有电话，随机数字抽样或随机数字拨号是经常使用的抽样方法（参见第 13 章）。基本思想很简单，调研人员不从电话簿或姓名地址录中抽取样本，而使用随机数程序产生的电话号码。这种方法能确保那些未列在电话簿上的人和出现在上次出版的电话簿上的现在已经搬家或更换电话号码的那些人，以正确的比例出现在样本中。但是正如已经提到的，它最显著的缺点在于极低的回答率。

1. 预测性拨号

现在，已经和相关软件一起出现的电子随机拨号催生了预测性拨号。访谈者不用再自己拨打号码，预测性拨号给了访谈者更多的时间进行真正的访谈，因此它提高了访谈过程的效率。拨号机自动地拨打一个号码，并过滤掉如自动答录机或占线用户这样的无效电话，然后接通一个正在等待的潜在受访者。该软件会优先重播给打过的已经到预约时间的用户，再做完整的访谈。

2. 呼叫中心电话访谈

呼叫中心电话访谈（call center telephone interviews）是通过一套专门设备进行的访谈。呼叫中心电话访谈流行的原因相当简单，用一个词来形容就是控制。第一，可以对访谈过程进行监督。大多数呼叫中心电话访谈设备都有不引人注目的监听设备，监督者可以在访谈进行时进行监听。访谈员进行的不恰当的访谈会得到纠正，不能进行正确访谈的访谈员会被解雇。一个监督者可以监听 10 ～ 20 个访谈。通常，每个访谈员每班至少被监听一次。第二，对已完成的访谈进行当场审查，对其进一步的质量控制检查。访谈员能立即知道自己工作中的不足之处。第三，访谈员的工作时间受到控制。

大部分调研公司已经使用计算机来处理中心控制电话访谈过程了。在**计算机辅助电话访谈**（computer-assisted telephone interviews，CATI）中，每个访谈员都坐在计算机终端或个人电脑前。当接通受访者电话时，访谈员通过按下键盘上一个或一系列的键来开始这一访谈。屏幕上一次显示一个问题以及其备选答案，访谈员读出问题并输入受访者的答案，计算机会跳到下一道恰当的问题。例如，访谈员可能会问受访者是否有狗，如果受访者回答有，计算机可能显示一系列关于受访者购买哪类狗食的问题；如果受访者回答没有，这些问题就不恰当了。计算机会考虑受访者的回答，然后跳到下一个恰当的问题。

另外，计算机还能定制个性化的问卷。例如，在一个长访谈的开始部分，会问受访者拥有的所有汽车的制造时间、品牌和款式，接下来，问题可能具体到每一辆特定的车。屏幕上可能出现如下问题："您说您拥有一辆 2014 年的通用卡车，在您家里通常谁开这辆车？"有关这辆车的其他问题或有关其他车的问题会以同样的方式出现。

计算机辅助电话访谈的另一个优点是计算机制表能在调研中的任何时点使用。在用纸笔的访谈中这是奢望。根据表格中的初步数据，某些问题可能被删除，以节省后续访谈的时间与经费。例如，如果 98.3% 的受访者以同样的方式回答某一问题，那么可能就没有必要继续问这一问题。表格也可能建议增加某些访谈问题。如果产品某项未被预期到的用途在访谈早期阶段未被提及，就可以加入这些问题，以进一步探究受访者这方面的情况。最后，管理者发现报告早期访谈结果对初级计划与战略部署开发是有帮助的。

获得受访者的配合是电话访谈成功的关键。宾夕法尼亚州费城的一位市场调研公司顾问 Bonnie Eisenfeld 在"市场调研实践 6-1"中讨论尊重受访者的重要性。

市场调研实践 6-1

尊重受访者为市场调研带来各方面的提升

我听到的关于调研最普遍的抱怨是：问题让人迷惑，给出的多个选择中没有符合受访者情况的答案和访谈冗长而无聊。人们不喜欢在晚餐时在家接到电话，尤其不喜欢访谈比之前承诺的时间长。如果打电话的人说访谈只需要 5 分钟而实际却花了 20 分钟时，受访者会变得愤怒，甚至很有可能拒绝参与下一个访谈。类似这样的调研失礼表明缺乏对受访者的尊重。

为了确保受访者继续参加市场调研的过程，市场调研人员需要从受访者的角度来理解调研过程并表现出对受访者的尊重和感谢。

激励受访者的是多种因素的结合。

同意参加调研的受访者被多种因素所激励。他们也许是对话题感兴趣，意识到自己的意见是重要的，认为这是一个表达自我和自己想法的机会，想要帮忙的意念认为是一个诉求满意度的机会，或者在一定程度上是一个影响产品或服务的机会；他们也许是对话题好奇或好奇他们同龄人的回答；从更自我的角度，受访者也许认为最终调研结果会对他们有利。空闲时间是个大问题，但是，如果提供了他们想要的激励作为参与的回报，忙碌的受访者往往也会腾出时间。

设计一个能让受访者表达自我的问卷

受访者非常渴望表达他们的想法和意见。如果一个仅仅有多项选择和量表式问题的问卷无法反映受访者真正的想法，他们会感到失望。因此，即使你的问卷几乎都是封闭式问题，你也应该允许有开放式回答。

避免问题的答案有太多的选项，受访者可能会感到无聊并早早结束，最多他们会给出敷衍而不经过思考的答案。

预测问卷的逻辑性和清晰度，反复修改，直到你已经减少了任何会让人疑惑的问题。另外，要测试完成整个问卷所需要的时间。问卷看起来可能很简短，但是如果你想要有想法的答案，你需要给每个受访者时间去思考。在满足调研主题的情况下，尽可能使问卷简短。

心中装有受访者的需求去招募

时间对大部分人来说是无价的东西，调研人员应该给予足够的调研时间以便让受访者能够在他们最方便的时候完成访谈或填写问卷。如果你要建立一个小样本来获取多个及时回访的话，这点尤其重要。你的目标人群有工作、家庭、责任、聚会、爱好，还有假期，他们人生中的其他部分比你的调研项目重要得多，你很幸运他们拿出时间来回答你的问题。

招募受访者，应该提前发信息告知这个调研项目的详细情况、调研目的、受访者参与的重要性，以及出资调研的组织类型。按照惯例应该向受访者承诺其匿名性以及保密性。

问题：

1. 你经常拒绝参加市场调研吗？为什么？
2. 你曾经在参加过一个调研之后感到失望吗？发生了什么使你感到失望？
3. 调研人员可以采取什么方法让更多的人参与市场调研？

6.3.5　自我管理式问卷

自我管理式问卷（self-administered questionnaires）与本章讨论的邮寄调研有一个共同点。它们区别于其他询问调研方法的地方是访谈过程中没有访谈员（人或计算机）的介入。自我管理式问卷主要的缺点是没有人在现场为受访者解释和阐明开放式问题的答案。例如，如果利用开放式问题调研：“为什么您不购买某一品牌的软饮料？”典型的回答是：“因为我不喜欢它。”从管理的角度看，这类回答是毫无用处的。它没有提供改进营销组合的信息，这些营销组合信息可以使产品更具吸引力。如果有访谈员参与该调研，在接收和记录无效回答后他会“深究”这一回答，访谈员会问他不喜欢这一产品的哪一点；然后受访者可能指出不喜欢该产品的味道；接下来，访谈员会问受访者不喜欢哪种口味。这样，访谈者可能最终会获得一些有用的信息，例如，受访者指出该产品“太甜了”。如果许多人给出相似的答案，管理者可能会选择降低该饮料的甜度。关键是，没有深究，管理者可能只能获得一个没用的答案。

有些人则认为没有访谈员的参与是一种优点，这样可以消除因访谈员参与而带来的误差。访谈员的外表、衣着、言谈方式和未遵守访谈规则，都会影响受访者的回答。

自我管理式问卷通常适用于购物中心或其他调研人员能够接近受访者的中心地区。例如，航空公司经常在飞机飞行期间发放问卷，邀请乘客评价航班各方面的服务，这些评价结果用于追踪乘客随着时间的推移对服务的看法。许多宾馆、餐馆以及其他服务机构向顾客发放简短的问卷，以了解顾客对他们提供的服务质量的评价（见表 6-2）。

表 6-2 自我管理式问卷

盖特威克机场快线顾客询问调查

0 1 2 3 4 5 6 7 8 R

请填写这张问卷（在框中打√或在空白处填写您的答案）。

1. 您是从哪里起飞的？您的目的地是何处？请写下您的航班信息以及出发、到达时间。 • 出发地： 出发时间： 航班号： • 到达地： 到达时间： 航班号：	6. 您的同伴里有多少成人？有多少小孩？ • 成人 • 小孩 7. 您此次旅行的性质是什么？ • 工作原因 ○ • 度假 ○ • 拜访亲友 ○ • 其他 ○
2. 您是在一等舱还是二等舱？ • 一等舱 ○ • 二等舱 ○	8. 过去的一年中，您乘坐过几次飞机？
3. 请问您是直飞吗？如果不是，您的中转地是哪里？您中转时间为多长？	9. 您是通过什么方式预订的航班？ • 网上预订 ○ • 通过旅行社 ○ • 电话预订 ○
4. 您的居住地是哪里？	10. 您第一次是以什么方式听说今天乘坐的航班的？
5. 您的年龄、性别、家庭年收入分别是什么？ • 年龄 • 性别 • 收入	11. 您考虑过其他交通工具吗？如果有，是哪一种？为什么您最终选择了今天的这条航线呢？
	12. 请您评价此次乘坐航班的出行体验。 评论：

感谢您完成今天的航班调查问卷。祝您旅途愉快！

近期计算机直接访谈方面的发展是站点式计算机访谈。站点式计算机访谈伴随着多媒体触摸屏、置于独立式的机柜中的计算机而发展。这些电脑能按照计算机程序执行复杂的调研，显示色彩缤纷的扫描图像（产品、商店布局），播放影音片段。站点式计算机访谈已经成功运用于商贸展与会议中，现在正尝试将其运用于零售环境中，在零售环境中其有许多应用。从调研的观点看，站点式计算机访谈可用来代替离职面谈，以获取离职者近期经历方面的数据。站点式计算机访谈有其他一些确切的优点：这种形式的访谈费用比较低；相比个人面谈，人们倾向于给出更多的真实答案；因为访谈是预先编程的，其内部控制程度更高。

6.3.6 邮寄调研

在市场调研中，邮寄调研主要有两类：专程邮寄调研与邮寄小组调研。在**专程邮寄调研**（ad hoc mail surveys，有时又被称为单程邮寄调研）中，调研人员通过恰当的来源抽选一个包含受访者姓名与地址的样本，并将问卷邮寄给他们。一般没有提前联系，且一个项目的样本只用一次。然而，为了提高整体回答率，同样的问卷可能会多次寄给拒访者。相比较而言，邮寄小组调研是以如下方式进行的：

（1）用信函提前联系样本组成员。在初次联系中将指明他们即将参加的调研的目的，受访者通常会获得一定的报酬。

（2）作为初次联系的一部分，消费者需要填写一份背景资料问卷，其中包括家庭人口、年龄、受教育程度、收入、宠物类型、汽车类型及使用年限、家用电器种类等。

（3）在初次联系后，小组参与者会时不时地收到问卷。初次联系中收集到的背景资料数据使调研人员只向合适的家庭邮寄问卷。例如，有关狗食使用与偏好的调查问卷，只会邮寄给有狗的受访者。

邮寄小组调研（mail panel）是一种纵向研究。**纵向研究**（longitudinal study）就是指在不同的时点反复访问相同的受访者。一些公司，如思纬市场资讯公司、NPD 市场调研公司、盖洛普咨询有限公司，都进行了大型的固定样本邮寄调研（超过 10 万户家庭）。

我们首先想到的是，邮寄调研似乎是一种具有吸引力的调研数据收集方法。它不需要招募、培训、监督访谈员，也不需要支付访谈员的工资，整个调研的实施与管理都可以在一个地方完成，原本难以接近的受访者也可以很容易地参与访谈。邮寄调研似乎是一种方便、高效、低廉的调研方式。匿名承诺是它的另一优点。虽然个人访谈和电话访谈可能会声称收集的所有信息都是保密的，隐蔽的邮寄调研却能绝对保证信息的机密性。这对某些提供机密信息或私人信息的人而言是尤其重要的。

就像自我管理式问卷一样，两类邮寄调研都有调研现场无访谈员的缺点，尤其是没有人在现场深究开放式问题的答案，这的确限制了能收集到的信息的类型。因此，相比其他一些有访谈员介入的访谈，邮寄调研通常在问卷问题的数量以及可获得的信息量方面更受限制。

专程邮寄调研拒访率高，且具有由此引起的系统误差。如果每个人拒访的概率是一样的，那么拒访将不是邮寄调研的一个问题。然而，许多研究表明，某几类人——受过更多教育的人、职位较高的人、妇女、对该话题不感兴趣的人和学生，拒访的可能性更大。专程邮寄调研的回答率在不足 5% 到 50% 多之间浮动，这取决于问卷长度、问卷内容、受访者、使用的激励方式以及其他因素。邮寄小组调研人员声称他们的回答率在 70% 左右。

为提高邮寄调研的回答率，已经开发出了许多策略，表 6-3 概括了几种常见的策略。而问题在于“相比增加的回答率，某一策略的花费是否值得”。遗憾的是，这一问题还没有明确的可用于所有情景中所有程序的答案。

表 6-3 提高邮寄调研回答率的方法

- 提前用明信片或电话提醒受访者
- 用明信片或电话进行跟踪提醒
- 金钱刺激（50 美分、1 美元）
- 物质奖励（铅笔、钢笔和钥匙链等）
- 使用加贴邮票而不是付费打戳的信封
- 附上回程信封（已经写好地址并贴好邮票）
- 写受访者的私人地址以及制作精美的附信
- 承诺进行慈善事业
- 受访者可以参与抽奖
- 真诚地恳求
- 表明与大学或研究机构联办
- 亲笔签名的附信
- 问卷的多样化投递
- 提醒受访者其参加过以前的相关调研（针对邮寄小组调研参与者）

在商业市场调研中，邮寄调研法的流行度正慢慢减弱。很多过去采取邮寄方式的调研项目现在正在慢慢地向互联网和移动终端转移。

表 6-4 概括了本章讨论的非互联网询问调研法。

表 6-4 非互联网询问调研方法

访谈类型	相 关 说 明
入户访谈	在受访者家中进行的访谈（如今在美国已很少使用了）
经理访谈	针对工业产品用户（如工程师、建筑师、医生、主管）或决策者的，在他们营业地点进行的访谈
街上拦截访谈	在购物中心或其他人流集中的地区进行的消费者访谈。访谈可以在购物中心的公共区域进行，也可以在清静的访谈区进行
呼叫中心电话访谈	通过一套专门的电话设备进行的访谈。这些设备通常都有监听设施，监督者可以静静地监听正在进行的访谈。许多设备可以在一个地点进行全国范围内的抽样。越来越多的设备具有计算机辅助访谈功能。在这些中心，访谈员坐在个人电脑或计算机终端前，问卷按编写好的程序输入计算机，访谈员用键盘直接输入答案
自我管理式问卷	自我管理式问卷通常适合在人流量集中地区（如购物中心）或能够接近大量受访者的场所（如教室和飞机）进行。受访者会获得如何填写问卷的基本信息，并自主完成问卷。电脑访谈服务式站点的触摸屏提供了一种获取商店、健康诊所，以及其他购物或服务场所个体信息的方法
专程（单程）邮寄调研	未经事先联系，调研人员就将问卷邮寄给样本中的消费者或工业产品用户。问卷中附带有填写说明，受访者需要填写问卷并将其寄回。有时，受访者会获得礼品或金钱上的鼓励
邮寄小组调研	调研人员提前联系样本中的受访者，并将问卷邮寄给他们。向他们解释调研方面的相关事宜后，同意在一段时间内参与调研活动的受访者会获得一定的报酬。邮寄小组调研的回答率通常比专程邮寄调研的回答率高很多

6.4 影响调研方法选择的因素

在特定的情境下，许多因素会影响调研方法的选择。调研人员应该选择以最低的成本获得理想的数据类型、质量和数量的调研方法。表 6-5 概括了选择调研方法时所考虑的主要因素。

表 6-5 影响特定询问调研法选择的因素

因素	建议
抽样精度	如果对研究结果的精度要求不高，那么不太严格且廉价的抽样程序可能是比较合适的
预算	确定某项研究的调研部分可获得的预算是很重要的
让受访者暴露在各种营销刺激中，以及让受访者执行特定任务的要求	口味测试与原型产品试用测试通常要求面对面的交流。使用卡片排序等视觉性的测量方法要求面对面的交流或利用互联网
数据质量	确定某项研究结果所需的精度是很重要的
问卷长度	如果问卷较长，则不宜使用邮寄调研法、电话访谈法或街上拦截访谈
发生率	你是在寻找占总人口 1% 的受访者，还是在找占总人口 50% 的受访者？如果你是在“大海捞针”的话，那么你就需要使用廉价的方法来找到他们。互联网调研可能是最好的方法
问卷结构化程度	高度非结构化的问卷要求通过个人访谈来收集数据
可利用的时间	你可能没有足够的时间来等邮寄调研的结果。互联网调研是获得调研结果最快的方法

6.4.1 抽样精度

抽样精度要求是决定特定情境下调研方法选择的一个重要因素。有些项目由于其自身的性质，要求很高的抽样精度，而在其他项目中抽样精度却不是主要的考虑因素。如果抽样精度是唯一的标准，那么合适的数据收集技术很可能是中心控制电话访谈，从大型互联网固定样本中抽选样本的在线调研，或者某一形式的从消费者名单中抽选样本的民意测试调查。对于抽样精度要求不高的项目而言，邮寄调研或某一类型的街上访谈可能是恰当的调研方法。

考虑抽样精度，选择中心控制电话访谈、互联网小组调研还是邮寄调研，是一个权衡精度与费用的问题。中心控制电话访谈使用随机数字拨号抽样程序，这很可能产生一个比邮寄调研法更好的样本，然而，邮寄调研成本很可能更低。有时，互联网样本则可兼顾更低的成本与更高的精确度。

6.4.2 预算

商业市场调研员经常遇到这样的问题，某项研究可支配的预算会强烈地影响调研方法的选择。例如，假定某项研究的访谈预算额为 1 万美元，而达到所需精度的样本容量为 1 000 人。如果使用街上拦截访谈进行问卷访谈的费用是 34.5 美元 / 人，而互联网调研的费用是 1.5 美元 / 人，那么应该如何选择就相当明显了。当然，这是在假设调研不需要面对面交流情况下的选择。

6.4.3 要求受访者做出反应

在一些研究中，市场调研人员需要让受访者对各种营销刺激做出反应。营销刺激也许是原型产品的试用（如试用新款个人电脑键盘），也许是一次口味测试。在这些情况下，让受访者对营销刺激做出反应，通常要求访谈员与受访者进行交流。

典型的口味测试需要准备食品。这些食品的准备必须在严格的控制下进行，以确保每一位受访者都是对同样的刺激做出反应。街上拦截访谈或其变形是进行这类测试唯一可行的调研方法。例如，街上拦截访谈的一种变形就是将人们吸引到准备好的中心地区（如社区活动中心），让他们品尝样品，并进行访谈。

因为需要使用特殊的测量技术或为了获取特殊形式的信息，一些调研要求面对面的访谈。任务是如此复杂，访谈员必须在现场解释这些任务，以弄清受访者是否了解了对他们的要求。

6.4.4 数据质量

数据质量要求是调研方法选择的一个重要影响因素。通过效度与信度来衡量数据质量（这两个概念将在第 10 章中进行详细的讨论）。效度是指测量反映测量对象特性的程度，换句话说，一个有效的测量能够准确地给出调研人员想要测量的内容；信度是指一致性，对同一总体或相似总体进行测量产生同样的结果。

除调研方法本身外，还有许多影响数据质量的因素，抽样方法、问卷设计、具体的度量方法和访谈员培训就是这些因素中的几个。然而，就数据质量而言，每种访谈方法都有某些固有的优点与缺点。表 6-6 概括了这些优点与缺点。

表 6-6 各种数据收集方法在数据质量方面的优缺点

方 法	优 点	缺 点
街上拦截访谈	访谈员可以进行展示，解释相关问题以及深究受访者给出的答案	购物中心有许多让人分神的事物；受访者可能很匆忙，没有心情来回答调研问题；出现访谈员误差的概率更大；会出现非概率抽样问题
呼叫中心电话访谈	监督者可以很容易地监听访谈过程；可以获得很好的样本；访谈员可以解释相关问题以及深究受访者的回答	受访者可能会受其所在地周围事物的打扰；进行长时间访谈和涉及许多开放式问题的访谈时会出现问题；许多受访者会拒绝参与访谈
自我管理式问卷	不需要访谈员，没有访谈员误差；受访者可以在其方便时完成问卷；受访者可以查询信息并以自己的速度完成问卷	没有访谈员进行展示，解释相关问题或深究受访者给出的答案；由于受访者的拒访，样本代表性差；对谁实际完成问卷没有控制
邮寄调研	与自我管理式问卷相同	与自我管理式问卷相同；样本质量更好

关键在于数据质量可能比费用等其他因素更为重要。例如，虽然获得受访者对长问卷（有许多开放式问题）回答最廉价的方法是街上拦截访谈，但通过这种方法收集的数据会因受访者的疲劳、分心与粗心而出现很大的误差。最好的结果是，这一调研结果是没有价值的；最坏的结果是，这一调研结果具有误导性。

6.4.5 问卷长度

问卷长度——受访者完成一份调查所需的平均时间，是决定选择使用何种调研方法的重要因素。如果某项研究的问卷需用一小时来完成，则可用的调研方法是相当有限的。电话访谈、街上拦截访谈，以及除了个人访谈之外的许多其他调研方法都是不适用的。购物中心的消费者通常不会花一个小时的时间来接受访谈。当访谈员试图进行一个小时的电话访谈时，受访者终止访谈和发脾气的概率就会增加。当人们收到需要花费一个小时甚至更长时间才能完成的邮寄问卷时，回答率会直线下降。关键在于使调研方法与问卷长度相匹配。

如果没有不能更改的规则，以下是推荐的各种访谈的时间上限：

- 面对面（家里或办公室）访谈　25 分钟
- 电话访谈　20 分钟
- 街上拦截访谈　15 分钟
- 互联网调研　20 分钟
- 深度访谈　40 分钟

6.4.6　发生率

发生率是指某一研究一般总体中，人们、家庭、企业有资格作为受访者的比例。寻找成本与找到合格的受访者所花的时间相关，有时会超过访谈成本。在那些发生率低且寻找成本高的情况下，选择以合理的费用提供所需的调研结果的调研方法或调研方法组合是很重要的。

在购物中心进行一项低发生率的调研将是非常昂贵的。只有在不得已的情况下才使用这种方法，如长时间深度访谈。对低发生率的调研而言，成本最低的方法很可能是互联网小组调研法，当然这需要假定互联网小组调研能够满足该调研数据收集方面的其他要求。互联网小组调研的一大优势是它能进行事先筛选，可以问人们许多问题，通常包括一些产品使用方面的问题。例如，如果在前期筛选中问受访者家庭成员中是否有人参与速降滑雪或高山滑雪，互联网小组调研人员就能够以较低的成本挑选出有一个或更多个滑雪者家庭来参加高山滑雪方面的调研。

6.4.7　问卷结构化程度

除问卷长度外，问卷结构化程度可能是决定哪种调研方法最适合某一研究的因素。结构化是指问卷连续性和顺序性程度、问卷问题措辞的预定性程度以及封闭式问题（多选）的数量。一份满足上述条件的问卷就是结构化的问卷，偏离上述模式的问卷就是非结构化问卷。结构化程度低的问卷很可能需要面对面的访谈；很简短、高度结构化的问卷就不需要访谈员与受访者之间面对面的交流，对于这类问卷，邮寄调研、电话访谈、自我管理式问卷与在线调研都是可行的方法。

6.4.8　可利用的时间

如果客户需要快速获得调研结果，互联网是最好的选择。一般而言，呼叫中心电话访谈和街上拦截访谈也能及时完成调研。

本章小结

询问调研因为这些原因而流行：第一，管理者需要知道人们为什么这样做或不这样做；第二，管理者需要知道决策是如何做出的；第三，管理者需要从人口统计学或生活方式的角度来了解做出购买或不购买某一产品决策的人是哪类人。

询问调研中主要有两类误差：随机误差和系统误差（或偏差）。系统误差可进一步分解为测量误差和样本设计误差。样本设计误差包括抽选误差、调研对象范围误差和抽样框误差。抽样框误差是由于使用不完整或不正确的抽样框而造成的误差；调研对象范围误差是由于对全域或抽样总体不正确的界定而造成的误差；抽选误差是由于采用不完整或不恰当的抽样程序，或者未恰当执行正确的抽样程序而造成的误差。

第二类系统误差是测量误差。测量误差是指因寻找的信息（真实值）与测量过程中实际获得的信息之间的差异而产生的误差。测量误差是由许多因素造成的，包括替代信息误差、调研人员误差、测量工具误差、处理过程误差、拒访误差和回答误差。替代信息误差是指因解决某一问题实际所需的信息与调研人员所收集的信息之间的差异而产生的误差；调研人员误差是指因受访者受到调研人员的影响而给出不真实或不准确的答案而产生的误差；测量工具误差是指因问卷自身方面的问题而产生的误差；处理过程误差是指由于向计算机输入调研文件的信息时发生错误而产生的误差；拒访误差是指因样本中某一个体无法联系到或拒绝参与访谈而产生的误差；回答误差是指因受访者以某一特定方式回答问题的倾向而产生的误差，而不论是有意的还是无意的误述。

传统的询问调研法有以下几类。街上拦截访谈是对购物中心公共场所的购物者进行的访谈，购物者要么在购物中心中接受访谈，要么到购物中心固定的访谈室接受访谈。经理访谈是专业性入户访谈，包括在专业人士办公室对他们进行有关工业产品或服务的访谈。中心控制电话访谈是通过一套专门的电话设备进行的电话访谈；计算机辅助电话访谈（CATI）是呼叫中心电话访谈中的一类，每个访谈员都坐在计算机终端或个人电脑前面，计算机通过屏幕上显示的恰当问题来引导访谈员与访谈过程。在访谈进行时，相关数据就输入计算机了。自我管理式问卷是受访者自行填写问卷的访谈方法，这一方法的一大缺点是，不能对回答进行深究以找到有用的答案。邮寄调研可分为专程（单程）邮寄调研与邮寄小组调研。在专程邮寄调研中，问卷邮寄给没有提前联系的潜在受访者，一个调查项目的样本只用一次；在邮寄小组调研中，需用信函提前联系消费者，并为消费者持续的参与提供酬金；如果他们同意，他们将填写一份有关背景情况的问卷。然后，参与者定期会收到邮寄的问卷。

影响调研方法选择的因素包括抽样精度、预算、是否需要受访者对各种刺激做出反应或执行特定任务、数据质量、问卷长度、发生率、问卷结构化程度和完成调研可利用的时间。

复习思考题

1. 加利福尼亚尤里卡地区的一家五金工具店店主，想了解到他店里购物的消费者与到其竞争对手店里购物的消费者在人口统计学特征方面的差异；他也想知道，相对于竞争者，他的店给人的印象是怎样的。他只提供了有限的预算，并想在三周内获得这些信息。你将推荐哪种调研方法？为什么？

2. “街上拦截访谈只能代表在某一购物中心购物的人，因此只有涉及某一购物中心消费者购物模式的调研才应该使用街上拦截访谈。”讨论这一说法。
3. 一位同事争辩说，在社区中进行有关人们如何看待市政府的调研最好的方法是邮寄调研，因为它是最便宜的方法。对此你有什么看法？如果时间不是你决策中的重要因素，你会改变看法吗？为什么？
4. 讨论各类样本设计误差并举例说明。
5. 为什么在询问调研中要着重考虑测量误差？为什么专业的市场调研报告不讨论测量误差？
6. 下列情况可能存在哪类误差？
   a. 进行有关人们如何看待市政府的调研时，将电话簿作为抽样框。
   b. 仅在上午 8 点到下午 5 点之间进行访谈，以了解受访者想在某一新公寓开发中看到什么。
   c. 问人们在最近的两个月里是否去过公共图书馆。
   d. 问人们在过去的一年里使用过多少支牙膏。
   e. 告诉访谈员，他们可以举任何一个他们想编造的例子来深究受访者的回答。

调研实例 6-1

美国必能宝集团提升顾客满意度

美国必能宝（Pitney Bowes）是一个提供邮政以及文件服务的销售额超过 50 亿美元的公司。从必能宝的角度看，每位顾客对于组织的成功都是必不可少的。该公司对很多人进行深度访谈，深入挖掘和理解人们的需求和关注点。例如，每个月和多个企业客户进行电话深度访谈，探求售后支持、机器状态、回复时间，以及对服务代理的满意度、业务便利性和整体满意度。

如果客户表示仅仅是满意，服务经理有 3 天的时间解决问题，并制订出一个行动计划使客户感到愉快。

经理每周都查阅满意度结果，分析小组寻找在地区、服务代表、模型等方面的趋势，以此制定策略，驱动战略并发起新项目。报告追踪了顾客满意度，但更重要的是，它揭示了提升顾客满意度的因素。

这样做的目的不仅是谈论具体的细节，也是探索发现他们是否会推荐必能宝公司以及必能宝公司在他们信任的供应商中的地位。

快速增长

自从几年前重新设计测量项目，必能宝公司就在顾客满意度和业务表现上有了快速增长。现在，有 86% 的顾客表示非常满意，96% 的顾客表示他们会推荐必能宝公司。

必能宝公司内其他部门向每天进行上百万笔交易的数百万顾客提供桌面应用。必能宝公司负责客户体验的副总裁盖尔·伦丁（Gael Lundeen）说：“我们的很多顾客通过互联网购买我们的技术产品，从未和必能宝的代表见面，所以我们需要建立一个有力的机制使我们能够轻易地反映、倾听和分析顾客的关注点。”

该测量项目的要点包括以下方面：

- 针对20位关键顾客每月进行一次电子邮件调研。在过去的16个月里，已经完成超过18万份顾客满意度调研。
- 如果有任何顾客的报告显示他们不满意，相关的工作模块就会被警告。他们需要对报告结果做出回应，并公布结果。
- 作为调研过程的一部分，顾客也会被征求建议。到目前为止，有25%的顾客给出了回答，促成了4.4万个新想法。

持续研究

类似必能宝的公司一直在不断研究以寻找新的方法超越现有期望，并以此指导它们收集顾客想法。它们明白潜在顾客是有限的，顾客满意度、忠诚度以及购买行为都紧密地联系在一起。

谈到顾客满意度时，公司真正测量的是什么

当一个公司说“我们的顾客中有90%是满意的”，这到底意味着什么？实际上，领先的技术公司并不是测量顾客是否满意，它们唯一关心的是顾客是否非常满意。

每个公司的调研反馈机制都不同，大多数采用量表式问题，从非常满意、满意、有点满意、到中立、有点不满意、不满意、非常不满意。消费者应该提防引用除了顶层数据之外其他东西的供应商。

在包括美国在内的很多国家，“满意”和文化礼节关系密切。当顾客称他们满意或者有点满意时，那通常意味着该公司存在很多问题需要去解决。

“非常满意”才是金牌标准。在这一点下，很少有公司能够达到90%以上，但是当很多公司以此为目标时，这已经表明了很多。采用这种顶层标准测量的公司更有可能寻找方法使顾客满意。

公司多久测量一次顾客满意度

一个顾客满意度测量要想成功就需要持续进行，这是一个常被误解的最好方法。一年一次的顾客反馈不足以让任何人提升交易过程。

由于技术的关键特性，软件和系统在顾客眼中每天都要“表明”自己的良好运作。商业需求和市场条件可能快速改变，这就是很多公司每月进行顾客满意度调研的原因。

问题：

1. 有哪些形式的调研可以用来测量顾客满意度？每种方法的优缺点各是什么？

2. 顾客满意度应该每天都调研吗？如果应该，这样成本不会太高吗？为什么需要每天都测量？

3. 假设你有2 000位顾客，并且95%表示很满意。这是不是已经足够好了？

4. 知道顾客满意的原因重要吗？为什么？

第 7 章

Chapter7

互联网的应用：移动端以及社交媒体调研的成长

□ 学习目标

1. 了解应用于市场调研的互联网世界
2. 学习使用互联网收集二手资料
3. 领会在线焦点访谈、在线个人深度访谈和市场调研在线社区的本质
4. 领会在线问卷调研并掌握实施方法
5. 理解在线小组管理在维持数据质量方面的重要性
6. 评价智能设备越来越多地用于调研的趋势和社交媒体调研的重要性

第 7 章探讨互联网在二手资料收集、定性调研及问卷调研中发挥的日益重要的作用，以及电子设备和社交媒体对定性调研和调查研究的促进。在线观察研究作为另一种研究模式正在蓬勃发展着，第 8 章将对此进行介绍。

7.1 互联网的世界

此刻当你阅读这段文字时，全球网络人口已达到 30 亿。是的，大约 1/5 的人是互联网用户。在美国和加拿大 80% 的人口是网民，包括所有种族群体，各个社会经济阶层和不同教育水平的人。全球范围内，超过 1/3 的人口可以接触到互联网。美国拥有着全球最高的互联网普及率，紧接着是大洋洲 / 澳大利亚（68%）、欧洲（61%）、拉丁美洲 / 加勒比海岸（40%）、中东（36%）、亚洲（26%）和非洲（14%）。

绝大多数美国市场调研公司都在互联网上开展某种在线调研活动，其受欢迎程度还在继续攀升。目前，在线问卷调研已经取代了计算机辅助电话访问（CATI）成为最受欢迎的数据收集方式。网络数据收集也被认为最具增长潜力。

7.2 利用互联网收集二手资料

我们曾在第 4 章提到二手资料在早期市场调研阶段发挥着重要作用，它能将问题变得清晰，或者可能提出一种方法切入问题。如果足够幸运的话，它甚至可以提供解决问题的方法，从而为你省下原创性研究的时间和费用。

7.2.1 市场调研人员感兴趣的网站

表 7-1 详细列示了一些网站，调研人员可以从中获取包括竞争情报在内的二手信息。

你会发现那里有针对各种不同主题的资料，信息丰富多样。尽管许多信息都可以免费获取，但仍有一些信息必须是付费的，比如克拉瑞塔斯国际提供的信息。点击 http://www.claritas.com/MyBestSegments/Default.jsp#，获取你所在地区的人口统计信息与消费者心态，进入网站之后选择“邮政编码查询”，然后输入你所在地区的邮政编码。

表 7-1 为市场调研提供二手资料的网站

机构名称	URL 地址	描 述
美国市场营销协会（AMA）	www.marketingpower.com	使用者可以通过关键词搜索 AMA 的全部出版物
美国数据检索	www.factfinder.census.gov	提供不断更新的统计局数据
BLS 消费者开支调查	www.bls.gov/cex	提供消费者的购买习惯等信息，包括他们的开支、收入和信用等级等
美国经济分析局	www.bea.gov	提供广泛的经济数据
美国交通数据局	www.bts.gov	各种交通数据的综合来源
美国城市经济杂志	www.bizjournals.com	提供丰富的文章、报告、新闻和数据。从美国最好的小城市排名，到人们的薪资水平都包含在内。从 1994 年至今的文章和报告提供了对主要商务和经济走势的见解和分析。与种族、家庭、儿童及人口预测等主题相关的成百上千的人口和经济数据的报表样本；全美范围内最新的人口信息；还可以找到每个月按照人口、收入和就业趋势进行的城市或州的经济排名
国际地球信息网络中心	www.ciesin.org	美国人口统计信息的极好来源
美国疾病控制中心 / 国家卫生统计中心	www.cdc.gov/nchs	对重大事件、健康状况、生活模式、受不健康因素危害的风险、对疾病和残疾的诊断与治疗，以及医疗保健的使用等信息进行维护。NCHS 是疾病控制防疫中心的一个分支，是美国联邦政府负责生命与卫生数据的主要机构
Clickz.com	www.clickz.com	互联网数据：每周使用情况、在线人数、浏览数据等
政治经济学家公司	www.dismal.com	及时提供经济信息，包括综合的数据，以及从城市、州、国家等不同层次进行的分析。该权威网站也提供全球问题的数据与分析，包括亚洲、南美洲及欧洲的局势。访问者可以在经济、社会经济和人口统计等 100 多个分类下查看不同的州和城市的排名
依希分析软件公司 /The Right Site	www.easidemographics.com	提供人口统计报告和全面研究，包括对人口和家庭的估计。每个全面研究既有按人种、种族、年龄分布和收入分布进行的人口统计，也包括气候信息
EconData.Net	www.econdata.net	为用户提供大量的政府、个人和学术资源的链接。例如，网站对提供经济和人口统计资源的网站进行排名，对此有兴趣的调研人员可以查看到位于前 10 位的有哪些网站
FreeDemographics	www.freedemographics.com	提供免费的人口特征市场分析报告
哈里斯信息中心（Harris InfoSource）	www.harrisinfo.com	提供围绕美国制造商和主要决策者的 B2B 信息
胡佛数据库	www.hoovers.com	提供公司描述和行业信息
在线公共图书馆	www.ipl.org/div/aon	提供 1 100 个以上的网站集合，这些网站提供范围广泛的职业和贸易协会信息

（续）

机构名称	URL 地址	描　述
市场调研协会	www.mra-net.org	为“不断下降的被调研合作度”提供原因解释和解决方法，提供调研公司的联络信息
梅迪马克调研公司 / 高端报告	www.mediamark.com/mri/docs/toplinereports.html	为营销和调研人员提供关于杂志、有线电视和 53 种不同的产品和服务类别的人口统计数据。高端报告将有线电视观众按照年龄、性别和收入进行细分。与杂志相关的数据包括读者总数、发行量、每份杂志的读者数、年龄中数和收入等
意见调查公司（ORC International）	www.opinionresearch.com	提供咨询和调研服务。该网站在很多行业内拥有专家，包括信息技术、电子通信、健康护理、金融服务、公共服务、能源和效用市场调查等
人口资料局	www.prb.org	提供与人口问题有关的人口统计数据
Quirks	www.quirks.com	专为市场调研人员服务的杂志
服务情报	www.serviceintelligence.com	专门收集顾客在航空公司、银行、餐厅和其他服务机构的不愉快的经历。当然，也包括正面的事例
美国社会保障局	www.socialsecurity.gov/policy	提供一系列官方数据
美国人口普查局	www.census.gov	一个非常有用的包括全部人口普查数据的虚拟信息来源
美国农业部 / 经济研究局	www.ers.usda.gov	提供全面的农业数据
美国数据（USAData）	www.usadata.com	提供与本地、各地区及全美的消费者生活模式有关的数据
美国政府	www.fedstats.gov	提供 100 多个政府机构的数据和报告，以及相关信息的链接。非常值得推荐的网站，但是需要费些工夫
资源评估	www.valuationresources.com	提供一系列的资源，包括各个行业以下主题：产业回顾、概述、问题、趋势、行业资金信息、财务比率、补偿金以及工资调查等
维基百科	www.wikipedia.org	任何人都可以编辑的百科全书
世界概况	www.cia.gov/library/publications/the-world-factbook	提供世界各国经济政治等方面的详细信息
国际观点（WorldOpinion）	www.worldopinion.com	提供上千份市场调研报告，是市场调研业界最好的网站

有一些非常优秀的期刊、报纸和文库适合调研人员收集信息。我们的网站 www.wiley.com/college/McDaniel 上有这方面的介绍。这些资源有的可以直接通过互联网访问，有的则需要通过读者所在地区的图书馆网站访问。

7.2.2　新闻组

新闻组（newsgroups）是在互联网上与其他专业人士和某个兴趣小组进行沟通的一个主要渠道。新闻组的功能和电子公告牌差不多，是针对某个话题或兴趣组建的，话题涉及各个面，从公司、运动、产品、服务、投资、品牌到动物。用户将信息发给新闻服务器，服务器再将它们发送给其他参与者。这样，其他的用户就能够获取信息，阅读公告。新闻组可以是有权限的，由管理员决定哪些东西将发出来供用户讨论；也有无权限的新闻组，所有的东西都可以发布。用户必须订阅该小组才能参与到其中，订阅通常是免费的。几乎所有的新闻组都可以在 Usenet 新闻组服务器上找到，该服务器是来自全世界的新闻服务器的集合。

目前新闻组的数量超过 20 万个，而这一数字每天还在增加。几乎针对每种爱好、职业和生活方式都有各自的新闻组。不论是网景浏览器、微软 IE 浏览器还是其他一些浏览器都提供新闻组阅读器。如果你还没有新闻组阅读器，你可以通过任何一个搜索引擎去搜索到免费软件或共享软件。这些新闻组阅读器的功能和电子邮件差不多。要寻找某个特定的新闻组，可以遵循以下步骤：

（1）像往常一样连接互联网。

（2）打开新闻阅读器程序。

（3）搜索感兴趣的话题。大多数新闻阅读器可以通过关键字或题目来搜索新闻组。大多数新闻组都会有一些简单介绍，所以有的新闻阅读器（如微软的 IE）还支持对新闻组的简介展开搜索。

（4）选择感兴趣的某个新闻组。

（5）开始浏览信息。每条消息的题目一般会概括它的主题。

新闻组的信息看上去和电子邮件差不多。包括题目、发布人以及信息的主体。但是，与电子邮件不同的是，新闻组的信息是把相关的一系列的讨论链接在一起，也就是说，将信息本身和对它的回复链接起来。对于某个话题，访问者可以从最原始的信息开始，通过链接，访问随后的与之相关的所有回复，无论讨论是在几个人之间进行的，你都可以对他们的观点了如指掌。新闻组也支持上传图片、声音和视频文件，供所有人下载和查阅。

7.2.3 博客

传统意义上的博客或网络日志是指个人在网上不定期地发布自己的想法或一些网页链接，如今，一些公司也借助博客与顾客或其他商业伙伴进行交流。最近，市场调研人员已经使用博客来监测品牌、追踪趋势、描述顾客和识别未被满足的需求。在很多正式的调研项目中，博客已经成为一种重要的探索性调研工具。

公司也借助博客与顾客或其他商业伙伴进行交流。随着自动发布系统的出现，如最著名的 bloggeratblogger.com，博客的使用得到普及。市场调研人员发现博客是一种重要的信息来源，任何想象得到的话题都可以在博客中找到。调研人员也通过博客来征集问卷调查的参与者。尽管大多数搜索引擎都支持博客搜索，但是有一些搜索引擎，如 blogsearchengine.com，是专门进行博客搜索的。

博客也能作为深度访谈的一种形式。在一项女性包的研究中，来自于罗马、伊斯坦布尔、上海和旧金山等全球 17 个城市的 150 名女性被招募，谈论她们包里的东西，她们和自己包的关系，以及她们的包在生活中扮演的不同的角色。所有的参与者都是“包袋狂热分子”，但是之前她们中没有人写过博客。

调研人员为这些女性发送了涉及三个部分的话题，并给予两天的时间回答每个部分。这种安排的合理性在于给了女性足够的时间去思考每个系列的问题，让她们可以比在传统的深度访谈中回答得深入和详细。很重要的一点，这种方式也给了她们机会，用照片直接展示她们的包和包里的东西。

这些博客打开了一个丰富的和富有洞察力的世界。最吸引调研人员的是博客“自白性”特征，女性在展示她们包里东西时的愉悦和快乐，某一个特定物品背后的故事，她们和自己的包之间丰富的，常常是复杂的关系。以下是一些例子。

（1）**对自己的第一个包记忆深刻**。“我最早的一个非常惊艳的、非常重要的钱包是我的红色皮革贝奇约翰逊（Betsy Johnson）钱包，我男朋友将它作为 19 岁生日礼物送给我。它使我想到了我祖母的路易威登（Louis Vuitton）的钱包。作为一个小女孩，我当然不知道路易是什么，但是我知道在某种程度上它们很重要。原谅我说话直接，我认为它们有些丑。我知道它们重要是因为每到下雨天，我的祖母就会非常讲究地把它们藏到雨伞或外套下面，然后以我从来没见过的最疯狂的速度冲向一辆车。”

（2）**关于我和我的包之间的关系**。“哇，我从来没有真正地想过我们之间的关系。我想你可能会说那个巴黎世家的包是‘我的坏女人’，她（对，她是一个女孩）经常对我装‘不幸或麻烦’。”

“这个包是最了解我的东西。我们曾一起无数次地陷入困境，并且成功地脱离！如果另一个包问起，这个包有很多很多关于我的美好事情可以说。它会把我们描述成一个团队，并且告诉其他的钱包我教会它多少并炫耀过它多少次。”

“我想我会认为这个包是我的保护者，毫无疑问，是一个男性。我感觉到它在我胳膊下给予的支撑，无论是什么场合，和它一起参加日常的活动让我充满自信。那个绣花的包和奶油色的罗缎小包就像是我的女朋友，在晚上和我一起出去，让我显得迷人和少女。”

7.3　在线定性调研

在线定性调研的最主要形式是焦点小组访谈。传统的焦点小组访谈，顾名思义，是指同时安排 8 ～ 10 个参与者在线，由主持人将问题发给他们进行评论。这种电子公告牌式的在线焦点小组访谈有一些缺点。由于主持人是输入一个问题，焦点小组访谈的参与者也是输入他们的回答，那么所有的非语言交流便缺失了。音调语气上的变化和肢体语言都是完整理解一个人表达意思的关键。另外，一些受访者的打字速度可能会比其他人更快，这就造成了座谈进程不是最理想的状态。正如一位主持人所写，“很多次，我已经进行第二部分的中间环节了，一些人还在回答第一部分的问题。”

不像传统的定性调研小组，在给出自己的答案之前，在线参与者不会等待其他人回答，每个人（回合）同时进行。在这样的情况下，主持人的工作难度加大，需要阅读大量的答案，并对每个参与者给出有意义的引导。这实际上限制了继续探索的能力，因此也削弱了定性调研的一个关键特征。

7.3.1　在线焦点小组访谈

电子公告牌式的焦点小组访谈的很多缺点，是因为网络摄像机以及网络摄像焦点小组访谈软件的普及应用减少了。网络摄像机将参与者与主持人联系起来。为了降低对带宽的要求，使视频会议更加流畅，音频数据常常通过电话线来传输。这种基于视频的在线焦点小组访谈结合了传统定性调研的优点。以下是在线焦点小组访谈的优点：

- 主持人能够看到和听见参与者，这意味参与者的回答有着非常丰富的内涵，对这些内涵的探索未受到影响。
- 参与者能从这个国家（如果调研需要，也可以是世界）的任何一个地方登录，因此减少了主持人或委托商去特定市场的需要。
- 内置的协作工具能够使主持人使用多种不同形式的激励（想法、广告、故事板等）。

网络摄像焦点小组与传统的线下焦点小组访谈小组相比，需要更多的筛选。额外的条件有：评估招募者对于参加网络摄像焦点小组访谈的适应等级（要求特别适应）；参与者使用的电脑是否能接入宽带（要求有宽带）；个人对使用电脑与网络的适应程度；参加者是否有网络摄像头。一些调研公司会给符合要求但难以找到网络摄像头的受访者邮寄一个。

7.3.2 远程监控技术在远程焦点访谈中的应用

为了简化虚拟商业会议，思科公司发明了远程监控技术。思科和塔塔通信在全球的30个城市建立了公共远程监控室，形成一个网络。每个远程监控点都有三个高清视频屏幕，呈半圆形（目的是创造一种另一边就是房间的视角）；反射性灯光增加3D效果；全双工音频；定向的声音激活视频与音频；笔记本屏幕即时共享；与多个地点进行同时会议。

“和传统的视频流相比，最大的不同在于这里没有远程观看技术，这是远程参与技术。你可以在另一个城市主持，这不是从网页到你桌面的视频流。现在，每个人都坐在那里，就像是在一个房间，坐在同一个桌子旁一样进行对话。”Mindwave负责调研的CEO乔纳森·希兰德（Jonathan Hilland）这样写道。

参与者到达自己所在城市的远程监控室。主持人通常是和其他的参与者一起待在远程监控室中。每个地方的参与者都坐在一个半圆形的桌子旁，面对三块电视屏幕。屏幕展示了另外一个城市或几个城市布置完全相同的监控室的现场监控，屏幕看上去就像是整个房间。每块屏幕上最多可以看见两个人，一次总共可以看见六个人。在每个电视屏幕上都是摄像头，瞄准对应的半圆形桌子前坐着的两个人。每两个人前有一个话筒，音频被设定成定向的，所以正在讲话的人的声音只会从该受访者对应的屏幕后传出来。尽管参与者可能在全球的六个城市，但每个人都有一种和其他人在同一张桌子上的虚拟感。

7.3.3 使用M2频道实施在线焦点访谈

M2频道不仅为市场调研提供友好的虚拟访谈空间，帮助招募访谈成员，还提供所需的技术支持使在线定性调研得以高效、有效地进行。通过M2频道，协调人和委托人能够对每位参与者进行观察并倾听他们的发言。其网站www.channelM2.com上有相关的演示。

M2的招募过程综合了电子邮件招募（通过一个拥有世界各国的1 500多万在线消费者的平台）和电话核实、确认的方法。具体地说，首先通过电子邮件发送邀请，指引参与人完成在线资格调查，确保其符合筛选的标准；随后再通过电话给予确认。在访谈开始前，参与者要在摄像头前展示带有照片的证件以证明其身份，比如在摄像头前出示驾驶证。

M2 频道的焦点小组访谈是这样进行的。首先，参与者要登录到一个网页上，形成一个小组。在这个小组里他们可以看到彼此，也可以听到对方讲话。小组成员是通过传统方式招募的，每个小组成员会收到一个摄像头，这样语言的和非语言的信息就都能被记录下来了。网络摄像头的安装很简单，访谈前一两天 M2 的技术支持会帮忙安装。

小组成员还将收到一些通过邮件发送的指示，包括登录 M2 频道访谈空间的链接，以及一个免费的电话号码。点击链接，参与者就能登录并进入 M2 频道的访谈空间，可以看到其他参与者的实时影像、文字谈话、共享的屏幕或幻灯片以及书写板等，一应俱全。

焦点小组访谈时，如同现场讨论一样，问题和回答均以实时的方式出现。参与者能随时发表意见，语言的或文字的都可以，而协调人也可以像传统模式中一样对讨论的方向给出指引。

最近，M2 频道已经引入了实时声音分析。这个程序能够更加详细地了解受访者的：情感思维模式（兴奋、紧张、害怕、尴尬）、认知过程（拒绝、疑惑、不确定）、诚实度（真相、谎言、冲突）。当这些信号出现时，主持人可以更加深入地探索，以阐述当前的情况。声音分析可以用在以后的焦点小组访谈分析中，以移除那些被软件确定为不诚实的参与者意见。

7.3.4　通过互联网寻找焦点小组访谈参与者

互联网被证明是寻找符合特定要求参与者的一种非常有价值的工具。调研人员只需要在诸如 Craigslist（一个每月吸引 600 万访客浏览分类广告的美国网站）这样的在线公告板上发布信息。“当你在试图寻找很难找到的小众用户群体时”，这样的网站最能发挥作用，一位在切尔斯市场咨询公司（Cheskin）工作的人类学家蒂姆 · 普洛曼这样说道。

美国加利福利亚州雷德伍德市的 Point Forward 市场调研公司的副总迈克尔 · 巴瑞（Michael Barry）说，曾经使用 Craigslist 来寻找满足具体类别的人，比如在美国和墨西哥之间频繁往返的人。

另外一个市场调研公司发布的 Craigslist 广告，愿意让调研人员参观它们的酒柜，带他们去买酒或者制作一个它们正在计划的社会活动的视频文件的纽约居民提供 350 ～ 900 美元的报酬。

以下是一些筛选问题：“你什么时候会外出喝酒或者去商店买酒？会有人常常就该买什么酒寻求你的意见吗？如果是，多久发生一次？”

7.3.5　在线深度访谈

除了深度访谈的时间更长并且一次只有一个人之外，在线深度访谈的实施几乎和网络摄像焦点小组访谈一样。因为要求密集的输入并且没有非语言反馈，电子公告牌深度访谈并不高效。在网络摄像调研之前，一些市场调研人员深度访谈里的电话采访和互联网结合起来表达激励，这种方法仍然不能得到非语言线索。无论是线上还是线下进行的深度访谈都比大多数焦点小组访谈提供了更丰富也更深入的观察。在线深度访谈也许是接触到诸如物理学家、忙碌的高管这类人的唯一方式。

7.3.6 市场调研在线论坛

一个**市场调研在线论坛**（marketing research online community，MROC）由精心挑选的愿意参加网络对话的一组消费者构成。信息的价值来自对调研人员从一个 MROC 中所获取的更丰富更复杂信息的理解。所有的论坛交流都在一个自定义的网页上进行，只有通过邀请才能成为会员。在社区的有效期内——通常是 6 个月到一年或者更长，社区的会员要定期的回答公司发布的问题。这些通常是采取主观“对话”形式的讨论，随着社区会员相互间的讨论而逐渐丰富。

这种网络社区的普及最初来自于以下关键利益：

- 创造了一个使消费者感到最轻松的空间，使委托人可以更深入地和他们交流。
- 拥有“激励者”和惊喜发现，带来顾客导向的创新。
- 提供了实时结果，能够让委托商探索到一般情况下所没有的想法。
- 创造了一种自然对话下让消费者谈论对他们而言重要话题的形式。

另外，网络社区为公司创造了一个顾客中心组织，员工只需要很舒服地坐在自己的桌子旁就可以直接与顾客交流。

因为这种网络社区在速度、灵活性以及全天候接触顾客方面的优势，它们使企业很迅速地做出调研决策并节约支出。

在网络社区环境中增加一个调研中心，论坛将有以下作用：

- 刻画消费者心智；
- 头脑风暴出新的想法；
- 合作创造和测试新产品；
- 观察自然状态下消费者行为；
- 让公司聚焦以消费者为中心视角。

当获取的信息能够迅速地从网络社区传送到传统市场调研机构时，这种形式甚至可以提供更大的价值。这种和更多的主流调研方法之间的紧密交流，确保了网络社区既能获取新的调研提供信息，又能从传统的调研项目中得到补充。

这种类型的相互交流提供了一种新的调研模式，将网络社区和传统调研结合起来。这种新的模式拥有以下潜在优点：

- 在迅速找到探索新观点的合适方法上提高了调研的效率。
- 通过网络社区使用临时调研中剩下的未回答的问题节约成本。
- 改善了在组织内部间共享消费者想法的途径。

不像在线问卷调研，参与者在调研论坛中和调研人员、市场人员在内的每个人交谈。消费者用他们自己的语言交换想法，并提出和回答调研人员有时没有想到的问题。换句话说，这种社会交流是很重要的，它帮助人们形成一个整体的理解。然而，这种整体的理解只能通过创造不同程度的参与来达到。第一种形式的参与是自然参与，消费者需要认识投资的品牌，熟悉该话题；第二种形式的参与是方法参与，调研人员需要用一种有趣且富有挑战性的方式提出问题，来增加参与者，提高输入质量。使用游戏化的方法（计分、和其他人比赛、制定游戏规则）能够增加调研问题的趣味。娱乐性的视频片段或者让名人来提问，也可以提高受访者参与度。

很多调研人员关注 MROC 中的绝对人数，尽管这很重要，但更有价值的是每个讨论帖中的交流人数，该数据只能从正在参与的消费者人数中得到。更大一点的网络社区（超过 100 个成员）对主持人吸引参与度的要求更高。**潜水**（lurking）（论坛成员留在论坛中但是很少参与讨论）——在论坛成员过多或者帖子数量过多的时候发生的概率会增加。这是一个矛盾吗？并不是。当参与者看到太多的信息时，他们不再发言，因为他们确信他们的意见已经被表达了，他们再补充对整个讨论来说意义不大。

总部在荷兰和纽约的咨询公司 InSites Consulting 的调研人员，在以下“市场调研实践”中谈论了在 MROC 中给参与者更加活跃的角色。

市场调研实践 7-1

让参与者变成调研人员

在 MROC 中，我们是调研人员，他们是参与者。如果推倒我们和他们之间的这道墙，让参与者变成调研人员会发生什么？我们现在正研究的案例表明，论坛的参与者不仅能够完美地胜任合作调研人员这一角色，这也是减小文化、代际、知识差距的一种途径。通过将参与者放在合作者的位置上，我们能够从多种角度分析调研问题。

在没有正式引入“合作调研人员”这样一个角色之前，我们已经看到一些参与者开始表现出主持人的素质，比如提问或者发现一些问题。在我们最近建立的 15 个论坛中，这种主持人行为在其中 12 个的“无限定话题房间”（论坛成员可以发起自己的讨论，谈论任何他们想要谈论的话题的一个地方）都可以看见。当成员开始新的话题，提出有关调研的品牌或主题的问题，发起新的讨论并最终对该调研论坛的目标做出贡献时，这种主持人行为最显著。这些问题对于调研来说是新颖的，并且委托商和调研人员都没有问过。例如，在最近的一个关于咖啡的论坛里，一个成员开始了对我们喝咖啡的原因的讨论：

我们已经讨论喝咖啡好几周了，现在我认为不仅仅是因为它好喝，给人安慰、提神等，对我而言，它能使心灵平静。我曾经在一个农场工作，每天上午大约 10 点，每个人都会到厨房休息一下，我们坐在一起喝咖啡。我们一起聊天，一起结束喝咖啡，然后每个人都回去工作。只有在喝咖啡时才能坐下来休息一刻！所以，咖啡是关于休息和放松。你同意吗？你喝咖啡的理由是什么呢？

这种自然的主持人行为已经显示，让授权的参与者成为调研团队的一部分并作为实际合作调研人员是有潜力的。将合作调研人员引入论坛有很多种方法，我们已经认可的有两种类型的合作调研人员：一种是任务型，另一种是官方任命型。

任务型

联合主持人的任务是在 MROC 的特别房间（如社会角）里担任另一个主持人。调研方鼓励联合主持人发起讨论、主持、总结并向主持人报告。在“和我一起外出吃饭”这个我们为坎贝尔公司（Campbell’s）运行的论坛里，有 23% 的参与者坦率地表示他们对成为联合主持人很感兴趣。最终，被选中的联合主持人非常认真地履行他的职责并在专门的房间中完全开始了一个新的话题。根据讨论的定性编码，我们得出结论，该任务型的联合主持人的努力使讨论和一般的主持人（没有联合主持人）情况下相比，交流多了两倍。

多重视角

主持的下一步，当受访者参与分析阶段（也称为人群演绎）时，同样可以为调研增加价值。人群演绎背后的基本原理在于数据分析中的偏差是和调研人员的视角有关的，为了得到所有可能的解释和隐藏在数据中的内容，我们需要加入多重视角。

最近我们和法国航空以及龙记集团（世界四大模架制造商之一）合作建立了一个论坛来探求中转旅客的新需求。经过一段中转旅客讲述自己旅程的观察期后，我们邀请论坛成员来解释其他人的发言。

通过之前的研究，我们知道对该话题了解最多的顾客是最适合解释调研结果的人。

人群演绎在一个游戏中完成。在第一轮中，参与者需要对他们同龄人的输入做出解释；在第二轮中，最开始的发言者可以评估分析。每做出一个正确的分析，一个成员可以获得分数。在分析中表现最好的顾客（得分最高）赢得游戏并获得特别奖励。和调研人员小组得到的结果相比较，我们得出结论：有合作调研人员参与的情况下多得到高达21%的新观点。

问题：

1. 让一个 MROC 的成员担任市场调研人员的角色是一个好主意吗？为什么是或为什么不是？
2. MROC 是在线焦点小组访谈的替代形式吗？为什么是或为什么不是？
3. 所有的公司都应该使用 MROC 吗？如果不是，哪种类型的公司不该使用？

7.4 在线问卷调研

互联网彻底改变了我们进行问卷调研的方式。如前文提到的，大多数美国调研公司现在都在网络上进行调研。在美国最关键的人口地区，网民的数量直追人口数量。此外，全球互联网人口数量也在持续上升。随着世界范围内互联网用户的增多，一个国家居民的性格特点和互联网用户的性格特点正趋于同化。在线调研显著增长的原因很简单，其优点远远多于缺点。

7.4.1 在线问卷的优势

如今，大多数公司都面临着产品寿命缩短、竞争激烈、外部环境变化快等问题。经营决策者面对复杂的问题必须快速做出决定。在线调研能够及时地提供信息，帮助他们做出决策。在线问卷的好处具体包括以下几点：

- **快速实施，实时报告。**在线问卷能同时散发给成千上万的潜在参与者。参与者完成后，问卷被收回，经过统计将结果制成表格发给企业委托人审阅。因此，决策者可以在很短的时间内获得在线问卷的结果，比使用传统问卷时快很多。
- **节省费用。**电子问卷的使用不仅比传统的电话问卷节约了 25% ～ 40% 的费用，而且只需用一半的时间就可以获得问卷结果。对于任何一种传统市场调研方式，数据收集的费用占了全部预算的大部分。电话问卷是劳动密集型活动，会产生培训费、通信费和管理费用。在线问卷几乎避免了这方面的所有花费。使用传统问卷方法时，访谈的数量与花费是成正比的，而电子问卷的费用却不会随着问卷的数量增长而成倍增长。

- **支持个性化。**在线问卷能够根据每个参与者的具体情况进行高度个性化，这样有助于参与者更快地完成问卷。参与者更希望问卷的问题与自己相关，并且可以根据自己的需要暂停或继续进行问卷，能够回顾之前回答的问题并做相应修改。
- **回答率高。**日程繁忙的参与者对普通邮件或电话问卷越来越难以忍受。电子问卷比电话访谈花费的时间更少，参与者可以选择在自己方便的时间（如下班后）完成。电子问卷更具趣味性，更吸引人。图解的表达方法、互动功能、与奖励性网站的链接，实时的总结报告，使电子问卷更吸引人。其结果是：更高的问卷回答率。
- **能让日程繁忙的人参与其中。**有些人特别难访问到（医生、高收入的专家、全球 2 000 强公司的首席财务官），但这些人会经常上网。网络问卷为他们提供了便利，可以随时随地地访问，这使得那些日程繁忙的专业人士很容易参与其中。
- **简化的、增强的小组管理。**网络小组是与互联网连接的电子数据库，为调研公司及其客户给出意见或建议。它们可大可小，可能是集团的或者私有的，可能包括客户、潜在客户、合作伙伴或员工。网络小组的创建和维护比传统小组耗费更少的时间和金钱。一旦小组成立、问卷定稿，就可以展开问卷调查，收集数据，几天内就能够生成高水平的调研报告。

  一个复杂的数据库会记录下小组成员的概况及对问卷的回答情况，有助于对他们在不同时间和不同项目中的态度和行为进行纵向研究和数据挖掘。因为小组成员之前已经同意参加问卷调查，所有问卷的回答率很高，通常有 20% ～ 60%，比起传统问卷，网络小组的成员提供的意见更详尽，更加深思熟虑。一方面因为他们不用再填写自己的基本资料和生活方式（已经被掌握了）；另一方面，经过一段时间，他们对焦点小组访谈已经很投入了。
- **外部网络小组简化了调研公司的工作。**由于有了哈里斯互动、SSI、格林菲尔德在线、e-Rewards 和决策分析家等公司负责维护大量的网络小组，使得应用这些小组的市场调研公司更容易获得调研数据，我们将在本章后面的部分对这些小组做更详细的介绍。此外，由于越来越多的公司开始提供网络小组，小组的使用费也有所下降。

7.4.2　在线问卷的缺点

对在线问卷最常见的质疑是认为互联网用户并不能代表整个样本。前面提到过，这种顾虑在美国已经基本消除了。哈里斯互动和 DSS 调研公司通过平行模式（电话和网络）进行了 300 多组问卷调查，得出的结果基本相似。在所有的调研中，几乎没有数据表明两种取样模式有明显不同。DSS 公司得出结论，在线调研模式在估计市场份额和竞争基准目标的应用中，在费用（比电话调研节约一半费用）、速度（比电话调研的速度快一倍）和测量精确度方面都略胜一筹。

观点速递公司的首席运营官李·史密斯对在线调研和邮件问卷进行过一次对比研究。根据他的研究，要传递相同质量的信息，与传统邮件相比，通过网络所需的时间和费用都只是原来的 1/8。其他的研究表明，在大多数互联网渗透率超过 20% 的国家，在线问卷得出的结论与传统的电话和纸笔问卷得出的结论是相似的。

第二个问题是关于网络上的**无限制网络样本**（unrestricted Internet sample）。只要自己愿意，任何人都可以参与问卷调查，这完全是一个自我选择的过程，并且结果可能对其他不使用网络的人不具代表性。如果一个人反复参加同一个调研情况就更糟了。例如，《信息世界》（*InforWorld*）这个针对计算机用户的杂志，在它的第一次网络问卷中对“读者的选择”进行调研。由于应答者重复地为一个产品投票使结果出现很大的偏差，以至于问卷被当众宣布无效，编辑不得不要求读者今后避免发生类似情况。为了防范这种问题的发生，所有负责任的机构都会在进行网上问卷调查时提供给参与者一个唯一的密码，这个密码只能允许参与者参加一次问卷调查。

第三个问题是互联网上可能并没有所需的样本框架。假设俄亥俄州代顿市一个非常受欢迎的意大利餐厅圭多餐厅（Guido’s），想知道它们在食物质量和服务上与大型连锁餐厅如橄榄花园相比，在顾客心目中做得怎么样。就要选择生活在俄亥俄州代顿市并且常去惠顾圭多餐厅的人作为样本。对于格林菲尔德这样的大型在线调研公司可能不容易找到足够的人选。如果圭多餐厅不能提供顾客的电子邮件地址，互联网样本并不可行。

其他问题包括缺少对“开放式的”的回答进行“回访”的流程，潜在的问卷程序错误，以及缺少对误差范围的估计（有的潜在参与者不能按时完成问卷或者下载照片和视频）。很多公司和调研人员开始变得关注互联网样本的质量。宝洁公司表示，一个高质量的互联网样本必须只包括身份和地址可以被鉴定的真实的受访者；要求受访者按照它们规定的筛选和行为标准来回答问卷；每个人只能填一次问卷；受访者必须经过思考之后回答。

因此，所有为宝洁做调研的公司必须满足以下要求：

- 使用预先决定的、可靠的、标准化的和客观的质量标准。
- 使用自动化处理过程来满足质量要求。
- 确保有潜在欺骗倾向的受访者很难满足或绕开实施的质量标准。
- 无论样本来源、调查技术和地理情况如何，有需要时，要对所有的项目实行一致的质量标准。
- 寄送阐述质量标准应用影响的报告。
- 保护从受访者、供应商或委托商处收集到的所有个人信息的私密性和安全性。

7.4.3 实施在线问卷调研的方法

有几个最基本的进行在线问卷调研的方法：在线问卷软件、问卷设计和网页寄存网站。

1. 在线问卷软件

网络问卷软件是专门设计、投递在线问卷的软件系统。一个典型的做法是，问卷被设计成具有容易修改的特性，通过一个可视界面，被自动传到网络服务器系统。服务器将问卷发布出去，再将收回的问卷归档到数据库。用户可以在服务器上随时查询问卷完成情况、问卷响应的描述性统计以及数据的图形表达。几个著名的在线问卷软件有 SPSS Quanquest、Inquisite、Sawtooth CiW、Infopoll 和 SurveyGold。

2. 提高问卷完成率

自定义设计软件（如 SPSS Quanquest）强调，如果想让参与者完成问卷，就要尽量使其在答卷时感到愉快。参与者越投入，他们提供的观点就越有用。下面这些技巧可以使参与问卷者获得更愉快的体验：

- 不管是哪类问卷，都尽可能用口语化描述，避免过多使用“调研”的口吻。
- 要坦诚，提前通知问卷调查结束的时间。
- 为参与者提供更多机会进行开放式回答，使他们能真实地表达自己的想法。
- 确保备选答案涵盖了所有可能性，避免过度使用“其他”作为选项。
- 使问卷在 20 分钟内可以完成，参与者能够在答卷时看到自己的进度。
- 在合适的时候尽可能使用图形，使问卷在视觉上更具吸引力。
- 寻求新的办法促进参与者和调研人员之间的合作。
- 使研究更具教育意义，通常参与者会为获得某个产品或主题相关的新知识和信息而受到激励。
- 为参与者提供联系方式，使他们可以有机会获得关于所测试产品项目的最新进展。

物质奖励对于在线调研有多重要？问卷的外观对完成率是否有影响？ Decipher 公司进行了一项在线调研来说明这些问题，它利用 eBay 提供的一个国内客户的名单进行了一次问卷调查，超过 1 900 名会员参加了这个 7 分钟的在线问卷调查。参与者收到电子邮件邀请，点击邮件里的链接就可以访问电子问卷。调研使用了四组并行的数据。

	问卷设计	奖　励
第一组	普通	无
第二组	精良	无
第三组	精良	1/500 的机会获得 1 000 美元奖励
第四组	精良	前 100 名合格完成问卷的每人可获得 2 美元

从上面的安排可以看出，第一组和第二组是为了比较普通问卷与设计精良的问卷之间在效果上的差异。表格的使用以及合理排列的选项，这些都是设计精良的问卷有别于普通问卷的标志（见图 7-1）。

第二组和第三组，以及第二组和第四组之间的比较是为了衡量奖励对问卷的作用。最后，第三组和第四组对抽奖与有保证的小额奖金这两种不同类型奖励的作用进行比较。

问卷的外观对于完成率没有明显影响（两种情况下问卷完成率均为 77% 左右）；奖励的类型对问卷完成率也没有影响。然而，两种奖励都使问卷完成率提高了大约 10%。在四组测试中，中途放弃的情况都发生在参与者进入问卷 90 秒后。在有奖励的情况下，这段时间放弃问卷的现象显著减少。

3. 问卷设计和网页寄存网站

许多网站允许调研人员在不安装设计软件的情况下进行在线问卷设计，服务器代为管理问卷，有的还提供制表和分析服务。热门的网页寄存网站包括 WebSurveyor、Survey

Monkey、e-Rewards、Zoomerang 和 Google Consumer Surveys。超过 200 个国家的人群已经回答了 Survey Monkey 制作的 3 300 多万份问卷。

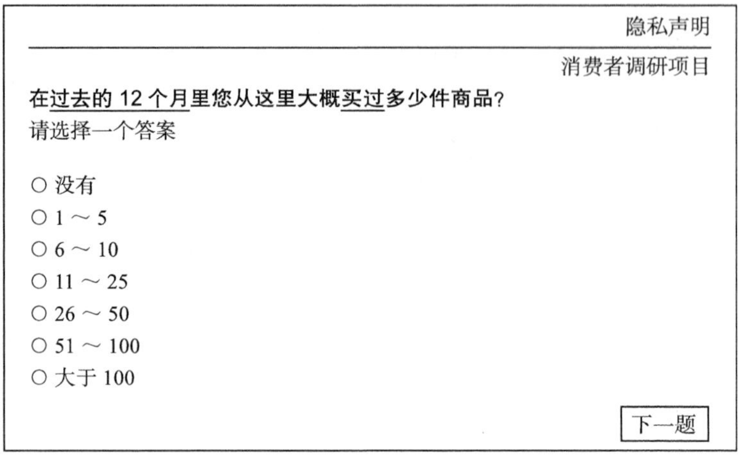

a）普通问卷

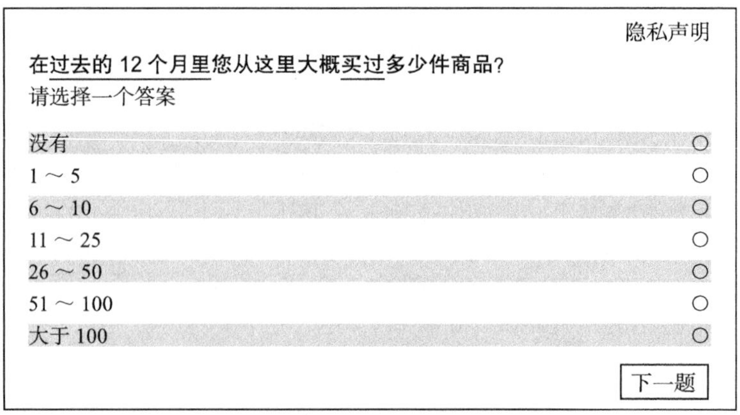

b） 精心设计的问卷

图 7-1 问卷的外观是否重要

资料来源：Jamin Brazil，Aaron Jue，Chandra Mullins，and Jamye Plunkett，“Capture Their Interest，” *Quirk's Marketing Research Review*（July/August 2006），p.48.

7.5 商业在线小组

许多调研公司将问卷托管在那些提供**商业在线小组**（commercial online panels）的网站上，以协助完成市场调研。商业在线小组不是专门为某一个公司或某个项目设立的，相反，商业在线小组为许多不同的公司的多个项目所使用。这些公司需要投资一些钱用于提前招募那些愿意参与在线市场调研的人。有的在线小组有上千个会员，专门从事某一行业的调研，如建筑、医疗或技术产业，而一些大的商业在线小组则包括数百万人，可以参加不同主题的在线问卷调查。大多数在线小组要求人们在加入时填写大量含有个人信息的问卷，包括基本资料、生活方式和心理情况，通常有上百个方面。这些个人资料使小组服务商能够记录每个小组成员详细的信息。通过这些信息，在寻找调研对象时就容易找到符合要求的人选。

尽管在线小组在节约成本和时间上非常有效，但数据的质量却决定于小组的管理水平。影响在线小组的质量的因素包括招募方法、受访者参与度、小组管理实践和提供的奖励类型等。

7.5.1　小组招募

小组招募的方法对于一个小组的质量至关重要。如果某项调研是针对该产品的消费者群体进行的，为满足这一需求，招募小组成员时就要确保采取正确的方法，从该消费者群体中招募成员；同样地，如果调研项目需要商务人士，小组招募就要采用适当的方法从商务人士的范畴挑选成员。对于某项调研，在线小组所呈现的样本最好是多样化的。小组成员的招募方法是区别在线小组的一个关键特征，主要有两种方式：开放式招募和应邀参加。

开放式招募是指通过广告吸引正在上网的人们。**开放式在线小组招募**（open online panel recruitment）允许任何有网络资源的人“自我选择”并加入市场调研小组。这样做的好处是能够利用网上冲浪并被在线广告所吸引的人快速建立起一个小组。

这种方法最大的缺点是对于被招募对象的身份无法控制。开放式招募可能会吸引上百万拥有相似特征的网络用户，但很可能这是一些对网络广告反应灵敏，或者利用搜索引擎寻求机会参加在线小组的人，这就使相当大一部分人被忽略了。

在许多情况下，开放式招募会导致小组拥有过于充足的人员，这些人参加许多不同的小组，完成过量的问卷调查，业内称他们为“职业问卷填写人”——他们加入各种小组，填写成千上万份问卷以获取抽奖或其他类型的奖励。对于职业问卷填写人的主要顾虑在于：①他们为了快速完成问卷而不经过深思熟虑，会提供虚假或误导性信息；②他们对待问卷持敷衍的态度，这一点在回答问卷所花费的时间上表露无遗；③他们破坏了问卷回答者的比例，使调研数据出现偏差或不具代表性。有的网站允许人们一次注册好几个小组，对网络市场调研更加不利。一项研究表明，30% 的在线问卷是由不到 1% 的人完成的。该研究还发现，职业问卷填写人平均每 90 天要完成 80 份问卷，有时一天要完成几份。即使如此，还是要认识到不是所有的在线问卷都是由职业问卷填写人完成的。因此，在使用在线小组时弄清楚招募的方法很重要。

另一种在线小组的招募方法是“应邀参加”。美国最大的商业在线小组服务商 Research Now 第一个使用这种方法。**封闭式在线小组招募**（closed online panel recruitment）或“应邀参加”只允许提前验证过的人或具有某一特征的人参加市场调研小组。最常见的方式是对大的、可信度高的顶尖品牌的客户发出邀请，这类品牌在任何指定的人群（如普通消费者或商务人士）中都拥有很多不同特征的顾客。例如，为了招募消费者小组成员，Research Now 与大的知名公司结盟，借助这些公司所拥有的大量、特征各异的消费者群体；同样地，为招募商务人士，Research Now 与主要的航空公司、酒店和汽车租赁公司建立合作关系。因为常出差的商务人士也属于一般消费者，这就使招募中会出现重叠的现象，但是 Research Now 会对小组成员的登记保持紧密的关注，以避免这种重复。

“应邀参加”的方法使小组调研人员可以招募到符合某种人口特征的人，可以作为委托人所调研人群的代表性样本，或者满足委托人的某种具体需求。例如，为了确保充足的小组成员，小组服务商可能要从高级零售商的顾客中招募。要招募青少年时，就要瞄准主营青少年服装市场的零售商，要招募经营决策者，要从服务于商人的公司着手，如航空公司、酒店、汽车租赁公司和商业出版物的订阅者。

“应邀参加”的方法赋予了小组服务商更大的控制权，使他们能够清楚受邀加入小组的人的身份，大大减少了职业问卷填写人参与的可能性。应用这种方法需要特别注意的一点是，小组的组成取决于接收到邀请的人，这一组成可能因为某一作为招募来源的客户而有所倾向性。因此，“应邀参加”的小组需要与不同领域的许多公司合作，从而获得大量多样化的招募来源，确保小组具有均衡的代表性。

7.5.2 小组成员的参与

提高小组成员的参与度可以使问卷回答率低，造成的偏差最小化，这对于调研的成功是至关重要的。因此，懂得如何管理小组和使用激励手段是很重要的。在线问卷的响应率有时变化很大，有的群体回答率仅 5%，而有的则可达到近 30%，有时在提前筛查过的群体中回答率甚至超过 60%，这部分参与者会提前预知将在某一特定时间或日期接受问卷调查。随着电话访谈的回答率逐渐降低，促进了在线小组的应用。

参与度的高低受几个因素的影响，包括小组成员对调研过程产生的兴趣，他们参加问卷调查和焦点小组访谈的总体经验，以及调研的题目等。当然，其中一个主要的驱动因素是激励机制。

一般来说，在线小组使用两种激励模式：抽取奖励式和全部奖励式。抽取奖励式为问卷参与者提供参加抽奖的机会，通常是几百或几千美元，得奖的概率非常低；全部奖励式对完成问卷的参与者均给予小额的奖励，作为对他们所付出时间的报酬。

选择合适的激励模式是非常重要的。合理的激励模式不仅影响问卷回答率，对小组成员的维持率也产生影响——通过小组成员的基本资料，可以在需要时快速锁定某一类型的参与者，因此保持小组成员的稳定很重要。当小组成员觉得自己付出的时间和努力没有得到应有的回报时，就不那么愿意参加问卷调查了。

7.5.3 小组管理

除了有效的小组招募和小组成员的参与，在线小组服务商必须有效地持续管理他们的小组，确保高水平的质量，要保证小组成员每次参与问卷调查的经历都是积极的。良好的小组管理包括频率控制，即控制小组成员参加问卷的次数不要过多或过少。小组成员应该获得足够的机会参与问卷调查，使他们能够有效地融入调研过程，但也要避免给他们过多问卷而造成负担。其他因素还包括保证参与者的隐私、保护个人信息、防止试图利用在线问卷作为销售渠道的假冒问卷调查（“假市场真推销”——以市场调研做掩饰的销售）。

小组服务商要持续的招募新成员以满足持续增长的在线样本需求，或者当有成员退出时能够及时补充。即使是小组维持率很高的情况下，也会出现一些成员对待问卷积极度降低的情形。此外，通过招募新成员还有助于培养稀缺的细分群体，以及使小组成员结构达到平衡，最大限度地代表所有群体。持续地吸收积极投入的小组成员是每个小组服务商恒久不变的目标。

最后，小组管理还包括确保小组信息的更新。随着小组成员的变化，他们的信息资料也要随之更新。例如，上一年的一个 25 岁的单身大学毕业生，今年已经是一个 26 岁的会计师了，她可能已经结婚并有了一个孩子，其收入也从上一年的个人年收入 12 000 美元，变成如今的家庭收入 45 000 美元。更新的个人资料确保小组服务商能够持续地锁定符合问卷调查要求的人选。

7.6　移动网络调研：下一阶段

截至 2013 年，在这个星球上智能手机、手机加上平板电脑的数量已经超过了全世界的人口总量。2012 年，仅智能手机的流量就增长了 81%；现在，56% 的美国成年人拥有智能手机，并且 57% 的成年人用他们的手机上网（在收入超过 75 000 美元的家庭中这个数字上升到 79%）。34% 的成年人拥有一台平板电脑。

人们将自己的生活装进了他们的移动设备中，用它们来照相和储存照片、阅读新闻和朋友同事保持联络，并使用各种能让生活变得更方便和更有趣的应用。这种移动设备上的体验远比传统的电脑体验更加私人和亲密。在随时随地使用这一方面，移动设备有着不可比拟的优势，但这也意味着对人们注意力的无限干扰。

7.6.1　移动端调研的优点

现在，有 1/4 的受访者倾向于用自己的移动设备参与调查，这个数字还将继续增长。唯一的问题在于，增加的速度到底有多快？在传统的调研下，研究者要求消费者回忆他们的经历和感受。但是，智能手机不仅能让研究者通过地理定位、地理围栏技术或移动分析观察受访者所在的地点，还能够在移动调研中询问他们的实时反馈，地理围栏即在一个地点周围建立一个虚拟的边界。

当一个使用智能手机的人跨越了一个地理围栏时，就会引发一个特定位置的调查。例如，一个顾客可能要离开梅西百货，就会被要求回答关于购物体验的一些问题。一些其他的问题可能关注每个产品的位置、店内促销效率以及顾客购买意图。

除了定位消费者以外，移动网络调研还有以下优点：

- 提高回答率。和一般方法相比，顾客在移动设备上回答率更高且速度更快。
- 增强便利性。当受访者可以在自己方便的时间和地点完成调查时，他们将拥有更好的体验。
- 扩大受访面。移动设备可以接触到发展中国家以及偏远地区的受访者，这给获取这些地区的消费者心理提供了巨大的机遇。
- 丰富调研内容。通过移动设备，受访者可以便捷地分享媒体资料（如照片、视频、录音等）。
- 扩大受访人群。各个人群的受访者配合度都更高。
- 即时反馈。对于市场活动、测试等方面的调研问题，移动网络调研可以提供即时反馈。

- 节约成本。调研人员收到回复的速度更快，问卷完成时间更短。
- 其他选择。使用移动网络招募工具吸引受访者参与网络问卷调查或联系平时难以接触的人群。这是接触活跃人群的另一种方法。

7.6.2 开始阶段的一些问题

第一个“吃螃蟹的人”总是紧张的，一些调研公司在进入移动网络调研时并没有一个考虑周详的计划。仅仅将一个为了 MAC 电脑或者笔记本设计的问卷转换成短信息（SMS）的形式，对企业来说就是一个灾难。通过在键盘上打字回答一个复杂的、需要 40 分钟的、慢节奏的问卷会导致高未完成率。所以，当移动设备调研还是一个新鲜事物的时候，通过短信形式来实施调查已经足够可怕。行业关注的焦点已经转移到了通过 WAP 协议或者为特定的运行系统（如苹果手机或安卓设备）设计的调研应用来实施调研。

无论是基于 WAP 协议（或者说基于网页）还是基于移动应用的问卷调查，都有它们的优点和挑战。WAP 调查允许交叉平台的文本编辑和多媒体调研（它们可以在多种操作系统的移动设备上运行），设备通用性达到 70% 以上。缺点在于移动设备的速度依赖于无线网络的连接情况，变动常常很大。基于 App 的调研是针对特定设备的（意味着苹果手机上的应用无法在安卓手机上使用，因此对于交叉平台调研来说，多种版本的调研应用是必不可少的），但是，通常拥有更快的传输速度，这些最终会在调研过程中提高受访者的满意度。另外，调查应用能被嵌入已经存在的应用中，这就给予了调研人员机会——在其他应用中加入调查的功能。

调查问卷必须在一个实际的电脑上下载的日子已经一去不复返了。现在，平板设备已经能够轻松地进行调查并且立即通过无线网络将数据传输到网上的分析工具中，调研人员甚至使用平板笔记本二合一设备将定性调研升级为混合定量 / 定性技术。例如，受访者会被给予一个小定性调研来测试个人偏好，之后调研结果能被立即通过实时网络分析工具总结出来。接着，就会实行关于偏好的焦点小组访谈，将最初的定量调研数据用于定性小组访谈中。

7.6.3 设计一个移动调查问卷

问卷设计者在设计问卷和寻找用户时都必须要积极主动，以给一个移动设备受访者完美的调研体验。第一，也是最重要的一点，移动问卷必须要短小。10 个问题或更少一些最好。这是因为用户界面和数据传输速度的限制使得问卷传到移动设备上需要更长的时间。第二，一个好的移动调查问卷必须将页数降到最少。每一次翻页时，受访者都必须等待。一面上不能放太多问题是很重要的一点，因为移动设备的运行内存不足，一面上有太多内容会导致设备变慢或者没有响应。第三，问题的类型要简单。单维度的无线电、复选框或选择题要比多维度的网格问题更好，因为后者对于移动设备窄小的屏幕来说很难完成。尽量不使用开放式问题，因为它需要受访者打字。第四，所有的无关内容都应该降到最少。屏幕上出现的任何东西都需要额外的加载时间和虚拟内存，甚至一个进度条都增加了加载时间且需要垂直滚动。

这种移动调研的及时性、地理定位技术以及地理围栏技术，使得一些新的调研激励成为可能。很多公司会提供实时奖励，比如你正要去的店铺的电子优惠券。

Toluna，一个互联网移动调研公司阐述了移动网络调研的优点。一个 Toluna 的委托商想要在“超级碗”比赛期间就比赛间播放的广告实施一个问卷调查。该委托商想要看到实时的反应，但是大多数看“超级碗”的观众那时候并不是坐在电脑前面。但是，他们却在一心多用，使用自己的手机（在至少一周一次的看电视时间里，63% 的 18 ～ 24 岁美国智能手机拥有者发短信、使用 App、收发邮件、上网，或者在社交网络平台上参与讨论）。只有移动调研才能收集到委托商寻求的实时数据。受访者会在比赛开始前招募，然后在比赛期间问卷就会发放下去，在广告播送时询问他们的实时意见。

7.7　社交媒体市场调研

社交媒体，如脸谱网、推特、Pinterest、领英给了调研人员从未有过的机会来了解它们的顾客和潜在顾客。公司可以问自己：“谁是我们的‘粉丝’？关于我们的品牌他们能教会我们什么？”要回答这些问题首先要和消费者建立对话并成立关于公司或品牌的消费者组织。

很多社交媒体市场调研和传统的问卷调查是有巨大的区别的。不是一个产品经理来决定 XYZ，然后让调研人员去实施一个调研并提供反馈，社交媒体调研是更具交互性的，是通过一些问题和长时间的观察来实现的。通过分析一个产品或服务在社交媒体上的改变，调研人员能够获悉影响顾客价值判断的因素，以及他们对产品、服务或品牌的评价。很多社交媒体调研都是依靠各种方式的观察法，这我们将在第 8 章详细介绍。

胡椒博士（Dr.Pepper，七喜公司生产的一种焦糖碳酸饮料）花了数年的时间在脸谱网上建立了一个 850 万“粉丝”的基地。现在，只要仔细地追踪和测试这些脸谱网用户对这种软饮料的评价，就能帮助品牌寻找到有价值的市场信息。该品牌每天在它的“粉丝”主页上发布两条信息，然后观察“粉丝”的反应。通过使用脸谱网提供的工具，胡椒博士能够知道发送的消息被浏览了多少次，被分享了多少次以及“粉丝”回复了什么。

“我们收集这些数据来研究顾客的喜好，顾客喜欢什么以及不喜欢什么。”胡椒博士 Snapple 小组的交互媒体服务主管罗伯特·斯通这样说道。

例如，该公司了解到胡椒博士的忠实“粉丝”喜欢犀利的俏皮话。最好的一条信息就是：“如果喜欢你是错误的，那么我不愿意正确。”并且他们不喜欢关于价格和特别优惠的信息。“那和消费者对品牌的热爱是无关的。”斯通说道。

7.7.1　实施脸谱网焦点小组访谈

美国牛肉协会（NCBA）想要了解“千禧一代”（年龄在 13 ～ 30 岁的一代人）的牛肉消费习惯，因此一组同时满足年龄特征和消费心态特征的受访者被招募了。该研究特定的筛选要求包括：每月最少吃两次牛肉；有制定食谱的习惯或者准备开始制定食谱；经常使用脸谱网（至少一周两次）并且至少拥有 25 个好友；能够回答关于现在或未来生活计划的一系列问题；典型性别、年龄和物质水平组合的一部分。

参与者和其他的在线焦点小组访谈或深度访谈一样被招募。在通过筛选并同意参与该研究之后，参与者会被邀请访问一个研究者为该小组建立的脸谱网页面，成为它的好友，然后回到调研并回答一些问题以确认他们真的访问了该页面。加好友的要求是为了确保他们熟悉脸谱网的操作。

使用脸谱网作为平台的缺点之一，在于这样开放性的社交网络网站带来的安全感的缺失。为了补救这点，一旦小组被完全录用，研究者会将该页面的隐私级别调到最高（只能邀请进入）。

受访者需要在 6 周的时间里连续参与该讨论。研究者知道这样长时间的调研会导致参与者的不良情绪，所以他们在过程中采取措施使这种不良情绪降到最低：

- 每周发布两三个新话题。这减少了参与者每天要去该小组的次数并避免了太频繁的信息使他们感到厌烦。
- 该讨论的主持人本身是“千禧一代”。所以他理解主持的原则，并且知道怎么用一种有趣的方式激励小组成员。
- 主持人回应参与者的观点。主持人会针对受访者的回答给出自己的评论，根据他们的回答尝试提出新的想法。因此，讨论会建立在受访者之前所说的基础上，这些“千禧一代”将明白他们的意见在被倾听。

在 6 周的讨论过程中，会一直有随机抽奖环节。除了参与讨论所获得的酬金，参与者常常会收到礼物卡，感谢他提供了最好的想法，分享自己的经验，或者仅仅是在今天参加的人中随机选取。

该研究的目标是有 60 名“千禧一代”完全参与该讨论。考虑到时间跨度和研究进行的时间（从 11 月中旬开始直到圣诞节那周），可以预料到会有一些中途退出者。总共有 227 名“千禧一代”符合要求并且同意参与该小组。在这 227 人中，有 119 人（52%）加该小组为好友；在这 119 人中，有 66 人（55%）活跃参加。总共有 27 个话题发布，收到了来自参与者的 1 545 个回答，这相当于每个话题有 57 个回答，每个参与者大约回答 22 次。

美国牛肉协会在如何改善包装、分销、店内促销和社交媒体市场营销方面获得了有价值的信息。该访谈小组在参与者和主持人之间创造了能够进行丰富多彩且活跃对话的条件。

7.7.2 进行一项问卷调查

对于想要实施询问调研的研究者来说，社交媒体可以用作受访者招募的工具。通过给“喜欢”某产品或服务的顾客，或者在线论坛的成员发送邮件，提供可以参与在线调研的内部网站。

有很多 App 应用可以实施社交媒体调研。Survey Monkey’s app 使调研人员能够在脸谱网上进行调研，调研人员可以直接使用 Survey Monkey 的模板，也可以从其题库中选择来制作一个问卷。Survey Monkey 的建议是让调查简短，提供奖励，并使它有趣，也就是用一种友好的方式，最好能有一些定制化的内容。

脸谱网也在 http://apps.facebook.com/opinionpolls 网站上提供实施调研的工具。例如，想

要在一个小组内询问一个或几个问题，你可以点击该小组最上方的 ASK QUESTION 按钮，然后进入一个问题，需要的话可以加入投票选项，最后点击 POST 按钮分享给小组成员。

TwitPolls 使推特用户可以向他们的关注者询问问题，并收到用户回答时间的计算结果。该 App 能够让品牌或企业在不需要让他们的“粉丝”离开推特的情况下收到实时反馈。

所有的社交媒体都有调查研究 App，研究者必须决定哪种社交媒体拥有对该调查感兴趣的人群，以及哪种 App 提供了最能表达需求的工具。

本章小结

全球超过 30 亿的人口是网络用户，在美国和加拿大这个数字达到 80%。美国 90% 以上的调研公司通过互联网进行调研。

二手资料在市场调研过程中起着至关重要的作用。它能澄清一个问题，提出某个研究方法，有时候甚至可以提出解决方案。表 7-1 提供了一个二手资料的清单。互联网在许多方面都颠覆了二手资料的汇集过程。如今，使用者可以自己从互联网上获取成千上万条信息，而无须再等着政府机构或其他渠道给予回复。对于许多研究人员来说，奔波于图书馆已经成为历史，搜索引擎和目录涵盖了遍及全球的无数资料。网络上的兴趣焦点小组访谈和博客也是二手资料的宝贵来源。

越来越多的焦点小组访谈被搬到互联网上。传统的在线焦点小组访谈是采取电子公告牌的形式，主持人输入问题，然后受访者输入回答。这导致了所有非语言交流的缺失，人们的打字能力不同也带来了问题。网络摄像焦点小组访谈使用声音连接，相关软件也创造了一个更像线下访谈的环境。受访者同样可以来自全球各个不同的城市。远程监控技术创造了一个虚拟的传统焦点小组访谈环境，使所有的参与者感觉身处同一个房间。

M2 频道提供了进行小组讨论的虚拟空间，小组成员可以通过网络视频参加，模拟了传统小组讨论的方式，提问和回答都是实时的。非共时焦点小组访谈会将讨论持续一段时间，其形式类似在线聊天群。在线调研论坛是指一组消费者同意与某个公司进行持续的交流。讨论可能持续一年或者更长的时间，参与者对那些定期发布在社区里的问题给出回答。来自社区的观点可以作为传统市场调研的基础。最近，M2 频道引入了实时声音分析技术，该技术的引进可以详细分析受访者的情感状态、认知过程和诚实度。

一些公司在网上试着进行个人深度访谈。除了一次只与一个人访谈以外，在线深度访谈与在线摄像座谈的实施方式一样。

市场调研在线论坛（MROC）越来越流行。只通过邀请参与的 MROC，持续时间可能从几天到一个长期的过程。正如已经在本章中讲到的，MROC 具有很多的优点，能够为调研人员提供对于概念、品牌、策略和消费者行为更丰富、更复杂的理解。

网络调研实施速度快，能够实时地获取报告，极大地降低了费用，实现了个性化设置。网络调研的回答率高，能采集到不易接触群体的数据，其小组管理更加简化、强大，为调研公司带来更多利润。缺点是网络用户可能不具备代表性，对开放式的回复缺乏回访流程，误差问题，以及网上可能不存在所需的样本框等问题。

本章对如何提高在线调查问卷的回答率给出了一些建议。一项研究发现，问卷的外观不影响完成率，但是物质奖励的确能提高问卷回答率。设计问卷时，在提前设定的选项前要应用单选按钮。对于应答者熟悉的范畴，如居住地等问题，适合应用下拉式菜单。文字表述的问题要给出清晰、简洁的说明，要尽量减少使用文字表述问题，否则会使放弃率很高。

商业在线小组同时为几个不同的公司的不同项目服务。尽管在线小组节约了费用和时间，但要具备良好的小组管理以确保数据的质量。小组成员的招募可以通过开放的渠道或者“受邀参加”。出于对质量的考虑，推荐使用发送邀请的方式。良好的小组管理要防范职业问卷填写人。一般来说，网络小组采取“全部奖励”或抽奖方式来赢得参与者的配合。全部奖励方式更有效些。

几乎超过一半的美国人拥有智能手机，超过1/3的人拥有平板电脑，因此越来越多的市场调研在这些移动设备上进行。移动网络调研提供实时反馈，例如，一个购物者正在逛街，地理定位软件检测到该顾客的确切位置，问卷将自动发送。本章详细阐述了移动网络调研的优点。调研人员迅速地发现，和基于WAP协议或App应用的问卷调查相比，SMS调查并不好用，但是前两种方法依然有自己的缺点。移动网络问卷必须简短，将页数控制到最少，询问的问题要简单并且将无关内容降到最少。

社交媒体调研给了调研人员从未有过的机会了解消费者。公司可以建立一个关于该公司或者品牌的论坛然后就该品牌开展长期对话。与传统的调研方式相比，调研人员和论坛成员之间有了更多的互动性交流，对于品牌的评价和评价者也有了更多的观察。焦点小组访谈、深度访谈和问卷调查都可以在社交媒体上进行。

复习思考题

1. 你是否认为最终所有的市场调研就都会在移动设备上完成？为什么会或为什么不会？
2. 请你解释博客、MROC和市场调研之间的关系。
3. 探讨在线焦点小组访谈的优缺点。
4. 你认为卡特彼勒这样的公司可以从在线论坛调研中获益吗？福特和美国航空呢？
5. 探讨在线问卷调查的普及性。为什么这种方式这么流行？
6. 描述一些招募在线小组的方法。
7. 如何才能在商业在线小组中避免职业问卷填写者？
8. 对于商业在线小组的质量来说，小组管理是个关键因素吗？
9. 一个好的移动网络调研的关键有哪些？
10. 什么是地理围栏技术？怎样将它用于调查中？
11. 请你解释传统市场调研和社交媒体调研之间的区别。
12. 怎样使用脸谱网进行一次焦点小组访谈？

调研实例 7-1

宝洁利用在线论坛为新产品线确定香型

当宝洁在为其新的产品线开发香型时，它询问了其在线论坛成员的意见，让他们简单地记下他们最近几天遇见的让他们感到愉快的香味。在一周的最后，他们收集到视频或简单的文字，描述了刚修剪过的青草的味道、刚刚完成的画作的味道、橡皮泥的味道，或者是能够引发消费者冒险、竞争、舒适和其他情感的味道。

这次关于香型的调查说明了移动网络调研如何发现人们对特定感觉的看法的过程。但是，宝洁同样采取了一个大胆的举措来进一步了解其顾客——她是谁，她去哪里，她看到了什么。通过使用一个移动 App，论坛成员被要求分享他们的美好瞬间——他们这周在家里或在外面遇见的美好的产品或品牌，自己的感觉体验。结果可以让调研人员深刻地理解到消费者是如何在一天的不同时间、不同的情境下有着不同的感受，又是什么促使消费者使用现有的产品或尝试一个新的产品。

美好是一个非常主观性的属性，感觉到美好更是一种非常戏剧化的状态。所以，宝洁招募论坛成员来帮助它挖掘得更深入，不仅仅是通过更私人的分享，还一对一地通过这些移动 App 分享来达到集体合作。毕竟，当新的工具和应用产生时，人们可以做出更加精确的回答，但还需要人们有意愿去回答。这也是为什么通过一种方式与顾客建立亲密、信任和良好的关系如此重要，就像是在线论坛或是一系列的小组会议，你都可以应用到移动调研项目中。反之亦然。

在这个例子中，宝洁试图找到人们看待它的异同。所以，论坛成员仅仅是使用他们的手机拍下那一刻的自己（在家或者在工作），然后加上自己的评论上传。其他的论坛成员可以匿名评论该图片。

“这是下班之后的我。我仍然穿着工作装，很累，但是感觉很好，”一位勇敢的自愿参与者在她上传的照片下这样写道，“我再一次看到了我的微笑，我也看出了我的脸需要补妆，我的双眼很疲惫。”

但是其他的女性看到这张照片怎么说呢？有一些人仅仅是一瞥，眼光就十分锐利。“她看起来有很多粉刺。”一位不留情面的成员这样评论。“她的鼻环和她很不搭。”另一位成员评论。“明亮而快乐的双眼！”一位赞美者观察到。“十分美好的微笑，牙齿很白。”另一位评论。总体来说，“批评”比自己的评价要更温和。

了解到年轻女性对自己要比别人更严厉很惊讶吗？也许不是。在这个事件中学到的更深层次的一课在于合作中的潜在积极性——科技之间（移动设备和网络）、消费者之间以及消费者和品牌之间。

问题：

1. 你认为宝洁对该调研问题使用了正确的调研方法吗？可以使用深度访谈吗？
2. 一个公司要怎样为它的在线论坛或是社交媒体论坛招募合适的受访者？
3. 调研人员说可以从在线论坛中得到更丰富的理解，这句话真实的意图是什么？
4. 像雅诗兰黛这样的公司如何使用这一信息？它们也应该建立一个在线论坛吗？它们已经这样做了吗？

第 8 章

Chapter 8

原始资料收集：观察法

□ 学习目标

1. 对观察调研法有一个初步的认识
2. 学习观察调研的方法
3. 了解机器观察法的类型
4. 认识在线跟踪正在发生什么变化以及它在社交媒体上的应用
5. 了解虚拟购物环境是如何在市场调研中构建和应用的

什么是观察调研法？它如何应用于市场调研？什么是人种志？它为什么这么流行？观察法已经在互联网和社交媒体引起轰动，为什么？为什么在线观察调研如此有争议？什么样的机器能被使用在观察调研中，它们能提供什么样的数据？在第 8 章我们将探讨这些问题。

8.1 观察调研法的本质

与在调查中向人们提问不同，观察调研法主要是观察人们的行为。具体来讲，**观察调研法**（observation research）可以被定义为：不通过提问或交流而系统地记录事件发展状况或行为模式的过程（神秘购物除外）。市场调研人员应当运用观察技巧来收集整理来源于以往事件记录的证据，或者在事件发生时见证并记录这些事件。观察法既包括观察人又包括观察现象，既可由人员来进行，也可由机器来进行。有关这些不同观察情形的例子如表 8-1 所示。

表 8-1 观察情形

情　形	例　子
人员观察者	观察者置身于超市观察消费者选购墨西哥速冻晚餐，以观察消费者在购买点做了多少次比较
人员观察现象	观察者置身于十字路口统计不同方向的交通流量，以确定是否需要设置交通指示灯
机器观察者	利用视频或摄像装置记录消费者选购墨西哥速冻晚餐
机器观察现象	交通计数器监测某一十字路口的交通流量

8.1.1 使用观察法的条件

要想成功地使用作为市场调研数据收集工具的观察法必须满足三个条件：

（1）所需信息必须是能观察到的或者是从可观察到的行为中推断出来的。例如，一个调研人员想知道为什么个人消费者更愿意购买一辆丰田红杉（Toyota Sequoia）而不是一辆福特远征（Ford Expedition），在这种情境下观察法并不能为此提供答案。

（2）观察对象的行为必须是重复的、频繁的或者在某种程度上是可预测的，否则观察法的成本将非常高。

（3）观察对象的行为必须是相对短期的。观察购买一幢新房子的整个决策过程可能需要花费几个星期甚至几个月的时间，在这种情况下观察法是不可行的。

8.1.2　观察调研法的种类

可供调研人员选择的观察方法有许多种，调研人员需要从成本和数据质量的角度为某一特定调研问题选择一种最有效的方法。观察法可以从四个方面进行分类：①自然的观察与经过设计的观察；②公开观察与掩饰观察；③人员观察与机器观察；④直接观察与间接观察。

1. 自然的观察与经过设计的观察

一个有关完全自然状态观察的很好例子是统计在一定时间内有多少人进入梅西百货。观察者在所观察的行为中没有扮演任何角色，那些被观察者也没有意识到他们正在被观察。在另一种极端情况下，我们可以招募一些人在一个模拟超市（在市场调研区设几排货架），以便仔细地观察他们的行为。在这种情况下，必须至少让被招募者知道他们是在参加一项调研。给参与者每人一辆购物车，并让他们随意浏览货架，挑选出平时他们常用的商品。调研人员对于所要研究的几种产品可以更换不同的购物展示地点。为了测试不同展示的效果，观察者需要记录下消费者在被测试商品前停留的时间以及此种商品实际被选购的次数。现今，许多公司（如菲多利和宝洁）都使用在线模拟环境。

在经过设计的环境下进行观察，调研人员能够更好地控制对人们行为产生影响或者能够解释人们行为的无关变量。此外，模拟环境能加快数据收集过程。调研人员无须等待事件自然发生，而是指导参与者实施特定的行为。由于在相同的时间内可以进行更多的观察，因此能够收集到较多的样本数据，或者加快目标样本数据收集过程。后者能有效地降低调研活动成本。

经过设计的观察的主要缺点是环境是人为的，因此观察到的行为可能和自然状态下发生的行为有所偏差。设计的环境越自然，被观察者的行为就越可能接近自然状态。

2. 公开观察与掩饰观察

被观察者知道他们正在被观察吗？众所周知，观察者的出现可能会影响被观察的现象。有两种一般性的机制会导致数据产生偏差：首先，如果人们知道他们正在被观察，正如在**公开观察**（open observation）中的那样，他们的行为可能会有所不同；其次，类似于在调研中访问人员的出现，调研人员的出现和行为会潜在地造成偏差。

掩饰观察（disguised observation）是在不为被观察者所知的情况下监测人们行为的过程。掩饰观察的最普遍形式是在单向镜后观察人们的行为。例如，在焦点小组访谈过程中，产品经理可以从单向镜后观察人们对不同包装设计的反应。

3. 人员观察与机器观察

在某些情况下，用机器代替人员进行观察是可行的甚至是所期望的——当机器能更便宜、更准确、更容易地完成工作时。交通流量统计装置比人员观察者更准确、更便宜同时也更愿意从事这项工作。例如，对尼尔森公司来说，安排人员到居民家中记录他们的收视习惯是不可行的。摄像和视听设备能更客观地记录行为，同时比人员观察者记录得更为详细。最后，大多数零售商店使用的电子扫描仪能够比人员观察者更为准确、及时地提供有关产品流通的数据。

4. 直接观察与间接观察

市场调研中所进行的大部分观察都是直接观察目前的行为或史前古器物。例如，俄勒冈州波特兰、得克萨斯州布兰诺市100位女性的手包中物品是一项观察研究的一部分。几乎每个参与者（99%）都有和金融相关的东西，比如信用卡或借记卡、支票簿和钱包。受过高等教育的高收入已婚女性携带银行卡数量最多；98%的女性携带奖励卡和会员卡；93%的手包里发现了本子、笔之类的办公用品，发现的其他东西，按从多到少顺序依次为美容美发护理、护肤品、优惠券、眼镜、照片、垃圾、护甲产品、女性护理产品、纸巾、免水洗手液、纸巾、牙签、口腔护理产品、宗教产品、武器、纪念品和相机；只有8%的女性携带照相机。

然而，在有些情况下，也需要观察过去的行为。为了做到这一点，市场调研人员需要求助于以往的行为记录。考古学家挖掘出土古代人们定居点的遗址，并试图根据他们发现的实物证据来确定早期社会的生活本质。**垃圾研究人员**（garbologist）通过对人们的生活垃圾进行分类来研究家庭消费模式。与此相比，市场调研通常要平凡得多。在一个产品原型测试中，知道消费者实际使用了多少被测试产品对我们来说很重要。找出答案的最准确的方法莫过于让参与者交出尚未使用的产品，这样，市场调研人员就可以知道多少产品被使用了。假如一项调研的是家庭使用洗衣粉和去污剂的情况，那么知道每个参与调查的家庭实际使用产品的数量很重要。因此，可以从使用情况角度推断所有问题的答案。

有时候也可以利用图片推断人们在特定情境下的行为。例如，为了更好地了解全球消费者，位于纽约的GfK NOP公司进行了一项全球性的调研，它们建立了大量可视化数据库。调研的部分工作包括拍摄人们的厨房，在很多文化中，厨房都是家庭的核心。

8.1.3 观察调研法的优点

观察人们实际在干什么，而不是求助于他们告诉我们他们做了什么，有一个非常有意义且显著的优点：原始资料避免了运用调查法时会产生的误差因素。具体来讲，市场调研人员可以避免由于受访者回答问题的意愿和能力而产生的问题。而且，通过观察可以更快、更准确地收集某些类型的数据。使用扫描仪记录比要求人们罗列出他们食品袋里的每样产品要有效得多。类似地，比起询问孩子他们喜欢何种类型的玩具，大多数玩具制造厂商更愿意邀请目标儿童群体到一个很大的玩具室，并通过单向镜观察孩子们选择了哪些玩具，以及每一种玩具吸引孩子的程度。

8.1.4 观察调研法的缺点

观察调研法的主要缺点是通常只有行为以及物理特征才能被观察到。市场调研人员不能了解人们的动机、态度、目的和感受。同时，只有公开的行为才能被观察到，一些私下的行为（例如，上班前的穿衣打扮或者公司委员会的决策制定）超出了观察调研法的调查范围。第二个问题是，现在观察到的行为可能不能代表未来的行为。在衡量了几个可供选择的品牌后，消费者购买了某一特定品牌的牛奶，但这并不代表这位消费者在将来也会购买相同品牌的牛奶。

如果被观察的行为发生的频率较低，那么观察调研会很耗时且成本很高。例如，如果一个观察者在超市中等待观察人们选购 Lava 香皂的购买行为，那么他可能等上很长时间。假如被选为观察对象的消费者是根据一定的限制条件选择的（例如，下午 5 点之后去杂货店购物的顾客），那么就有可能得到有误差的数据。

8.2　人员观察

正如表 8-1 所示，可以雇用人员来观察其他人或特定现象。例如，作为神秘购物者的人员、在单向镜后面的观察者或记录消费者购物路线与行为模式的记录员。调研人员也可以对零售和批发进行审查，这些都是观察调研法的几种类型。

8.2.1　人种志调研

将人种志调研运用于市场营销源自于人类学领域。在商业市场调研中，这种技术的流行程度正在与日俱增。**人种志调研**（ethnographic research）或在自然状态下的人类行为研究包括观察行为和物理环境。人种志专家直接观察他们正在研究的人群。作为“参与其中的观察者”，人种志专家能利用他们与被研究者的密切关系来获得对文化和行为更为丰富与深入的理解。简而言之，就是理解人们行为的驱动因素是什么。每年花在人种志调研上的费用超过 4.5 亿美元。现在，一些企业（如宝洁和微软）拥有它们自己内部的人种志专家。宝洁在墨西哥城的低收入阶层中进行了人种志调研，该调研带来了“一漂净”，一种纤维柔软产品，当地的洗衣机没有该功能。人种志调研的花费为 5 000 ～ 800 000 美元，它取决于公司想在多大程度上研究消费者的生活。

第一次以非正式的方式运用人种志调研可以追溯到 20 世纪 30 年代的西班牙内战。在不作战的时候，福莱斯特·马耳斯（Forrest Mars）观察到士兵们将糖涂抹到巧克力上。这种观察调研或人种志调研的结果是创建了马耳斯巧克力公司（M&M），它以马耳斯（Mars）和合伙人布鲁斯·默里（Bruce Murrie）命名。

1. 人种志调研的优点

焦点小组访谈和个人深度访谈都依赖于回忆，也就是说，调研人员让受访者回忆他们自己的行为和其他人的行为。当然，人类的记忆有时会出错。

另外，受访者有时会以社会期望的方式做出回答。一个正在看成人杂志的人也许会声称他正在阅读《财富》和《商业周刊》。人种志调研拥有以下优点：

- 人种志调研建立在事实的基础上。它能够准确地展现顾客使用产品的情况，而不仅仅是他们自己阐述或回忆的内容。
- 它能揭示未被表达的需求。

- 它能发现未经开发的消费者利益。
- 它能发现产品问题。
- 它能揭示怎样、何时、为什么以及在哪里人们购买该品牌——和竞争产品相比，消费者如何看待该品牌。
- 它能展现家庭中该产品的实际使用者，可能发现一个全新的潜在顾客目标。
- 在设计新产品或产品改进时，它能够利用消费者对该种类别产品的经验和实际创造力。
- 它能在现实情境下测试一种新产品。
- 它能直接通过消费者的体验揭示广告执行情况。
- 基于对消费者生活方式的理解，它能够帮助品牌或企业与消费者建立更好的关系。

随着时间的推移，个人能逐渐适应观察者的出现（通常很快），因此他们的行为相对无偏差——（如此一来）能更为准确地描述他们的行为。

尽管人种志调研人员的主要工作是观察人们的行为，积极地采访或与受访者讨论也是其工作内容的重要组成部分。通过对话了解受访者对行为的看法能为调研人员提供大量信息。此外，还可以在混合方式的研究中运用人种志数据，以与其他来源的数据进行比较和对比。例如，一个调研经理可能会获得销售人员与消费者以及潜在客户互动方面的观察数据，并将它与来自于区域和地方销售经理深度访谈方面的信息进行比较，确定现行工作和期望之间存在的差距。

2. 实施人种志调研

人种志调研的第一步是找到参与者，然后观察过程开始。一个非常熟练的人种志研究者一定受过良好的人类学训练。调研开始于一个系统的观察和询问。人种志研究者经过训练如何去观察人类文化：符号、代码、神话、习俗、信仰、价值观、社交规则和概念类别等。很多所谓的人种志家的访谈在大约 90 分钟的时间段里进行，这个时间太短不足以进行近距离的环境观察和提问（三四个小时的人种志观察和访谈会更有效果）。

在一项消费者如何使用家庭打印机的研究中，一个受过良好训练的人种志研究者会这样提问：

- 假设人种志调研受访者从未见过打印机，在他们最基本的意识里，打印的过程和意义是什么？
- 通过探索受访者如何区分非印刷品和印刷品，我们能够理解符号印刷吗？
- 人类学家使用二元对立的结构：

二元对立	
非印刷品	**印刷品**
无形的	有形的
短暂的	持久的
公开的	私人的

- 消费者关于印刷或非印刷的故事、神话和信仰是什么？关于不同品牌的打印机的看法是什么？

- 印刷仪式是如何作为一种过渡形式将消费者从一种状态转换成另一种状态？
- 打印并保存硬拷贝的人和将印刷视为传统和浪费的人在“生活环境”上不同吗？
- 有在社会情境或商业场合下要求或者拒绝印刷吗？如果有，为什么？

这些问题和观察无疑会丰富新产品的开发和市场推广，利于确定产品设计、品牌定位和广告内容。和以上相对应的是，精简版的人种志调研包含有限的观察（一个小时以内）和一些少量的个人深度访谈。这种形式的调研通常是由没有经过专业人类学或社会学训练的调研人员实施。不幸的是，很多研究都以这种方式进行，它们通常得不到什么有效信息。

下一个步骤就是分析和解释收集到的所有数据，以找出它们的主题和意义。这不是一项简单的任务。大量的音频和视频材料必须转化成文字以便进行再次研究。即使对于受过良好训练且经验丰富的人种志专家而言，偶尔过多的数据也会让人种志专家感到压力。然而，通过对数据进行仔细而全面的分析，主题和分类会逐渐显现，有用的发现也会变得清晰。人种志专家通常会建立框架，以帮助企业研究它们的消费者和理解这一切意味着什么。

三角测量是指将调查发现与其他人所说的内容以及已经实施过的相似研究进行比较的过程，它是一种核实所收集信息的准确性的方式。然而，传统的人种志学停留在对群体研究的描述上，并不能满足企业的需求。企业需要可付诸实施的指导、建议和战略框架。调查结果的呈现必须达到一定的要求，以使企业能够制订出创新的、成功的解决方案。

剑桥音响（Cambridge SoundWorks）的经理们面临着一个复杂的问题：在全国的零售经销店里，当销售代表展示公司的高保真“ blow-your-hair-back”立体声音响时，男人们都会睁大眼睛观看，但是为什么对这种产品毫不掩饰的热情没有转化为更好的销售呢？

为了找出其中的原因，马萨诸塞州的立体声音响制造商和零售商 Andover 聘请了位于马萨诸塞州西牛顿市的 Design Continuum 调研公司对其大量潜在消费者进行了为期两个星期的跟踪调查。研究者的结论是：高端音响市场因所谓的“夫妻认可因素差异”而受到了影响。男人喜欢大的黑色箱型音响，而女人却讨厌它们的外观。考虑到音响在客厅中的摆放，女人会说服她们的丈夫不要购买一个性能优良但外观丑陋且昂贵的立体声音响。甚至那些购买了该产品的人们在音响摆放上也产生了分歧：男人试图在客厅中展示被他们当作战利品的音响，而女人却希望将它们藏在植物、花瓶和椅子后面。“女人走进商店，看着音响说，‘那东西真难看’，”Design Continuum 公司负责人艾伦艾伦 · 迪雷斯塔（Ellen Di Resta）说，“这时，男人便失去了争论的耐心，就不购买音响了。解决方法是同时满足目标市场中男女双方的需求：一个看起来像家具的大型音响系统，这样你就不用刻意把它藏起来了。”

掌握了这些知识，剑桥音响公司开发了一条新的产品线：看起来像家具的牛顿（Newton）系列音响以及家庭影院系统，具有一系列不同的颜色和光洁度。结果是，在公司 14 年的历史中，牛顿系列是成长最快、最畅销的产品线。

万豪国际酒店（Marriott）聘请 IDEO 公司为其日益重要的客户——在外奔忙的精通技术的年轻人，重新考虑酒店体验。“这完全是以全新的眼光看待商务旅行、人们的行为以及他们的需求。”万豪国际酒店品牌管理执行副总裁迈克尔 E. 詹尼尼（Michael E.Jannini）

解释道。

为了更好地了解万豪国际酒店的顾客，IDEO 派遣一个由 7 名顾问组成的小组，进行了一次为期 6 个星期的旅行。该小组成员包括设计师、人类学家、作家和建筑师。该小组去了 12 个城市，小组成员常去酒店大厅、咖啡厅和酒吧，让这些场所的顾客描述他们每时每刻在做什么。

这就是他们的发现：相比小型商务旅行团体，酒店通常更擅长为大型商务旅行团体服务。调研人员注意到酒店大厅光线通常较暗，不宜进行临时的商务活动，而更适合顾客消磨时光。在顾客住房外，万豪国际酒店并未提供将顾客工作和娱乐很好地结合在一起的场所。IDEO 公司顾问兼万豪国际酒店项目经理达纳·赵（Dana Cho）想起自己曾看到这样一幕：一位女性商务旅行者在酒店大厅喝咖啡的同时，却要注意尽量避免把酒洒到桌面的文件上。“很少有酒店考虑到处理这些问题。”赵说。

研究了 IDEO 公司的调研结果，万豪国际酒店在 1 月宣布了彻底改造万豪酒店大厅和万丽酒店大厅的计划。该计划为每个酒店大厅设计了一个光线更明亮且带有小桌子和无线网络的社交区域，这一区域更适合各种会议。个人旅行者可以在另外一个区域开展工作或在此区域提供的更大、更安静的半私用空间里休息，在这一休息空间他们不必担心会把咖啡洒在笔记本电脑或文件上。

宝洁首席营销官吉姆·斯登格尔（Jim Stengel）强调：“我是一个推崇观察的人。”因此，他力促宝洁的市场营销人员花大量的时间待在消费者家中，观察他们洗衣服、拖地以及给孩子换尿布的方式，询问他们的相关习惯和遭受的相关挫折。回顾 2000 年，一般的品牌营销人员一个月内与消费者在一起的时间少于 4 小时。斯登格尔说：“现在与消费者在一起的时间至少是那时候的三倍。”

Herman Miller 公司（一个家具及配件生产商）的高级研究人员布莱恩·格林在“市场调研实践中 8-1”描述了他最近实施的一个全球范围内的人种志调研。

市场调研实践 8-1

作为一项世界性的工作

我的人种志调研涉及四大洲，并在调研的 3 个月内与超过 10 000 人进行了交流。730 多小时的田野调查，3 000 多张图片和接近 30 个小时的参与者拍摄的长镜头录像，该调查获得了极其丰富的数据。

人们互动的方式

这项国际性调研的最初目的在于聚焦人们物理上和虚拟中的工作行为。我们的团队想要研究人们互动的方式以及雇用者是如何支持和促进这种行为的。我们了解到的信息有助于赫曼·米勒（Herman Miller）的新产品开发并发掘到可以和消费者共同分享的知识。

观察法

这是我们方法论的基础。我们和客户联系人一起工作，以此确定哪个部门是进行观察的最好地点。这样的情况下，无疑会有一些样本误差，但是这在预料之中。我们在寻找将花时间和他人互动视为工作一部分的研究参与者。观察将在一栋办公大楼的一或两层进行，这样利于确保一个子集不会影响研究发现。

我们通常坐在一个桌子后，就像在自己公司一样。从这里，我们观察员工的互动情况。我们现场的观察可能会有影响员工行为的风险，但是这并没有成为此次研究的阻碍。员工的互动在他们中间发生，我们并不是办公室动态的组成部分。实际上，大多数员工没有注意到我们。

参与者的资料记录

我们要求员工使用一份互动日志，也就是一张印有复选框的表格，用来记录互动特征。我们想要采用一种简单的方法来记录每一次互动。它能够反映如人们参与互动的次数、持续时间、发生地点、使用的技术或工具和隐私程度这样的事项，无论对话是发生在虚拟空间还是现实生活中。

一个参与者的二次抽样样本，通常在两天左右的时间里由10～15人组成，会被要求完成该日志。我们不希望这变成一个负担，所以这些参与者中的每个人在调研时间内完成一到两天的日志。完成的日志数量激起了我们的好奇心。在大多数情况下，人们会对日志的数量和他们一天内进行的互动次数感到惊讶。

在线调研

该在线调研针对顾客网站上的所有员工，我们的调研收集类似于互动日志上的信息。员工会被要求回想他们最近的一次互动，然后他们会收到6种不同的场景，并选择他们最近一次互动发生的地点。这些场景来自于他们自己所处环境的照片或写下的描述。一旦他们选定了地点类型，他们会被询问互动的特征。该调研是根据每个公司的日志信息及公司环境图像为每个研究网站定制的。

焦点小组访谈

我们在每个网站召集了8～10个人进行焦点小组访谈，来帮助我们更好地理解我们所寻找的信息。我们探求了他们最喜欢的和最不喜欢的场所，他们谈论了他们躺下休息的地点、完成工作的地点和进行交流的地点；我们询问了参与者碰见其他人并进行随机对话的地点。我们同样讨论了这些场景下使用的工具和技术。

影像日志

日常生活的影像日志记录了员工的互动情况。员工被要求寻找到可能有意义的场景，并告诉调研人员他们为什么用这种方式做这件事情。我们询问他们是否注意到了他们互动时周围的环境的影响，这些影响从参与者的视角提供了丰富的信息。

图片

我们在每个地点拍摄大量照片来记录场所类型和该场所内发生的互动。之后照片会被分类并贴上附有描述的标签。

应用研究

在最初拜访每个地点时，我们要求公司提供楼层的地图指南，这些地图指南被用来标记互动。我们每半小时在整个空间内观察一次，所以我们能够做出空间热点图，该图显示了发生互动的地点和不发生互动的地点。我们捕捉这些互动的特点，例如，多少人在互动，使用了什么技术，以及使用的工作工具和参与者姿势等。

丰富的结果

正如人们所预料的，这座办公楼，它的内部结构和装修在人们如何在工作环境中互动方面起了巨大的作用。

应用研究产生了一个最有趣的统计性发现，我们观察和标记到有70%的互动发生在个人办公室周围。这很重要，这给“人们不需要正式会议室来和同事交流”这一观点更多的支持。

通过焦点小组访谈，我们发现人们会通过一个几乎无意识的清单来决定是否应该寻找一个会议空间或是在他们的个人空间中。当一个人向一张私人办公桌走去时，该人会考虑以下问题：

- 这次谈话会持续多久？
- 我们还需要其他人加入讨论吗？
- 我们还需要其他的工具（如白板、图表板、投影仪和电话会议使用的电话等）来得到一个成功的结果吗？
- 我们讨论的话题对周围的人来说合适吗？

当人们去会议室时，他们会避开与自己需求无关的区域，人们知道自己需要什么和不需要什么。当一次交流需要变得更加正式时，决定人们去哪里有以下基本驱动因素：

- 距离——人们通常不会绕到一个条件更好但是更远的区域。
- 空闲——该地点现在是否可以用来交谈？
- 技术——该地点是否拥有解决手头任务所需要的技术工具？
- 亮度——该地点是否能受到自然光线的照射？这里是否有足够的亮度？
- 工具（如白板和布告板等）——该地点是否有能使会议更加有效率的工具？

长期以来认为互动环境已经消失的观点和办公室参与者所重视的价值完全相反。人们使用“提高效率”“增加谈话的清晰度”和“更好的个人联系”这些词汇，来描述办公地点对他们的价值。即使在科技发达和远程通信的时代，面对面的互动仍然受到高度重视。

问题：

1. 赫曼·米勒可能会怎样使用这些研究结果？
2. 还有其他的调研技术可以用来获取相同的信息吗？如果有，是什么？
3. 将人种志调研和其他类型的调研结合起来有优势吗？如果有，描述这些优势。

3. 人种志调研与焦点小组访谈

毫无疑问，人种志调研和焦点小组访谈都是定性调研的形式。然而，大多数调研委托者都认为这两种方法在整体调研过程中扮演了不同的角色。有时候，这两种方法也会用在同一个调研项目中：

- 在探索性调研最开始的创新阶段，人种志调研有助于战略理解。
- 焦点小组访谈/个人深度访谈有助于处理策略问题——对激励的反应（广告、图像和概念等），通常在第一阶段应用。一定程度上说，这些方法在委托者心中被重新定义了。

我认为焦点小组访谈获取到的东西是有限的。如果我有 8 个想法，我想要知道哪一种想法更好，哪一种语言效果更好等。当我试图获取更深入的东西或者我不知道要如何去问的时候，我会选择面对面。如果我能选择，也有时间——人种志调研是需要时间和金钱的，毫无疑问我每次都会选择人种志调研（制药企业委托者）。

在达成共识和淘汰意见方面，焦点小组访谈仍然有一定的地位。就创新而言，我认为人种志调研确实更有优势（咨询顾问）。

我们进行一项研究时没有同时使用人种志调研和焦点小组访谈是很少见的，它们各有所长。我们要对人种志调研获取的想法和信息在焦点小组访谈中尝试验证。焦点小组访谈更节省时间且效率更高（金融服务委托者）。

8.2.2　神秘购物者

神秘购物者（mystery shoppers）用于收集有关商店的观察数据（例如，货架是否摆放整齐），以及顾客和员工间互动的数据。当然，在后一种情况下，神秘购物者和员工之间需要进行交流。神秘购物者可能会问："这个产品多少钱？""这种款式有蓝色的吗？""星期五之前能送货吗？"这种相互交流不是为了访谈，只是为了观察员工的行动和评论。因此，虽然观察者经常卷入彼此间的交流，但神秘购物者仍可以看成是一种观察调研法。据估计，70% 的美国零售商店使用这种技术：沃尔玛、麦当劳、星巴克、Blockbuster、Jiffy Lube、Rite Aid、PF Chang's 餐厅和全食超市是一些使用神秘购物者的大客户。

"我们尝试做的第一件事是加强公司培训。"ICC/ 决策服务的主管戴维 · 里奇（David Rich）解释道。该公司为一些像李维斯和高迪瓦的客户提供神秘购物者调查服务。神秘购物者为经理提供了关于他们的员工在应该微笑时是否微笑，是否让顾客觉得自在，邀请他们时的即时反馈。许多公司将员工奖金与根据神秘购物者的观察得出的绩效挂钩，鼓励员工有更出色的表现。

神秘购物概念有四种基本形式，每种形式在深度和收集的信息类型上有所不同：

- **形式 1**：神秘购物者拨打神秘电话。在这种方法中，神秘购物者给其客户打电话，并根据电话内容评估所接受的服务水平，继而与其进行一番照本宣科式的谈话。
- **形式 2**：神秘购物者参观某个展览并快速地购买一些产品，不需要过多或者完全不需要顾客与员工间的相互沟通。例如，在形式 2 的神秘购物中，神秘购物者购买了一些商品（如汽油、汉堡或一张彩票），并对其交易能力和场所的形象进行评估。
- **形式 3**：神秘购物者造访某企业，用事先准备好的手稿或方案与服务或销售代表谈话。形式 3 的神秘购物通常并不包含真正的购买行为。类似的例子包括与销售代表讨论手提电话的不同包装，在换油期间评价一下所提供的服务等。
- **形式 4**：神秘购物者进行一次需要良好的沟通技巧以及有关产品的丰富知识的访问。这样的例子包括讨论家庭贷款，购买新车的过程或是参观公寓群等。

神秘购物可能包含一个或几个目标。早期提到的，其中一个共同的目标是评估员工培训。其他的一些目标如下：

- 使组织能够监测其是否遵循产品 / 服务标准，以及是否符合规格。

- 使营销人员能够检查通过广告 / 销售促进做出的承诺与实际的服务之间的差距。
- 协助监测培训产生的影响以及绩效改进计划是否遵循或者与产品 / 服务规范相一致。
- 识别在一天中的不同时间、地点、产品 / 服务类型引起的消费者的不同消费体验，以及其他造成产品 / 服务质量差异的潜在原因。

一家神秘购物公司在一个中档连锁餐厅获得了以下数据：

- 电话技巧 / 客户服务；
- 顾客体验；
- 食物质量和温度；
- 硬件设施；
- 餐厅整洁度和卫生状况；
- 停车条件；
- 着装标准；
- 能见度和与管理人员的互动情况；
- 特许代理协定的执行情况。

了解餐厅的服务和环境是星期五餐厅、橄榄园餐厅和 Chili's 餐厅成功的关键。例如，一项 4 000 名食客完成的中档连锁餐厅调研发现，57% 的顾客表示当上菜速度在 10 分钟以内时，他们"一定会再来"；当上菜时间超过 15 分钟时，该比例下降到 17%。

现在，神秘购物公司使用智能手机通过网络汇报系统提供实时反馈。在过去，总结报告最少需要在购物者离开之后 1 周到 10 天的时间里才能完成。科学技术的发展使委托者在同一时间收到总结报告成为可能。

8.2.3 单向镜观察法

在第 5 章有关焦点小组访谈的讨论中曾经提到，焦点小组访谈的设施中几乎总是包括**单向镜观察**（one-way mirror observation）。这样，当单向镜打开时，客户可以观察到焦点小组访谈的情况。例如，新产品开发经理可以在主持人展示不同类型的包装时观察消费者的反应（为了重新设计一次性尿布，一位市场调研人员曾花费 200 个小时观察母亲们给孩子换尿布的过程）。另外，当消费者说话时，客户能观察到他们流露出来的感情色彩。单向镜有时候也被儿童心理学家和玩具设计师用来观察玩耍中的儿童。Fish-Price Play 实验室每年迎接大约 3 500 名儿童。这个实验室被设计得像幼儿园的教室。在玻璃的另一边是一间铺有地毯的狭窄的房间，房间里大约有 10 张椅子，两个摄像机。在产品开发的过程中，几乎所有的 Fisher-Price 玩具都要先拿到 Fisher-Price 实验室中进行测试。

为了恰当地使用观察室，其光线必须比焦点小组访谈房间的光线要暗。否则，焦点小组访谈的参与者就可以看到观察室内的情况。几年前，作者在圣路易斯曾指导过一个有关整形外科的焦点小组访谈。一位医生早到了大约 20 分钟并被带进了小组房间，而一位年轻的制药业产品经理已经在观察室内落座。这位单独待在小组房间里的医生决定利用墙上那面镶框镜子做最后几分钟的整理。他向那面镜子走去，开始梳理头发。与此同时，那位坐在镜子的另一面，大约距镜子 1 英尺远的产品经理助理决定点一支烟。在医生梳理头发的时候，突然间镜子中出现了一道闪光和另一张脸。接下来发生的事情超过了本书的研究范围。近年来将单向镜告诉参与者并向他们解释谁在另外一间房间观看以及观看的原因，已经成为一种趋势。

8.3　机器观察

到目前为止，我们所讨论的观察方法仅限于人观察事或消费者。现在我们把注意力转向机器观察。我们从流行的但也充满争议的神经营销学开始。

8.3.1　神经营销学

神经营销学（neuromarketing）是研究消费者面对激励时的大脑模式和生理测定的过程。大脑模式通常是通过记录脑电活动的**脑电图**（electroencephalograph，EEG）测量的。功能性磁共振成像（FMRI）测量大脑中和神经活动相关的血液流动变化。生理测定包括血压、心率和出汗情况。

神经营销学在市场调研中是一个很热门的领域，它既拥有坚定的支持者，也拥有大力反对者。该领域最大的公司是尼尔森的 NeuroFocus，该公司发明了一个便携的无线 EEG，可以直接发送数据到远程遥控的笔记本电脑或 iPad 上。在看电视、观看广告或产品原型、看电影，或是在商店购物时佩戴该设备，消费者被给予一定的报酬。一个 EEG 实时虚拟测量佩戴者的脑电活动；相反，一个 MRI 记录大脑里的血流变化会导致读取上的 5 秒延迟。MRI 提供清晰、高分辨度的画质，但在速度上不如 EEG。例如，想象你要想一个关于球的动作。在 200 毫秒内，你的大脑已经接收到了信号。脉冲移动到运动皮质层，使你的牙合器回应，你可能想说“扔”。这个过程发生的速度太快以至于 IMR 无法记录。但是，一个 EEG 可以捕捉从“球”这个词产生的每个虚拟神经脉冲。支持者认为，这就是神经营销学存在之处——在一个无意识的想法产生的最初，在大脑收到刺激和潜意识反应之间的一瞬间。因此，数据都是没有被你的意识过滤和处理过的，也没有机会对字眼或手势做出有结构的回答。

NeuroFocus 仅仅为其合作者测试了 24 个项目。据称，尽管在男性和女性、小孩和成年人之间大脑构造有所不同，但是人类大脑的大部分是相似的。NeuroFocus 收集了大量的数据输入，在一个神经测试项目中记录和分析了上亿的数据点。

英特尔雇用了 NeuroFocus 帮助其了解人们对于英特尔品牌的印象。前期的调研发现，大部分人知道英特尔这个品牌并且喜欢该品牌。但是谈及到技术先导时，英特尔的排名比较靠后。因此，英特尔的经理想要更深入地了解消费者对该品牌的评价。

NeuroFocus 为英特尔设计了测试，使用了神经科学一种最主要的技术——诱发反应电位。测试主体付费以后来到 NeuroFocus 的实验室，戴上一个有 64 个传感器的帽子，这些传感器可以测量脑电活动。因为美国和中国是英特尔两个非常重要的市场，NeuroFocus 测试了来自加利福尼亚州伯克利和中国四川省一个中等城市的 24 个消费者（一半男性，一半女性）。

在一个安静的房间内，每一个测试主体会看到这些词语：成就、可能性、探索、机会、潜能、鉴别、发现、解决和解决问题。每个词在电视屏幕上停留半秒。要求规定当测试主体看到标红点强调的字母时则按下一个按钮。在几分钟的词语激发测试之后，测试主体会看到一些英特尔的广告。接着，上述词语会再次出现在屏幕上，但是没有红点。

这些测试有两个作用：首先，红点会集中测试主体的注意力；其次，因为每次测试主体看到红点，他的大脑就会自动出现一个“点击”按钮，一个所谓茅塞顿开的时刻，这就给 NeuroFocus 一个大脑反应的测量基准。

当 NeuroFocus 之后分析脑电图时，它会寻找测试主体在观看英特尔广告期间同样茅塞顿开的时刻。最能激发这种时刻的是成就和机会。美国和中国的女性几乎在广告后有同样的反应，就像美国男性和中国男性一样，区别在于性别。在两个国家，男性和女性拥有截然不同的反应，成就在女性中诱发了最强烈的反应，而男性被机会吸引。这个结果最终促使英特尔改变了其促销策略。

尽管 NeuroFocus 成功了，美国最大的市场调研公司之一华通明略的消费者神经科学部门执行副总裁格雷厄姆·佩吉（Graham Page），建议调研人员谨慎。裴吉说道：

- 仍然有很大的实践障碍存在。该技术并不是在任何地方都适用，脑波测量或大脑扫描的逻辑是很重要的。测试获取参与者稳定的数据是很昂贵的，或者更糟的是无法完成。
- 该领域早期实践者的极端言论激发了一些怀疑论。
- 我们的很多委托人相信他们在该领域的工作有产生巨大竞争优势的潜能，所以不愿意公开太多的信息。
- 很多市场人员迅速意识到孤立的神经科学方法很难解释和突出。

裴吉补充道：“最后一点很关键。在最近 6 年的时间里，我们检验了该领域的所有主流技术，并和我们做的现存的定性调研和定量调研项目对比，确保从现实的角度上决定什么是科学可以表达的，而什么不能。我们已经看到了一些神经科学方法的巨大价值，但是只有和现有的方法一起使用，而不是直接替代现有方法才有效，且需要该领域专业人士的解读。以神经科学为基础的方法并不揭示内在真相，它们提供消费者对于品牌或者市场反应的额外视角，这种额外视角需要其他信息的辅助解释。把两者综合使用的方法比只用传统调研法或神经科学方法能获取更多的信息。”

接着，我们将介绍两种应用更早的技术，这两种技术同样隶属于神经营销学——皮肤电反应（GSR）和视线追踪。

1. 皮肤电反应

皮肤电反应（galvanic skin response，GSR）也叫皮电反应，是测量与活化反应联系的皮肤对电阻的变化。一小股连续的电流通过附在手指内侧的电极棒传送到皮肤上，观察到两个电极之间电压的变化表明了刺激的水平。由于这种设备是便携式的而且并不贵，所以测量皮肤电反应是测量人们对刺激的情绪反应的一种最流行的方法。皮肤电反应通常被用于测量人们对广告的刺激反应，但是有时候也用于包装调研。

2. 视线追踪

随着视线追踪设备越来越成熟，视线追踪法在调研中的应用掀起了一阵热潮。Tobii 科技设计了一种智能眼镜，能够让佩戴者像在现实世界的环境中自由走动。他们可以在店铺中四处浏览、使用电脑、尝试一个新产品或观看一个广告。联合利华、金佰利、康尼格拉、亨氏和家乐氏都使用视线追踪法调研。Tobii 为联合利华创造了一个虚拟店铺货架测试新产品包装设计的驱动因素。

视线追踪用来测量人们在看什么。一束红外线光直接射入眼睛，光线进入视网膜并反射回照相机，瞳孔中心和角膜反射之间的矢量被测量，发现关注点。该系统根据三角原理计算眼球运动。

视线追踪可以记录：

（1）可见性。人们能否从混乱的货架中、巨大店铺的陈列中看到或注意到产品包装，或是混乱的网页屏幕上看到产品链接？

（2）参与度。这些市场措施吸引消费者的注意力了吗？还是他们仅仅是路过？

（3）观看模式 / 沟通层次。哪一种具体元素或信息吸引人们注意并且一直被注视 / 阅读，哪一种经常被忽视？

这三个方面就什么时候视线追踪最有价值提供了重要的方向。由于视线追踪测量可见性和参与度，它与营销人员确定购买的“空间”(如直邮信封、杂志上的一个广告或货架上的一个包装品)，以及尝试吸引观看者的时间与注意等相关性最强。

营销测量公司（Marketing Metrics）进行了一项涉及 33 个不同公司、45 个不同直邮广告片段的视线追踪调查，目的是确定接收者观看时长，以及在做出保留该广告信件（和家里的其他人分享或以后用作参考）或扔掉的关键决定之前与广告的交互时长，另外还获得了接收者如何看待和与信件中收到的广告交互的行为洞察。一组 18 名参与者在克利夫兰的 Metrics 实验室进行了测试，参与者包括 9 名男性和 9 名女性，平均年龄为 35 岁，性格爱好各异。

直邮广告的保留率从“布拉德福德交换”（Bradford Exchange）等广告的 0 到迪克体育用品公司（Dick’s Sporting Goods）的 89%。受访者表示，他们会留下来以后用或与家人分享。

视线追踪的一些输出形式为热度图、焦点图和关键表现因素（见图 8-1）。热度图突出了使用者最常看的区域。观看次数越多的区域相较于观看次数少的区域颜色越深，没有颜色的区域未被直接观看。焦点图和热度图相似，但是观看次数较少的区域用黑色表示，越清晰的区域观看次数越多。

关键表现因素表展示了观看者对特定区域的兴趣指数。对一个区域感兴趣程度的顺序是考虑所有特定区域的情况下，根据该区域被浏览情况决定的。没有设计感兴趣指数的区域会被涂成空白区域。停留时间是用户看兴趣区域的毫秒数，停留时间旁边的百分数是在整个浏览时间中花费在这个项目上的百分比。命中率描述的是用户关注兴趣区域的数量，占总用户的比例也包含在分析中。

接下来，我们了解其他机器观察。

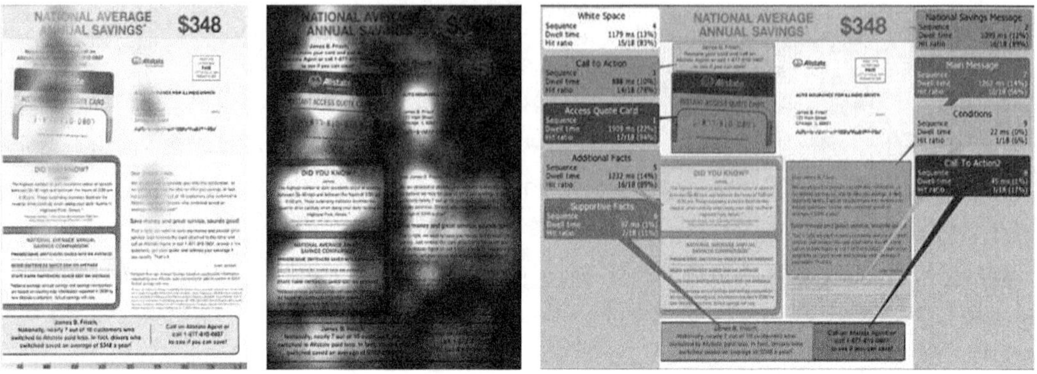

Courtesy of Precision Dialogue

图 8-1　All Direct Mail Piece 的一个热度图、焦点图和关键因素表现图

资料来源：Cathleen Zapata，“What Caught Their Eye?” *Quirk's Marketing Research Review*，May 2012，35.

8.3.2　脸部动作编码服务

旧金山加利福尼亚大学的研究人员识别出 43 种肌肉运动，人类所有面部表情都是由它们引起的（见图 8-2）。他们花 7 年时间粗略地编录了 3 000 种这些运动的组合以及它们代表的情感。例如，“眼睑紧绷”代表生气，“鼻唇紧闭”意味着难过。该系统被证明是高度准确的。据报道，美国联邦调查局和美国中央情报局就在审讯过程中使用脸部动作编码服务（FACS）方法来确定嫌疑人的情感。

© Cameron Whitman/iStockphoto

© Cameron Whitman/iStockphoto

有些人可能会告诉你他们喜欢你的产品，其实他们并不喜欢。谁是真正感兴趣的，谁只是出于礼貌？眼睛和嘴巴附近的区域是我们寻找线索的地方。真正的微笑会涉及眼睛（下意识的神经反应）和嘴巴，并且真笑时嘴角会弯曲，而假笑则不会。当假笑时，嘴角会向外，而不是向上。

图 8-2　哪一个是假的

知觉逻辑公司（Sensory Logic）是明尼苏达州圣保罗市的一家调研公司，它使用脸部动作编码服务来获得“真相”。据公司总裁唐·希尔（Don Hill）说，该公司的客户包括塔吉特、Nextel、通用汽车公司和礼来制药厂（参见 www.sensorylogic.com）。为了测量人们对商业活动或广告的最初本能反应，希尔首先将电极的一端附于目标顾客的嘴上（监测控制微笑的颧骨肌）、眉毛上方（控制皱眉的皱眉肌）和两个手指上（控制焦虑）。他说面部肌肉的运动反映了诉求。然而，将出汗理解成所谓的“影响”——情感力量。在初步阅读后，他移开了电极，然后摄录下与每个目标顾客的访谈。随后，他的接受过 FACS 培训的小组一秒一秒地观看录像，编录情感。

甚至希尔的一些忠诚客户都认为阅读面部表情存在局限性。一方面，并不是每个人都相信表情一定表达了人的内心。“我们制作的一些广告更偏向于理性销售，”一位通用汽车公司的研究人员说，“因此，这时候情感研究并不适用。”

8.3.3 性别和年龄识别系统

日本的 NEC 电子已经发明了一种技术，识别消费者的性别和大致年龄。带有数字信号的该系统可以在购物广场、机场和其他人流量大的公共场所放置。例如，购物中心零售商可以向路过的行人发送信息。该系统还可以对在任意特定时间路过平板电视电子信号的人计数。该系统使用一个建立在拥有数千张面孔的数据库用作参考的运算法则上。它注意到脸上差异显著的点，从耳朵和眼睛的形状到头发的颜色，以此判断年龄。在更多的行人路过摄像头时，数据库得到扩展，同时该系统也能做出更好的判断。

NEC 已经在日本的售货机上安装了这种识别系统。当一个人站在售货机前时，系统读取消费者特征，然后它会推荐符合该人特征的小吃和饮料。

同时，消费者可能会反对在不知情的情况下自己的面部被扫描。同样地，零售商也不愿意自己被卷入侵犯隐私之类的事件中。至今，该系统都没有在美国使用。

8.3.4 店内跟踪

店内的安全摄像头以便被用来跟踪消费者行为。RetailNext 从安全摄像头获取视频，通过其独有的软件跟踪消费者。摄像头可以和运动传感器结合起来判断，例如，一个品牌被拿起却没有被放进购物车里的次数。T-mobile、Family Dollar Stores 和 American Apparel 等公司都在使用该系统。

RetailNext 的数据有时会和传统结论相悖。例如，很多食品生产商会为其产品付额外的费用以陈列在过道尽头。但是根据 RetailNext 的分析，消费者会更多地注意货架中间的货品。为什么会这样？这可能又是另一个研究的素材了。

奢侈品零售商 Montblanc 开始在迈阿密的一个店铺测试 RetailNext 的视频分析，其员工已经使用它制作店内最佳客流量地图，以此决定店内装饰、销售人员和商品的摆放位置。该技术已经使销售额增长了 20%，Montblanc 决定把该方法扩展到其他店铺。

另一个店内跟踪法是正在被 Neiman Marcus 测试的苹果手机 App。购买者从 iTunes 下载该 App，然后选择这项服务。传感器装在店铺的关键进入点，所以当装有该应用的购物者进入范围内，他会收到消息，提醒他熟悉的销售人员现在的位置，以及新款上市、打折促销、时尚潮流趋势和接下来的店铺活动。购物者可以使用该 App 来预约或给销售人员留言，标记喜欢的产品，然后被标记产品会自动分享给他们喜欢的销售人员；扫描店内展示的二维码可获取商品信息。Neiman 的应用还可以同步过去的购买数据，让销售人员提供相关推荐。

像 Foursquare 的定位工具从餐厅到专卖店跟踪包装消费品。一些杂货店和药店正在测试进入和提供有针对性的实时服务。Walgreen 是第一个从 LocalResponse 采取一项新服务来监督 GPS 服务的零售商，如 Foursquare 和 Yelp，接受“进入”提醒。当一个购物者进入一个 Walgreen 店铺，后台服务人员将根据他的定位在推特上给他推送一则广告。例如，Walgreen 为 Halls 止咳糖推送了超过 5 000 份广告：“欢迎选购感冒区域 Halls 新款止咳糖。”

8.3.5 电视观众测量追踪

在过去 10 年或更长的时间里，尼尔森媒体调研公司招聘的美国电视观众家庭已被很好地界定，这些家庭同意将一个电子仪表连接到自己的电视上，或者在日志里记录他们每天看的节目。传统的“个人收视记录器”是电子的电视机顶盒，可以持续记录接进的电视频道。现在，发展趋势是不再使用个人收视记录器，而从机顶盒（STB）直接测量。这些是类似于 Direct TV、Dish Network 之类的有线电视公司安装的盒子，使你可以通过它收看到电视节目。随着技术的发展，调研人员将能够一步一步地获取上亿户家庭的收看习惯。相反，尼尔森的全国个人收视记录器样本组只有 18 000 人。

在过去，电视节目一般只在家里观看或者在运动俱乐部观看，而且是在电视机上观看。现在，这种情况已经改变。越来越多的人在笔记本电脑上、平板上和便携设备上观看电视节目。一项最近的调查发现，80% 的受访者在平板上观看完整的电视节目。尼尔森已经开发出一种新的技术，现在可以让它像在传统电视上观看一样测量移动端电视的观看情况。这对于电视网络来说是非常重要的，因为电视收看率（每个电视节目的观看人数）在 2013 年开始下降，这意味着电视播送网络不得不对它播放的每一条广告收取更少的费用。尽管一些观众可能确实减少了，观众只是转移到移动端观看也是有可能的，而这在此前是没有被测量到的。

8.3.6 TiVo 定位

TiVo 公司已经开发了一款 Power\\Watch，一个拥有 TiVo 的 48 000 个家庭组成的小组，这些注册家庭的个人认证观看信息会被收集起来，并且每月接受一次在线调研。注册用户有机会赢取一张价值 1 000 美元的亚马逊购物卡和其他奖励。广告商可以看到基于态度和其他行为特征（比如购买一个新交通工具的想法、喜欢的不同类型的电影、政治立场和旅行计划）的家庭电视收看行为。

TiVo 公司表示它也将匿名数据授权给电视定位公司 TRA，TRA 将来自 TiVo 和一个大型有线电视运营商的 170 万台机顶盒的逐秒数据和其他类型的数据进行匹配，其他数据包括 5 700 万的频繁购物卡。匹配过程是通过一家大数据公司 Experian 完成的，该公司知道哪一个机顶盒和哪个频繁购物卡来自哪个特定的街道地址，但是它并不和 TRA 分享这些地址。

这种方法可以发现惊人的联系：TRA 发现，经常观看 Jersey Shore 的人会定期购买酸奶。

8.3.7 美国有线电视定位

美国有线电视公司可以给不同的用户播送不同的广告，即使他们观看的是同一频道。通过悄悄地将美国有线电视订阅者的名字和地址与大数据公司提供的信息匹配，这种技术可以判断哪些订阅者应该看哪些广告。美国有线电视公司表示它并没有和广告商分享订阅者信息或利用观看者信息。美国有线电视公司现在在它全部收看范围内给广告商提供定点广告。

8.3.8　艾力艾消费者网络

艾力艾（Symphony IRI）消费者网络是一个动态家庭购买小组，它从美国全国消费者委员会（NCP）接收购买信息，它是艾力艾和尼尔森的合资项目。家庭用户会被招募到 NCP，并给予酬劳，用一个手持型家用扫描仪记录他们所有基于 UPC 的购买商品。

从该小组处得到的可用信息包括以下内容：

- 一定时期内每个家庭购买商品的平均数量；
- 一定时期内扫描的总类别或售出的产品数量；
- 一定时期内购买该类别或产品的预期家庭数量；
- 当该产品被购买时购物的平均次数；
- 每个购物场景下该产品的平均售出数量。

8.4　跟踪观察

在线跟踪是观察法的另一种基本形式。目的是要在正确的时间将正确的信息传递给正确的受众。旅程网发现苹果笔记本用户和 PC 同行相比花费在酒店房间上的费用高大约 30%。而且，有 40% 的苹果笔记本用户更喜欢预订四星或五星级酒店。因此，当苹果笔记本用户想要预订酒店时，他们比在同一城市预订房间的 PC 用户表现出更昂贵的选择倾向。

调研让调研人员发现“为什么”和“怎么样”，跟踪观察（也叫作行为跟踪）回答了“在哪里”“多少”和“多久一次”的问题。跟踪观察缩小了消费者告诉你他们所想的、打算去做的与他们实际做的之间的差距。

传统的网络跟踪是通过 cookies 来完成的。一个 cookie 是用户的网页浏览器储存的一个文本，它可以用来验证身份、储存网页偏好、购物车内容和其他有用的功能。cookies 还可以用来跟踪互联网用户的网页浏览习惯。一个 flash cookie 是一个通过 Adobe 系统流行的 Flash 程序安装在电脑上的 cookie，使用 Flash 是在线观看视频最常用的方式。

坐落在纽约的劳特姆公司（Lotame Solutions）使用一个成熟的“beacon”软件捕捉人们在网页上输入的内容——他们对金钱的看法和他们对教育以及怀孕的兴趣。劳特姆公司将没有个人姓名的个人信息打包成档案，然后卖给寻求顾客的公司。

也许最受争议的监测来自于“第三方 cookies”。它们的工作原理是：第一次访问一个网站时，它会安装一个跟踪文件，该文件给每个电脑分配一个唯一的身份号码。之后，当用户用这台被跟踪的电脑访问其他网站时，可以记录该用户之前的位置和现在的位置。通过这种方式长时间累计，该公司可以建立一个庞大的档案。

直到最近，跟踪者在如何跟踪和定位使用多种设备——台式电脑、笔记本电脑、智能手机和平板电脑的同一消费者上遇到了问题。当一个人使用一个设备（比如台式电脑或笔记本电脑）时，cookies 工作良好；当用户转移到移动设备时，他们的足迹变得更难被跟踪；当用户频繁地在台式电脑和移动设备之间转换时，他们被称为数字不可知者。一项最近的调查发现，数字不可知用户一小时内转换屏幕次数可达 27 次。一些新兴公司，比如 Tapad 和 Drawbridge，已经解决了这个问题。Tapad 分析测试了 1 500 亿来自 cookies、手机 ID（将个人手机和应用下载以及网页浏览连接起来）、Wi-Fi 连接、网页注册、浏览历史和其他输入的数据点。Tapad 寻找连接一个设备和另一个的共同特征。

例如，如果一个平板电脑和一个笔记本电脑共享同一个 Wi-Fi 网络，这就是一个积极的信号。浏览模式也是一样，比如两个设备都有访问运动网站的历史记录。每一点联系都将同一个人拥有两个设备的可能性推向更高。在这些可能性的基础上，Tapad 委托商在不同的平台上给潜在顾客推送广告。一个目标客户可能在一个工作电脑上看到一则广告，乘车回家时在手机网页上看到另一个，坐在沙发上时在平板上看到第三个。美国航空、Audi 和 Turbo Tax 等公司都在使用 Tapad。

8.4.1 你的电子阅读器也在跟踪你

在美国大约有 4 000 万电子阅读器和 6 500 万台平板电脑在被使用。亚马逊、苹果和谷歌能够轻易地跟踪到用户在多远的地方购买书籍，他们花多长时间阅读这些书籍以及他们使用什么搜索引擎寻找书籍。例如，亚马逊知道，18 000 名读者标记了这一段“因为有时候有些事情突然发生，人们毫无准备应对他们”。它来自《饥饿游戏》三部曲的第二部《星火燎原》。

拥有 50 000 订阅者的电子阅读平台 Copia，收集详细的人口和阅读数据，包括年龄、性别和购买特定书籍读者的学校隶属关系，以及书籍被下载、打开和阅读的次数，然后将这些发现和出版社分享。Copia 汇总这些资料以防个人用户被识别，然后和提出要求的出版社共享这些信息。

8.4.2 社交媒体跟踪

社交媒体调研最大的优势之一在于可以实现在非连续时间段里监控品牌，进行跟踪调研。因为社交媒体的数据被标以时间和日期，信息会被公开储存直到用户删除，所以历史数据可以立即被获取。了解消费者是如何评论一个产品、品牌、服务，或者他们的期望在如何确定一个成功的市场组合上有巨大的价值。一个公司想要进入一个对它来说全新的市场，扩展其品牌，通过使用社交媒体跟踪，该公司可以看到人们对生产此类产品的现有公司的评价。调研人员可以判断消费者喜欢什么不喜欢什么，什么要素可以在设计一条新产品线中起作用。

脸谱网是最大的社交媒体网站，拥有超过 12 亿用户；谷歌正在快速增长，拥有 34 500 万用户；随着其“只限女性”图片的发布，Pinterest 也在持续发展；其他的如 Slideshare、Tumblt、Path 和 Mobi 也在社交媒体的市场中分有一杯羹，且不断发展壮大。推特没有表现出衰落，但是它也很想看到自己如何通过创新追赶 Google+。推特最近新增了一个微视频应用“ Vine”作为迈向实时视频分享的一步。Vine 允许的最大时长为 6 秒。

接下来我们进一步了解三大社交媒体网站上的追踪：脸谱网、推特和 Pinterest。

1. 脸谱网

当你决定注册一个新账号时，脸谱网在你的浏览器中插入两个跟踪 cookies: 一个临时 cookies 和一个浏览器 cookies。自此，每当你访问有脸谱网分享选项或可以用脸谱网登录的网页时，该社交媒体网站会获取你点击网页的地址、时间和日期，其他信息（如 IP 地址、操作系统和浏览器版本等）也会被记录下来。如果你在登录脸谱网时上网，临时 cookies 就会记录你的活动，它还会记下你的姓名、电子邮件、朋友和所有与你的特征相关的数据。如果你没有登录，或者你不是它的用户，浏览器 cookies 会执行记录并给出一个唯一的编号，但是不会记录其他个人信息。

对广告商来说，脸谱网提供了**转换**（conversion）跟踪。一次转换是指一个人在广告商网页的基础上采取的行动，比如退出、注册、在购物车中增加商品或浏览特定的页面。实际上，网站上的任何一页都可以代表一次转换，广告商可以在网站的任何一页上增加一个转换跟踪码。转换跟踪通过监测人们在看过这些广告之后的行为来帮助企业测量它们在脸谱网广告的投资回报。广告商可以制造跟踪转换的像素，并将它们加入到发生转换的网站页面中，然后将转换引回到它们在脸谱网上正播放的广告中。

单位印象成本（cost per impression）是将广告送达一个潜在顾客的成本，一般以千人成本（CPM）为表达标准。脸谱网的分析使广告商的这一过程最大化，所以最可能转换的人也最有可能看到广告。转换跟踪帮助企业达到最优单位印象成本，将广告播放给最有可能关闭脸谱网的用户。

如果一个广告商想要跟踪因为它们在脸谱网上播放的广告而发生的转换，该公司可以产生一个转换跟踪像素放置在其网站上。使用这个转换跟踪像素工具，广告商可以产生一个 JavaScript 代码片断，放置在转换页面上。例如，一个公司想要跟踪校验，它会放一个转换跟踪像素在人们完成校验后看到的校验确认页面。无论什么时候，一个人在他的浏览器内加载该页面，这个代码会告诉脸谱网此次转换事件的发生。然后，脸谱网会将转换事件和看过或点击过广告的用户设置进行匹配，以便脸谱网向广告商提供帮助其理解投资回报的信息。

脸谱网正在测试一种可以极大地扩展从用户处收集数据范围的技术。这种社交网络可以在用户与其内容发生互动的一刻开始收集数据，比如用户的光标在网站的某一特定区域徘徊了多久，或者在一个既定时刻用户的新闻推送是否在其手机屏幕上可见。

脸谱网收集两种类型的数据，人口统计和行为方式。人口统计类数（比如用户的居住地和上学地）记录了用户在网络之外的生活。行为方式类数据（如一个人的脸谱网朋友圈或“收藏”），网络自己会实时捕捉。正在进行的测试将很大程度上扩展收集到的行为方式类数据。

2. Pinterest

Pinterest 是一个剪贴板式的图片分享网站，允许用户创建和管理主题相册，比如爱好、兴趣和事件等。你可以浏览其他的图片剪贴板，重新将图片放入你自己的剪贴板中。2014 年，Pinterest 宣布开放 Promoted Pins 给广告商。这些广告商已经付过费的内容，会出现在搜索结果和分类的顶部。广告是有内容的，当你搜索“万圣节”时，就可能收到一个在线服装店的广告。Pinterest 和其他社交媒体的不同点在于它关注事情本身而不是信息或关系。一个 Georgia Tech 的研究发现，在该网站使用最多的动词是使用（use）、看（look）、想要（want）和需要（need），这些都和购物相关。Pinterest 跟踪的一部分是当一个人浏览有一个“喜欢”按钮的网站时，就会从该网站标记一些东西。

除了购买通过分析发挥最佳作用的 Promoted Pins，一个广告商也可能在 Pinterest 上拥有自己的主页。任何通过认证的企业账号都可以使用 Pinterest Analytics。一个企业用户可以使用的信息包括以下这些：

- 发布的内容：从你的主页上发布的图像；
- 发布者：有多少人在转发来自你主页的图片；
- 转发：你原创的哪些图片在被转发；
- 转发者：转发你原创内容的人数；
- 印象：你的内容在 Pinterest 上出现的频率；
- 可见度：多少人看见了你的内容；
- 点击率：用户点击你主页的次数；
- 访客：从 Pinterest 点进你网页的人数；
- 流行性：最近的内容、转发次数最多的内容和点击次数最多的内容。

通过对 Pinterest Analytics 的数据进行分析，以下问题可以得到回答：

（1）你的访客转发的都是什么内容？

（2）有多少种不同类型的顾客在发送来自你主页的图片？

（3）什么内容给你的主页从 Pinterest 带来了最大客流量？

使用这些信息，一个人就可以决定哪些其他的图片应该发布在 Pinterest 上，哪些图片或产品特点应该在他们的主页或社交媒体活动上强调，以及如何调整主页上的产品布置。通过转发次数最多的这一部分，一个人可以收集到 Pinterest 关注者的深入洞察。如果你点击一条个人发布的信息，可以看见转发的数量，然后你可以点击数量查看转发者。你可以访问他们的档案，了解他们转发的其他内容。如果他们分享的内容很有趣，你可以关注他们，并且研究测量关系从社交信号到参与关系再到行动的过程。

一些第三方分析也可以帮助一个企业使其 Pinterest 主页达到最优。Curalate（http://www.curalate.com）能够让一个人跟踪和测量分享的虚拟内容。Octopin（http://www.octopin）能够让调研人员识别该网站最有影响力的内容和参与度最高的关注者。它可以塑造网站的声誉和形象。Pinleague（http://www.pinleague.com）能够让公司实时监控网站的增长，测量 ROI 和跟踪竞争者。

3. 推特

推特分析发送的内容、转发、地点和你关注的人来决定将哪种广告插入你的时间轴中。推特页面中所有的按钮都可以作为跟踪设备使用。推特在 2012 年宣布它将使用更多的追踪数据以提供与用户相关性更高的广告。最近推特收购了 MoPub，一个在移动 App 内植入广告的公司。

最近，推特宣布了一项新的目标广告创意。它使用一个本地花店作为例子，该花店想要在推特上宣传它的情人节特别花束……

他们更想要把广告展示给经常去他们网站或订阅他们时事通讯的花卉爱好者。为了得到这些也使用推特用户的特别订单，花店可能会分享给我们一个快速的、不可读的电子邮箱地址（一个散列）或浏览器信息（一个浏览器 cookie ID）。然后，我们可以将信息与账户匹配，向他们展示一个情人节的促销活动。

和其他社交媒体一样，推特成员可以获取自己的追踪数据。推特计数器让一个公司或者一个人获取关注者数据，关注情况和每天的发送内容。推特 stats 提供用户账户图表，例如，每小时、每个月同时在线的人数、推特时间轴和回复的数据。推特分析人员确保检查一些成功的社交媒体测量，包括影响和普及性。推特活跃者问答这样的问题：他们一般都发些什么？他们发了多少条推特？它们的社会关联度如何？他们会使用散列标签吗？他们会分享链接吗？这些数据每天更新几次，以帮助用户跟上快速发展的推特世界。

8.5　观察调研法与虚拟购物

计算机技术的进步使调研人员能在计算机屏幕上模拟一个真实的零售环境。依靠这类模拟，购物者通过触摸显示器的图像就能够“拿起”一个包装好的产品，而且可以旋转它以检查产品的每一面。就像在大多数在线零售店购买商品一样，购物者触摸购物车以将商品放入购物车中。在购物的过程中，计算机悄悄地记录消费者用在每类产品上的时间、消费者购买的产品数量以及购买产品的顺序。

相比传统的调研方法，像这样的计算机模拟环境有许多的优点。第一，与焦点小组访谈法、概念测试以及其他实验室研究方法不同，虚拟商店复制了真实市场令人分神的杂乱喧闹。消费者可以在高仿真的复杂与多样性的环境中购物。第二，调研人员能迅速安排与变更测试。一旦产品图像被扫描进计算机，调研人员就可以在品牌、产品包装、价格、促销以及货架空间搭配方面做出改变。而且，数据收集既快又无差错，因为计算机会自动将购买信息制成表并储存起来。第三，因为通过电子手段进行展示，生产成本较低。一旦硬件与软件准备好了（或者到位了），测试费用很大程度上由受访者数量决定（或测试费用很大程度上是受访者数量的一个函数），而一般只需给予受访者较小的奖励就行了。第四，模拟有很高的灵活性。它能用于测试全新的市场营销概念或调整现有项目，而且模拟使消除实地实验中的许多噪声成为可能。

金佰利－克拉克公司（Kimberly-Clark）已经大大改善了虚拟购物体验。公司坐落于威斯康星州阿普尔顿市，其虚拟测试实验室有一个女子站在一个由三块屏幕围绕着的房间里，这些屏幕显示着商店的过道，视网膜追踪设备记录她的每一次扫视（记录了她眼睛的“一举一动”）。

金佰利－克拉克公司调研人员要求她找到“一大箱”3 号好奇牌自然舒适纸尿裤，这位妇女向前推像购物车把手似的柄，录像机模拟她在过道中的行进过程。看见好奇牌红色包装，她向右旋转把手，面对着让人目不暇接的大批纸尿裤。在按下一个按钮以较低的视角查看货架之后，她伸出手轻敲屏幕，将她想要的箱子放进了她的虚拟购物车。

金佰利－克拉克公司希望这些虚拟购物通道能有助于公司进一步了解消费者行为和更快速、方便、准确地进行新产品测试。

一个从地面延伸到天花板的U形屏幕也是金佰利－克拉克实验室的特色，它逼真地再现了销售公司产品的大型零售商的店内环境情况。它是公司为了在竞标中赢得商品货架的面积而展现给发标方主管的一个工具。一个独立区域被保留了下来，该区域用于展示模拟商店内部环境的复制品模型。可按零售商（如塔吉特、沃尔玛）的要求来定制模型，以与零售商店内地板、照明设备和货架相匹配。

金佰利－克拉克公司表示，它的工作室使研究人员和设计师快速肯定新产品设计与展示（不会出错），而不用在产品早期开发阶段进行真实的测试。他们在一个无窗的地下室里进行研究，而不是在一个真实的测试市场，这也避免了在产品开发过程中，过早地向竞争对手泄露新产品。

“我们正在尝试更快速、更便宜、更好地测试各种构想。”金佰利－克拉克公司主管战略的副总裁拉明·埃尔瓦斯（Ramin Eivaz）说。以前，新产品测试一般需要花费8个月到2年的时间；现在，新产品测试时间缩短了一半。埃尔瓦斯先生说，在虚拟－现实工具测试下表现良好的项目将很快进行实体店测试，对其的跟踪也会很快进入实体店。

虚拟购物调研正在快速增长，如菲多利、固特异、宝洁、通用磨坊和可口可乐公司，都意识到了这种观察调研方式带来的好处。美国每年大约引进40 000种新的快消品，所有新产品都在竞争有限的零售货架面积。能加速产品开发速度以及降低成本的任何过程（如虚拟购物）一直受到制造商的欢迎。

为了向零售商销售新产品，制造商透露更多有关产品渠道的信息，以在早期引起零售商对新产品的兴趣。金佰利－克拉克公司表示，在过去的几个月里，它已经邀请主要连锁零售商（包括塔吉特、沃尔玛、克罗格）的经理来参观阿普尔顿的设施。金佰利－克拉克公司利用关于消费者的虚拟－现实测试数据来兜售其开发中的产品的表现。

“这已经成为历史——带着新产品来到零售商的门口，并问‘这个好看吗’，”埃尔瓦斯先生说，“我们需要成为零售商不可或缺的伙伴并表明我们可以为它们做更多。”

本章小结

观察调研法是在不提出任何问题和不与观察者交流的情况下，记录人们的行为模式和事件发展状况的系统过程。为了确保成功，所需信息必须是可以观察得到的，观察对象的行为必须是重复性的、经常性的，并且在一定程度上是可预测的。此外，观察对象的行为应具有相对短的持续时间。可以从四个方面对观察法进行分类：①自然的观察与经过设计的观察；②公开观察与掩饰观察；③人员观察与机器观察；④直接观察与间接观察。

观察调研法最大的优点在于，我们可以看到人们实际做了什么，而不必依赖他们所说的他们做了些什么，从而可以避免许多偏差因素。此外，通过观察调研法可以更快捷、更准确地收集某些类型的数据。这种调研法最主要的缺点是，调研人员无法了解人们的动机、态度、目的和感受。

在人员观察法的形式中，我们可以使用人种志调研、神秘购物者、单向镜观察法（例如，儿童心理学家观察孩子们玩玩具的过程）和购物形态和行为。

机器观察法包括神经营销学，使用类似功能性磁共振成像、脑电扫描术、皮肤电反应和视线追踪的测量方法。其他形式的机器观察法包括脸部动作编码服务、性别和年龄识别系统、店内跟踪和电视观众测量跟踪。艾力艾使用手持型扫描仪在其全国消费者委员会内用 UPC 编码扫描所有的家庭购买行为。这些数据在之后用来测量消费者购物模式、产品分类或品牌销售额。

在线跟踪用来在正确的时间将正确的信息传递给正确的消费者。跟踪，也称为行为跟踪，可以回答“在哪儿”“多少钱”和“多久一次”的问题，传统的跟踪使用的是 cookies，它用于笔记本电脑和台式电脑。现在，新的技术使得企业也可以通过移动设备跟踪消费者。社交媒体追踪帮助营销人员理解消费者如何看待一个品牌或产品以及他们期待从品牌中获得什么。像 Google +、脸谱网、Pinterest 和推特这样的社交媒体都提供成熟的跟踪形式，来帮助广告商将信息传递给最有可能成为潜在消费者的人群。

通过建立模拟环境利用先进的电脑技术实施虚拟购物是一种快速成长的观察调研法形式。它缩短了新产品上市的时间，减少了成本。

复习思考题

1. 你被委任调研消费者在购买网球用品时是否有品牌意识，概括说明制定所需的观察调研过程。
2. 费雪（Fisher-Price）公司要求你为其设计一调研过程，以确定哪种模型玩具对四五岁的孩子最有吸引力。请为这一决策提供一套方案。
3. 观察调研法最大的缺点是什么？
4. 比较观察调研法和询问调研法的优点和缺点。
5. 有人说：“人们买东西不是为了它的用途，而是为了它的意义。”联系观察调研法讨论这一说法。
6. 假设你是某高级品牌冰激凌的制造商，你想知道更多的有关市场份额、竞争对手定价以及最佳店址等情况。你会购买哪些类型的观察数据？为什么？
7. 神秘购物者对下列组织有什么价值？
   a. 捷蓝航空公司
   b. 梅西百货公司
   c. 美国布洛克税务公司
8. 使用人种志调研评估在你们的学生中心的就餐体验。你从中了解到了什么？
9. 描述点击流调研是如何让在线零售商受益的。
10. 你认为虚拟购物是否会替代其他形式的市场调研？为什么？
11. 你是否意识到社交媒体从你身上收集到的所有类型的信息？你对此感到介意吗？你是否喜欢只有对你有潜在吸引力的广告才会展示给你这一现象？
12. 将班级分成以 5 人为一组的小组，每一组选择一个不同的零售店（神秘购物也可以选择服务商）。小组中的 2 名成员准备 10 ～ 15 个问题。下面给出了向眼科诊所提出的问题的例子。余下的3名成员作为神秘购物者回答该小组提出的问题。购物结束后，每个小组结合他们的发现，向全班做一个报告。

神秘购物者向眼科诊所提出的问题的示例：

1. 电话是否在三声铃声之内被接起？
2. 为了预约，你必须等多长时间？
3. 是否给了如何去科室的明确指示？
4. 你是否收到新患者的数据包邮件？
5. 引导你去科室的标志是否清晰可见？
6. 当你进入科室时，接待人员有没有向你问好？
7. 在你被带入房间进行前期检查之前，你等待了多长时间？
8. 是否所有的员工都佩戴了姓名标签？
9. 仪器是否干净？
10. 在见医生前，你的瞳孔是否放大？
11. 检查流程有没有解释清楚？
12. 你是否有机会向医生提问？
13. 你的问题有没有得到及时和恭敬地回答？
14. 在检查完成后，有没有人引导你去眼镜店？
15. 是否按时将眼镜配好？

调研实例 8-1

吃得好才能做得好

社会责任型商业模式的出现已经改变了一些消费者对企业的认识，同样也改变了企业对消费者的认知。例如，买一送一型的公司，消费者每买一个产品，赠送一个产品或者给予同等价值的现金。这要求企业理解两种不同类型的消费者：通常购买其产品的顾客和因为公司慷慨的促销手段而购买其产品的顾客。

这是1-For-1食品（一家印第安纳州的买一送一型能量棒公司）面临的最主要挑战之一。该公司在芝加哥大都市区销售，每售出一个能量棒，就送一个能量棒给该地区的收容所。1-For-1食品意识到，它真正的目标市场远不止关注健康的人群，而是扩展到原本不会买能量棒但拥有社会责任意识的消费者。

为了更好地理解这些消费者之间的区别和他们之间的叠交关系，1-For-1食品找到了一家密尔沃基调研公司Culture Concepts寻求无偿的专业性调研帮助。作为一家年轻公司，1-For-1食品没有很沉重的市场负担。所以，为了在确保有利的结果下帮助其减少物流成本和激励成本，Culture Concepts建议进行一系列的人种志调研，并将补充在线人种志调研的结果。

根据此方法实施了三个独立的研究。第一个研究在一次徒步旅行中观察一组酷爱能量棒的消费者，记录他们的对话、习惯和与健康食物产品之间的互动。第二个研究观察

TOMS 鞋的拥有者。TOMS 公司是洛杉矶一个快速发展的公司，并且每卖出一双鞋就捐赠一双鞋给贫困儿童，既通过公开捐赠也进行私人捐赠。尤其关注他们给自己的鞋赋予的意义和 TOMS 这种买一送一的模式。第三个研究使用数字人种志调研方法，观察能量棒消费者中的不同同龄人小组和 TOMS 的顾客通过社交媒体对该产品的评价。每个产品最活跃消费者的极其详细的简介会设置成线上公开信息，以便捕捉每一组消费者的其他首要关注点。

一种理想的模式

对于第一个人种志调研，调研人员在芝加哥地区的独立咖啡店健康食品消费者。基于该研究的社会关注点，Culture Concepts 选取了由多年龄段的 10 名男性和女性朋友组成的小组来今晚集中观察，而不是仅仅选取一定数量的个人参与者。

在研究中使用预先计划的徒步旅行模式，能够保证所有的参与者沉浸在一种自然且对他们有意义的环境中，确保他们的行为是真实的和具有洞察力的。三天的调查得到了大量的人格、社会和个人行为的记录和有价值的徒步者的表述。值得注意的是，由于旅行过程中缺乏电力，所有的数据都是手写记录的。太阳能充电器只用来给他们的智能手机充电，以便录像。

调研人员尤其关注徒步者之间是如何交流营养棒和他们买的其他健康食品的。在这些观察中调研人员得到了一些有力的信息。一个重要的发现就是，能量棒似乎为徒步者的生理和心理都提供了能量。在相当的程度上，能量棒提供了一种便携和便利的能量补充形式；但是在更高的层次上，能量棒似乎是成了一种健康生活方式的有形象征，将自然食物与自然环境结合起来，表现了徒步者的世界观。正如一个参与者所说："能量棒代表了我是谁和我认为重要的东西。"

能量棒的深层意义被他们在小组动态中补充的社会价值进一步佐证。徒步者一直持续地共同消费能量棒，并且经常分享和交换不同的品牌。大多数的徒步者表示，在发现新品牌和听取同龄人对流行品牌的评价方面十分有兴趣。另外，一半的徒步者以相似的社会方式在体育馆或锻炼之后消费能量棒，这为能量棒拥有社会价值提供了进一步的证据。

跟踪小组

和不同的鞋零售商一起工作，我们确定了一批 TOMS 鞋拥有者参加第二个人种志调研。如之前对能量棒消费者的研究，一组六个朋友——二三十岁的男性和女性，至少拥有一双 TOMS 鞋，被选中进行观察。我们跟踪了该小组一天，陪他们一起购物游览和在芝加哥市中心的一家餐厅吃晚饭。尤其是一些重要话题的讨论，包括健康护理、企业腐败、全球变暖、苹果手机传闻和新电影。

这些接触点给了我们核心受众价值的有用信息，也作为了观察阶段之后进行的一对一访谈中个人回答的参考。在这些访谈中，参与者被问到他们会将什么样的想法和 TOMS 联系起来以及一般而言的社会责任型商业模式。他们回答的一部分和这天之前的讨论话题是相符合的。例如，一些参与者和 TOMS 联系起来的观点包括健康和其他人的幸福、道德企业的价值、真实性和发展趋势。另外，几乎所有的参与者都联想到了社会责任和环境友好型企业。

从现场人种志调研中收集到的这些信息接下来被用于在线人种志调研中，分析社交媒体网络上关于营养棒和买一送一型产品的讨论，并描述出一些该产品的热心“传教士”顾客的特征。线上人种志调研的研究验证了现场人种志调研中出现的一些假设，使用可用公开信息描述关键顾客成员，是获取消费者价值和生活方式的详细情况的一种迅速且可承担的方法。

Culture Concepts 了解到能量棒并不总是单独消费，它们常常是和一些健康活动（如徒步旅行或锻炼）搭配在一起。能量棒有时甚至能够成为谈话主题，成为社交的一种工具。它们能够帮助提升社会体验的事实表明，它们可以成为一种象征，而不仅仅是一种症候或健康的生活方式。

能量棒不仅仅是一种营养的来源，对一些人来说，它们是生活方式的一种象征、一种文化以及关注健康的消费者之间共享的一种特定的价值观。为了进入这些细分市场，市场营销和广告不能只关注产品的营养价值，还应该用一种增强特定消费者文化的方式突出健康的活动和健康的人群。

从 TOMS 鞋顾客身上，调研人员了解到他们的个人社会政治信仰与他们对 TOMS 的忠诚度联系十分紧密。这种买一送一的模式是他们重视 TOMS 的核心，当他们选择产品和同伴时，社会意识相关的关注点对他们来说是重要的。这种文化中的社会意识型消费者在他们的政治信仰和购买原则中都以正直和真实为荣。他们更重视未经加工的、真实的和耐用的东西，不虚伪的和遵循宗教教义的事物。因此，针对这些受众的信息应该是诚实和简单的，包装应该看上去自然和有机。

确保社会意识型顾客对整个产品的体验，是使他们保持对买一赠一型品牌忠诚度的关键。拥有一个社会责任型商业模式是不够的。如果一个品牌的体验不能达到他们的期望并且符合他们的价值观，就算是再好的买一送一品牌也会被看作装腔作势的虚伪者。一言以蔽之，社会责任型品牌的理念更符合社会意识型顾客的价值观。

在交叉点

1-For-1 食品的消费者坐在两种消费者文化的交叉处，既支持健康意识型消费者又支持社会意识型消费者。在两组现场人种志调研的所有参与者中，超过一半的人既购买能量棒也拥有 TOMS 鞋，这表明在这两种核心顾客中有明显的重叠部分。在重叠的产品偏好之外，同样也有价值观的突出重叠。两种细分市场都展现了对人类健康，无论是自己的还是他人的，对环境的深切关注。这些生命力和可持续性的价值观预示这些小组成员的角度和行为，改变着他们的信仰和购买原则。

问题：

1. 你认为 1-For-1 食品拥有足够的信息来制定一个成功的营销策略吗？如果没有，还需要回答哪些问题，用到哪些调研方法？

2. 哪些其他的调研方法可以用来收集该研究中没有发现的信息？

3. 这个调研能够用跟踪数据和谷歌分析来完成吗？为什么可以或不可以？

4. 徒步旅行对人种志调研来说是一个合适的选择吗？在餐厅吃晚餐呢？

5. 既然现在定性调研已经完成，1-For-1 食品应该进行定量调研吗？为什么应该或为什么不应该？

第 9 章

Chapter 9

原始数据收集：实验法和市场测试

□ 学习目标

1. 了解实验法的性质
2. 了解证实因果关系的必要条件
3. 了解实验环境
4. 检验实验的有效性
5. 比较实验设计的类型
6. 了解外部变量
7. 分析实验设计、处理和结果
8. 了解实验法在市场调研中的局限性
9. 评价已选择的实验设计
10. 掌握市场测试方法

第 9 章涉及与市场调研中数据收集实验法的使用相关的问题。现场实验、实验室实验和市场测试是涉及的主要实验途经。我们还展示了你必须提供的证据，来证明一件事可能由另一件事导致（不简单），不同类型的实验设计和实验中的问题来源。

9.1 什么是实验法

实验经常作为数据收集的第三种类型，在询问和观察之后。严格来说，实验法根本不是数据收集的形式，而是一种调研战略。无论何时我们试图确定一件事对另一件事的作用或影响是合适的。很平常的一个例子，比如广告对销量的作用或者价格对销量的作用。仅仅建立在调查或观察的基础上，没有任何类型的实验设计的调研从本质上是严格描述的。相反的是，询问或观察被用来作为使用实验设计的调研必要采取的测量。

以实验为基础的调研与以询问或观察为基础的调研相比有着根本的区别。从本质上讲，在询问和观察的情况下，调研人员是一个被动的数据收集者。调研人员询问人们一些问题或观察他们在干什么。在实验条件下，情况就大不一样了：研究人员成了研究过程中积极的参与者。

实验（experiment）在概念上是简单易懂的，研究人员改变或处理一些变量（这些变量被称为实验变量、处理变量、自变量或解释变量），观察这些因素对其他因素（即因变量）的影响。在营销实验中，因变量经常是衡量销售的一些指标，如总销量或市场份额。实验变量则是典型的营销组合变量，如价格、广告的数量或类型、产品特征的变化等。

9.2 证明因果关系

实验调研通常又称**因果性调研**（casual research）（非偶然），因为它是唯一的一种有潜能证明一种变量的变化能否引起另一种变量产生预见性变化的调研。为了证明因果关系（*A* 引起 *B*），必须具备三个条件：

（1）存在相关关系或共生变量。

（2）发生存在适当的时间顺序。

（3）不存在其他可能的原因性因素。

请注意，当我们谈到因果关系和因果律时，我们正使用科学意义上的那些术语。科学角度上对因果关系的观点和日常生活中有很大不同，后者通常指一个事件只有一个原因。例如，在日常观察中，如果我们说 *X* 是可观察到的使 *Y* 产生变化的原因，那么意味着 *X* 是引起 *Y* 变化的唯一原因。然而，科学定义认为，*X* 是引起 *Y* 产生可观察改变的众多决定条件之一。

其次，有关因果律的日常观点往往意味着一种完全决定性的关系，而科学观点则认为是一种可能性关系。一般观点认为，如果 *X* 是 *Y* 的原因，那么 *X* 必然导致 *Y*；科学观点则认为，如果 *X* 的出现使 *Y* 发生的可能性更大，那么 *X* 就是 *Y* 的原因。

最后，科学观点认为，我们永远不能明确证明 *X* 是 *Y* 的原因，仅仅是推断存在着一种关系，换句话说，因果关系总是被推断出来，而永远不能在疑问的掩盖下断然证明这一点。以上提到的三种类型的条件（存在相关关系或共生变量、发生存在适当的时间顺序、不存在其他可能的原因性因素），被用来推断因果关系。

9.2.1 共生变量

为了证明 *A* 的变化引起了 *B* 的某种特殊变化，必须首先说明 *A* 和 *B* 之间存在相关关系。换句话说，*A* 和 *B* 必须以某些可预见的方式同时变化，可能是正相关或负相关。广告和销量是两个可能正相关的变量。当广告增加一定数量时，销量增加预期的数量。价格和销量是两个可能负相关的变量。如果价格降低，销量将增加；反之，销量将减少。调研人员可以借助统计程序来验证统计关系的存在和方向。举例来说，这些程序包括卡方分析、相关分析、回归分析和方差分析。所有这些统计程序都会在以后的章节中讨论（卡方分析、相关分析和回归分析在第 16 章，方差分析在第 17 章）。

然而，相关关系本身不能证明因果关系，只是因为两种变量碰巧以某些可预见的形式一起发生变化，并不能证明一个变量引起另一个变量的变化。例如，你可能会发现美国的某种产品销量与德国的国内生产总值（GDP）之间有高度的相关性，这可能真的只是因为两种变量碰巧以相似比率同时增长。进一步的验证和考虑表明，这两个变量之间确实没有真正的相关关系。为了推断因果关系，必须能够证明相关，但是只靠相关性并不能成为因果关系的证据。

9.2.2 发生存在有适当的时间顺序

为了证明两个变量之间可能存在因果关系，第二个要求是证明两者的发生存在适当的时间顺序。为了证明 *A* 引起 *B*，调研人员必须能够证明 *A* 发生在 *B* 之前。例如，为了证明价格变化对销量产生影响，必须能够说明价格变化发生在可观察到的销量变化之前。然而，证明了 *A* 与 *B* 变化的相关性和 *A* 发生在 *B* 之前，仍然不能提供强有力的证据让我们得出这样的结论：*A* 是引起可观察到的 *B* 变化的可能原因。

9.2.3 排除其他可能的原因性因素

在许多营销实验中最难证明的是，*B* 的变化并不是 *A* 以外的其他因素引起的。例如，假定一个公司增加广告费用并观察到产品销量增加了，相关关系和发生的适当时间顺序是存在的，但是这可以证明一种可能的因果关系吗？答案是“不”。有可能在销售中观察出的变化是由于其他因素引起的，而不是广告的增加而引起。例如，在广告费用增加的同时，一个主要竞争者可能降低了广告费用，或者提高了价格，或者撤离市场。即使竞争环境没变，一个或多个因素的联合作用也可能影响销量。例如，由于某些与实验无关的原因，使得区域经济得到很大增长，对于任何这些原因或那些可能的原因，观察到的销量增加是由许多其他因素，而不是仅仅由广告费用增加所引起的。本章大多数讨论与实验设计问题相关，这使得我们能够排除或调整其他可能原因性因素的影响。

9.3 实验环境

实验能在实验室或现场环境中进行。大部分物理科学实验在实验室中进行，许多营销实验是现场试验。

9.3.1 实验室实验

实验室实验（laboratory experiments）提供了大量重要优点。在实验室进行实验的主要优点在于控制许多其他原因性因素的能力——温度、光线、湿度等，焦点放在 *A* 的变化对 *B* 产生的影响上。在实验室里，研究人员能更有效地处理证明因果关系的第三种因素（排除其他可能的原因性因素），而集中考虑前两种因素（相关性和发生的适当时间顺序）。这种额外控制增强了证明可观察到的因变量变化，是由实验变量或处理变量的变化引起的能力。因此，实验室实验通常被认为有较强的内在有效性（内在有效性还会在后面详细讨论）。此外，可控制的和可能毫无效果的环境并不能很好地模拟市场。因此，实验室中的实验结果有时在真实的市场条件下并不能成立。所以，实验室实验通常被认为存在较大的外在有效性问题（见下节）。然而，由于实验室实验有许多优点，所以它现在在市场调研中的运用比过去更加广泛。

9.3.2 现场实验

现场实验（ field experiments）是在实验室以外真正市场环境下进行的实验。市场测试（在本章后面要讨论）经常采用现场实验这种类型。它能解决环境的真实性问题，但也会引起一系列新问题。主要问题就是调研人员在现场不能控制可能影响因变量的所有其他因素，如竞争者的活动、天气、经济、社会潮流和政治气候等。

9.4 实验的有效性

有效性是指实验室测量结果与研究人员试图测量结果的相符程度（参见第 10 章），测量的有效性依赖于测量仪器受系统误差和随机误差的约束程度。有两种特殊的有效性与实验相关：内在有效性和外在有效性。

内在有效性（internal validity）是指对于可观察到的实验结果可以避免有争议的解释的程度。如果研究人员能够证明，实验变量或处理变量真的对因变量产生可观察到的差异，那么我们就可以认为这个实验是内在有效的。这种有效性需要证据来证明因变量的变化是由处理变量引起的，而不是其他可能因素。

外在有效性（external validity）指在实验中被测量的因果关系可以一般化到外部的人、环境和时间的程度。问题是，对于我们想要把结果推广给的其他人和环境，在实验中的人和环境有怎样的代表性。由此可见，与实验室实验相比，现场试验具有较高的外在有效性，较低的内在有效性。

9.5 实验符号

在我们对实验法的讨论中，将运用标准的符号系统来描述实验。规定如下：

- X 用来代表个别的或一组的实验处理。实验处理是我们想要测量和比较其影响的因素。实验处理可以是以下这些因素：不同的价格、包装设计、购买地点的展示、广告方法或产品形式等。
- O（观察）代表测量实验测试单元的测量过程。测试单元是指对实验处理有反应的个体、群体或实体。测试单元可能包括：单个的消费者、群体消费者、零售商、全部市场，或者其他成为公司营销目标的实体。使用第 8 章谈到的观察技巧或第 6 章谈到的调研方法进行观察。
- 不同的时间段可以用 X_s 和 O_s 的水平方式表示。例如：

$$O_1 \quad X \quad O_2$$

它可以表示预先测量一个或多个测试单元中的 O_1，然后让一个或多个测试单元与实验变量 X 接触。随后，对测试单元中的 O_2 进行测量。X_s 和 O_s 还可同时以纵向方式表示同步接触和不同测试单元的测量。例如，以下设计涉及测试单元的两个不同组别。

$$\begin{matrix} X_1 & O_1 \\ X_2 & O_2 \end{matrix}$$

测试单元的两个组同时接受不同的实验处理（X_1，X_2），随后，这两个组被同步测量（O_1，O_2）。

9.6 外生变量

在解释实验结果时，调研人员可以得出结论：可观察到的反应是实验变量的影响。然而，存在许多障碍阻止我们得出结论。为了预测解释中遇到的问题，我们需要对实验进行设计，来尽可能地排除这些影响观察效果的外在因素。

9.6.1　外生变量范例

举例来说，对实验有效性存在威胁的外在因素或外生变量有：历史因素、成熟因素、计量因素、选择误差、失员、测试效应、均值的回归。

1. 历史因素

历史因素（history）是指不受研究人员控制（实验变量），发生在实验的开始和结束之间，并影响因变量数值的任何变量或事件。由金宝汤公司进行的“Prego”意大利面调料的早期实验为这种外生变量形式可能出现的问题提供了范例。决策人宣称，在他们对 Prego 测试期间，竞争品牌 Ragu 采取了大幅增加广告投入和降价的策略。他们相信，这种营销行为使消费者增强了对 Ragu 的印象，同时也使得金宝汤公司不可能得到 Prego 产品潜在销量的精确数值。

2. 成熟因素

成熟因素（maturation）是指在实验过程中受试者方面随着时间而发生的变化。例如，包括长大、饥饿、劳累和其他类似的因素。在这个实验过程中人们对处理变量的反应可能改变，因为这种改变是由于成熟因素而非处理变量。在特殊实验中成熟因素是否是一个严重问题的可能性取决于实验的长度，实验时间越长，成熟因素对于解释结果越有可能产生问题。

3. 计量因素

计量因素（instrument variation）是指用以解释测量差异的测量工具的任何变化。在人们从作为访问员和观察者的角度去衡量因变量的许多营销实验中，这是一个重要问题。如果对同一事物的测量可以由不同的访问员和观察者在不同的时间进行，这些在测量中的差异，可以反映出不同访问员和观察者在访问和观察方法上的差异。此外，同一访问员或观察者超出规定时间对同一物体进行测量，这时差异会表现为这样的事实：特定的访问员或观察者对工作失去了兴趣，导致工作的质量下降。

4. 选择误差

选择误差（selection bias）对有效性的威胁将在以下情形中遇到：实验或测试群体与调研人员拟使用实验结果推测或控制的总体有系统差异（如果设计包括一个）。在推测群体与测试群体有系统差异时，调研人员得到的结论可能不尽相同，因为两个群体的构成不同。类似的，在测试群体和未处理的控制群体（没有暴露在实验变量面前）之间出现的可观察到的区别，可能是因为两个群体间的差异造成的，而不是实验变量的影响。调研人员能通过抽样或搭配的方法来保证群体的等同性。抽样（randomization）是指随机确定测试群体和控制群体的人员。搭配（matching）正如名字所表明的，确保测试中的人员之间或其他组与控制组之间在主要特征方面（如年龄、收入、教育等）是一对一搭配的。具体的搭配步骤将在本章后面予以讨论。

5. 失员

失员（mortality）是指在实验过程中测试单元的损失，这也是个问题，因为不能很容易地知道所损失的测试单元是否会像在整个实验中保留下来的那些单元一样，以同样的方式对处理变量做出反应。代表总体的或类似于控制群体的实验群体可能变得不具代表性，因为具有某些特征的受试者发生了系统损失。例如，在有关音乐偏好的研究中，如果实验过程中几乎所有 25 岁以下的被研究者发生丢失，那么在实验结束时我们有可能得到的是有误差的音乐偏好记录。这样，结果可能缺少外在有效性。

6. 测试效应

测试效应（testing effects）源于实验过程本身对我们所观察到的结果的影响。例如，登广告前对产品态度的测量可能作为一个处理变量，会影响广告后的测量。测试效应有两种方式：

- 主要测试效应是指早期观察对后期观察可能产生的影响。例如，第二次考 GAMT 的学生的成绩比那些第一次考的要好很多，即使在学生并不确切知道部分考题的条件下也是如此。这个结果也具有反作用：态度测试第一次的反应，会对随后进行的相同测试所反映出的态度有一些实际影响。
- 交互测试效应是指先前对被测者反应测量的结果对后来测量者反应产生的影响。例如，如果我们先询问目标群体对不同产品的广告知晓度（暴露前测量），然后让他们接触一个或多个这些产品的广告（处理变量），那么后期测量可能反映出的是先前测量和处理条件变化的联合影响。

7. 均值的回归

均值的回归（regression to the mean）是指具有极端行为的目标群体在实验过程中，向着行为的均值发展的可观察的趋势。测试单元可能出现极端行为，这是因为偶然或因为他们的极端行为而被特别选中。例如，你可以选择某些人作为你的实验群体，因为他们是某一具体产品或服务的大量使用者。在这些情况下，他们向均值变化的行为趋势可能被解释为由处理变量引起，而事实上与处理变量无关。

9.6.2 外生变量的控制

威胁有效性的原因性因素必须以某些方式被控制，从而建立一幅清晰的被操纵变量影响因变量的画面。外来原因性因素通常称为混淆变量（confounding variables），因为它们混淆了实验处理条件，使得我们不能确定因变量的变化是否仅仅由于实验处理条件引起。

可以使用四种基本方法来控制外来因素：随机化、物理控制、设计控制和统计控制。

随机化（randomization）是指随机地分配给受试者处理条件，以便于我们可以合理的假设：与受试者特征相关的外来原因性因素将在每种处理条件下相等地出现，从而消除外来因素的影响。

外来原因性因素的**物理控制**（physical control）是指以某种方法使实验过程中外来变量的数值或水平保持不变。物理控制的另一种方法是配对，受试者在被分配到不同的实验处理条件之前，按照重要的个人特征（如年龄、收入、生活方式）互相配对，目的是确保实验的测试群体和控制群体的反应者特征之间没有重要差异。

设计控制（design control）是指通过一些特殊形式的实验设计达到对外来原因性因素

的控制。这些设计将在本章的后面加以讨论。

最后，如果在整个实验过程中外来原因性因素能被证明和测量，那么**统计控制**（statistical control）过程就能解释外来原因性因素。这些程序（如协方差的分析）通过对每个实验处理条件下的因变量的数值进行统计上的调整，能用来调整混淆变量对因变量的影响。

市场调研实践 9-1

数据使用：隐藏的机顶盒和对测量线分享的作用

消费者有有限的预算和消费能力，所以当公司想要对产品线做出改变的时候，管理者想要知道这些改变会如何影响人们在范畴内做出选择。为了发现真相，市场营销人员经常使用“机顶盒”(top-box）作为测量购买意图的工具。使用机顶盒的调研展示了一件给出的产品，调研对象一般以从“明确会购买”到“明确不会购买”的尺度评估。一个清晰的回应看起来提供了管理者需要的信息。

尽管来自调研参与者的回应是清晰的，但公司的回答是否定的。一个可能的产品线扩展也许会在机顶盒方案中评估更高，但是机顶盒对照没有提供指示，高评估选择是否将会获得竞争者份额或者从其他产品线获得。机顶盒也以生成言过其实的结果而闻名。再者，这是因为它衡量了欲望，不是真实的选择。它经常不能在广泛的欲望范围内做出区别，如图 9-1 所示，不能生成清晰的证明多样产品概念中的感官差异的结果。

市场人员会受益于使用可选择的途径，测量选择而不是简单地模仿，如相连的分析和离散的选择。调研人员应该从样本中创造相等的测试群体，建立可控的群体使用全套的相关竞争产品，包括那些现在提供的产品，系统地介绍测试产品，改变每个测试群体单一的差异变量，这在根本上是科学方法的应用。这种方法允许实验者处理营销组合中测试样本或要素的一个变量。实验人员可以比较不同的战略，比如产品适应和产品线扩展。

对于关心增长业务和获得相关产品互动及产品线共享信息的市场营销者，重新思考用来收集数据的工具是有价值的锻炼。

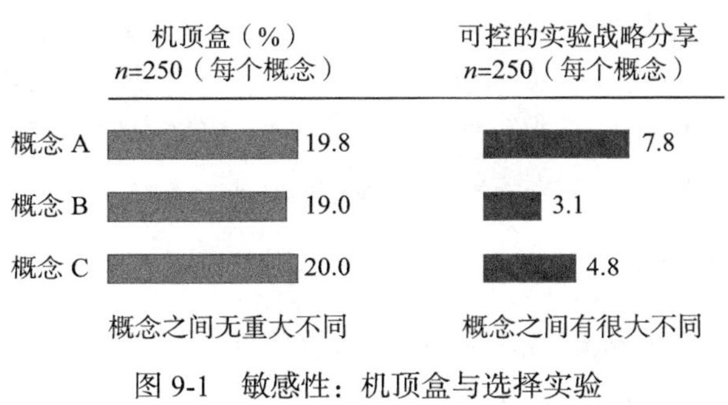

图 9-1 敏感性：机顶盒与选择实验

问题：

1. 你认为如果展示一个选择而不是多个选择，机顶盒测量会更准确吗？为什么？
2. 你认为任何市场调研方法能正确地预测行为而不是简单地评估欲望吗？

9.7 实验设计、实验处理与实验影响

在**实验设计**（experimental design）中，研究人员能控制和操纵一个或多个独立变量。在我们讨论的实验中，一般只有一个独立变量被控制。非实验的设计不涉及控制，一般称作事后（在事实之后）研究。在这种研究类型中，研究人员观察到效果并试图把效果归因于某些原因性因素。实验设计包括四类因素：

（1）被操纵的处理或实验变量（自变量）；

（2）参与实验的目标群体；

（3）要测量的非独立变量（因变量）；

（4）处理外来原因性因素的计划或程序。

处理变量（treatment variable）是指在实验中被操纵或改变的自变量。操纵是指研究人员设置自变量水平，以测试某一特定因果关系的过程。为了测试价格（自变量）和产品销量（因变量）之间的关系，研究人员可以将目标群体置于三种不同的价格水平中，并记录每种价格水平下的购买水平。价格作为被操纵的变量，是三种处理条件或价格水平下的单一处理变量。

一个实验可以包括一个实验组和一个控制组。控制组是指在实验期间自变量没有变化的群体；实验组是指自变量受到操纵而发生变化的组。

实验影响（experimental effect）是指处理变量对因变量产生的影响，目的是确定每种实验处理条件（处理变量的水平）对因变量的影响。例如，假设选中三个不同市场，用以测试三种不同价格或处理条件。在每个市场上对每种价格进行三个月的测试；在市场 1 中，以比产品现价低 2% 的价格进行测试；市场 2 中，以降低 4% 的价格进行测试；在市场 3 中，以降低 6% 的价格进行测试。在三个月测试结束时观察到，市场 1 的销量超过三个月以前的销量近 1%；市场 2 的销量增加了 3%；市场 3 的销量增加了 5%。观察到的每个市场的销量变化都是实验的影响。

9.8 实验调研的限制因素

上述讨论表明，实验是一种强有力的研究形式，它是能够真正证明所感兴趣的变量之间因果关系的存在与性质的唯一研究形式。给出这些与其他原始数据收集的调研设计相比明显的优势，你可能会问为什么实验法研究不在市场中经常使用。对此有许多原因，包括实验成本、保密问题与实施实验相关的问题等。

9.8.1 高昂的实验成本

从某种程度上讲，比较实验成本与询问法或观察法调研的成本，就好像是比较苹果和橘子，实验法在费用和时间方面成本都很高。在许多情况下，经理可能预料到实验成本要超过所获信息的价值。例如，考虑一下在三种不同地理区域对三种可选择的广告活动进行测试的成本：三种不同的广告活动必须实施；在所有三个市场中媒体时间必须被购买；所有三个市场的测试时间表必须谨慎地协调；一些系统必须在测试活动的前、中、后使用，以测量不同时点的销量；必须对其他外生变量进行测量；必须对结果进行广泛的分析。为

保证实验实施，一系列其他工作必须完成，所有这些将至少花费 100 万美元以换取一个低利润产品，甚至为了一个高利润品牌，要花费好几千万美元。

9.8.2 保密问题

在测试市场中采用现场实验涉及暴露某个营销计划或营销计划的某些关键部分。毫无疑问，竞争者将会在大规模市场推广之前考虑出对策，这种预先信号使竞争者有机会决定是否以及如何做出反应。无论如何，策略失去了出其不意的效果。在许多例子中，竞争者实际上已经“窃取”了市场中正被测试的创意。而且，在公司完成对产品或策略因素的市场测试前，竞争者就已经进入了全国性的分销网。

9.8.3 实施问题

可能会阻碍实验完成的问题主要包括以下方面：难以在组织内部取得合作；干扰问题；测试市场和总体市场之间的差异；缺少一组人或是作为控制群体可用的地理区域。

在实施某种类型的实验时，要想获得组织内的合作可能是极其困难的。例如，一个地区的市场经理可能极不情愿地同意他的市场区域被用来作为降低广告水平或拥有较高价格的测试市场。自然地，他主要担忧实验可能会降低这个地区的销量。

当来自测试区以外的购买者购买被测试的产品时会发生**干扰**（contamination），从而扭曲实验结果。外来购买者可能住在测试区边缘，看到了电视广告，仅仅是因为测试区提供了较低的价格、特殊的折扣或其他一些诱因而购买产品，他们的购买意味着被测试的特殊销售刺激因素比实际情况更有效。

在一些情况下，市场测试情况差别很大，在那些市场中的消费者行为也不同，所以很难找出比较小的实验影响。这个问题可以通过对测试市场进行仔细地搭配和其他类似战略计划来解决，从而保证测试单元有较高程度的等同性。

最后，在一些情况下，不能获得合适的地理区域或一组人作为控制组。在工业产品测试中会出现这种情况：它的少量购买者在地理区域上集中，在这样的购买者子群体间测试一项新产品的尝试几乎注定是要失败的。

9.9 选择实验设计

本节将介绍预先实验设计、真实实验设计和准实验设计的例子。在叙述这些实验设计时，我们将使用以前介绍过的符号系统。

9.9.1 预先实验设计

预先实验设计是不包括真实实验设计中基本要素的研究设计。因为这些要素的简易型，它们可能在特定情况下有意义，但生成的结果却是很难解释的。使用**预先实验设计**（pre-experimental designs）的研究经常是很难解释的，是因为它们几乎不能控制外来因素的影响。因此，当用预先实验设计来进行因果推断时，不会比描述性研究好。利用这些设计，研究者在暴露处理变量（如对谁、何时）和测量方法方面的控制很少。然而，这些设计通常用于商业营销研究，因为它们简单且成本低。

1. 单组后期测试设计

单组后期测试设计（one-shot case study design）是指把测试单元（人或测试市场）暴露在处理变量一段时间，然后测量因变量。使用标准的实验符号，设计如下所示：

$$X \quad O_1$$

在这个设计中有两个基本缺点：对将要进行实验处理的测试单元没有测试前观察；不接受实验处理的测试单元的控制群体也没有得到观察。这些缺点的结果是：设计不能处理以前讨论过的任何外生变量的影响，因此设计缺少内在有效性，同时更可能缺少外在有效性。这种设计对提出因果假设有用，但不能提供这些假设的有力检验。许多新产品（之前市场中没有）的测试市场都以此设计为基础，因为它们更简单且成本较低。

2. 单组前后测试设计

单组前后测试设计（one-group pretest-posttest design）是一种经常用来进行现有产品和营销战略变化情况下的市场测试设计。产品在变化市场上的事实为前期测试（O_1）提供了基础，设计用符号表示如下：

$$O_1 \quad X \quad O_2$$

对后来接受实验处理的单个受试组或单个测试单元进行前期观察（O_1），最后进行后期观察（O_2），实验处理的效果通过 O_2-O_1 估计。

历史因素是对这个设计内在有效性的一种威胁。因为可观察到的因变量变化可能是由发生在前期测试和后期测试之间、实验以外的事件所引起的。在实验室实验中，这种威胁可以通过将被测试者与外界影响相隔离来控制。遗憾的是，这种类型的控制在现场实验中是不可能的。

成熟因素是对这种设计类型的另一个威胁。可观察到的效果可能是由于目标群体在预先实验测试和测试之后的过程中，已经变得更成熟、更聪明、更有经验等因素造成的。

这个设计只有一个预先测试观察，因此调研人员对因变量实验前期的趋势一无所知。在一种不是研究者感兴趣的实验处理产生效果的情境下，因变量有不断增长的趋势，实验后的测量分数可能会更高。

正如接下来讨论的“市场调研实践 9-2”，任何一种设计中都会存在误差。

市场调研实践 9-2

当选择误差是由采访者性别造成时，会发生什么

在市场调研战略中，为了测量营销策略的变量而进行实验设计时，选择误差通常意味着对有效性的威胁，因为测试群体与调研人员渴望调查的目标群体有很大差异。但是，如果选择误差以市场调研人员的性别开始会怎样？会对实验有效性产生什么影响？最近，德国研究人员发现，以女性或带有女性名字所进行的调查，与男性相比，可以得到更好的回应。

斯蒂芬·奥尔索夫（Stefan Althoff）是德国汉莎航空技术公司（Lufthansa Technik）的市场调研经理。2004 年，他的部门开始了一项在线顾客调研，他们收到了很少的回应。一周后，他们发出提醒，信的署名作者是朱莉娅，回应率跃至 30%。对于随后的许多在线调研，汉莎航空技术公司都让女性为电子邮件调查和提醒信署名。有趣的是，研究人员有

这样的印象：与男性署名相比，女性署名的回应者阅读和完成调研的速度更快，他们把这称为“安妮塔效应”(Anita effect)，即发出者性别对回应的影响。

2006 年 1 月，奥尔索夫和同事在汉莎航空技术公司进行了一项关于企业内部网络使用的室内员工调研，他们的样本是两个分别由 105 名男性构成的小组：其中一组收到的是由女性发出的电子参与邀请；另一组则来自男性。210 名男性的回应率是 80%，但其中收到女性邀请的回应率是 83.9%，另一组只有 74.3%。

2006 年 3 月，奥尔索夫和他的同事又对“安妮塔效应”进行了测试。这次结合大学市场，对 UNIpark 注册用户进行了调研。奥尔索夫将 460 名用户分成四组，并要求他们对 UNIpark 的网站主页及 Globalpark 的网上搜索软件效用进行评价，奥尔索夫及全体人员（包括一名女性研究人员）改变电子邀请的性别，结果是值得注意的。奥尔索夫评论说：“接收到由女性发出电子邀请的小组回应率高于其他组。”

问题：

1. 哪些类型的可能（甚至不可思议的）误差，是由那些回答女性发出或签署电子调研的男性回应者造成的？

2. 奥尔索夫计划测试不同女性名字对回应率的影响，思考哪三个女性名字可能对男性最具吸引力？哪三个最不具有吸引力？

9.9.2 真实实验设计

在**真实实验设计**（true experimental design）中，实验人员把实验处理随机地分配到随机选出的测试单元中。在我们的符号系统中，实验单元随机分配给实验处理，用 R 表示。随机原则是一种重要的机制，它使得真实实验设计的结果比预先实验设计的结果更有效。由于随机原则兼顾了许多外生变量，从而使得真实实验设计更具优越性。选择进行随机实验而不是其他类型调研设计的主要原因是，它们使因果推断更清晰。本节将讨论两种真实实验设计：前后测试控制组设计和仅为后期测试控制组设计。

1. 前后测试控制组设计

前后测试控制组设计（before and after with control group design）可以用如下符号表示：

$$\text{实验组：}(R)\ O_1\quad X\quad O_2$$
$$\text{控制组：}(R)\ O_3\qquad\ \ O_4$$

因为在这个设计中的测试单元随机地被分配到实验组和控制组中，所以这两个组被认为是对等的。因此，它们可能除了在实验组中收到研究所感兴趣的处理外，还同样受到外来原因性因素的影响。由于这个原因控制组前后测试之间的差异（O_4-O_3）将提供所有外来影响对每组所经历结果的合理估计。为了得知处理变量 X 的真实影响力，外来因素的影响必须从实验组前后测试之间的差异中去除。这样，X 的真实影响力被估计为：$(O_2-O_1)-(O_4-O_3)$，这个设计基本上控制了除死亡和当地历史因素以外的全部有效性威胁。

如果某个单元在研究期间退出，或者，如果中途退出的单元与留下的单元存在着系统性差别，那么失员将会是个问题。在选择误差下的结果是因为实验组和控制组在后期测试与前期测试中主体的构成不同，在事件而不是处理变量影响了实验组但没有影响控制组的情况，或者相反情况下，历史因素将成为问题。前后测试控制组设计和仅为后期测试控制组设计的例子将在表 9-1 中列出。

表 9-1 真实实验设计的例子

情形：加利福尼亚州 California Tan 公司想测试购买点陈列对销售的影响，公司考虑了两种真实实验设计。	
仅为后期测试控制组设计	**前后测试控制组设计**
基本设计：实验组：(*R*) *X* O_1 控制组：(*R*) O_2 样本：对销售其商品的商店进行随机抽样，这些商店被随机地分配给实验组和控制组，这些组被认为是相同的 处理（*X*）：将购买点陈列置于实验组商店里 1 个月 测试（O_1，O_2）：在购买点陈列期间测试商店中公司品牌的实际销量 注释：因为商店随机分配到各组中，因此实验组和控制组可视为相同的。*X* 的处理影响的测试是 O_1-O_2，如果 O_1=125 000（单位），O_2=113 000（单位），那么处理结果 = 12 000（单位）	基本设计：实验组：(*R*) O_1 *X* O_2 控制组：(*R*) O_3 O_4 样本：和前面一样 处理（*X*）：和前面一样 测试（O_1 到 O_4）：O_1 和 O_2 为实验组的前期测试和后期测试；O_3 和 O_4 是控制组的前期测试和后期测试 结果：O_1=113 000（单位） O_2=125 000（单位） O_3=111 000（单位） O_4=118 000（单位） 注释： （1）各组的随机性分配意味着它们可视为相同的 （2）因为各组是相同的，所以它们受到的外来因素的影响也是相同的，这一假设合理 （3）对控制组前后测试之间的差异（O_4-O_3）提供了所有外来因素对两组影响的恰当估计值。在这些影响的基础上（O_4-O_3）=7 000（单位），估计的处理影响是（O_2-O_1）-（O_4-O_3），即（125 000-113 000）-（118 000-111 000）= 5 000（单位）

2. 仅为后期测试控制组设计

就测试单元的分配而言，**仅为后期测试控制组设计**（after-only with control group design）确保实验组和控制组可以被认为是相同的，用符号表示如下：

实验组：(*R*) *X* O_1

控制组：(*R*) O_2

你将注意到测试单元被随机地（*R*）分配到实验组和控制组中。这种随机分配产生的实验组和控制组与先于实验处理的因变量大致相等。你可以合理地假定测试单元的失员（内在有效性的威胁之一）将以同等方式影响每一组。

在表 9-1 中所描述的洗发水实例背景下考虑这个设计，我们能看到许多问题：是事件而不是处理变量发生在实验期间实验组的一个或几个商店里。如果实验组中的一个特殊商店经营某些其他类型的产品，而使商店中有了大量顾客，洗发水的销量可能会因客流增加而增加。诸如此类的事情，商店的特殊性（历史）可能扭曲总的实验处理影响。此外，还有一种可能性就是在实验期间有几家商店可能会中途退出（失员威胁），导致由于实验组中的商店与后期测量时不同，结果会出现选择误差。

9.9.3 准实验设计

当设计一个真实实验时，调研人员通常必须创造人为环境来控制独立变量和外生变量。因为这种设计的人为性，实验结果存在外在有效性问题。因此，人们开发出准实验设计解决这个问题。准实验设计一般在现场环境方面比真实实验更可行。

在**准实验**（quasi-experiments）中，调研人员缺少对实验处理进度表的完全控制，或必须以非随机方式将受试者分配到实验处理中。由于费用和现场限制经常不允许调研人员对处理进度表和受试者的随机抽样进行直接控制，因此这些设计往往被用于市场调研中。准实验设计的例子是：间断时间序列设计和多重时间序列设计。

1. 间断时间序列设计

间断时间序列设计（interrupted time-series designs）是指在引入实验处理前后反复测试，从而打断以往的数据形态。该设计用符号表示如下：

$$O_1 \quad O_2 \quad O_3 \quad O_4 \quad X \quad O_5 \quad O_6 \quad O_7 \quad O_8$$

在市场调研中使用这种设计最普通的实例就是消费者购买小组的使用。调研人员可以利用一个小组对消费者购买行为（O_s）进行定期的测试。引进一种新的促销活动（X），并测试其对小组数据的影响。研究人员能够控制促销活动的时间表，但不能保证小组成员什么时候感受到了促销活动，还是根本没有感受到。

这种设计与单组前后测试设计十分相似：

$$O_1 \quad X \quad O_2$$

然而，由于多次前后测试对外生变量进行了更多的控制，所以时间序列实验设计比单组前后测试设计有更强的解释能力。例如，在产品销量上升的同时，一种新的促销宣传活动正在进行，如果使用前后测试设计，那么这项活动的真实效果就无法估计。可是，如果进行大量的前后测试观察，销量的增长趋势是明显的。时间序列设计可以帮助我们确定因变量的隐含趋势，并提供关于实验处理效果更好的解释能力。

这种设计有两个根本缺点，其中主要缺点是缺乏控制历史因素的能力。尽管保持所有可能相关的外来事件的详细记录能减少这个问题带来的干扰，但是实验人员还是无法确定前后测试观察的恰当次数和时间。

这种设计的另一个缺点来自于交互测试效应的潜在价值和对测试单元进行重复测量的估计理解。例如，小组成员可能成为“专业”购买者或是更多地意识到他们的购买习惯。在这些情况下，以此来推断总体或其他群体可能是不适当。

2. 多重时间序列设计

如果可以将一个控制组加到间断时间序列设计中，那么对测量效果的解释就更加肯定了，这种设计称为**多重时间序列设计**（multiple time-series design）。用符号表示如下：

实验组：$O_1 \quad O_2 \quad O_3 \quad X \quad O_4 \quad O_5 \quad O_6$

控制组：$O_1 \quad O_2 \quad O_3 \quad \quad O_4 \quad O_5 \quad O_6$

研究人员必须小心选择控制组。例如，一位广告商可能在一个测试城市中测试一种新的广告活动，那么这个城市将构成实验组，没有实施这项新广告的另外一个城市被选为控制组。测试城市和控制城市在产品销量有关特性方面（如有效的竞争品牌）是大体等同的。

9.10　市场测试

产品和服务的发展经历了一系列过程，包括创意形成、创意审查、概念测试、商业分析、原型发展、市场测试和商业化。市场人员是否会测试一种产品或服务的市场取决于预期的扩散率，已存在的竞争产品的区分程度及一系列其他因素。

市场调研人员所用的一种普通的实验方法是市场测试。**市场测试**（test market）这一术语泛指通过使用实验设计或准实验设计所进行的任何研究。这些研究包括在单个或一组市场、某个地区测试一种新产品或现有营销战略（如产品、价格、渠道、促销）的变化。

新产品的引入对决定公司财务的成败发挥着重要作用。传统观点认为，在公司的世界里，由于竞争日趋激烈、变革速度加快，因此将来新产品对利润的贡献将超过以往。新产品失败率的变动幅度大，并可能达到 90% 以上。以下“市场调研实践 9-3”讨论的是麦当劳的市场测试。

市场调研实践 9-3

麦当劳的市场测试

麦当劳等大公司在全球都有店铺，可以在自己的店里进行市场测试。以龙虾汉堡（McLobster）为例，我确定在创意形成时期就开始测试。有些人也许会说：“嘿，我们加拿大 / 新英格兰市场正在错过什么？”或者也许他们只是喜欢参与龙虾三明治业务的创意，然后自问：“谁会吃？”或者也许这不是内部创意资源，而是来自消费者或供应商的外部创意。龙虾汉堡错过了创意审查时期，“这帮助我们尽可能发现好的创意，摒弃不好的”。

接下来说到产品概念“创意的详细版本从有意义的消费者角度陈述”。这会像这样“真正的大西洋（Atlantic）龙虾，在小圆面包上展开，用奶油、白色的龙虾面包调味汁焖……嗯，我喜欢！”然后这会变成一个比描述更为丰富的产品形象——也像一个龙虾汉堡画出的或实体的代表。

最后，在麦当劳描述其目标市场的战略发展阶段之后，公司会探索计划的价值命题、销量、市场份额和利润目标。最终，麦当劳会对龙虾汉堡进行商业分析，回顾销量、成本及利润预测，来看是否符合公司的目标。

然后就到了有趣的部分，比如产品发展，这时麦当劳会真正地创造龙虾汉堡，也许会咨询海鲜专家。然而，麦当劳不会把产品商业化到每一家服务目标市场的麦当劳。首先必须做市场测试，在目标市场中特定位置的真实市场环境下引入产品和营销计划。

市场测试对麦当劳等公司很简单，它可以在自己的店里测试自己的产品，简单地做小型的地方促销，在菜单上挨着写一个大大的“新”就可以。龙虾汉堡不是必然有足够的盈利能力来集中商业化，但据我所知，这些年在有限制的市场中作为一种季节性产品在引入。

问题：

1. 好的市场测试的特点有哪些？
2. 为什么市场测试对麦当劳这样的公司更容易？

你可能已经认识到，市场测试研究的目的是协助营销经理对新产品及附加品做出更好的决策，并对现有产品或营销战略进行调整。市场测试研究通过提供一种真实市场的测试来评估产品和营销计划。营销经理利用市场测试规模较小且成本较低的特色，对所提出的具有多个独立部分的全国性计划进行评估，这种基本思想可以用来确定产品在全国推广后得到的估计利润是否会超过潜在风险。设计市场测试研究提供了有关下列问题的信息：

- 市场份额与容量的评估。
- 新产品对公司已上市的类似产品销量的影响，这种影响可用替换率表示。
- 购买产品的消费者特征。人口统计学数据几乎都能收集到，生活方式、心理特征和其他形式的分类数据也可以收集到，这些信息将有助于公司改善产品的营销策略。例如，了解可能购买者的人口统计学特征将帮助我们创造出更有效、更有影响力的接触目标顾客的媒体计划。了解目标消费者心理和生活方式的特征对如何进行产品定位和确定吸引顾客的促销手段将提供有价值的参考。
- 测试期间竞争者的行为。这可能会提供产品在全国推广后竞争者可能反映的一些预示信息。

正如下面的“市场调研实 9-4”所说，其他类型的调研会在实验或市场测试后出现。

市场调研实践 9-4

释放潜力

创新是促进进步的破坏性力量，但创意不会在真空中出现。新产品和服务必须进行测试，并且经常再测试来测试可行性。

有一个创新的例子，是 PSCU 经济服务公司的 CardLock 服务，这是一家佛罗里达州圣彼德斯堡的经济服务及支付处理公司，为全国 600 多家信用合作社和 1 400 万持卡人服务。在 2009 年夏末引入的 CardLock 旨在加强诈骗防护，通过加强持卡人锁上或者解锁信用卡或借记卡有效地关闭或打开。持卡人可以拨打免费电话或访问特定网页，在几秒内用简单的 4 位数字键控密码锁上或解锁账户。

在进入市场之前，PSCU 经济服务公司实施了调研来测试 CardLock 概念的可行性，这里会讲述它的具体过程。

CardLock 不是在真空中创造出来的。想象力得到发展，创意受到内部支持以获得关键公司股东的接受和认可。一项跨部门的特别小组开会讨论创意，这个团队想出一个产品概念，讨论技术需求，分析与概念相关的间接数据，提供传闻的市场回馈及信用合作社及其成员的潜在收益。

明显的区分

可以确定的是没有其他类似 CardLock 的产品在市场中存在，这给了 PSCU 明显的产品区分。但在任何产品开发之前，调研计划需要全面测试概念。股东提供投入和最终确定以及支持调研计划。股东需要回答下面的问题：是否与需求相适应？是否有市场潜力？促使其成功需要哪些特性和功能？就这一点，公司联系了 SRA 调研组织来咨询解决这个调研中大量问题的潜在方法。

调研计划被分为三个明显阶段：定量细分研究；一系列焦点小组访谈；如果概念使其足够深入，通过信用合作社进行市场测试。过程是非典型的，许多调研计划从定性开始，然后转到定量。SRA 基于经验表明产品发展的典型陷阱之一定性调研被用来把创意推入市场，并且 PSCU 要相信在探索特点和功能——更昂贵的努力之前，市场存在。因此，定量调研首先完成。

阶段一：消费者细分研究

公司需要可靠的消费者需求意向。为了这个目的，PSCU 利用一次全国范围内的代表小组进行了一次网上调研。参加调研的条件主要限制在拥有借记卡或信用卡，总共 1 080 人回应了调研。

详细的 CardLock 概念陈述被引入。调研包括兴趣水平的问题（有没有报酬）、加入或拒绝加入的原因、使用的可能性、拥有信用卡和借记卡的数量、有关信用卡诈骗的经验。调研结果通过年龄、收入、教育水平、是否有孩子、拥有信用卡的数量、自有住房状况，以及经济组织从属关系进行比较。

40% 的人表示了对 CardLock 的兴趣。即使是在把每月 1 美元费用引入到概念中后，兴趣水平依旧得到维持。

兴趣的两个关键驱动力包括：防止诈骗的需求（首要驱动力）和内心的宁静。那些不感兴趣的人通常是感觉不需要或者担心便利性（如忘记解锁或忘记密码）。最大的收获是为了促使最大化采用，产品开发人员已经确信 CardLock 很容易使用。调研明确了市场细分。最感兴趣的人包括网上购物者、频繁旅行者、年轻消费者、承租人，以及那些经历过信用卡诈骗的人。

调研证明这种产品存在市场，有了确定市场细分中小规模的极大感兴趣者，内部股东有信心进入调研的下一阶段。

阶段二：消费者焦点小组

PSCU 很自信它是一款有市场潜力的产品。投放到市场以前，公司需要一个关于提供什么特性和功能的方向来促使它更好地适应和使用。公司需要知道消费者会如何使用产品，他们有什么担心，会遇到什么障碍。焦点小组访谈最终被选为选择方法，因为它们允许丰富的讨论带来新的见解，使产品更有效。SRA 调研组织受到委托实施这一阶段的调研。

调研人员决定在两个市场中成立四个焦点小组。这些市场出于便利性，在某种程度上出于对中立消费者群体的需要被选择。阶段二的调查研究表明，年轻的消费者比年老的消费者对这个概念更感兴趣。因此，四次会议之中的每一个分别专心于四个具体的年龄段中的一个：18 ～ 24 岁、25 ～ 34 岁、35 ～ 44 岁、45 ～ 54 岁。基于定量调研，55 岁及以上的人不考虑为主要市场。

对定量调研进行仔细回顾之后，决定被邀请者必须至少拥有一张借记卡或信用卡，对概念有一些兴趣，呈现一些阶段识别的细分特点（如日常旅行者、网上购物者等）。SRA 仔细监控调查对象组合来确信会议能代表所有的潜在兴趣群体。

讨论指南被开发，分类为四个关键部分。第一部分涵盖了焦点小组成员的信用卡使用模式和行为；第二部分涵盖了焦点小组成员对理想卡片的感觉。如果他们想要开发一个刮卡，会是什么样子呢？

为每一组提供清晰的产品概念陈述，然后主持人征求反馈。他们的反应是什么？他们会把自己的卡注册这项服务吗，为什么？他们更喜欢怎样注册？有人想要使用锁住的卡时，他们想要怎样接到通知？他们会多久使用一次？产品缺少什么？

便利性是焦点小组提到的主要考虑因素。系统需要快速地锁上、解锁，否则调研对象不会使用。

焦点小组还包括一次关于信用卡诈骗的简短讨论。这有点微妙，因为我们想要避免长期战争故事，但还要了解消费者对这个问题担心的深度。

出乎大家意料的是，在已存在的持卡人同意下，参与者只对他们的责任有有限的了解。除此之外，焦点小组成员普遍了解服务的价值并表达了兴趣。能够控制给了他们大量需要的内心的宁静。除了额外的控制，处理信用卡诈骗的便利性也是增强兴趣的主要促进因素。

总的来说，消费者关注群体给了产品开发经理在如何建立特点和功能以驱动被采纳和使用方面很大的领悟，他们也提供了关于应该如何鼓励消费者签约参加这类服务的深入看法。现在，产品开发经理需要试水。

阶段三：信用合作社测试

在这一阶段，CardLock 的开发工作几乎完成。但是，PSCU 意识到在它们维护自身的会员利益之前，信用合作社需要对它感到舒服——产品成功的关键。对许多信用合作社中间实验新方法也可以用来提供有价值的市场内数据。

做出实验三个信用合作社的新方法的决定。这些信用合作社的员工充分接触到 CardLock，他们的使用被监控。他们如何开卡或销卡？他们会让信用卡锁多久？有什么技术差错吗？ PSCU 和实验协调者每周进行签到电话，在实验最后进行网上反馈会议。市场内测试进行了 10 周，被认为是成功的。

增加的控制感

在许多尽职调研之后，CardLock 通过了产品开发通道，成为一款正式产品。新闻稿被送到主要的信用合作社商业出版物那里宣布这项新服务。自从首次亮相，许多信用合作社已经注册。

市场调研为 CardLock 铺好道路。在消费者调研和市场内测试中的时间和投资证明是有益的，它帮助把概念转换为真正切实可行的创新产品。最后，需求被识别，市场被垄断，内心的宁静也得到实现。

问题：

1. 每项调研要素（定量焦点小组访谈和市场内测试），在把成功的产品引入市场的过程中有什么贡献？

2. PSCU 是如何从调研的每一阶段学到知识的？

9.10.1　市场测试的类型

大量市场测试可以分为四类：传统或标准市场测试、扫描或电子市场测试、受控的市场测试和模拟市场测试。

（1）传统或标准市场测试是指通过企业常规的分销渠道，对一种产品及其他混合要素进行测试。传统市场测试花费的时间相对较长（6个月或者更长），成本昂贵，并且会立即向竞争对手暴露。一些人认为，传统市场测试提供了最佳的类似于真实市场的环境。所以，如果引入传统市场测试，它可以提供关于产品及联合市场混合要素效果的最佳解释。然而，以下讨论的一些其他选择，也会对小部分成本提供很好的估计，更加迅速，并且不会给竞争者有关企业行为的提前信号。

（2）扫描或电子市场测试是扫描研究公司在市场进行的测试，市场上的消费者使用可扫描银行卡购买特定产品，特别是通过杂货店出售的产品。这些样本组允许我们分析购买和不购买测试产品的消费者特征。单个样本组参与者的购买与否可以与他们的详细人口数据、过去购买历史相联系；在某些情况下，与观看媒体的习惯相联系。提供样本组信息的公司包括尼尔森和信息资源公司（Information Resources），这种测试方法速度快、成本低。同时，我们正在考虑营销策略和策略上其他变化的安全程度问题。在讨论中对这种营销测试方案的主要批判是它的抽样不具有代表性。同意仪器测试的人也许对这些或其他市场上更广泛人群不具代表性。

（3）受控的市场测试被调研供应商控制，它们可以保证提供的产品是通过协议的分销种类和数量。例如，受控测试市场的调研供应商（如尼尔森）会付款给分销商，使它们提供货架空间上测试产品所必需的数量。调研供应商会认真监测这些受控市场上产品的销量。这使得公司更快地将产品投入测试，经常性地提供更多真实的分销水平，同时也提供了更好的产品动向监测。正如下面“市场调研实践9-5”中所讨论的，某些测试市场比其他市场更受欢迎。

市场调研实践 9-5

为什么是俄亥俄州哥伦布市

在温蒂国际（Wendy's International）的高安全度测试厨房中，他们正在研制黑标汉堡（Black Label Burger）。但不要现在就开始流口水，在它进入你的城镇之前，首先要在俄亥俄州哥伦布市达到标准。白衣服的食物技术员将制成的汉堡样品送给志愿者品尝，让他们对其评级，如洋葱味和混合味。

这是进入测试市场前的最后一步，高级副总裁洛丽·埃斯特拉达（Lori Estrada）有很高的期待：“我们仍然在等待消费者的分数，但基于我所知道的，预期他们进入这里会感到很棒。”

然后测试汉堡进入真实的温蒂国际。发言人丹尼·林奇（Denny Lynch）说，甚至到出现在菜单上时仍然在调整。

消费者“天竺鼠”（guinea pigs）有各种人口统计。在俄亥俄州大学和许多其他大学有大量的学生，有很强的国际风度。全部加起来就是一个国家消费者的几乎完美的横断面（cross-section）。它在美国中部，但不代表平均水平。有一种有趣的时髦文化的混合——创造性、多样化、企业文化真正混合，使其成为一种独特的测试台（test bed），与只是作为平均水平截然相反。所以想法是，如果创意在这里实现，就能在任何地方实现。

问题：

1. 为什么俄亥俄州哥伦布市被许多市场营销人员看作好的测试市场？你把认为它是一个好的测试市场吗？为什么？

2. 有像“平均”市场这样的事物吗？不论你同意还是不同意，论证你的答案。

（4）模拟市场测试（STM）正如它的名字所表明的，模拟上述记录的市场测试类型。与其他方法相比，模拟市场测试的实施速度更快、成本更低，并且相应的结果在大多数情况下对真正要发生的事情具有更高的预见性。在这些模拟市场测试中使用了更为有限的信息量，并且结合了数学模型，这些数学模型包括对不同营销变量的效果估计，这些变量可以进行调整以适应具体情况。包括尼尔森（Bases）、哈里斯互动（Litmus）和思纬（Market Test）在内，许多不同公司提供了这些服务，而且每家公司都有各自的特色。但是，它们全部都包含以下要素：

- 以所期望或认知的测试产品目标顾客的特征为基础，选择顾客样本。
- 抽取顾客样本进入中心测试场所，让他们观看测试产品和竞争产品的商业广告。
- 随后给予参与者机会，让其在真实市场环境或模拟商店环境中购买测试产品。
- 在顾客使用一定时间产品之后与其进行接触，询问他们再次购买的可能性和对产品的评价。
- 以上信息与模拟市场测试公司的专利模型同时使用，可以估计销售容量、市场份额和其他关键市场度量。

9.10.2　市场测试的成本

市场测试是很昂贵的，一个简单的两市场测试可能至少要花费 100 万美元，长期复杂的测试可能要花费好几千万美元。这些成本还只是指直接成本，主要包括：

- 商业广告的制作；
- 支付广告代理商的服务费；
- 由于容量有限导致的媒体时间费用提高；
- 辛迪加调研信息；
- 定制的研究信息和关联数据分析费；
- 销售现场材料费；
- 促销券和样品费；
- 为获得分销渠道而支付的较高的经销商补贴。

也有许多与市场测试有关的间接成本，主要包括：

- 管理者花在市场测试上的时间成本；
- 现有产品销售活动的分散；
- 一个测试市场的失败可能对家族品牌中的其他产品产生负面影响；
- 如果企业背负了失败的名声，那么可能会给产品带来负面影响；
- 如果让竞争者知道你在干什么，那么他们会在全国市场上制定更好的策略以击败你的成本优势。

市场测试的成本很高，而且正因如此，这种方法仅用于已表现出潜力的新产品或战略营销研究过程的最后一步。在某些情况下，即使失败，直接发布新产品也可能会使成本更低。

9.10.3 决定是否进行市场测试

从上面的讨论可以看出，市场测试为测试公司至少提供了两方面重要好处：

- 第一，也是最主要的一方面，市场测试为企业在真实条件下获得产品销售潜力的合理估计提供了工具。在这些测试结果的基础上，研究人员可以估算产品的全国市场份额，并利用这些数字预测该产品的财务状况。
- 第二，能识别产品和已提出的营销战略的弱点，并为管理者提供改正这些弱点的机会。在市场测试阶段纠正这些问题比产品进入全国性分销渠道之后再纠正更容易，成本更低。

这些优点必须与许多有关成本和市场测试的其他消极因素结合起来考虑。市场测试的财务成本并不是无足轻重的，同时市场测试向竞争者提供了早期信号——你打算干什么。这就给了竞争对手一个机会去调整他们的营销策略，或者说，如果你的想法很容易被模仿而且没有合法的保护，对手就很可能效仿，并在你之前更快地进入全国性分销渠道。

在决定是否进行市场测试时要考虑四个主要因素：

（1）将成本、失败的风险、成功的可能性及相关利润进行比较。如果估计成本很高，而且又不能完全确定成功的可能性，那么就应该倾向于进行市场测试；如果预期成本和产品失败的风险都较低，那么就不用市场测试而直接进入市场可能是合适的战略。

（2）要考虑竞争者仿制产品并将其推向市场的可能性和速度。如果产品能轻而易举地被模仿，最好直接将产品推向全国市场而不必进行市场测试。

（3）考虑为市场测试生产产品所需投资和面向全国市场生产必须数量的产品所需的投资。在两者差异很小的情况下，不进行市场测试直接向全国推广产品可能更有意义；然而，若两者之间存在很大差异的话，在决定向全国推广产品之前进行市场测试还是有积极意义的。

（4）要考虑有关新产品上市失败可能对公司声誉造成多大程度的损害。失败可能会损害公司分销渠道的其他成员（零售商）的声誉，妨碍公司为今后推出产品而获取合作的能力。

9.10.4 市场测试研究的步骤

一旦决定进行市场测试，那么要想取得满意的结果就必须采取很多步骤。

1. 确定目标

这种类型的列表一如既往，过程的第一步就是确定测试目标。典型的市场测试目标有：

- 估计市场份额和销量；
- 确定产品购买者的特征；

- 确定购买频率和目的；
- 确定在哪里购买（零售渠道）；
- 测量新产品的销售对产品线上现有相似产品销售的影响。

2. 选择一种基本方法

在确定市场测试目标后，下一步是确定适合既定目标的市场测试类型。在本节开始，我们已经讨论过四种市场测试类型的特征及其优缺点：

- 传统或标准市场测试；
- 扫描或电子市场测试；
- 受控的市场测试；
- 模拟市场测试。

在既定情况下，确定使用哪种市场测试类型取决于你有多少时间，你的预算开支是多少，以及保持计划行动内容不被竞争者知道的重要性有多大。

3. 制定详细的测试程序

确定了目标和基本测试方法后，就需要制订详细的市场测试计划。制造和分销决策的制定必须保证提供适当的产品，而且出售具体产品的方式在大多数商店是可行的。另外，用于测试的营销计划细节必须详细地加以规定，包括基本的定位方法、实际使用的商业广告、价格策略、媒体计划以及各种促销活动。

4. 选择测试市场

测试市场的选择是个很重要的决策。在做出选择时必须考虑许多因素。

首先这里有一些整体标准：

- 对现有全国性品牌进行测试，除了一个控制市场外，还要有至少两个测试市场，对于测试一个新品牌至少要有三个市场。
- 所选择的市场从地理角度看应该是分散的，如果这个品牌是地区性品牌，市场要覆盖该地区的几个分散市场。
- 对美国而言，市场应该具有人口统计学的代表性，除非特殊情况，如某一种族成员渴望某一特定的品牌。
- 在结果能被准确推断前，测试应至少持续 6 ～ 12 个月，这依赖于产品购买周期。如果产品不被频繁购买，建议实验实施一年甚至更长时间。
- 市场必须有多种媒介通道，包括至少四个电视台，有线渗透率在美国平均水平的上下 10% 之内；至少四个广播电台；一个具有日常和周日版的且占优势地位的当地报刊，周日增刊有集团版本，或者一个相似质量的当地增刊。

市场调研实践 9-6

具体产品测试市场的快速扫描

一些地方看起来具有专门用于做市场测试实验的绝佳条件，比如高端啤酒、优质的伏特加或巴西牛排。

2008 年年初，位于威斯康星州密尔沃基的米勒酿酒公司（Miller Brewing Company），决定进行一项针对三种低能量、工艺风格淡啤酒的市场测试。该测试仅在四个城市中进行，分别是明尼苏达州的明尼阿波利斯、北卡罗来纳州的夏洛特、加利福尼亚州的圣迭戈马里兰州的巴尔的摩。它们的目标是为淡味精酿啤酒建立一种全新的战略，并向啤酒工业中的三个重要的趋势进行投资，这三种趋势是：向淡啤转变（低能量且低糖）；更为多样化；所谓优质高端具有质感的产品。这是一致的想法，因为精酿啤酒在2006年的销量上升了17.8%，同时上述四个城市拥有保证市场测试准确的适当人口统计组合。

1711年建立的一家伦敦酿酒厂富勒（Fuller's）选择科罗拉多州首府丹佛作为美国优质的测试地点，对其高端的“伦敦之巅”（London Pride）啤酒进行市场测试。为什么选择丹佛呢？因为这个地区是大量啤酒饮用者的故乡，他们喜欢极品啤酒，而且可能不介意花8美元买一组6听装的伦敦之巅。调研人员发现，那里的人们很喜欢优质的和精酿的啤酒。更好的是，精酿啤酒在科罗拉多州赢得了10%的市场份额，在全美国位列第三。富勒认为，公司的营销策略应包括对高尔夫及关注户外运动类型的顾客轮番投放广播广告，他们大多是消费小厂啤酒（microbrew set）的群体。

安海斯-布希（Anheuser-Busch）的普鲁斯（Purus）伏特加在意大利进行蒸馏并且以35美元的价格销售，现正在波士顿、纽约、华盛顿、安纳波利斯进行测试。为什么在那测试呢？因为公司想利用以小麦为制成的有机啤酒来吸引“时髦的奢侈品行家”。同时，它们想把测试定位在城市中的高级俱乐部和餐厅，以及少量的特殊杂货店和烈酒零售店。再者，在这种策略背后有理性思考的依据。2003～2006年，美国高端伏特加酒的销量增加了一倍多，通常的消费者是谁呢？是那些与价格相比更在乎形象的年轻饮酒者，他们的年龄在21～30岁。

拥有国际餐厅概念的科罗拉多州的雷克伍德，会选择美国的哪个城市来测试其啄木鸟巴西烧烤牛排馆（Tucanos Brazilian Grill steakhouse）的市场呢？是犹他州的普罗沃。乍一看，普罗沃的人口统计数据好像与之不符。普罗沃的10万居民中有87%是白人并且只有10%的西班牙人，因此啄木鸟烧烤的市场在哪儿？结果显示，由于普罗沃是杨百翰大学的故乡，并且为摩门教徒经营着一家传教士培养中心，成千上万的摩门教徒学生被派到野外，许多被派到巴西。另外，大学人群中包含许多国际学生，他们共同组成了一个种族多样、语言丰富社会和良好的测试市场。

问题：

1. 明尼阿波利斯、夏洛特、圣迭戈、巴尔的摩这四个城市拥有什么特征，使它们成为推广高端啤酒的好市场？

2. 这些充满摩门教徒的地区中，成员都游历甚广且精通巴西食品，怎样针对该地区的巴西菜肴修改市场测试实验？

5. 执行计划

一旦有了合适的计划后，研究人员就可以开始执行计划。开始测试时，要做的一个关键决定就是测试将持续多久。平均测试时间是6～12个月，然而，更短或更长的测试也很常见。测试必须持续到能观察到足够多的重复购买周期次数，以反映一种新产品或营销计划在市场中的“保持力”。平均购买周期越短，测试所需的时间也越短。香烟、软饮料和其他包装类商品每隔几天就要购买一次，而剃须膏、牙膏等几个月才需购买一次。后一类产品需要稍长的测试时间。不管产品是哪种类型，我们都需要继续测试直到重复购买率稳定下来。重复购买人数的百分比在达到相对稳定水平前有一段时期下降的趋势。重复购买率对估计最终销量很关键，如果太早地结束测试就会过高地估计销量。

在确定测试长度时，竞争者反映的预期速度和进行测试的成本是另外两种要考虑的因素。如果有理由预计竞争者对市场测试会迅速做出反应（引入他们自己的新产品版本），那么测试应该尽可能的短，缩短测试时间能够减少竞争者做出反应所需的时间。最后，必须衡量测试中获得的附加信息价值与继续进行测试的成本之间的关系。在某些情况下，测试成本超过了所获得的附加信息价值。

市场调研实践 9-7

模拟市场测试调研增强你的实验，磨炼出最好的营销计划

尽管这是事实，一些市场人员使用模拟市场测试战略来测试几个选择计划，在目标销量方面选择胜者，没有原因控制数量来实验。下面是其原因。

市场人员现在比以前更需要计划来尽可能增强新产品或服务的表现。市场人员不论在哪里——尽管有好的产品或准备进行服务，都需要自问：“我有好的战略和战术组合能在市场份额、收益或利润方面从投资中收到最大的回报吗？”

当我们问一个主要的消费者包装产品制造商关于最近 90% ～ 95% 失败率的原因时，公司解释说，“错误的市场计划或实施计划的失败”比没有颠覆的表现更常见。

不仅仅作为一种预测工具，模拟市场测试调研使你能够通过不同的传统和数字媒体用不同的投入试验——从战略因素（如目标市场和定位）到战术因素（如总收视点和预算配额），现在在营销计划上严格要求很可能是在真实世界中支持表现目标。

我们从未见过一个计划基于模拟市场测试被推荐，却不能击败营销管理层所提交的计划而受到推荐。有时利润是适中的，有时区别是压倒一切的。

模拟市场测试应用超出了推出前的计划和预测。市场人员也可以使用更明智的模拟市场测试来提升营销计划再推出。市场人员可以看到新产品或服务的现轨道或者基于至少 30 天的实际的、真实世界结果的计划。如果他们看到了发布前和发布后关于意识、销量和收益的巨大不同，他们有时间（以及模拟市场测试技术）对计划进行重新规划，在追踪上得到创新投资回报率。

尽管越来越多的市场营销者经常使用技术来测试大量不同的新产品和服务的配置，我们承受巨大压力以发现太多使用技术规划营销计划的配置。致力于模拟市场测试等技术工具对提升创新努力的表现有很大帮助。

问题：

1. 模拟市场测试是什么？和传统市场测试相比有什么不同？
2. 模拟市场测试能够用来仅仅评估目标销量吗？还有其他什么用处？

6. 分析测试结果

尽管在实验进程中也会对所产生的数据进行评估，但在实验完成后，必须进行一次更详细、更彻底的数据分析。这种分析集中在四个方面：

- **购买数据**。这通常是大多数实验或市场测试产生的最重要数据。在整个实验过程中，最初的购买水平（试用）表明了广告和促销工作的效果。重购率（第二次或更多次购买者占试用者的百分比）表明了产品在满足有广告和促销手段时产生的预期程度。当然，如果当产品推向更广泛的市场，试用和重复购买的结果会为估计销售情况和市场份额提供基础。
- **认知数据**。在创造产品认知方面，媒体支出和媒体计划将起多大作用？顾客是否了解我们产品的成本？他们知道产品的关键特点吗？
- **竞争反应**。理想的情况是，在市场测试期间监测竞争者的反应。例如，竞争者可以通过提供特殊的促销、价格优惠、数量折扣等方式试图扭曲我们的测试结果。这提供了一些有用的信息，如果产品进入全国分销系统，可以反映出进入全国分销系统时他们将要做的事，并能为估计他们的行为产生什么影响提供依据。
- **销售来源**。假设新推出的产品属于现有的某个产品类别，那么决定销售来源将十分重要。换句话说，购买测试产品的顾客在以前购买哪种品牌？这给了我们有关真正竞争者的真实信息。如果我们在市场上已有品牌，这也可以表明新产品对公司现有品牌和竞争者品牌的影响。

根据这些估计，企业可以制定决策来改善营销计划或产品，决定终止该产品还是进入全国或地区分销系统。

9.10.5 市场测试的其他类型

除了前面提到的四种市场测试以外，企业还可以通过其他方法估计一种新产品的潜力。有一种可选择的方法是“滚动式展示”，通常在预先测试后进行。新产品是在某一特定区域而不是在一个或两个城市推出。在大约几天内，扫描数据能提供有关产品销售情况的信息，然后产品在其他地区相继推出。在向全国市场推广的过程中可以调整广告和推广服务。通用磨坊（General Mills）在新产品（如多谷物麦片）上市中使用了这种方法。

另一种方法是当产品还没有进行全球推广前先在某以国外市场试销，具体来说，就是以一个或几个国家作为某个大洲甚至全球的测试市场。这种“领先国家”战略已经被高露洁棕榄、宝洁和许多其他公司所采用。

本章小结

实验研究提供有关自变量的变化能否引起可预期变化的证据。为了表明 A 的变化可能引起 B 的可观察到的变化。我们必须证明三个条件：存在相关关系或共生变量；发生存在适当的时间顺序；不存在其他可能的原因性因素。实验可以在实验室或现场环境中进行。在实验室进行实验的主要优点是，在这种环境下研究人员能控制外来因素。然而在市场研究中，实验室环境通常不能恰当地复制现实市场。在真实市场中进行的实验称为“现场实验”，现场实验的主要困难是研究人员不能控制所有可能影响因变量的其他因素。

在实验法中，我们还谈到内在有效性和外在有效性。内在有效性是指对可观察到的实验结果可以避免有争议的解释的程度；外在有效性是指实验中被测试的因果关系可以一般化到其他环境的程度。外生变量是指可以影响因变量的其他自变量，它们妨碍了我们下结论的能力，即判断因变量中可观察到的变化是否由实验或处理变量引起的。外生变量主要包括历史因素、成熟因素、计量因素、选择误差、失员、测试效应和均值的回归。四种控制外生变量的基本方法是随机化、物理控制、设计控制和统计控制。

在实验设计中，研究人员能够控制和操纵一个或多个独立变量；非实验设计不涉及控制，一般被称作事后的研究。实验设计包括四类因素：处理变量（自变量）、受试者、将被测量的因变量，以及对外来原因性因素进行处理的计划或程序。一个实验的影响是指处理变量对因变量的影响。

实验法的一个明显优点是，它是能够显示所感兴趣的变量之间自然因果关系的产生和特征的唯一研究形式。然而，由于高昂的实验成本、保密问题和实施问题，在市场调研中实际进行的实验调研是很有限的。不过，有证据表明，实验法在市场调研中的使用正在增加。

预先实验设计几乎不能控制外来因素的影响，因此使用预先实验设计一般很难解释所生成的结果，范例包括单组后期测试设计、单组前后测试设计。在真实实验设计中，调研人员能为了处理变量，排除所有作为竞争假设的外生变量。真实实验的范例包括前后测试控制组设计、仅为后期测试控制组设计。

在准实验设计中，调研人员能控制数据收集过程，但缺乏对实验处理进展表的完全控制。准实验中的控制组通常由那些以非随机方法挑选的受试者组成。准实验设计的范例包括间断时间序列设计和多重时间序列设计。

市场测试是指通过实验或准实验设计测试一种新产品或营销组合的某些因素。市场测试属于现场实验，进行测试的成本很高。进行市场测试研究的步骤包括确定目标、选择一种基本方法、制定详细的测试程序、选择测试市场、执行计划并分析测试结果。

复习思考题

1. 把班级分为合适的 6 组，每组都要介绍一个市场测试设计，并为下列方案的其中之一提出相关问题。（团队练习）
   - 为橘子浓缩汁的新价格策略设计一个测试，品牌是已建立的品牌。我们感兴趣的只是对测试 5% 的价格变化将产生的影响，其他所有的市场组合要素保持不变。
   - 一家软饮料公司决定进行一项口味测试来验证这样一个结果：与同等饮品相比，消费者更喜欢加入蔗糖素而变甜的饮料。现在它们感兴趣的是确定新的增甜剂将在市场上发挥怎样的作用，设计一个可以达到这一目标的测试实验。
   - 一个全国性的比萨饼连锁店想要测试四种不同的折扣优惠券对销量的影响，设计一个可实现这一目标而且清晰易懂的测试。你应该关注对销量的影响。测试结果后的财务分析要提出有关税收和利润影响。

- 一个全国性的价值定价连锁酒店需要了解免费自助式早餐对客人的影响，设计可达到这一目标的测试并证明。
- 一个信用卡公司需要测试其吸引大学生使用该卡的策略，该公司将继续使用学生会岗亭和其他高客流的校园场所。公司一直都在向签约使用该卡的人员提供他们列表内的免费 CD，但是自从其他售卡公司也在使用这一方法，公司想尝试一些其他选择。他们正考虑提供 iTunes 中的 MP3 免费下载和印有流行音乐团体的免费 T 恤。如果公司的目标是最大限度地提高签约量，设计一个测试并向公司陈述应该选择哪种方式。

2. Tico Taco 是墨西哥全国连锁快餐店，它开发的“音速小子炸玉米卷”（Super Sonic Taco）是市场上最大的炸玉米卷，售价为 1.19 美元。Tico Taco 已经把这种新产品的目标顾客群定位于以下消费者：30 岁以下、不在意脂肪含量或卡里路等健康问题的男性。在决定进行全国性推广前，公司想在至少四个地区性市场对产品进行测试。你建议使用什么标准来选择这种新产品的测试城市？你推荐哪些城市？为什么要推荐这些城市？
3. 在可供研究人员使用的主要数据收集方法（询问法、观察法和实验法）中，为什么实验法是唯一一种可为因果关系提供结论性证据的实验？在各种类型的实验中，哪种或哪些类型能更好地证明因果关系或非因果关系？
4. 在用来测试顾客对一组新电视试播节目反应的实验中，应处理哪些重要独立变量？并解释为什么重要。
5. 你所在大学或学院的学生中心经理正考虑提供三种可选择的冷冻比萨饼品牌，他们只想提供三者之一，并想看看学生们更喜欢哪一种。设计一个实验来确定学生们更喜欢哪一品牌的比萨。
6. 大学或学院的夜大学生年龄比一般学生要大得多。在前一个实验中，明确地对一般学生与夜大学生年龄差异问题进行控制。
7. 在市场调研中为什么准实验比真实实验更受欢迎？
8. 历史因素与成熟因素有什么不同？在实验中你可能采取什么特殊办法处理每一种影响？
9. 一家微波炉生产商已经设计出一种既能降低能源成本又可以完全加热熟食的改进模型。然而，由于附加部件和工程设计的改变，这种新模型将提高产品价格的 30%。公司决定在家庭收入极高地区对新微波炉进行市场测试，另外生产者提供折扣券来促进产品销量。这家公司想确定一下这种新模型对微波炉销售会产生什么影响。基于市场测试销量的结果，你能看到任何销量预测的潜在问题吗？你会做什么不同的事？
10. 讨论能控制外来原因性因素的不同方法。
11. 讨论传统市场测试可供选择的方法，解释这些传统市场测试的优缺点。

调研实例 9-1

得克萨斯红软饮料

得克萨斯红（Texas Red）是得克萨斯州最古老的软饮料公司。在 20 世纪 80 年代，公司经历了倒闭，因为没有能力和国际软饮料大品牌竞争。2003 年，一群投资者从破产法庭购买了品牌名称，赋予它新的渠道，主要通过特色杂货店和选择的主题餐馆销售。公司在全得克萨斯 267 个杂货店和 123 个餐馆出售。

在将近 8 年的历史中，“新”得克萨斯红已经经历了可信赖的成长和财务表现。然而在竞争中依然艰难，一边是国际大品牌，另一边是其他专业软饮料生产者。很重要的是，得克萨斯红以最有效的方式花费有限的营销预算来促进零售和餐馆的业务。

最近几个月，得克萨斯红的管理层按照对公司最好的营销战略划分成两队。和其他专业软饮料相比，一个团队想要追求低价战略，其他团队想要通过专注于其在得克萨斯州的悠久历史及其独特方面和高质量的产品，来增强品牌意识和品牌形象。两个派系的不同观念愈演愈烈。进一步说，在接下来的一年里一直没找到合适的战略。

营销主管托比·纽伯恩（Toby Newbern）知道，做出正确的决定、快速打破僵局很重要，如此公司才能继续计划和商业开发活动。他想要设计一个测试以科学的方式来彻底地解决问题。得克萨斯星（Texas Star）一直专注于高收入的人口数据目标市场。今天的调研计划需要测试一个市场中的价格导向活动以及另一个市场中的形象导向活动。各自市场中活动对销量的影响会表明两种方式的有效性。他面临许多决定：首先，他需要选择测试市场；其次，有一个问题是测试进行多久；最后，从得克萨斯红的一般趋势中分辨出在两个测试市场发生了什么是必要的。

问题：

1. 市场测试方法是处理这个问题的最好方法吗？还有其他切实可行的选择吗？如果有，是什么选择？
2. 本章讨论的哪个实验设计对这个项目是最可行的？为什么是那个设计？
3. 这个测试使用了几个市场？这些市场的特点是什么？
4. 测试中的哪类证据会决定性地打破公司中有不同观点的两个组织间的僵局？

调研实例 9-2

爱尔康

爱尔康（Alcon）实验室刚刚为新型非处方眼药水产品完成了一系列产品测试。这个产品在临床试验中被证明在清理眼部充血时十分有效，市场测试中消费者已经意识到它很有效。

这时候在临床上和消费者方面，产品有效性都已经得到了证明。现在在产品和设计营销价格的两个不同派系间有一个争论。一个团队强烈认为，产品应该以稍微高出竞争者 5% 范围内定价。这个团队的成员认为这类非处方眼药水产品的需求比较有弹性，进一步说，他们认为他们已证明的临床和感觉上的优势不足以克服 10% 的价格区别，甚至有可能不能克服 5% 的价格区别，他们认为更高的区别会使消费者选择竞争产品。

另一个团队认为新产品的优势和他们可以基于临床试验做出的相关声明会证明 20% ～ 25% 的价格区别是合理的。他们关于这个问题的想法部分是由焦点小组访谈结果和一些相关产品的类似经验所支持的。这些区别已经成为几次会议的主题，一些人相当激动，两个团队都不想改变立场。这个问题已经变得有些失控，许多人视为创新产品的上市被推迟伤害了公司。想要赞同推出和定价的高级管理者在争论中看到了逻辑，认为他们不具备必要的信息来做出有根据的决策。他们不想随意做出决定，或者因为不明显的原因被看起来赞同某一个团队超过另一个团队。他们认为最好的方法是进行市场测试，基于测试结果做出最后的决定。

问题：

1. 公司使用间断时间序列设计解决涉及特定产品特色的类似问题。描述使用间断时间序列设计的测试来解决定价问题。这类测试会提供这个问题的最终答案吗？为什么？

2. 如果尝试解决，公司可以使用其他什么类型的设计来回答这个问题？描述那个设计在这个案例中如何工作。这种方法比间断时间序列设计更好吗？为什么？

3. 不论使用什么方法，当比较两种价格的有效性时，你对全年单位销量还是全年收益更感兴趣？论证你的回答。

第 10 章

Chapter10

测量的概念

□ 学习目标

1. 理解测量的概念
2. 界定一个概念
3. 了解架构的性质
4. 描述组成性概念
5. 定义操作性概念
6. 建立测量量表
7. 评估测量的信度和效度

测量的本质是什么？描述相关步骤。解释测量的三个水平及其区别。信度和效度的概念是什么？为什么它们对测量的概念如此重要？这些是第 10 章的主题。

10.1 测量程序

测量（measurement）是指按照特定的规则将代表其特征的数量或质量的数字或符号分配给每一个人、目标或事件的过程。它是一个分配数字的过程，这些数字反映了事件、个人或物体所具有的特性。注意，要测量的不是事件、个人或物体本身，而是它们的特性。例如，调研人员不是去测量某个消费者，而是测量消费者的态度、收入、品牌忠诚度、年龄和其他相关因素。

规则的概念是测量的关键。**规则**（rule）是一种指南、方法或指令，它告诉调研人员应该做什么。测量的规则也许会这样陈述“请您对家务事的处理做出评价，将数字 1 ～ 5 配给它们。如果认为非常愿意做家务事，则将数字 1 配给它；如果不愿意做任何家务事则将数字 5 配给它。”按相应标准分配数字 2、3、4。

测量者经常会碰到的难题是：规则缺乏具体性或清晰性。一些事件容易测量，是因为调研人员很容易制定出规则并按其进行操作。例如，性别的规则非常容易制定，因为调研人员有明确的标准，可以用“1”表示“男性”，“2”表示女性。但遗憾的是，调研人员感兴趣的特性，如品牌忠诚度、购买意向或家庭总收入等，是难以测量的。因为调研人员很难找到能够测量这些特性真实值的规则。图 10-1 表明了调研人员测量一个现象的全部步骤。

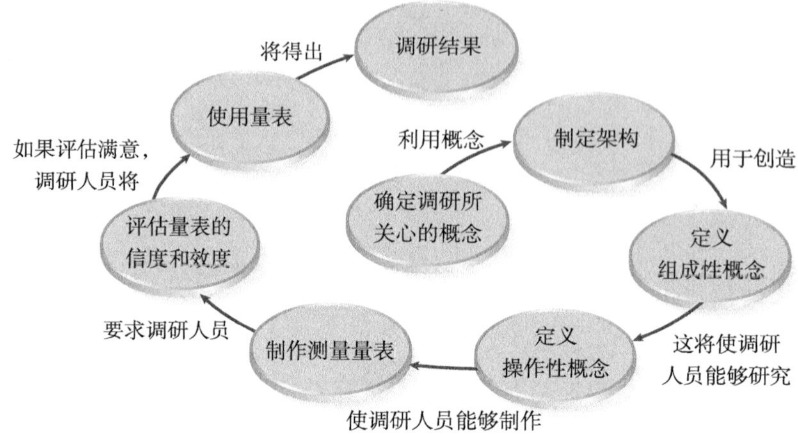

图 10-1　测量过程

10.2　第一步：确定调研所关心的概念

整个测量过程从确定调研人员所关心的概念开始，概念是从特定事实中提炼出来的抽象的想法。概念是一种将感觉到“好像它们都是相同的”数据组合在一起的思想类别。所有有关南大街和主街交口的红灯信号的理解可以归于一类观念，虽然这是一种相对狭义的类型；对所有红灯信号的感知，不管在什么地方都是一个广义的概念，或是一种思想类别。

10.3　第二步：制定架构

架构（constructs）是存在于较高抽象水平上的特定类型的概念，比日常的概念更抽象。架构是为理论应用而创造的，并且很可能跨越各种已存在的思想类别。特定架构的价值有赖于它们在解释、预测和控制现象时的可用性有多大，正如日常概念的价值依赖于它们对我们日常事件有多少帮助一样。通常来说，架构并不是可直接观察到的，而是通过一些间接的方式（如问卷中的发现）从结果中推断出来的。这些市场架构的例子包括品牌忠诚度、高参与性购买、社会阶层、个性和渠道力量等，营销架构有助于调研人员将营销环境中发现的复杂现象简单化并进行整合。

10.4　第三步：定义组成性概念

调研过程的第三步是定义组成性概念。**组成性定义**（constitutive definition）（可以是理论性或概念性的）是指研究概念的中心思想，确立其边界的意义陈述。科学理论的架构可以定义为组成性的。因此，能够应用于理论的所有架构必须拥有组成性的含义。组成性定义有点像字典里的定义，定义的组成性概念必须能把所研究的概念与其他所有概念区分开来，也就是说，调研所使用的概念应当能够从类似的但不同的概念中清晰地区分开来。组成性定义模糊不清会导致调研问题不恰当的表达，例如，“我们想研究婚姻角色”这种提法太笼统，是毫无意义的，即使说“我们想研究新婚夫妇（结婚不到一年），年龄在24～28岁，受过四年大学教育的”也不够，因为有的调研人员对给定角色下的情感交流形态感兴趣，而有的调研人员对家长的角色更感兴趣。

10.5 第四步：定义操作性概念

精确的组成性定义使得制定操作性定义的工作更加简便。**操作性定义**（operational definition）是指确定要测量的可观察的事物特征，并分配给概念某一数值的过程，换句话说，它根据具体情况下实施测量的必要操作，赋予架构一定的意义。

由于在营销中采用直接测量的方法受到过多的限制，因此我们发现，许多变量是以更抽象的术语加以定义的，同时是基于对其特性的理论化假设进行间接的测量。例如，我们不可能对态度进行直接测量，因为态度是一种抽象概念，它是指存在于人头脑中的事情。然而，仍可能给态度一个清楚的理论性定义，把它看成能够反映我们周围环境许多方面的，有关诱导性、感情、感性和认知过程的一种持久组织。以这一定义为基础，人们已经开发出了可以通过询问有关人员的感觉、信念和行为意图等问题来间接测量态度的方法。

总的来说，操作性定义作为理论概念和真实世界活动或因素之间的桥梁服务。例如，“态度”和“高参与性购买”的架构是抽象的、不可观察的。操作性定义把这些架构转换成可观察的事件，换句话说，它们通过阐明调研人员必须做什么来测量给架构定义或者赋予含义。对任意单一的概念都有许多不同的潜在操作性定义，不论其组成性定义是多么严密。调研人员必须选择和调研目标最符合的操作性定义。

表 10-1 给出了一个有关组成性定义、操作性定义和合成测量量表的例子。两位营销专家将开发出的角色模糊的操作性定义用于分析销售人员和顾客服务人员。理论上认为，角色模糊将导致工作压力、阻碍员工提高绩效的能力和获取工资报酬的能力，并且还导致对工作的不满。

表 10-1 角色模糊的组成性和操作性定义

组成性定义	角色模糊是由个人所获信息与角色所要求的适当绩效不符而直接引起的，它是个人的实际知识水平和个人需要与价值达到满意的知识水平之间的差距
操作性定义	个人从其他员工和顾客那里感受到的对工作角色的责任和期望的总的不确定性（范围是从非常不确定到非常确定的五级量表）
测量量表	测量量表包括由 45 个项目组成的量表，每个项目由五级量表加以评价。其分类标记是：1= 非常确定；2= 确定；3= 中等；4= 不确定；5= 非常不确定。部分问题如下： ● 公司给予我自由行动的空间有多大 ● 公司期望我怎样去处理工作中非正常的活动 ● 公司期望我完成的工作数量 ● 老板在多大程度上会倾听我的看法 ● 老板对我的满意度是多少 ● 其他部门的经理希望我怎样与他们共事 ● 其他部门的经理会如何看待我所从事的工作 ● 公司期望我如何与顾客打交道 ● 在工作中我应该如何行动（与顾客） ● 公司是否希望我用小的谎言来赢得顾客的信任 ● 公司是否希望我向顾客隐瞒公司的混乱状况 ● 家人认为我应在工作上花多少时间 ● 我的家庭会在多大程度上分担我的工作问题 ● 同事们希望我在工作中如何表现 ● 同事们期望我将多少信息传递给老板

资料来源：Adapted from Jagdip Singh and Gary K. Rhoads, “Boundary Role Ambiguity in Marketing-Oriented Positions：A Multidimensional Multifaceted Operationalization,” *Journal of Marketing Research* 28 (August 1991), pp. 328-338. Reprinted by permission of the American Marketing Association.

架构的均等性问题涉及人们如何看待、理解和开发对某一特定现象的测量。全世界的市场调研人员都面临一个问题是，由于社会文化、经济和政治上的差异，对架构的看法也不可能是相同或均等的。

在英国、德国、斯堪的纳维亚半岛，啤酒普遍被视为一种酒精饮料，然而在地中海半岛（Mediterranean lands），啤酒被认为类似于软饮料。关于啤酒在北欧竞争状况的研究，英国建立在酒和酒精饮料的问题上，在意大利、西班牙、希腊应该与软饮料相比较。

10.6 第五步：制作测量量表

我们注意到，在表 10-1 中有一个从“非常确定”到“非常不确定”跨度的量表。**量表（scale）**是一系列结构化的符号和数字，这些符号和数字可以按照一定的规则分配给适用于量表的个人（或他们的行动、态度）。这种量表的分配代表了量表所要测量内容的个人判断。因此，在表 10-1 中，一位销售人员认为她十分清楚公司期望她如何与顾客打交道，因此她会在量表上标注“非常确定”。

量表的制作始于确定渴望或可能的测量水平。表 10-2 描述了四种基本的测量水平，即类别的、顺序的、等距的和等比的。

表 10-2 测量的四个基本水平

水平	基本经验描述①	操作	一般描述性 / 一般使用	统计
类别	用数字来识别对象、个体、事件或小组	判断相等或不等	归类（男 / 女、购买者 / 非购买者）	频数、百分比 / 众数
顺序	除识别外，数字提供了一个事件或对象等拥有的特点或相对数量信息	判断更大或更小	排序 / 打分（对旅馆和银行等的偏爱、社会阶层、基于脂肪含量和胆固醇对食品口味的打分）	中位数（均值或方差矩阵）
等距	拥有类别与顺序量表所有的性质，加上相邻点间的间距是相等的	判断间距的相等性	复杂概念 / 架构偏好的测量（温度、空气压力、有关品牌的认知水平）	均值 / 方差
等比	综合了上面三种所有性质，加上绝对零点	判断等比的相等性	当精确工具可获得时（销量、按时到达者数量、年龄）	几何平均数 / 调和平均数

① 因为高水平的测量包括了所有低水平测量的特性，因此我们可以将高水平的量表转换成低水平的量表（例如，等比量表可以转换为类别量表、顺序量表、类别量表；或者等距量表转换为类别量表、顺序量表；或者顺序量表转换为类别量表）。

资料来源：S. S. Stevens，“On the Theory of Scales of Measurement，” Science 103（June 7，1946），pp. 667-680.

10.6.1 类别量表

类别量表（nominal scales）是市场调研中最普通的量表之一，它将数据分成互相排斥、互不相容的各种类别。这意味着，任何一个数字都将适合于一类而且是唯一的一个类别，在量表中所有的数据都有适合的类别。类别是指“与名字类似的”，这意味着赋予目标或现象不同的数字是用来命名或分类的，但这些数字没有真正的意义。这些数字不能排序或加减乘除，它们只是一种标签或识别数字，别无他意。类别量表的例子如下：

性别：	（1）男	（2）女	
地理区域：	（1）城市	（2）农村	（3）郊区

类别量表中唯一的量化是对每一类别的客体进行频次和百分比计算。例如，有 50 位男性（占 48.5%）和 53 位女性（占 51.5%）。计算平均数（如对地理区域求平均数为 2.4）是毫无意义的，只有计算众数，即出现频率最多的数才比较适当。

10.6.2　顺序量表

顺序量表（ordinal scales）除了具有类别量表用数字代表特征的特点外，还增加了对数据排序的能力。顺序测量是基于可传递假设的应用（假设是为进行操作或思考而假定的必要前提条件）。可传递假设（transitivity postulate）可以这样加以描述："如果 *a* 大于 *b*，而 *b* 大于 *c*，则 *a* 大于 *c*。"还有一些其他可代替大于的词语：更喜欢、比……强或在……之前。以下是顺序量表的一个例子：

请对下列网络订票服务按从 1 到 5 进行排序：1 表示最喜欢的；5 表示最不喜欢的	
www.spark.com	______
www.eharmony.com	______
www.match.com	______
www.zoosk.com	______
www.friendfinder.com	______

顺序数字严格地用于表示等级的顺序，数字既不表明绝对数量，同时也不表明两个数字之间的差距是相等的。例如，对传真机进行排序的应答者也许认为惠普比佳能略好些，而夏普则是完全不可接受的。但这样的信息不可能从一个顺序量表中获得。

顺序量表的目的是排序，因此任何可以代表顺序关系的系列数字都可以接受。换句话说，Spark 可以被指定为 30 分，eharmony 为 40 分，Match 为 27 分，Zoosk 为 32 分，FriendFinder 为 42 分。也可以用其他的数字，只要其顺序不改变即可。如在上述例子中，FriendFinder 是 1，eHarmony 是 2，Zoosk 是 3，Spark 是 4，Match 是 5。普通的算术运算如加、减、乘、除都不能用于顺序量表，对中心趋势的适当量度是众数、中位数，百分位数或四分位数可以用来测量离散程度。

使用顺序量表时一个自相矛盾（但仍很普遍）的情况是评价各种特征。在这种情况下，调研人员指定数字来反映一系列陈述的相应等级，然后又用这些数字来表示相应的距离。回忆一下市场调研人员在测量角色模糊时所使用的、从非常确定到非常不确定的量表。注意，下列的值是这样进行分配的：

(1)	(2)	(3)	(4)	(5)
非常确定	确定	中性	不确定	非常不确定

如果调研人员能判断在量表范围内间距是相等的话，我们就能运用更有利的统计参数检验。（统计参数检验将在第 16、17 章加以讨论。）确实，一些研究测量的学者主张，一般来说都要假定间隔是相等的。

> 最好是将顺序测量看作等距测量，但应时常注意总体内部是不等距的，因此应当尽可能多地了解有关测量工具的特点。随着心理学、社会学和教育的进步，利用这种方法可以获取大量有用的信息。总之，如果调研人员小心地应用这种方法，他们是不至于被严重误导的。

10.6.3 等距量表

等距量表（interval scales）除包含顺序量表的所有特征之外，还增加了量表范围内各点之间的间距相等这一维度。温度的概念就是基于相同的间隔。相对顺序量表而言，市场调研人员更喜欢用等距量表，因为它能表示某一消费者所具有的特性超过（或不超过）另一消费者多少。使用等距量表，调研人员能够研究两个目标对象之间的差距。这一量表具有顺序和差距的特性，但是零点是任意的。以温度表示法为例，温度表示法有华氏和摄氏两种，因此水的结冰点华氏法表示为 32 ℉，而在摄氏表示法中是 0℃。

等距量表中的任意零点限定了调研人员对量表值的表述。你可以说 80 ℉比 32 ℉温度高，或者 64 ℉比 80 ℉低 16 ℉。然而，你不能说 64 ℉比 32 ℉温度高两倍。为什么呢？因为在华氏量表中零点是任意设定的。为了证明我们的观点，让我们用公式 C（摄氏温度）= 5/9（F−32）对两种温度表示法进行换算，这样，32 ℉ =0℃，64 ℉ =17.8℃。很明显，若得出华氏量表“64 ℉是 32 ℉的两倍”，则根据公式对摄氏量表是不成立的。用等距量表来评价网络订票服务同样也是如此。如果给 Match 20 分，而给 Zoosk 10 分，我们也不能认为 Match 受喜欢程度是 Zoosk 的两倍，这是因为我们在量表中没有给出表示不喜欢的零点，也没有在量表上分配一个零值。

使用等距量表得到的数据可以求算术平均值、标准差和相关系数，也可以利用 t 检验、F 检验等强有力的参数统计分析法。此外，如果调研人员担心“相等间隔”的假设，则可以采取更为保守的方法并使用非参数检验。

10.6.4 等比量表

等比量表（ratio scales）除综合了上面所讨论的三种量表的功能之外，还加上绝对零点或原点的概念。由于大家对零点的确定有一致的意见，所以可以对等比量表的数值进行比较。因此，等比量表反映了变量的实际数量。应答者的物理特征，诸如体重、年龄、高度之类都是等比量表的例子。其他的等比量表有面积、距离、货币价值、回报率、人口统计、时间间隔等数据。

因为一些事物不具备要测量的特性，等比量表源自零点，因而有一个绝对的实证含义。例如，一项投资（比较差）可能没有回报，或者新墨西哥州某个地区的人口为零。绝对零点的存在意味着可以进行所有的算术运算，包括乘除都可以使用。量表上的数值表明了被测事物特性的实际值。例如，麦当劳的一个大包法式薯条重 8 盎司[⊖]，而汉堡王的一包普通薯条重 4 盎司，因此一大包麦当劳法式薯条的重量是一包汉堡王普通薯条的两倍。

10.7 第六步：评估量表的信度和效度

理想的市场调研要能够提供精确、正规、清晰、及时的数据。正确的数据来自于正确的测量。我们以 M 表示测量值，A 表示实际值，则可以表述为 $M=A$。但是，在市场调研工作中，这种情况（$M=A$）是极少见的，或者说根本不可能。相反，在市场调研中碰到的是：

⊖ 1 盎司 = 28.349 5 克。

$$M=A+E$$

式中，E 表示误差。

正如第 6 章所提到的，误差可以分为随机误差和系统误差。系统误差是指测量中产生的持续误差，这主要是由于测量设备和测量过程存在缺陷而造成的。例如，如果使用一把刻度不准的尺子（1 英寸的实际长度为 1.5 英寸）在品食乐公司（Pillsbury）的测试厨房测量所选巧克力蛋糕的高度，那么测量的所有蛋糕的高度都比实际的矮。随机误差也会影响测量结果，但不是系统性的，因此随机误差的影响方式在本质上讲是短暂的。一个人没有真实地回答问题可能是因为那天正好心情不好。

一个测量量表中有两个得分不同可能是多种原因引起的。以下所列的原因中，只有第一种原因不存在误差问题，其余 7 个都存在误差问题。调研人员必须确定其余 7 种导致测量差异的原因是系统误差还是随机误差：

（1）被测量的特征存在真正的差异。完美的测量差异应只是由实际差异引起的。例如，约翰先生给麦当劳的服务 1 分（非常好），而桑迪则给服务 4 分（一般化），这种差异仅是由于实际态度差别造成的。

（2）由于应答者稳定的特征导致的差异，如个性、价值观、知识因素等。桑迪是一个非常喜欢挑剔的激进派人士，从来不说任何事物或人很好。虽然她内心对麦当劳的服务感到非常满意，但她期待这样的服务，因此只打了个平均分。

（3）由于短期的个人因素引起的差异，如当时的情绪波动、健康状况、时间限制或疲劳程度。今天上午，约翰先生参加了当地电台的“Name That Tune”节目举办的竞赛并获得 400 美元奖励。他在取回钱后，去麦当劳吃了一顿，这时他对麦当劳服务态度的评价可能会与昨天的访谈评价不一样。

（4）环境因素导致的差异。例如，接受访问时被访者是否分心，是否有其他人在旁边，这也会使测量产生误差。桑迪在接受访问时，她在照看他 4 岁的外甥，小孩正在麦当劳的儿童乐园中玩。而约翰在接受访问时，他的未婚妻也在场，两个人的回答都可能与独自在家被访问、没有其他朋友或亲戚在场时的回答不一样。

（5）主持访问的调查人员不同，也会使测量产生差异。采访者用不同的语调来提问，被访问者的反应可能会有所不同。采访者友善、穿着方式、性别、种族等其他因素都会使被采访者的回答有所不同。采访者的误差可能像点头一样微妙。采访者不自觉地点头的动作会误导应答者，采访者点头的动作可能是表示“好了！我已记录下你讲的了，请接下去说”。对于同一个调查，在移动设备上访问和电话访问有所不同。

（6）差异可能来自问卷的内容。调研人员试图测量“麦当劳”的服务质量，所采用的量表和其他问题表达方式只是所有可能实际内容的一部分。调研设计者所制定的量表，反映了他们对有关概念结构的解释（服务质量）和采用的测量的方法。如果调研人员使用不同用词或增加或减少内容，那么对约翰和桑迪的采访所得的量表值就会不一样。

（7）测量工具不清晰也会产生测量差异。问题模糊不清、过于复杂或不正确的解释，都是导致差异的根源。例如，调研人员设计了这样一个问题，“你住的地方离‘麦当劳’多远”；同时，给出这样的答案：“①少于 5 分钟；② 5 ～ 10 分钟”等。毫无疑问的是，步行的人会比开车或骑车的人所花时间多。这些问题将在第11章具体阐述。

（8）由于器械等设备原因所产生的差异。印刷质量较差的问卷、没有足够空间记录答案、问卷缺页、错误的电脑按键敲击或在移动设备上拇指点了错误的按钮，都会导致反应有所不同。

下面的“市场调研实践10-1”中，琳达·纳达克和一家华盛顿调研公司Matthew Greenwald & Associates讨论了问卷设计中减少误差的技术。

市场调研实践10-1

设计一份更好的调查问卷

你不知道你所不知道的是什么。当我设计问卷时，这个道理经常在我的脑海里。我认为问正确的问题是我的工作，只有这样我的客户才能得到他们所需的信息。但我不确定我是否成功了，如果我不知道调查对象如何理解并诠释我的问题。也许阐明我对于不知道的事的担心最好的方式是让你想象会发生什么，如果：

- 在特定问题的回答选项列表中，调查对象没有看到反映他们想法的答案。
- 特性列表不包括所有与客户目标相关的因素。
- 调查对象认为某个术语的含义与你想要表达的不同。
- 调查对象完全不能理解问题的切入点。
- 你只是没有想起某事，遗漏了研究的重要因素。

简单的回答是你传递给客户的结果，或者是不完全的，或者是基于你认为只是好的不理想的数据。

现在调研人员使用许多方法来尝试避免这些问题，包括让调研同事评论草稿问卷，在进行定量调研之前实施定性调研，实施并监测预测试访问，每种方法都有帮助。但是，即使我们使用全部的三种方法，我们的问题仍然会偏离目标，不完全或者以无效的方式表达，因为仍然有一些我们所不知道的事。

用他们的专业评论帮助我们的调研同事经常能看到缺口，然后帮助填补。但是，我们和我们的同事经常和将要完成调查的对象有不同的生活经历，所以我们无法像他们一样思考或想象每一种应用于他们的情形。

为了克服这些问题，我们公司已经转向认知访谈（cognitive interviewing）。认知访谈技术是一种专业的预测试类型，专注于调查对象听到或看到调查问题时的思考过程。这种技术积极钻研他们如何说明问题的意思以及可能的回答，当他们思考如何回答时在想些什么，他们怎样决定他们的答案，答案意味着什么。我们的方法主要从戈登·威利斯（Gordon B. Willis）的认知访谈技术中得到，它是一种提升调研问卷设计的工具：

- 让调查对象用自己的语言改述问题或回答选择。
- 让调查对象告诉访问者，当他们考虑问题、考虑答案、决定他们的实际回答时在想些什么。
- 问调查对象已选择问题中的具体单词或短语对他们意味着什么。
- 问他们回答问题有多难或多简单，如果不简单，探索困难的原因。

- 寻找可能反映某个问题的暗示，包括犹豫或者看起来与提供给另一个问题的信息相冲突的某个问题提供的信息。

另外，我们有时问调查对象他们在看到回答选项之前会如何回答预编码（precoded）问题，以确定我们已经展示了所有的相关类别。我们也可以以稍微不同的措辞来重复同一个问题，稍后在问卷中查看是否会引出不同的回答。如果我们听到看起来不一致的回答，我们应该探寻原因。我们观察并听到调查对象有困难或感到困惑的不用言辞表达的提示。

我们最近实施的一项公开发表的关于营养的调查，有认知访谈技术的几个例子阐明了他们的价值观。在关于营养的调查中，有一个倾向问题让调查对象评出等级，如口味、价格、健康、持续性等因素，对他们的食物选择有多大影响。在我们的理解中，"持续性"可以意味着食物生产和销售的生态学、经济学、社会学方面。了解到有出人意料的高比例人口在以前的研究中报告出来，它对他们的购买决定有很大的影响。我们决定用认知访谈技术来探索其概念。

一个叫安琪的年轻女子解释说，对她来说持续性意味着，如果被放进冰箱里，事物能保鲜多久；与此相似，一个中年男子认为持续性与食物的自身寿命相关。对于不同的人有不同的理解，这个术语不会有什么用处。

后来，在对一个叫戴维的中年男子的认知访谈中，我们从相同的草稿问卷中提炼了表 10-3 的这些问题。

表 10-3　当你决定是否购买一个特定产品时，下表中的每一项有多么重要

	一点也不重要	不是很重要	有点重要	非常重要	不确定
反式脂肪含量	1	2	3	4	5
总脂肪含量	1	2	3	4	5
单一不饱和和单一饱和脂肪含量	1	2	3	4	5
饱和脂肪含量	1	2	3	4	5
欧米伽 3 含量	1	2	3	4	5
欧米伽 6 含量	1	2	3	4	5

他在解释对这个问题的回答时，戴维强调某些列出的食物成分加入饮食中是很好的，如欧米伽 3，而其他的像反式脂肪酸和单一饱和脂肪却是不好的。我们最初提出这个问题的时候，我们希望能测量重量，即便如此，对调查对象强加这些要素，不论他们对健康是有益的还是有害的。然而，戴维在想要表明他要加到饮食中的是有益的食物要素时，选择了"非常重要"选项；在传达避免有害要素时，选择了"一点也不重要"。

戴维的思考提示我们在和客户深入交流后，重问这个问题。我们最终把这个问题分为两部分：第一部分问是 / 否，调查对象是否考虑他们购买的食物中是否含有这些类型的脂肪；第二部分提出为了了解调查对象是否被争取为消费者或避免每一种。

最后，对戴维的访问中还有一个例子：

据你所知，你的血压…

（1）高或者高于正常值；

（2）正常（在正常范围内）；

（3）低或者低于正常值；

（4）不确定。

戴维问了我们一个问题来回答这个问题："如果我潜在的血压高，但由于吃药处在正常值时，我该如何回答？"这是一个让我们拍额头的时刻，我们知道了我们需要两个版本的"正常值"回答选项——一个是"不服药"，另一个是"服药"。经过修正的问题被证明在分析调查对象的子组之间的差异时十分有用。

问题：

1. 认知访谈技术能帮助减少误差吗？如果能，是哪种类型的，随机的还是系统的？

2. 认知访谈技术有哪些益处？

3. 一位学者要求认知访谈技术的三个循环，每个有10次访问。这个过程的优势和劣势是什么？一个循环不够吗？

10.7.1 信度

如果测量量表可以在不同时间均得出一致的结果，则量表具有信度。如果用一把尺子测量一个巧克力蛋糕的高度始终是9英寸，那么可以说这把尺子是可靠的。调研人员可以放心地使用可靠的量表、量器和其他测量工具。短暂性因素和环境因素不会对测量过程产生干扰，具有信度的量表能够在不同环境、不同时刻提供稳定的测量。在考虑信度时的一个关键问题是："如果重复几次使用同一测量工具对同一现象进行测量，所得到的答案是否高度相似。"如果回答是肯定的，则测量工具是可靠的。

因此，我们将**信度**（reliability）定义为：信度是指在测量中可以避免随机误差，从而提供前后一致的数据的程度。随机误差越少，调查就越可靠。因此，能够摆脱随机误差影响的测量是准确的。如果在被测概念的值保持稳定的情况下，测量结果保持不变，那么这个测量量表就是可靠的。但是，如果被测概念的值发生了变化，可靠的测量应该能揭示出这一变化。那么，究竟什么样的测量工具是不可靠的呢？如果你的体重一直稳定地保持在150磅，但你在浴室秤上反复测量，结果总是在不断波动，这种测量就是不可靠的，这种不可靠可能是因为一个不牢固的弹簧。

有三种主要方法可以用来评估信度：测试－再测试、等价形式、内在一致性。

1. 测试－再测试信度

通过在尽可能相同的条件下使用相同的测量工具进行重复测量，可以判断**测试－再测试的信度**（test-retest reliability）。测试－再测试的理论依据是：如果随机变化存在，那么这种情况可以通过两次测试中分数的变化显示出来。**稳定性**（stability）意味着在第一次和第二次测试时，分数上的差别非常小，此时测量工具是稳定的。例如，我们用一个有30个问题的量表对百货商店的形象进行测试，在不同的两个时点上向同一消费者群测试。如果两次结果高度相关，那么我们可以推断测试的信度较高。

有关测试－再测试信度存在几个关键性问题：第一，安排和取得与应答者第二次测试的合作非常困难；第二，第一次测试也许会使应答者在第二次测试中改变行为；第三，环境和个人因素会改变，从而使第二次测试结果会有所变动。

2. 等价形式信度

测试 – 再测试方法中的问题可以通过创造测量工具的等价形式避免。例如，假设调研人员想识别内在导向型和外在导向型的生活方式，他可以设计两份包括内在导向型行为（见表 10-4）和外在导向型行为测试的问卷，每份问卷应当有同样的重点。因此，尽管每份问卷中用来确定生活类型的问题不一样，但是用来测试每种类型生活方式的问题数目应该一样多。虽然有时两个问卷调查是前后进行或同时进行，但一般建议二次等价形式问卷调查的间隔最好是两周。两套问卷测试得分的相关系数决定了**等价形式的信度**（equivalent form reliability）。

表 10-4 用来测试内在导向型生活方式的陈述

我经常得不到我值得拥有的信誉
不管别人怎么讲，我都试图用自己的方式做事
我最大的成就就是超越自己
我有很多想法，有一天我会把它们编成书
我能很快地接受新观点
我常想我是怎样的人，以及我在他人心中的印象如何
我是一个富有竞争力的人
当别人批评或责骂我时，我感到很不自在
我想成为一个名人
当做危险的事情时，我感到很恐惧
我感到在生活中没有什么能代替伟大的成就
对我来说受人关注是重要的
我与朋友们保持紧密的联系
我花大量的时间来决定我对事情的感觉如何
我经常认为我的方式在内心深处会成为另一个人
我感觉，在人们心中理想是强有力的激励力量
我认为，不相信上帝，有些人也能成为一个好人
对我来说，东方宗教比基督耶稣更有吸引力
我对我的生活感到满意
我喜欢进入新的、不寻常的状况
我认为我了解我的生活方向
总之，我得说我是快乐的
我总想使自己与众不同
对待生活，我保持平常的心态

有关等价形式信度有两个问题值得重视：第一，制定两份完全等价的问卷相当困难，甚至可以说不可能；第二，即使我们可以得到两份等价的问卷，但从它的难度、时间和投入的费用方面考虑也许是不值得的。等价形式信度的理论依据与测试 – 再测试信度的理论依据一样，两者之间的主要区别在于测量工具本身。测试 – 再测试使用同一工具，而等价形式使用一个高度相关但不同的测量工具。

3. 内在一致性信度

内在一致性信度（Internal consistency reliability）指标评估的是，在同一时间内，利用不同的样本测试同一现象而产生相似结果的能力。内在一致性的理论在于“等价”概念。等价（equivalence）关注的是，用来测试同一现象的各项内容会带来多少误差，以及各项在时点上的变化。调研人员可以通过评估一系列项目条款的同质性来测试各项内容的等价性。用来测试某一现象（如内在导向型生活方式）的所有各项内容可以分为两个部分，如果这两部分的得分相关，则存在内在一致性，这种技术称为**折半技术**（split-half technique）。使用折半技术要求各条款项目要随机地分配给两部分中的一个。这种方法存在的一个问题是，信度系数的评估完全依靠条款项目如何分为两半。不同的分法会得到不同的相关关系，但这是不应当的。

为了克服折半二分法中的难题，许多调研人员现在都使用克朗巴哈阿尔法技术（Cronbach alpha technique）。这种技术需要计算所有可能的二分情况的信度系数平均值，如果在量表中证明某一项目与其他项目缺乏相关性，则该项目应该删去。克朗巴哈阿尔法技术的一个局限性是量表各条款的间距应相等，如果不能满足这一准则，则可以使用“KR-20”技术。“KR-20”技术适用于所有二分量表和类别量表项目。

10.7.2 效度

回忆一下，一个优良的测量工具应具备的第二个特性是效度。**效度**（validity）所研究的是，我们试图要测量的事物实际上是真正要测量的。当庞蒂亚克（Pontiac）收购阿兹特克（Aztek）时，调研告诉他们，尽管存在有争议的设计，但每年会卖出 50 000 ～ 70 000 辆汽车。随后的每年只销售出了 27 000 辆，这个型号的汽车也停产了。不幸的是，他们的测量工具不具备效度。测量的效度涉及测量工具和过程能够避免系统误差和随机误差的程度，因此，如果测量得到的分数上的差异只反映了我们所测量的特征上的真正差异，而不是系统或随机误差，则测量是有效的。应该认识到效度的先决条件是测量工具是可靠的。当在不同时间测量同一个现象时，不可靠的工具也不会产生一致的结果。

量表或其他测量工具如果缺乏效度，对调研人员来讲，它们基本上就毫无意义，因为它们不能测量所想要测量的东西。从表面上看，这似乎是一个非常简单的问题，但是效度经常是建立在微妙差别的基础上。假设老师进行了一次测验，来检查你们对市场调研知识的掌握情况，他所拟定的考题是用一些公式对简单的案例进行分析。某一同学考试成绩很低，就对老师抗议说：“我真的理解市场调研。”从他的角度来讲，考试不具备效度，这种考试只是检查学生是否记住公式以及运用简单算术去寻找解决方案的能力，而不是检查学生是否真的理解了市场调研。如果老师再进行相类似的测验，那将发现，学生成绩的优劣大抵与这一次相同。这是不是说那位不服气的学生的抗辩是错误的？并不一定。因为老师可能在系统地测试学生的记忆力，而不是测试对市场调研知识的真正理解。

与这位老师试图测量市场调研知识不同，品牌经理感兴趣的是成功地预测市场。例如，经理想通过一个购买意向量表成功预测新产品的试销情况。因此，我们可以从不同的方面来检查效度，包括表面效度、内容效度、相关准则效度和架构效度（见表 10-5）。

表 10-5 评估量表的效度

效度类型	评估量表的效度
表面效度	调研人员判断测量工具看上去像测量了所要测量内容的程度
内容效度	测量工具的条款项目能够覆盖所研究内容的程度

（续）

效度类型	评估量表的效度
相关准则效度	测量工具预测已确定的准则变量的能力 a. 预测效度：通过使用当前测量工具在规模上预测准则变量未来水平的能力 b. 同时效度：通过对同一时点的变量进行测量来预测已确定的准则变量的能力
架构效度	测量能够证实以所研究的概念为基础的理论建立的假设的程度 a. 收敛效度：测量同一概念的不同测量工具间联系的程度 b. 区别效度：假定不同的架构之间缺乏联系

1. 表面效度

表面效度（face validity）是效度的最低级形式，它是指好像测量了应该测量的内容的程度。它是由调研设计人员在问题设计时做出的判断决定。当详细检查每个问题时，就存在表面效度的隐含评估。问卷不断修订，直至通过调研设计者的主观判断。此外，表面效度可能反映了调研人员，专家或熟悉市场、商品或行业的人士，就量表似乎准确反映了要测试的内容达成了主观上的一致。例如："你的年龄多大？"后面紧接着一系列答案，这样一个直截了当的问题一般被认为是表面有效的。不过，市场调研中使用的大部分量表都是试图测量那些较难捉摸的态度和行为倾向。

2. 内容效度

内容效度（content validity）是指测量工具内容的代表性或样本充分。换言之，量表是否足够覆盖了要研究的主题？例如，麦当劳委托你测量年龄在 18 ～ 30 岁，每月至少吃一次快餐汉堡的成年人对公司的印象。你设计下面的量表并要求顾客对其打分：

现代化的建筑	1	2	3	4	5	老式的建筑
环境好	1	2	3	4	5	环境差
停车场清洁	1	2	3	4	5	停车场肮脏
标志有吸引力	1	2	3	4	5	标志没有吸引力

一位麦当劳的执行经理可能很快就提到有关量表的问题：从来不吃汉堡的人只要经过麦当劳的店门，就能够对这些做出评价。事实上，一位路过麦当劳的人就能简单地做出评估。经理人员可能进一步争辩到，这份量表不具备内容效度，因为许多重要的形象要素，如食品质量、休息室和进餐室的清洁卫生以及服务的快速和礼貌等，都没有被测量。

判断测量是否具有内容效度不是一件简单的事。要想识别麦当劳形象的所有方面非常困难，而且是不可能的。内容效度最终是一种评判性行为，调研人员可以通过下列步骤来判断内容效度：①对所要测量的概念、对象进行仔细和准确的界定；②竭力收集相关的文献资料以及举行焦点小组访谈，尽量列举出可能包括的内容；③召开专家座谈会，研讨量表中应包括哪些内容；④对量表进行预先测试，也可以通过开放式提问来了解可能包括在内的其他内容。例如，你可以在测量麦当劳形象的量表后面，附带提这样的问题："你对麦当劳有什么其他想法吗？"对这类预测性问题的回答，可能会为你提供先前没有涉及的其他形象内容的线索。

3. 相关准则效度

相关准则效度（criterion-related validity）是检查测量工具预测已确定的准则变量的能

力。为了说明这一点，假设我们希望设计一个判断能够出色地主持小组访谈的调研人员测试。首先，从能够很好地主持小组访谈的调研人员的姓名地址目录中确定一些公正的市场调研专家。然后，构建一个拥有300多项条款内容的问题询问各主持人，请他们回答“是”或“否”。例如，“我相信强迫小组中害羞的参与者发表言论是很重要的”“我愿意和一些小群体的人们接触”。接着检查回答，挑选出有关的条款。在这些条款中，好的小组主持人以一种类型回答，而其余人以另一种类型回答。假设这一过程产生了84项条款，将这些条款组合在一起就形成了上面所说的小组主持人的效度测试（TEFGM）。我们会发现，这个测试能够确定优秀的小组主持人，这里感兴趣的标准是指导好的焦点小组访谈的能力，并可以通过实施对一组新主持人的测试来对TEFGM的相关准则效度进行深入的探讨。这组新主持人在以前曾被分为两个部分，一部分是优良主持人，而另一部分则不是。然后，我们确定测试识别每个被指定的调研人员的程度。因此，相关准则效度与发现研究的架构中存在或缺乏一个或多个的标准有关。

相关准则效度包括两种类型：预测效度和同时效度。**预测效度**（predictive validity）是指一个准则变量的未来值可以通过当前量表的测量来预测的程度。例如，投票人动机量表被用于预测某人在下一次竞选投票的可能性。一位精明老练的政治家认为，整个社区的看法并不是重要问题，重要的是那些可能投票人的感觉，这些也是政治家在演讲和广告宣传时注重的问题。另一个预测效度的例子是Pepperidge农场采用新型糕点的购买意向量表来预测产品实际的试销情况。

同时效度（concurrent validity）关注的是预测变量和准则变量之间的关系，两者均在同一时点上评估。例如，家庭妊娠试剂能够准确测试妇女现在是否实际已怀孕的能力。这样一种测试如果同时效度低的话，可能会带来过多的压力。

4. 架构效度

虽然许多市场调研人员经常是无意识地提起架构效度，但对于营销研究人员来讲，架构效度是非常重要的。它涉及对于现在已有的测量工具的理论基础的理解。如果测量是按照预测背后的理论所进行的，测量就具有**架构效度**（construct validity）。我们有时可以直接观测到购买行为，例如某人是否购买A品牌。然后，营销研究人员已经开发出了一些架构，如生活方式、参与度、态度和个性等，这些架构有助于我们理解消费者为什么购买某些产品或者为什么不买。这些架构在很大程度上是不可观测的。我们能够观测的是与架构有关的行为，也就是购买一种产品，而不是架构本身（如态度）。架构有助于营销研究人员利用或建立学说来解释现象。

你或许认为架构效度是一个“标签”问题。当你测量一个称为“高参与度”的概念（架构），你真正测量的又是什么？用一种稍有不同的方法看，当一个研究者表明架构效度时，他本质上已经有了一个关于现象、人和有关彼此测量（其他理论条目）的理论了，换句话说，研究者为我们提供了一个理论模式。当研究者宣称架构效度，他正宣称的是研究项目中所观察的模式与这个理论的模式相一致。在这个情况下，研究者认为的事物是如何相互作用的，那么事物就是如何作用的。

即使架构效度是与其他类型的效度一块在这里做介绍，但架构效度确实在其他所有其他架构之上。为什么？这是因为架构效度与你试图测量内容的本质非常相关。如果你的研究缺乏架构效度，其他效度也没有很大的关系了。

评估架构效度有两种统计方法：收敛效度和区别效度。**收敛效度**（convergent validity）是指用来测量同一架构的不同测量工具之间的相关程度；**区别效度**（discriminant validity）是揭示被认为不同的架构之间的低度相关或不相关。假设我们设计一个多项量表来测量在折扣商店的购物倾向。理论上认为，这种购买倾向由四种个性变量引起：高度的自信、低地位需求、低特色需求以及高水平的适用性。而且，理论上还认为，在折扣商店的购物倾向与品牌忠诚度或高度的争强好胜不存在相关性。

如果量表具有以下特征，则表明存在架构效度：

- 与在折扣商店购买倾向的其他测量结果高度相关，例如，经常光顾的商店和社会阶层（收敛效度）。
- 与非相关的品牌忠诚度架构和高度的争强好胜之间存在低度相关性（区别效度）。

这里所讨论的各种类型的效度在理论与实践方面是相互联系的。很明显，在制定预测某人是否会在折扣商店购物的量表中，预测效度是非常重要的。调研人员制定折扣商店光顾者量表时：首先，要考虑提供预测基础的架构；其次，提出有关折扣商店光顾的理论，这是架构效度的基础；最后，调研人员要考虑量表所要包括折扣商店光顾者内容的具体条款，这些具体条款是否包含在架构范围之内。因此，调研人员要确认内容效度的程度。通过将用折扣商店光顾者量表测量的分值与实际商店光顾者进行比较，可以提出相关标准效度的问题。

10.7.3　信度和效度：总结性评论

信度和效度的概念在图 10-2 中加以说明。情形 1 显示出弹孔布满了整个靶板，可能是由于使用了老式的来福枪，或者射击技术很差以及其他的一些原因。完全缺乏一致性意味着不具有信度。因为测量工具缺乏信度，因此产生了巨大的错误，因而很可能是无效的，测量的信度是效度的必要条件。

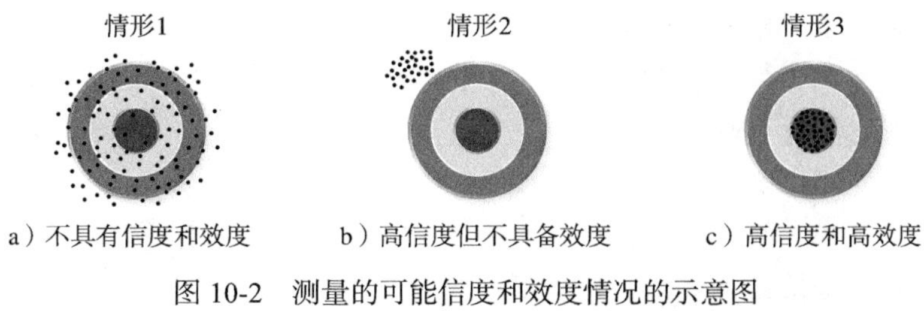

图 10-2　测量的可能信度和效度情况的示意图

情形 2 显示出弹孔虽然很集中（一致性），但偏离了靶板的有效部位，这说明它具有高信度（小的偏差），但缺乏效度。虽然测量是一致的，但所测量的并不是我们所想要的。射手有沉着的眼力，但瞄准调整不准确。情形 3 显示出调研人员所追求的标准，说明测量工具是有效的和可靠的，在靶心上正是调研人员试图要测量的。

本章小结

测量是指按照特定的规则将数字或符号分配给目标，进而来代表量化和质化属性的过程。测量的规则是一种指南、方法或指令，它告诉调研人员该做什么。准确的测量要求规则清晰和具体。

测量的程序如下：①确定调研所关心的概念；②制定架构；③定义组成性概念；④定义操作性概念；⑤制作测量量表；⑥评估量表的信度和效度。组成性定义是指研究概念的中心思想，确立其边界的意义陈述；操作性定义是指确定要测量的可观察的事物特征，并分配给概念某一数值的过程。

有四种基本的测量水平：类别、顺序、等距和等比。类别量表将数据分成互相排斥、完全穷尽的各种类别，分配给客体或现象的数字只是一些简单的数字标签，没有真正的数字意义；顺序量表除了具有类别量表用数字代表特征的特点之外，还增加了对数据排序的能力；等距量表除包含顺序量表的所有特征之外，还增加了量表范围内各点之间的间距相等这一维度，使用等距量表，调研人员能够研究两个目标对象之间的差距，得到的数据可以用来求算术平均值、标准差和相关系数；等比量表综合了以上所讨论的三种量表的功能之外，还加上绝对零点或原点的概念，因此可以对等比量表的数值进行比较，同时反映了变量的实际数量。

测量数据包含准确的信息和误差。系统误差是指测量中产生的持续误差。随机误差也会影响测量的结果，但不是系统性的。随机误差的影响方式从本质上讲是短暂的。信度是指在测量中可以避免随机误差，从而提供前后一致的数据的程度。有三种主要方法可用来评估信度：测试–再测试、内在一致性和等价形式。效度是指试图进行的测量是否是成功的。测量的效度涉及测量工具和过程能够避免系统误差和随机误差的程度。效度概念包括表面效度、内容效度、相关准则效度和架构效度。

复习思考题

1. 什么是测量？
2. 四种类型的测量量表之间有什么区别？讨论每种量表所包含的信息类型。
3. 信度与效度有何不同？请各举一例。
4. 举一例具有信度但不具有效度的量表，再举一例具有效度但不具有信度的量表。
5. 评估信度有哪三种方法？
6. 评估效度有哪三种方法？
7. 将班级分成4组或5组，到网上查找带有数据的调查结果，随后每组确定研究的表面效度和内容效度。每组应该再提出一个评估调查信度的方法。

调研实例 10-1

女性购物者介绍

当你考虑女性控制7万亿美元以上的国内消费，以及在大多数主要类别中85%以上的购买决策时，难怪市场人员焦急破译密码——说服女性打开她们的钱包。

为了更好地了解如何刺激女性，洞察女性行为和购买决策的无意识的驱动因素。位于伊利诺伊州威尔梅特市的调研公司 Insights In Marketing LLC 开发了五种女性行为洞悉（Female Behavioral Insight，FBI）简介，旨在创造一个完全的、更清晰的关于对美国女性重要的是什么的图景。

下面是对 FBI 简介的介绍。

简介 1（26% 的女性）：受到驱动，专注于不论做什么都成功。这些女性想要拥有一切。不论她是 500 强公司的领导者还是家里的 CEO，她下决心要实现目标。她经常在工作生活和家庭生活中犹豫不决。但是，有了明确的目标，她从不会忘记，知道拥有了足够的韧性，她就能够成功。

简介 2（21% 的女性）：她是一个快乐的传统主义者，很保守且规避风险。你很可能发现她和朋友以及家人待在家里。她是一个通过照顾别人来照顾自己的典型营养家，不论是心理上还是身体上的。比起中心位置，她更喜欢在风景背后，由强烈的信念系统、结构和惯例指导。

简介 3（20% 的女性）：她是深思熟虑的，很想知道为什么人们会做他们所做的事。惯例是她生活的支柱，她对知道接下来会发生什么感到舒服。当事情按计划进行时，她是一个快乐主义者，但生活和预测之外的世界使她感到失去了平衡。她可以解决几个难题，但是遇到太多难题的时候会很勉强。如果有规则，她会遵从，因为规则定义了指导方针和期待。

简介 4（17% 的女性）：自我信赖，试图对她身边所有的事保持控制，她感觉只有她能够解决她的问题。她能敏锐地意识到挫折和降临在她身上的失望，促使情感的堡垒包围自己。尽管她看起来独立，但她也需要援军以及来自于他人的积极反馈。

简介 5（16% 的女性）：由不可遏制的好奇心驱动，她是一个活泼的、社会型的、对任何事都开朗的享乐主义者。她不会仅仅为了耀武扬威而爬山或者尝试最新的餐馆，她做这些只是为了满足自己的好奇心。无畏的、坦白的她会抗拒一切无聊或重复的事。她相信人们会发现并且追求使她们开心的事。她想要所有人充分地经历生活提供给她的一切，所以她想尽办法变得有魅力、有涵养并且大方。

问题：

1. 调研的结构是什么？给出一个组成性定义。
2. 调研人员可能使用的是什么测量水平？举出例子。
3. 调研人员有什么可以用于信度的测试？
4. 调研人员可能会怎样进行信度的测试？
5. 调研人员可以做什么来证明结构效度？
6. 你认为这个量表对市场调研人员有价值吗？为什么？

第 11 章

Chapter11

态度测量

□ 学习目标

1. 解释态度、行为与营销效果的联系
2. 熟悉量表概念
3. 比较各种类型的态度量表
4. 认识在选择类型量表时应考虑的基本因素
5. 认识态度量表在管理决策制定中的重要性

态度测量有哪些不同的方式？为什么它对测量态度有帮助？在设计态度量表时应该考虑哪些因素？这些问题将会在本章得到解决。

11.1 态度、行为与营销效果

态度是一种心理学架构，是指一种将无形的东西概念化的方法。态度难以直接观察或测量，它们的存在是从其结果中推断出来的。**态度**（attitude）是一种与我们周围环境的某些方面相关的包括动机、情感、感觉和认知过程的持久结构。在市场调研中，是对某一客体所持有的一种比较稳定的赞同或不赞同的内在心理状态。态度一般较持久，而且包括了一组内在相关的信念。态度也包含了反映我们对好坏、对错判定标准的价值体系。因此，基于对娱乐需求、卡通人物、幻想、拥挤人群、排队等候以及其他许多事物的看法，你可能对迪士尼世界持有一种特定态度。你很可能给予迪士尼世界高度评价，认为它是美好、洁净、充满乐趣的世界。

11.1.1 态度和行为的联系

态度和行为之间的关系是复杂的。对一群消费者未来行为的预测一般要比对单个消费者行为的预测更难。特别地，研究人员还发现以下一些情况：

（1）顾客的态度越积极，使用产品的可能性越大；顾客的态度越消极，使用产品的可能性越小。

（2）人们对一种产品的态度越是不赞成，他们停止使用它的可能性就越大。

（3）那些从未尝试使用某产品的人们的态度将在均值左右呈正态分布。

（4）当态度以对某产品的实际试用或使用经历为基础时，通过态度就能很好地预测行为；相反，当态度是以广告为基础时，态度和行为的一致性明显减弱。

一些研究人员对态度调查预测行为的能力持悲观态度。目前，大多数研究人员的观点是，我们必须学会识别那些影响被测态度、预测行为的准确程度的因素。在评价态度调查结果是否能预测行为时，应考虑以下六个因素：

（1）顾客的参与。只有在高度参与的情况，态度才可以用来预测购买行为。

（2）态度测量。态度测量必须是可靠而有效的，而且应该与行为测量具有同等的抽象度。例如，如果行为是关于向一家特定的慈善机构捐款，如美国癌症协会，那么就不应询问那些不够明确的（更抽象的）有关顾客对一般慈善机构的态度问题。类似的问题涉及时间变量。如果行为与在以后的6个月内购买一辆新的保时捷汽车有关，那么测量就应包括一个时间测量参数。态度测量与行为发生之间的时间间隔越长，它们之间的关系就越小。

（3）其他人的影响。其他人的购买欲望和顾客与这些欲望保持一致的动机也影响着态度预测行为的程度。

（4）情景因素。情景因素，如假期、时间紧迫性、疾病干扰，测量态度使之不能很好地预测行为。

（5）其他品牌的影响。即使顾客很喜欢某一品牌，但如果顾客对另一品牌更加喜欢，那么另一品牌则更有可能被购买。"对某一客体的态度"模型在预测行为时存在问题的原因之一是，它不能测量人们对其他客体的态度。

（6）态度强度。对于一种可能影响行为的态度来说，它必须是足够坚决和确信从而能够在记忆中发挥作用。态度与客体之间的结合程度在一个连续谱中变化。在连续谱一端是无态度——顾客对一特定品牌基本上既无积极感觉也无消极感受；连续谱的另一端是极端态度——顾客对品牌感觉极为强烈。

11.1.2 改善营销效果

态度的确是所有营销人员想要设法影响的"人类变化动因"的重要方面。正如以上所说的，营销经理已经认识到，态度和行为之间并不存在完全的相关性。然而，在设计或调整市场营销组合时，为了创造一种有效组合，态度测量通常被认为是"最好的可用工具"。当丰田汽车公司试图决定在三种新的可行设计中哪一种能使油电混合车销量最佳时，它所依赖的是态度调查。暗含的假设是，当其他情况都相同时，在态度调查中最被看好的油电混合车的销量达到最多。因此，营销经理试图预测那些能将适销对路的新产品推向市场的行为时，他们要进行态度测量。新产品的上市将得到依据调查得出的"恰当的营销组合策略"的支持。在确定新的营销组合时，说明性的图示数据和过去的购买模式也是重要的数据来源。

11.2 量表的定义

量表（scaling）一词是指试图确定主观的、有时是抽象的概念的定量化测量的程序。它被定义为以数字（或其他符号）代表客体的某一特性，从而对所研究客体的不同特性以多个数字来代表的过程。事实上，我们指定数字代表客体的属性。玻璃管中水银的升降就指示温度变化的情况。

量表是一种测量工具。态度量表有一维和多维之分。**一维量表**（unidimensional scales）用于测量应答者或客体的单一特性。例如，可以设计一种量表来测量消费者对价格的敏感性。虽然我们可能会设计好几个条款来测量它，但这些条款都可以结合为单一的测量，并把所有消费者一起放在一条称为价格敏感程度的线谱上。**多维量表**（multidimensional scales）是指某一概念或客体需要用多个维度来描述。例如，美洲虎汽车厂通过“富裕程度、价格敏感性、对汽车的欣赏水平”三个方面来确定它的目标消费者。

11.3 态度量表

态度测量同物理学中的测量相比要难得多，而且极少用精确刻度。如上面提到的，态度是存在于顾客头脑中的一种结构，它不像物理学中的重量那样可以直接观测到。态度量表是建立在用来测量态度结构的各种操作性定义的基础上。在许多情况下，测量态度的量表属于类别量表或顺序量表，一些更精细的量表使研究人员可以在等距水平上测量。不过应当注意，不要把等距量表的一些特性用到低水平的类别量表或顺序量表中。

11.3.1 图示评比量表

图示评比量表（graphic rating scales）提供给应答者一个有两个固定端点的图示连续体。如图 11-1 描述了三种可以用来评价 La-Z-Boy 睡椅的图示评比量表形式。量表 A 是最简单的形式，应答者被指示沿着连续线画出他们的反应。在做完回答的标记后，再把直线划分成足够多的部分，每一部分代表一个类别，并分配给一个数字。例如，如果连续线是 6 英寸长，那么每一英寸就代表一个类别。量表 B 预先安排了刻度并写上数字，因此提供给应答者一个稍微复杂一些的结果。

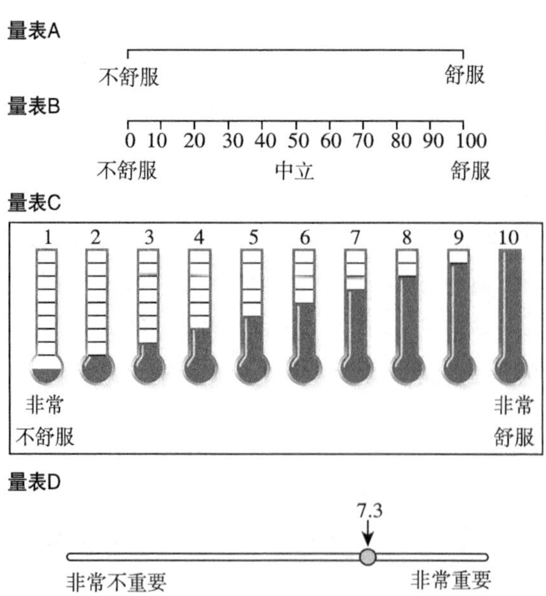

图 11-1 三种类型的图示评比量表

如量表 C 所示，图示评比量表并不限于简单地在连续线上画钩。许多调研人员成功地运用量表 C 来加快访问的过程。调研人员在受访者面前出示一张画有量表（就好像温度计）的卡片，并要求受访者指出最能描述他们感觉的温度计。

当在线调研和使用移动终端调研时，图示评比量表有时也称为“滑动条”，应答者只需在一个区间轻轻用手指滑动测量点。在有些滑动条上，数字会随着测量点的移动显示在其上方（见表 11-1 中量表 D）。

图示评比量表容易制作并且使用简便，如果我们承认打分者有足够的分辨能力，那么调研人员利用这种量表可以分辨出微小差别。通过图示评比量表获得的数据通常作为等距数字使用。

图示评比量表的缺点是，应答者在难以决定的情况下，倾向于选择中间答案。此外，调研人员不知道应答者在评价时所使用的评判标准。研究表明，图示评比量表的可靠性不如列举评比量表。

11.3.2 列举评比量表

列举评比量表（itemized rating scales）与图示评比量表非常相似，只不过应答者在列举评比量表上必须在有限的类别中做出选择，而不像图示评比量表是在连续体上做记号（一些刻意追究的人会认为图 11-1 中的量表 C 是一个列举评比量表）。表 11-1 是从全国市场调查研究中提取出来的列举评比量表的例子。每份问卷的起点是循环的以消除每次都以相同的选项开始可能造成的次序误差。另一个以滑动条展现的例子在下面的“市场调研实践”中讨论。

表 11-1 用于网络和商场调研的列举评比量表

如果网站提供以下服务，您会在多大程度上选择使用这些服务？

量表 A

a. 拍卖								
不可能会使用	01	02	03	04	05	06	07	**非常可能会使用**
b. 付费的教育学习工具								
不可能会使用	01	02	03	04	05	06	07	**非常可能会使用**
c. 事件注册项								
不可能会使用	01	02	03	04	05	06	07	**非常可能会使用**
d. 网上购物								
不可能会使用	01	02	03	04	05	06	07	**非常可能会使用**
e. 招聘								
不可能会使用	01	02	03	04	05	06	07	**非常可能会使用**
f. 订阅研究报告								
不可能会使用	01	02	03	04	05	06	07	**非常可能会使用**
g. 贸易社区								
不可能会使用	01	02	03	04	05	06	07	**非常可能会使用**
h. 培训 / 研讨会								
不可能会使用	01	02	03	04	05	06	07	**非常可能会使用**

（续）

量表 B

提交旅馆预订申请

希望得到您在我们网站上预订旅店的经历的反馈。请对网站的各个方面标注满意程度。

	非常满意			非常不满意	
	1	2	3	4	5
能够顺利进入信息页面	○	○	○	○	○
能够顺利了解旅店信息	○	○	○	○	○
能够顺利了解所在城市信息	○	○	○	○	○
清楚奖金计划的运作情况	○	○	○	○	○
清楚买卖协议	○	○	○	○	○

关于在此次旅行过程中 Fasthotel 网站和您沟通的事宜，请您标注满意程度：

	非常满意			非常不满意	
	1	2	3	4	5
您预订的旅店不可更改	○	○	○	○	○
您预订的旅店不可退款	○	○	○	○	○

关于此次使用 Fasthotel 网站你的满意程度是？

○非常满意

○满意

○比较满意

○一般

○不太满意

○不满意

○非常不满意

量表 C

哪些因素影响你对音乐网站的选择？（标注每项的重要性）

	非常满意			非常不满意	
	1	2	3	4	5
顾客的利益或消费的回报	○	○	○	○	○
售后服务或货运服务	○	○	○	○	○
网站的操作简单	○	○	○	○	○
价格低廉	○	○	○	○	○
时时更新 CD 音频样本	○	○	○	○	○
评论信息以及音乐人信息	○	○	○	○	○

量表 D

对于获取顾客关系管理解决方案的额外信息，您有多大的兴趣？

○极其感兴趣	○有点感兴趣	○根本不感兴趣
○非常感兴趣	○不太感兴趣	

在未来的 12 个月里，您有多大的概率会投资一个致力于解决如何与消费者建立良好关系的公司？

○极其可能	○有可能	○根本不可能
○非常可能	○不太可能	

在表 11-1 中，量表 A 帮助一家网络公司调研它们网站上应该增加哪些特色和服务；量表 B 帮助一家网上旅游公司调研用户满意度；量表 C 帮助一家网上音乐商品零售店更好的了解人们如何选择音乐网站；量表 D 也是一个网络调研，是由开发一种与消费者建立良好关系的软件的公司设计的。表 11-2 为其他列举评比量表的例子。

表 11-2 列举评比量表精选

兴趣类型	评比量表				
购买意愿	肯定会买	可能会买	可能不会买	肯定不买	
同意程度	非常同意	有些同意	无所谓	有些不同意	非常不同意
质量	非常好	好	无所谓	一般	很差
可靠性	完全可靠	有些可靠	不是非常可靠	完全不可靠	
式样	非常时髦	有些时髦	不是很时髦	一点都不时髦	
满意度	非常满意	有些满意	无所谓	不太满意	完全不满意
价格	非常昂贵	贵	一般	不太贵	很便宜
使用简便性	极易使用	比较容易使用	较难使用	很难用	
色彩亮度	极其亮	非常亮	有些亮	有点亮	一点都不亮
现代性	非常现代	有些现代	一般	有些过时	非常老式

虽然列举评比量表没有像图示评比表那样很好的表现微小差别，但是列举评比量表很容易构造和操作。列举评比量表的可靠性比图示评比量表好。

出于某些原因，有时一个调研人员会想得到十分积极正向的观点，这时他就可能使用两阶段格式的量表。调查显示两阶段格式量表比单阶段格式量表更能得到极端的观点。以下是两个阶段格式量表的应用。

市场调研实践 11-1

比较传统的李克特量表和滑动选择量表

为了评测一个标准 5 分李克特量表与一个动画制成的滑动量表的表现差异，“国际抽样调查”开展了一系列调查。两种量表的评估都建立在数据收集、安排应答者回答问卷和受访者对两种方式的满意度的基础上。

实验致力于两个关键的问题：同等评估和评估之间的距离。在建立实验的阶段，应答者拿到一份包含四个问题陈述的传统李克特量表，并被要求在最后给他们对这一量表的感觉评级，评级要求表达自己的真实观点。之后应答者会拿到第二份量表，让他们在一份 5 分量表上的任意相邻级别上重新回答刚刚的选项。应答者对传统量表大都表达了满意，大多数回答者选择重新评估，尤其是那些之前选了同意 / 不同意的人（大致有 75%）。总之，这说明了一个令人信服的结果，那就是传统量表没有提供一个足够多的等级范围，来精确地反映回答者的观点。另外，选项相同不能认为回答者的观点是等价的。

在实验的下一个阶段，应答者被要求用滑动量表来评估刚刚回答过的问题。四个滑动量表中的每个都被放在问题文本下面，并且不包括任何其他视觉元素。第一个滑块附带传统的标签；第二个保留了散列标记，但删除了文本；第三个移除了标记；第四个添加了 1 ～ 5 的数值分数以体现滑块的位置。下面的表格提供了六个滑动条的例子。应答者要回答这个问题：道德和伦理的最高标准是人生中最重要的。

	非常不同意	轻微不同意	中立	轻微同意	非常同意
传统的	12	40	105	231	201
重新打分传统的	6	12	61	57	154
标签滑块	4	25	77	125	129
标记滑块	1	17	92	88	114
空白滑块	1	8	27	21	97
带分数显示的滑块	4	10	51	47	124

数据分布随不同设计明显不同，说明量表的设计的确会影响应答者如何回答。然而，在使用平均分时，数据通常看起来跨越量表设计而排列。显而易见的是，滑动量表就回答选项提供了更大的间隔。这一间隔由应答者的态度反映出来，总之与滑块的设计无关，使用滑动量表的应答者有更高的满意度。

问题：

1. 评估下面陈述：李克特量表与滑块量表的比较是正确的。

2. 现在给你一个机会，你会将你的回答放在它当前的位置和与它相邻的某个地方吗？为什么？

3. 回答一个浅显的问题时，根据所给陈述，你认为你能准确表达你的观点吗？

11.3.3 传统的单阶段格式量表

参议员福霍恩用纳税者的金钱改善社区，您认为能取得多大的效果？				
非常有效	比较有效	效果不明显	完全没有效果	不知道
4	3	2	1	0

11.3.4 两阶段格式量表

参议员福霍恩用纳税者的金钱改善社区，您认为效果如何？	
有效果吗？	效果显著还是一般？
○有效果	○显著
○没有效果	○一般
○没意见	

11.3.5 等级顺序量表

列举评比量表和图示评比量表都是**非比较性量表**（noncomparative scales）的，因为应答者在没有其他客体、观念或人作参照的情况下做出判断。另一方面，**等级顺序量表**（rank-order scales）则是**可比较性量表**（comparative scales）的，因为应答者被要求用一个条款来判断另一个。等级顺序量表在市场调研中被广泛应用有几个原因：按照某一评价条款而制定的等级顺序量表容易制作而且使用简便；指令易于理解而且整个过程都以一种固定的步骤进行；一些研究者声称这强迫应答者用一种现实态度来评价。例如，表 11-3A 显示了从一项有关眼影的调查中抽选出来的等级顺序量表；表 11-3B 显示了轿车的转售价值百分比的在线量表。

表 11-3　用于评价眼影和汽车转售价值的一系列等级顺序量表

A. 评价眼影的量表

请将下列品牌的眼影排序，其中 1 表示在特性评估方面表现最出色的品牌，6 表示在特性评估方面表现最差的品牌，6 种品牌均列在卡片 C 上（向被访者出示卡片 C）。让我们从具有高质量的连镜小粉盒或眼影盒开始，哪种品牌可以被列为具有最高质量的连镜小粉盒或眼影盒？哪种是第二位的（记录以下的）？

	Q.48 有高质量的包装盒	Q.49 有高质量的眼影刷	Q.50 有高质量的眼影
雅芳	________	________	________
封面女郎	________	________	________
雅诗兰黛	________	________	________
巴黎欧莱雅	________	________	________
丝芙兰	________	________	________
露华浓	________	________	________

卡片 C

雅芳	封面女郎	雅诗兰黛
巴黎欧莱雅	丝芙兰	露华浓

B. 汽车的转售价值量表

根据您个人的经历或是您的所见所闻，为以下的汽车品牌的转售价值百分比排序——能够使您收回您买这辆车所用金钱的最大百分比

请在有最高转售价值百分比的汽车品牌旁标“1”，在有仅次于最高转售价值百分比的汽车品牌旁标“2”，以此类推。注意两种品牌的汽车不能有相同的排列数字

________ 雪佛兰

________ 丰田

________ 宝马

________ 福特

等级顺序量表也有一些缺点。第一，如果在所有的被选项中没有包含应答者的选择项，那么结果就会产生误导。例如，应答者在有关眼影所有因素中的第一选择是蜡质，而被选项中却不包含这一项。第二，概念的等级可能完全超出了个人的选择设置，因此产生毫无意义的数据。或许某一应答者从不使用眼影而且认为这种产品不适合任何女性。第三，这种量表仅为调研人员提供了顺序信息。我们完全不了解条款之间有多大差距或者某个人对于一个条款的等级划分的态度有多强，因此我们也就不清楚为什么条款按此序排列。

11.3.6　配对比较量表

配对比较量表（paired comparison scales）要求应答者按照一定的要求，从一组的两个客体中选出一个。应答者在多个客体之间进行一系列的成对比较判断。表 11-4 说明了一个全国性的日光浴产品调查中使用的配对比较量表。表中只显示了量表的一部分，因为数据收集过程需要应答者比较所有可能的搭配组。

配对比较方法克服了传统等级排序量表存在的几个问题。第一，对人们来说，从一组两个成对的答案中选出一个要比从一大组中选出一个更容易。第二，顺序误差的问题得以克服，也就是项目或问题的排序形式可能导致的误差。相反，因为对所有配对都要进行评

估，因此，当客体的数量以算术级增加时，配对比较的数量却是以几何级增加。这样，被测客体的数量就应尽可能少，以免使被访人厌烦。

表 11-4 日光浴项目的配对比较量表

这里是一些通常用来描述日光浴产品的特点，请你指出当你选择一种日光防护产品时，你认为每组中的哪一特点更为重要

a. 均匀日光浴	b. 无灼伤日光浴
a. 防止灼伤	b. 保护其不受灼伤和曝晒
a. 物有所值	b. 效果持久、均匀
a. 不油腻	b. 不玷污衣物
a. 无灼伤日光浴	b. 防止灼伤
a. 保护其不受灼伤和曝晒	b. 物有所值
a. 效果持久、均匀	b. 均匀日光浴
a. 防止灼伤	b. 不油腻

11.3.7 固定总数量表

与配对比较相比，使用**固定总数量表**（constant sum scales）可以避免次数繁多的配对比较，所以调研人员更广泛地使用这种方法。固定总数量表技术要求应答者根据各个特性的重要程度将一个给定分数（通常是 100 分）在两个或多个特性间进行分配。分给每个选项的数值表明了应答者将这一项列在某一等级，而且这些被分配的值也说明了，当每个选项被应答者认知时它们的相对等级。表 11-5 中列出了一个在网球运动装的美国全国调查中使用的固定总数量表。固定总数量表另一点优于等级顺序法和配对比较法的是，当两种特性被认为具有相同价值时，可以被如实地表示出来。

表 11-5 用于网球运动装调查的固定总数量表

以下是女性网球运动装的七个特性。请将 100 分分配给这些特性，以便每个特性分得的分数能代表你认为它们相对的重要程度。分配给某一特点的分数越多，这个特性就越重要。如果这个特性根本不重要，就应该不分给它任何分数。填完后，请检查两遍，以保证总数加起来为 100

网球运动装的特性	分 数
穿着舒适	________
耐用	________
由知名厂商或品牌制作	________
美国制作	________
款式新潮	________
适于运动	________
物有所值	________
	100 分

固定总数量表的一个主要的缺点是：当需要给分的特性或是物品过多时，被访者给分的总和难以到达 100 分。许多调研人员认为 10 种物品就是上限了。

11.3.8 语意差别量表

语意差别法是由查尔斯·奥斯古德（Charles Osgood）、乔治·苏西（George Suci）和

珀西·坦南鲍姆（Percy Tannenbaum）等人研发的。最初研究的焦点是测量某一客体对人们的意义。因此，这一客体可能导致人们产生某些联想，而某一特定群体联想的图像具有一定的意义。

语意差别量表（semantic differential scales）的第一步是确定要进行评分的概念，如公司形象、品牌形象或商店形象。调研人员挑选一些能够用来形容这一概念的一系列对立（相反）的形容词或短语。然后，由应答者在一个（通常是从 1 ～ 7）量表上对测量的概念打分。调研人员计算出应答者对每一对形容词评分的平均值，并以这些数据为基础，构造出“轮廓”或“形象”图。

表 11-6 是亚利桑那储蓄和贷款协会被家庭收入为 80 000 美元以上的非顾客认知时的真实形象。快速浏览一下就可发现，虽然这家公司被看作有些过时而且设施简单，但同时它也被视为根基稳固的、可靠的和成功的，而且很好打交道。不过存在停车困难的问题，而且出入可能也有困难；另外，它的广告很沉闷。

表 11-6　亚利桑那储蓄和贷款协会的语意差别轮廓图

形容词 1	每组形容词的均值							形容词 2
	1	2	3	4	5	6	7	
现代的	*	*	*	*	*	*	*	老式的
积极进取的	*	*	*	*	*	*	*	保守的
友好的	*	*	*	*	*	*	*	不友好的
根基稳固的	*	*	*	*	*	*	*	根基不稳固的
有吸引力的外形	*	*	*	*	*	*	*	无特色的外形
可靠的	*	*	*	*	*	*	*	不可靠的
适于小公司	*	*	*	*	*	*	*	适于大公司
宾至如归的感觉	*	*	*	*	*	*	*	感觉不适
提供帮助	*	*	*	*	*	*	*	对顾客漠不关心
易打交道	*	*	*	*	*	*	*	难打交道
无停车或交通问题	*	*	*	*	*	*	*	有停车或交通问题
与我同类的人	*	*	*	*	*	*	*	非我同类人
成功的	*	*	*	*	*	*	*	不成功的
引人注目的广告	*	*	*	*	*	*	*	无引人注目的广告
有趣的广告	*	*	*	*	*	*	*	乏味的广告
有影响力的广告	*	*	*	*	*	*	*	无影响力的广告

利用语意差别法可以迅速、高效地检查产品或公司形象与竞争对手相比所具有的长处或短处，更重要的是，在营销与行为科学研究中发现，语言差别法在制定决策和预测方面有足够的可靠性和有效性。而且，当用于公司形象研究时，从一组客体到另一组都证明语意差别法在统计上具有适用性。语意差别法适用于广泛的主题，而且非常简洁，故被调研人员所偏爱，经常作为测量形象的工具。

尽管所有这些优点使许多研究者把语意差别法用做形象测量的工具，但它也不是完美无缺的。首先，它缺乏标准化。调研人员必须根据实际调研主题制定语意差别量表。由于语意差别法没有一套标准模式，因此调研人员经常要花大力气来解决这些问题。

另外，语意差别量表中的评分点数目也是一个问题。如果评分点数太少，整个量表过于粗糙，缺乏现实意义；评分点数太多，又可能超出了大多数人的分辨能力。研究表明，“7 点评分”量表的测量效果较令人满意。

第三，语意差别法的另一大弱点是“光晕效应”。对一个特定形象的组成要素的评分可能受到被访者对测试概念总体形象的印象制约，特别是当被访者对各要素不太清楚时，可能产生明显的偏差。为了能部分地消除“晕轮效应”，调研设计者应随机地将相对的褒义词和贬义词分布在两端，不要将褒义词集中在一边，贬义词集中在另 ·边。这样做可以迫使应答者在回答前仔细考虑。为了在数据收集之后便于进行分析，可以把所有褒义词放在一边，贬义词放在另一边。

11.3.9 斯塔普量表

斯塔普量表（Stapel scale）是语意差别法的一种变通方式。它将单独一个形容词放在量表的中间，通常被设计成一个 +5 ～ −5 的 10 点刻度，同时测量态度的方向和强度。此外，语意差别法反映的是描述性形容词与被测概念的适合程度。表 11-7 说明了斯塔普量表法的一个例子。

表 11-7 运用测量零售商网站的斯塔普量表实例

+5	+5
+4	+4
+3	+3
+2	+2
+1	+1
便宜的价格	购买方便
−1	−1
−2	−2
−3	−3
−4	−4
−5	−5

对你认为能准确描述网站的词选一个加数，你认为它越能准确描述网站，就选一个更大的加数；对你认为不能准确描述网站的词选一个减数，当你认为它越不能准确地描述此网站就选一个更大的减数。所以，你可以从 +5（你认为它越能准确描述网站）到 −5（你认为不能准确描述网站）任意选择一个

斯塔普量表的最大优点在于，它能使研究人员免去设计双向形容词的繁重工作，而且这种量表被认为在态度测量时具有较高的分辨度；消极的一面是，描述性形容词可能是中性的，也可能偏向肯定或否定方面。形容词的选择显然影响了测量结果和人们的反应能力。语意差别法的流行程度在 20 世纪 90 年代已大大下降，其主要原因是电话访问增多。斯塔普量表法在商业调查中从未广泛地流行过而且也比语意差别法使用得少。

11.3.10 李克特量表

李克特量表（Likert scale）避免了设计对立形容词的难题。这种量表由一系列能够表达对所研究的概念是肯定还是否定态度的陈述所构成，应答者被要求回答对每种陈述同意

或不同意的程度。每位应答者所选择的答案都给予一个分数，以便反映他对每个陈述同意或不同意的程度。然后，将这些分数加总起来，就可以测定应答者的态度。

表 11-8 是游戏网站对青年人的调研所使用的两个李克特量表，其中量表 A 是对注册过程感觉的调研，量表 B 是对网站上广告态度的调研。

表 11-8　李克特量表应用于游戏网站

量表 A					
当您还是一个新用户时，您对注册过程感觉如何？					
	完全不同意	不同意	没意见	同意	非常同意
注册很简单	○	○	○	○	○
注册的问题没有威胁性	○	○	○	○	○
在这里注册会保护我的隐私	○	○	○	○	○
时间不算太长	○	○	○	○	○
使我对网站有了了解	○	○	○	○	○
量表 B					
您对以下观点有何感受？					
	完全不同意	不同意	没意见	同意	非常同意
网站的广告使我享受了免费服务	○	○	○	○	○
即使有用处我也不支持网站上的广告	○	○	○	○	○
互联网上有太多广告了	○	○	○	○	○
这个网站有太多的广告了	○	○	○	○	○
我玩游戏就会忽略广告	○	○	○	○	○

李克特量表只要求应答者每次考虑一个陈述。它还可以测量一系列陈述（态度），应答者只要给出一套同一标准的答案即可。

伦西斯·李克特（Rensis Likert）设计该量表的目的是测量个人对概念（工会）、活动（如游泳）等的态度。李克特量表的建立步骤如下：

（1）调研人员确认所要测量的概念。让我们假设是滑雪。

（2）调研人员收集大量（如 75 ～ 100 条）的有关公众对滑雪看法的陈述。

（3）调研人员依据被测态度将每个测量项目大致划分为“赞成”或“不赞成”。不必对项目进行度量，不过，需要实施一次包括全部陈述和有限个被访者的预先测试。

（4）在预先测试中，被访者指出对每个项目同意（或不同意），然后在后面的方向 – 强度描述语中打钩：

a. 完全同意　　b. 同意　　c. 无所谓（不确定）　　d. 不同意　　e. 完全不同意

（5）给每个回答一个数字（如 5、4、3、2、1）。

（6）个人总态度得分以被勾出的相关项目分数的代数总和表示。在评分过程中，态度的方向（同意到不同意）应与项目保持一致。例如，如果给同意项目中的“完全同意”为 5 分，那么在不同意项目中的“完全不同意”也应是 5 分。

（7）在看过预先测试结果之后，分析员只选出那些在高的总分与低的总分之间比较好地表现出差别的项目。第一步是在基础总分中选出最高和最低的四分组数；然后在这些高、低组之间（不包括中间 50% 的项目），比较每个项目之间的细微差别。

（8）最后选出 20 ～ 25 个有最大区别的项目（如以平均值表示出最大的差别）。

（9）在正式研究中重复步骤（3）～（5）。

利用李克特设计的这种量表，研究人员能够得到一个总计分数，并且识别出某个人对于特定概念的态度到底是肯定的还是否定的。例如，在一个有 20 个项目的量表中，最高的赞同总分是 100 分。所以，若某人打分 92 分，就可以被认定持有赞同的态度。当然，两个都打 92 分的人也可能对各种陈述有不同的评价，因此他们各自对自己整体态度中各要素的态度就可能极为不同。例如，受访者 A 可能完全同意（5 分）"银行要有一个好的停车场"的观点，而完全不同意（1 分）"此银行的贷款计划在镇上是最好的"。受访者 B 可能持完全相反的态度，但他们总分都为 6 分。

在市场调研实务中，李克特量表非常流行。它们制作快捷、简便、易于操作，而且可以通过电话来进行，或是给受访者一个"回答范围"卡，要他从中挑选出一个答案。但是，在商业市场调研中很少遵循前面所列出的那些步骤来制定量表。相反，量表通常是由顾客项目经理和调研人员共同设计的。许多时候，量表是在召开小组访谈会后创制的。

11.3.11 购买意向量表

也许商业市场调研中唯一用得最频繁的就是购买意向量表。对于营销经理来说，最主要的问题就是顾客会不会买产品？如果买，我期望占领市场的百分比是多少？零售商甚至非营利组织在推出新产品和新服务、进行产品更新或服务调整时，都会开展购买意向调查。

新产品研制期间，在概念测试时进行购买意向测试以便得到对需求的一个大致认识。经理们想快速排除潜在的（无发展的项目），仔细挑选那些拥有中等购买意向的项目，并推进拥有明显潜力的项目。这一阶段投资量较少，产品调整和重新定位产品概念都比较容易。

当产品研制阶段完成后，产品本身、促销策略、价格水平和分销渠道都变得越来越固定和集中。在开发的每一个阶段都要评估购买意向，需求估计也要不断修正。具有决定性的在全国性或地区性开展销售活动"进行还是停止"的决策，一般也是在市场测试之后做出的。

试销之前，对调研人员来说是也是一个关键的评估阶段。然后，最终的或接近最终的产品样品发放到国内各测试城市的顾客家中，在经过一段入户使用后（通常是 2 ～ 6 周），在参与者中进行一次跟踪调查，以便发现他们喜欢或不喜欢什么，这些产品与他们现在所使用的相比较如何，他们会为它付多少钱等。整个调查的最关键问题是：在问卷末尾询问他们是否愿意购买。

表 11-9 中的问题 21，是对入户放置驱蚊器后进行的跟踪调查中抽取出来的购买意向问题。驱蚊器包括一个由三根塑料柱支撑的大约 1/4 英寸高的两个直径为 3 英寸的圆盘，看起来有些像一个大的、细长的 yo-yo（一种玩具），驱蚊器的工作原理与 Roach Motel 大致相同，里面含有一种可以吸引蚊蝇的刺激素和能够保持 6 个月黏度的胶液。可以想象，蚊蝇飞进去就无法出来！在其中一个圆盘背面的中心有一个可粘贴的小塞子，这样盘子就

能贴在厨房的窗上。其创意是不依靠杀虫剂而消除厨房地带的蚊蝇。表 11-10 中的问题 22 是帮助产品定位的。问题 23 一般是生产商用于对购买意向进行双向核查的，即如果 60% 的受访者声称他们肯定会购买产品，而 90% 的人声明他们肯定不会将产品推荐给朋友时，调研人员将质询购买意向的有效性。

表 11-9　为驱蚊器产品入户放置设计的购买意向量表及相关问题

21. 如果三个一套的驱蚊器售价大约是 3 美元，而且你在通常光顾的商店就能买到，你将：	
	(51)
肯定买下一套	1
可能买	2
可能不买	3
肯定不买	4
22. 你会使用驱蚊器：(a) 作为替代产品；(b) 作为已有产品的附加产品？	
	(52)
替代产品	1
附加产品	2
23. 你会将这种产品推荐给你的朋友吗？	
	(53)
肯定会	1
可能会	2
可能不会	3
肯定不会	4

研究表明，购买意向量表能很好地预示顾客对经常性购买产品和耐用消费品的选择情况。这种量表很容易制作而且只要求应答者对他们购买一件新产品的可能性做一个主观判断。从以往的经验看，营销经理可以把顾客在量表上的回答转换成对购买可能性的估计。很显然，每位声称肯定会购买产品的人并不一定会这样做，事实上，却有少数声称他们肯定不会购买的人反而购买了产品。驱蚊器的制造商同时也是杀虫剂和非农药型害虫控制产品的主要生产者。假设以历史追踪调查为基础，制造商便可得到几条有关非农药型家用害虫控制产品的信息：

- 回答“肯定会买”的人中有 63% 在 12 个月内实际购买了产品；
- 回答“可能会买”的人中有 28% 在 12 个月内实际购买了产品；
- 回答“可能不会买”的人中有 12% 在 12 个月内实际购买了产品；
- 回答“肯定不会购买”的人中有 3% 在几个月内实际购买了产品；

假设驱蚊器调查的结果如下：

- 40%——肯定会买；
- 20%——可能会买；
- 30%——可能不会买；
- 10%——肯定不会买。

假设样本在目标市场上具有代表性，那么

$$0.4 \times 63\% + 0.2 \times 28\% + 0.3 \times 12\% + 0.1 \times 3\% = 35.7\% \text{ 的市场份额}$$

大多数营销经理都会为一种新产品有如此高的预测市场份额而欣喜若狂。不幸的是，虽然驱蚊器的预测这么高，但由于顾客的混淆，这种产品在入户试用之后便夭折了。

对于市场调研公司来说，做一项包括购买意向测量的调查很平常，但委托方往往没有历史数据可以作为衡量调查数据的基础。一个可能且保守的估计是，“肯定会购买”的人为 70%，“可能购买”的为 35%，“可能不会买”的有 10%，“肯定不会买”的为 0。如果该产品是工业品，比例会更高些。

有些公司使用购买意向量表不是为了测量市场份额，而是为了帮助做出产品开发的可行性决策。一般而言，营销经理将回答“肯定买”和“可能买”的人数的百分比相加，然后将之作为一个决策的依据。例如，一家消费品制造商可能要求在概念测试阶段这一百分比达到 80% 或更高；在家庭试用阶段，这一百分比达到 65% 可能才考虑试销。

11.3.12 量表转换

许多反映消费者态度（VOC）或是消费者满意度调查都是跟踪调查的。跟踪调查就是随时找到消费者在态度和购买行为上的变化。例如：消费者满意度调查可能是每 3 个月或 6 个月进行一次。有时候，一些公司产生了一些变化比如政策变化，这都需要进行消费者满意度调查。也可能在分制比例上产生变动（比如从 5 分制到 10 分制）。产生变动的原因有很多，但是有一个很明显的问题：用两种分制收集的数据如何比较呢？

客观性是为了帮助一个调研人员比较不同方式得出的数据，并做出明智的决策。这里的基本假设是量表的措辞是可类比的，这样才能进行量表转换的尝试。尽管有很多种方法可以转换量表，我想用一种最简单直接的方法。

需要等效的量表，就不可试图更改数据；相反，我们要找到一种可类比的方式将数据表现出来。这种方法不可能适用于所有情况，而主要是作用于以被画框分数（前两位加总，前三位加总等）的形式报告结果的情况。

考虑到在市场调查中普遍应用四种量表（根据量表分制）：5 分制量表、7 分制量表、10 分制量表、11 分制量表。而用这些量表的调查结果经常以被画框分数的形式列出。那么问题便集中在——当一个使用了 5 分制量表并且以“前两个被画框”分数报告调查表如何转换成新的量表——7 分制量表。创建等效量表时，我们关注每种分值所占百分比。

举个例子，5 分制量表中的每一分数占 20% 的比例，也就是说，如果我们随机产生一个数据来对应该量表，那么预期 20% 对应 1，20% 对应 2，以此类推。所以，前两个分数比例加总在 5 分制量表中将占 40%。同样地，对于一个 7 分制量表，每个单位大约占 14% 的百分比，而前两个分数比例加总百分比大约为 28%。表 11-10 显示了四种量表下被画框分数所占百分比的情况。

表 11-10 四种量表下被画框分数的百分比

分制	前一位	前两位	前三位	前四位	前五位
5 分制	20%	[40%]			
7 分制	14%	28%	[42%]		
10 分制	10%	20%	30%	[40%]	
11 分制	9%	18%	27%	[36%]	[45%]

被画框分数表明，比如说，5 分制量表下的前两位分数比例加总占百分数大约等于 7 分制量表下的前三位分数比例加总所占的百分比或是 10 分制比例下前四位分数比例加总所占的百分比（大约是 40%）。

所以，当不同比例下的数据相比较时，可以使用相对应的加总数字。更多情况见表 11-11，其中提供了四种量表下的加总百分数转换（大约相等）。“?”表示简单的转换难以做到。

表 11-11　四种量表下的被画框分数转换

11 分制	10 分制	7 分制	5 分制
?	前四位加总	前三位加总	前两位加总
前三位加总	前三位加总	前两位加总	?
前两位加总	前两位加总	?	前一位加总

11.3.13　净推荐值法

避免量表使用过程中量表分数的不同数字带来的困惑的一个方法就是使用净推荐值法。净推荐值的概念首次出现在 2003 年的《哈佛商业评论》一篇文章中。文中认为，一家公司仅仅需要问一个问题：“你在多大程度上愿意向朋友推荐我们公司（或品牌）?”评级范围从 0 到 10。**净推荐值法**（net promoter score，NPS）是指推荐者（那些评级 7 或 10 的）所占的百分比减去诋毁者（那些评级 0 ～ 6 的）所占的百分比。那些评级 7 或 8 的被认为是被动的或良性的。公司从小到大都普遍接受这一方法，这一方法意味着不再有一堆问题的问卷和令人困惑的模型需要理解。关键策略是提高高分数降低低分数。通用电气公司的总裁杰夫·伊梅尔特（Jeff Immelt）说：“这是我见过的最好的顾客关系度量方式。”

来自马萨诸塞州 Temkin 集团的调研人员发现，81% 的推荐者很有可能在未来再次购买该公司产品，64% 的推荐者在该公司出现失误时愿意原谅它。对于诽谤者，占比分别是 16% 和 24%。

并不是所有人都强烈支持 NPS，例如，图 11-2 展现了净推荐值为 20%（推荐者减诽谤者）的三种不同的情况。公司 A 没有诽谤者，但是 80% 都是被动者；公司 B 的推荐者和被动者一样多，同时有 20% 的诽谤者；公司 C 没有被动者，但有多达 40% 的诽谤者。因此，尽管三家公司的净推荐值相同，他们都分别需要不同的市场营销和顾客关系策略。

同样地，净推荐值随时间的增加意味着更多的推荐者，更少的诽谤者，或者同时分别增加和减少。根据净推荐值是如何增加的，也会有不同的策略。

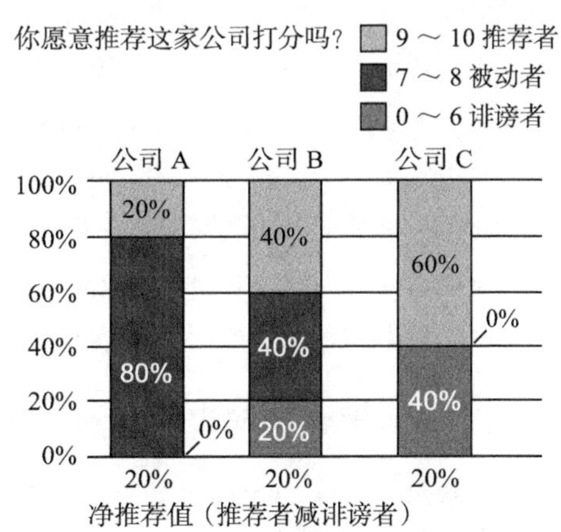

图 11-2　三家公司的净推荐值结果

资料来源：Randy Hanson，“Life after NPS”，*Marketing Research*（Summer 2011）10.

另一个问题是那些被标记的被动者，一些人认为被动者实际上不是被动的。在早一些的说法中，被动者是那些评级 7 或 8 分的人。弗吉尼亚阿灵顿的 TARP Worldwide 发现，被动者的顾客忠诚度明显比较低，并容易传播负面评价。TARP 的副总约翰·古德曼（John Goodman）说："想象一下，如果有个人走过来跟你说，'我刚刚去了这家饭店，我绝对要给它打 7 分'，这时候你会做何反应？"你听到的是他们在说"还凑合吧"或者"它们没有做得很差"，那么你还会特别乐意进那家饭店吗？我们认为你不会。TARP 还发现被动者对价格比较敏感。

11.4 选择量表需要考虑的一些基本因素

选择量表有很多需要注意的问题。考虑因素包括量表构造的本质、量表类型、平衡量表和非平衡量表的选择，量级层次的个数，强迫性与非强迫性量表的选择。

11.4.1 量表构造的本质

一个量表是否适合表现在它是否可以将调查的大体客观真实体现出来。客观调查将对量表调查的方式产生重要的影响。

11.4.2 量表类型

大多数的商业性调研工作者都倾向于使用那些能够通过电话或互联网进行操作从而节省访问费用的量表，易于管理和制作也是重要的考虑因素。例如，等级顺序量表很容易制作而语意差别量表（评比量表）的开发、制作过程却是冗长复杂的。顾客的需求、决策制定往往最为重要。是否可以利用口头数据就做出决定还是必须具备等距类数据？调研人员还必须考虑应答者可能更喜欢那些类别量表和顺序量表，因为这两类量表较简单。最终选择哪种量表，基本上还是取决于所要解决的问题和想要知道的答案。在一次市场调研中使用多种量表也是常见的。例如，在一项为熟食连锁店进行的形象研究中，调研人员可以设计评级量表来对公司竞争对手排序，设计语意差别量表来测量公司形象的各组成因素。

调研人员也会从网络上或其他调研组直接借来量表。许多在线调研网站都有可用的量表（比如 surveymonkey.com、researchrockstar.com、marketingscales.com 和 questionpro.com），也有些量表的手册提供调研人员完备而成熟的量表，这就使量表系统不断积累，市场调研人员经常会发现借到的量表正好适合，然而也可能不合适。

一位市场调研人员在借量表之前，应该清楚地知道需要测量的范围和其本质以及相关项目的量表的合理化措辞。总之，告诫就是"在借量表前一定要仔细"。

11.4.3 平衡量表与非平衡量表的选择

平衡量表（balanced scale）具有相同数量的正面和负面的层次；**非平衡量表**（nonbalanced scale）偏重一端或另一端。如果肯定态度的答案数目与否定答案数目相等，该态度量表为平衡量表，否则为非平衡量表。如果研究人员想得到广泛的意见，那么用平衡量表比较好。如果以往的调研或预先研究已表明，大多数的意见都是肯定的，那么量表就应该有更多的肯定倾向，这能使研究人员确定对于被测概念的肯定程度。作者从已进行过的一系列 YMCA 调查中得知该机构的整体形象是肯定的。在调查 YMCA 的形象时，使用了以下几个分类：①非常好；②很好；③好；④一般；⑤差。

市场调查专家要解决的另一个问题是一个量表中应包含的量级层次个数。如果层次个数太少，如只有“好”“一般”和“差”3 级，那么量表过于粗略而不够全面。一个 3 级量表无法反映出感觉的强度（例如，像一个 10 级量表所能提供的）。然而，10 级量表可能超出了人们的分辨能力。研究表明，评比量表基本上以 5 级或 7 级为宜。

偶数个量级的量表意味着没有中间答案。如果没有中间答案，被访者就会被迫选择一个正向或负向答案，但那些确实持有中立意见的人就无法表达他们的观点。另一方面，一些商业研究人员认为，给被访者设立一个中间点，事实上如同给被访者提供了一个简单的出路。假设他确实没有某种很强烈的意见，他就不必集中思考他的真实感觉而可以简单地选择中间答案。研究人员还指出，对一种新口味的沙拉调料、一种包装设计或一个浅斗小货车的测试广告，持有某种强烈感受也是不正常的。

11.4.4 强迫性与非强迫性量表的选择

我们曾在语意差别法的讨论中提到，选择中间答案的人可以分为两类，即真正持中间态度和那些不知如何回答问题的人。一些研究人员已通过加入“不知道”这个答案作为附加分类而解决了这一问题。一个语意差别法可能按如下方式构成：

友好的	1	2	3	4	5	6	7	**不友好的**	不知道
令人沮丧的	1	2	3	4	5	6	7	**激动人心的**	不知道

但是，加上一个“不知道”的意见也可能使部分应答者偷懒。

没有“不知道”意见或中间答案的量表迫使应答者给出一个肯定或否定的意见，而一个既没有“中间意见”也没有“不知道”的量表，甚至强迫那些对所测目标一无所知的人也给出一种意见。支持被迫性选择的论据与支持偶数分层量表的大致相同。反对被迫性选择的根据是，因为这样会使数据不精确或导致应答者拒绝回答问题。一个问卷若在被访者事实上缺少足够信息，不能做出决定时仍继续要求他们给出一种意见，那么这种问卷就可能导致一种厌恶情绪而致使访问过早结束。

11.5 态度测量和管理决策

至此，在本章中我们已经讨论了态度的性质、同类型的测量量表和在设计量表时应考虑的因素。现在，我们把注意力转向如何使态度研究在管理决策中更有价值。

在一种产品或品牌的所有特性中，总有一些特性能促使消费者去行动（即产生产品偏好、实际购买、向朋友推荐等），而其他特性则不能。对于那些与偏好或实际购买密切相关的特性的态度是**决定性态度**（determinant attitudes）。其余的特征或态度无论多有利，都不是决定性的。营销人员显然需要了解哪些态度或特性将导致或“决定”购买行为，因为营销策略必须围绕这些特性来建立。

关于决定性态度，通用电气公司消费者和公共关系研究项目的负责人尼尔森·富特（Nelson Foote）评论说："在电器行业，产品的一些具体特性，尤其是那些与产品的基本功能和（如安全性等相关的特性），其被消费者所认可的方式一再给予我们强烈的印象。"

"如果产品中缺少这些价值，使用者就感到利益被严重侵害了，"他说，"即使这些价值都具备，制造商或卖方也得不到特别嘉奖或青睐，因为显然所有其他制造商或卖方也都在提供相同的价值。换句话说，在决策中重要的价值是那些难以确定但必须确定的、确实能与其他产品彼此区分的价值。"

我们可以以下面的例子进一步阐述这个概念。在要求消费者评价如发动机舒适性、经济性、外观和安全性这些汽车特性的专项调查中发现，消费者经常把安全的重要性列在第一位，但同样是这些消费者，却并不认为不同牌子的车在安全性方面有什么显著的差异。由此可见，在实际购买决策中，安全性并不是决定性态度或特性。上述情况直接导致公司将力量集中在提高安全性以外的其他性能上。但是，如果安全性完全被忽略，那么这一品牌可能很快会被视为是不安全的，从而造成它的市场份额下滑。这意味着，安全性可能成为决定性的态度，而且这种决定性会一直保持，直到"不安全"公司对安全性投入足够力量从而使其产品在这一性能上达到与同行业基本相当的水平。

要确认哪些态度是决定性的，并确认其决定性的相对程度，仅仅依赖被访者态度测量是不够的。调研设计中还必须包括测量重要性的方法，因为这在测量过程中无法自然形成。确认决定性态度的方法主要有三种：直接询问法、间接询问法、观察法。下面分别加以讨论。

11.5.1 直接询问法

在识别决定性态度中，最显而易见的方法是直接询问消费者，他们认为在购买决策中哪些因素最重要。然后，请他们说出他们偏好于某一种产品或品牌的原因是什么，或者请他们解释为什么购买这一种产品而不买另一种，或者要求他们依据某一给定产品的几种产品属性评出他们的"理想品牌"，从而勾画出一个理想轮廓（参看前面提到的语意差别法）。

这种方法好像具有能直接解答"为什么你会买"的问题的妙处。但可惜的是，它是建立在两个存在疑问的假设之上：

（1）受访者知道他们为什么买或者为什么更喜欢某一种产品。

（2）受访者将很愿意说出这些原因是什么。

另一种直接方法是"双重询问"。这种方法需要就可能具有决定性态度的每种产品特性询问两个相关问题。首先直接询问消费者，他们认为在购买决策中哪些因素重要；然后请他们就不同产品或品牌来评价这些因素。

有关这种方法的图示可参看表 11-12 和表 11-13，这两个表是在对洛杉矶地区的普通市民进行的有关对储蓄和贷款机构的态度调查设计中形成的（在每张表中，不同的利益或权利都是按降序排列的，以便各表之间能方便地进行比较）。值得注意的是，某些条款的重要性比例很高，但在不同储蓄和贷款机构之间差别并不大（如资金的安全性、既得利率）。因此，虽然资金的安全性按重要性被列在第一位，但大约一半的受访者认为就安全性而言，储蓄和贷款机构之间没有什么差别。这表明，在受访者看来，资金的安全性可能并不是最具决定性的态度。相反，有些条款在不同机构间存在很大差别，但在选择储蓄和贷款机构的决策中并不十分重要（如经营历史、停车便利性等）。

表 11-12 储蓄和贷款诸特性的差别比例

获益或权利	差别大（%）	差别小（%）	无差别（%）	不知道（%）
经营历史（年限）	53	31	10	6
金融实力	40	32	22	6
停车便利性	37	35	22	6
资金安全性	36	15	47	2
管理能力	35	26	27	12
政府担保	35	11	51	3
分理处位置的便利性	34	36	28	2
职员态度	34	28	33	5
实获利率	33	30	35	2
服务速度 / 效率	32	28	35	5
取款随意性	29	18	48	5
复利计算的周期	28	36	31	5
获取利息所需时间	26	34	33	7
建筑物 / 办公楼的吸引力	24	44	30	2
提供的其他服务	21	34	29	16
有奖贷款	15	36	38	11

资料来源：James Myers and Mark Alpert，“ Determinant Buying Attitudes: Meaning and Measurement，” *Marketing Management*（Summer 1997），p.53.

表 11-13 储蓄和贷款诸特性重要性的评估

利益或权利	平均评级①	利益或权利	平均评级①
资金安全性	1.4	复利计算的周期	2.2
实获利率	1.6	分支机构位置的便利性	2.3
政府担保	1.6	获得利息所需时间	2.3
金融实力	2.0	停车便利性	2.4
取款便利性	2.0	经营年限（历史）	2.5
管理能力	2.0	其他服务	3.1
职员态度	2.1	建筑物 / 办公楼的吸引力	3.4
服务速度 / 效率	2.2	有奖贷款	4.0

① 1 代表“非常重要”；2 代表“很重要”；3 代表“重要”；4 代表“不重要”。

资料来源：James Myers and Mark Alpert，“ Determinant Buying Attitudes: Meaning and Measurement，” Marketing Management（Summer 1997），p.52.

此外，利率的重要性排名特别靠前，而且只有极少数的受访者认为不同机构之间的利率没有什么差别；金融实力在重要性方面的排名则相对靠后一点，但就不同机构间的差别而言，比例却是第二高的。由此看来，金融实力相对来说可能是态度的决定性因素。以类似的方式，调研人员可以通过分析各种不同的重要性排名来确定哪些态度在选择储蓄和贷款机构时影响最大，这些态度可以认为是最具决定性的。

11.5.2 间接询问法

另一种确认决定性态度的方法是间接询问法，它是不直接要求受访者陈述购买产品或服务的原因，或哪些特性最重要的调查方法，有许多具体的形式。间接询问及其优缺点在第 5 章中都有详细讨论。

11.5.3 观察法

确认购买动机的第三种方法是观察调研法（参见第 8 章）。例如，在一项研究中，对超市购物者进行了观察，并对他们在一系列的商店中与特定产品接触时的言行做详细记录。调研人员就谁进行购买、儿童及成年男性对购买决策的影响、价格的影响和在哪里做出品牌选择以及有关包装费用等一系列问题得出了结论。这项调研的发现之一是，购物者似乎会拒绝某种包装的糖果而接受另一种包装的糖果。这一发现说明，包装设计也许是一个具有决定性的特性，虽然它绝不是唯一的一种（观察法的缺点在第 8 章已进行了讨论）。

11.5.4 选择一种识别决定性态度的方法

直接询问法、间接询问法和观察法，每一种在识别决定性态度时都有一定的局限性。因此，调研人员应当使用两种或更多种方法，得出的共同结论对于确认决定性态度提供了更多的保障。有几种统计工具可以辅助调研人员从数据中发现决定性态度，这些将在 15 ～ 18 章进行讨论。

本章小结

态度是一种有关我们周围环境中某些方面的动机、情感、感觉和认知过程的持久结构。在市场调研中，它是对某一客体或观点的一种比较稳定的赞同或不赞同的内在心理状态。

量表是指试图确定主观（有时是抽象的）概念的定量化测量的程序，它是以数字（或其他的符号）代表客体的某一特性，从而对所研究客体的不同特征以多个数字来代表的过程。态度量表有一维和多维之分。一维量表用于测量应答者或客体的单一特性，而多维量表则认为某一概念或客体需要用多个维度来更好地描述。

图示评比量表是一种类型的量表，它提供给应答者一个有两个固定端点的图示连续体。列举评比量表与图示评比量表十分相似，只不过应答者在列举评比量表上必须在有限的类别中做出选择，而不像图示评比量表是在连续体上做记号。等级顺序量表是可比较的，因为应答者被要求用一个条款来判断另一个。配对比较量表要求被访者按照一定的要求，从一组的两个客体中选出一个。固定总数量表要求应答者根据各个特性的重要程度，将一个给定分数（通常是 100 分）在两个或多个特性间进行分配。这种量表要求应答者给每个选项相对于其他选项的分数，分配给每一选项的数值显示出应答者将此选项分在哪个等级。

语意差别法是由测量某一客体对人们的意义而发展起来的。语意差别量表的第一步是确定要进行评分的概念，如品牌形象；然后，调研人员挑选一些能够用来形容这一概念的一系列对立（相反）的形容词或短语；接着，由应答者在一个（通常是从1～7）量表上对测量的概念打分。应答者对每对形容词评分的平均值被计算出来，并以此构造出“轮廓”或“形象图”。斯塔普量表是将单独一个形容词放在量表的中间，通常这种量表可以同时测量态度的方向和强度。李克特量表避免了设计对立形容词的难题，这种量表给应答者列出一系列陈述，并请应答者根据自己的感觉，对每种陈述做出有利或不利的评价。应答者被要求回答对每种陈述同意或不同意的程度，然后将这些分数加总起来以测定应答者的态度。

对调研人员来说，使用最频繁也可能是最重要的量表是购买意向量表，这种量表用来测量应答者买或不买某一产品的意向。购买意向问题通常是询问人们将要做什么，肯定会买、可能买、可能不会买或肯定不会买。研究表明，购买意向量表可以较好地预测消费者是否愿意购买重复性购买的耐用消费品。

另一个非常受欢迎但有争议的量表是净推荐值法，就“你在多大程度上愿意向朋友推荐我们的公司”这一问题用0～10打分，最后得分是推荐者所占百分比减去诋毁者所占百分比。调研人员发现，推荐者很有可能重复购买并且原谅公司的失误。这一方法的缺点是得分太宽泛，并且经常被忽视的被动者很有可能传播负面评价。

随着时间的推移当量表层级发生改变时，有必要进行量表转换。当被框起来的分数被用于评估测量时，能建立等价量表。

调研中选择量表时，往往要考虑几个因素：第一，是选择评比量表、等级顺序量表，还是选择语意差别量表；第二，要考虑平衡量表与非平衡量表的选择；第三，量级层次的个数必须确定；第四，量级层次的奇数与偶数的选择；第五，研究人员必须考虑强迫性与非强迫性量表的选择。

促使消费者行动的态度称为决定性态度。在所有被测态度中，市场调研人员需要确定哪些是决定性态度。这可以通过直接询问、间接询问和观察调研法来完成。

复习思考题

1. 讨论在选择评估等级、评级或购买意向量表时应考虑的主要因素。
2. 支持和反对在量表上设立中间点的论据各有哪些?
3. 比较语意差别量表、斯塔普量表和李克特量表，说明研究人员应各在什么条件下使用每一种量表。
4. 假定你家乡的百货商店已经被来自大型全国性连锁店的竞争对手包围。能够改变目标消费者对商店态度的方法有哪些?
5. 设计一个用来评估你所在城市的公园和休闲区的李克特量表。
6. 为在学校餐厅就餐的大学生设计一个购买意向量表。如何衡量这一量表的可靠性和有效性？你认为购买意向量表能在商业市场调研中如此流行的原因是什么？

7. 在什么情况下调研人员会使用图示评比量表而不使用列举评比量表？
8. 打分和排名之间的不同有哪些？哪一个最适合态度测量？为什么？
9. 为喜欢喝苏打饮料的大学生设计一个等级顺序量表。这种量表的优缺点是什么？
10. 决定性态度的含义是什么？为什么它们很重要？
11. 解释等价量表的概念。
12. 为什么网络推广受欢迎也有争议？
13. 讨论顾客满意度和利润之间的关系。
14. 将学生分组，每一组都要创造出 5 组形容词用语义差别法调查你的学校或大学的形象；然后，教师将这些建议综合到一个单独的语义差别量表中；之后，每个组员都要对不在课堂中的学生进行 5 次采访。当学习过统计分析之后，在运用这些数据进行分析。

调研实例 11-1

改进医药品牌的长期预后

在过去的几年里，医药公司开始重视客户的忠诚度，并开展市场调研，以增强市场定位的竞争力、改善客户体验并提供更多的参与性营销。对医药公司来说，赢得客户忠诚度的竞争意味着赢得更多的医生，这些医生会给公司带来更大的利益份额，而一些非忠诚的医生会尽可能地拒绝公司产品。

如图 11-3 所示，对药品制造商的识别是很广泛的（每一行代表的产品产自一个公司）。顶端的公司成功地推广了它们所有的品牌，大多数医生都知道是哪个公司生产的产品。然而，底端的一行显示，仍有医药公司没有使医生知晓它们的制造商。

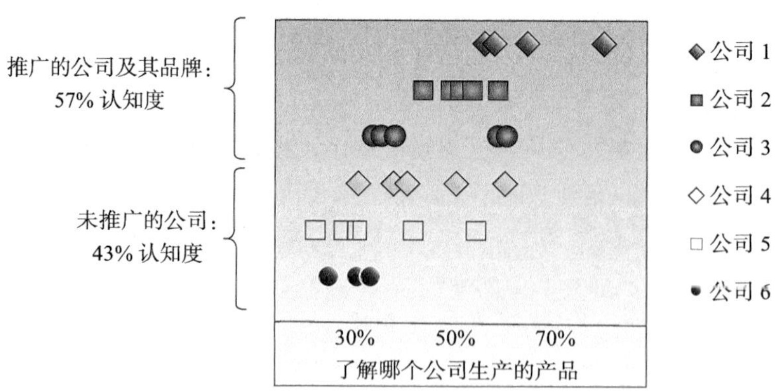

图 11-3 医药公司销售的各品牌的认知情况

双管齐下的努力

图示 11-4 显示，建立与医生更深的关系需要双管齐下的努力：将模棱两可的医生转变成忠诚客户，并修补那些没有使医生成为忠诚客户的问题。另一些数据的进一步分析显示了一个重要发现：两种优先考虑的事不是一回事。建立忠诚度和消除不忠诚度需要不同的策略。

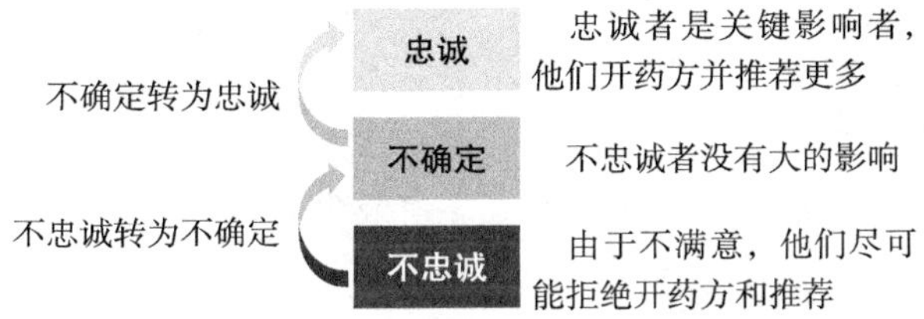

图 11-4 建立忠诚——不确定转为忠诚，不忠诚转为不确定

从分析的结果看，图 11-5 显示出对忠诚度影响最强烈的四种方式。我们了解到如果医生相信公司：①在交易过程中对医生很公平；②提供持续的高水平服务；③提供有价值的服务；④理解医生的工作，则医生对医药公司更可能有更高的忠诚度。

条形图 11-5 代表了分别对三家公司满意的医生的百分比，想象一下，你是公司 A，你面对着公司 B，有超过一半的医生对公司 B 满意，B 公司在上述四个方面中的前三个都做得非常好，你的公司在其中两个方面做得比较好。为了打造一个品牌定位，在客户心中形成领导地位，你需要再发掘至少一个你能拥有的方面，也就是说，“提供有价值的服务”。为了完成这些工作，在那些可能的领域的缩小差距，确定差距的范围和可得到的资源。

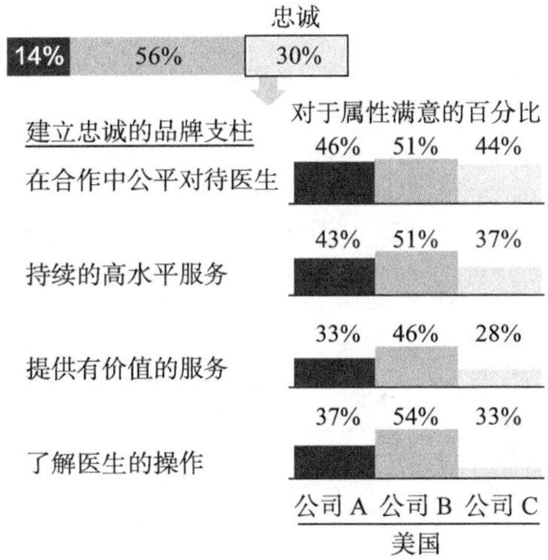

图 11-5 了解忠诚的原因

强大的影响

图 11-6 显示了不忠诚的四大驱动因素。其中一个因素（理解医生的工作）对于客户忠诚和不忠诚都有作用，其他三个对不忠诚有强烈的影响与忠诚度无关。

我们了解到不忠诚的第一大驱动因素是来自于公司不在意病人的情况这一说法。第二个关键因素是，有一种观点认为公司就是市场的经销渠道和销售力量，它们并不关注医生的需求。第三个导致不忠诚的原因是公司的服务没有价值。

公司 B 仍占据支配地位，比其他公司有着更低的客户不满意度，在照顾病人需求方面，没有医生觉得公司 B 做得不好。所以，公司 A 的第一个工作是理性地保持自己的优势。公司 A 其他要做的是消除弱点（比如了解医生为什么认

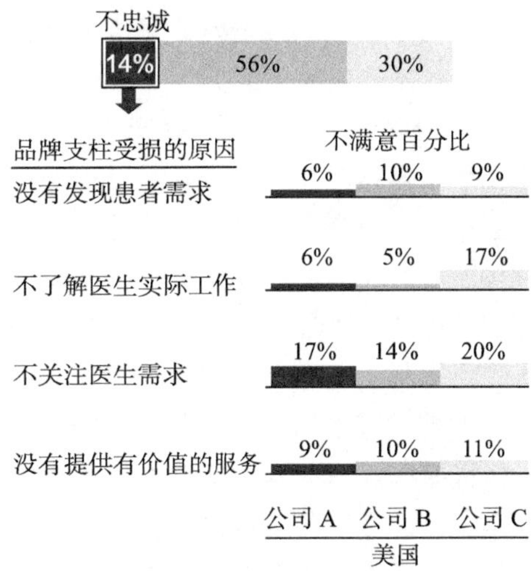

图 11-6 了解不忠诚的原因

为公司没有关注医生的需求）并发挥竞争对手没有做到位所带来的不忠诚的优势。

评估和管理

当今的医药行业，建立客户忠诚度的不再是名声和药品样本了，多渠道的经验创造了价值、品牌核心竞争力的观点，作为回报，客户忠诚度得到提高（见图 11-7）。制药公司现在面临着多渠道经验的评估和管理的挑战。有趣的是，在不同的治疗领域，不同的渠道已经发挥作用，弥补名声的主导作用。

- 对于每个品牌支柱，确定渠道和资源能使顾客确信你的公司和品牌按照承诺交付产品或服务。
- 接下来依据这些渠道和资源传递最佳的服务。

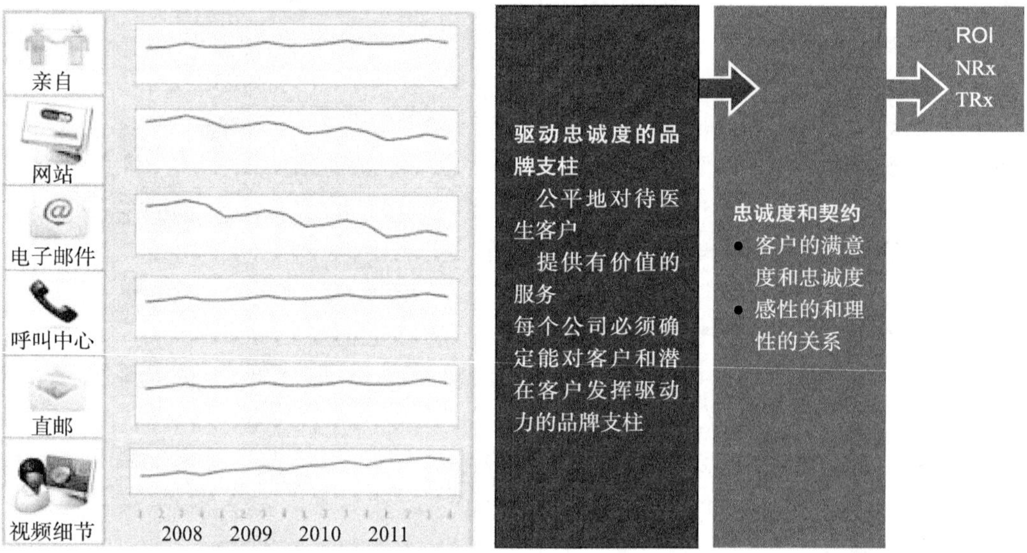

图 11-7 哪种渠道和资源建造了品牌支柱

深入分析发现渠道对公司有最强的影响力，那些渠道促使医生感受到公司表现的使客户忠诚或不忠诚的因素。

图 11-8 显示了针对一个品牌核心竞争力的渠道的深入分析：提供有价值的服务。制药公司不会感到惊奇，名声是最重要的核心竞争力。药品样本在治疗领域也同样重要，这样医生才能为病人提供有效的治疗。但是，很多其他因素也发挥了作用，从视频细节到与病人助理的医学联络，整个范围形成了多渠道顾客体验。这显示了多方面的、复杂的品牌塑造过程可以通过促进品牌核心竞争力和客户忠诚的高影响力的渠道来简化。

为了树立公司提供了客户所期望的有价值的服务这一观念，市场营销者需要关注对那些有助于建立品牌核心力量维护客户忠诚度的各渠道的评估。我们的结果显示了公司 A 将需要在药品样本和视频细节上多下功夫（类似于名声营销，只不过是在视频平台上）。这个公司的名声和网站为很多医生提供了一个杰出的体验，但是给视频细节打高分的医生比例并不多。

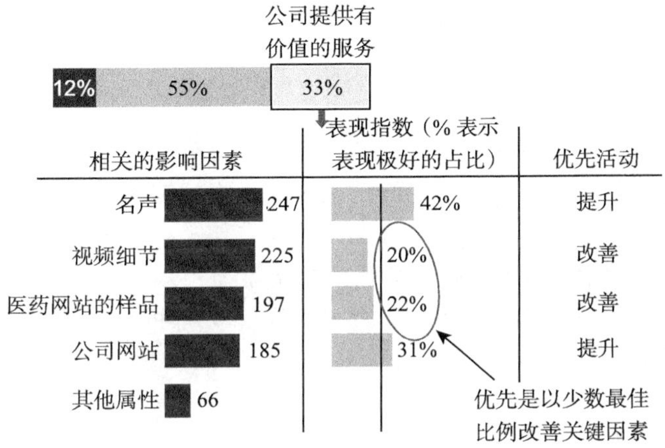

图 11-8 强化品牌支柱 渠道驱动——“提供有价值的服务”

度量差异很大

在其他行业，用于评估医疗卫生行业的客户忠诚度的度量差别很大，净推荐值法是最受欢迎的方法。把复杂的指标简化为一个问题究竟有多大好处还是个问题。医药行业有大量基于客户行为的数据资料，包括凭证和医生开处方的收入。图 11-9 显示了分析的结果，医生观点的数据和每位医生开处方的收入有关系。每两条将有忠诚度的医生与不忠诚的医生做比较。

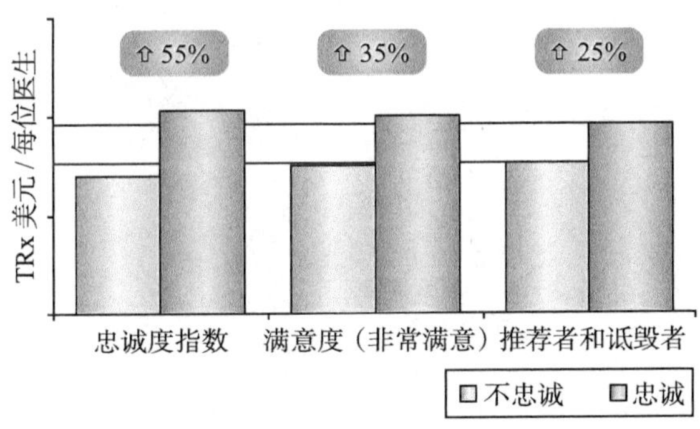

图 11-9 选择忠诚指标区分处方量的能力

在每种情况里，忠诚的医生比不忠诚的医生收入更多。关键问题是：收入多多少？比较推荐者和诽谤者，他们分别各占 25%，也就是说，推荐者比诽谤者多开 25% 的药方（推荐者指给 9 ～ 10 分的医生，诽谤者指给 0 ～ 6 分的医生）。当我们将量表和计算法应用于一个满意度调查，则更好辨别了。极度满意的医生（给 9 ～ 10 分的医生）开的处方，比不满意的医生（给 0 ～ 6 分）多 35%。

多年来调研人员都了解指数能体现单个问题，所以忠诚度指数体现了单个问题是在意料之中，但是有多少呢？忠诚的医生（指给分比指数临界值高的）比不忠诚的医生多开 55% 的处方。

值得注意的是，三个指数被认为是忠诚的医生所占百分比是一样的，它们的不同在于哪些医生被归入忠诚一类。至少在医药行业，如果想多开处方多拿收入，指数对于评估忠诚度来说更准确。

问题：

1. 假如你是一个大型制药公司的市场经理，从这个调研中能总结出哪四个关键点？
2. 对几个图表来说，解释一下他们用了哪种类型的量表来产生数据？
3. 忠诚度指数和满意度得分被证明比净推荐值法能更好地体现医生个人收入。有什么相关启示吗？如果有的话，这对于净推荐值法有借鉴吗？
4. 现在许多处方药被直接推荐给最终患者，这次调研中考虑到这个问题了吗？如果考虑到了，是如何测量的？

第 12 章

Chapter12

问卷设计

□ 学习目标

1. 了解问卷在收集数据过程中的作用
2. 熟悉好问卷的标准
3. 了解问卷设计过程
4. 理解软件、互联网和移动终端是如何影响问卷设计的
5. 理解问卷对于数据收集成本的影响

从高层面来讲，问卷设计不仅是科学更是艺术。然而，在处理问卷具体类型上，例如怎样提问某一类问题，学者和市场调研专家共同研究总结出来的调研方法中包含很强的科学性。在本章，我们不仅提供全面的调查问卷设计指导，并且在调查方法研究成果的基础上，提供关于解决具体问题的最好的练习。

12.1 问卷的作用

询问调研的每一种形式都依赖于问卷的使用。**问卷**（questionnaire）是为了达到调研目的和收集必要数据而设计好的一系列问题。它是收集来自于被访者信息的正式一览表。你可能在近期看到过甚至填写过一份问卷，制作一份优秀的问卷既需要努力的工作又需要创造力。

问卷提供了标准化和统一化的数据收集程序，它使问题的用语和提问的程序标准化。每个应答者看到或听到相同的文字或问题，每个访问人员问完全相同的问题。如果没有问卷，每个访问人员随感而问。调研人员将陷入这样的困惑：即应答者的回答是否受到了访问人员用词、试探或解释的影响？对不同应答者进行比较的有效基础就不存在了。一堆混乱的数据从统计分析的角度来看也难以处理。从这个意义上来讲，问卷是一种控制工具。

问卷（有时被称为访问表或询问工具）在收集数据的过程中起着重要作用。如果问卷设计不好，那么所有精心制作的抽样计划、训练有素的访问人员、合理的数据分析技术和良好的编辑和编码都将徒然无用。不恰当的问卷设计将导致不完全的信息、不准确的数据，而且导致必然的高成本。问卷是市场调研的生产线。正是在此生产线上，产品不论好坏，都被生产出来。问卷是生产基础产品（应答者信息）的工具。

图 12-1 说明了问卷的枢纽作用。它被定位在调研目标（来源于管理者的问题）和应答者信息两者之间，处于这种地位，它必须将目标转化为具体的问题以从应答者处索求信息。

问卷必须将调查目的转化为应答者能理解的形式，并从应答者那里获得必要的信息。同时，它还必须将所得的信息重新整理成易于列表的形式，并将其转化成满足管理者信息要求的调查结果和建议。问卷在调查费用中也起着重要的作用。这一点将在本章进行详细讨论。

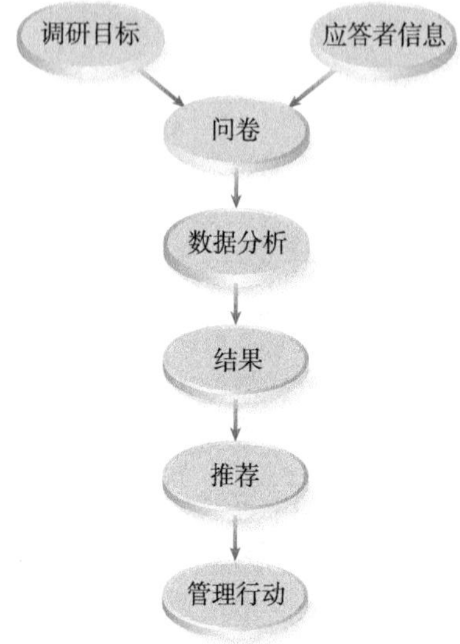

图 12-1 问卷在调研过程中的枢纽作用

12.2 一份优秀调查问卷的标准

要设计一份好的问卷，必须考虑这样几个问题：它是否能提供必要的管理决策信息？是否考虑到应答者的情况？是否以公正的态度征求回答？是否满足编辑、编码和数据处理的需要？

12.2.1 问卷能否提供必要的决策信息

任何问卷的主要作用就是提供管理决策所需的信息，任何不能提供管理或决策重要信息的问卷都应被放弃或者加以修改，这就意味着将要利用数据的经理首先要认可问卷。经理对问卷表示满意，就意味着："好的，这种工具将提供我们进行决策的数据。"如果管理者对问卷不满意，那么市场调研人员将继续修改问卷。

12.2.2 问卷是否考虑到应答者

由于公司已经认识到市场调研的重要性，调研的数量每年都迅速增加。问卷设计欠佳、令人迷惑、漫长的询问都会失去数千个潜在的应答者。

设计问卷的研究者不仅要考虑主题和受访者的类型，还会要考虑访问环境和问卷的长度。被访者对问卷题目感兴趣或当他们感到问题的回答不太困难时，他们会回答一些较长的问卷。移动终端调查设计给问卷设计带来了新的挑战，因为更多人愿意用这个方式完成问卷。吸引应答者的一个具有潜力的新方法是将问卷调研游戏化，为此我们根据以往经验创作了几种游戏。

问卷设计应该适合于应答者。例如，尽管父母是典型的冰冻谷物的购买者，但儿童经常直接或间接地制定购买哪种品牌的决策，因此对儿童进行品尝测试的问卷应当用儿童的语言表述。此外，关于成人冷冻谷物购买者的问卷应当使用成人语言。问卷设计最重要的任务之一是使问题适合潜在的应答者。问卷设计必须避免使用营销专业术语和可能被应答者误解的术语。实际上，只要没有侮辱或贬低之意，最好是运用简单的日常用语。

12.2.3 问卷能否满足编辑和数据处理的需要

一旦信息收集完毕，就要进行编辑，接着对数据进行处理。问卷设计时应当考虑到后来的程序。

编辑（editing）是指检查问卷以确保按跳问形式进行，需要填写的问题已经填好。如今的市场调研，编辑只应用于邮件和其他纸质调查。围绕问卷逻辑性的问题是由电脑和移动设备处理的。

跳问（skip pattern）是根据应答者的回答而提问题的顺序。表 12-1 显示了当应答者对问题 4a 的回答是“不”时，对其进行的一个从 4a 到 5a 的跳问。

表 12-1 问卷的跳问形式

4a. 您常用洗发乳液或洗发剂给小孩洗头吗？
（1）不（跳至 5a）　　（2）是（问问题 4b）
4b. 您用的洗发乳液是倾倒式还是喷雾式？
（1）(　) 倾倒式洗发液
（2）(　) 喷雾式洗发液
4c. 大约多久用洗发乳或洗发剂给孩子洗一次头发？是一周少于 1 次、1 次，还是多于 1 次？
（1）(　) 少于 1 次
（2）(　) 1 次
（3）(　) 多于 1 次
5a. 想想您的孩子的发质是……（阅读备选答案）
（1）(　) 好　　（2）(　) 不好　　（3）(　) 正常
5b. 您的孩子的头发有多长？（阅读备选答案）
（1）(　) 长　　（2）(　) 中　　（3）(　) 短

大多数市场调研数据分析软件会自动的捕捉一些编码错误。计算机辅助电话访谈（CATI）和网络软件程序会自动维护好“跳问”。有两种灵活编写问卷的方式：

- 根据前一个问题的答案，分支会把参与者带到一系列不同的问题。这是一个简单的跳问，在这个跳问里，问题因为与应答者无关被跳过，或者是“动态分支”，在这个动态分支里，根据他对一个问题的回答，将可能的一系列问题呈献给参与者。
- 将完整的回答传导到下一个问题中。一个参与者被要求将一个开放性问题的答案写出来（例如，他们常开的车的型号、年限、制造），这个写有答案的文档将纳入下个问题的编写中（例如，整体来说你怎样评价你的 2010 丰田花冠）。

开放式问题的数据处理适用于所有类型的调查，并在第 15 章中详细讨论。

总之，一份问卷服务于许多管理者。首先，它必须完成所有的调研目标，以足够的深度和宽度来满足经理的信息需求；其次，它必须以一种令人理解的语言和适当的智力水平与应答者进行沟通；再次，对访问员来讲，它必须易于管理，方便地记录下应答者的答案；同时，它还必须有利于方便快捷地编辑和检查完成，也便于进行编码；最后，问卷必须可转换成能回答经理原始问题的结果。问卷也应易于数据处理。

下面的“市场调研实践 11-1”概括了用于提高回答率的问卷设计建议。

市场调研实践 12-1

提高在线调查回答率的建议

对市场调研来讲，没有哪种方法可以与互联网相提并论，你几乎可以锁定任意一种回答者目标群体，他们可以在他们休闲的时候仔细详尽地回答问题。下面是10条有价值的建议：

（1）确定应答者乐意参与调查。把过滤性问题和数据管理问题放在前面，谨慎使用下拉列表。保持目标明确，保持产品特性清晰且不要超过20个。留给应答者不回答的权利，像“不知道”和“我倾向于不回答”选项。

（2）不要忘记应答者是在帮你忙，想办法让他们有个愉快的经历。

（3）保证在应答者眼中产品属性的评价是简单的。

（4）调查要尽可能的短，长意味着厌倦和疲劳。

（5）保持对特殊应答者及其需要或偏向的敏感，例如，青少年的研究（使用活泼的图形，提一些与年龄相符的问题）。

（6）在一些敏感性问题上，保证应答者回答的隐私。

（7）给予奖励，确定他们是目标人群；对于一些长的调查，要给予慷慨的奖励。

（8）把容易引起应答者退出的问题放到调查最后。

（9）使用电话调查和语音回答来增加并保持参与率。

（10）利用高速率线上互动的普遍性，如Flash等技术，这些技术可以使调研人员抽出关于消费者对广告或模拟购物环境反应的样本。

什么因素是影响一个人回答网上问卷的首要因素？Esesrch.com位于加利福尼亚州延绵山庄，根据Esesrch.com的CEO珍妮特·韦斯特加德（Janet Westergaard）的研究，重要性排序如以下所示：①所提供的奖励，66%；②调查时时间是否宽裕，56%；③调查主题，37%；④调查长短，30%。

韦斯特加德认为，性别也会产生影响。相比女士重视时间的宽裕程度，男士更会被奖励所吸引；相比30岁以上（50 %认为是这样的）的人来说，18～30岁的人（72%认为是这样的）认为时间因素是最重要的；相比女士（31%）而言，男士（46%）对调研主题和调查长短反应更强烈。一般来讲，男士和女士（46%）认为奖励是最重要的因素，其次是他们是否有时间（27%），只有12.6%的人认为调查主题是主要影响因素。所以结论是：为调查设置诱人的奖励，选择合适的时间。

但是，仍旧不能低估调查主题的吸引力。在2 300个成人电话调查中，调研人员发现，如果应答者对调查主题感兴趣的话，他们参与调查的概率会上升40%。所以结论是：如果调查主题足够吸引人，尽早把主题展示给应答者来引起他们的兴趣。

问题：

1. 为调查草拟几个很“热”的主题，并在问卷前面的问题中，用诱人的方式来展示调查内容。

2. 考虑可能提供给潜在应答者的三种奖励的优缺点。

12.3 问卷设计过程

设计一份问卷包括一系列的逻辑步骤，如图12-2所示。这些步骤由于调研人员的不同而有些差别，但所有的步骤趋向于一个共同的顺序。委员会和管理层的方针路线会使问卷设计的过程复杂化，明智的做法是与拥有项目最终决策权的经理一起确定设计过程的每一步。这对于第一步——确定调查目标、来源和限制因素——尤为重要。当调研人员完成一份问卷来回答某一类的问题，而真正的决策者却想得到完全不同的信息时，许多工作时间都浪费在问卷设计上。同时值得注意的是设计过程本身，如问题的用词和安排形式，可以自己附加问题或未回答的问题；反过来，可以使研究者回到第一步来寻求对信息更清晰地描述。

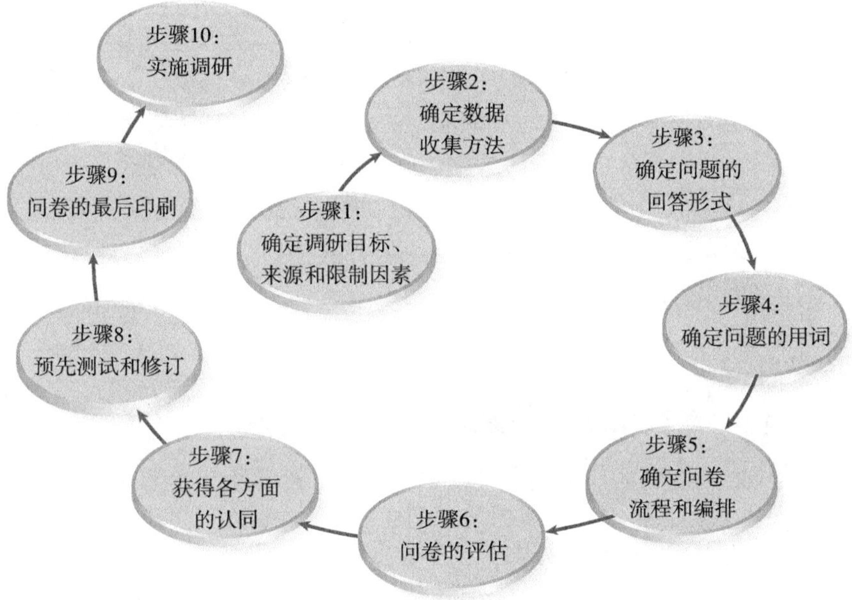

图 12-2 问卷设计过程

12.3.1 步骤 1：确定调研目标、来源和限制因素

调研过程经常是在市场部经理、品牌经理或新产品开发专家做决策的时候感到所需信息不足发起的。在一些公司，评价全部二手资料以确认所需信息是否收集齐全是经理的责任；在另外一些公司，经理将所有的市场调研活动，包括原始资料和二手资料的收集交由市场部门去做。在第 2 章关于调研过程的讨论更多地涉及了这个问题。

尽管可能是品牌经理发动了市场研究，但受这个项目影响的每个人，包括品牌经理助理、产品经理甚至是市场营销经理都应当一起讨论究竟需要些什么数据，**调研目标**（survey objectives）（界定了需要的决策信息）应当尽可能精确、清楚。如果这一步做得认真彻底，下面的步骤会更顺利、更有效。

12.3.2 步骤 2：确定数据收集方法

前面已经给出了收集数据收集的多种方式，如通过网络、电话、邮件或自我管理式访问。商场里的面对面访谈比网上问卷有更多的限制（如时间上的限制），自我管理访问则要求问卷设计得非常清楚，而且相对较短，因为访问人员不在场，应答者没有澄清问题的机会。电话调查经常需要丰富的词汇来描述一种概念以肯定应答者理解了正在讨论的问题。

显然口味的测试不能用电话或网络来做，至少那样做的话非常困难。在网上调查中，你可以给应答者出示图片或视频或解释一个概念。你完成研究目标需要获得的信息决定了你必须收集数据。

我们依赖的数据收集方式一直随着社会和科技的变化在不断演进。20 世纪 50 年代，登门拜访是调研数据收集的最初模式，回答者在家中接受拜访。紧随其后的是电话访问，购物中心拦截访问这些需要面对面接触的调查出现，让人们体验产品、评估广告等。邮件调查也开始被使用并持续发挥着重要作用，正如下面“市场调研实践 12-2”中所述。

20 世纪 90 年代，线上访谈出现了，应答者会用电脑接受访谈。之后，我们不得不面对这样的事实，只拥有一个或几个无线电话的家庭增多，在 2012 年大概是 40%。有代表性的样本，应包括有一个无线电话无线数字组合的家庭。另外，移动设备开始在数据调查中发挥着主要的并越来越重要的作用，据估计，25% ～ 30% 的在线调研都由这些移动设备完成。这些移动设备对问卷设计的影响在稍后讨论。“市场调研实践 12-3”强调了在线调研的重要性，以及如何设计得不同。

市场调研实践 12-2

艾奥瓦市发现邮件调查符合其需求

我在艾奥瓦大学主修的统计学中有一门课是统计方法，邮件调查包括在内，大约 6 个课时。“我们没必要在这上面花费太多时间，能收到多少邮件回复都不一定。”教授说。然而几年后当我在梅瑞狄斯出版社工作时，我才知道教授错了。

我们为《更好的家具和园艺》和《成功务农》的读者做邮件调查，回复率高达 80% ～ 85%。几年后我为《成功务农》做的调查的回复率达到了 75%。这些天，我使出浑身解数，仍然能使回复率达到 50%。一个方法就是使用激励措施，包括随调查问卷奖励回复者 1 美元。这 1 美元没有增加多少邮费，但却为邮件调查的成功发挥了重要作用。这 1 美元太少了，读者不会把它当成回复问卷的报酬，但是这 1 美元能引起他们对问卷的注意，如此一来他们就会阅读信件的封面，这至关重要，因为“魔法”就在信的里面。

最近，我受雇于北利伯蒂做一些调查，北利伯蒂是艾奥瓦北部的一个城市，是该州发展最迅速的直辖市。这个城市对公共交通有特殊需求，他们曾尝试过自己做调查，但没有成功。

北利伯蒂城市规划的惠特利院长，解释了该项目的目的：“我们需要无误差地把握居民对已存在和潜在城市服务的感受。在精益预算和需求不断增长的这段时间里，关注重点需求避免逐一应对是非常重要的。至于这个调查，我们期待能为交通运输委员会提供帮助，并通过帮助精确公众需求来改善停车服务和再生产。我们询问问题来帮助员工和城市委员会了解居民对现有的、潜在的服务和项目的满意度水平。”

以志愿为基础

早先北利伯蒂的服务只有公共交通，人们可以几种方式志愿地参与其中完善它，包括城市网站、在城市走廊中穿梭、从当地报纸中将它复制出来。正如你所期望的，只有对公共交通感兴趣的人才会参与，10 000 人中大概有 104 个。

我知道邮件调查可以比那种方式做得更好，但做邮件调查要花钱。纳税人不希望看到政府把钱花在这种愚蠢的事上。这从调查合作的一开始就错了。所以为了增加回复率，我的建议是把调查建立在一系列具体的事上，这样能激发每个人的兴趣。

当领导需要群众的意见时，会从市民那里期待得到什么回复呢？根据我的经验，35%～40%的概率是希望政府尽可能做到最好。假设理想的情况：人们喜闻乐见的问题；市民对领导者支持或不支持；领导者愿意花钱开展邮件调查的程度。不出错的话，推荐邮件调查的原因不是因为这种方式更便宜，合适的邮件调查技术比人们预想的要花更多钱，用合适的方式，可以把邮件调查的支出与电话调查的费用相提并论。

但是邮件比电话更好地完成调查清单。电话访问是件苦差事，核对名单再根据回复率打电话。邮件调查的另一个好处是，每个人都有收信地址，这使我在处理随机样本时充满信心，而我用电话访问时随着时间的流逝自信就被消磨了。不是每个人都有座机，私人号码也一直是个问题，尽管我所在的地区很少。大量增长的家庭，尤其是年轻一代，只有一个手机。

为了获得一个随机样本，采用将座机和手机结合起来的假设方法是非常必要的。尽管目前还没有市场调研将两者很好地结合，这种拨打手机号码的调查也引起了人们的反感。这种方法使得人们在面对电话中的问题询问时提出质疑。以网络为基础的调查，尽管快捷便宜，但并不适于面向城市居民调查。很多人不能使用网络，这妨碍了随机样本的收集。

我喜欢网络调查，我有一个具有代表性领域的清单，比如管理者花名册，但是那确实不适合面向市民的调查。尝试开发一个适合上述调查的假设方法是矫枉过正，给本来能直接解决的问题增加了复杂性和成本。

内置的误差

每种方法都有内部存在的误差。网络和手机调查更偏向年轻人。邮件调查的回复者更倾向于那些谨慎思考、更有耐心的中老年人。有趣的是，这些特点差不多都是用来形容更可能参与投票选举的人，并且邮件调查在态度评估和预测投票者可能行为这些方面做得很好。身处困境的人和那些消极的人总是比那些幸福的人更多地发生，至于他们的观点是否是有效的、择优的，这很容易被混淆视听。此外，民众对于一些问题采取无为而治的态度也使调查带有一些风险。没错，我们这里谈论的是再次选举。

我不是非常偏爱邮件调查，尽管看起来好像是偏爱。作为一个只对自己时间负责的顾问，我真不在乎我推荐的那种方法，只是为了使手头的工作做到最好。邮件调查有一些缺点，并不适合所有情况。它不适于用来评估意识，例如，因为无法阻止人们查询，所以他们回答问卷时就会变聪明。收件人还可以检查在决定回答问卷前检查一遍问卷。邮件调查比电话调查或网络调查执行起来要花费更多时间。

现有的替代

让客户最感兴趣的是，我通常寻找一些现有的替代方式，这或许能满足客户需求，在这个调查中我也这么做了。我注意到，至少有两个公司是面向市民展开调查的，我看过它们的工作，它们做了份额外的任务。从技术角度看，它们几乎把所有的止损都撤出了。它们的报告表述清晰，完美呈现，附带许多出色的有用数据。它们考虑到市民最关心的事，它们还有客户名单。它们的问题标准很宽泛，如此一来它们能通过时间展现每年或隔年的访问，并且能对比两个城市市民的打分，这是非常有用的数据。我会毫不犹豫地推荐客户体验它们的服务。

然而，它们的缺点在于支付能力。根据客户名单，大部分市民明显感受到他们能支付得起它们的服务，然而有些小城市和城镇的客户觉得太贵了。北利伯蒂就属于这种情况，所以我设计了一种非常类似于其他公司的合理化方法，结果显示，可支付性得到提升。我向北利伯蒂要价 2 600 美元用于计划、几次会议、材料准备、方法建议、数据录入、表格制成、报告撰写和展示等。城镇政府负责印刷、装配、邮寄和支付相关费用。除去开会和旅游以及通过电子邮件解决问题的费用，我收取的费用能降到 2 000 美元以下。

有的公司也采用邮件调查，但是我做了个家庭调查。它们做跟踪花了很多钱，我只是做原始邮件调查，并没有做跟踪。我同意它们所做的事，但是结果证实了我对这个过程的简化。在北利伯蒂的项目中，我们邮寄了 1 005 封邮件，收到了 334 封回复，在没有使用激励措施的情况下得到 33.2% 的回复率。

效果很好

对于北利伯蒂来说，邮件调查效果很好。惠特利说："使用调查结果文件我们能诚实地真实地报告并在调查的问题之内按优先原则填答，它帮助我们回应市民感兴趣的轶事和问题。"

正如他所指出的，当市政府努力了解市民的观点，通过科学的项目调查这些方式是很重要的。调查必须解决问题并且不能遗留争议。我喜欢人们说："好吧，这不是一个科学调查。"所以你为什么烦恼？没有什么你可以指望的是学到的。目标是不要使用最新的方法，相信你能相信的真相。

从长远来说，和一个职业调研人员一起工作涉及了第三方的参与，所以不是说政府人员被不满意结果的市民所攻击。职业调研人员能提供一个令人信服的和可以理解的结果。

问题：

1. 市场调研实践数据中指出的邮件调查的优点是什么？在其他调研方式中也有这些优点吗？
2. 邮件调查的缺点是什么？
3. 邮件调查始终是最好的吗？为什么是或为什么不是？

市场调研实践 12-3

有效的手机调研的方法

智能的、可上网的手机调研的增加始终没有减退，对于许多顾客来说，这些移动终端代替了那些收集在线调研数据的台式机和笔记本电脑。2011 年用移动终端调研的还不到 2%，然而，美国和其他国家从那之后经历了以移动终端为中心的调研方式的转变。

随着使用移动设备的调研越来越多，相比于台式机和笔记本电脑 CatalystMR 25% ～ 30% 的在线调研都能用移动设备完成。与准确使用移动设备收邮件相关联的，美国所有邮件的 36% 是由移动设备打开的因此必须事先考虑一个用于在线调研的移动数据收集策略。

美国国内的数据收集，由于市场份额的下降和顾客行为不同，对功能机（或非智能可联网的设备）的考虑不是关键。在美国，这些非智能可联网手机与智能机相比不会被用来浏览网页或购买东西。

因为国际智能机对功能机的接纳不是很迅速，以及世界不同地区的文化和经济不同（可联网的功能机很受欢迎），开展调研需要根据具体问题具体分析，以使功能机能用于在线调研。

换句话说，对于使调研能够在功能机上开展这一事，在世界其他地方比在北美和欧洲更重要。国际上对智能机认可的趋势是持续的，如在亚太地区和拉丁美洲这些地区，功能机的作用包括网上冲浪和线上购买，超越了智能机和平板电脑。在这些区域和除北美、欧洲以外的世界上大部分区域，人们都能用全功能机上网冲浪。

作为开展调研和行为模式的工具，移动设备被越来越迅速地普及。结果，任何远瞻性的最佳实践都是不断变化的目标。否则，组合一个最佳实践的清单仍然是一个值得努力的工作。

问题的数量和调查长度

几年前，CatalystMR 对其客户说，5 ～ 7 分钟的问题对于移动设备的问卷调查来说很合适，不能再超过这个长度了。然而，随着移动设备的改善以及应答者使用移动设备更加频繁，更长的问卷正被人们接受。事实上，对很多人来说，比起台式机，他们更喜欢移动设备。另外，应答者发现并接受了移动设备比台式机和笔记本的屏幕空间更小。我们推荐的移动设备的最长调查长度大约和台式机相同：20 分钟及以下，理想的是 10 ～ 15 分钟及以下，尤其对智能机来说。

当调查长度超过 20 分钟，我们能看到完成问卷的应答者人数减少了，这与设备种类无关。请记住：越短越好。你需要考虑到应答者与品牌的关系、顾客的期待、调查的市场影响、奖励金额、面板与非面板，以及其他可能使你的调查更简明的因素，可能只需要 5 ～ 15 个问题。

使用平板电脑的应答者比使用智能机的有更长时间的耐心，可能由于智能机需要在小屏幕上上下滚动问卷；使用功能机的应答者比使用智能机的耐心更少，可能是相同的原因。对于功能机用户，这些应答者应被提供一个缩小比例的调查问卷，以减少应答者的疲劳感并减少中途退出率。

记住这些的同时，仍要知道移动设备调查比台式机仍有很高的中途退出和放弃的概率。然而，无论是网上调查还是通过移动终端的调查，调查结果都趋同。很少有例外，比如需要大屏幕的调研问卷（联合研究、大型或复杂的网格演示等）。调查结果与调查使用的设备无关。

何时缩减问题：移动设备和台式机

如果你的调研超过了 15 分钟，考虑一下要限制移动设备上问题的数量。为了避免应答者疲劳和不必要的中途退出，想想围绕你调研的最多 10 个问题。例如，如果你准备了一系列问题询问应答者，评估一下他们对 15 个问题的满意度，考虑一下询问智能机用户最重要的 10 个问题。或者也许旋转块的属性，以至于所有的属性都被评为被调研人员的一个子集。

调查设计：问题种类、设置和逻辑

缩减的问题要限于 5 个或最多 7 个。10 分制的问题占用屏幕太多空间并因此需要向左向右滚动或收缩屏幕可视范围，使得问题很难回答。

试着限制每种属性的文本数量。过多文字属性的文本占用屏幕太多，增加了滚动屏幕的需要。

问题的排序在智能机和平板电脑上是全功能的。再次强调，过多的文字或过多的选项对小屏幕来说会使页数增多，看起来变得很复杂。在智能机上，要时常考虑问题越长垂直滚动越多，使问卷更难被完成。

其他问题种类包括数字广播（单选）、复选框（多选）、文本和适合于智能手机和平板电脑的下拉菜单。

为了减少滚动，最好的方法就是一个问题占一个屏幕。

调查逻辑：任何可获得的在线调查的调查逻辑都与移动设备调查相似。

一个调查引擎（与平台无关）：在可联网移动设备上运行的调查与在台式机上运行的一样，因为调查引擎是一样的。在我们公司的案例中，由于调查引擎是一样的并且CatalystMR跟踪用户代理数据，用户代理数据可以驱动调查逻辑，这意味着你有能力基于调研设备自定义调研逻辑。

装置信息

我们的调查系统，例如从用户的设备自动捕获许多数据点。我们可以用容易理解的方式报告这些数据反馈。

调查介绍（包括弹出的邀请）

为调查做出介绍和邀请这一环节需要特殊考虑。考虑以下情况来改善你的调查前准备：

- 使邀请看起来吸引人。
- 发出生动的电子邮件申请，因为这样会带来更好的结果，并且不会被垃圾邮件过滤器自动过滤掉。
- 使邀请的文本内容简短清晰并令人信服。邀请会吸引读者几秒钟的注意，所以你说的内容要有用。
- 如果调查邀请只是被发送到一个具体的人群，要让应答者知道。这可以传达一个观点，就是应答者有机会收到回馈。

问题：

1. 用移动设备完成调查有什么主要的约束？
2. 为移动设备设计调查问卷时，在涉及调查问卷长度的问题数量上主要考虑什么？
3. 当考虑到移动终端调研的管理问题时，关于问题种类，设置和逻辑都要考虑什么？

12.3.3 步骤3：确定问题的回答形式

一旦数据收集方法确定下来，调查中所需要的问卷类型必须确定下来。在市场调研中，有三种主要的问题类型：开放式问题、封闭式问题、量表应答式问题。

1. 开放式问题

开放式问题（open-ended questions）是一种应答者可以自由地用自己的语言来回答的问题类型。也就是说，调研人员没有对应答者的选择进行任何限制。

开放式问题对调研人员来讲有好多优点。它可以使应答者给出他们对以下问题的一般反应：

（1）您认为利用邮寄目录公司定购比本地零售有什么优势？（追问：还有什么？）

（2）为什么您宁愿请专业清洁公司来清洗您的地毯，而不愿自己或家人在家清洗？

（3）您认为这里的机场在哪方面最需要改进？

（4）产品色彩中哪类颜色是您最喜欢的？（追问：您最喜欢什么颜色）

（5）您为什么认为某种品牌（您最常用的）更好？

以上问题都是从不同的全国性询问调查中抽选出来的，涉及五种产品和服务。注意，在问题（2）和（4）的开放式问题是跳问的一部分。在被询问问题（2）之前，应答者已经暗示了他们选择专业地毯清洁服务而不靠家庭成员清洗。

相同的是，开放式问题也许会为封闭式问题提出额外的选项。例如，以前没有认识到的邮购定购目录的优点，可能从问题（1）中揭示出来。这个优点可能会在用封闭式问题调查时被忽略掉。

一位与作者磋商的厂商总是以下的问题结束一份产品定购的问卷："对于过去3周中您试用的产品，您还有其他意见向我们反映吗？"这样的问题可能为研究人员获得最后的珍贵信息提供了更多的顿悟。

亚历克萨·史密斯（Alexa Smith）是纽约研究中心的主任，他建议为了获得更好的理解，应该提问一些开放式问题，在随后"市场调研实践12-4"中将会出现。

开放式问题不是没有缺点，一个缺点是在编辑和编码方面费时费力。对开放式回答的编码需要把许多回答归纳为一些适当的类别并分配给号码，如果使用了太多的类别，各种类别的频次可能很少，从而使解释变得很困难；即使使用了适当的类别，编辑人员也不得不解释访问人员所记录的内容并且强制地将数据归类。如果类别太少，回答都集中在几个类别上，信息又变得太一般，重要的意思就会丢失。

市场调研实践 12-4

有用的开放式问题

下面是一些开放式问题，通常没有被注意到，但却能产生很深刻的理解。

（1）什么因素可以使你使用或购买一项产品或服务？这样的问题在焦点小组讨论或深度访谈中是很有用的。至少，它可以为问卷前面的发现做一个即时的总结。它也可以被当成一场讨论会，对前面问卷没有涉及的问题进行讨论。例如，在一个关于欧洲发行的儿童杂志调研中，应答者反映文章应该被简化，所举的例子应该能够被美国的儿童所接受。

（2）关于产品、服务和促销，什么才是最好的？这个问题比传统"你喜欢它什么"产生更好的效果，并且能够作为传统"喜欢"问题的补充。一个食品公司推出了一种冷冻早餐，无论从口味还是质量上，都还不能为公司赢得任何奖项。如果再问应答者关于这种食物你喜欢什么，将会一无所获，因为应答者对这种产品本身就很不满意。然而，通过问这种食物的最大的优点是什么，公司发现这样会是一种"解决之道"。在调研中，很多应答者是有工作的母亲，她们希望能够有一种方便的、迅速加热即食的早餐提供给自己的家人。基于简单“喜欢”问题的回答，所有想法可能都已经讲出来了，但是基于“最好”问题的回答，顾客就会知道公司将会做什么事，即对产品口味和质量的改进。

（3）关于产品、服务和促销，什么才是最差的？这是“最好”问题的对立面，这个问题往往能带来意想不到的答案。讨论起看牙医的经历，应答者能很理性地说出他们的厌恶，包括疼痛、花费、不安全感。当你被问起“看牙医时，发生在你身上最差的事情是什么”的时候，很多人会回答：“你会死的！”死在牙诊的椅子上是很少发生的，但是这些回答使调研发起者明白了人们是可以理解自己处的恐惧水平的。

（4）是否进行了主要思想登记？至少调研人员可以知道应答者是否真正理解问题。要求主要思想登记（main idea registration）往往是确认沟通是否顺畅的捷径，否则，关于主题的沟通问题会妨碍主题的接受度。有时实施过程是主题是否发生偏离的关键。在焦点小组和访谈中，快速修正可能会消除误解，也可能改变主题。如果应答者不能理解潜在的意图，他们就会觉得这个问题有歧义或者难以回答。

（5）朋友和亲密伙伴怎样涉及这种主题？有时一个令人侧目的想法或主题会引起消费者的不满。当一个公司努力为自己营造一个高端的形象时，这种情况就会发生。在这个例子中，消费者会暗示：他们不会如此势利来涉及此类问题。当这种情况发生时，把问题变为第三人称，这样优势就会很明显，例如“你知道交流过这种想法的朋友或伙伴吗”，如果应答者回答“是”，调研人员就能确定，对于这个问题其朋友和伙伴是什么样子的。在谈论其朋友和伙伴是怎样涉及这种问题的过程中时，顾客就会以一种社会更认可的方式谈论到自己。很多客户没有这样的意识，不顾善意的警告，只想知道应答者自己怎么想的。

（6）在使用这种产品和服务之前，你会做什么？年龄较大的女士有被问到最喜欢杂志的情况，尤其是当她们脱下鞋子，穿上拖鞋，换上舒适的衣服，独自去阅读杂志。阅读杂志是她们完全为自己做的事情，出版商就会知道对于这些女人而言，杂志是很珍惜的伙伴。

这些难题可以通过预先为开放式问题编码加以部分解决。假设在一项食品调研中有这样的一个问题：“如果可以任意添加调料，当你在家准备炸玉米卷时，除了肉以外，你还会加什么？当然，这是一个开放式问题，而且可列编码种类如下：

回　答	编码	回　答	编码
鳄梨	1	洋葱（红色或白色）	7
乳酪（Monterey Jack、cheddar）	2	胡椒（红色或绿色）	8
鳄梨沙拉酱（Guacamole）	3	辣椒	9
莴苣	4	酸奶	0
墨西哥辣酱	5	其他	X
橄榄（黑色或绿色）	6		

这些问题会列在问卷上，在最后栏内留一定的空间给答案以外的其他类。在电话访谈中，因为应答者看不到编码种类，而访问人员又不得泄露，问题仍将以开放式进行回答。当然，预先编码要求对以前类似性质的研究足够熟悉，以能对应答者的回答做出正确的预期，否则，则要大样本的预先测试。

开放式问题的关键在于解释处理的范围。为此，必须进行二阶段判断：首先，研究者必须确定一套合适的分类；其次评价每个答案各属于哪一类。

开放式问题的最后一个不足是它们不适合使用在一些自我管理型问卷上。如果没有访问人员在追问，一个浅显的、不完整的或不清楚的回答可能记录在问卷上。例如，上述“taco”问题如果使用在自我管理性问卷中，而没有预先编码的选择答案，则可得到的回答可能是“我每样多加一点”或“与饭店添加的一样”等这类对调研人员来讲没有多大价值的答案。

通常，开放式问题需要**探测**（probing）。探测意味着调研人员鼓励回答者将讨论进行得完善或继续下去。强大的探测将讨论提前迅速远离顶部的心理反应和最后的答案，并接触到更深层的信息，让洞察驱动行为。

探测分为三个不同的领域：积极主动、无反应和自发的。最后一种也被称作“自然探索”，因为它从调研人员的脑海中突然出现，调研人员明白更深层的洞察需要被表达出来。例如，一个回答者说：“当我发现检查的线太长时我会很烦躁。”自发的探测应该是：“是什么使你烦躁？”

相对地，积极主动的探测是可以事先计划的，看起来像是如下情形。原本的问题可能是：“你买上一辆车时对你来说重要的关键影响因素是什么？”积极主动的探测可能是：“回顾一下你脑海中的那些关键因素，哪个在你的购买决定中起关键作用？”一个积极主动的探测可以是事先计划好的，以使讨论进行得更好，直达调研目的。不时地，积极探测的家庭可能有来自自然探测的来访者。

无反应探测类似于自然探测，它们更像是“膝反射”（knee jerk）。最常见的是：“是什么使你那么说？”“你信仰的基础是什么？”这些探测问题比起询问回答者的行为更多的是问他们的思考底线。如下面几个例子：

要求阐述：“跟我再说说。”“给我个________例子。”

要求单词联想：“你这么说的意思是……”“这个说法________对你来说意味着什么？”

要求说明：“________是怎么区别的？”“在哪种情况下你会……”

要求比较：“________和________是怎么个相似法？”“哪种花费更多，X还是Y？”

要求分类：“________适合哪里？”“这个种类的________还有哪些？”

2. 封闭式问题

封闭式问题（closed-ended question）是一种需要应答者从一系列应答项中做出选择的问题。封闭式问题的优点主要是避免了开放式问题的缺点。应答者读出选项也许提醒记忆，从而提供了一个更实际的应答；封闭式问题可以减少访问人员误差，因为访问人员只需在选项上点击一个框或画圈，记录下编码或按一下键，因为应答者无需对有关主题进行介绍，从而避免了想那些善于表达自己意思的人倾斜的偏向；最后，编码与数据录入过程被大大简化了，也就大大减少了这方面可能发生的误差。

认识到预先编码的开放式问题与多项选择题间的差异是非常重要的。一个预先编码的开放式问题允许应答者随心所欲地回答，访问人员只是根据他们的回答在记录单上钩一下或画一个圈。追问被使用，但列出的答案从来不读也不给应答者看，如果应答者给出的一种回答没有预先编码，它就被在其他栏内逐字记下。相应地，封闭式问题要向应答者读出选项或给他们看。

传统上，市场调研人员把封闭式问题分成**二项选择题**（dichotomous questions）与**多项选择题**（multiple-choice questions）。二项选择题又称为“两分式”，而多项选择题常称为“多项选择题”或“多分式”。

（1）二项选择题。在二项封闭式问题中，回答类别有时是暗示的。例如，你对以下问题如何反应：“上星期您为汽车加油了吗？”很显然，暗示的选项是“是”或“否”。尽管事实上有时回答是：“上星期我租了辆车，他们替我加满了油，那算不算？”这类问题仍被归类为二项封闭式选择题。下面是几个二项选择题的例子：

1）您在抽丹麦卷烟时要加热吗？

是　　1

否　　2

2）联邦政府并不关心像我这样的大众，您怎么认为？

同意　　1

不同意　　2

3）您认为今年的通货膨胀比去年严重，还是有所缓解？

严重　　1

缓解　　2

由于应答者被限于在两个固定的选项中加以选择，这容易管理，应答者也可以快速方便地回答问题。很多时候要加上中立的或无意见 / 不知道以兼顾到这些情况，即有时问卷未给出中立选项，访问人员也会潦草地写上 DK 表示“不知道”，或者 NR 表示“未回答”。

（2）多项选择题。对于多项选择题而言，不需要像开放式问题那样编码，但只能提供有限的信息。多项选择题要求被访者给出一个正确表达了他意见的选项，或者在某些情况下表明所有合适的选项。下面是多项选择题的例子：

（1）请您回想一下您最近所买过的任何一类鞋子，我将读出所列举的鞋类，希望您告诉我它属于哪一类？			
礼服和 / 或正式服装配的皮鞋	1	运动专用鞋	4
休闲服配的鞋	2	靴子	5
体操训练帆布鞋类	3		
（2）（出示回答卡片）请您在看过此卡片后告诉我哪一个字母代表了您所属的年龄组？			
A. 17 岁以下	1	D. 35 ～ 49 岁	4
B. 17 ～ 24 岁	2	E. 50 ～ 64 岁	5
C. 25 ～ 34 岁	3	F. 65 岁以上	6
（3）在过去的 3 个月中，您用过 Noxzema 护肤品吗？（选出所有合适的选项）			
用于洗面	1	用于护理干燥皮肤	5
用于润肤	2	用于柔软皮肤	6
用于祛斑	3	用于防晒	7
用于清洁皮肤	4	使皮肤更光滑	8

第一个问题可能没有涵盖所有选项，这样就可能得不到真实的回答。例如，访问人员在哪儿记录工作鞋？同样的问题存在于第三个问题。选项不能包括所有可选择的答案，而且受访者无法详尽或合格地表述答案，这个问题部分可通过增加“其他”选项来克服。

封闭多项式问题还有两个缺点。首先，调研人员必须花许多时间来想出一系列可能的答案，这阶段也许需要焦点小组访谈的录音分析、头脑风暴和二手资料调研。另一个问题是可能的选项范围。如果列出的选项太长，受访者可能会被搞糊涂或失去兴趣。与上面问题相关的是次序误差。受访者一般对排在前面和后面的答案有优先选择的倾向，而其他的选项则相同。然而，当网上问卷软件和CATI开始使用时，次序误差会通过自动调整答案顺序而减少。

3. 量表应答式问题

最后一种应答形式是**量表应答式问题**（scaled-response questions），它是一种封闭式问题，并且答案选择可以对感觉强度进行测量。考虑以下问题：

（1）既然您已试用了该产品，您将购买它吗？（选一个）

是的，会购买

不会购买

（2）既然您已试用了该产品，您将……（选一个）

肯定购买

可能购买

也许会也许不会

可能不会购买

肯定不会购买

第一个问题没有抓住强度，它只是决定了方向（买与不买），在完整性与反应强度上不如第二个，后者本质上也是次序行的。技术上，问题来源于数据，但一般被作为度量性的。详见第10章对不同类型数据量表的讨论。

量表应答式问题的主要优点是可以对应答者回答的强度进行测量，另外，许多量表式应答可以转换成数字，并且这些数字可直接用于编码。最后，对量表应答式问题，调研人员可以使用一些更高级的统计分析工具（参见第17章）。

12.3.4 步骤4：确定问题的用词

一旦确定了问题的内容和回答的形式，下一步就是实际设计问题。对调研人员来讲，在特定问题的用词上总要花相当长时间，除非使用的是问卷设计软件或者像Perseus的调查网站。对调研公司来说许多问题都能被用于多类调查、整体问卷选项以及在通常的提问方式上并不是难事。

要记住四条一般的指导原则是非常有用的：①用词必须清楚；②选择用词以避免误导受访者；③考虑到应答者回答问题的能力；④考虑到应答者回答问题的意愿。

1. 用词必须清楚

一旦调研人员认为问题是绝对必要的，那么问题的表述对每个人来说必须意味着同样的意思，应当避免使用含糊不清的词语。比如：“您住在离这里5分钟路程之内的地方吗？”

或者“您通常在哪里买衣服？”第一个问题有赖于来这里的方式（应答者可能是步行），开车的速度，对消逝时间的感受（更好的做法是向应答者出示一种具有该地区某种描绘的地图，然后再问他们是否住在某一地区内）；第二个问题有赖于对服装的样式和词语“哪里”的解释。

明晰（clarity）也意味着使用合理的用语，问卷不是词汇测试，应当避免专业术语。用语要适合于目标观众。例如问题：“请说一下您最常用的洗碗剂的功效如何？”可能不少人拒绝回答。更简单的问法是：“您对现有品牌的洗碗剂是：①非常满意 ；②有些满意；③不满意。”最好的用词是具有准确的意义、普遍的用法并且没有含糊其辞的表达。当应答者不能明确问题的意义时，拒答的现象将增多。

选择用词更复杂的是需要根据目标受访者群体来修改用词，考虑他是否是律师还是建筑工人。这一建议很明显，但也存在错误的应答者参考构架导致灾难性后果的例子。例如，在“一般您每周喝几瓶啤酒”这个问题中瓶（或听）一词的使用。在南方的一些州，啤酒装在 32、12、8、7、6 甚至是 4 盎司的瓶子里，所以能喝 8 瓶的“嗜酒者”可能每周只喝 32 盎司的啤酒，（8 × 4 盎司）；形成鲜明对比的是，一个只能喝 3 瓶的“不善饮酒者”却喝了 96 盎司的啤酒（3 × 32 盎司）。

在访谈的开始可以通过说明调查的目标来提高透明度，通常应答者应该了解研究的性质，所期望的但并不是必须要知道由谁来主持项目。这不包括确定调查的赞助商，这可能会使受访者产生偏见。

有时分类的问题并不是互斥的。比如：

您税前年家庭总收入是多少？

（1）少于 40 000 美元

（2）40 000 ～ 60 000 美元

（3）60 000 ～ 80 000 美元

（4）超过 80 000 美元

所以，如果一个应答者的家庭收入是 60 000 美元，他会选（2）还是（3）？

下面是一个意义有冲突的问法。

请选择您最常使用的产品，可以多选：

（1）手机

（2）烤面包机

（3）微波炉

（4）真空吸尘器

在这个问题中，“最常使用”和“可以多选”是冲突的结构。

当需要多选时，调研人员必须认真决定。下面网络调查问题只允许选一项，但是应该“可以多选”。

您喜欢在一天中的哪个时间查看邮件？

- 早上
- 中午

- 傍晚
- 夜间
- 一周查看一次邮件或更少
- 不用邮件

调研人员必须获得有效的回答。下面的例子很明显，但是在一些情况下，回答是非常微妙的。

您最喜欢什么颜色？

- 红色
- 绿色
- 蓝色

为了提高透明度，调研人员应当避免在一个句子中出项两个问题，有时又称为“双向式问题”，例如：“您认为咖啡蛋糕的味道和原料如何？”此问题应分为两个问题：一个有关味道，另一个有关原料。每个问题应该只阐明一个方面。

2. 避免应答者误差

像“您常在低档店购物吗”和“您曾在过去的6个月中购买过任何高质量的百得（Black & Decker）工具吗”这样的问题，会导致一个显而易见的误差。有些问题是诱导性的，例如：“您对昨晚上在假日酒店得到的服务满意吗？”然而，误差可能比这些例子中说明的更微妙。

调研发起者在访问过程中过早地被识别，也会使回答发生扭曲。例如，“我们正在进行一项关于东北国家银行的信贷质量研究，想问您几个问题”这样的开场白应当避免。相似地，如果在进行了三个问题后，每个问题都与米勒啤酒有关，那么应答者不会花很长时间就认识到是在进行米勒啤酒的调查。

3. 考虑到应答者回答问题的能力

在某些场合，应答者可能对回答问题所需的信息一无所知，问一位男士他的妻子最喜欢哪种牌子的缝纫线就属于这种类型，问应答者从来没有遇到的品牌或商店也会产生同样的问题。当问题的表述方式暗示着应答者能够回答，那么在答案是现成的这些情况下，得到的答复除了瞎猜之外，没有什么价值，这就产生了误差。

第二个有关这方面的问题是遗忘。例如，你可能记不住以下问题的正确答案：“您在电影院里看到的最近的一部电影名是什么？”“谁是主角？”“您还有爆米花吗？”“容器容积是多少盎司？”“爆米花的价格是多少？”“您还买了其他零食吗？”“为什么买或不买？”应答者一般也记不住。另外一种情况是，玛氏有限公司的品牌经理很想知道应答者上次购买糖果时考虑了哪些品牌，购买的是什么品牌以及什么因素导致他们选择该品牌的。如果市场调研人员直接问应答者也会产生测量误差，应答者经常会给出一个名声响的品牌，如星河（Milkyway）或好时（Hershey）。而在另一种场合，应答者也许会提一个他经常购买的品牌，但很可能不是最后一次购买的品牌。

为了避免应答者记忆力差的问题，时间期限应当保持相对短。例如：“在过去的7天里，您购买过糖果吗?”如果回答“是”，才可问什么品牌和购买动机问题。对于“去年您租了多少碟在你的DVD上看?”这类蹩脚的问题，调研人员可以用如下问题取代:

（1）在过去一个月里，您租了多少影片在你的DVD上看?

（2）在过去一个月里，您租了更多、更少或者是每个月的平均水平的影片看?（如果是“更多”或“更少”，再问下面的问题。）

（3）您每个月租碟的通常数量是多少?

下面有两个实际调研中产生的两个问题：第一个是来自邮件调研，第二个是来自电话调研。问题1：在过去的三个月里，对于报纸上所宣传的电影您花了多少钱?大多数人不会对在过去三个月里的电影花费有任何线索，除非是没有任何花费。他们也记不起哪些电影在报纸上做过宣传。如果应答者是为全家买票又怎么办?问题2：在您过去10次喝威士忌中，有几次是在家里?几次在朋友家里?几次在饭馆里?几次在酒吧或者酒馆里?一个轻度威士忌嗜饮者喝完10次要至少花两年的时间！也许，他会写一份威士忌饮酒日志，但是这是值得怀疑的。

如果上面两个问题是不好的，但下面这份来自于邮件调研的问题，要么是一个粗心的问卷设计者的设计，要么他与我们大多数的生活方式不同。

问题1：通常一天您会用多少次腋下产品?一天一两次?一天三四次?一天五六次?一天六次以上?

问题2：您一天洗几次澡?一天一次?一天两次?一天三次?一天四次?一天五次或更多?

有一个好的打扮非常很重要，但是这些问题或许已经超过底线了。

4. 考虑到应答者回答问题的能力

考虑到应答者回答问题的意愿，一些东西应答者可能记得很清楚，然而他们也许不愿给出真实的答案。如果一个问题被判定为尴尬的、敏感的、有威胁的或有损形象的问题，这类问题要么得不到回答，要么朝社会准则的方向倾斜。

涉及如借钱、跟人卫生、性生活以及犯罪记录等尴尬话题，问题必须小心表达，以减少测量误差。一种处理技术是用第三人称方式提问，例如:“许多人的信用卡都透支，您知道是什么原因吗?”通过问其他人而不是应答者自己，调研人员也许能够更多地了解到对有关信贷和债务问题的个人态度。

第三种处理尴尬问题的方法是在问问题前声明这种行为或态度是很平常的，例如:“许多美国人都患有痔疮，您或您的家庭成员有这方面的问题吗?”这种技术被称为对等误差表达，他使应答者以平常心来讨论尴尬问题。

12.3.5 步骤5：确定问卷流程和编排

在系统阐述问题后，下一步就是将其排序并形成问卷的版面编排。问卷不能任意编排，问卷每一部分的位置安排都具有一定的逻辑性（见表12-2）。有经验的市场研究人员很清楚问卷制作是获得完整访谈的关键。结构组织好的问卷可以使应答者思考和回答得越仔细。研究人员经过总结已形成问卷流程的一般性准则。

表 12-2 问卷如何组织

位置	类型	例子	理论基础
过滤性问题	限制性问题	“过去 12 个月中您曾滑过雪吗？”“您拥有一套雪橇吗？”	目的是为了辨别目标回答者
最初的几个问题	适应性问题	“您拥有何种品牌的雪橇？”“您已使用几年了？”	易于回答，向回答者表明调查很简单
前 1/3 的问题	过渡性问题	“您最喜欢雪橇的那些特性？”	与调研目的有关，需稍费些力回答
中间 1/3 的问题	难于回答及复杂的问题	以下是雪橇的 10 个特性。请用以下量表分别评价您的雪橇特征	应答者已保证完成问卷
最后部分	分类和个人情况	“您的最高教育程度是什么？”	有些个人问题应答者可能会留下空白，但它是在调查的结尾

1. 运用过滤性问题以识别合格的应答者

许多市场研究运用各种配额抽样方法。只有合格应答者被访问，才能得到每类合格应答者特定的最小数量（配额）。例如，有关食品生产的研究一般都有具体品牌使用者的份额，杂志研究要筛选读者，化妆品研究也要筛选出对品牌知晓的应答者等。

过滤性问题（screeners）可能出现在问卷上，在许多情况下也可能会提供“过滤性问卷”。此时，过滤性问题要由接受访谈的每个人来填写。这样，任何得到的人口统计资料提供了对符合全部研究要求的人进行对比的基础。一个长的过滤性问题会大大提高研究费用。这意味着你正从每次与应答者的接触中得到更多的信息。然而，一个较长的过滤性问题可提供关于未使用者、未适用者或对正在调查的产品或服务不了解的人的重要信息。如表 12-3 中较短的过滤题可以很快排除不合格的受访者，并使访问人员可以立即转向下一个潜在应答者。

表 12-3 一份关于寻找手动剃须刀，一周至少刮三次脸的 15 岁以上的男性过滤性问卷

您好！我是 Data Facts 调研公司的人员。我们正在对男性进行一次调查，想问您几个问题

1. 您或您的家庭成员在广告公司、市场调研公司或制造销售修面产品的生产厂家工作吗？
   （结束） 是（ ）
   （继续至问题 2） 否（ ）
2. 您多大年龄？您是……（读选项）
   （结束） 15 岁以下？（ ）
   （检查配额控制形式——如果配额的合格应答者不足，则继续 15 ～ 34 岁？（ ）
   ——如果配额的合格应答者已够，结束并记录） 34 岁以上？（ ）
3. 您上次修面用的是电动剃须刀还是手动剃须刀？
   （结束） 电动剃须刀（ ）
   （继续问题 4） 手动剃须刀（ ）
4. 在过去一周您刮了几次脸？
   （如果少于三次，结束；如果多于三次，请继续）

最重要的是过滤性问题提供了估算调查费用的基础。在其他条件都一样的情况下，一个所有人都适合接受访谈的调查会比有 5% 不合格率的调查费用低很多。许多调查都为每份完成的问卷设置了平均服务率，此比率以一个既定的“平均访谈时间和不合格率”为基础。过滤性问题用来确定在一特定的城市中实际上不合格率是否真实。如果不真实，该比

率要相应地调整。

2. 以一个能引起应答者兴趣的问题开始访谈

在介绍性引导语和经过过滤性问题发现合格的访问人员后，起初提出的问题应当简单，容易回答，令人感兴趣并且不存在任何威胁。用一个收入或年龄问题作为起初的问题也许是一大错误，这些问题经常认为具有威胁性，并且立即使应答者处于防卫状态。起始问题应易于回答，不需要许多事先的考虑。

3. 先问一般性问题

在开始的“热身”性问题之后，问卷应该按一种逻辑形式进行。一般性问题首先出现以使人们开始考虑有关概念、公司或产品类型，然后再问具体的问题。例如，有关洗发水的问卷也许会这样开始：“在过去的 6 个星期里，你曾经购买过洗发水、护发素和定型剂吗？”促使人们开始考虑有关洗发水的问题；然后问及有关洗发水的购买频率、在过去 3 个月里所购品牌、对所购品牌的满意程度、再度购买的意向、理想洗发水的特点、应答者头发的特点；最后是年龄、性别等人口统计方面的问题。

4. 需要“思考”的问题放在问卷中间

起初，应答者对调查的兴趣和理解是含糊的，培养兴趣的问题为访问过程提供了动力和承诺。当访问人员转到量表应答式问题时，应答者受到鼓励去理解回答的类别与选择。另外，在部分应答者身上，会有一些问题需要记忆，已建立起来的兴趣、承诺和与访问人员间的融洽关系保证了对这部分访问的回答。

5. 将敏感的、威胁性的和人口统计的问题放在最后

正如早先提到的，研究的目标有时难免会使回答者感到尴尬。这些话题应当放在问卷最后，以确保大多数问题在应答者感到被冒犯之前被回答了。另外，把这些问题放在最后会使被访问者条件反射性地回答了。换句话说，应答者进入了一种回答模式，看见或听见问题就回答。

6. 提示要用特殊字体

为了避免混淆并分清什么是问题，什么是提示，所有自我管理问卷的提示都要用特殊字体，比如“如果问题 13 回答‘是’，则跳到问题 17”。特殊字体有助于让提示引起应答者的注意。当然，这可以由基于计算机的调查自动完成。

7. 使用合适的引言和结尾

每份问卷必须有一个引言和结尾。在众多不同研究的基础上，CMOR 提出了一个调查引言和结尾的模板。CMOR 建议如下：

（1）引言 / 开头模板。

- 为了获得应答者的信任，访谈者应该提供出他的姓名，或者就联系人姓名达成一致。
- 如果合适的话，提供调研人员的公司名字，必要时也要提供客户 / 发起者的姓名；若不合适，对调研结果反而会造成误差，比如我们进行一个图形调查，定义发起者的身份就是不好的。
- 用平常的形式，解释调研主题 / 题材的本质。

- 尽早地宣布调查不会涉及推销。
- 在引言中，应答者应被告知调查长度是适度的。
- 被推荐为标准的做法是取得两方同意来进行监控 / 记录。也就是说，无论是申请人还是访问者都应当被告知：为了调查质量，电话可能被监控 / 记录 / 质量控制。
- 强调应答者的时间是宝贵的 / 值得珍惜。
- 邀请应答者参与到调查中，确定调查时间是否合适，如果不合适，提供一个可供选择的回访时间来完成调查。

您好，我是______，我从（公司）打电话过来。今天 / 今晚我们收集关于（一般主题）的看法，不会销售任何东西。这个调查的长度是适中的，为了调查质量，该过程可能会被监控或记录。我们非常感激您的配合。我可以知道您的看法吗？

（2）结尾模板。

- 在调查的总结处，感谢应答者抽出时间配合。
- 如果应答者有一个愉快的调查经历，表达需要其参与以后的市场调研的意图。
- 提醒应答者的看法是很有用的。

非常感谢您参与这个调查，希望您对答题经历感到愉快。请记住，您的看法非常重要。祝您愉快！

12.3.6 步骤 6：问卷的评估

一旦问卷草稿设计好后，问卷设计人员应再回过来做一些批评性评估。如果每个问题都是深思熟虑的结果，这一阶段似乎是多余的。但是，考虑到问卷所起的关键作用，这一步还是必不可少的。在问卷评估过程中，下面一些原则应当考虑：①问题是否必要？②问卷是否太长？③问卷是否回答了调研目标所需的信息？

1. 问题是否必要

可能问卷评估方面最重要的标准是所有的问题都是必要的。有时研究人员和品牌经理想问问题，因为“他们正在进行我们所感兴趣的调查”，或因为“了解是有好处的”，过多的人口统计问题是很普遍的。有关教育数据、各年龄层次儿童的人数和有关配偶的广泛的人口统计不只是以许多研究的属性为根据的。

问题应是必要的，即每个问题都必须服从于一定的目的，要么它是过滤性的，要么是培养兴趣的，要么是过渡用的，要么与所陈述的特定调研目标有关。任何问题如果不能达成上述目的中的一个，就应当删去。

2. 问卷是否过长

在这一点上，研究者应该利用志愿人员充当应答者以判断回答的时间。尽管没有一定之规，完成问卷花费的时间取 5 次最短时间的平均数。在街上拦截或电话调查的问卷，如果访问长度超过 20 分钟，应当考虑删减；如果有比较有吸引力的刺激物，问卷可稍微长一些。大多数网上调查不应该超过 15 分钟。

礼品卡（如准备好的签证）是现在最常用的刺激物了。使用刺激物实际上经常可以降低调查成本，因为回答率会增加，访问过程中的中止率会下降。

分问卷设计技术可以减少问卷的长度。当问卷过长或样本过大时就会被使用到。问卷被分为一个主体问卷（如人口统计部分、使用方式、消费者心理学）和一系列子问卷。应答者必须回答主体问卷和任选一个子问卷。

3. 问卷是否回答了调研目标所需的信息

调研人员必须肯定有足够数量和类型的问题包含在问卷中以满足管理者决策的信息要求。一个建议的程序是，先仔细回顾一下写好的调研目标；接着，调研人员检查一下问卷，在特定问题所完成的调研目标旁写下该问题的题号，例如问题 1 用于目标 3，问题 2 用于目标 2 等。如果有些问题没有与目标相联系，调研人员应当判定目标是否都完成了。如果都完成了，问题应当删去。此外，如果检查了所有问题，有目标旁没有列出问题或有些目标虽有一些问题，但目标并不能完成，那么，应当在问卷上加上适当的问题以保证该目标能完成。关于写好一个问卷的建议见“市场调研实践 12-5”。

市场调研实践 12-5

运用这些要点来撰写一份优秀的问卷

如果你曾将你认为的“最终”问卷送给一位市场研究人员，结果拿回的问卷上到处是添加或删改的痕迹及其他编辑意见，这并不奇怪。乍一看，撰写问卷并不是一件非常困难的任务：只要表达出你想了解什么，并且写出能得到那些信息的问题即可。虽然撰写问卷很简单，但撰写优秀的问卷却不容易。这里有一些在撰写问卷时应该做和不应该做的要点。

（1）避免使用应答者可能不明白的缩写、俗语或生僻用语。例如，你对 PPO 的意见是什么？很可能不是每个人都知道 PPO 代表优先提供者组织（Preferred Provider Organzation）。如果这一问题以一般公众为目标应答者，研究人员可能会遇到麻烦。此外，如果针对的是物理学家或医院管理者，那么缩写 PPO 很可能是被接受的。

（2）要具体。含糊的提问得到含糊的答案。例如，您的家庭收入是多少？当应答者给出问题的数字答案时，其答案是各式各样的，如税前收入、税后收入等。另外一个例子：在过去几年中，您经常是多长时间参加一次体育活动？①从未参加；②极少参加；③偶尔参加④经常参加。这一问题的解释也是开放性的。人们对于“体育活动”和答案会有不同的理解，“经常”的意思是每周一次、每月一次或是其他。

（3）另一方面，也不要太过于具体。当问题过于精确的时候，人们是不会回答的，他们可能拒绝回答或者乱猜。例如，1996 年您读了多少本书？要给出一个范围：①无；② 1 ～ 10 本；③ 11 ～ 25 本；④ 26 ～ 50 本；⑤多于 50 本。

（4）确保问题易于回答。要求过高的问题也会导致拒答或猜想。例如，在您购买新车时，按重要性排出以下 20 项要素的顺序。这时你正在要求应答者做一次相当大的计算工作。不要让人们为 20 项排序，应该让他们挑选出前 5 项。

（5）不要过多假设。通常问题撰写者默认了人们的一些知识、态度和行为，这是一个相当普遍的错误。例如，您对总统关于枪支控制的立场倾向于同意还是反对？这一问题假设了应答者知道总统对枪支控制有一个立场并知道立场是什么。为避免这类错误，问卷制作者必须准备好做一些指导。举例来说，“总统近来声明了关于枪支控制的立场，您是否知道他对此问题所持有的意见？”如果答案是“是”，就继续问：“请您用自己的话描述您对总统关于枪支控制的理解。”并且最后问：“您对他的立场是倾向于同意还是反对？”

（6）注意双重问题和双重否定的问题。将多个问题结合起来或运用双重否定的问题会导致模棱两可的问题和答案。例如：“您赞同在私人住宅内吸食大麻而不在公共场所吸食合法化吗？”如果此问题能精确描述应答者的立场，那么就很容易解释“是”这种回答。但是回答为“不”时，可能意味着应答者赞同在公共场所吸大麻而不赞同在私人场所吸，或者两者都反对，或者两者都赞同。相似地，这里有一个双重否定的问题：“警察总长不应该直接对市长负责吗？”这个问题模棱两可，几乎任何回答都可以。

（7）检查误差。带有误差的问题会引导人们以某一种方式回答，但这种方式不能准确反映其立场。有几种使问题存在偏向性的方式。一种方式是暗示应答者本应参与某一行为。例如：“今年看电影XYZ的人比看其他电影的人多，您看过这部电影吗？”为了不显示出“不同”，应答者即使没有看过，也会说是的。问题应该是：“您曾看过电影XYZ吗？”另一种使问题具有误差性的方式是使选择答案不均衡。例如：“近期我国每年在援助外国方面花费××百万美元。您认为这个数字应：①增加；②保持不变；③稍减少一点；④减少一些；⑤大量减少。”这套答案鼓励应答者选择“减少”选项，因为其中有三项“减少”，而只有一项是增加。

预先测试：正式调查之前的试调查

所有的修改和编辑都不能保证成功，事先测试是保证你的问卷研究项目成功而费用最低的方式。预测试的基本目的是保证问卷提供给应答者以清晰、容易理解的问题，这样的问题将得到清晰、容易理解的回答。

在预先测试完成后，任何需要改变的地方应当切实修改。在进行实地调研前应当再一次获得各方的认同，如果预先测试导致问卷产生较大的改动，应当进行第二次测试。

12.3.7 步骤7：获得各方面的认同

问卷设计进行到这一步，问卷的草稿已经完成。草稿的复印件应当分发到直接有权管理这个项目的各个部门。实际上，营销经理在设计过程中可能会多次加进新信息、要求或关注。不管经理什么时候提出新要求，经常修改是必需的。即使经理在问卷设计过程中已经多次加入，草稿获得各方面的认同仍然是重要的。

经理的认同表明了经理想通过具体的问卷来获得信息。如果问题没有问，数据将收集不到，因此问卷的认同再次确认了决策所需要的信息以及它将如何获得。例如，假设新产品的问卷询问了形状、材料以及最终用途和包装，一旦得到认同，意味着新产品开发经理已经知道“什么颜色用在产品上”或“这次觉得用什么颜色并不重要”。

12.3.8 步骤 8：预先测试和修订

当问卷已经获得管理层的最终认可后，还必须进行预先测试。在没有进行预先测试前，不应当进行正式的询问调研。此外，预先测试并不意味着一个调研员向另一个调研人员实施调研，理想的预先测试最好由最终将进行实地调研的最优秀的访问人员对调研的目标应答者实施调研。通过**预先测试**（pretest），调研人员寻找问卷中存在的错误解释、不连贯的地方、不正确的跳跃方式、为封闭式问题寻找额外的选项，以及应答者的一般反应。预先测试也应当以最终访问的相同形式进行。如果访问是网上调研，预先测试应当采取网上的形式。

12.3.9 步骤 9：问卷的最后印刷

即使到了问卷的最后印制时，调研人员仍不应松懈，精确的打印指导、空间、数字、预先编码必须安排好，监督并校对。在邮寄调研中，重视程度和应答率受问卷的正规性影响；在电话调研中，问卷能够从计算机屏幕上读取就行了。网上调研软件则需要设计者选择背景、形式等。

12.3.10 步骤 10：实施调研

问卷的完成为从市场获得所需决策信息提供了基础。正如第 2 章讨论的，许多研究访问由专业调研机构进行，完成访谈且将其返回研究者是专业机构的职责。本质上说，专业调研机构是市场研究产业的一线生产者。问卷可以根据不同的数据收集方法并配合一系列的形式和过程，以确保数据可正确的、高效的、以合理的费用收集，这些过程包括管理者说明、访问人员说明、过滤性问题、记录纸和可视辅助材料。

管理者说明

正如上文所说，街上拦截、焦点小组访谈和其他类型的调研是由专业调研机构进行的，这就必须要有管理者说明。**管理者说明**（supervisor's instruction）向专业调研机构阐述了研究的性质、开始和完成的日期、配额、报告次数、装备和需要的设备、抽样说明、需要的访问人员人数和批准过程。此外，任何包括预备食品的口味测试都需要细节说明。典型的食品定量是用严格的测量技术和精密的仪器来测量和烹饪的。

管理者说明是任何研究中极其重要的一部分，在研究进行中设立了参数。如果没有清晰的说明，对 10 个城市的访谈就可能以 10 种方式进行。表 12-4 显示了一套管理者说明的样表。

表 12-4 减肥软饮料口味测试的管理者说明样本页

目的	确定减肥软饮料使用者区分胡椒博士三种减肥样品的能力，并给出对两种样品的意见，以及偏爱哪一种
位置	一个繁忙的中上等经济水平地区的购买中心。中心最繁忙的营业时间是由双班的访问人员工作
工作人员	每班有三四个有经验的访问人员

（续）

配额	完成的 192 次访谈分配如下： 最少 70 个减肥胡椒博士饮料的使用者 最多 122 个其他品牌的减肥饮料的使用者
项目材料	为进行此项目调研，提供给你以下材料： 250 份过滤性问卷 192 份研究问卷 4 张卡片 A
产品 / 准备	为了此次调研，我们的客户向你们的冷冻设备运送 26 箱软饮料产品，每箱容纳 24 瓶 10 盎司装的瓶子，312 个瓶盖上的编码为 F，312 个瓶盖的编码为 S 每天您将从冷冻设备中取 2 ～ 4 箱产品——每个编码 1 ～ 2。产品必须冷藏运输并冷冻储藏，它应保持在大约 5℃ 在购物中心，你要取一半编码为 F 的产品并在瓶子上贴 23 号标签，另一半标有 F 的产品应贴 46 号标签 对产品 S 也应同样处理——一半被编码为 34 号，另一半编码为 68 号，管理者应在访谈开始前做这项工作。访谈委员会根据编码选择产品，编码标签即为此工作而贴 每位应答者将像问卷中设计的那样检验三种产品样品。访问人员将到厨房选择三个设计好的瓶子，打开并将每种产品大约 4 盎司注入标有相关号码的杯子中，当倒完并用一只浅盘盛给应答者三杯产品后，访问人员应盖好并冷冻剩余产品

12.3.11　实地调研公司

像 QFact、On-Line Communications 等**实地调研公司**（field management companies）通常提供文件格式、过滤性问题的撰写、开发指导和辅导材料、运输、实地预算，以及所有数据收集的协调、编码和项目需要的监督服务。研究完成后，它们提供合并的单一收据。一般来说，这些公司依靠员工提供顾客所需服务，而不试图与具有设计和分析能力的提供全面服务的公司和调研委员会成员相竞争。

很多提供全面服务的公司和专业定性分析人员也已发现，实地调研公司会更节省成本，它可以使公司用更少的内部资源来接受更多的项目，有效地提高生产力。一些从事定性研究的研究人员已与实地调研人员建立了持续的业务关系。作为咨询公司的外部成员，实地调研公司可以承接项目，帮助研究人员指导焦点小组访谈、撰写报告和与客户协商。

当然，像调研产业的其他部门一样，实地调研公司也有其自身的局限。顾名思义，实地调研公司一般不具备设计和分析能力，这就意味着它们的客户可能偶尔会需要寻求其他的调研公司来满足其全面服务的要求。此外，作为一个相对较新的产业部门，经验、服务和标准在各公司间有很大差异，明智的做法是认真筛选待选公司，查找参考资料。尽管有其局限性，但实地调研公司还是提供了一个让研究人员提高其生产力，而且同时能够以低成本维持公司决策和判断所需信息质量的机会。

12.4　互联网在问卷发展中的影响

与大多数市场调研的其他方面一样，互联网以不同方式对问卷的发展与使用产生了重大影响。例如，某调研公司可以撰写一份问卷，然后以电子邮件的形式发给管理层来寻求评价和支持，一旦通过，这份问卷就可以作为网上调研形式放在客户的服务器上使用。或者，调研人员可以简单地利用像 Perseus、Inquisite、Web Survey、SSI Web 或其他的网络企业来实施网上调研。

例如，Survey Monkey 是领头的网络自助问卷撰写网站，它可以使市场调研人员迅速地开展网上调研，使用远程访问随时随地关注实时结果。优势在于市场调研人员不需要安装任何问卷撰写软件，也不需要任何程序和管理，包括调研设计、回答邀请、数据收集与分析和调研报告在内的所有运作，都通过网站自动进行。附带回顾的广泛 DIY 调研平台可以在该网址 http://www.survey-reviews.net/index.php/review/ 上看到。最近，谷歌推出了谷歌顾客调研，谷歌用这个服务可以提供一套完整的调研工具、得到回答并总结结果。这些服务的描述可以在网站 http://www.google.com/insight/consumersurveys/how 找到。

网上调研工具不断变得复杂，使得 DIY 调查更具可行性。关于 DIY 调研更具体的讨论见“市场调研实践 12-6”。

市场调研实践 12-6

DIY 调研入门指导

DIY 调研的理念已经不新鲜了。多年来，调研人员使用多种工具开展面对顾客的调研，给公司提供顾客洞察以帮助他们改善客户关系。快进到 2012 年，社交媒体和类似的技术以指数速度增长创造了更多基于客户的调研机会，给予公司更多可利用的工具和信息。

新的挑战伴随着新的机会一起出现，调研人员通常只是不具备需要获取客户调研价值的知识和工具。

别问自己你是否应开展基于客户的调研（你当然应该这么做），反而要问问你如何使公司尽可能做到最好的 DIY 调研，这包括当专家讲解利弊时了解 DIY 方法的危险性。

DIY 调研的好处

DIY 调研常常被看作成熟的市场调研项目的一个短期可行的替代，尤其是当预算有限时。

（1）**便利性**。对于许多公司来说，DIY 调研首先的好处是便利性。如果你只是从几个明确的话题中简单查找反馈而不需要过多分析，你可以使用在线调研工具 Survey Monkey。

（2）**洞察力**。如果你负责管理调研的方法和分析，你又是一个新手，要深度了解客户需求以及如何最好地满足他们。这个优点也有一个要注意的不足，你的客户可能不愿意向他们每天面对的公司敞开心扉。

（3）**成本**。节省成本常被吹捧为 DIY 调研方法的另一个优点但这取决于调研的深度和问题的数量。随着调研时间的增加不会造成额外成本。更多问题和顾客特点打开了一个缺口，而你还没有注意到超出了预算。如果你是一家小公司或者并不需要十分严谨的数据，你可以用 DIY 调研。

DIY 调研方法的危险性

认真起草的 DIY 调研计划书能够传达重要的洞察。然而，DIY 方法有些潜在的缺点，这些挑战威胁了数据质量和最终目标。

（1）浪费数据。DIY 调研会有调研问题和组织目的没有联系上的风险。理想地，调研的每个方面都应传达数据以做出具体的商务决策和实现清楚准确的组织目标。许多 DIY 调研都带有组织想提问和被回答的随机问题，尽管这些问题可能和生意目的没关系。

（2）有缺陷的结果。DIY 调研在整个数据分析和决策制定的过程中可能产生一些基础错误。如果你的调研没能成功传达必要的洞察，或者更糟的是传达了不准确的结果，那会使重要的决定建立在错误的信息基础上。当创建 DIY 调研时，人们经常忘记坚持到最后。

客户经理采取 DIY 方法应当注意在调研回复中对其客户个人联系的影响。与客户经理有长久关系的客户很可能使他犹豫着披露客户公司的消极因素。考虑选择一个独立的第三方，或者其他组织内部的个体，来确保有意义的回答。

（3）设计拙劣的问题。当涉及调研技术，问题的措辞是 DIY 调研的另一个笨拙的地方，甚至可能看起来意思很明显的具体问题，调研参与者还是要费劲去回答那些模糊的、不清楚的、不准确的问题。将问题种类与你试图揭露的、调研本质的信息相连是十分重要的 [比如开放式量表与李克特量（表强烈同意或强烈不同意）]。问题的措辞和句子结构的缺点，将不可避免地变成客户糊涂的回答。

（4）疏远客户。DIY 调研的一个最严重的缺点，可能是你的调研工具或方法会疏远客户。如果调研高度重复，没能成功考虑调研参与者的时间，或者加强了消极的刻板印象，DIY 调研能对客户关系造成严重的破坏，最终触碰的将是你的底线。尽管你可能把调研看作是技高一筹的，但你的客户可能不这么想。

运用专业技能

调研人员需要了解 DIY 调研不是灵丹妙药。尽管科技的发展能对客户进行有用的洞察，仍然有许多事态需要职业调研的专业知识和技能。事实上，知晓什么时候运用专业技能在整个调研过程中起着决定作用。

问问你自己：这个调研我想完成的是什么？我需要收集的是什么数据？为什么？这些问题在当你开始调研过程时就应该问自己。如果你真的想获得其他问题的洞察并定义未知的问题，就要利用专业的调研方法，它们有经过检验而可靠的问题的数据库能提供回答以及你需要的数据。

同样地，如果你想挖掘得更深并且不确定客户是否会如实回答你的调研问题，请第三方来消减客户的不适感。反过来，你可能发现结果变得更真实了。

随着利益的增加，DIY 调研的局限性变得更明显。当公司想寻求长期问题的解决方案或需要具体的可行的洞察时，专业调研方法就变得很重要。除了提供连续的调研过程管理，专业技能还提供数据分析的专业知识，以及其他客户调研的重要方面。

DIY 调研的最佳实践

如果你选择采取 DIY 方法，你将被认为对调研方法的整体性负责，包括几个 DIY 调研过程中的实践。

（1）调研目的。成功调研的第一步是考虑你如何应用调查结果。准备好应对任何调研中出现的问题或弱点，因为客户将期望你基于结果做出正确改善。

（2）战略性细分。DIY 调研中最危险的错误是尝试在一个调研中完成太多目标。在一个调研中涵盖你所有的基础客户或涉及每个可能调研角度是没必要的；相反地，将调研细分成几个可管理的方面使团队更容易将调研结果变成行动。

（3）参与度。参与度可以带来或打破DIY调研的成功。如果可能的话，私下向客户介绍调研而不要用邮件轰炸。另一个大幅增加参与度的策略是通过电话或面对面会议开展调研，认识到更高参与度的调研的价格将增加额外的时间投入。如果你通过电子邮件发送一个调研，包括状态栏，能看到一个结束进程将能增加参与度。

（4）问题的种类。大多数DIY调研应该包括李克特量表和开放式量表问题的结合。当李克特量表问题显露了参与者对具体问题的态度或感觉，开放式问题提供了定性的数据，那对你来说是无价的。可能的话，避免使用“中立”这一回答选项，让你的客户选择一边。另外，在底部提供一个评论区，这样他们可以在调研过程中表达他们没能表达的任何想法。

（5）分析和平均估价。牢记在心，DIY调研的目的始终应该是具备可行性的洞察，最有效的调研技术常常是一对一调研。以平均值传达结果的调研有有限的价值，因为它或许没有传达具有可行性的结果。例如，一个调查显示你1/3的客户发现你的排序过程冗长复杂，不是像显示的你最大客户竭力去适应的新网站排序解决方案那么有用。一个好的规则是，尽管平均估值很有用，但传递小范围的调研结果以及一对一的结果，可以使调研过程达到目标行动更容易。

组合服务最佳

最后，大多数调研人员发现他们的工作能依靠由DIY调研和专业调研相结合的方式来很好地完成，DIY调研的最快反馈可以导入/导出由专业的客户管理提供的对长期问题的深刻洞察和解决方案。

问题：

1. DIY调研的优点有哪些？哪个对你来说最好？为什么？
2. DIY调研的主要缺点是什么？哪个对调研质量构成最大的威胁？
3. 什么时候要采取专业技术？为什么？

12.5 适应移动设备问卷

当我们为网站管理开展调查时，目标回答者受他们使用的设备所限制。他们可以使用任何可获得网络的设备来完成调研。我们明显注意到，最近的评估显示25%～30%的网上调查是用智能手机和平板电脑完成的。回答者不仅受调研设备的限制，他们还受填问卷的时间地点的限制或他们是否完成了问卷，他们可能在火车上、候机厅或其他地点，或者只是盯着一个公园长椅。

许多调研利用台式机、笔记本电脑、平板电脑和智能手机，可能使用哪一个，这取决于哪一天和什么时候。为了尽可能鼓励更多人完成调查，我们必须使调查变得容易完成，这与平台的硬件无关。移动设备尤其是智能手机，会受屏幕大小的限制，因此当开展网上调查时，我们必须牢记这些局限性。

我们的服务人员完全可能探测回答者使用的运作系统——Mac、Windows、IOS、

Android 等，并根据该运行系统开展不同版本的最佳化调研。通常来说，我们乐于鉴别台式机或笔记本电脑与平板电脑或智能手机。尽管平板电脑通常比智能手机的屏幕尺寸大，在问卷设计时它们可以被同等对待。

为了减少移动设备开展网上调查时滚动屏幕和缩小屏幕的需要，这里提供了一些适用的规则，包括：

- 给单个问题显示网格。
- 评分上限控制在最多 5 ～ 7 分。
- 减少问题的用词量。
- 使答案最多不超过 10 ～ 12 个。
- 争取调查时间为 10 分钟。
- 重新设计编程的问题，寻求在两个不同种类之间的更为有创意的方式。

设计移动设备友好型问卷的几条建议见下面的“市场调研实践 12-7”。

市场调研实践 12-7

设计移动设备友好型问卷的 10 个最佳建议

（1）**记住实际情形**。移动手机屏幕的大小只占个人电脑屏幕大小的一部分，平板电脑尽管大一些，也只是个人电脑屏幕的一半或更小。

（2）**竖屏和横屏的界面**。回答者将可以选择他们喜欢的界面，所以问卷必须为两种情况设计：

a. 为使所有选项都在横屏上呈现，选项清单要足够短。

b. 为使所有选项都在竖屏上呈现，宽度应该足够狭窄。

c. 为安全起见，在问卷文本内容中提到评分量表（例如，下题使用 5 分制），以防答题者只看到一部分问题。同样地，考虑使用左侧顶端的量表，因为在 3 结尾是不合理的，但如果你从 1 开始，他们或许不会意识到量表会达到 10，因为如果不滑动屏幕的话答题者只能看到 7 或 8。

（3）减少问题的单词量。人们在移动设备上的沟通不会使用太多单词。我们可能需要用更短的问题代替更长的问题，并使问题意思和定义保持不变。

（4）重新设计 Flash 动画元素。移动设备不支持 Flash 动画。

（5）从移动设备设计开始并估量大小。在移动设备上表现很好的问卷设计同样能在个人电脑上表现很好。所以，与其一味盯着台式机上的问卷设计，不如从缩小移动设备问卷大小开始。

（6）首先设计功能要素。例如，人们要点触的“下一个”、音频按钮或复选框这样的任何功能设置都要尽可能大并尽可能快速。在传统意义上，问卷设计关注文本内容然后才是功能要素。在移动设备领域，我们要把关注重点倒过来。

（7）测试多种设备。彻底测试竖屏和横屏的界面。

（8）避免滚动设计。不要让人们滚动或缩放屏幕，减少选项数量。在移动设备上滚动屏幕速度很快（所以许多用户可能只看到开头和结尾而遗漏中间的内容）。移动设备问卷设计使网格问题的设计重新得到考虑。

（9）文本框尽可能大。调研显示文本框越大，在开放回答时能回答更多。

（10）抵制诱惑，使用手机的全部功能。从设计的角度来看，像旋转的“车轮”功能在移动日历中是有吸引力的，但是可能会由于不相容或未预料的结果使用户尴尬。

问题：

1. 为什么设计移动设备友好型问卷要同时做好竖屏和横屏的界面？
2. 为什么要在多种设备上测试你的移动设备友好型问卷？

作为调研平台的脸谱网

在 2010 年年末，脸谱网开发了 Facebook Questions。它允许用户围绕他们选择的主题开展调查和提问，征求他们朋友或所有脸谱网用户的信息和想法。打印出来后调查会经过 beta 测试并将在测试反馈后进一步完善。

Facebook Questions 是否能提供一个非正式的调研形式，还是只是像“这是什么歌”“这个腰带搭配什么鞋子更好看”这种娱乐消遣的问题，还有待观察。但是，公司和品牌将有能力测量顾客对新产品感受如何或潜在开发，并且为用户和品牌“粉丝”建立一个论坛能了解到用户自己的感受。

Facebook Questions 能显示用户的头像并显示用户好友的新需求，所以回答是预先的、个人的，尤其关系到发帖者。如果用户想定义什么东西，同样可以添加照片，比如他们家花园里的某种花。

Facebook Questions 的社会方面体现在问题说明的形式以及有用 / 无用选框。无论何时回答了民意调查或问卷，用户可以发送给自己好友，如果用户看见了一个好友可能回答的问题，他可以向好友推荐那个问题。Facebook Questions 有和 Digg、亚马逊、Yahoo Answers 相似的特点。用户可以标记看到或回答了问题的位置（匿名地），不论他们觉得回答者的答案有没有用，最有用的答案将被放在最上面。用户也可以追踪问题，这样如果有另一个回答者回答了问题就可以收到通知。

12.6 成本、获利性与问卷

如果不提到问卷对成本和利润的影响，对问卷的讨论将是不完全的，有代表性的是市场调研人员与其他调研人员为客户的项目投标。如果过高估算了费用成本，调查提供者通常会输给一个低成本的竞争者。在所有的询问调研中，问卷和拒答率（参见第 6 章）是估计一个项目成本的核心决定因素。美国最大的一家调查公司检查了其中心场所电话访谈项目的成本与投标报价。该公司发现，在最近一年半内，它将这一时期的项目成本高估了 44%。由于出价过高而造成了上百万美元的销售机会的损失。

为了避免过高出价，管理者必须更好地了解问卷的成本费用。MARC 是一家大型国际市场调研公司，发现在一个 50% 发生率（50% 的人适合被访问），平均调查时间为 15 分钟的中心地区电话调研（central-location study）中，只有 30% 的数据收集费用是询问的费用，而 70% 的数据收集费用是获得合格应答者的费用。

表 12-5 描述了一个访问人员在完成一次完整访谈时可能遇到的许多困难，其中每项困难都增加了成本。例如，MARC 已发现，只给问卷简单加上一个保护性过滤问题就会增加 7% 的成本。

表 12-5　在中心地区电话访谈中寻找合格受访者的困难

1. 失败的尝试
   - 繁忙
   - 没回答
   - 电话录音回应
   - 占线
   - 打电话 / 语言问题
   - 线路中断
2. 合作问题
   - 受访者不在家
   - 拒访
3. 过滤性问题以确定应答者不适当
   - 试验失败（受访者工作于市场调研公司、广告公司或咨询公司）
   - 不使用该产品
   - 个人情况不合适（不合适的性别、年龄等）
   - 配额满员（调查配额为 500 个汰渍洗衣粉的使用者和 500 个其他洗衣粉品牌的使用者。访问人员已经获得 500 个汰渍洗衣粉的使用者，而目前的应答者也用汰渍洗衣粉）
4. 受访者在访谈中终止

询问调研中另一类主要费用发生在受访者终止访谈时。人们终止访谈的主要原因有四类：受访者因素、多余的或难以理解的问题、问卷长度，以及在一次访谈中改变题目。人们喜欢谈论某些题目而不喜欢其他的。口香糖访谈没问题，但漱口水就会导致许多访谈终止。图 12-3 显示一次 20 分钟的有关口香糖的访谈极少导致访谈的终止（实际数据）。然而，许多人会在 3 分钟内或 19 ～ 22 分钟内终止一次漱口水的访谈。除非访谈时间达到 20 分钟，终止休闲旅游访谈不是一个严重的问题。当然，终止意味着必须重新做访谈，而且所有花在访问该受访者身上的时间都白费了。然而，探索性调研已发现，重新访问中途拒访者有时会完成一次完整的访谈。（对最初就拒访者重新进行相同的调研，效果就不太好。）

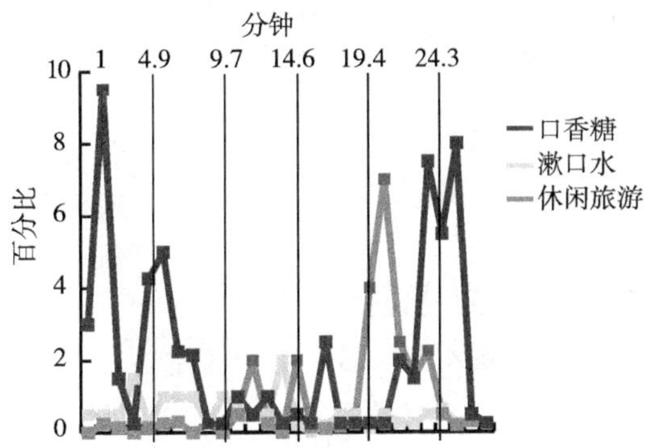

图 12-3　三种不同产品类型中，访问的实际终止形式

一旦管理者了解了其收集数据的实际成本，他们应使成本估算的准确度达到更高水平而在竞标调研时处于更有利的形势。这样做可以尽量避免过高出价从而更多地赢得合同。

本章小结

问卷在数据收集的过程中起到了至关重要的作用。一份优秀问卷的标准被分为以下主题：①提供必要的决策信息；②问卷适合于应答者；③满足编辑、和数据处理的要求。问卷设计由一系列的步骤组成：

步骤 1：确定调研目标、来源和限制因素；

步骤 2：确定数据收集方法；

步骤 3：确定问题回答形式；

步骤 4：确定问题的用词；

步骤 5：确定问卷流程和编排；

步骤 6：问卷的评估；

步骤 7：获得相关方面的认同；

步骤 8：预先测试和修订；

步骤 9：问卷的最后印刷；

步骤 10：实施调研。

此外，还特别分析了三种不同类型的问题（开放式、封闭式和量表应答式）以及每种问题的优缺点。在介绍问卷用词和编排问题时，调研人员一定要保证用词清晰，不要误导应答者，而且应答者能够并且乐意回答问卷中问题。

接下来讨论了在实施问卷调查的过程中需要遵循的必要步骤，这些程序用于保证在合理的成本下正确、有效的收集证据。这些程序包括管理者说明、访问人员说明、过滤性问题、通话记录单和可视性辅助材料等。我们还注意到，许多研究组织正求助于各类实地调研公司进行实际面谈。

现如今，问卷软件和互联网很大程度上影响着问卷设计过程。Vovici Web 在线调研、SSI Web 和其他软件使调研人员能够在网上创立在线调研。

本章还讨论了问卷在调研成本中的决定性作用。如果一个研究者高估了数据收集的费用，可能将项目输给另一研究提供者。大部分数据收集的费用并不是进行实际访谈的费用，而是寻找合格应答者的费用。调研题目的性质也会影响到应答者中止访谈的倾向。

复习思考题

1. 解释问卷在调研过程中的作用。
2. 应答者是如何影响问卷设计的？举几个例子（比如分别针对工程师、棒球手、军队将军、移民农场主的问卷）。
3. 讨论开放式问题和封闭式问题的优点缺点。
4. 概括问卷形成的步骤。假设你正为麦当劳的一种新三明治做问卷，利用这一假定情况讨论问卷制作的过程。
5. 举几个措辞不佳的例子，这些问卷的不足之处在哪里？
6. 问卷设计好后，投入使用前还要考虑哪些其他因素？
7. 为什么预先测试问卷很重要？是否存在可省略预先测试的情况？
8. 设计三个开放式问题和三个封闭式问题来检验顾客对宝马车的态度。
9. 以下问题有何不足：

   a 您认为这种高质量的麦氏咖啡的口味如何？

b. 您认为这种 Sara Lee 咖啡蛋糕的口味和原料的构成如何?

c. 我们正在进行一种 Bulova 表的研究，您认为 Bulova 表的质量如何?

10. 您认为利用实地调研公司的主要优点是什么，缺点是什么?

11. 讨论基于网络的调查问卷的优缺点。

12. 将一个班的同学分为四五组，然后将每组平均配成供应商组与客户组。随后教师将供应商组与客户组配对。每个客户组挑选一个与大学生活有关的话题，如学生住宿问题、学生交通问题、运动项目、女生联谊会、男生联谊会、校园餐饮或学生生活的其他方面。接着，客户组需要为他们选择的话题制定四个管理目标，构思一份符合管理目标的调查问卷。此外，问卷需要包括以下人口统计数据：性别、专业和其他老师要求的信息。客户组批准问卷后，每个客户组和供应商组都要完成10次访谈。访谈结果向全班同学公布。注意：这些数据可编排为 SPSS 供以后详细分析。

调研实例 12-1

了解消费者行为

下面是一份真实的调查问卷（进行了很小幅度的修改），它是一份学生设计的调查问卷（学生不是来自商学院），用以了解中西部城市的购物行为。它违反了许多问卷设计的基本原则，看你能发现多少。

调查问卷

1. 您多大年龄? __________
2. 您配偶多大年龄? __________
3. 您们结婚多久了? __________
4. 您或您的配偶所取得的最高学历是? __________

   a 没受过正式教育
   b 小学
   c 中学
   d 大学
   e 两年制专科
   f 四年制本科
   g 研究生

5. 您父母的最高学历是?

   a 没受过正式教育
   b 小学
   c 中学
   d 大学
   e 两年制专科
   f 四年制本科
   g 研究生

6. 您是否受雇于营利性组织？

a 是

b 否

7.（如果回答是“是”，请回答第 8 题；如果答案是“否”跳到第 9 题）您每月的收入为______美元？

8. 您配偶是否受雇于营利性组织？

a 是

b 否

9.（如果回答是“是”，请回答第 10 题；如果答案是“否”跳到第 11 题）您配偶每月的收入是______美元？

10. 您与丈夫有小孩吗？

a 有

b 没有

11.（如果回答是“有”，请回答第 12 题；如果答案是“没有”跳到第 14 题）您有几个小孩 ______(填入准确数字)。

12. 您的小孩多大了？

13. 他们上学了吗？在哪里上学？

14. 您和丈夫，谁是家中日常事务的决策者，比如在哪里居住，去哪里度假，买什么家具等?

a 我是

b 我丈夫是

c 都不是或者都是

15. 有其他成年家庭成员与你们一起居住吗？

a 有

b 没有

c 有时有。他们是______

16. 您在哪里购物？

17. 为什么在那里而不在其他地方？

18. 您怎样评价它们的商品？

a 非常好

b 比较好

c 不是特别好

d 很差

19. 您是通过什么途径了解这家商店的？

a 电视上

b 互联网上

c 通过朋友

d 广告

e 报纸

f 我只是碰巧经过

20. 我想我的朋友一定会满意在这里购物的。

a 非常同意

b 比较同意

c 同意

d 不怎么同意

e 十分不同意

21. 您最喜欢什么?

22. 有哪些有待提高的地方?

问题:

1. 评论每个问题，讨论它们如何改进。
2. 提出几个用以了解中西部城市有关商品和服务消费行为的问题。
3. 修改过的问卷应当如何重新排序?

调研实例 12-2

移动的 Sonic

声音驱动程序最近复查了一系列调研的信息，包括几种产品评价。所有调研都由顾客在他们的专有面板在线完成。除了实际调研数据和其他信息，线上访问系统捕获回答者使用的浏览器来完成调研。分析“使用的浏览器”数据，Sonic 发现了在移动设备浏览器上完成调研的人数缓慢但稳定地增长，包括平板电脑和智能手机。最近的结果与一年前相比实现了飞跃的增长，平均将近 30% 的调研在移动设备的浏览器上完成。

几个管理者试图使用他们自己的平板电脑和智能手机完成其中一些调研。他们喜欢使用这类平台给顾客增加可选择的方式这一理念，这些设备允许顾客在他们曾经所不方便的时间和地点参与调研。然而，管理者在他们的移动设备上测试调研的体验表明，他们还需要改进为智能手机和平板电脑设计的问卷。

问题:

1. 用移动设备完成调研的障碍和困难是什么?
2. 利用新调研平台的优势，Sonic 在问卷设计上还需要做出什么改进?
3. 在笔记本电脑上和在移动设备上完成的混合调研结果怎么样? 如果有需要注意的地方，那是什么?
4. 包含移动设备和笔记本电脑以及台式电脑的调研能够改善样本质量吗? 为什么?

第 13 章

Chapter 13

基本抽样问题

□ **学习目标**

1. 掌握抽样的概念
2. 学习制订抽样计划的步骤
3. 明确抽样误差和非抽样误差的概念
4. 明确随机样本和非随机样本的区别
5. 了解互联网调研涉及的抽样问题

13.1 抽样的概念

抽样（sampling）是指从一个较大的群组（范围或总体）的一个子集（样本）获得信息的过程。市场调研的使用者接下来使用从样本中得到的结论，对较大的总体的特征进行估计。进行抽样的动机是可以比其他可能的方式更快、更节省经费地进行这样的估计。我们常常会发现对总体的较小比例的抽样可以带来十分准确的估计结果。你可能熟悉的一个例子就是与总统选举有关的民意测验。大多数主要的民意测验使用 1 000 ～ 1 500 人对几千万人的投票行为进行估计，他们的估计结果被证明出奇的准确。

根据相对较小的样本对较大总体的特征进行准确估计的要诀就在，选择了哪些个体作为样本进行这样的估计。以科学的方式选择这些样本，以确保样本的代表性（可以作为总体的缩影）是至关重要的。所有构成总体的主要类型在样本中的比例应与它们在较大总体中的比例相同，这也是我们在利用网络和社交媒体获取数据时应该秉持的。而样本容量不能代替选择方法，不能保证样本的代表性。这听起来很简单，作为一个概念来讲也很简单，然而对人口总体进行抽样时想达到这个目的就不那么容易了。

13.1.1 总体

讨论抽样时，**“总体”**（population）和 **“范围”**（universe）这两个概念是可以互换的。在本书里，我们会使用“总体”。总体或相关总体、被专注总体，是指调研人员需要从中获取相关信息的全部人群。抽样步骤的首要步骤之一就是定义被关注总体，通常包括定义产品或服务的目标市场。

我们可以设想一个为康泰克这样缓解感冒症状的非处方药物进行的产品概念实验，你可以认为同质总体包括了所有人，因为所有人都时不时会感冒。尽管这是正确的，但是并不是每个人都会去买缓解感冒症状的非处方药物。在这个例子里，第一项任务就是确认在一段时间里，人们是否购买或使用了一种或者包括竞争品牌的多种药物，只有购买或使用了一种这些品牌的药物的人才会被包含在同质总体之中。此处的思维逻辑为除非新产品创新性非常强，能够吸引新的消费者，否则产品的销售还要依赖老顾客。

抽样过程的关键步骤之一就是定义同质总体。定义同质总体不需要遵守特定的准则，调研人员所需要做的就是运用逻辑和判断来回答一个基本问题：为了达到调研的目的需要怎样的材料和观点？通常，定义总体是根据现有顾客群或目标顾客群的特点来进行的。

13.1.2　抽样和普查

在**普查**（census）中，数据是从同质总体的每个个体处收集到的，或者是关于所有这些个体的。市场调研行业一般不会进行普查，因为营销人员面对的同质总体通常包括数百甚至数百万个体。从这样大规模的总体中获得数据花费的时间和金钱十分巨大，以至于普查几乎从来不在考虑范围内。我们经常听到别人说，一个较小但是精心选取的样本可以很好地反映选取样本的总体的特点。**样本**（sample）是总体的一个子集。获得样本的相关信息，然后用来对总体的特点进行推测。理想的情况是，子集能够代表总体的各个部分。

一般人都会认为，普查比抽样能提供更准确的结果，其实这不一定是正确的。人口普查中，简单地从总体的各个成员处获得信息会遇到很多阻碍。调研人员不一定可以获得总体的所有成员完整准确的名单，或者是总体的部分成员会拒绝提供信息。因为这些障碍，理想的普查很少可以实现，即使只是对很小的总体。你也许听说过同这些问题相关的2000 年和 2010 年的美国人口普查。

市场调研实践 13-1

以驾照和选举登记簿为抽样框

北卡来罗纳大学教堂山分校的医学研究者想为他们的实验提供最具代表性的抽样框，该实验以人口为基础，研究艾滋病毒在北卡来罗纳州八个县的黑人异性恋间传播的情况。他们发现，18 ～ 59 岁男性与女性的驾照登记簿覆盖面最佳，能提供该总体最完整的抽样框，实现高效率的抽样，其次是选举登记簿，远超所有人口普查表和其他至少四种可用的人口列表。

例如，电话黄页的不足之处在于它不包括未公布的号码，这就将这些未公布号码的人排除在研究之外。医疗保险名单上只有老年人、残疾人或确诊患病者。机动车登记簿只含“有车一族”，研究人员也无法通过随机数字拨号辨别受访者是否符合要求。人口普查表也不够准确，研究人员发现驾照登记簿往往多于以人口普查为基础得出的总体。另外，驾照登记簿又优于选举登记簿，鉴于男性登记选举的人数会低于女性，驾照登记簿能更好地锁定目标人群。

1992 年，其他医学研究者在研究成年黑人的膀胱癌和乳癌时，也用了驾照登记簿抽样。但是在 1994 年，一项国会法案限制了驾照登记簿统计分析用途，但没有限制直接联系驾照持有者。对市场调研人员来说不幸的是，随后的国会复议、司法复议以及某几个州的立法会议使此抽样框方法非常不稳定。

问题：

1. 驾照登记簿的统计分析会产生什么有用的数据？你会如何进行此项研究？
2. 请指出另两项驾照登记簿能够为之提供准确信息的市场研究种类。

13.2 设计抽样方案

设计一个可运作的抽样计划可以总结为图 13-1 中的 7 个步骤，它们是定义同质总体、选择资料收集方法、确定抽样框、选择抽样方法、确定样本容量、制定选择样本单位的操作程序和实施抽样计划。

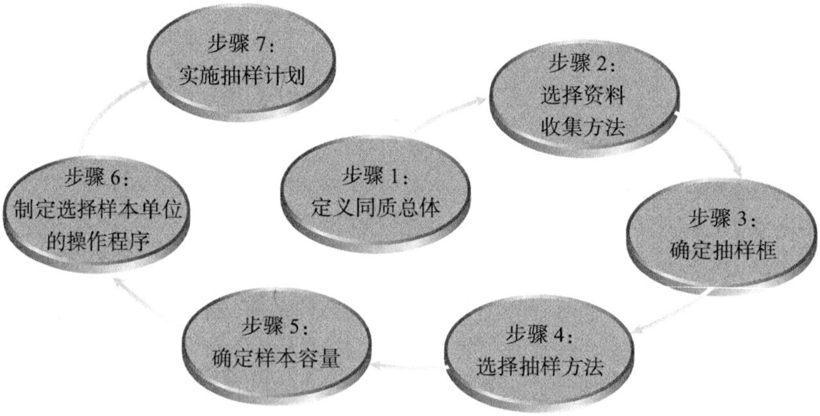

图 13-1　设计抽样方案

13.2.1　步骤一：定义同质总体

为了满足研究的需要，必须详细说明可提供信息或与所需信息有关的个体或实体（如顾客、公司、商店等）所具有的特性。同质总体可以从以下几方面进行描述：地域特征、人口统计学特征、使用情况、认知程度等（见表 13-1）。在调查中，从调查表开始部分的过滤性问题，可以看出某个个体是否属于同质总体。即使有总体和样本清单，仍有必要使用过滤性问题识别合格的应答者。表 13-2 给出了一系列简单的过滤性问题。

表 13-1　定义同质总体的基础

基　础	详　述
地域因素	抽查的地域通常是指顾客活动的范围，可能是一个城市、一个县、大城市地区、州、几个州、全美国或一些国家
人口统计学因素	考虑到调查目标和产品目标市场，哪些人的观点、反应是至关重要的？ 18 岁以上的女性，18 ～ 34 岁的女性、还是 18 ～ 34 岁的有学龄前儿童、家庭年收入超过 35 000 美元的职业女性？哪个才是我们感兴趣的信息来源

（续）

基 础	详 述
使用情况	作为上述的补充，同质总体通常是根据产品和服务的需求状况来定义，通常通过一段时间内对消费者使用产品和接受服务的情况，包括是否使用和使用频率来描述： ● 在一周内，你是否会喝 5 瓶或 5 瓶以上的饮料 ● 近两年内，你曾经去欧洲度假或经商吗 ● 近两年内，你或你的直系亲属是否有住院并超过一天的
认知程度	对于那些注意到公司广告个体，我们希望探究广告所传达的产品或服务信息

表 13-2 为确定应答者是否合格的过滤性问题的实例

您好，我是________调研机构的________。我们正在实施一项关于家庭使用产品情况的调研，我们可以问您几个问题吗？

1. 在过去的三个月，您接受过关于任何产品或广告的访问吗？
   是　　（终止调查）
   否　　（继续）
2. 过去一个月中您使用过下列哪些洗护发产品？（向应答者展示产品卡片，标出所有提及的产品）
   （1）普通洗发水　（2）去头屑洗发水　（3）护发素
3. 您说上月用过一瓶护发素。在上周您用过护发素吗？
   是（在上周使用）　（若为护发素则继续）
   否（在上周没用）　（终止调查）
4. 您属于哪一年龄组？（勾选年龄指标）
   X　18 岁以下
   1　18 ～ 24 岁
   2　25 ～ 34 岁
   3　35 ～ 44 岁
   X　45 岁以上
5. 以前的调研显示，某些职业的应答人对某一产品的反应与其他人不同。您或您的家庭成员现在有为广告代理商、市场调研公司、咨询公司或制造和销售个人护理产品的公司工作的吗？
   是　　（终止调查）
   否　　（继续）
   （如果应答人同意，邀请他参与并在下面签名）

另外，为了确定总体包括哪些人，通常情况下，重要的是确定那些应排除在外的人的特征。例如，大部分商业市场调查就因为一些所谓的安全性问题而排除某些个体。通常，问卷调查表上的第一个问题就是询问采访对象或其家庭成员是否从事市场调查、广告或者生产与调查内容有关的产品的工作（如表 13-2 中第五个问题）。如果采访对象指出他们从事其中的某项工作，那么就不必要去采访他了。这就是所谓的安全性问题，因为这样的采访对象不保险。他们也许是竞争对手或者为竞争对手服务的。所以，我们不能给予他们关于我们打算干什么的暗示。

此外，排除某些个体还有其他原因。例如，胡椒博士公司就宁愿采访一些在一周内喝 5 瓶或 5 瓶以上各种包装饮料的人，而不愿采访一些只喝胡椒博士的人。因为公司要加深对这些不喝胡椒博士而喝软饮料的人的了解，因此就会排除那些过去一周内经常喝胡椒博士的人。

13.2.2 步骤二：选择资料收集方法

资料收集方法的选择对抽样过程有很重要的影响。信件调查由于低回复率的原因可能会得到具有偏见的结果（本章后面将详细介绍）。电话调查没有那么大的低回复率的问题，但是受到潜在受访者的电话屏蔽手段的使用的影响，以及许多只有手机的人的影响，据最保守估计，目前只有电话的家庭约占 38.2%。互联网调查会受到专业受访者的影响（第 7 章谈到过），同时样本组或电子邮件名单提供的受访者有时不能正确地代表同质样本组。在使用脸谱网、推特以及其他社交媒体平台作为样本来源时，存在同样的问题。

大数据之“大”常使人们忽视数据的代表性。某些情况下，数据由于来源有限而不能代表总体。“大”不能保证其代表性。研究者越来越倾向于由不同的收集方式混合而获得的样本，比如信件 – 电话 – 互联网、互联网 – 短信、互联网 – 社交媒体等。旧的方法已经很难得到回应，我们需要使反馈简便有趣，同时要保证样本具有代表性和结果准确。这个问题会在下面的“市场调研实践 13-2”里深入讨论。

市场调研实践 13-2

将社交媒体融入网上固定样本组

社交媒体可为市场调研提供大量的调查对象，这些调查对象所代表的人群往往与网上固定样本组的人群不一样。社交媒体调查对象的“不一样”和众多数量意味着我们需要找到方法，将其纳入我们的网络调研中。

但是，“不一样”既是资源也是问题。数年来。既有的网上固定样本组已提供众多有价值的数据，新成员的突然加入可能会导致数据不一致，而数据不一致是我们力图避免的。如何添加新调查对象，本书推荐了一个保守慎重的方法。我们需要根据人口统计学单元里存在的固有差异，决定能加入网上固定样本小组的最高比例。

向既有的固定样本小组添加网络新成员时，以审慎保守为佳。这样我们能将最不尽如人意的样本情况也考虑进去，包括样本容量、收入，以及其他由统计学计算得出、抽样中允许的差异量。

网上样本的管理正从完成配额转向关注整体样本架构。“关注样本整体架构”这一方法对样本提供者的一个首要理念——要确保样本中的数据变化真实，而不是由样本源的变化导致，值得使用样本的研究者信赖——非常忠实敏感。样本提供者有责任透明化样本架构，因为只有公开透明，研究者才能知道如何理解这些数据，最终的使用者才能厘清其可信度。

13.2.3 步骤三：确定抽样框

在整个过程中的第三步就是确定抽样框。以往，我们把**抽样框**（sampling frame）定义为总体的数据目录或单位的名单，从中可以抽出样本单位。理想的情况是，我们有一个完整和准确的名单。遗憾的是，通常这样的名单是不存在的。例如，一项研究的总体可以定义为在过去的一个星期里花两个或两个小时以上时间上网的人，但是根本就没有一种计算方法可以完全提供这份名单。在这个例子里，抽样框详细说明了一个可以产生具有希望特征的代表性样本组的过程。因此，很少能够见到抽样框和同质总体具有很好的匹配性。

例如，电话号码簿可以作为某一个电话调查抽样的抽样框，这个调查中的同质总体就是某一个城市中的所有家庭。然而，电话簿不包含没有电话和未公布电话的家庭。一些因素表明，公布电话的居民和未公开电话的居民在一些重要方面的特征可能有很大的区别。很明显，那些不主动提供电话号码的居民有可能是房客，居住在城市中心，最近刚搬家，或者是人口多、孩子小、收入低。在某些产品的购买，拥有和使用等方面，这两类人有很显著的区别。样本框问题将在“市场调研实践专题 13-3”中提到。

在西部大城市非白人和 18 ～ 34 岁的人中，不公布自己电话号码的人是比较多的，这项发现已经被一系列的调查所证实。这个发现的意义很明显，即当样本单位是从电话调查中获得时，还应该包括那些不公布电话号码但是却适合被采访的城市居民。

一种可能就是**随机数字拨号**（random-digit dialing），它可以随机地产生一系列电话号码，这种程序可能是比较复杂的。幸运的是，一些公司（如 Survey Sampling）可以以比较低廉的价格提供随机电话号码样本。关于它们的细节可以访问 www.ssisamples.com/random-digit.html。在抽样领域，形成一个恰当的抽样框经常是调研人员面临的最有挑战性的问题之一。抽样框的问题在之前的市场调研实践板块和接下来的两个案例板块都有所体现。

前面也提到，研究者面临的一个越来越突出的挑战是，越来越多的家庭不再使用座机而只用手机了。目前，只使用手机的家庭几乎达到了 40%。幸运的是，我们可以向提供商，如 SSI，购买移动电话样本。

市场调研实践 13-3

基于地址抽样如何实现样本基本全覆盖

比较而言，基于地址的抽样方法（address-based sampling，ABS）比单纯的电话抽样好。在美国，座机只能联系到 75% 的家庭，使用手机又过于复杂。市场调研公司 SSI 发现 ABS 几乎能捕捉到所有电话抽样的“漏网之鱼”。

SSI 将电话号码数据库与邮箱地址列表相结合——通信地址若有匹配的电话号码，则拨打电话号码，若没有则寄送邮件。SSI 利用美国邮政服务邮递编码档案（U.S. Postal Service’s Delivery Sequence File）和其他个体家庭信息较完整的商业数据库，成功覆盖了 95% 的通邮家庭，其中 85% 的地址配备姓名，55% ～ 65% 地址匹配电话号码，在制作样本时，也可获得人口统计学数据。

手机潮使得电话调查颇为困难。20% 的美国家庭没有座机，20 多岁的美国年轻人尤其不爱使用座机。ABS 不仅能囊括主要或者只使用手机的家庭，比起只用电话进行的调查，还能提供更多地理人口统计学信息和更多的选择。

但是 ABS 也暗含挑战——一般而言，邮政服务花费更高，不同的设计会导致不同的回复率，但这也有相应的解决方式。修改筛选标准，使得邮件投递效率最大化。也可通过核查附加的电话号码来提高准确性和回复率。总之，ABS 能提高回复率，使研究者获得相对更完整的样本，也能让受访者对反馈渠道有选择空间。

问题：

1. 你能想到通过 ABS 也很难收集调查的人口统计细分市场吗？
2. 研究者有哪些方式可以减少邮件调查的费用？

13.2.4 步骤四：选择抽样方法

制订抽样计划的第四步是选择抽样方法。选择哪种抽样方法取决于研究目的、经济实力、时间限制、调查问题的性质。可供选择的重要抽样方法可以分为两大类：概率抽样和非概率抽样（见图 13-2）。

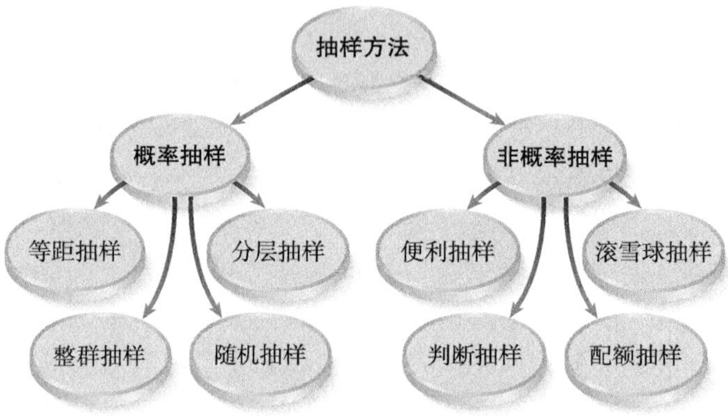

图 13-2 抽样方法分类

1. 概率抽样

概率抽样（probability samples）指在总体中的每个单位都具有同等可能被选中的机会。简单随机抽样是一种众所周知并被广为使用的概率抽样。在概率抽样法中，调研人员必须严格遵守正确的选择程序，即要求避免不合理的或有偏见地选择抽样单位。当严格遵守这些程序时，概率论中的法则都是有效的。这就是说，对于预测的范围来说，样本中的数据可以认为是被允许与总体的实际值有所差异，这个差异被称作抽样误差。网上抽样小组能否提供概率抽样的样本，有很多争论。我们将在接下来的“市场调研实践 13-4”探讨相关问题。

2. 非概率抽样

非概率抽样（nonprobability samples）是指从总体中非随机地选择特定的要素。根据简便易行、减少开支的原则选择总体中的某些要素，可能就会导致非随机性。有目的的非随机调查可能系统地排除或过分强调总体的某些部分。例如，一项要调查所有 18 岁以上的女性意见的调查若在周一至周五的白天通过电话进行，就显然会系统地排除了所有职业女性。

概率抽样较非概率抽样有以下几个优点：

- 调研人员可获得被抽取总体的不同年龄、不同层次的人们的信息。
- 能估计出抽样误差。
- 调查结果可以用来推断总体。例如，在一项使用概率抽样法的调查中，如果有 5% 的被访者给出了某种特定的回答，那么调研人员就可以以此百分比再结合抽样误差，推及总体情况。

另一方面，概率抽样也有一些弊病，最重要的是，同样规模的概率抽样的费用要比非概率抽样高。通常精挑细选的做法不仅增加了调研费用，而且还要有专门的时间对样本进行复核修改。概率抽样比非概率抽样需要更多的时间策划和实施。必须遵守的抽样计划执行程序会大量增加收集资料的时间。

市场调研实践 13-4

单个网络受访群能提供真正具有代表性的样本吗

多个受访群有助于网上研究项目。由于多种原因，获得真正具有代表性的样本并不简单。数据来源单一的情况下，为获得代表性样本，即使研究者采用多种核实方式、人口统计配额及其他策略，筛选方式本身会造成质的差异，或者允许差异扩大。凝聚一个网络社区或者受访群的决定要素（如话题、活动、互动机会等）本身也会造成这种情况。每个社区网上的内容都是特殊的，游客和成员会根据自己体验偏好，选择性加入社区。由于社区成员间经历趋同，差异减少，每个网址之间的差异随之固化（物以类聚，人以群分）。

因而，研究者不能认定任何网上受访群落可以作为精准的概率统计样本，用以调查美国成人或者网络公民总体。结果，内在的差别（性格特点、价值观、控制点等）、外在的差别（参与受访群的时间、参与研究的频率等）都会影响对受访群落之反馈的衡量诠释。为控制样本中的内因分布，同时尽可能随机化外因，研究者需从多个受访群落里随机挑选。

纽约 Gfk 卓越研究中心（Gfk Research Center for Excellence）进行实验，观察不同受访群落间个人内外差异分布的不同。从五个不同的受访群落中以不同方式筛选出受访人，用回归分类法根据受访人上网驱动器的简介将他们秘密分为五类消费者。

研究者随后测试哪些内在特点会出现在多个类别中，结果是一个内在特点最多会出现在三种消费者类别里。而且，各个受访群落里，每个消费者类别的集中度差异很大。

各个消费类别呈现出人口统计学分布的差异。其中一类性别分布明显不均匀，有两类成员年龄集中，这两类中一类年轻人较多，另一类年龄大的较多。

总之，Gfk 的研究显示了不同的受访群落存在诸多差异。随着该研究的深入，最新发现也促使调研人员不得不警惕起来，尤其是在选择、留用受访者的策略上和在确定受访群落的数量和敲定受访群落上。

问题：

1. 为得到一个真正具有代表性的样本，如果一个受访群落不够，你认为需要多少个受访群落供你挑选样本呢？为什么？

2. 生成样本时，你觉得该如何解释所涉及的外在特点？

13.2.5　步骤五：确定样本容量

一旦选定抽样方法，下一步就是要确定合适的**样本容量**（sample size）。关于这个问题将在第 14 章详细阐述。对非概率抽样，通常我们仅依靠可得预算、抽选规则、子集量分析来决定样本量。然而，就概率抽样而言，需要在允许误差的目标水平（抽样结果和总体指标的差异）和置信水平（置信区间的概率，置信区间是样本结果加减允许误差形成一个涵盖总体真值的范围）下计算样本量。如前所述，基于样本指标推测总体指标是概率抽样的主要优势。

13.2.6 步骤六：制定选择样本单位的操作程序

无论使用概率还是非概率抽样，在一个项目的资料收集阶段必须指定和明确选择样本单位的操作程序。对于成功的概率抽样来说，这个程序更为重要，必须详细清晰，不受访问人员的干扰。若不能制定合适的选择样本单位的操作程序，则整个抽样程序会陷入困境。表 13-3 提供了一个适于操作的抽样计划。

表 13-3 适于操作的抽样计划

以下指南是有关你在某个街区访问时应该走的路径。在城市中，这可能是一个城市街区；在农村，街区可能是一块被道路包围的土地
1. 如果在你的路线中遇到死胡同，继续沿这条路或街道的另一面向反方向走。在可能的地方右转，每隔两户住家访问一户
2. 如果你沿着街区走了一圈，又回到了出发点而没有完成列出的电话簿上家庭的四个访问，那么你可以试着访问起点的那一家（这种方法很少用）
3. 如果你调查了整个街区，还是没有完成所要求的访问，则继续从街（或乡间小路）对面最近的第一个住户开始。只要这个地址在你的纸上的第一个“×”旁出现，就把它当作你所在区域的街道中的另一个地址，并访问这一家。如果不是，就访问这家左边的一家。永远遵守右手法则
4. 如果这一地区街对面从第一号开始都没有住户，在第一号对面的街区转一圈，并遵循右手法则（这意味着你将按顺时针方向在街区转一圈），然后沿路线每隔两户访问一户
5. 在起始门牌号对面的临近的街区绕过一圈后，如果你还没有完成所需的访问，就按顺时针方向，在下一个街区访问
6. 如果第三个街区的住户数不够完成你的任务，就继续几个街区直到要求的户数完成为止，这些区要按照顺时针方向绕原有的街区来找

资料来源："Belden Associates Interviewer Guide" reprinted by permission. The complete guide is over 30 pages long and contains maps and other aids for the interviewer.

13.2.7 步骤七：实施抽样计划

在实施适于操作的抽样计划前，应先对其进行讨论研究。这一步很重要，应包括检查，确定是否要根据拟定好的详细程序来实施计划。

13.3 抽样误差和非抽样误差

请假想一种情景：我们的目标是估计智能手机用户群体每天使用智能手机的平均分钟数，如果可以获得总体中每个人的确切信息，我们就可以计算出总体参数每天平均使用智能手机的分钟数。**总体参数**（population parameter）是定义总体真实特征的数值。假定 μ（总体参数，平均每天使用智能手机的分钟数）是 65.4。正如已经讨论的那样，要调查总体中的每个人不总是可行的，但是研究人员会抽取样本，并根据样本的调查结果对总体参数进行推测。本例中，研究人员可能会从几百万的总体中抽出 400 份样本，根据样本数值得到总体平均每天使用智能手机的分钟数的估计值（ε）。假设该样本的平均数值是 64.7 分钟 / 天。第二份随机样本从同一个整体中抽出，得出的平均值是 66.1 分钟 / 天。可能会有更多样本被抽出来计算，可以算出所有样本数值的平均数，我们会发现，大多数情况下这个所有样本的平均数与真实的总体数值很接近，但并不完全一样。

样本结果的准确性受到两种误差的影响：一种是抽样误差，另一种是非抽样误差（测量误差）。下列公式描述了在估计总体平均数时对这两种误差的影响。

$$\overline{X} = \mu \pm \varepsilon_s \pm \varepsilon_{ns}$$

式中　$\overline{X}$——样本平均数；

μ——真正的总体平均数；

ε_s——抽样误差；

ε_{ns}——非抽样或测量误差。

抽样误差（sampling error）是指所选样本的结果不能完全代表总体而导致的误差。有两类抽样误差：随机误差和管理性误差。管理性抽样误差涉及执行抽样的问题，即样本的设计和执行中有缺陷而不是样本不能代表总体。这类误差能在样本设计和执行中通过小心谨慎而避免或使之极小化。随机抽样误差是由于偶然事件引起的，是无法避免的。这类误差只能依赖增加样本量使之缩小，但不能完全消除。**非抽样误差**（nonsampling error）或**测量误差**（measurement error）是在研究过程中由于计算的不准确和偏见等原因产生的不同于抽样误差的各种误差。

市场调研实践 13-5

从网上固定样本组抽样和收集数据

米歇尔·多德，AT&T 公司战略客户的洞察与研究部门主管

第一次报价，第二次报价……敲定了，承包给报价最低的网上样本组团队！

寻求网上样本组团队进行合作就这么简单吗？才不是呢。选择和一个或多个样本组团队合作完成一个项目需要考虑多重因素。

首先，要拿到他们的标书。我们需要尽快拿到标书，标书到手就成为项目方案的一部分。方案的可行性和费用会影响你对数据收集方法的意见。有些网上样本组团队反应非常迅速，标书很快就能上交，有些得过两三天。我们必须向样本组提供的信息包括：调查对象的地理区域、预计调查时长，以及他们需达到的合格率。如果你要在很短的一段时间内（一周内）完成数据收集，那么这一点也得交代清楚。

接下来，需要考虑你自己之前和这些样本组合作的经验。他们的标书真实性如何？他们能一贯坚持甚至超过其预计的可行性吗？他们倾向于夸大其词，最后你得手忙脚乱另谋他法重新收集数据吗？他们的团队中是否有较多违规赶进度、重复回应或虚假回应的成员？项目经理及时回复你的问题并能随时告知进度吗？

现在我们有多个样本小组的标书，那该如何挑选呢？比较紧要的一个标准是，看其中有没有一个样本组能独立实现你所有的配额要求。能独立满足研究需要的一个样本小组要比多个小组更好，主要是为了实现配额和降低样本中重复回应的概率。如果你面对一个受限的地理区域和 / 或范围小，那为了达到配额要求，你很可能就要使用多个样本组。

如果够幸运，有多个样本组能够独立满足配额要求，那么就该考虑费用和客户服务了。如果你坚信每个小组能独立满足配额要求，那么你就会选择每场访谈花费（cost per interview，CPI）最少的小组。但是，我们也不能忽视客户服务这一点，大多数样本小组的项目经理都非常尽责，帮你在所需时间内测试、发起和完成研究。但是，如果项目进行中，你挥汗如雨还在担心能不能满足配额要求或者跟上进度，那么长远来看，低价格并不值得。

数据收集阶段结束后，你可能还需要附上从第三方获取的数据（比如 Acxiom 或 Knowledge Based Marketing），以补充或促进分析，并非所有网上样本小组都会这样做，有些网上样本小组不提供组员的姓名和地址信息，其他的可能有信息但不会公布。如果这是你项目的一项要求，则很有必要在前期和你的样本组合作伙伴商量好，让他们提供参加项目的组员信息。

13.4 概率抽样方法

如前面提到的，随机抽样中总体中的每一个要素都有同样的可能性被选中。有四种概率抽样方法：简单随机抽样、等距抽样、分层抽样和整群抽样。

13.4.1 简单随机抽样

简单随机抽样是最完全的概率抽样。在简单随机抽样下，抽样概率公式为

$$抽样概率=\frac{样本单位数}{总体单位数}$$

例如，如果总体单位数是 10 000，样本单位数是 400，那么抽样概率为 4%，计算过程为

$$0.04=\frac{400}{10\,000}$$

如果一个抽样框是可以得到的，那么调查人员可以选择**简单随机抽样**（simple random sample）方式，步骤如下：

（1）对总体的每个单位进行编号，总体单位数为 10 000 的总体编号为 1 ～ 10 000。

（2）在随机数表中（见附录 C 中表一）从任意的一个编号开始向上数或者向下数或者跳跃数选编号。在 1 ～ 10 000 选出 400 个（样本单位数），从明确了具体的总体元素的表格中选出的数字将包括在样本中。

简单随机抽样的优越性在于，它看起来简单，并且足以满足概率抽样的一切必要的要求，保证每个总体单位在抽选时都有相等的被抽中机会。简单随机抽样以一个完整的总体清单为依据，在现实中编制这样一个完整的表是极其困难的，也是不可能做到的。简单随机抽样可以通过电话随机拨号功能完成这个步骤。样本也可以从顾客名单等计算机文件中获得，选择随机样本的软件程序也容易获得或编写，能够满足所有必要的要求。

13.4.2 等距抽样

等距抽样（systematic sampling）经常作为简单随机抽样的代替物使用。由于其简单，所以应用相当普遍。等距抽样得到的样本几乎与简单随机抽样得到的样本相同。等距抽样是一种折中妥协的方式，并不严格满足随机抽样的规则，其产生不具代表性的样本的可能

性虽小但也存在。

使用等距抽样，必须首先对总体进行编号，这一点与简单随机抽样一样。调研人员必须决定一个样本距离，并在此基础上选择样本，样本距离可通过下面公式确定

$$样本距离=\frac{总体单位数}{样本单位数}$$

例如，假设你使用本地电话簿并确定样本距离为 100，那么从 100 个中抽取一个组成样本。这个公式保证覆盖了总体。

等距抽样起点的选取也应是随机的。例如，如果你正在使用一本电话簿，必须随意取出一个号码决定从该页开始翻阅，假设从第 53 页开始，在该页上再选另外一个数从该行开始。假设选择从第三行开始，最后在该行选一个数，这就决定了实际开始的位置。假设从第 17 个数开始，那么以此为起点，样本距离就确定下来了。

等距抽样方式相对于简单随机抽样方式最主要的优势就是经济性。等距抽样方式比简单随机抽样更为简单，花的时间更少，并且花费也少。使用等距抽样方式最大的缺陷在于总体单位的排列上。一些总体单位数可能包含隐蔽的形态，调研人员可能疏忽，把它们抽选为样本。然而，这种缺陷在使用字母表时可以被消除。

13.4.3　分层抽样

分层抽样（stratified samples）是一种卓越的概率抽样。具体程序是：

（1）把总体各单位分成两个或两个以上的相互独立的完全的组（如男性和女性）。

（2）从两个或两个以上的组中简单随机抽样，样本相互独立。

总体各单位按主要标志加以分组。尽管一些作者指出，分层抽样的要求没有指明分组标志，但是根据常识的判断，分组的标志与我们关心的总体特征相关。例如，如果你正在进行一次政治民意调查，要预测选举结果。结果表明，男性和女性的投票方式大不相同，那么性别是划分层次的恰当标志。如果不以这种方式进行分层抽样，分层抽样就得不到什么效果，花再多时间、精力和物资也是白费。前面的例子中，将性别作为分层抽样的标志，我们得到男、女两组，各组都完全独立。在一组中（男性组或女性组）保证每个总体单位都有被选的机会，没有哪些单位是不能被抽中的。第二步就是进行简单随机抽样，在每个组中独立进行。

分层抽样与简单随机抽样相比，人们往往选择分层抽样，因为它有显著的潜在统计效果。也就是说，如果我们从相同的总体中抽选两个样本，一个是分层样本，一个是简单随机样本，那么相对来说，分层样本的误差更小些。另一方面，如果目标是获得一个确定的抽样误差水平，那么更小的分层抽样将达到这一目标。由于排除了一种变差的来源，所以分层抽样在统计上更为有效率。

如果分层抽样统计更好，为什么不一直使用这种方式呢？有两个原因。首先，将样本适当划分层次所需的信息通常是得不到的。例如，几乎没有人会找到某种特定产品的消费者的人口统计特征。注意，我们强调的是“适当”分层。要适当分层并得到分层的好处，必须选择使得各层次间存在明显差异的因素为分层基础。如果不能定义这样的因素，样本

就不能被适当地分层。其次，即使必要的信息是可以得到的，但是从所得信息的价值看，分层所需时间和费用不划算。

对于简单随机抽样，调研人员完全依照概率法则抽取总体中有代表性的样本；对于分层抽样，调研人员按照各组总体单位数占全部总体单位数的一定比例来抽取样本，某种程度上更有代表性。例如，调研人员可能了解到，尽管男性和女性有同等可能成为某种特定产品的使用者，但是女性更有可能成为产品的重度使用者。在设计一个方案分析产品消费模式时，抽取的样本中如果女性没有被合理地代表性会导致得到片面的消费模式认识，假设女性占总体的 60%，男性占总体的 40%。即使每件事都做得完全正确，但是简单随机抽样的程序可能会抽到这样的样本，女性占 55%，男性占总体的 45%，这样的结果是由于样本的波动。当我们将一枚硬币掷 10 次的时候也会有这种误差。正确的结果是 5 次正面和 5 次背面，但是大部分时间我们得到的结果不是这样。同样，即使设计正确和操作简单的随机抽样，也不可能从女性占 60% 和男性占 40% 的总体中恰好抽取到一个含 60% 女性和 40% 男性的样本。然而对于分层抽样，调研人员可以控制样本含 60% 的女性、40% 的男性。

实现正确的分层抽样有以下三个步骤：

（1）辨明突出的（重要的）人口统计特征和分类特征，这些特征与所研究的行为相关。例如，研究某种产品的消费率时，我们有理由相信男性和女性有不同的平均消费比率。为了把性别作为有意义的分层标志，调研人员肯定能够拿出资料证明男性和女性的消费水平明显不同。用这种方式可以识别出各种不同的显著特征。调查表明，一般来说识别出六个重要的显著特征后，再增加显著特征的辨别对于提高样本代表性就没有多大帮助了。

（2）确定每个层次占总体的比例（如果性别已被确定为一个显著的特征，那么总体中的男性占多少比例，女性占多少比例）。利用这个比例，可计算出每组（层）中应抽取的人数。当然，在做最终决定之前，还要确定是否按总体比例或者不按总体比例分配样本或者最优分配。

在**按比例分配**（proportional allocation）方法下，样本各组比例与总体各层比例相同。这种方法下，样本按照 n/N 的公式（n 为该层的样本数，N 为总体的样本数），从各个分层中抽取。

非比例分配（disproportional allocation）或**最佳分配**（optimal allocation），能产生最有效的样本，并为样本量提供最精确的和最可靠的估计。这种方式需要一个双重方案：其一，考虑样本容量中各组比例与总体各层比例相关；其二，样本容量中各组单位数的样本还要考虑总体各层之中共有特征的离差（变差）。前者固然重要，它涉及对总体样本数的估计；后者对总体某个变异较大的层，通过扩大其在样本量中的比例，可提高样本的代表性，减少费用，相应也提高了估计的准确性。如果总体各层中变异（标准差）相同，比例抽样和非比例抽样就没有很大的不同。

（3）调研人员必须从每层中抽取独立简单随机样本。现实中，这个步骤可以以不同方式完成。假定分层抽样计划要访问 240 位女性和 160 位男性。样本从包括男性和女性的总体中的抽取，在访问过程中对被访的男性和女性的人数进行跟踪。在访问过程中的某个时点，可能访问了 240 位女性和 127 位男性。自此以后，只访问男性，直到达到 160 人的目标。按这种方式，样本中男性和女性的比例将达到与第二步中的要求一致。

分层抽样在市场调研中并不像人们想的那样使用频繁，因为我们往往预先得不到给样本分层的必要信息。分层不能建立在猜测或预感的基础上，而应建立在对总体特征及其内部变量关系和所调查行为的充分认识的基础上。分层抽样经常被用在对政治选举和大众媒体的研究，在这些领域，研究者更情愿也更容易掌握分层的必要信息。

13.4.4 整群抽样

迄今为止，我们讨论的抽样类型全部是按单位抽取，即按样本单位数，分别一个一个地抽取。在**整群抽样**（cluster samples）中，样本是一组单位一组单位地抽取。这里有两个步骤：

（1）同质总体被分为相互独立的完全的较小子集，如地理区域。

（2）随机抽选子集构成样本。

如果调研人员在抽中的子集中观察全部单位，我们就有了一级整群样本。如果在抽中的子集中再以概率方式抽取部分单位观察，我们就有了二级整群样本。分层和整群抽样都要将总体单位分为相互独立的完全子集。它们的区别是，分层抽样的样本是从每个子集中抽取，而整群抽样则是抽取部分子集。全部观察一级样本或者先抽取部分自己再在抽中的自己中抽取部分单位，取得二级样本。

所有概率抽样法都需要列举或提供一些已经组织好的关于目标总体所有单位的统计表。在整群抽样中，研究人员开发出了不需列举所有单位而只需列举子集的抽样框。抽取子集后，再列举其内部单位统计表，最后取得样本。

地理区域抽样是整群抽样的典型方式。挨门挨户去调查一个特定城市的调研人员也许会随机抽选一些区域，较集中地访查一些群体，大量减少访问时间和经费。整群抽样被认为是概率抽样技术，因为它随机抽出群和随机抽出单位。

在整群抽样下，我们假定群中单位与全及总体一样存在着异质性。如果一群中单位的特征非常相似，那么就违反了这个假定。在上面的例子中，由于共同环境使群内差异小而群与群之间差异大。一般来说，要解决这个问题可以扩大群数，然后从各个群中抽取少量单位数，以保证样本的代表性。

另外一种类型是**多级区域抽样**（multistage area sampling）或**多级区域概率抽样**（multistage area probability sampling），它包括三个或更多的步骤。这些类型被应用于覆盖广阔区域的全国性调研。在这种抽样方法下，调研人员随机抽取相对较小的区域。删去挨家挨户社区整群抽样例子。

从统计效率的立场上看，一般来说整群抽样的效率没有其他类型高。换言之，一组一定大小的整群样本，将比一组简单随机样本或一组同样大小的分层样本有更大的抽样误差。我们用下面的例子来说明这种方法的高成本绩效和低统计效率。研究人员需要在某个特定的城市选取一个由 200 个家庭组成的样本来进行家访。如果这 200 个家庭是通过简单随机抽样抽取的，它们会散布在整个城市之中。但通过整群抽样可以抽取城市中 20 个住宅区并从每个区中抽取10户人家来家访。容易看出，整群抽样可以大大降低费用，采访者不必花费大量时间穿梭于遍布整个城市的各个被采访的对象之间。然而，简单随机抽样的抽样误差却小一些。散布在整个城市的200户家庭，提高了得到一组涉及各个方面被访者代表性的可能性。相反，如果采访仅仅在城市中选定的住宅区中进行，那么就有可能错过、夸大或降低某些宗教、经济或社会团体的代表意义。

如前所述，整群抽样没有简单随机抽样的统计效率高。简单随机抽样也可以视为一种特殊的整群抽样，其中样本量与群数相当，从每个群中选一个样本单位。在这一点上，整群抽样的统计效率和简单随机抽样相同。从这一点开始，我们减少群数并增加每个群样本单位数，整群抽样的效率就会衰减。在另一种极端情况下，我们只选择一个群并从中抽选所有的样本单位。例如，可以在城市中选取一个相对小的地区，在那访问200人。如果这种方式能都抽出代表整个居民的样本，那么，工作也太容易了！

由于现在当面访谈的作用不大，以费用划算为主的整群抽样，也受到人们的冷落。

13.5 非概率抽样

一般而言，任何不满足概率抽样要求的抽样都被归为**非概率抽样**（nonprobability sample）。非概率抽样的缺点是，不能计算其抽样误差，这意味着评估非概率抽样的总体质量有很大的困难。我们知道它们不满足概率抽样所必需的标准，但问题是它们脱离标准有多远？资料的使用者必须对非概率抽样进行评估。评估应该建立在对非概率抽样方法论仔细评价的基础上。那么使用的方法是否能够覆盖目标总体的各个部分？或者样本是否无目的地倾向于一些特殊方面？这些是仔细评估时必须考虑的。经常使用的有四类非概率抽样：便利抽样、判断抽样、配额抽样和滚雪球抽样。

13.5.1 便利抽样

顾名思义，**便利抽样**（convenience samples）是因为便利。如菲多利（Frito-Lay）公司的研发部门经常让员工对其开发的新产品进行初步测试。固然这个方法看上去会有很大的偏差，然而他们不要求员工评估现有的产品或与竞争对手的产品进行比较。他们要求员工提供总的感觉（如成色、脆度、油腻度等）。在类似的情况下，便利抽样是获取必要信息的有效而实用的方法。在进行试探性调研时，即缺乏经验而又需要真实数据的近似值时，这种方法很实用。

有人认为，与概率抽样相比，便利抽样应用比率增长得很快，其原因是在低发生率和难以分类情形下消费者数据库的可获得性。例如，一家公司开发出一种新型脚癣治疗仪，并且需要在受疾病困扰的人中做一次调研。它发现这些人仅占人口的4%，这表明在电话调研中，调研人员在找到一个忍受脚癣痛苦的人之前，不得不与25个人交谈。一个变通的办法是努力取得一个已知目标者（忍受脚癣痛苦的人）名单。这样，调研成本和所需时间就会大大减少。尽管一个名册中也许会包括哪些购买产品时使用优惠券的人，公司仍甘愿以低成本快速获得低质量的样本。

13.5.2 判断抽样

判断抽样（judgment sample）适用于调研人员基于选择标准抽取典型样本的任何情形。购物中心进行的大部分市场或产品测试调研基本上都属于判断抽样。就市场测试而言，是选择一个还是几个市场需要看它们能否代表全及总体。为调研产品味道而选择购物中心取决于调研人员的判断。特殊的购物中心会吸引不同的消费者，而这些人恰好是某种被调研产品的既定调研群。

13.5.3 配额抽样

配额抽样（quota sample）是根据一定标志对总体分层或分类后，从各层或各类中主观地选取一定比例的调研单位的方法。所谓“配额”是指对划分出的总体各类型都分配给一定数量而组成调研样本。因而，配额抽样较之判断抽样加强了对样本结构和总体结构在“量”的方面的质量控制，能够保证有较高的代表性。配额抽样类似于随机抽样中的分层抽样。不过两者有两点重要的区别：首先，配额抽样的被调研人员不是按随机抽样原则抽出来的，而随即抽样必须遵守随机原则；其次，在分层抽样中，用于分类的标志，应联系研究目标来选择，而配额抽样无此要求。配额抽样中调研人员进行分类的关键因素是基于调研人员个人的判断。

13.5.4 滚雪球抽样

滚雪球抽样（snowball sample）是指通过使用初始被调研人员的推荐来挑选另外的被调研人员的程序。这种方法主要用于低发生率或少见的总体中进行抽样。至于低发生率或者少见的总体，是指全及总体中所占比例很少的那一部分。要找到这些少见总体中的个体，代价是很大的，使得调研人员因为费用的原因不得不使用利于滚雪球抽样那样的技巧。例如，某保险公司可能想得到过去 6 个月从健康保险转入康复组织的全国性个体样本，为了找到符合条件的 1 000 个样本，可能需要在全国范围内进行大量的调研。然而，若先取得特征总体中 200 个最初样本单位，平均从每个最初调研人员那里得到另外 4 个人的名单，以此来完成这 1 000 个样本单位就经济多了。

滚雪球抽样的主要优点是调查费用的大大减少，然而这种成本的节约是以调研质量的降低为代价的。整个样本很可能有偏差，因为那些个体的名单来源于那些最初调研过的人，而他们之间可能十分相似。结果，样本可能不能很好地代表整个总体。人们普遍认为，以推荐方式接触到的被调研人员数量应该有所限制，但是并没有具体的界线。另外，如果被调研人员不愿意提供人员来接受调查，那么这种方法就会受阻。

13.6 互联网抽样

我们在第 6 章详述过，互联网访问的优点是十分引人注目的：

- 目标受访者能够更方便地依照自身情况完成调查——深夜、周末或者其他合适的时间。
- 数据收集更加廉价。一旦基本的运营经费和其他固定成本被解决了，调研本质上对样本数量的变化就不那么敏感了。数以千计的访问可以以每次不到一美元的数据收集价格进行。这种低成本效果某种程度上也许会被向受访者提供激励的需要所抵消。相比较而言，一项针对占目标群体 50% 人口的 10 分钟电话访问每次可能会花费 15 美元或更多。数据输入和数据处理花费显著地减少了，因为受访者实际上帮助调研人员进行了数据输入的工作。

- 调研可以在软件控制下进行管理，这使得调研能够衔接上调过的过程或者做其他有意义的工作。
- 可以很快地完成调研。一天内就可以进行数百甚至数千的调研。

越来越多的研究表明，如果使用 SSI 和 Research Now 公司旗下样本小组在网上进行的调研，其结果可与电话调研结果相媲美。越来越多的研究者将网上数据与电话、邮件等其他方式得出的数据结合使用，以克服单一研究方法的不足。接下来的“市场调研实践 13-6”将继续探讨这一话题。

市场调研实践 13-6

构建多元样本是如何改善研究结果的

大多数研究者更倾向于从单一数据源获取样本，然而在很多情况下，仅从单个数据源很难获得真正具有代表性的样本。SSI 公司采用多元样本源：样本小组、网络访问流量以及共同利益小组（aligned interest groups），得到了比单一样本源质量更好的数据。

使用多元样本源有两大好处：①能够捕获不愿加入样本组的人的意见；②提高非均一性。然而，样本源多样化后，我们需要弄清楚每个数据源的倾向性和不足，并加以控制，才能提高样本质量。未达到这一目的，唯一的方法就是弄清楚倾向性和不足的形成原因。例如，只使用样本组，我们就会漏掉一部分不愿加入样本组但是意见很宝贵的受访者。

研究者还须保证样本的一致性和可预见性。研究表明，控制人口统计和其他传统平衡因素，并不总能解释不同样本源迥异的特点所造成的差异。人口统计配额也许行得通，但那只在所选分层与问卷话题直接相关的情况下。将样本源与外部基准相比较也可以提高其一致性，但多数情况下，这些基准并不是现成的。

SSI 对数据源的差异研究表明，比起传统的人口统计学变量，心理学和神经学变量对不同样本源差异的影响力更大。但是，这些变量并不总能解释所有的样本源差异，为多元样本内部的一致性，研究者必须继续钻研实验。

SSI 为创建多元样本提供以下的建议：

- 考虑加入一些刻度性问题——找出你与你研究话题相关的外部基准。
- 理解你所用样本的混合技巧——将所用的样本处理与质量监控方式告诉你的样本提供方。
- 了解你的样本源——询问你的样本提供方如何维护样本质量。
- 提前计划——在一开始就考虑到样本计划。
- 确保受访者对研究体验很满意——需要注意的是，较高的无回复率和未完成率也能产生偏向性。

问题：

1. 在创建混合样本时，除了以上谈到的变量，你还能想到哪些其他变量？

2. 你觉得混合样本有用吗？如果有用，你会选择使用吗？有没有单个样本源更有效的情况？为什么？

本章小结

总体或全域是指能够提供信息的一群人的总和。普查指从同质总体的每个个体处收集令人满意的信息。一个样本仅仅是总体的一个子集。制订抽样调查计划的步骤如下：定义同质总体；选择资料收集方法；确定抽样框；选择抽样方法；确定样本容量；制定选择样本单位的操作程序；实施抽样计划。抽样框是指列出总体中各个总体名单的方法，样本就是从中抽出来的。

由于概率抽样法是按随机原则抽选样本，以至于总体中的每个单位都可以按已知非零的概率被抽中。非概率抽样调研法包括按非随机原则从总体中选择特定单位的各种方法。概率抽样法有一些非概率抽样法所没有的优点，包括信息来源于总体中具有代表性的各个层次，抽样误差可被估计出来，并且可以用调研结果来推断总体。然而，概率抽样法的费用比非概率抽样法高，并且通常需用更多的时间来设计和实施调研。

抽样调研结果的准确度是由抽样误差和非抽样误差决定的。抽样误差是因为样本不能完全代表总体特征造成的。有两种形式的抽样误差：随机误差和管理性误差。随机抽样误差是由于偶然事件引起的、是无法避免的，只能通过增大样本容量来减少误差。

概率抽样方法包括简单随机抽样、等距抽样、分层抽样和整群抽样；非概率抽样包括便利抽样、判断抽样、配额抽样和滚雪球抽样。当前，互联网样本多为便利性样本，这种状况在未来随着更好的电子邮件抽样框的出现将得到改变。

复习思考题

1. 在哪些情况下普查优于抽样调研？为什么人们通常选择抽样调研而不选择普查？
2. 设计一个抽样方案，调研商科大学生对于互联网广告的态度。
3. 给出一个理想抽样框的例子。为什么一个具体城市的电话号码簿通常不能作为可用的抽样框？
4. 区分概率抽样和非概率抽样，它们各有哪些优劣？为什么在市场调研中非概率抽样受欢迎？
5. 区分整群抽样、等距抽样和分层抽样，各举一个例子。
6. 分层抽样和配额抽样有哪些不同？
7. 美国国家银行有1 000个客户，经理想从中抽取100个进行抽样调研。如果用等距抽样应该怎样去做？如果名单是按照平均存款额顺序排列的，这会对抽样技术有影响吗？如果有，有什么影响？
8. 假定电话号码簿是某项研究可接受的抽样框，你能发现从电话号码簿中抽取等距样本有什么问题吗？
9. 叙述滚雪球抽样法。举一个例子，讲述你可能用到这种抽样法的情况，并指出这种抽样法有什么危险？

10. 给下列情况列举概率抽样框：
    a. sushi 酒吧的顾客
    b. 抽高价香烟的人
    c. 滑雪的人
    d. DVD 播放机的持有者
    e. 在去年去过一个或多个欧洲国家的人
    f. 在过去两年移民到美国的人
    g. 长粉刺的人
11. 辨别下列抽样设计：
    a. 200 个娱乐场所光顾者的名单是从上个月光顾者名单中抽出来的，对他们进行问卷调查。
    b. 电台节目主持人请听众打电话进来，就禁枪问题以“是”或“否”的方式发表意见。
    c. 一狗食制造商想测试一狗食新产品，他决定选择 100 个用罐装食品喂养狗的狗主人，选择 100 个使用干食喂养的狗主人和 100 个用半干食品喂养的狗主人进行调查。
    d. 一个民意测验是让打高尔夫球者来预测一次总统选举的结果。

调研实例 13-1

市场调研集团

国家互联网服务供应商联合会雇用了市场调研集团（RG）来弄清以下问题：

- 哪些具体因素促使人们选择某个特定的互联网服务供应商（ISP）？
- 家庭用户和企业用户在选择 ISP 时，有哪些不同的考虑因素？
- 为什么人们选择某一个 ISP 而不选择其他的？去年有多少人更换了他们的 ISP？为什么他们要更换 ISP？
- 他们对其现在的 ISP 满意度如何？
- 用户知道或关心其 ISP 是否是全国互联网服务供应商协会会员吗？
- 使用者还想从 ISP 处得到哪些增值服务？（例如，为问题和麻烦提供电话支持。）

RG 以低于其他三家公司的出价得到了这一合同，实际上它的出价比第二最低价低了 25% 以上。RG 之所以报出这一最低价是与它的抽样方法有关的。在方案中，RG 指明用大学生来收集资料、它计划从全国随机选出 20 所高校，与其市场营销系负责人取得联系，要求他呈递一份有兴趣赚取额外收入的 10 个学生的名单。最后，调研组分别与这些学生取得联系，从每个学校选择 5 个学生来完成 10 份完整的调查问卷。每完成一份问卷，学生将获得 10 美元报酬。选择合格被调研人员的唯一要求是“现在他们必须是 ISP 的活跃用户”。调研组计划建议学生采取最简单的办法，就是在午餐时间到学生会或学生活动中心挨个问他们是否有兴趣参加这项调研。

问题：

1. 你怎样描述这种抽样方法？
2. 这种方法将产生什么问题？

3. 给全国互联网服务提供商协会建议另外一个能获得更满意信息的抽样调查法。

调研实例 13-2

社区银行

社区银行（Community Bank）职员乔·斯图亚特接到该银行董事会的任务，让在他们服务的社区进行一场市场调研。社区银行有五个支行，分布在一个都市区，所服务的顾客主要是中等规模的商家，满足顾客的特殊需求是该行的一大优势。社区银行很好地绕开大型国家银行所用的单一无差异的策略，还比同地区的竞争对手做得更灵活。

然而，该银行的增长在放缓，董事会和高层管理者觉得该在顾客中进行市场调研，以发掘新的商机。他们认为在专注于商家的时候，他们忽略了一些的商机。一些董事会成员和高层管理者大学时上过几节市场调研的课，他们最初的计划是在顾客中进行随机抽样。

乔用 Excel 做研究后有了一些发现。例如，如果他们进行随机抽样，则只有 3.8% 的受访者年收入大于或等于 200 000 美元，这个数据与美国最新的人口普查得出的比例数是相通的。由于社区银行拨下的预算只能采集 1 000 份样本，那么年收入大于或等于 200 000 美元的样本中只能有 38 个人。其他关键分组也是这样，乔总觉得这些关键分组的样本容量太小，由这个样本容量得出的研究结果不足以使人信服。

问题：

1. 有其他抽样方式能够更好地满足社区银行的需要吗？那是什么抽样类别？将如何更好地满足其需要？

2. 假设乔认为你在问题 1 的答案中给出的方式更好，他要怎么使董事会和高层管理者信服，并采用你的建议呢？

3. 该银行所寻求的关键分组的样本容量应该为多大？你的回答依据是什么？

第 14 章

Chapter 14

样本容量的确定

□ 学习目标

1. 理解正态分布
2. 理解总体、样本及样本分布
3. 学习如何计算均值的抽样分布
4. 学会如何确定样本容量
5. 理解如何确定统计功效

14.1 概率抽样中样本容量的确定

确定概率抽样的样本容量过程会涉及财务、统计以及管理的问题。通常来说，样本容量越大，所产生的抽样误差就越小。然而，大样本意味着高成本，而且对于一个项目而言，它所能使用的资源通常是有限的。虽然抽样成本会随着样本容量的增加呈线性递增（样本容量增加一倍，抽样成本就会增加一倍），但是抽样误差却只能以样本容量的增长速度的平方根的速度递减。如果样本容量翻两番，资料收集成本也会相应地翻两番，但是抽样误差的水平只能下降 50%。

管理问题和研究目的必须在样本容量的计算中有所反映。要求多高的估计精度，管理所要求的实际总体的置信水平是多少？有些情况要求在较小的误差范围内有较高的精确度（抽样误差比较小），当总体值落入较小的置信区间时，要求总体值有较高的置信水平。有些情况可能并不要求同样的精确度或是置信水平。

在线访谈、互联网抽样小组和社交媒体驱动抽样的影响下，样本容量得到扩大，可用性提高。接下来的“市场调研实践 14-1”中，我们看看哪些研究结论可以由样本容量便捷经济地得到。每个工作日都会有 4 300 名消费者接受访谈，我们可以及时获取关键指标的精确数值。

市场调研实践 14-1

“超级碗”真正的影响：极大提升了顾客购买欲的品牌

舆观品牌指数（YouGov BrandIndex）的一项新研究表明，人们可能喜欢百威在“超级碗”的广告——“狗碗”（Puppy Bowl），但人们看完广告后并不会更想消费。而 M&M’s

巧克力豆广告则会大大提高购买率。

“喜欢一个有创意而且令人发笑的广告和想去店里买这个广告产品还是很有差别的。”舆观品牌指数的首席执行官泰德·马资力（Ted Marzilli）表示。

舆观品牌指数称，每个工作日会有 4 300 人接受访谈，他们来自一个网上样本小组，该小组具有美国总体的代表性。舆观品牌指数在比赛前和比赛后针对“超级碗”广告做了相关计算。结果表明，百威、Godaddy、多力多滋和微软，比其他广告客户更能吸引人们的注意力，给人们留下积极印象，但这四个品牌里只有多力多滋挤进了顾客购买欲提升最高的公司前 10 名。

马兹利先生说，对于 M&M’s、多力多滋以及其他类似吉普的品牌来说，哪怕是这样的影响日后也难说。他说：“我们的研究只关注‘超级碗’赛后两天的情况，这个研究没有表明这种购买欲会持续多久。”

有些其他品牌可能致力于提高品牌形象，其中睿侠（RadioShack）以 20 世纪 80 年代为主题的“超级碗”广告获得比较好的反响。马兹利先生评论说，就百威目前的情况而言，“超级碗”与其说是年度营销投资大案，还不如说是小型品牌的宣传圣地。

“超级碗”：购买欲指数

品牌	基线期 （1 月 1 ～ 20 日）	赛前期 （1 月 21 ～ 26 日）	赛后两天 （2 月 3 ～ 4 日）	赛后两天相对赛前期变化	赛后两天相对基线期变化
M&M’s	41.8	41.7	48.4	6.7	6.6
吉普	11.5	11.2	14.1	2.9	2.7
奥迪	7.1	6.9	9.7	2.8	2.6
现代	13.1	13.2	15.2	2.0	2.1
多力多滋	38.1	41.2	40.1	−1.0	2.0
起亚	11.1	11.7	13.1	1.4	2.0
睿侠	25.6	24.0	27.1	3.1	1.5
AXE	12.8	15.7	17.7	−2.0	0.9
百威	11.2	12.1	11.2	−0.8	0.1
微软	32.7	32.5	32.1	−0.3	−0.5

“超级碗”：口碑指数

品牌	基线期 （1 月 1 ～ 20 日）	赛前期 （1 月 21 ～ 26 日）	赛后两天 （2 月 3 ～ 4 日）	赛后两天相对赛前期变化	赛后两天相对基线期变化
多力多滋	14.6	18.8	26.1	7.3	11.5
微软	10.7	14.0	17.8	3.8	7.1
百威	7.5	9.2	12.9	3.7	5.3
Cheerios	14.3	17.4	19.0	1.6	4.8
百事	13.8	13.6	17.4	3.8	3.6
M&M’s	14.3	13.2	17.5	4.3	3.3
可口可乐	18.7	19.1	21.8	2.7	3.1
起亚	6.8	6.4	9.0	2.7	2.3
奥迪	4.6	3.6	6.9	3.3	2.3
吉普	9.2	8.6	10.8	2.2	1.6

"超级碗"：形象指数

品牌	基线期（1月1～20日）	赛前期（1月21～26日）	赛后两天（2月3～4日）	赛后两天相对赛前期变化	赛后两天相对基线期变化
GoDaddy.com	−0.1	1.6	17.2	15.6	17.2
百威	9.7	11.1	17.8	6.7	8.1
M&M's	21.9	25.2	29.3	4.0	7.4
多力多滋	17.9	23.2	25.0	1.8	7.1
睿侠	4.1	3.7	10.0	6.3	5.9
奥迪	11.5	9.3	16.2	6.9	4.8
吉普	12.9	9.4	17.3	7.9	4.4
微软	11.5	15.2	15.9	0.6	4.4
Cheerios	25.2	28.0	29.4	1.4	4.2
AXE	6.5	9.0	9.1	0.1	2.6

注：1. 表中形象指数（buzz）得分范围为 +100 ～ −100，是根据受访者对如下问题"过去两周内，如果你接触到有关该品牌的广告、新闻或聊天，这些内容是积极的还是消极的"的回答，然后将积极得分减去消极得分计算出来的。零分意味着正负相抵。

2. 口碑指数（word of mouth）和购买欲指数（purchase consideration）得分区间为 0 ～ 100%。口碑指数是指受访者在过去两周内和亲人朋友面对面或网上访谈时谈到该品牌时的情况。购买欲反映了受访者下次购物时会考虑的品牌情况。

14.1.1 可支配预算

某一研究对象的样本容量通常是确定的，至少也会间接地受到可支配预算的限制。因此，它通常是最后确定的项目要素。一个品牌经理如果有 50 000 美元预算可以用于一项新产品测试。那么除去其他项目成本（如调研方案和问卷的设计、数据的处理等）后，余下的那部分预算才决定调研的样本容量的大小。如果可支配的资金不能产生足够的样本容量，管理者就必须做出决策，是补充更多的资金还是放弃这一项目。

虽然这种方法看来缺乏科学性和过于武断，但是在公司环境下确实存在。财务上的限制要求调研人员和设计方案要利用有限的资源，提供有利于决策的高品质和数据资料。例如，可以用更省钱的方式收集数据，如用网络代替电话。"可支配预算"使得调研人员不得不寻求多种选择的数据收集方案并谨慎衡量信息的价值及其成本。

14.1.2 经验法则

一些客户会在征求建议书中指定，要求样本容量为 200、400、500 或其他的特定量。这个数据的确定有时是出于对抽样误差的考虑，而有时则只是依据以往的经验。对指定样本量这种做法的合理解释归结起来只能说是"一种强烈的感觉"，认为某一特定的样本容量是必要的或适当的。

如果调研人员确定要求的样本容量不能充分支持调研计划的目标，这时他们就有职责向客户提出扩大样本容量的建议，并让客户做出最后的决定。如果扩大样本容量的建议遭到了否决，调研人员会拒绝提交调研计划，因为他认为样本容量不合理会严重影响调研结果，那样的结果有那么多的错误从而会对客户产生误导。

14.1.3　拟分析的“子群数”

在任何确定样本容量的问题中，都必须认真考虑所要分析并要据此做统计推断的总体样本的各个子群的数目以及预期容量。例如，研究者可能认为，总的来说 400 的样本容量足够进行研究。但是，如果男性和女性受访者必须单独分析，且各占 50%，则每个子群的容量就是 200，这足够用来统计推测两组子群的属性特点和行为表现吗？如果结果需要分年龄和性别来分析，问题会变得更复杂。

假设要对一个样本的四个子群进行分析，这些群分别是：35 岁以下的男性、35 岁以上男性、35 岁以下的女性和 35 岁以上的女性。如果每组都要样本占 25%，那么每组就只有 100 名受访者。问题是，样本容量变小后，抽样误差就会变大，每个样本子群间观测到的区别到底是真实的差异还是由抽样误差引起的也很难定夺。

在其他条件不变的前提下，要分析的子群数目越多，样本容量也越大。一般建议，一个样本中，主要子群中应至少包含 100 个受访者，每个次要子群应包含 20 ～ 50 个受访者。

14.1.4　传统的统计方法

你可能在其他课上接受过确定简单随机样本的样本容量的传统方法，在本章会对这些方法进行回顾。在对样本结果进行必要的估计时需要三条信息：

- 总体标准差的估计值；
- 抽样的允许误差范围；
- 抽样结果在实际总体值的特定范围（抽样结果 ± 抽样误差）内的允许置信水平。

有了以上三条，就可以计算出简单随机抽样所需的样本容量了。

14.2　正态分布

14.2.1　总体特征

在古典统计推断中正态分布居于特别重要的地位，这有以下几方面原因。首先，市场调研人员遇到的许多变量及其概率分布都趋于正态分布。例如，软饮料的罐数、瓶数或杯数；爱吃快餐的人平均每月吃快餐的次数；每星期看电视的平均小时数。其次，有理论上的原因。比较重要的一条是**中心极限定理**（central limit theorem）。根据该定理，对于任何总体，不论其分布如何，随着样本容量的增加，抽样平均数和抽样比例的分布趋近于正态分布。这种趋向的重要性将在后面做详细说明。最后，许多离散型概率的分布也近似于正态分布。例如，将大量的美国男性的身高值绘制在一张图上，就会得到类似于如图 14-1 所示的分布图的分布，这种分布就是正态分布，它有以下几个重要特征：

（1）正态分布呈钟形且只有一个众数（mode）。众数代表着集中的趋势，是发生频率最高的那个特殊值。两峰的（两个众数）分布有两个峰值。

（2）正态分布关于其平均数对称。也就是说，它没有发生倾斜，它的集中趋势的三个衡量标准（平均数、中位数和众数）是相等的。

（3）一个正态分布的特殊性由其平均数和标准差决定。

（4）正态曲线下方面积等于 1，表明它包括了所有的观测值。

（5）正态曲线下方在任意两个变量值之间的面积，等于在这一范围内随机抽取一个观察对象的概率。以图 14-1 为例，一次抽取到一名男性，其身高在 5 英尺 7 英寸～ 5 英尺 9 英寸（5′7″～ 5′9″）的概率为 34.13%。

（6）正态分布还有一个特点，所有的正态分布平均值与给定的标准差之间的面积是相等的。所有的正态分布在平均数 ±1 个标准差之间的面积相同，都占曲线下方面积的 68.26%，或者说是占全部调查总体结果的 68.26%。这叫作**正态分布的比例性**（proportional propery of the normal distribution），这一特点为本章将要讨论的统计推断提供了基础。

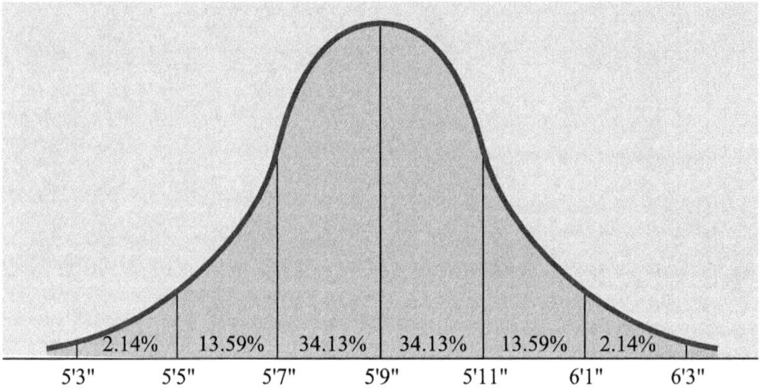

图 14-1 男性身高的正态分布

14.2.2 标准正态分布

任何正态分布都可以转换为**标准正态分布**（standard normal distribution）。标准正态分布的特点与正态分布相同，只是标准正态分布的平均值等于 0，标准差等于 1。**标准差**（standard deviation）是离散程度的一个衡量标准。用一组中的每个值减去组平均数，再将各个值平方后，除以（项数 −1），最后开平方，便可以得到标准差。

附录 B 的表 B-2 中列出的概率就是建立在标准正态分布的基础上。正态分布的任一变量值 X 通过一个简单的转化公式就能变换成相应标准正态分布中的 Z 值。这种转换是由正态分布的比例性决定的：

$$Z=\frac{X-\mu}{\sigma}$$

式中 X——变量值；

μ——变量平均数；

σ——变量标准差。

变量 Z 的标准正态分布曲线下的各块面积（全部结果的百分比）都列在表 14-1 中，图 14-2 表示标准化后的正态分布曲线。

表 14-1 Z 值（标准差）为 1、2、3 时标准正态曲线下方的面积

Z 值（标准差）	标准正态曲线下方面积（%）
1	68.26
2	95.44
3	99.74

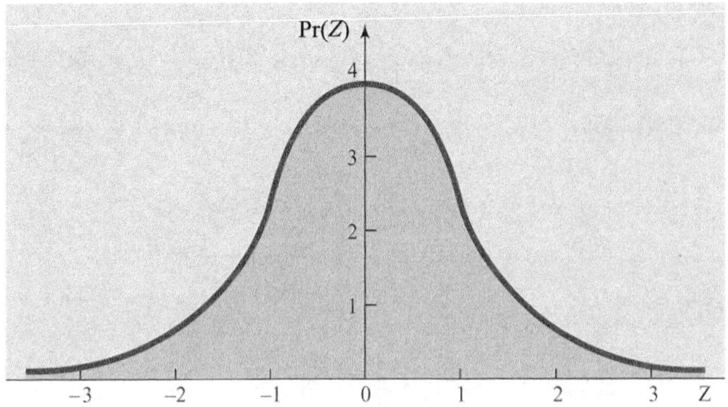

图 14-2　标准正态分布

注：Pr(Z) 意为 Z 的概率。

14.3　总体分布和样本分布

进行抽样调查，目的是要对总体做出推断，而不是为了描述样本的特征。总体，就像前面定义的，包括可以从中获取信息达到调研目标的全部可能的人或物体，样本是总体的子集。

总体分布（population distribution）是总体中全部单位的频率分布。这一频率分布的平均数，通常用希腊字母 μ 表示，标准差用希腊字母 σ 表示。

样本分布（sample distribution）是单个样本中所有单位的频率分布。样本分布的平均数常用 $\overline{X}$ 表示，标准差 S 表示。

14.4　平均数的抽样分布

在这里，有必要介绍一下第三种分布——平均数的抽样分布。理解这一分布对于充分认识估计简单的随机抽样误差的依据十分重要。**平均数的抽样分布**（sampling distribution of the mean）是指从一个总体中抽取一定数量的样本，其平均数的概念的和理论的概率分布。虽然人们很少计算这种分布，但它的特性具有很大的实际意义。要获得样本平均数的分布，首先要从特定总体中抽取一定量的样本（如 25 000），接着，计算各样本的平均数，并排列出频率分布。因为每个样本由样本单位的不同子集构成，因此样本平均数不会完全相同。当样本的单位数和随机性足够大，样本平均数的分布近似于正态分布。这一论断的基础是中心极限定理。定理说明随着样本容量的增加，从任一总体中抽取的大量随机样本的平均数的分布接近正态分布且平均数等于 μ，标准差 $s_{\overline{X}}$(称为标准误差）等于

$$S_{\overline{X}}=\frac{\sigma}{\sqrt{n}}$$

式中，n 为样本单位数。

平均数的标准误差（standard error of the mean）（$S_{\overline{X}}$）之所以按前面所示的方法计算是因为，一个特定的样本平均数分布的方差或离差会随着样本数的增加而减少。由常识可

知，样本数越大，单个样本的平均数就越接近总体平均数。

值得注意的是，中心极限定理的成立不考虑样本总体的分布形状，也就是说忽略了总体分布，样本平均数的分布会趋近正态分布。

常用来表示总体分布、样本分布和抽样分布的平均数及标准差的符号都列在表 14-2 中。图 14-3 表明了平均数的总体分布、样本分布和抽样分布之间的关系。

表 14-2 各种分布的平均数和标准差的符号

分布	平均数	标准差
总体	μ	σ
样本	$\overline{X}$	S
抽样	$\mu_{\bar{x}}=\mu$	$S_{\overline{X}}$

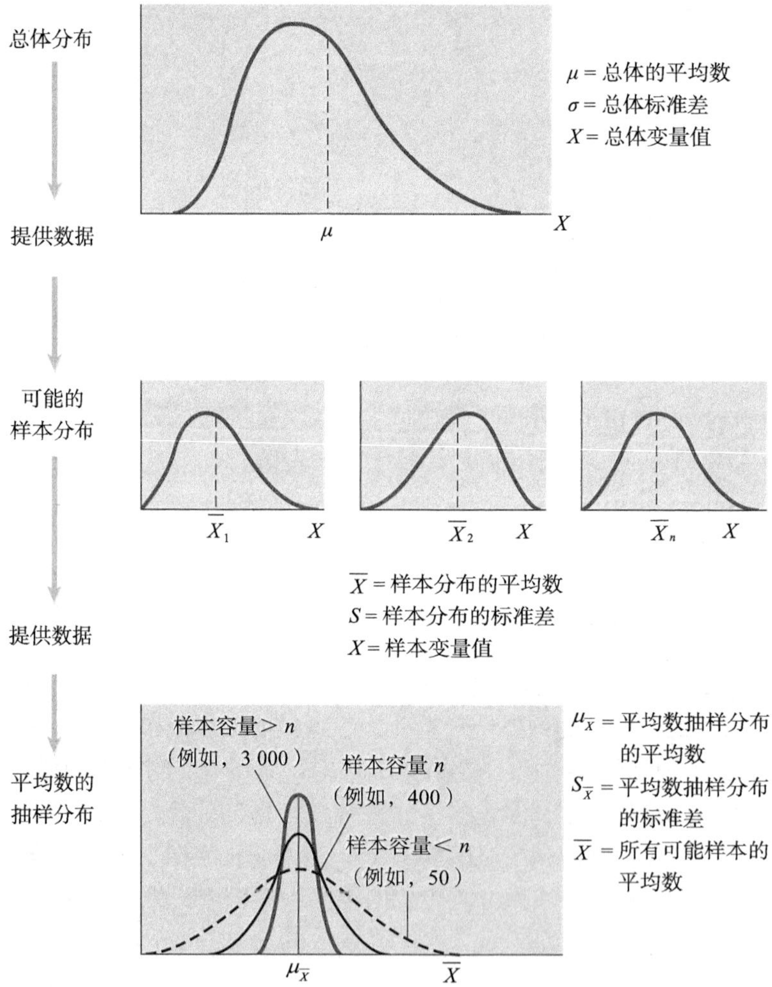

图 14-3 三种基本分布的关系

14.4.1 基本概念

考虑一个抽样案例：以为调查人员以在最近 30 内至少吃过一次快餐的所有顾客为总体，从中抽取了 1 000 组容量为 200 的简单随机样本。调查目的是要估计平均一个月内这些人吃快餐的平均次数。

如果调查人员计算出每一组的平均数，按相关值确定区间，整理后便得到表 14-3 的频率分布图。而图 14-4 以直方图的形式表示这些频率，直方图上方还可以看到一条正态曲线。正如你所看见的，直方图十分接近正态曲线的形状。如果调查人员选取足够的容量为 200 的样本，计算每组的平均数，整理排列后所得的分布就是正态分布。图 14-4 的正态曲线就是这项调查中平均数的抽样分布。大样本（≥ 30）平均数的抽样分布有以下特征：

- 是正态分布。
- 分布的平均数等于总体的平均数。
- 分布有标准差，称为平均数的标准误差，它等于总体标准差处以样本容量的平方根。

$$\sigma_{\overline{x}}=\frac{\sigma}{\sqrt{n}}$$

将标准差称为平均数的标准误差表明它更适用于样本平均数的分布，而不是总体或是样本的标准差分布。记住这种计算只适合简单随机样本，其他类型概率的样本（如分层样本和整群样本）要用非常复杂的公式计算标准误差。记住，这个公式没有包括全部类型的偏差，例如在稍后讨论的无回应偏差。

表 14-3　1 000 个样本平均数的频率分布：最近 30 天内吃快餐的平均次数

次数分组	发生频率
2.6 ～ 3.5	8
3.6 ～ 4.5	15
4.6 ～ 5.5	29
5.6 ～ 6.5	44
6.6 ～ 7.5	64
7.6 ～ 8.5	79
8.6 ～ 9.5	89
9.6 ～ 10.5	108
10.6 ～ 11.5	115
11.6 ～ 12.5	110
12.6 ～ 13.5	90
13.6 ～ 14.5	81
14.6 ～ 15.5	66
15.6 ～ 16.5	45
16.6 ～ 17.5	32
17.6 ～ 18.5	16
18.6 ～ 19.5	9
总计	1 000

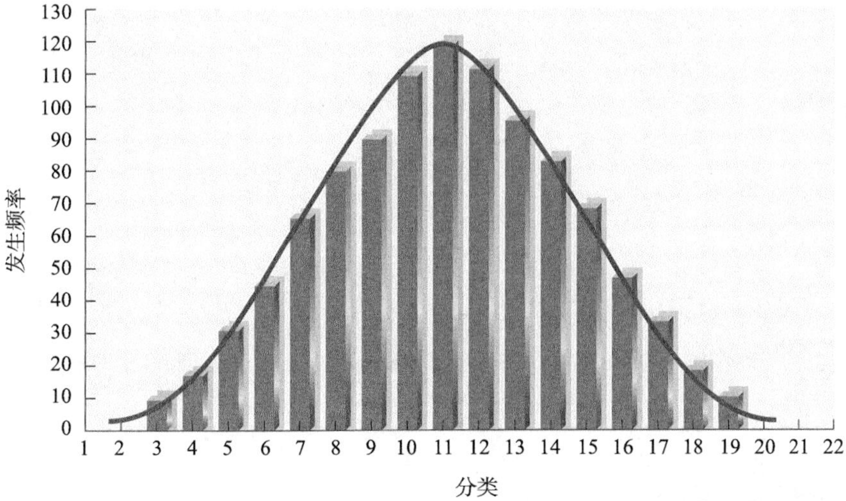

图 14-4　受访者最近 30 天吃快餐的实际样本平均数的抽样分布

市场调研实践 14-2

一项关于荷兰酒品消费研究中的“拒答偏差”

在现实中，有些人拒绝回答民意测验中的问题，或者仅仅是选择性地回答一些问题，忽略其他的，这样会影响到一项调查的精度。市场调研人员把这种拒答叫作拒答偏差（nonresponse bias），鹿特丹市的Addiction调研机构中的研究者认为这是一个严重的问题。实际上，在荷兰，调查的回答率在20世纪80年代有80%，然而到了20世纪90年代，就下降到了60%，而且还在不断地下降，这样就会导致样本容量会更小，而且在总体估计上的精确度就会下降。那些在民意测验中拒答的人可能会有一些有别于回答者的特征。

在2002年，研究者回顾了在1999年所做的一项关于酒消费的研究结果。他们的研究假设是：戒酒者不回答的原因是他们对于这个项目不感兴趣，而那些嗜酒者不回答的原因在于他们会由于自己的嗜酒而感到尴尬。这个假设是在后续的研究中提出的。在设计他们的研究时，他们知道拒答偏差不能仅仅通过建立在人口统计变量上的加权数据而得到修正。他们需要调查那些拒答者，来考察他们的答案是否与那些回答的人有所不同。

首先，从鹿特丹市的行政区域内选择一个包含了1 000个人、年龄为19～69岁的随机样本。每个人都会收到一份邮寄的调查问卷，问卷内容是关于他们对酒的消费。在两封提醒单寄出后，回答率是44%。在接下来的研究中，研究者选择了鹿特丹市的25个邮政区域，得到了一个包含310人的二次样本。在这些人中，有133个人已经回答了第一项调查，177人拒答，所以这两个组就被分别称作主要的回答者和拒答者。后一个组内的成员每5个一组地进行了一对一的访谈。最终，有48个主要的拒答者无法取得联系，因此拒答者最终的样本容量为127。

两个组都被问到相同的问题：①你是否饮过酒？②你是否在一天中饮过6种或是更多的酒精饮料？拒答者对于这两个问题的净回答率都是52%，换句话说，在后续的研究中，会遇到甚至更多的拒答者（超过48%）。

更重要的是，荷兰的研究者发现：首先，戒酒者未被充分的代表，除了频繁外，嗜酒者也是；其次，女性中的戒酒者未被代表的比男性更严重，在35岁以上女性中的更严重，其他民族相对荷兰人更严重；最后，在以后的研究中，对拒答者进行彻底的研究对于估计拒答偏差是非常必要的。究竟是谁没有回答，这个答案对于任何的研究都是非常有价值的，都具有统计的必要性。

问题：

1. 以酒精的使用为例，拒答偏差来自于极端值（戒酒者和嗜酒者）。有没有什么方法可以深入这两个重要的群体，从而避免后续的研究？

2. 在第二项研究中，有48%的人没有回答，那么相对于提高统计的精确度，因此而付出的邮寄问卷的费用、保护隐私的费用是否值得呢？

14.4.2 根据单个样本做出推断

在实际操作中，人们往往不愿从总体中抽出所有可能的随机样本，画出如表14-3和

图 14-4 那样的频率分布表和直方图来；相反，人们希望进行简单的随机抽样，并据此对总体进行统计推断。问题出现了，通过任意简单随机样本对总体平均数进行的估计，其估计值在实际总体平均数 ±1 个标准误差范围内的概率究竟为多大？根据表 14-1 可知概率为 68.26%，因为所有样本平均数有 68.26% 都在此范围内。而通过简单随机样本对总体做的估计为在实际总体平均数 ±2 倍标准误差范围内的概率为 95.44%，在实际总体平均数 ±3 倍标准误差范围内的概率为 99.74%。

14.4.3 点估计和区间估计

当利用抽样结果对总体平均数进行估计时，有两种估计方法：点估计和区间估计。**点估计**（point estimates）是把样本平均数作为总体平均数的估计值。观察图 14-4 的平均数抽样分布可知某一特定的抽样结果，其平均数很可能相对更接近总体平均数。但是，样本平均数分布中的任意一个值都可能是这一特定样本的平均数。有一小部分的样本平均数与实际总体平均数有相当的差距，这种差距就叫抽样误差。

抽样结果的点估计在很少的情况下完全准确，因此人们更偏向于区间估计。**区间估计**（interval extimate）就是对变量值（如总体平均数）的区间或范围进行估计。除了要说明区间大小外，习惯上还要说明实际总体平均数在区间范围以内的概率。这一概率通常被称为**置信水平**（confidence level），区间则被称为**置信区间**（confidence interval）。

平均数的区间估计按以下步骤推导：从总体上抽出一定量的随机样本，计算出样本平均数，可知这个样本平均数存在于所有样本平均数的抽样分布中，但确切位置不清楚。此外还知道，这个样本平均数在实际总体平均数 ±1 个标准误差（正或负）范围内的概率是 68.26%。由此，研究者确信：实际值等于样本值加上或减去 1 个标准误差的置信水平为 68.26%。用符号表示如下

$$\overline{X}-1\sigma_{\overline{X}}\leqslant\mu\leqslant\overline{X}+1\sigma_{\overline{X}}$$

同理可知，实际值等于样本估计值加上或减去 2 倍标准误差（严格上是 1.96，但为了计算简便通常使用 2）的置信水平为 95.44%，实际值等于样本值加上或减去 3 倍标准误差的置信水平为 99.74%。

以上都假设总体标准差已知，大多数时候情况并不是这样。如果总体标准差已知，根据定义可以知道总体平均数，那就没有必要事先抽取样本了；如果不知道总体标准差，那就必须通过样本标准差去估计。

14.4.4 比例的抽样分布

市场调研人员经常会偏重于进行比例或百分比方面的估计，下面是一些常见的例子：

- 知道某一广告的总体百分比。
- 平均一周上网一次以上的总体百分比。
- 最近 30 天内吃过快餐和吃过 4 次以上快餐的总体百分比。
- 观看某一电视节目的观众的总体百分比。

当总体比率或是百分比是有意义的时，比例抽样分布就会被采用。

从特定总体中抽出大量随机样本，这些样本的抽样比率的相对频率分布就是比率抽样分布，它有以下特征。

- 近似于正态分布。
- 所有比率抽样的平均数等于总体比率。
- 比率抽样分布的标准误差可以按下面的公式计算。

$$S_P = \sqrt{\frac{P(1-P)}{n}}$$

式中　S_P——比率抽样分布的标准误差；

P——总体比率的估计值；

n——样本单位数。

考虑一下，如果需要估计最近 90 天内曾在网上购物的所有成年人的百分比，那么就像要得到平均数的抽样分布一样，要从成年人总体中选取 1 000 组容量为 200 的随机样本，计算出 1 000 组样本中所有在最近 90 内曾在网上购物的人数的比率。这些值排列将形成一个趋近于正态分布的频率分布。这一分布的估计比例标准误差可以用前面计算比率标准误差的公式来计算。

读完下一节，你就会明白，市场调研人员对于样本容量问题，更趋向于进行比率估计而不是平均数估计，是有其原因的。

14.5　样本容量的确定

14.5.1　平均数问题

考虑前面那个估计平均一个月快餐族吃快餐次数的案例，如果管理层需要对顾客的平均光顾次数做出估计，从而决定是否实行正在拟订的新促销计划。为了得到这个估计值，市场调研经理打算在所有的快餐消费者中考察某个简单随机样本。问题是，确定本次调查样本容量的信息是什么？首先，对于估计平均数的问题，计算其所需要的样本容量的公式是

$$n = \frac{Z^2\sigma^2}{E^2}$$

式中　Z—— 标准误差的置信水平；

σ—— 总体标准差；

E—— 可接受的抽样误差范围（允许误差）。

计算所需的样本容量要有三条信息：

（1）抽样误差 E 的可接受的或允许的详细范围。

（2）标准误差置信水平的允许确切值，即 Z 值。换一种说法，即总体平均数包括在制定置信区间内的置信水平是多少。

（3）最后需要估计一下总体标准差 σ。

计算中要用到的置信水平和**允许误差**（allowable sampling error）E 必须由调研人员与

客户进行磋商后才能确定。如前所述，置信水平与误差范围的确定不仅要根据统计原则，同时要顾及财务与管理方面的要求。理想情况下，我们总是希望置信水平很高，误差很小。但要知道，这是经营决策，必须考虑成本问题，因此要在精确度、置信水平与成本之间进行权衡。有时候，不要求很高的精确度与置信水平。例如，在探索性研究中，你也许只是想通过调研基本了解一下消费者对产品的普遍态度是正面的还是负面的，这里精确度就显得不太重要了。但如果是一项产品创意测试，就需要精确度较高的销售估计值，以便在把新产品推向市场前可以做出潜在的成本与风险的估计。

对**总体标准差**（population standard deviation）进行估计，是一个更麻烦的问题。我们在前面说过，如果总体标准差已知，那么也就能知道总体平均数（总体平均数是用来计算总体标准差的），这样的话就没必要抽取样本了。但调研人员如何不抽取样本就估计出总体标准差呢？结合使用以下四种方法可以解决这个问题：

（1）利用一切的考察结果。大多情况下，公司以前曾经进行过类似的调研，这时可以利用以前的调研结果作为本次总体标准差的估计值。

（2）进行试点调研。如果调研对象规模太大，可以投入一定的时间和资源对总体进行小规模的试验调研。根据调研结果估计总体标准差做出估计。

（3）利用二手资料。有时候通过二手资料也可以对总体标准差做出估计。

（4）通过判断。如果其他方法都失败了，还可以判断总体标准差，即把许多管理人员的判断集中起来进行分析，而这些管理人员都有能力对有关的总体参数做出有所根据的猜测。

当调研完成了，计算出样本平均数和样本标准差后，调研人员就可以正确估计出总体标准差，并确定所需的样本容量了。这时如果需要，可以对以前的抽样误差估计做出调整。

再来考虑估计快餐族每月平均吃快餐的平均次数：

- 与公司的管理者进行磋商后，市场调研经理认为有必要估计一下快餐族吃快餐的平均次数。考虑到管理者对精确度的要求，他规定估计值不得超过实际值的 0.10（1/10）。这个值（0.10）将作为 E 值代入公式。
- 此外，市场调研经理认为需要考虑全局，把实际总体平均数在区间以内的置信水平定位 95.44%，而若要置信水平为 95.44%，就必须是在 2 倍标准误差范围内（严格是 1.96）。因此，2 作为 Z 值代入公式。
- 最后，确定公式中的 σ 值。幸好公司一年前曾做过类似的调研，调研对象是最近 30 天内吃快餐的平均次数。其标准差是 1.39，以此作为 σ 值最好不过。因此，把 1.39 作为 σ 代入公式，然后通过计算可知，样本容量为 772 时可以满足提出的要求。

$$n=\frac{Z^2\sigma^2}{E^2}=\frac{2^2(1.39)^2}{(0.10)^2}=\frac{4(1.93)}{0.01}=\frac{7.72}{0.01}=772$$

14.5.2　计算比率的问题

考虑估计最近 90 天内曾在网上购物的所有成年人的比率或百分比的案例。其目标是从成年人总体中抽取一个简单随机样本，估计其比率是多少。

- 由于问题涉及快餐消费者，以抽样结果为基础进行比率均值估计的首要任务是确定一个可接受的 E 值。例如，如果 ±4% 的误差水平是可以接受的话，就可以把 0.04 作为 E 值代入公式。
- 其次，假设调研人员要求抽样估计在实际总体比率的 ±4% 范围以内的置信水平为 95.44%，那么按前面讲的，把 2 作为 Z 值代入公式。
- 最后，在一年前的一次类似调研中，有 5% 的被调研人员表示在最近 90 天内曾在网上购物。我们可以用 0.05 作为 P 值代入公式。

根据要求，需要一个 119 人的随机样本。值得注意的是，与确定估计平均数所需的样本容量的过程相比，调研人员在确定估计比率所需的样本容量时有一个优势：如果缺乏估计 P 值的依据，可以对 P 值做最悲观或最糟糕的假设。给定 Z 值和 E 值，P 值为多大时要求的样本量最大呢？当 $P=0.5$ 时，"$P(1-P)$"有极大值 0.25 存在，如此设定 P 值样本容量最大。而给定 Z 值和 E 值，对于与平均数估计所需样本量有关的 σ 值就没有最悲观的假设。

14.5.3 确定分层样本和整群样本的容量

本章列出的计算样本容量的公式只适用于简单随机样本，当然也有适用于其他如分层样本、整群样本确定样本容量和抽样误差范围的公式。虽然本章提到的许多概念对这些样本都适用，但是它们的计算公式却要复杂得多，而且公式中要用到的数据往往很难得到。因此，这些样本的容量确定问题超过了本书的介绍范围，有兴趣的读者可以参考高级教材。

14.5.4 定性调研下的样本容量

在确定调研需要的传统焦点小组、深入访谈或在线公告牌焦点小组等的数量时，定性调研下的样本容量问题就呈现出来。由于我们在定性调研中使用的样本容量较小，我们在本章讨论的样本容量计算方法没有办法解决这个问题。专家根据经验讨论出了一些规则，并且分析建议，定性调研中，访问过 20 ～ 30 人以后，受访者的回答模式就固定下来了。这个问题会在接下来的"市场调研实践 14-3"中详细谈到。

市场调研实践 14 3

定性调研下的样本容量

在定性调研中，样本容量需要多大？需要多少个焦点访谈小组，进行多少次单独深入访谈（individual depth interviews，IDIs）或者组织多少在线电子公告牌焦点小组（online bulletin board focus group）？考虑到一个小组异常不具代表性的可能性比较大，一个建议是每个话题要有两个及以上的小组；另一指导方针则是一直采样，直到达到饱和，即受访者中不再出现新观点为止。这些规则都直观合理，但没有坚实的理论支撑，也不能产出最优的样本容量。这里提出的方法能给出一些明确的答案。

首先，我们必须要清楚定性调研的重要性。

就算是定性调研，样本容量也至关重要

我们通过定性调研去发现一些东西：找出顾客喜爱或不喜爱产品的原因、对顾客来说很重要的产品因素、顾客对某位代言人的看法、顾客购买我们品牌产品服务时遇到的问题等。随后，定量调研需要利用精准的统计学估计每种观点的重要性或普遍性。

关键在于我们定性调研的样本必须足够大，以确保大部分乃至全部重要观点都被采集到。

定性调研的“遗漏”，结果可能很严重

如果定性调研没有及时发现一些问题，比如一些需要立即采取应对措施的市场反应、产品性质、顾客意见、需求和费用问题等，会造成哪些严重后果呢？下面有些例子：

- 未发现造成顾客不满意的原因，而且无法纠正。在竞争压力巨大的行业里，即使是极小的不满都会减少公司利润。
- 针对一则广告进行定性测验，如果广告文案某些方面会得罪市场总体中一个较小但是善于发声抗议的群体，却没被定性测验检测出来，那么就会造成公关大失败。
- 为了定量调研首先进行定性调研，定性调研中某个问题措辞含糊可能会导致随后的定量调研中受访者回答无效。因而，定性调研的失败会导致受访者的误解，最终造成定量调研估计错误。

尽管与样本容量对定量调研的重要性原理不同，样本容量对于定性调研很重要。下面的例子则向我们展示，为什么就算忽略某些点的风险非常大，但这些风险仍然会被轻视。

计算概率以决定样本容量

那么我们该如何确定所需要的样本容量以降低风险呢？我推荐两种方式：一种是与估计定性样本容量相似但不同的以计算概率为基础的方式。另一种方式就是参考一些实际的调研。根据多项调研结果，样本容量大小达到 30 时，无论事件的发生率为多大，都会被囊括其中。

为覆盖所有种类（或几乎所有种类）重要客户的看法，30 是样本容量（N）比较合理的起点——除非有人能提出更明确的答案。研究表明，将样本容量定为 30 可以把遗漏观点的概率从 10% 降到 5%（假设为随机抽样），而且其他调研结果都比 5% 的概率小。如果采用焦点小组访谈，而且挑出一个一个的成员，凑齐 30 的样本容量（例如，从三个访谈小组里各抽出 10 人），每个成员对每个关键问题都应有足够的发言时间，这一点十分重要。除此之外比较关键的是，焦点小组访谈调解员要控制好小组内喜欢主导谈话的人，同时鼓励激发害羞内向的人，以免不善言辞的消费者及其特色鲜明的观点被遗漏。

问题：

1. 样本容量对定性调研来说重要吗？为什么？
2. 一个定性调研的合理样本容量是多大？这个样本容量是以什么为基础的？

14.5.5　总体容量和样本容量

你也许会注意到计算样本容量的公式中没有一个用到总体容量，读者（和经理们）经常会注意到这个问题。表明上看来好像是要抽取的样本容量越大，其总体容量也应该增大。其实不然，通常总体容量与在一定误差和置信水平范围内估计总体参数所需要的样本容量之间没有直接的关系。实际上，总体容量只有当样本容量相对它而言过大时才会起作用。根据经验，当样本容量超过总体的 5% 时，就需要调整样本容量了。一般都假设样本的抽取是相互独立的**独立假设**（independence assumption），这一假设在样本相对于总体很小的时候成立。当样本量占总体比例相对较大（5% 以上）时就不成立了。因此，我们必须调整一下标准公式。例如，前面的计算平均数标准误差的公式

$$\sigma_{\overline{X}}=\frac{\sigma}{\sqrt{n}}$$

当样本容量占总体 5% 以上，就要推翻独立假设。调整后的正确公式是

$$\sigma_{\overline{X}}=\frac{\sigma}{\sqrt{n}}\sqrt{\frac{N-n}{N-1}}$$

$(N-n)/(N-1)$ 被称为**有限总体修正系数**（finite population correction factor，FPC）。

当样本容量占总体的 5% 以上，调研人员可以通过 FPC 来减少所需的样本容量。计算公式如下

$$n'=\frac{nN}{N+n-1}$$

式中 n'——修改后的样本容量；

n——原样本容量；

N——总量。

如果总量为 2 000，原样本容量为 400，则

$$n'=\frac{400\times 2\ 000}{2\ 000+400-1}=\frac{800\ 000}{2\ 399}=333$$

经过 FPC 的调整，需要的样本容量由原先的 400 变成了 333。

问题关键不是样本容量大小与总量大小的关系，而是选取的样本是否能真实代表总体的特征。经验检验表明，经过仔细挑选的样本，尽管容量不大，却也能十分准确的反应总体特征。许多著名的全国性调研和民意测验，如盖洛普民意测验、哈里斯民意测验的样本都不超过 2 000。这些例子表明，即使调研对象是数千万人的行为，也可以通过相对于总体相当小的一部分样本进行十分准确的预测。

14.5.6 所需的抽样单位数目的确定

不考虑目标样本容量是如何确定的，调研人员常常会受到一个实际问题的限制，即如果要完成一项任务的话，需要多少抽样单位（电话号码、地址等）。例如，如果最终的目标样本量是 400，那么很明显一个电话调查需要多于 400 个电话号码来完成。

电话簿上的一些号码是联系不上的；一些人是没有资格来作为调研对象的，因为他们不满足总体的要求；也有一些人会拒绝完成调研。当需要进行抽样调研客户或是顾客的满意度时，这些因素影响着最终对于抽样所需要的电话号码的数量的估计。这种估计应该是比较精确的，因为研究者要避免向多余的人支付购买电话号码的费用。此外，研究者也不

希望在调研中出现电话号码没有了而需要等待的情况，接下来的“市场调研实践 14-4”对如何为一项电话抽样估计所需要的电话号码的数量进行说明。

市场调研实践 14-4

要保证估计的精确度：需要多少电话号码

计算一个项目需要多少个电话号码是一项艰难的工作，但是下面的一些基本准则可以使它变得更容易些。SSI 公司在调查抽样中应用的计算样本容量的公式包括四个要素：①需要的已完成访谈的数量；②有效电话率（或“可用的”电话率）；③发生率；④接触率 / 完成率。

1. 已完成的访谈

已完成访谈的数量是建立在样本容量计算公式上的简单随机样本，是最终你需要达到的样本容量。

2. 有效电话率

有效电话率随着抽样方法的不同而不同。一个 SSI RDD 样本产生出一个 60% 的有效电话率，这对于在公式里使用来进行估计是很好的一个数值。

3. 发生率

发生率指的是访谈中有资格的接触率，或者说，接听你的电话（或是回复邮件问卷）的人中有多少比率会通过你的筛查性问题？准确的发生数据对于确定合适的样本容量是非常重要的。若你的研究在某领域进行，制定过高的发生率会导致样本的缺乏。

4. 接触率 / 完成率

最后一个因素是接触率 / 完成率。SSI 把这个比率定义为那些有资格成为研究对象的人中愿意合作完成访谈的比率。在你试图合理的估计出完成率的时候，有很多重要的问题需要考虑：

- 接触率；
- 访谈的长度；
- 问题的敏感性；
- 一年的某个时段；
- 尝试 / 回调的数量；
- 在这个领域中时间的长度。

假设一个访谈时间很短（10 分钟内），而且不涉及敏感话题，有着充足的回调，而且这个研究在该领域中有足够长时间了，SSI 估计会有 30% 的完成率。完成率需要根据每个研究的特征而进行调整。如果调研对象是敏感的，或者说这个访谈的时间很长，那么这个完成率就会下降。如果在这些领域中的时间不超过一周，SSI 建议至少增加 20% 的样本容量。

一个例子

假设你希望在英国完成 300 个访谈。通过使用一个随机数样本，你可以期待有效电话率是 60%。最开始，需要通过有效电话率（0.6）将你需要完成的访谈数量（300）进行分类，产生出 500 个。你需要接触到那些重度的软饮料嗜好者（成人中 17%），你估计 30%

接触到的人会完成这个访谈。通过发生率（0.17）和完成率（0.3）来对 500 进行分类。最终的结果显示你需要 9 804 个电话号码来完成这个调研。

14.6 统计功效

尽管在市场调研中用本章公式计算样本量是十分标准的做法，但这些公式都只承认 I 型错误（不存在差值时推断差值存在而产生的误差）。它们显然不考虑 Ⅱ 型错误，即实际存在差值时认为没有差值而产生的误差。不发生 Ⅱ 型错误的概率叫作**统计功效**（statistical power）。计算样本容量的标准公式默认统计功效为 50%。举个例子，如果要确定两种产品中哪一个对目标顾客群更有吸引力，并且与可能进行购买的目标顾客的百分比之间可以有 5% 的差值，这时标准样本容量公式要求每项产品需要的样本容量大约为 400。通过这一计算，我们默认了一个事实，即有 50% 的可能使得我们错误的推断出两种产品具有相等的吸引力。

表 14-4 列出了 α（误拒无效假设的概率）为 0.25 和两个独立比例之间的差值为不同值时要求的样本容量。对于各种置信水平都有公式，可以进行指数计算，但是公式很复杂，而且并不能帮助你来理解统计功效的基本概念。互联网上有专门进行这些计算的程序。在网上重新计算一下表 14-4 里的数据，其中一个的网址是：https://www.dssresearch.com/KnowledgeCenter/toolkitcalculators/statisticalpowercalculators.aspx 。其过程如下：

- 点击屏幕左上方的两组样本百分比选择键。
- 向右栏内输入样本 1 的百分比和样本 2 的百分比，这一输入的数据就能反映出你要观察的差值，并且值在预期范围内。这些数据的统计数为 50%（标准样本容量公式里的 P 值）。
- 在右下方，输入 α 和 β 的误差水平，α 是标准样本容量公式里的 E 值，β 是没能否定无差值的零假设的概率，统计功效等于 $1-\beta$ 。
- 点击屏幕右下方的“计算样本容量”键。

表 14-4　计算 α 为 0.25 和不同效用下独立样本比例之间的差值时要求的样本容量

差　值	功　效（%）					
	50%	60%	70%	75%	80%	90%
0.01	19 205	24 491	30 857	34 697	39 239	52 530
0.05	766	977	1 231	1 384	1 568	2 094
0.10	190	242	305	343	389	518
0.15	83	106	133	150	169	226

本章小结

确定概率抽样的样本容量要考虑到财务、统计和管理三方面的要求。若其他条件相同的话，样本容量越大，抽样误差就越小；相反，调研费用随着样本容量的增大而增加。

确定样本容量的方法很多。一种是根据可支配的资金来确定。简言之，就是根据预算来确定，尽管看上去不够科学，但它在市场调研领域里也是经常用到的。第二种是凭经验确定，主要是凭一种感觉或是平时的经验来确定样本容量，常用的有 200、400 或 500，还有一种是根据要分析的子群数目来确定。一般来说，需要分析的子群数目越多，样本容量就越大。

除了以上所说的，还有一些传统的确定样本容量的方法，传统的计算方法需要三个数据：总体标准差的估计值、调研人员或客户能够接受的抽样误差范围，以及总体值不超过可接受范围的置信水平。

统计抽样理论中很重要的一个概念是正态分布。正态分布呈钟形，只有一个众数，它对称于平均值。标准正态分布与正态分布的特征相同，只是标准正态分布的平均值等于 0，标准差等于 1。通过转换公式可以将任何正态分布的 X 值转换成相应的标准正态分布的 Z 值。中心极限定理的内容是：从任一总体中抽取的大量随机样本，其平均值的分布趋近于正态分布，且分布的平均数等于 μ，标准差等于

$$S_{\overline{X}}=\frac{\sigma}{\sqrt{n}}$$

样本平均数分布的标准差叫作平均数的标准误差。

利用抽样结构估计总体平均数有两种估计方法：点估计和区间估计。点估计就是把样本平均数作为总体平均数的估计值；区间估计是对变量值的区间或是范围做出估计。说道区间的重要性，我们也提到了实际总体平均数包含在区间范围内的概率，即置信水平；区间也称为置信区间。

那些对估计比例或比率而非平均值感兴趣的调研人员者使用比例抽样分布。该比例的抽样分布是一个给定大小的随机从一个特定人口样本获取大样本比例的相对的频率分布。比例抽样分布的标准误差计算如下

$$S_P=\sqrt{\frac{P(1-P)}{n}}$$

计算样本容量时，下列条件是需要满足的：允许的抽样误差范围（E），标准误差的允许置信水平（Z）和总体标准差的估计值 σ。在估计平均值时，计算所需样本容量的公式是

$$n=\frac{Z^2\sigma^2}{E^2}$$

估计比例时，计算所需样本容量的公式是

$$n=\frac{Z^2\left[P(1-P)\right]}{E^2}$$

最后，统计功效是指不发生Ⅱ型错误的概率。Ⅱ型错误是指实际存在差值时推断没有差值而产生的误差。标准样本容量公式默认统计功效为 50%，要根据决策的性质采用不同标准的统计功效。

复习思考题

1. 解释样本容量的确定如何成为一个财务、统计和管理问题？
2. 讨论并举例在市场调研过程中确定样本容量的三种方法。

3. 一名分析快餐业情况的研究人员发现，在加利福尼亚，人们在快餐店的平均消费为 3.30 美元，标准差为 0.40 美元；在佐治亚州，人们的平均消费为 3.25 美元，标准差为 0.10 美元。这些统计数据可以告诉你什么有关这两个州的快餐消费的情况？
4. 区分总体分布、样本分布和抽样分布，区分这三者有什么重要性？
5. 什么是有限总体修正系数？为什么要使用有限总体修正系数？何时使用？
6. 假设上面的快餐店调查表明有 80% 的顾客喜欢法式薯条，调研人员希望标准误差不超过 6%，置信水平为 95%。求简单随机抽样需要的样本容量。
7. 如果你负责筹划一次辣椒烹饪比赛，你必须保证有足够的样本。具体的要求如下：置信水平为 99%，误差是每个烹饪小组不超过 4 盎司辣椒，上一年比赛的标准差是 3 盎司，求所需样本容量。

调研实例 14-1

Concomm 电信公司

Concomm 电信公司是一家为住户提供捆绑式通信的新兴供应商，它提供本地和长途的电话服务、数字电缆、网络服务以及家庭安全监控服务。在美国西南部，Concomm 正处于品牌意识的建立阶段，现在处于这个阶段的第二年，这家公司计划花费 2 200 万美元在这些目标地区提高其捆绑式通信的品牌意识和品牌形象。品牌意识和品牌形象对于 Concomm 来说非常重要，因为它需要与许多优势企业进行竞争，其中包括 AT&T、Verizon 和 Comcast。

在品牌形象塑造活动的第一年，Concomm 花费 1 200 万美元来追求在品牌形象和品牌意识方面同样的增长目标。为了检验这个活动是否成功，这家公司进行了电话的跟踪调研。它在活动开始前进行了一个前期测试，然后又在活动结束后进行了相应的测试。调研是为测量 Concomm 的品牌意识和品牌形象而设计的。任何测量上的变化都被归因于广告活动，在这个活动期间，其他任何的营销战略因素都没有发生改变。

未经提示的或是首先联想的，品牌意识（当你想到住宅通信提供商时，你最先想到的是哪个公司）在前后两次测试中从 21% 增加到了 25%。在前期测试中，有 42% 的调研对象对 Concomm 有着积极的印象，这一数字在后续调研中增加到了 44%。虽然两个关键的测量项都有所增长，但是这两次测试的样本容量都太小了，两次测试都采用了 100 位随机消费者的样本。在 95.44% 的置信水平下，品牌意识的抽样误差是 ±8.7%，而品牌形象的抽样误差是 ±9.9%，这都是后一次测试的结果。面对在品牌意识和品牌形象上较小的改变和较大的抽样误差，Concomm 只能说，在 95.44% 的置信水平下，后一次测量中的品牌意识是（25±8.7）%，或者说是 16.3% ～ 33.7%。而对于品牌形象，仅仅可以说在 95.44% 的置信水平下，对 Concomm 的品牌抱有积极印象的，后一次测量中的比例是（44±9.9）%，或者说是 34.1% ～ 53.9%。鉴于在品牌意识和品牌形象上较小的改变和较大的抽样误差，Concomm 没有信心说这两个方面有实际的改变。

Concomm CEO 关心的是花在做广告上的钱，而且想要知道广告是否实现了它本应实现的目标。她想要一个更灵敏的检测，以便可以根据广告的效果得出最终的结论。

问题：

1. 说明后一次测试中抽样误差是怎么计算的？

2. 如果 CEO 想要在 95.44% 的置信水平下使得估计品牌意识和积极的品牌形象的实际值落于 ±2% 的区间内，样本容量应该是多大？

3. 如果 CEO 想要达到 99.74% 的置信水平，要求的样本容量是多大？

4. 如果现在能够进行电话访谈的预算是 20 000 美元，而每个访谈的成本是 19 美元，Concomm 能够达到它在问题 3 中设定的目标吗？在这样的预算前提下，两个测量所能达到的误差水平应该是什么样的？要想达到问题 3 中的目标，所要求的预算是多少？

调研实例 14-2

建一个村庄

村庄房屋建造（Village Home Builders，VHB）是六大市场之一——西南地区的高级商品房建筑公司。2013 年，该公司建造了 200 多座价格高于 500 000 美元的房子。管理层感觉到市场和顾客品位有微妙的变化，于是请营销部门员工乔·莫斯进行分割目标市场的项目，以深入了解今日市场行情。

乔·莫斯在样本容量上遇到一些问题。由于这个项目战略意义重大，他既和一家市场调研公司合作，又和一家管理咨询公司合作。公司此时预算紧张，管理层承诺往这个项目投入 75 000 美元。这些钱完全投入给市场调研项目，管理咨询公司的收费不包括在这 75 000 美元之内。

公司、市场调研公司和管理层都提出多个应该在样本中有所体现的市场和子群后，他们初步估计样本容量至少为 2 000。乔接到市场调研时的一个方案，他认为该方案中的方法、应交付的产品及其他都很适合项目目标。然而，费用上遇到了问题。市场调研公司不知道该项目只有 75 000 美元预算，一般研究者是不会被提前告知调研经费预算的，以防止他们打着能花掉每一分预算的心思而设计调研项目，或者一些其他问题。调研公司的估计如下表所示，总额为 83 700 美元，远超过了项目预算。乔有两个选择：和管理层洽谈为项目争取更多的资金；或者备好方案修改明细，让调研公司根据修改后的方案重新估价。

VHB 公司市场细分调研成本估算

项 目	数量	单位	单价（美元）	总价（美元）
开发				
项目设计供资细节	8	时	125	1 000
数据库工作	5	时	100	500
调研工具设计	30	时	125	3 750
数据收集	2 000	调查	15	30 000
数据处理				
编码	2 500	行	0.50	1 250
制表	20	时	100	2 000

（续）

项　目	数量	单位	单价（美元）	总价（美元）
分析				
与分析相关	50	时	175	8 750
分析	65	时	150	9 750
报告准备	40	时	125	5 000
一般事物与行政				21 700
总计				83 700

问题：

1. 你认为乔应该怎么做？是为项目争取更多的资金还是减少项目的资金，还是两者都做一点？说明你的原因。

2. 如果乔打算从管理层争取更多的资金支持，请简单列出他的理由。

3. 如果乔决定改明细重新让调研公司降低价格，你建议可以或应该从哪些地方省钱？减少样本容量可以吗？将样本容量降到 1 600 左右，可以将费用控制在预算内吗？样本容量减少后，其他花费就算降低也不会有大的降幅。减少样本容量的好处和坏处各是什么？

第 15 章

Chapter15

数据处理与数据分析

□ 学习目标

1. 对数据分析过程有整体认识
2. 理解数据的检验和编辑
3. 学习如何将调研中的问题进行编码
4. 理解数据录入过程和数据录入备选
5. 理解筛选问卷减少数据错误的重要性
6. 学习如何将调研制表
7. 深入研究图形所代表的数据意义
8. 理解描述性数据

DSS 调研公司最近完成了一项包含 1 300 份问卷的邮件调研，每份问卷足足 10 页纸，这 13000 页的纸叠起来高度超过 3 英尺。研究者要怎样才能把这里包含的所有信息转化成进一步研究所需要的形式呢？最不济的情况是，研究者可以把所有的信息都浏览一遍，边阅读边记笔记，最后得出一些结论，这种做法的局限性相当明显。为了避免上述做法的盲目性和低效率，专业研究者采取以下五个步骤来分析数据：

（1）确认与编辑（质量控制）；

（2）编码；

（3）数据录入；

（4）数据自动清理；

（5）制表与统计分析。

如果数据是通过电子方式获取的，那么处理起来会轻松得多，但也要适当遵循这些步骤。

15.1 第一步：确认与编辑

第一步有两个目的，即研究者需要保证所有的调研都是按指定的程序进行的（确认），并且所有的问卷都被准确完整地填写（编辑）。

15.1.1 确认

第一步的目的是尽可能地确保每份调查问卷都是有效问卷。这里所有的术语“有效”

与第 10 章的“效度”有着不同的定义。在第 10 章，“效度”定义为实际测量反映拟测量内容的程度，而这里的**“有效”**（validation）是访谈是否按适当的方式进行，而对测量标准反映拟测量内部的程度不做评估。有效性的主要目的是确定访问人员没有作假，或者没有遵循关键的指示。你可能已注意到，本书介绍的大量调查问卷中都要记录被调研人员的姓名、地址及电话号码等，这些内容对数据的分析毫无用处，但它们为市场调研人员确认有效性提供了基础。

职业调研人员知道，访问人员说谎的现象相当普遍。许多研究都有有关访问人员欺骗行为的记载。因此，确认调查问卷是否有效是市场调研项目中数据分析过程中内在的、必不可少的步骤。

所有调研结束后，调研企业要对每位访问人员所做的调研做适当比例的复查，通常复查的比例为 10% ～ 20%。如果一位访问人员对 50 个人做了调研，以 10% 的比例做复查确认的话，那么这位访问人员所调研的人中有 5 位将通过电话进行复查。电话确认主要包括五方面内容：

（1）确认此人是否真正接受了调研。

（2）受访者是否符合条件。例如，一项调研可能要求对家庭年收入为 25 000 美元以上的人进行，那么在复查中受访者将被再次问到他或是他的家庭的年收入是否在 25 000 美元以上。

（3）确认调研是否按要求的方式进行的。例如，一项购物中心的调研应在指定的购物中心进行，那么就应确认受访者是否在该购物中心接收到的调研。一个受访者到底是在购物中心接受的调研，还是在其他的地方，例如在家里或是在餐馆里？

（4）确认调研是否完整。有时访问人员知道受访者很忙，没有时间完成所有的测试；某项具体调研的受访者很难找到，所以访问人员很可能一开始问一些问题，然后其余的问题自己填写。由于存在这种情况，在确认过程中应询问受访者是否被提问了调研中的所有问题。

（5）确认过程中还应检查其他方面的问题。例如，访问人员是否彬彬有礼？访问人员是否明确介绍了委托人的身份或调研的目的？受访者对访问人员或调研过程有什么意见？

综上所述，这一步骤的目的是确认调研是按要求正确无误进行的。研究人员必须确信将用以提出建议的调研结果真实反映目标顾客的回答。

如果调研是通过网络平台进行的，相应的确认过程也是必需的。下面的“市场调研实践 15-1”中将给出 DSS 调研公司用以确认数据有效性的具体细节。

市场调研实践 15-1

DSS 调研网上数据收集质量确认流程

受访者选择

当我们选择网络调研对象的时候，可以遵循以下的流程：

- **选择信誉良好的网络样本组。**网络样本的招募、维护和质量控制方式对于确保最好的受访者样本至关重要。只有那些采取双向确认登记方式注册并通过使用实际地址确认其为有效的样本组成员的样本组才值得使用。网络样本公司还必须限制调查内容的数量，确保平台成员能在一定时间内完成，同时预留相应的程序尽量减少受访者使用同一组织中的多个账号。以下是评价一个网络样本公司所要考虑的主要因素：

a. 招聘方式。确保样本成员来自于有效的群体并且自愿参与调研。一些集体（自动生成的邮件地址和来自网页、博客、论坛等地方的电话号码）不应当被采用。网络样本组建和运营的唯一目的应是市场调研。

b. 受访者再补充频率。这反映了网络样本剔除不积极平台成员和添加新成员的频率。平台样本成员的保留率和整体的增长比率标志着他们的参与程度和积极性。

c. 每个月调研的最大完成量。确保留有一定的限度，防止平台样本成员成为职业受访者。

d. 身份核查。这决定了网络样本公司以何种方式核查样本成员的身份。在这些步骤中应该包括核查身份、剔除多账户个体和来自同一家庭的多个个体。

e. 简介收集。这决定了受访者群体的类型和从样本成员中收集的行为信息，后者将用来描述成员特征和预先筛选特定目标人群。应制订计划对这些信息进行常规的更新，并且根据一些显著的变化（比如性别的改变或年龄趋势的剧烈变化）区别平台成员，以便从平台剔除部分的潜在可能。

f. 激励方式。这反映了平台提供的激励类型和激励使用的频率。过少的激励次数和过低的中奖概率都可能降低参与者行为的可靠性。

g. 惩罚手段。弄清每个平台如何处理那些被怀疑在研究中有欺骗或其他违规行为的个人。

h. 典型回答率。一个平台的典型回答率反映该平台对受众的吸引程度和激励计划的公平程度，同时也反映平台成员是否被过度调研，或者因长时间表现不积极而不被剔除。

i. 隐私保护政策。样本平台应该有明确的政策和数据保密手段，确保成员隐私的安全和数据库的安全。

j. 客户服务。拥有能迅速提供报价、估计完成数量和实施调研的积极代理人对平台至关重要。在提供方案和收集数据时常常需要灵活的变通。客户目标和项目范围都可能迅速改变，所以平台也必须兼备积极性和灵活性。

- **不断监测网络样本的表现**。需要不断监测网络样本组的回答率、受访者质量和客户服务质量。有关前两个方面的问题（回答过快、拷贝回答、缺乏专注等）常常反馈回平台公司。

网上数据收集质量保证——受访者的配合度和专注度

采取这些步骤的目的是为了尽可能增加受访者的配合度和尽可能剔除那些回答问题缺乏专注，或者故意欺骗系统以使自己被包括在某个他们并不符合条件的调研里的人。

- **筛查重复回答和域外受访者**。DSS 调研公司使用软件工具识别试图完成多项调研的个体，无论它们是在一个平台拥有多个账号还是拥有多个平台公司的账号。该系统为每台电脑创建一个独一无二的“指纹”，以区别那些在同一台电脑上进行的重复调查，无论该用户使用了哪些平台或哪些用户名。该系统还能检测IP地址和有关平台成员ISP的信息，以甄别那些在目标地区或国家之外却试图参与调研的平台成员。一旦有平台成员被识别出多次试图参与同一项调研或在域外参与调研，它们将被排除在后续的调研之外，并被报告给平台公司以便采取进一步行动。

- **排除“超速者”**。任何以过快速度完成调研的人都会被排除在样本之外，并且他们已花的时间也将得不到补偿。当然，他们已经快到不可能对调研问题进行合理的考虑了。
- **设置最短调研时限**。调研开始时提前设置所允许的最短时间，以便在早期受访者中初步标示可能的“超速者”。最初估计的限度在预计调研时长的40%～50%，最初的受访者不会因为低于此限度立刻被终止调研，而是在随后的复查中被排除，而且一旦收集好调研样本，最短的调研时间也能确定。早期的调研时长如果低于最新设定的限度，将被排除在最终的样本之外。只要接收到足够数量的回复，便能计算调查时长的中间值，然后设置调研时长50%～60%的区间，最终确定调研的最短时限。同时，调研特征（调研复杂性、问题的跳跃性、目标人群的差异性）和调研经验也将用来帮助设置最终的时限。一旦设定了最终的调研时限，以低于此时限完成调研的受访者将被终止调研。作为“超速嫌疑人”，他们的ID也将被送至平台公司。在整个调研过程中要不断监测“超速者”比例，如果觉得最初设置的限度不合适，还要适当调整最短时限。
- **逐项检测**。收集受访者花在每个问题的时间以供分析。在最终决定数据样本之前，还应当检测受访者在每个问题上的时间分配。任何极端异常的表现都将被进一步审查，以排除那些超速完成大部分题目而在个别题目上花较长时间以躲避监测的“超速者”。
- **剔除选项单一者和前后矛盾者**。在调研中需要关注的另一方面是专注度。那些似乎不加阅读题目就选择答案或总是选择一个范围内相似地方的答案的受访者将被标示为“嫌疑人”，以供进一步评估。对一连串项目进行重复选择（对较长一系列的问题提供相同的选项）诚然可疑，但选项中若包含态度相反的陈述则完全可以确定该受访者缺乏专注，并放弃对其进行调研。在一个调研的不同地方使用相同或相似的问题是检查专注度的另一个办法。对相似或相同问题的回答有略微的偏差是很正常的，但那些给出自相矛盾的选项（比如某人在调研之初对某问题表示“非常满意”，而在之后回复“有点儿不满意”）的受访者将被从最终样本中剔除；前后有出入者也将被标示，比如某人自称是资深经理而后却称家庭收入很低；若不能找到合理的解释说明这些不一致，也要将他们剔除。
- **监测关键群体和行为特征，以确保样本能代表目标市场**。在筛查过程中尤其要检查样本有关性别、年龄和受教育水平的信息，以确保网络样本不会偏向年龄更低或受教育程度更高的群体。因为在目标人群中无论以何种方式调研，出现此样本几乎是不可能的。如果一个关键市场变量（如市场份额、市场占有率等）是已知的，则可以将调研结果直接同已知的范围进行比较。不能保证具有代表性样本的平台应当重新评估。

- **不允许受访者更改关键问题和筛查问题选项**。一旦受访者被终止调研，要防止他们返回修改任何筛查问题选项。如果没有这一步骤，他们就能尝试不同的答案使自己不被剔除，这和他们一开始给出可接受的答案无异。同样地，如果在调研的主干部分有一些你想要取得受访者第一印象的关键问题（比如竞争品牌的独立意识），也要防止受访者返回修改那些最初选项。
- **在现场调研结束前剔除回答者**。为了保证计划样本量达到目标水平，在数据收集的整个过程中都应该尽可能分析"超速者"、单一选项者（对一系列比例问题都给出相同的答案）和缺乏专注者。在某些情况下，为了使在数据收集过程中剔除一些受访者而不对样本容量造成不利影响，还可能需要超量取样。
- **延长调研时间**。不管采用哪种调研方法，延长几天数据收集时间都有助于采集更具代表性的样本。只要有可能，让调研至少持续 3 ～ 5 天。即便数据收集能在一个晚上轻松完成，持续调研一星期以上也是更好的选择。

15.1.2　编辑

确认是指对访问人员的欺骗行为及调研是否严守程序进行核实，而**编辑**（editing）是对访问人员和应答者的错误进行检查。通常，在进行数据录入之前，问卷至少应经过两次编辑：首先，由执行实际调研的现场服务企业进行编辑；其次由雇用这些现场服务企业的市场调研公司做编辑。电话访谈、网络调研以及其他的软件驱动调查已经进行了逻辑筛查。纸质调研的编辑过程会涉及以下一系列的问题。

（1）**确定访问人员是否没有问某些问题或没有记录某项问题的答案**。例如，在表 15-1 所示的问卷中，问题 19 的答案没有记录。据问卷的机构，这个问题应该询问所有的被调研人员，然而没有记录任何答案。同样，受访者的名字并不能清楚的表示出他们的性别。第一次编辑（现场编辑）的目的是识别这类问题，及时与受访者取得联系，并且获得那些没有回答的问题的适当答案。这些工作也可以在第二次编辑（由市场调研公司做的编辑）中来做。但是，在许多情形中，这时已经没有时间再与受访者联系，因此这份调研结果可能被当作无效而被丢弃。

表 15-1　问卷范例

客户调研

移动电话调研问卷

朗布兰奇 – 阿斯伯里 N.J

(01 ～ 03)001

时间：2001.05.01

受访者电话：201-555-2322

您好，我是电信调研员莎莉，我可以和您家的主人通话吗？

如果无人，将姓名或回答信息记在样表中。

（当主人接电话时）：您好，我是电信调研员________，您的电话号码是随意挑选的，我并不打算向您推销产品，我只想问您几个关于新的电信服务的问题。

（续）

1. 通常情况下，您一天会打多少个电话？

（04）

0 ～ 2…………………………………………… 1
3 ～ 5…………………………………………… 2
6 ～ 10…………………………………………③
11 ～ 15………………………………………… 4
16 ～ 20………………………………………… 5
20 以上………………………………………… 6
不知道…………………………………………… 7

现在让我告诉您一种新的被称为移动电话的业务，它是完全无线的。您可以得到便携式电话，它可以放在您的衣袋里或者放在任何交通工具上。您可以随时随地接收或者拨打电话。虽然移动电话是无线的，但声音质量与您目前的电话不相上下。这项新的业务可以节省时间，方便家庭使用。

这项新的移动电话服务很快就将在您所在的地区推出。

2. 现在让我向您介绍这项无线服务的费用。通话费为每分钟 26 美分，另加正常收费。另外，使用这种服务的最低费用为每月 7.50 美元，移动电话的租金是 40 美元。当然，您可以以购买代替租用。按照这个价格，您认为您很有可能、有可能、不大可能或非常不可能成为这种新的电话业务的用户吗？

（05）

很有可能………………………………………… 1
有可能…………………………………………②
不大可能………………………………………… 3
非常不可能…………（回答问题 16）…………… 4
不知道………………（回答问题 16）………… 5

访问人员——如果回答“很不可能”或“不知道”，请回答问题 16。

3. 您认为您的雇主会为了工作给您配备一部这样的电话吗？

（06）

不会………………（回答问题 5）……………… 1
不知道……………（回答问题 5）……………… 2
会…………………………（继续）………………… ③

访问人员——如果回答不会或不知道，请回答问题 5，否则继续。

4. 如果您的雇主已经为您配备了一部无线电话，您还会再购买一部供家庭使用吗？

（07）

会…………………………（继续）………………… ①
不会………………（回答问题 16）……………… 2
不知道……………（回答问题 16）……………… 3

5. 请给出您最希望供您家庭使用的移动电话的数量（不知道则请写“DK”）。

号码＿＿＿＿＿01＿＿＿＿＿（08–09）

6. 给定平日拨打或接收电话的费用为每分钟 26 美分加正常话费，您希望在一天中平均拨打多少次？

记录数＿＿＿＿＿06＿＿＿＿＿（10–11）

7. 一周中，平均每次通话大约需要多少分钟？

记录数＿＿＿＿＿05＿＿＿＿＿（12–13）

8. 给定周末拨打或接收电话的费用为每分钟 8 美分加正常话费，您希望在周六或周日平均拨打多少次？

记录数＿＿＿＿＿00＿＿＿＿＿（14–15）

9. 在周六或周日，平均每次通话大约需要多少分钟？

记录数＿＿＿＿＿＿＿＿＿＿（16–17）

10. 您可以回忆我先前提到的移动电话的两种类型，汽车电话可以安装在汽车里，而手提电话可以随身携带——放入公文包、钱包或大衣口袋里。手提电话会多花 25% 的费用，但在某些地区比汽车电话传输范围小。如果您选购这项服务的话，您更喜欢手提电话还是汽车电话？

（续）

	（18）
手提	1
汽车	②
两者	3
不知道	4

11. 请您告诉我，假如您在下列地方使用移动电话，平均使用的次数为一周内一次、低于一次还是高于一次？（如果从不，转去回答问题 12）

	低于一周一次	一周一次	多于一周一次	从不	
Monmouth County（如果选择“从不”，跳到问题 16）	1	2	③	4	（19）
Sandy Hook	1	2	3	④	（20）
Keansburg	1	2	3	④	（21）
Atlantic Highlands	1	2	③	4	（22）
Matawan-Middletown	①	2	3	4	（23）
Red Bank	①	2	3	4	（24）
Holmdel	1	2	③	4	（25）
Eatontown	1	②	3	4	（26）
Long Branch	1	2	3	④	（27）
Freehold	1	2	3	④	（28）
Manalapan	1	2	3	④	（29）
Cream Ridge	1	2	3	④	（30）
Belmar	1	2	3	④	（31）
Point Pleasant	1	2	③	4	（32）

我将为您介绍一些特色服务。对于一部电话来说，这些服务每项均不超过 3.00 美元。请告诉我您对每项服务是很有兴趣、有兴趣还是不感兴趣

	很感兴趣	感兴趣	不感兴趣	
12. 电话转接（将任何打入您移动电话的电话转入任何其他电话）	①	2	3	（33）
13. 无应答转接（如果您的电话无回答，这项服务将电话转到其他号码）	1	2	③	（34）
14. 电话等待（您使用电话时如有人打入，则将信号显示给您）	1	②	3	（35）
15. 语音信箱（允许将接入的电话转入录音机，其内容可在以后转给您。这项服务每月收费 5.00 美元）	1	2	③	（36）

16. 您所在年龄组：

	（37）
25 岁以下	1
25 ～ 44 岁	2
45 ～ 64 岁	3
65 岁以上	4
拒绝、不回答或不知道	5

（续）

17. 您的职业是什么？

（38）

经理、官员……1
职业人员（医生、律师、运动员等）……2
技术员（工程师、程序员、绘图员等）……3
办公人员 / 书记员……4
销售人员……5
技工或工头……6
无技术工人……7
教师……8
家政人员、学生、退休人员……9
失业人员……X
拒绝回答……Y

18.2002 年您的家庭总收入是多少？

（39）

15 000 美元以下……1
15 000~24 999 美元……2
25 000~49 999 美元……3
50 000~74 999 美元……4
75 000 美元及以上……5
拒绝、不回答或不知道……6

19.（访问人员——记录受访者性别）：

（40）

男……1
女……2

20. 我能知道您的姓名吗？我的办公室将抽出大约 10% 的人进行核对

给出姓名……1
拒绝回答……2

乔丹·比斯利
姓名

谢谢占用您的时间，祝您愉快！

（2）**是否遵循规定的跳问模式**。根据表 15-1 中的**跳问模式**（skip pattern），如果受访者选择"非常不可能"或"不知道"，则应该直接询问问题 16。问卷编辑需确保访问人员遵循指示。有时候特别是在前几次调研访问中，访问人员会混淆顺序，在需要跳过题目时忘记或者在不需要时跳过题目。在电子调研中，这类问题在调研设计中就能解决，不会发生在调研过程中。

（3）**访问人员是否意译了开放式问题的答案**。市场调研人员以及他们的客户通常对开放式问题的答案很感兴趣。回答的质量或至少是所记录的内容，是反映记录答案的访问人员工作优秀程度的标志。通常要求访问人员逐字记录答案，而不以任何方式重新释意、表达或插入自己的语言，同时，也要求他们对初始回答进行进一步的探索。表 15-2 列出了几种记录缺陷的例子。其中，第一部分展示了访问人员释意并解释一个开放问题答案的例子；第二部分说明了访问人员没有进一步探索受访者的回答。从决策角度看，这个答案毫无用处。受访者经常去汉堡王是因为他喜欢那个餐馆，这似乎没有什么值得惊奇的。表中第三部分显示，这最初毫无意义的回答是如何借助适当的探索转变为有用的形式。对回答“因为我喜欢它”适当的探察是“为什么您喜欢它”或“您喜欢它什么”。回答表明，他经常去那是因为那里离他工作的地方最近，并且能够提供最方便快捷的食物。

表 15-2　开放式问题的记录

A. **对于开放式问题的回答，访问人员记录不当的例子**
问题：您为什么在众多的快捷 / 方便的餐馆中选择经常去汉堡王
回答记录：顾客似乎觉得汉堡王有更加美味的食物和一流的服务环境
B. **访问人员没有进一步探索回答的例子**
问题：同上
回答记录：因为我喜欢它
C. **适当的记录和探索的例子**
问题：同上
回答记录：因为我喜欢它。(P) ①我喜欢它并且我经常去那里，因为那是离我工作的地方最近的餐馆。(AE) ②没有

① (P) 是访问人员为了表示他对应答进行了探索。

② (AE) 是访问人员对“其他”(anything else) 所做的缩写。这使得受访者有机会对最初的回答做详细解释。

做编辑工作的人必须对开放式问题的非标准答案做出判断，还必须判定对某一特定问题的回答中哪些方面有局限性以至毫无用处。如有可能，与受访者再次接触并再次提问那些答案未被认定有价值的问题。

编辑过程是极其冗长乏味并且浪费时间的，不过，编辑工作确实是整个数据处理过程中重要的一步。

15.2　第二步：编码

正如在第 12 章中谈到的，**编码**（coding）是指对一个问题的不同回答进行分组和确定数字代码的过程。大多数问卷中的大多数问题是封闭式的并且已预先编码，这意味着对调研中一组问题的不同答案的数字编码已被设定。全部封闭式问题都需要预先编码。例如，在表 15-1 的问卷中，第一个问题属于这一类，在每种答案的右边都标有一个数字代码，回答“0 ～ 2”的用编码“1”表示，回答“3 ～ 5”的用编码“2”表示，依此类推。调研人员应该将右边数字代码圈上以记录下受访者的回答。例如，若受访者的答案是“每天 7 次”，就圈上“6 ～ 10”这一栏右边的编码“3”。

开放式问题产生了一个编码的困境。它们之所以被设置成为“开放式问题”是因为调研人员或是不知道会得到什么回答，或是希望能给出比封闭式问题更加详尽的回答。在编辑过程中，对开放式问题进行编码是一项冗长乏味并且耗时的工作。此外，这个过程在某种程度上是主观性的。因此，可能的情况下人们会避免使用开放式问题，除非确实需要的情况下。

15.2.1　编码过程

对开放式问题的回答进行编码需要采用以下四个步骤。

1. 列出答案

调研企业的编目员准备一份列出每个开放式问题答案的清单。在有几百名被调研人员的调研中，所有的答案都用列出。在大型抽样调研中，列出某个样本的回答。这项工作可以作为编码过程的一部分或单独的一个步骤来完成。列表工作经常是由编辑问卷的人来完成的。

2. 合并答案

表 15-3 提供了一个对开放式问题回答的清单。从这份清单可以看出，一些（形式上不同的）回答，在本质上是一致的，因此它们可以被适当地合并为一类。完成合并过程后，就得到了如表 15-4 所示的表。要获得这样的表，还必须做出一些主观的判断。例如，第 4 个答案是属于第一类，还是应单独归为一类？这些决定通常由资深的分析人员做出，常常也吸收客户的意见。

表 15-3　开放式问题回答实例

问题：为什么您喜欢喝那个牌子的啤酒？（品牌已在前面的问题中提到）
回答实例：
（1）因为它口味较好
（2）它具有最好的味道
（3）我喜欢它的口味
（4）我不喜欢其他啤酒太重的口味
（5）它最便宜
（6）我买任何打折的啤酒，它大部分时间都打折
（7）它不像其他牌子的啤酒那样使我的胃不舒服
（8）其他牌子使我头疼，但这种不会
（9）我总是选择这个牌子
（10）我已经喝了 20 多年了
（11）它是大多数同事喝的牌子
（12）我的所有朋友都喝这个牌子
（13）这是我妻子在食品店中买的牌子
（14）这是我妻子 / 丈夫最喜欢的牌子
（15）我没有想过
（16）不知道
（17）没有特别的原因

表 15-4　对于啤酒调查中开放式问题回答的合并分类和编码

回答类别描述	表 15-3 中的回答	分配的数字编码
口味好 / 喜欢味道 / 比其他味道好	1，2，3，4	1
低 / 较低的价格	5，6	2
不会引起头疼、胃不适	7，8	3
长时间喝、习惯	9，10	4
朋友喝 / 受朋友影响	11，12	5
妻子 / 丈夫喝 / 购买	13，14	6
不知道	15，16，17	7

3. 设置编码

这一步通常在获得最终合并表单后进行。该表的每个类别都分配有数字编码。对啤酒调研样本的数字编码如表 15-4 所示。

4. 输入编码

在列出答案，合并答案并且设置编码之后，最后一步涉及实际数字记录，包括以下几个分步骤：

（1）读取每组问题中每个开放式问题的回答。

（2）找出与按步骤 2 得到的合并类别相符的回答，并为每个回答确定合适的编码。

（3）在调研表的适当地方，注明每个问题回答的数字编码（见表 15-5），并在数据库中输入合适的电子编码。

表 15-5　开放式问题的问卷例子

37. 为什么您喜欢喝那个牌子的啤酒（牌子已在前面的问题中提到）？	（48）____2
因为它更便宜。(P) 没有。(AE) 没有。	

这里是一个过程的例子，表 15-3 中使用了答案清单，表 15-4 显示了合并和编码设置编码。

- 参见第一份问卷（见表 15-3），阅读问题“您为什么喝那个牌子的啤酒”的答案，即“因为它便宜”。
- 将上述回答与已经合并好的回答分类进行比较，决定将其归为“价格高 / 低”这一组，对应的编码是 2（见表 15-4）。
- 在问卷的合适地方标注编码（见表 15-5）。

市场调研实践 15-2

尽力弄懂全部数据

数据库的出现使公司能够在一个单独的、高效的环境中收集、存储和分析来自多个公司系统的信息。然而，企业管理者被局限于仅能够分析结构数据。结构数据由整齐的或固定的答案和成排的或成列的数字组成。这些数据只需要一个数据库就能轻松存储、分类、甄别、报告和积累。文本分析法打破了数据分析的限制，使公司能够在公司数据库中以分析结构数据相同的方式分析非结构性、形式自由的数据。

与客户交互的系统本身就充满了大量非结构性、形式自由的文本。例如，电话中心输入的短信、客户调查中开放式问题的回复和网络上发布的评论都是非结构性文本。文本分析法，也称文本挖掘（text mining），是一种将非结构性信息转化为结构性信息以便用商务智能系统进行数据处理的技术。

有很多种将文本转换为结构性数据的方法和技术，每种方法的精确度和有效性水平都不同。在此我们将探索那些技术以及如何联合使用它们发现隐藏在文本之中的奥秘。

遗忘还是故意忽略

如今，从消费者身上产生的自由形式文本信息成爆炸式增长。研究表明，公司产生的数据中有 80% 是形式自由或原始的文本。同时，由于计算机原本只能进行简单的模式匹配、对照和挑选，因此并不能精确处理这些信息，也不能理解传统形式的语言。而且，公司还可能有意无意地遗漏大量可能对公司生意有价值的信息。

公司有许多诸如电话中心、邮箱和自动回复系统的内部系统以收集和管理客户信息。然而，网络公开评论对大家都是可见的，是一条能够廉价获取相关客户对公司及其竞争者评价的途径。公司和它们的竞争者都可以使用这一信息进行竞争性研究，了解一般市场趋势，在产品生产周期早期发觉可能出现的问题。然而，由于这些非结构信息形式自由、数量庞大，收集和理解起来花费颇高而且麻烦。

交流性或反馈性调研通常包含一个或多个如“我们要怎样提高”“请描述您所遇到的问题”这样的问题，这些问题的回复通常每条都很有价值。但是，如果你有几千条，你要怎样去概括它们？

由于这些原因，公司便求助于能够自动处理和分析各种形式文本的文本分析技术系统，将这些信息进行转换以便用来判断市场趋势、尽早发现商标和产品问题、为公司提供改进意见和寻求客户帮助。

发现原因

传统的商务智能系统能够很好地分析结构性数据并对客户和市场当前的状况进行统计报告——销售增长还是下降、客户满意还是不满意、这个区域的业绩比那个区域好……尽管了解这些现象也很重要，但更为关键的问题却被忽略了——为什么会产生这些现象。即使投入更多对传统结构性数据进行添加、建模和统计分析，发掘这些数据背后的原因通常也是不太可能的。

然而，如果将结构性与非结构性数据进行比较分析，比如开放性问题的回复和网络上的评论，你就能对情况有个更深层次的理解。例如，你能够了解客户是怎么形容表现不好的产品的，你也能知道为什么某些特定区域的客户在某些特定时期对某些特定的产品不满意，你还能了解到导致低满意度的关键问题。文本分析法有助于解决这些问题。

设计良好的调查通常都会让客户给产品或服务评判等级，然后询问“为什么您给出这个等级的评判”或“为什么您对我们的服务不满意”这些问题的答案非常重要。然而直到最近，才能比较轻松地分析它们。公司习惯性地依赖于逐字编码系统，人工浏览几百份随意抽取的样本，然后设置编码将它们归类为一般问题。

尽管人工浏览回复的样本有一定的准确性，但不可否认这一过程存在固有的缺陷。第一个也是最重要的缺陷，是你没有浏览全部的数据。如果你有几千甚至更多的回复，你只能分析很小一部分信息，同时这也是最划算的。第二个缺陷是个人的偏见。每当要做出有关数据的决定，人们总会倾向于根据他们当天的心情进行反馈和分类。眼疲劳和工作过度同样会传递不一致的结果。例如，分析人员在某天将一个事件归类为客户服务问题，第二天或一周后却认为它应该是产品问题。

另外，客户可能反映传统编码体系无法轻松编码的复杂问题。在这种情况下，你可能需要进行多重相互联系的编码，但这就给人工分析带来更多困难。现如今，分析调查中自由、开放式评论的这些挑战普遍存在。文本分析法能够自动处理和分析大量形式自由的文本，并且能保持一致性和精确性。

不同的方法

进行文本分析有很多不同的方法，包括：

关键词分析。关键词分析是最传统的分析方法，使用的是一种模式识别法。谷歌搜索就是一个很好的例子。

自然语言处理。为了克服关键词搜索和分析固有的缺陷，文本分析法的提供者开发了更加高级的基于自然语言处理（NLP）的技术。这些系统虽然已存在一段时间，但使用成功的水平不同。自然语言处理需要电脑能像人类一样思考，换句话说，就是要让电脑用人类理解语言的方式理解语言。这包括理解基本语法规则和文字形式，如动词、名词、形容词、介词短语等。只要系统理解了基本的语言结构，电脑就能凭借这一本领从新输入的信息中推导出语言和表达的真实意思。

命名实体识别。命名实体识别（named entity recognition，NER）能够识别并提取自由文本中实体所属的类别——人、地方以及其他诸如公司、产品、群体、组织、地点、日期的东西。使用这项技术需要分析员预先知道需要提取的实体类别，并将它们分配到预先确立的群组中。提取结果将被储存在数据库中，并用来了解在目标群体中广泛讨论的话题及其出现的频率。这种分析方法优于关键词分析，因为它不仅使用了 NLP 区别名词和动词，还保证提取的结果能与你的预先设定相匹配。

目标事件提取。事件提取是一项专门的技术，该流程需要设置复杂的规则，将目标文件中经常被提及的术语作为线索，然后据此将数据进行标示和分类。标示出线索词汇之后，再找出常常与它相伴出现的特征词汇。举一个恰当的例子，比如分析员可以先将“控告”作为线索词汇，然后再据此找出目标文件中所提及的所有原告、被告、审判区域和诉讼时间。

全面提取。这一全新的文本分析方法是由 Attensity 发明的，运用语言学的探索方法和模式，分辨出目标文本中所包含的关键因素和关键概念。这些模式可以普遍运用在分析文本数据，让系统能够在一个结构化数据库中生成并提取所有可用数据。这样，分析员就能够利用处理传统数据库问题的方式报告文本中最常出现的话题。这种处理方法的优势在于分析员不必非得在提取程序执行之前就确定所要分析的问题、事件或话题。这也意味着全新的问题和全新的视角都能被及时有效地发现。

分析员除了要考虑用什么技术理解文本，还需要考虑许多与评论收集和评论存储有关的问题。比较几种在社交媒体平台收集文本的区别：一种是推特，用户在上面最多只能输入 140 个字，因此会有大量缩略语、代码、非正式用语和隐语；另一种是产品评价，客户通常叙述其使用某一产品的经历；还有一种客户调查，则是直接对客户进行提问。

这些情况给文本分析制造了很大的困难。因此，尽管 NLP 技术能提供准确的结果，最好的文本分析系统还应当能针对不同的信息来源和研究目的，选择适合的分析方法。

有效的洞察

从文本分析中能够普遍了解到的东西之一是，客户在与公司或品牌交流的哪个阶段会表现出一些积极的或消极的情绪。考虑到客户在自由文本中能够表达的所有东西，一般性的情绪是很容易发掘的，因为人们描述不满或不悦的方式普遍相似。

然而，客户评论中获得的最具价值的洞察是那些被称为有效洞察（actionable insights）的东西。有效洞察直接指向客户经历中可能对公司立马造成影响的部分，比如某个产品问题。另外一个例子是不完善的工作流程或运营政策给客户带来的不悦或与客服代理的不愉快交流使得客户要求退款。与客户表达的一般性情绪不同，这些类别的信息直接指向那些公司能够采取的防止客户流失和提高客户忠实度和满意度的措施。

问题：

1. 为什么现如今文本分析变得不可或缺？
2. 请描述文本分析的不同方法。

15.2.2 自动编码系统

对于计算机辅助电话访谈（CATI）、网络调查以及短信调查（SMS），封闭式问题的数据录入以及编辑都被完全省略了。然而，对于开放式问题，编码过程还是必需的。随着技术的发展与进步，对于开放式问题单调的编码过程将会很快被计算机系统代替，这个系统几乎不需要高水平的专家的介入和决策。

SPSS 的 TextSmart 模块就是一个自动编码系统的典型代表。这些系统的核心有一些符号算法作为支撑，能够很有效地加快编码的速度，降低成本，并且还能增加编码的客观性。从根本上说，这些算法就是利用计算机来搜寻开放式问题的类型，根据关键词或词组来进行分类。

Semantria 提供了许多不同的文本处理工具和许多处理开放式问题结果的选择，能够对开放式问题进行一定程度的概括，尽管这显得不太可能。重要的是它还很快。详情不妨参考它们的网站 semantria.com。在“市场调研实践 15-3”中提供了一个公司使用 semantria 服务的范例。

词云（word clouds）是另一种处理开放式问题或任何形式自由回复文本的方法。具体的例子可以在 wordle.net 和 textisbeautiful.net 上找到。两个网站都提供了能从你输入（复制粘贴）的文本中组织词云的工具，用户对它们实用性的评价各异。这些“云”将着重显示那些在原文本中出现的词，并且大部分的处理工具都能让你用不同的字形、版式和颜色对“云”进行调整。

市场调研实践 15-3

如何使用 Semantria 进行文本分析

施万家庭服务有限公司（Schwan's Home Service，Inc.）隶属于施万食品（Schwan Food Company），通过家庭配送和邮寄订单经营管理施万旗下大约 400 种的冰冻食品。典型的生产线包括最具公司特色的冰激凌、比萨、自选肉、海产、民族特色食品、早餐和甜点。

该公司每周都送出许多调查问卷，让客户对公司产品、服务、食品质量及其他方面进行反馈。然而每月几千份的问卷，公司缺少人力用传统的方式处理所有的问卷。直到最近一段时间以前，该公司都没有有效的手段检测反馈回来的定性数据。这是一个很大的缺陷，因为调研信息中最具价值的部分就在客户评论区，它们没有办法从客户评论中直接获得可靠、即时的信息。一开始，公司团队采用逐条阅读评论、人工编码的方法，试图确定热门主题。然而，他们提取的大部分信息都似乎陷入如“这个产品非常好”“我很满意你们的服务”的条条框框，这些好评就实用性而言是很差的。因此，评论区的关键信息还是没有被发掘，公司还是没办法真正了解客户的需求。为了弥补这点，施万求助于 Semantria 的 Excel 输入以寻求解决。现在，该团队只要将开放式问题的数据从他们的调研系统中导出，然后用 Semantria 输入设置中的 Excel 打开。

只要再点击几次鼠标，系统就能对数据进行处理。根据自定义类别将所有评论进行分类，然后挑选出其中的主要话题和观点，并找出与客户问题相关的情绪特征。Semantria 只要几秒钟的时间就能将非结构性、开放式的回复转化为有用的数据。最初，施万公司使用 Semantria 分析它们评分较低的东西以了解客户普遍投诉的问题，找到这些问题的根源，然后在问题刚发生的时候就寻求弥补措施。在 Semantria 数据分析团队的协助下，施万公司在数小时之内就定制好了它们所需要的客户类别，有了这些设置好的类别，施万公司现在很快就能对开放式回复进行分类。而且，通过将 Excel 的查询功能与 Semantria 的询问功能结合使用，施万公司就能在几分钟内提取客户情绪评分、关键词和其他文本分析数据，然后根据问题类型对它们进行分类，再追溯回与之相关的客户 ID。

使用 Semantria 不到一个月，施万公司的团队就从客户那里获得了很多有关公司产品和服务的有效信息，他们获得了具体的数据可以依照并采取相应的措施，这是仅有评分是不能做到的。他们现在正在与公司高管交流一项信息传递计划，即在 Semantria 关键词（比如“ delivery”）查询结果的帮助下，通过仓库传递信息。施万的市场调研分析师内森解释道：“我们运用统计软件，每周收集客户的统计信息：所属区域、配送司机和客户数量。我们将 Semantria 和客户评分结果联合使用，更进一步了解客户对我们的看法。对情况有所了解之后，再逐一运用到客户身上，找到问题所在。”

施万公司团队希望 Semantria 的运用能够提高他们的客服水平，迅速对客户普遍关心的问题进行反馈。同时，他们也将该计划运用于其他商业板块，以发掘其中的积极因素或有问题的地方。他们希望 Semantria 的使用能够提高他们的产量。

问题：

1. 为什么施万公司之前不使用开放性问题的回复？
2. Semantria 如何帮助他们解决这一问题？
3. 现在他们从开放性问题中得到了哪些之前没有的信息？得到这些信息有多难？

15.3 第三步：数据录入

在前面三个步骤结束后，下一步就该录入数据了。**数据录入**（data entry）用来指将信息从计算机不可识别的形式转换成为计算机能够识别的形式过程，这个过程需要一个数据输入装置和一个存储介质。数据录入装置包括计算机终端和个人电脑，用于数据录入的相关介质包括磁带，软盘和硬盘。

15.3.1 智能录入系统

大多数数据录入都会通过智能录入系统进行。**智能数据录入**（intelligent data entry）是指经过编程的数据录入装置或与之相关的计算机对输入的信息进行逻辑检查。数据录入系统能通过编程避免在数据录入时出现某种类型的错误：录入无效的或是太广的编码，以及违背跳问模式的编码。

考虑一下表 15-1 所示的调查问卷中的问题 2，五个有效答案对应的数字编码为 1 ～ 5。一个为有效编码编制的数据录入程序，只允许输入人员在为这个问题所留的位置上输入编码 1 ～ 5。如果输入的不是这几个编码，机器就会告知数据输入人员出现问题了。例如，数据输入装置可能会发出“噼噼”声，并在屏幕上显示编码为无效的信息，并且也不进行下一步的处理。当然，在这种输入情形下，可能错误的输入“3”，而不是正确的“2”。我们再看表 15-1，如果问题 2 的答案是“非常不可能”或者“不知道”，那么数据输入人员就会直接跳到问题 16，智能数据录入系统会自动实现这一跳跃。

15.3.2 数据录入过程

现在，有效的、编辑好了的、编过码的调查表已经交给了一个数据处理员，他端坐在计算机终端或个人电脑前，数据录入软件系统已经为有效录入编好了程序，真正的数据录入过程就要开始了。通常，数据会从调查表上直接录入。一般来说，专业的市场调研人员不会直接把数据从调查表上转录到电脑编码表上，因为实践证明，在这种转录过程中会产生大量的错误，而将数据从编码表直接转入数据录入装置和相关的存储媒介会更加精确有效。为了更好地理解处理过程，请参见表 15-1 中的调查问卷，并考虑以下几点：

- 在问卷的右上角，写着数字“001”，这个数字独一无二地确定了这份问卷，而且这将是第一份被数据录入人员输入的问卷。这个编号非常重要，如果录入的第 001 号问卷中出现了错误，那么数据录入人员就能够找到原始输入文件。
- “001”旁边是用括号括起来的“01 ～ 03”。这表明“001”将被输入到数据录入的 1 ～ 3 区域中。在整个调查表中，括号内的数字均表示被圆圈圈住的编码及每个问题的答案在记录中的对应位置。问题 1 中有待括号的“04”，它与问题答案的编码有关。这个问题的答案将被输入到数据记录的 04 号区域。开放式问题如表 15-5 所示。注意带括号的“48”旁边的数字“2”。在这种问题中，括号内的数字指的是一个编码或对应于问题答案的编码在数据记录中应写入的位置，如括号中的“2”应被输入到对应这份问卷的数据记录 48 号区域的位置。

表 15-1 清晰地说明了问卷中编码的位置（相对问题的不同答案的数字）和区域（数据记录填写答案编码的地方）与数据记录位置之间的关系。

15.3.3 扫描

众所周知，光学扫描仪已经问世几十年了。作为找出多选题答案并判分的有效途径，它被广泛应用于各个学校。然而，直到最近，它在市场调研方面的应用仍然受到限制。这种使用限制主要归结于两个方面的原因：安装费用和记录答案时需要使用的 2 号铅笔的要求。安装费用包括对特殊纸张和用于印刷的特殊油墨的需要以及答案空白位置的精确设置。利用盈亏平衡分析，数据录入上节约的花费与安装花费持平的范围在 10 000 ～ 12 000 份问卷。因此，对大多数调研，这种方法不可行。

不过，**扫描技术**（scanning technology）的发展和个人电脑的出现，已经改变了这种平衡。现在，由任何视窗文字处理软件设计出的调查问卷，不管是激光打印还是普通打印，不管用什么纸，都能通过使用合适的软件和 2 000 美元的附件在个人电脑上的小扫描仪，随时随地地进行扫描。另外，最新技术可以允许任何的书写工具（铅笔、圆珠笔、转动笔、钢笔等）来填写问卷，因此也没有必要用 2 号铅笔来填写问卷了，而且检查过程也被大大简化了。最后，由于使用了最新技术，也没有必要仔细地将答案选择填写在对应的圆圈或是方格里，只要你画个标记“X”或任何其他的标记，它们都能将答案选择填入适当位置。

由于上述几个方面的发展，可以扫描的调查问卷的长度增长相当惊人。在你需要完成 400 ～ 500 份问卷的时候，扫描的成本就比较合算了。

虽然不能提供具体可信的数字，但是一个普遍接受的事实是通过电子方法获取数据的数量确实大幅增加了。例如，在计算机辅助的电话访问、在线调研、邮寄的磁盘调研以及触摸屏调研中获得的数据都有显著的增加。

15.4　第四步：数据自动清理

至此，所有问卷中的数据已经输入并在电脑中得到了处理。在图表化和进行数据分析之前，必须再检查一遍错误之处。多数大学有一种甚至多种图表化和数据分析的软件包，你可能在学校的主机或小型机上使用统计分析系统（SAS）、社会科学统计软件包（SPSS），此外，大学可能还有 SPSS 或 SAS 的家用电脑版，或者其他的统计分析软件，而且这些软件的数量在不断地增多。

无论使用哪种软件包来将数据图表化，要做的第一步是进行错误检查，有时也被称为**逻辑或自动清理**（logical or machine cleaning of data）。两种途径可以完成这项任务：错误检查程序或边际报告。

一些电脑软件允许用户编写**错误检查程序**（error-checking routines），这些程序包括一组对不同条件进行检查的描述。例如，如果为某个调研数据记录设定的专门的域只有代码“1”或“2”，那么逻辑描述可以检查这个域是否存在其他代码。一些更为复杂的软件包可以报告有多少次违反了某个特别的条件，并列出违反条件的数据记录。有了这样的程序，使用者可以参考原始问卷以确定恰当的值。

这一步骤的目的是保证数据逻辑上的一致性。如果缺乏此一致性，图表分析最终结果可能与事实不符。虽然在大多数情况下这种误差都很小，但再小的误差都可能造成客户的不满并可能使他们质疑整个调研过程的完整性。

15.5　第五步：制表与统计分析

至此，调研结果已经存储在计算机文件中了，并且无逻辑录入错误与访问人员记录错误。下一步是将调研结果图表化。

15.5.1 单项频次表

最基本的表是**单项频次表**（one-way frequency data），它显示了对每个问题做出每种可能回答的人数。表 15-6 中列出了这种表的一个例子，该表表明，有 114 人（占 48%）说他们会选择圣保罗的医院，有 146(48.7%) 说他们会选择明尼阿波利斯的医院，有 10 人（占 3.3%）说他们不知道选择哪一家医院。电脑输出资料将会显示出调研中每个问题的单向频次表。在大多数情况下，这种表是调研分析人员首先看到的统计结果的概括。除频次外，单向频次表通常显示出每个问题可能答案的百分比。

表 15-6　单项频次表

问题 30：如果将来您或您的家人需要接受住院治疗，并且有明尼阿波利斯和圣保罗两座城市的医院可供选择，您会选择哪个城市？

	总数
总数	300 100%
去圣保罗市的医院	144 48.0%
去明尼阿波利斯市的医院	146 48.7%
不知道 / 未回答	10 3.3%

在使用单向频次表时需要解决的一个问题是选择百分比的基数。有三种选择：

（1）全部被调研人员人数。如果有 300 人参加了某项调研，并决定利用所有参与者作为计算百分比的基数，则每张单向频次表的百分比都将以 300 作为基数。

（2）需回答具体问题的人数。在大部分问卷中，不是所有的人都回答全部的问题。例如一项调研的问题 4 也许会问调研人员是否有狗，其中回答有的有 200 人，而问题 5 和 6 是专门问这 200 人的。在这种情况下，用 200 作为计算百分比的基数来对问题 5 和 6 进行单向频次表分析较为恰当。

（3）做出回答的人数。在单向频次表中计算百分比的另外一个基数是回答了特定问题的人数。如 300 人被问及某个特定问题，但 28 人表示“不知道”或未回答，则要以 272 作为百分比的基数。

一般来说，需回答问题的人数被作为制表中计算百分比的基数，但也许在一些特殊场合，使用其他的基数会更合适。利用三种不同基数计算百分比的例子如表 15-7 所示。

对某些问题，被调研人员可有多种回答。例如，某问题要求顾客列出所有记忆中的吸尘器的名称时，多数人会列举不止一个牌子。因此，将回答列表时，答案的数量会超过被调研人员人数。如果 200 名顾客中，平均每位列出三个牌子，则 200 名顾客会给出 600 个答案。问题是，频次表中的百分比应根据被调研人员的人数还是众多答案的数量？表 15-8 给出了用两种方法计算百分比的例子。在市场调研中，一般的算法是以被调研人员的人数为基数计算百分比，因为我们对给出特定答案的人的数量更感兴趣。

表 15-7 三种不同的方式计算百分比的单项频次表

问题 35：您为什么不选择去圣保罗市的医院就医？			
	被调研人员总数①	受访者	回答者
总数	300 100%	64 100%	56 100%
医院不好或服务水平差	18 6%	18 28%	18 32%
圣保罗医院的服务或设备比不上明尼阿波利斯	17 6%	17 27%	17 30%
圣保罗太小了	6 2%	6 9%	6 11%
公众形象差	4 1%	4 6%	4 7%
其他	11 4%	11 17%	11 20%
不知道 / 未回答	8 3%	8 13%	

①：一共进行了 300 次采访，其中只有 64 位受访者被问及这一问题，因为在之前的问题中他们表示不会考虑去圣保罗市的医院就医。64 人中又只有 56 人给出了回答。

表 15-8 以被调研人员总数和答案总数为基础计算多选项问题的百分比

问题 34：如果将来您或您的家人需要住院治疗，您会考虑以下哪个城市？		
	被调研人员总数	答案总数
总数	300 100%	818 100%
明尼阿波利斯	265 88.3%	265 32.4%
圣保罗	240 80.0%	240 29.3%
布鲁明顿	112 37.3%	112 13.7%
罗切斯特	92 30.7%	92 11.2%
明尼苏达	63 21.0%	63 7.7%
伊根	46 15.3%	46 5.6%

15.5.2 交叉分组表

交叉分组表（cross tabulations）可能是分析的下一步骤，它们是一种易理解且有效的分析工具。许多市场调研，在分析上都只进行到交叉分组表。这种方法的基本思想是，结合对其他问题的回答来参考对某一问题的答案。表 15-9 列出了一个简单的交叉分组表，从中可以考察那些愿意在不同城市住院治疗的消费者与其年龄间的关系。这个交叉分组表列出了频次和百分比，而且百分比是以列为基数统计的。数据显示了年龄与选择明尼阿波利斯的医院或圣保罗的医院就医之间有趣的关系：消费者随着年龄的增加而更倾向于选择圣保罗的医院，而更少地去选择明尼阿波利斯的医院。

表 15-9 简单交叉分组表

问题 30：如果将来您或您的家人需要住院治疗，并且只能在明尼阿波利斯或圣保罗的医院住院，您会选择哪个地方？

	年 龄（岁）				
	总数	18 ～ 34	35 ～ 54	55 ～ 64	65 以上
总数	300 100%	65 100%	83 100%	51 100%	100 100%
去圣保罗的医院	144 48.0%	21 32.3%	40 48.2%	25 49.0%	57 57.0%
去明尼阿波利斯的医院	146 48.7%	43 66.2%	40 48.2%	23 45.1%	40 40.0%
不知道 / 未回答	10 3.3%	1 1.5%	3 3.6%	3 5.9%	3 3.0%

关于交叉分组表的建立和计算百分比，有许多因素应该考虑，其中一些较重要的因素总结如下：

- 前面关于合适的百分比基数的选择及多种答案百分比计算的讨论适用于所有交叉分组表。
- 在交叉分组表中，可以为每一单元计算三种不同的百分比：列、行、总的百分比。列百分比是以列总数为计算基数的，行百分比以行总数为基数，而总的百分比以表的总数为基数。表 15-10 列出了一个带有频次的交叉分组表和表中为每一单元列的三种百分比。
- 建立交叉分组表的通常做法是设计一个表，在这种表中，各列列出各种不同因素，如人口统计和生活方式特征，它们可以作为各行所列出因素（如心理、行为或意愿）的预测指标。在表中，百分比通常以列总数为基数进行计算。采用这种方法可以简单比较各种关系，如心理、行为或意愿数据与性别或年龄之间的关系。问题可能是，不同年龄段的人在某些要考察的方面有什么不同？表 15-9 显示了这种表的一个例子。表 15-11 将多选项问题的回答结果纵向展示在交叉分组表中。

表 15-10 包含行百分比、列百分比和总百分比的交叉分组表

问题 34：如果将来您或您的家人需要住院治疗，您会考虑以下哪个城市？

	总数	男	女
总数	300 100.0% 100.0% 100.0%	67 100.0% 22.3% 22.3%	233 100.0% 77.7% 77.7%
圣保罗	265 88.3% 100% 88.3%	63 94.0% 23.6% 21.0%	202 86.7% 76.2% 67.3%

（续）

	总数	男	女
明尼阿波利斯	240	53	187
	80%	79.1%	80.3%
	100.0%	22.1%	77.9%
	80.0%	17.7%	62.3%
布鲁明顿	112	22	90
	37.3%	32.8%	38.6%
	100.0%	19.6%	80.4%
	37.3%	7.3%	30.0%

注：百分比分别代表列百分比、行百分比和总百分比。

表 15-11 复杂交叉分组表

美国北社区学院的任何地方

问题 Q1c. 您是单身、已婚还是离婚了？

		地区			性别		年龄（岁）		
	总数	1	2	3	男	女	18~34	35~54	55 以上
总数	300	142	103	55	169	131	48	122	130
	100%	100%	100%	100%	100%	100%	100%	100%	100%
已婚	228	105	87	36	131	97	36	97	95
	76%	74%	84%	65%	78%	74%	75%	80%	73%
未婚	5	1	2	2	4	1	2	1	2
	2%	1%	2%	4%	2%	1%	4%	1%	2%
离婚	24	11	10	3	12	12	3	9	12
	8%	8%	10%	5%	7%	9%	6%	7%	9%
拒答	43	25	4	14	22	21	7	15	21
	14%	18%	4%	25%	13%	16%	15%	12%	16%

	种族			家庭（孩子）		选举历史		注册选举人	
	白	黑	其他	＜18	＞18	2～3 次	≥4 次	是	否
总数	268	28	4	101	53	104	196	72	228
	100%	100%	100%	100%	100%	100%	100%	100%	100%
已婚	207	18	3	82	39	80	148	58	170
	77%	64%	75%	81%	74%	77%	76%	81%	75%
未婚	5	–	–	–	–	2	3	1	4
	2%	–	–	–	–	2%	2%	1%	2%
离婚	18	6	–	5	6	10	14	3	21
	7%	21%	–	5%	11%	10%	7%	4%	9%
拒答	38	4	1	14	8	12	31	10	33
	14%	14%	25%	14%	15%	12%	16%	14%	14%

注：有时被称为 stub-banner 表。

交叉分组表的末日？

有些现象显示在市场调研中使用交叉分组表的热潮正在消退，使用者也开始减少。在第 19 章中将详细讨论这一变化。然而，新一代的管理者与他们的前辈相比，更加不喜欢在一大堆打印文件中搜寻有用的信息，他们越来越趋向于仅仅知道一个“答案”。结果是，正如我们在“市场调研实践15-4”中讨论的，其他如Q软件的工具可能更可靠。这些工具能提取出与调查目标直接相关的结果。

市场调研实践 15-4

实用数据分析软件——Q软件

澳大利亚软件设计公司 Numbers International 最近发布了一款名为Q软件的数据分析程序，它为调研人员提供了很多先进的统计分析和建模的工具，并包装成即使非专业统计人员也能使用的形式。无论用它来研究什么形式的调研数据，都能得到有意义的结果。

虽然Q软件的一些功能要熟悉一段时间才能完全掌握，但它同时提供了许多帮助使用者入门的工具。一份60页的快速入门指南大致地对桌面、功能和建模工具进行介绍，这些内容又被概括到一份一页纸的参考表格上。同时，该软件还自带求助功能、辅导软件和网上培训教程。

与其他许多分析软件不同的是，Q软件给调研人员提供了简单、直接的途径接触基础数据，并使他们在数据分析的整个过程中都与数据相联系。市场调查公司 Sweeney research 悉尼片区的总经理埃里克·海勒（Erik Heller）采用了Q软件，并取得了很大的成功。他评论道：“Q软件与其他诸如SPSS的软件的不同之处就在于其易于掌握，让使用者能专注于数据本身。”

大部分数据分析功能都能在下拉菜单栏和工具板块中找到，让使用者能在主页面上操控数据。Q携带的工具同样能用来进行浅显的分析。对于那些只需了解数据基本信息的用户，Q软件在提供简单交叉分组表的同时，还提供了先进的多元分析工具以便进一步研究。然而，当进一步涉及这些多元分析工具时，使用者入门的操作难度与使用基础分析工具无异，然后再逐步建立分析过程。调研至此还停留在逐步探索阶段。随着调研人员更加深入地操作，Q软件能辅助组织数据和制表并在分析结束时将它们打包输出。海勒也说：“即使是对数据分析略懂皮毛的人，也能很容易地用它进行数据分析并使用一些交叉表。”Q软件还提供了免费的软件 Reader，让使用者轻易就能查看和评价这些报告，即便做出这些报告的分析功能还被限制使用。

Q软件有一个小小的缺陷，就是它的输出功能不够完善。由于没有 Excel 或 PowerPoint 的支持和有限的图表选择，最终的报告结果可能没有其他数据分析软件那么生动形象。就目前的版本而言，Q软件也不适合用来进行时间序列分析和多次（multi-wave）调查项目分析。总的来说，它最大的弱点可能就是过度强调分析功能。

问题：

1. 使用Q软件与使用传统交叉表有什么不同？
2. 你认为Q软件的使用能增加分析人员所需的想法吗？请解释你的回答。

15.6 数据的图形化

你也许听过俗语“一图值千字”，图形描述使用“图片”而不是“表”来展示调研结果。调研的结果，特别是重要的结果，可以用图形更充分有效地表达。

市场调研人员可能一直都很明白，最好是将调研结果用图形来表示。然而，直到几年前，图表的准备仍是乏味、困难和耗时的。个人电脑的普及及图表软件和激光打印机的出现，改变了这一切。所有主要的电子图表软件如 Excel 具有强大的图形处理能力，特别是它们的 Windows 版。另外，设计用于生成演示的程序，比如 PowerPoint，可使用户轻松制作出花样繁多且质量很好的图形。有了这些程序，就可以：

- 快速生成图形。
- 在电脑显示器上展示图形。
- 改变图形和重新显示。
- 使用激光打印机或矩阵图形打印机打印最后的稿样。

这一部分显示的图形都是用个人电脑、激光打印机和图表软件包制作的。

15.6.1　线形图

线形图或许是所有图形中最简单的，尤其适用于显示在不同时点上进行的测量。图 15-1 显示了一家女子泳衣零售商 Just Add Water 2001 年和 2002 年的月销售记录。从中可以看出，这两年的销售形态非常类似，6 月是最高峰，1 ～ 3 月和 9 ～ 12 月是淡季。Just Add Water 正在根据这些销售数据来分析可能增加的产品线，以便改进在淡季的销售。

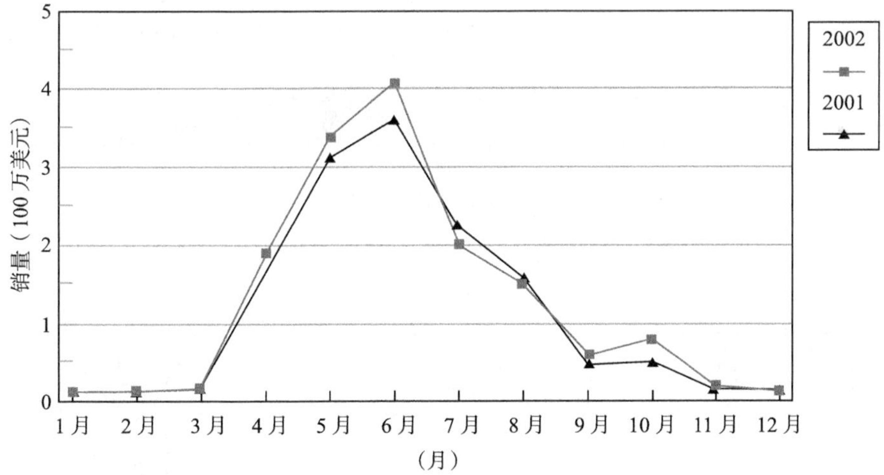

图 15-1　女性泳装销量线性图

15.6.2　饼状图

饼状图是另一种较常用的图形，适用于许多情形的市场调研结果。图 15-2 显示的是一项来自于路易斯安那、密西西比和亚拉巴马海湾沿岸主要城市地区居民对电台音乐偏好的调研，这个例子中的三维效果图都是通过软件生成的。

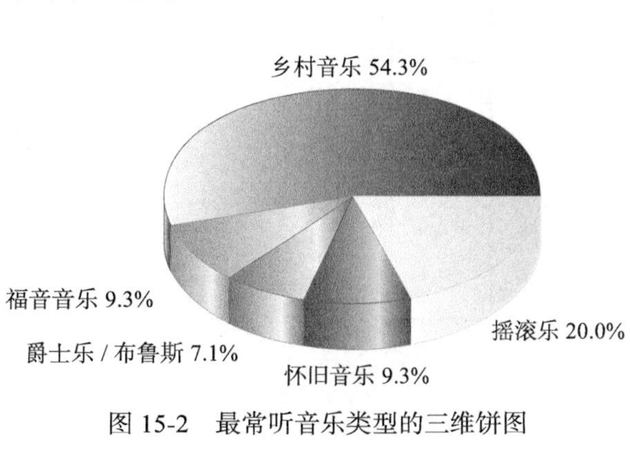

图 15-2　最常听音乐类型的三维饼图

15.6.3 柱形图

柱形图是这部分讨论的三类图形中最灵活的，任何可在线形图、饼状图中表示的数据结果均可在柱形图中表达。另外，许多不能表达的或不能在其他图中有效表达的数据，也能用柱形图表达。下面介绍四类柱形图。

1. 简明柱形图

顾名思义，简明柱形图是柱形图中最简单的一种。在前面用饼状图所表示的相同信息在图 15-3 中用柱形图表现出来。你可以自己判断比较一下，哪种图表达信息更加有效。图 15-3 是一个传统的二维图，现在许多软件已经可以生成立体效果的简明柱形图，如图 15-4 所示。你可以看出哪种方式更有趣、更吸引人。

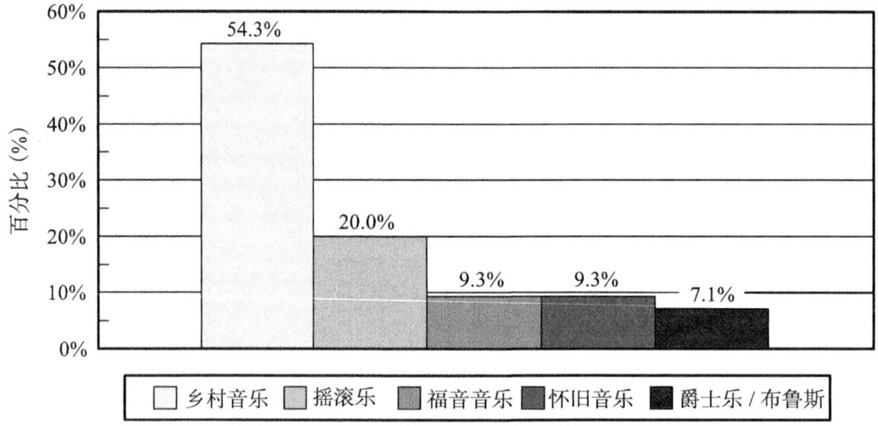

图 15-3 最常听音乐类型的简单二维柱形图

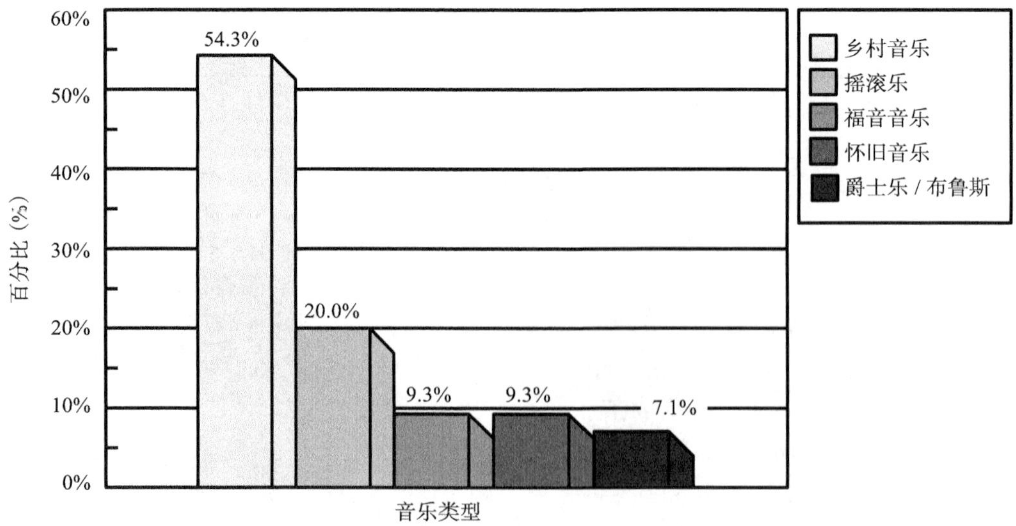

图 15-4 最常听音乐类型的简单三维柱形图

2. 聚类柱形图

聚类柱形图是可表达交叉表内数据结果的三种柱形图中的第一种。图 15-5 显示了按照年龄编制的音乐偏好的结果。从图中可以看出，乡村音乐是 35 岁以上、35 岁和 35 岁以下的人都最喜好的音乐；35 岁和 35 岁以下的人对摇滚乐的喜欢程度远远高于 35 岁以上的人，仅次于乡村音乐处于第二位。结果表明，如果目标听众是 35 岁和 35 岁以下的年龄组，播出乡村音乐和摇滚乐是适合的。对于 35 岁以上的人，集中播放乡村音乐是适合的。

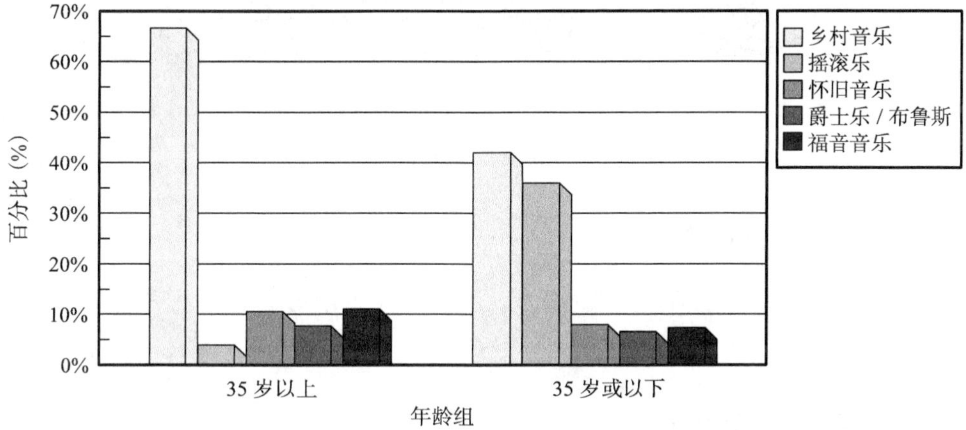

图 15-5 按年龄分类的最常听音乐类型的聚类柱形图

3. 堆积柱形图

同聚类柱形图一样，堆积柱形图也是可表达交叉表内数据结果的三种柱形图中的一种。图 15-4 以堆积柱形图的形式提供了与图 15-6 相同的信息。

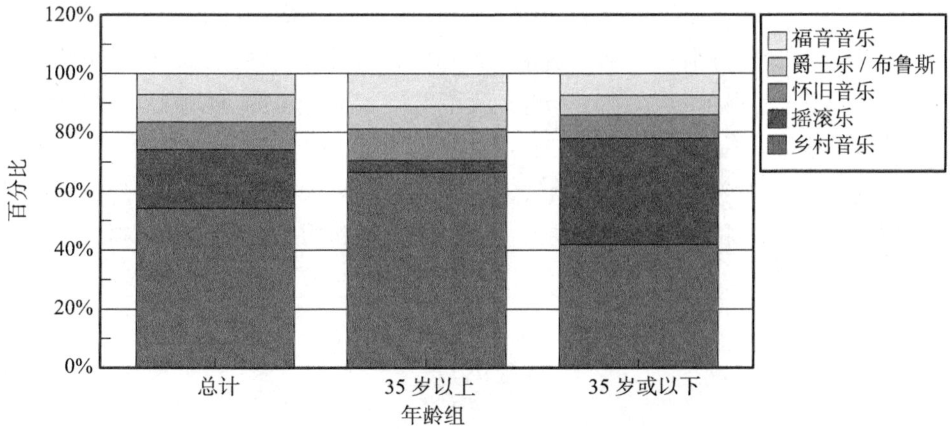

图 15-6 按年龄分类的最常听音乐类型的堆积柱形图

4. 多行三维柱形图

我们认为这是表达交叉表格信息最具有视觉吸引力的形式。图 15-7 以多行三维柱形图的形式提供了与图 15-5 和图 15-6 相同的信息。

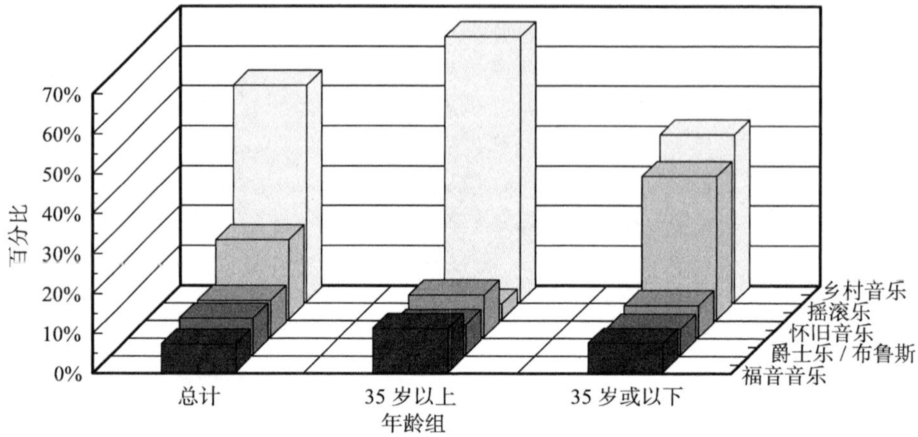

图 15-7　按年龄分类的最常听音乐类型的多行三维柱形图

15.7　描述性统计

描述性统计是一种能更有效地概括大规模数据特征的方法。在数据分析中，分析人员可算出一个或几个能揭示大规模数据特性的数字。

15.7.1　集中趋势的计量

在开始这部分之前，你需要先复习一下再第 10 章中介绍的有关数据量表类型的知识。数据量表有四种类型，分别是定类量表、定序量表、定距量表和定比量表。定类和定序量表的数据有时也指非测量数据量表，而定距和定比量表也叫作测量数据量表。在这个部分以及后续部分中的统计过程中，许多都是要求测量数据的，而其他的才是为非测量数据设计的。

有三种集中趋势的计量：平均数、中位数和众数。**平均数**（mean）只能有定距或定比（可计量）量表数据计算得出。将某一变量（如年龄）的所有观察值加起来，再除以观察次数，可算出平均数。使用调研数据时，也许我们并不知道变量的确切值，但是知道这一变量是属于某一类别的。例如，调研中的某年龄段也许是 18 ～ 34 岁。如果一个人恰好属于这一类别，我们不知道这个人的确切年龄，只知道他的年龄是在 18 ～ 34 岁。对于这种分组数据，把各组的中值乘以相应的平均数，再把求出的各组的总量相加，得出总体数，然后用总体单位数去除总体数，得出平均数。这个过程可以用下列公式表示

$$\overline{X}=\frac{\sum_{i=1}^{h} f_i X_i}{n}$$

式中　f_i——第 i 组的频次；

X_i——第 i 组的中值；

h——组数；

n——观察总体数。

中位数（median）可以用除类别数据以外的所有种类的数据计算。就是找到一个值，使一半的调研数据小于它。如果将一个变量的所有观察值排成一个数列，无论是按从小到大还是从大到小的顺序，中位数都是这个数列的中间值。中位数经常被用来概括收入等变量，对于这些变量，研究者担心平均数会受一些极端值的影响，从而不能准确反映一组变量的集中趋势。

众数（mode）能用各种类型的数据计算，它是指出现次数最多的变量值。在频次分布中，众数就是出现频次最高的变量值。这样就存在一个问题，一组数据很可能会有不止一个众数。如果三个不同的值出现了相同的次数并且这个次数比其他值高，那么这组数据就有三个众数。表 15-14 显示了一组关于啤酒消费的样本数据的平均数、中位数和众数。

表 15-12　平均数、中位数以及众数

有 10 位啤酒饮用者（平均每天喝一罐，一瓶或一杯以上的啤酒）参与了商场的拦截访问调研，他们被询问每天喝多少酒

被调研人员	听 / 瓶 / 杯数量
1	2
2	2
3	3
4	2
5	5
6	1
7	2
8	2
9	10
10	1

平均数 = 3 听 / 瓶 / 杯
中位数 = 2 听 / 瓶 / 杯
众数 = 2 听 / 瓶 / 杯

15.7.2　离散程度的计量

经常使用的离散程度的计量包括标准差、方差和全距。集中趋势的计量指明了一个变量的典型的值，而离散程度的计量指出了数据的离散程度。只依赖集中趋势计量可能是危险的，这一点可以从表 15-13 所示的例子中看出来。需注意的是啤酒的平均消费量在两个市场是相同的。然而，市场二的标准差大于市场一，这表明市场二在数据上更为分散。虽然两个市场的平均数是相同的，但我们可以从标准差提供的附加信息中看出它们是不同的。

表 15-13　离散程度计量和集中趋势计量

考虑表 15-12 中提到的啤酒消费数据，假定在两个市场进行调研，结果如下

被调研人员	听 / 瓶 / 杯数量市场一	听 / 瓶 / 杯数量市场二
1	2	1
2	2	1
3	3	1
4	2	1
5	5	1
6	1	1
7	2	1
8	2	3
9	10	10
10	1	10
平均数	3	3
标准差	2.7	3.7

对于观察到样本，计算标准差的公式如下

$$S=\sqrt{\frac{\sum_{i=1}^{n}\left(X_i-\overline{X}\right)^2}{n-1}}$$

式中　S——样本标准差；

X_i——第 i 个观察值；

$\overline{X}$——样本平均数

n——样本容量。

去掉标准差公式中的平方根符号后得到的是方差。平均数的离差平方和除以观察数量减 1，全距等于变量的最大值减去变量的最小值。

15.7.3 百分比及统计检验

从基础数据分析看，分析人员面临着是用集中趋势计量（即取平均数、中位数、众数）还是用百分比（指用单向频次表或交叉分组表）的决断。调查中提问的问题可以是类别的也可以是连续变化的变量。职业就是一种类别变量（其中，“1”代表专业人士和管理人员，“2”代表白领阶层等）。对于这种变量，我们唯一能做的就是对各类别做频次和相对百分比的分析。有些变量（如年龄）可以是分类别的或连续变化的，这取决于信息资料获取的方式。例如，我们可以问一个人的实际年龄，也可以问他们属于哪个年龄段（35 岁以下、35 岁及 35 岁以上）。如果有了实际年龄资料，就可以计算出年龄的平均数。如果用年龄段进行统计，则显而易见，使用单向的频次分布或交叉表将是最好的选择。不过，连续变化数据也可以转化类别数据，而类别数据的平均数可以通过前面提到的分组数列平均数的公式计算出来。

最后，统计检验能告诉我们，两个平均数或两个百分比值的差异是否是偶然因素（抽样误差）造成的（如快餐店中男性和女性的平均消费水平），或者告诉我们在交叉分组表中两个变量间是否有显著的关系。统计检验将在第 16 章中详细讨论。

本章小结

调查问卷回收完毕后，要进行如下五个步骤：①质量控制，也就是确认与编辑；②编码；③数据录入；④数据自动清理；⑤制表与统计分析。这一过程中的第一步非常关键，否则就会应验那句老掉牙的谚语“进垃圾出垃圾”。质量控制阶段首先要做的是确认，也就是尽可能地确保每份问卷都是有效问卷。有效在这里是指调研是按适当的方式进行的。因此，确认的目的是探测访问人员是否有欺骗行为或是否严格遵守指南。这项工作包括对每位访问人员所做调研中一定比例的受访者进行回访来完成。如果回访中发现与实际不符的情况，则要对该访问人员所做的全部调研进行复查。如果发现访问人员有欺骗行为，他的全部调研数据都要从数据库中清除。在确认工作完成后，便进入编辑阶段。编辑涉及检查访问人员的失误，确保每个需要回答的问题都有答案，跳问模式正确，并对开放式问题的答案进行检查。

编辑工作完成后要给数据进行编码。调研中的大部分问题是封闭式的并且已预先编码，也就是说，对这类问题的不同答案事先设定了编码。至于开放式问题，调研人员事先并不清楚将会得到的答案，因此编码员必须在事后列出这部分问题的答案，将答案合并分类并编码。设计出编码表后，再根据编码表上的类别对每份问卷进行编码。

在确认、编辑和编码之后，下一步是数据录入。当今绝大多数的数据录入都是通过能检验数据内容逻辑的智能数据录入系统完成的，数据直接由问卷录入系统。光学扫描技术的新进展，使数据自动录入方法也可以有效地适合于小型项目。

数据自动清理过程是对于数据计算错误进行检验的最后一个程序，这需要通过错误检查程序或边际报告来实现。错误检查程序可以指出某个特定的情况之前是否遇到过，而边际报告则是一种频率表，可以帮助使用者来确定是否有不合适的编码被录入了，跳问模式是不是很好地被执行了。

整个过程的最后一步是根据数据制表。最基础的表格是单向频次表，显示出就每一问题受访者中给出每一可能答案的人数。使用单向频次表时需注意的一个问题是百分比的计算标准。例如，百分比是以全体被调研人员人数为基础计算出来的，还是以指定回答某一问题的人数或是以实际回答某一问题的人数为基础计算。分析过程中的下一步一般是制作交叉分组表，以检测一个问题的答案同其他一个或多个问题的答案之间的联系。交叉分组表是概括和分析调研结果的一种非常有效又易于理解的方法。

统计方法对于数据分析而言更为重要。也许最普遍的统计方法是估计集中趋势，像平均数、中位数和众数。平均数是把某一特定变量的所有观察值加总，再除以观察的次数，它只适用于等距比等比数据。中位数是指处于中间位置的观察值，有 50% 的观察值比它小。中位数适用于除类别数据外的所有类型的数据。众数是指发生频次最高的数据值。迄今为止，平均数是反映集中趋势最常用的指标。

除了集中趋势外，调研人员也经常需要了解数据的离散程度。离散程度的指标有标准差、方差和全距，其中全距等于一种变量的最大值与最小值之间的差。

复习思考题

1. 测量的有效性与访谈确认的区别是什么？
2. 假定史密斯是一位访问人员，他进行了 50 份调研，其中的 10 份调查问卷通过与受访者电话联系后，询问受访者一个有关态度的问题和两个有关人口统计特征的问题并进行了确认。有一份问卷，受访者称其年龄属于 30 ～ 40 岁这个年龄段，但在调查问卷上标明的却是 20 ～ 30 岁这个年龄段。在第二份问卷上，当受访者被问及“市政府面临的最重要问题是什么”时，访问人员写的回答是“市政府急于提高税率”。但当对这份调查问卷确认时受访者说“该城市的税率过高”。作为一名审核人员，你认为该访问人员是否诚实？是否可以认为这 50 份问卷均有效，可以接受？如果答案是否定的，你将如何做？
3. 什么是编辑过程？编辑人员如发现开放式问题的答案不够完整，他们能否加入他们的观点？请说明理由。
4. 请举一例有跳问式问题的问卷。为什么说严格遵循跳问模式是十分重要的？
5. 人们常说，在某种程度上，开放式问题的编码是一种艺术。你同意这种观点吗？为什么？如果在对一大堆问卷进行编码后，调研人员发现，许多被调研人员最终选择了“其他”这一栏，这意味着什么？如何修正它？
6. 什么是智能数据录入？为什么数据通常直接从问卷输入数据录入装置？
7. 数据自动清理的目的是什么？给出几个数据自动清理的例子。你认为机器清理数据费用昂贵且无必要吗？为什么？
8. 人们常说，有两个变量的交叉分组表比两个简单的单向频次表更能为调研人员提供丰富的信息。为什么这么说？给出一个例子。
9. 说明在单向频次表中使用百分比时可以选择的方法，并解释不同备选方案的使用条件。
10. 解释平均数、中位数和众数之间的差别，并举例说明研究者在什么样的情况下会对这三种集中趋势的测量方式更感兴趣。
11. 计算下列数据组的平均数、中位数、众数和标准差。

过去6个月到访次数			
受访者	Whitehall 购物中心	Northpark 购物中心	Sampson 购物中心
A	4	7	2
B	5	11	16
C	13	21	3
D	6	0	1
E	9	18	14
F	3	6	8
G	2	0	1
H	21	3	7
I	4	11	9
J	14	13	5
K	7	7	12
L	8	3	25
M	8	3	9

12. 将下面的数据输入 Excel 表格中（包括表头 Q1、Q2 和 Q3 以及数值），关于数值的含义会在表格的底部有所说明。在 Excel 中打开 Pivot 这个表（在数据选项的下方可以找到），然后用交叉分组表表示出购买的可能性（行）、性别（列）和收入水平（列）。关于性别与购买可能性之间以及收入与购买可能性之间的关系，你可以得到什么结论？

受访者	购买可能性	性别	收入
A	5	2	3
B	4	2	2
C	4	2	2
D	3	1	2
E	1	1	2
F	5	2	3
G	5	2	3
H	4	1	3
I	1	1	2
J	1	1	2
K	2	1	1
L	5	2	3
M	5	2	3
N	4	1	3
O	3	1	2
P	3	1	2
Q	4	2	3
R	5	2	3
S	2	1	1
T	2	1	1

注：1. 购买可能性：非常可能 =5；可能 =4；不确定 =3；不可能 =2；非常不可能 =1。

2. 性别：男性 =1；女性 =2。

3. 收入：3 万美元以下 =1；3 万 ~7.5 万美元 =2；7.5 万美元以上 =3。

13. 利用报纸或杂志文章中的数据，制作下列图形：

a. 线性图　　b. 饼状图　　c. 柱形图

调研实例 15-1

Waffle World 公司

Waffle World 是一家专门经营各种华夫饼的连锁饭店，目前已有 175 家分店，它们提供的产品至少都包含华夫饼。最近，该公司对一款全新的比利时华夫饼早餐三明治进行了口味测试，受采者被要求选择一项最能形容这款早餐三明治的选项。紧接着，询问受访者选择该选项的原因。这是一个开放式问题，答案被记录在该调研专门网站上的一份名为 waffletastetest.xlsx 的文件里。

问题：

1. 运用传统手段对文本中的内容进行编码。你能得到什么结论？

2. 在 Semantria.net 上注册一个免费账户。再用 Semantria 的软件处理文本，看看能得到什么结果，你从这些结果中能得出什么结论？

3. 通过上面的程序生成调查结果的词云，访问 textisbeautiful.net，从中你又能得到什么结论？

4. 你认为哪种方法最深入，哪种最实用？为什么你这样认为？

调研实例 15-2

Tico Taco 公司

Tico Taco 公司最近在犹他州开了它的第 17 家分店。现在连锁店提供的产品包括墨西哥玉米卷饼、墨西哥肉卷和墨西哥玉米煎饼。管理者最近在考虑推出一款比普通玉米卷饼大一倍的超级卷饼，该卷饼包含有足足 6 盎司的牛肉末。玉米卷饼上一般会撒上牛肉末、生菜和奶酪。管理者认为，超级卷饼应该提供更多的选择。

他们正在准备实施一项市场调研以决定应该增加哪些口味选择。调查问卷上的一个关键问题就是："如果在家中制作墨西哥玉米卷饼，除了肉类以外您一般还会添加什么？"这是一个开放式问题，下表是对该问题进行的分类编码。

答案	编码	答案	编码
牛油果	1	洋葱	7
奶酪	2	胡椒	8
鳄梨沙拉	3	甜辣椒	9
生菜	4	酸奶酪	0
墨西哥辣酱	5	其他	X
橄榄	6		

问题：

1. 如何对下列回答编码？

a. 我通常加入一种绿色的牛油果味辣酱。

b. 我会将生菜和菠菜切碎后混合起来加入卷饼。

c. 我是一个素食主义者，所以完全不加肉类，我的墨西哥玉米卷饼中加的全是鳄梨色拉。

d. 通常我喜欢用香菜，不过偶尔也会加点儿生菜。

2. 如果有很多回答落在“其他”分类中，会出现什么问题？这说明调研人员在哪里出了问题？

SPSS 练习

练习一：机器自动筛查数据

1. 登录网站 www.wiley.com/college/mcdaniel，下载“出席电影的大学生市场细分”这个数据文件下载到 SPSS 里。这个数据文件有许多错误需要改正。在 SPSS 的数据编辑器中，转换到变量视图窗口，注意每个变量的计算机编码。

2. 同样是从 www.wiley.com/go/global/mcdaniel 下载“出席电影的大学生市场细分的调查问卷”。注意那些计算机编码与 SPSS 数据编辑器中的变量视图窗口中的编码一致的变量，这个信息对于在数据文件中发现错误是很重要的。

3. 在 SPSS 数据编辑器中，通过 analyze/descriptive statistics/frequencies 的顺序来获取数据库中所有变量的频率。

4. 从 SPSS 结果输出窗口中，确定哪些变量有输入误差。通过下面的模板来总结错误：

问卷号	包含错误的变量	不正确的值	正确的值

然后回到 SPSS 的数据编辑器中的数据视图窗口。

5. 另一个可能的错误源自问题 8，注意这个问题的答案总和应该是 100% 的。给问题 8 设计一组累积变量（Q8a+Q8b+Q8c+Q8d），通过调用命令 transform/compute 来进行错误的检查。现在计算 Q8 组的频率分布。那些值不等于 100% 的意味着存在着输入性错误（这样的错误可能是由于受访者累积百分比没有到 100%，但是对于机器的自动筛查操作而言，这里假定是输入性错误）。通过上述的模板对错误进行总结。

6. 当你已经总结完包含错误的变量之后，回到 SPSS 数据编辑器的数据视图窗口。将光标定位于每个包含错误的变量。使用 ctrl+F 功能来找出出现错误的问题编码。在这个时候，你需要改正数据库，或者数据库本身没有错误。你的教授已经进入了没有错误的数据库中。在得到改正过的数据库之后，用正确的数据填写完成问题 4 的表格，然后对数据库进行改正，使你的数据库没有错误。在改正错误之后一定要重新保存数据库。

7. 在电脑清除数据之后，重新执行顺序为 analyze-descriptive statistics-frequencies 的操作来获取你改正过数据库之后的频率。

8. 使用这次练习的答案来回答练习二和练习四中的问题。

练习二：用频率分布来分析数据

如果你没有完成练习一，你需要从教授那里得到改正过的数据库。在获得改正后的数据库之后，使用顺序为 analyze-descriptive statistics-frequencies 操作来获取数据库中所有变量的频次分析，除了问卷编号（Q No）之外。

如果你完成了练习一，你会有一个完整的数据库，包含了对数据库中每一个变量的频次分析。

1. 过去一年中，所有受访者中有多少百分比的人至少观看过 1 次电影？ ________%

2. 所有受访者中有多少百分比的人从来没有看电影时购买食品？ ________%

3. 做出一个表格来显示在问卷问题 5 中认为非常重要的受访者占所有受访者的比例。按降序列出前 5 个电影选项（以最高比例回答非常重要的选项开始）。

举例：

电影选项	受访者的百分比
具有最高比例的电影选项	75.0%
具有第二高比例的电影选项	39.2%

4. 受访者中认为“报纸”是获取影院中放映电影的一种非常重要来源的百分比为多少？ ________%

5. 受访者中认为“网络”是获取影院中放映电影的一种非常重要来源的百分比为多少？ ________%

6. 通过观察 Q8a、Q8b、Q8c 和 Q8d 的回答分布，哪个是电影票最受欢迎的购买方式？ ________%？

7. 做一个表格以降序方式列出认为每个影院信息来源（Q7）非常重要的受访者比例。

举例：

影院信息来源	表示非常重要的受访者比例
网络	55%
报纸	31%

练习三：用描述性统计分析数据

如果你没有完成练习一和练习二，你需要从教授那里得到改正过的数据库。本次练习的目标是使用集中趋势测量和离差测量来分析数据。使用 analyze-descriptive statistics-descriptives 的顺序来分析平均数和标准差；使用 analyze-descriptive statistics-frequencies 的顺序并选择 statistics 来分析中位数和众数。你会看见关于集中趋势（平均数、中位数和众数）全部三种测量方式。

在问卷中，问题 5 采用了 4 点列举式评点量表（如以下表所示），这个量表是平衡的并且假定为产生定距量表 / 标准测量数据。基于之前的内容，执行 SPSS 来计算问题 5 中（Q5a-Q5i）所有变量的平均数和标准差。

非常不重要	比较不重要	比较重要	非常重要
1	2	3	4

回答以下问题：

1. 仅使用每个变量的平均数，哪个影院选项被认为是“最重要的”？ ________

2. 仅使用每个变量的标准差，哪个问题有最高的同意数量？________

3. 问题 4 和问题 6 使用了多项选择问题，会产生非标准测量的数据，但是一个顺序量表。对于非标准测量数据的集中趋势的适当测量是中位数和众数。________

a. 问题 4 的中位数是多少，关于在电影院一个人要为食品 / 饮料花费多少？

从没在电影院购买过食品	7.49 美元以下	7.50 ～ 14.99 美元	15.00 美元以上
（0）	（1）	（2）	（3）

b. 关于问题 6 中一个人要开车去观看“大银幕”电影的距离，这个回答分布的众数是多少？

0	1 ～ 9 英里	11 ～ 24 英里	25 ～ 49 英里	50 英里以上
（0）	（1）	（2）	（3）	（4）

4. 本问题中的目标是比较 Q3 答案的中位数和平均数结果。

a. 平均数回答：________

b. 中位数回答：________

c. 标准差：________

d. 最小值回答：________

e. 最大值回答：________

5. 当回答一个问题时包含了极值的情况，平均值回答可能会位于回答分布的四分位数上下。在这些例子中，中位数值相比于平均值而言是一个更好的平均回答指标。基于从问题 4 中获取的回答信息，对于 Q3 而言，平均数和中位数哪个是对“平均”的回答具有更好的代表性？

____

____

练习四：使用图表来分析人口统计特征

如果你完成了练习一或练习二，你就会有完成本次练习的信息。

如果你没有完成练习一或练习二中的一个练习，你要从你的教授那里获取一个修正过的软饮料数据库。在得到数据库之后，使用 analyze-descriptive statistics-frequencies 的顺序来获取人口统计的频率分布（问题 11 ～ 14）。

完成以下任务：

1. 在表格中展示四个人口统计变量中的每一个人口统计数据。

2. 对于每一个人口统计变量而言，对数据进行一些图形表述来解释表格结果。

注意：对于人口统计变量中的地理描述，精通 Excel 的同学可能会向 Excel 空白表格中粘贴他们的数据库。

第 16 章

Chapter16

差分统计检验

□ **学习目标**

1. 认识统计显著性的实质
2. 理解假设建立的概念及如何检验假设
3. 理解Ⅰ型错误和Ⅱ型错误的区别
4. 熟悉几种常见的统计检验方法，关于一个平均数的假设、关于两个平均数的假设，以及关于比例的假设
5. 学习方差分析法
6. 理解 P 值和显著性检验

本章将重点介绍统计方法和技巧。这些方法可用于判断差异是否真实存在，抑或只是抽样误差的产物。

16.1 评估差分和变化

各种测量方法之间，是否存在区别？这是营销管理人员关心的众多问题的核心。下面列出了几个具体例子：

- 我们对第一品牌提及率（无提示情况下提出的第一个品牌，所做的事后测试结果略高于事前测试的结果。认知度真的提高了吗？还是另有别的解释？我们该终止抑或继续与代理商之间的合作？
- 我们的整体顾客满意度得分从三个月前的 92% 上升到今天的 93.5%。顾客满意程度真的提高了吗？我们该为此而庆祝一番吗？
- 采用 10 级量表，达拉斯市顾客对我们的有线电视系统所提供的服务满意度比辛辛那提市顾客平均要高 1.2%。那么，达拉斯市的顾客真的更为满意吗？负责辛辛那提市的顾客服务经理是否应该被撤换？负责达拉斯的经理又是否应该受到奖励呢？
- 在一次产品创意调查中，19.8% 的被调研人员表示，他们有很大的可能会去购买该项正在接受评估的新产品。这是好事吗？这是不是比我们去年对另一款同类产品进行调查所得到的结果要好？这种结果对我们推出新产品的决策有何意义？
- 在一项市场细分调查中，我们发现年收入在 30 000 元以上的人去快餐店的次数为

平均每月 6.2 次，而年收入为 30 000 元或 30 000 元以下的人去的次数则为平均每月 6.7 次。这种差别是否真实？是否有意义？

- 在一项认知度调研中，28.3% 的被调研人员在无提示的情况下表示听说过我们的产品。这项结果值得满意吗？

这些都是在市场营销和当代市场调研中常见到的问题。尽管有些人会认为统计假设检验十分枯燥无味，但它们的重要性绝对不容忽视。假设检验有助于调研人员得以逼近以上众多问题的最终答案。我们说“逼近”，是因为要确凿无疑地回答这些市场调研中的问题几乎是不可能的。

16.2 统计显著性

统计推断最根本的目的是从抽样调研的结果中归纳出总体特征。统计推断的基本信条是，在数学意义上的数字差异，在统计学意义上可能并没有显著的不同。例如，调研人员要求人们在一项蒙眼口味测试中品尝两款不同口味的可乐并说出自己更喜欢哪种。结果表明，51% 的人倾向于被试验产品中的一种，49% 的人倾向于另一种。这里有一个数学上的差别，但这种差别极小且并不重要。它可能在调研人员判定口味偏好能力的准确性误差范围之内，因此在统计意义上可能并不显著。

关于差分有三个不同的概念：

- 数学差分。根据定义，如果数字之间不是完全相同，它们就有差分。然而，这并不能说明差分是重要的，也不意味着它在统计意义上是显著的。
- 统计显著性。如果某个差分大到不可能是由于偶然因素或抽样误差而引起的地步，那么这个差分就是**统计显著性**（statistical significance）。
- 管理意义上重要的差分。只有当结果或数字的差异程度足够大，我们才可以说这个差分从管理角度来看是有意义和重要的。例如，在顾客对两种不同包装的反应调研中，其差分在统计上也许很显著，但从它的实用价值或管理意义的角度出发，却可能是极不显著的。

本章介绍了两种不同的方法检验统计显著性。“市场调研实践 16-1”也介绍了与统计显著性检验有关的问题。

当你在阅读本章材料时，请铭记以下三点：

（1）随机样本是假定的前提。在本章中我们讨论的所有检验方法都是建立在数据来源于随机样本这个前提之下的。虽然有些检验方法还有其他的假定前提，但样本随机是所有方法都必须满足的前提。如果数据不是来自于随机样本，就不太适合使用显著性检验。

（2）数据不是越多越好。大量的数据会带来一些特别的挑战。首先，无论有多大的数据量，都不能忽略它们必须来源于随机样本这个前提；其次，即使成千上万的数据来源于随机样本，也会导致误差被放大的问题。因为数据量太大，显著性常被叠加，很小的误差也可能导致统计显著性差异。

（3）不过度依赖于显著性检验。完全依赖显著性检验可不是明智的选择。一方面，假如我们使用不同的方法检验在不同时间段实施的调研，以探索期间发生的变化，有些检验可能就会产生假阳性（错误地显示具有显著性差异）的结果；另一方面，忽略一些并不显著的差异也可能使我们错过重要的发现。

市场调研实践 16-1

让我们检验一切

统计检验的原理并不复杂，理解起来却不容易，因为它和日常人们的逻辑思维完全不同。总的来说，如果要判断两个数字是否显著不同，我们首先假定它们相同。然后，如果检验过程拒绝了这一假定，我们就能说这些数字“在（某些预设的）置信水平下存在显著的统计性差异”。

虽然检验原理并不复杂，人眼却不易察觉。在计算机自动统计检验的辅助下，这将导致一个常见的问题——过度检验。假设现在有两个小组，一个由 200 位男性组成，一个由 205 位女性组成，他们对某一新产品做出有关支付意愿的回复，数据如表 16-1 所示。

表 16-1　男性和女性支付意愿表

数据基础：每组合计	男性 （200）%		女性 （205）%
绝对会买	3		21
可能会买	10		19
绝对 / 可能会买合计	13		40
也许会买，也许不买	40	S	35
可能不会买	30		20
完全不会买	17		5
合计	100		100

注：S=95% 置信水平下的百分比显著不同。

统计检验原理假设这两个需要检验的百分比来自于相同的人群——他们没有不同。而且，还假设男女的支付意愿相同。检验规则同时还假定两个数据之间不相关，也就是说两个待检验的百分比可能是任意的，0 ～ 100% 都有可能。不同的约束方法可能改变统计检验的结果。

正确的检验方式是选择一个关键的数据去总结那些回复，并检验该数据。在表 16-1 中，检验的是最上层的两个数据——前两个百分比之和（“绝对会买”加上“可能会买”）。在男性分组里面，这一数据可能是任何值，现在刚好是 13%；在女性分组里面，它也可能是任意值，现在的结果是 40%。每个分组中的数值都可能是 0 ～ 100% 中的任意一个，选取该百分比进行显著性检验符合检验规则。统计检验的结果拒绝它们来源于同一地方（或它们相同）的假设，因此我们就能说它们“在 95% 的置信水平下存在显著的统计性差异”。

然而，在实践中经常会发生一些不同的情况。因为整理调查数据的计算机程序并不知道哪些合计数据是重要的，所以检验它们全部。在计算机程序整理的表格中可以看到像表 16-2 那样的整理结果。

表 16-2 男性和女性支付意愿表

数据基础：每组合计	男性 （200）%		女性 （205）%
绝对会买	3	S	21
可能会买	10		19
绝对 / 可能会买合计	13	S	40
也许会买，也许不买	40		35
可能不会买	30		20
完全不会买	17	D	5
合计	100		100

注：S= 在 95% 置信水平下两个百分比存在显著差异。
D= 在 90% 置信水平下两个百分比存在显著差异。

如果事先就选择了前两个表格的合计百分比进行检验，并且只检验了这一数据，那这个自动检验是很有效的。它进行了应有的工作，并显示 13% 与 40% 不同，而其他的统计检验结果被自动忽略了。但是，如果数据按照表 16-2 的方式进行检验，就会产生一个问题。

男性分组的百分比之和是 100%，如果某些百分比已经被检验，就相当于在原有样本中将它们剔除，剩下的数据就不再是任意的了，它们加起来必须等于 100% 减去已检验的百分数。男性分组剩下的数据在 0 ～ 87%，但不可能更高，因为有 13% 已经“用完了”。相似地，女性分组剩下的数据只在 0 ～ 60%。当你看到其他行或每一行的检验结果时，你所使用的置信水平和你认为你在使用的就不同了——它发生了变化。

在统计上，如果有人说表 16-2 中“绝对会买”和“绝对 / 可能会买”栏的百分比都在 95% 的置信水平下显著不同，这可能是错误的。对其中一项来说这是对的，但另一项的置信水平是未知的，很可能远低于 95%。

统计检验非常有用。每个检验结果都对有关数据关系的特定问题做出了回答。对回复的百分比问题，人们最想了解的问题之一就是两个数字之间是否存在显著性差异。如果两个数字是有用的，并采用了合适的方法检验，那很容易回答相应的问题，但如果两个数字不符合检验假设或采用的检验方法不合适，就有可能误导决策者。

问题：

1. 为什么说统计检验原理与日常思维完全不同？请解释。
2. 对于回复的百分比问题，我们一般希望统计检验能回答什么问题？

16.3 假设检验

假设（hypothesis）可以被定义为：调研人员或管理者对被调研总体的某项特征所做出的一种假定或猜想。营销人员常常面临这样的问题，即调研结果与标准是否有足够大的差别，而需要公司对其营销策略的某些方面进行调整和改变。让我们看看以下几种情形：

- 一项跟踪调研的结果表明，顾客对产品的了解程度，比 6 个月前所做的类似调研中显示的要低。那么，该结果是否明显降低？是否低到需要改变广告策略的程度？
- 一位产品经理认为其产品购买者的平均年龄为 35 岁。为检验其假设，他进行了一项调查，调研表明购买者平均年龄为 38.5 岁。调研结果与其观点的差异是否足以说明这名经理的观点是不正确的？

- 一家快餐店的营销部长认为她的顾客中 60% 为女性，40% 为男性，对此她进行了一项调研。通过调查她发现，顾客中 55% 为女性，45% 为男性。调查结果与她初始设想的差别是否足以让她得出“原来的假设是错误的”的结论？所有这些问题都可以通过一定的统计检验来进行评估。在假设检验中，调研人员测定一个关于总体特征的假设是否正确。如果假设确实正确，统计假设检验便可以让我们预测到某项结果出现的概率。

对于某项具体调研结果与其初始假设值之间的差分，有两种主要的解释：假设是正确的，差分很可能是由抽样误差造成的；或者，假设是错误的，真正的数值是另外一个值。

16.3.1 假设检验的步骤

检验假设一般有五个步骤：①陈述假设；②选择适当的统计方法来检验假设；③明确判定标准，并作为决定拒绝或不拒绝（FTR）原假设（虚无假设）H_0 的基础（请注意，我们不说“拒绝 H_0 或接受 H_0”，尽管这看似是很细微的区别，但却很重要。我们将在后面的内容中详细讨论两者的区别；④计算统计检验值并进行检验；⑤从初始调研问题的角度陈述结论。

步骤 1：陈述假设

假设主要用两种形式表示：原假设 H_0 和备择假设 H_a。**原假设** H_0（null hypothesis，有时也叫零假设）在检验时和备择假设 H_a（有时也叫调研关注假设）是相对的。例如，汉堡城快餐店的经理认为，他的操作程序能保证顾客在免下车窗口前只需排队等待 2 分钟。他在随机时段对随机选择的店面中，对 1 000 名顾客进行观察调研。结果发现，被观察的顾客的平均等待时间为 2.4 分钟。原假设和备择假设将表示如下：

- 原假设 H_0：平均等待时间 =2 分钟。
- 备择假设 H_a：平均等待时间$\neq$ 2 分钟。

注意：原假设和备择假设的陈述方式应可保证两个假设不能同时为真的情况。这样做的原则是，要利用可用的证据来判别哪一个假设更有可能为真。

步骤 2：选择适当的统计检验方法来检验假设

正如你将在本章后面了解到的，分析人员必须根据调查情况的特征来选择适当的统计检验方法。本章将讨论几种不同的统计检验方法及它们适用情况。表 16-3 为在不同情况下选择适当的检验方法提供了一定的指导。所有在表格中提及的检验方法都将在本章后面的内容中得到详细的阐述。接下来的“市场调研实践 16-2”将阐述相关问题。

表 16-3 统计检验方法及其用途

应用范围	子群或样本	水平量表	检验	具体要求	举 例
关于频次分布的假设	一个	类别	χ^2	随机样本	对三种不同促销方式的反应的差别，是否可能归于偶然
	两个或更多	类别	χ^2	随机样本，独立样本	独立样本男性和女性对某种促销方式的反应的差别，是否可能归于偶然

（续）

应用范围	子群或样本	水平量表	检验	具体要求	举　例
关于平均数的假设	一个大样本	计量的（等距或等比）	一个平均数 Z 检验	随机样本 $n \geqslant 30$	样本估计平均值与标准的或期望的平均值之间的差别，是否可能归于偶然
	一个小样本	计量的（等距或等比）	一个平均数的 t 检验	随机样本 $n < 30$	同上述的小型抽样调研的样本
	两个大样本	计量的（等距或等比）	一个平均数的 Z 检验	随机样本 $n \geqslant 30$	两个小组间观察到的差别（男性和女性平均收入差异），是否可能归于偶然
	三个或更多	计量的（等距或等比）	单因素方差分析	随机样本	三个或更多子群（高、中、低收入的三种娱乐费用）的平均值的差别，是否可能归于偶然
关于比例的假设	一个大样本	计量的（等距或等比）	一个比例的 Z 检验	随机样本 $n \geqslant 30$	样本估计比例（表示有购买意愿的人口比例）与标准比例或期望比例之间的差别，是否可能归于偶然
	两个大样本	计量的（等距或等比）	两个比例的 Z 检验	随机样本 $n \geqslant 30$	两子群间估计比例（男性和女性中拥有大学学历的比例）的差别，是否可能归于偶然

市场调研实践 16-2

选择合适的检验方法

调研人员如何选择适当的统计检验软件和方法对市场调研数据进行制表检验呢？以下三个是帮助你进行选择的基本准则：

- 区分检验两组数据还是三组及三组以上数据。
- 区分检验百分比还是平均数。
- 区分检验匹配样本还是独立样本。

检验独立样本的百分比数据，若分组大于或等于三个，则使用卡方检验；若分组为两个，则使用 Z 检验。检验平均数数据，若分组大于等于三个，则使用方差分析（ANOVA）；若分组为两个，则使用 t 检验。可以参考附表：

检验方法的选择

检验	两组	三组或多组
百分比	Z 检验	卡方检验
平均数	t 检验	方差分析

尽管分析软件能快速处理调研数据，调研人员在使用时也一定要注意使用方法。在分析软件的安装包里有一些预置程序会自动进行相同的检验，在检验多组数据时常常违背上述的第一条准则。另外，在检验百分比数据时，很多软件工具常常重复运用 Z 检验而不是使用卡方检验；在检验平均数时，常常重复运用 t 检验而不是使用方差分析。

根据统计原理，以上述这些错误的方式进行检验通常都会导致所使用的置信水平低于你认为在使用的数值。例如，在比较三个分组的百分比数据时，卡方检验是同时比较三个分组的数据来决定它们在统计上是否存在显著差异的。而 Z 检验则是运行三次独立的检验，将分组两两分别进行比较，最终可能产生不同的结果。卡方检验的结果可能是三组间存在显著的统计差异，而 Z 检验的结果可能是组间不存在显著的统计差异或者只在某些组别间存在显著的统计差异。

本质上的不同在于，卡方检验同时考虑所有的数据，而 Z 检验只是对部分数据进行多次检验。大多数情况下，使用错误的检验方式可能不会给管理者的市场调研带来严重的误导，但很可能严重减弱数据的可靠性。调研人员只要认真选择处理方式和处理程序，很容易就能避免这一错误，控制数据质量。

问题：

1. 除了文中提到了分析软件预置程序以外，你还能想到哪些可能导致调研人员使用错误方法检验的程序性因素？

2. 如果你有办法使用分析软件，试着用 Z 检验和卡方检验两种方法检验相同的数据（你也可以使用本书中曾出现的数据）然后对比两种检验结果。它们差别大吗？如果它们的处理结果不同，你知道其中的原因吗？

步骤 3：明确判定标准

从前面关于样本均值的讨论中可以发现，抽样调查结果与总体参数完全相等的情况几乎是不可能发生的。关键问题是要确定，如果统计假设是正确的话，实际样本均值和基于假设所得出的期望值均值之间的差分或偏差是由偶然因素引起的吗（例如，100 次内发生 5 次）？这就需要一个**判定标准**（decision rule）或规则，来决定拒绝或不拒绝原假设。统计学家用“显著水平”来描述这种判定标准。

显著水平（α）在原假设和备择假设的选择过程中至关重要。它被认为以很低的概率来判定原假设的可接受性，如 0.10、0.05 或 0.01。

假设我们现在决定检验一项显著水平为 0.05 的假设。也就是说，如果检验结果反映的观察值（比如抽样均值与期望值之间的差值），只有低于 5% 的可能是由随机误差或抽样误差而引起的，那么我们将拒绝原假设。拒绝原假设就等于接受备择假设。

步骤 4：计算统计检验值

这一步骤的工作有：

- 运用适当的公式来计算统计检验值；
- 对当前的计算值与基于所选择的判定标准对应的统计临界值进行比较（临界值可从对应的表格中查得）。
- 通过比较，得出是否拒绝原假设 H_0 的结论。

步骤 5：陈述结论

从初始研究问题的角度陈述结论，以总结检验结果。

16.3.2　假设检验中的错误类型

假设检验中易犯两种类型的错误，一般称为 I 型错误和 II 型错误。

I 型错误（type I error）是指，调研人员拒绝了原假设，而实际上它是正确的，即拒绝正确。调研人员之所以会得出这种不正确的结论，也许是因为样本与总体值之间的差分是由抽样误差造成的。调研人员必须决定在多大程度上容忍Ⅰ型错误的存在。α 水平正是表示容忍Ⅰ型错误出现的概率。相反地，$1-\alpha$ 表示的是得出正确结论的概率，即在原假设为正确的情况下，不拒绝原假设的概率。

Ⅱ型错误（type Ⅱ error）是指，原假设错误，而调研人员却没有拒绝它，即接受错误。Ⅱ型错误被认为是 β 错误。$1-\beta$ 的值，反映了在原假设错误的情况下，决策者能够做出正确的决定，即拒绝该假设的概率。表 16-4 总结了假设检验判断中的四种可能的情况。

表 16-4　Ⅰ型错误和Ⅱ型错误

原假设的实际状况	不拒绝 H_0	拒绝 H_0
H_0 正确	正确（概率 $1-\alpha$）	Ⅰ型错误（概率 α）
H_0 错误	Ⅱ型错误（概率 β）	正确（概率 $1-\beta$）

在进行各种假设检验的时候，都要牢记一件事情：不管是做出拒绝还是不拒绝原假设的决定，都不可能是 100% 确定的。我们的结论可能是正确的，也可能是不正确的。前面曾提到，α 值的水平是由调研人员自己规定的，但这种说法似乎不够准确。实际上，调研人员必须与客户商讨，考虑到项目中可获得的资源，并思考Ⅰ型错误或Ⅱ型错误的意义。

对 β 的估计比较复杂，已超出我们的讨论范围。此外，需要注意的是：Ⅰ型错误和Ⅱ型错误并不是互补的，即 $\alpha+\beta \neq 1$。

对于任何假设检验，我们都希望能控制 n（样本容量）、α（Ⅰ型错误的概率）及 β（Ⅱ型错误的概率）。遗憾的是，这三个变量中我们只能控制两个。对于一个给定样本容量的问题来说，n 是固定的或者说，是可控制的，因此 α 和 β 只能控制一个。

假设对于一个给定的问题，设置 $\alpha = 0.5$。那么，你将有 5% 的可能会在 H_0 正确时拒绝原假设（Ⅰ型错误）。你可以设置 $\alpha = 0$，这样你可以永远地避免一类错误，你永远不会错误地拒绝一个正确的 H_0。这看上去是一个很理想解决方法，然而这样做的弊端在于，β（Ⅱ型错误的概率）将等于 1，也就是在 H_0 错误的时候，你也永不可能拒绝它。例如，在快餐店服务时间的例子中，我们设置 $\alpha = 0$，这里 H_0 表示平均等候时间 = 2 分钟。于是，不管我们所预期的等待时间为何值，检验结果都将无法拒绝 H_0（平均等待时间 = 2 分钟）。比如我们对顾客等待时间进行了调研，并得出被调研人员的平均等待时间为 8.5 分钟的结果，我们将依然无法拒绝 H_0。因此可以看出，设置 $\alpha = 0$ 并不是一个好的解决方法，我们需要在这两种错误的概率之间找出一个更合理的 α 值。请注意，在 $\alpha = 0$ 和 $\beta = 1$ 的情况下，$\alpha+\beta = 1$，而稍后你将发现，通常情况下并非如此。

α 值的确定应该体现出这两类错误之间的相对重要性。假如你刚刚进行完一项诊断检查，目的是检查你是否患有某种极易致命的病症。如果你不幸患病，有一种无痛苦、价格合理而且绝无风险的治疗方法将 100% 治愈这种病。待检验假设如下：

H_0：检查结果表明你没有这种病症

H_a：检查结果表明你确实有这种病症

因此

$\alpha=P$（H_0 正确时被拒绝）$=P$（你没有患病，检查却表明你有病）

$\beta=P$（H_0 错误时没有被拒绝）$=P$（你不幸患病，检查却表明你没有病）

显然，犯Ⅰ型错误（用 α 测定）的后果远没有犯Ⅱ型错误（用 β 测定）的后果严重。Ⅰ型错误不很严重，因为即使你没有患病，治疗本身也不会对你有害。然而，Ⅱ型错误意味着即使你有病也没有机会接受治疗。

β 的值永远无法事先设定。如果我们把 α 变小，β 就会变大；如果你想把Ⅱ型错误减至最小，即你想要 β 变小，那么你可以为 α 设定一定较大的值。在大多数情况下，α 值的可接受范围为 0.01 ～ 0.1。

在诊断检查的例子中，基于Ⅱ型错误的严重性，你可以选定等于或约等于 0.1 的 α 值。相反，如果在某种情况下，你更担心Ⅰ型错误的后果，那么设定较小的 α 值将更为合适。例如，你正在对一条制作昂贵的电视广告进行效果测试，你十分关心的是，拒绝该广告的概率是否设置得合理有效。一般情况下，如果Ⅰ型错误和Ⅱ型错误的影响没有太大的差别，可以把 α 值设为 0.05。

16.3.3 接受 H_0 或不拒绝 H_0

调查人员经常不能对接受 H_0 和不拒绝 H_0 做出区分。实际上，正如本章前面所述，这两个决定之间存在重要差别。检验一个假设时，在 H_0 没有被证明有可能是错误的之前，我们一般假定它是正确的。在任何假设检验的情况下，唯一可以被接受的假设是备择假设 H_a。也许会有充分的证据支持 H_a（拒绝 H_0），也可能没有（不拒绝 H_0），而真正的问题是，在数据中是否有足够的证据证明 H_a 是正确的。如果我们不拒绝 H_0，这只说明现有数据无法对 H_a 提供足够的支持，并不是说我们接受了 H_0。

16.3.4 单尾检验和双尾检验

检验分为单尾检验和双尾检验两种，具体选用哪一种检验取决于问题的性质及所要证明的内容。例如，一家快餐店的质量控制部要对刚从一个供应商手中收到的一批鸡胸肉进行检测，并需要测定脂肪含量是否符合标准，这时采用单尾检验比较合适。如果没有达到最低标准，这批鸡胸肉将被打回。此外，肉类供应方的经理则应该进行双尾检验以测定两个因素。首先，在装运之前，他们必须保证产品达到顾客的最低要求；其次，他们还希望能测定产品是否超过了标准要求，因为生产超过标准的产品将带来高昂的成本。如果他们一直提供超出合同中规定的质量水平的产品，无疑将会增加不必要的成本。

需要双尾检验的经典例子是对电路保险丝的检验。保险丝在达到预定的温度时必须松脱或断开，否则将会引起火灾。此外，你当然不希望它在达到预定的温度前断掉，否则将会带来不必要的断电。因此，质量控制过程的检验必须是双尾的。

16.3.5 统计检验操作实例

雷克萨斯北美（LNA）正在对核心市场之一——南加利福尼亚州市场进行销售预测。它们认为收入是影响豪华房车销售的一个重要因素，于是它们查阅美国人口普查资料，了解到该市场内家庭平均年收入为 55 347 美元。此外，LNA 在该市场内随机抽出 250 个家庭进行调查，以收集一些官方资料中不存在的，而对销售预测却非常重要的数据。结果显示，受访家庭的平均年收入为54 323美元。市场内家庭的总体平均数（μ）的实际值还是未知数。在人口普查结果及此项调查结果中，我们得到μ的两个估计值。这两个估计值之间的差分将对根据LNA的预测模型计算得出的销量估计值结果有着显著的影响。通过计算，我们发现人口普查资料中提供的估计值是μ的最优估计值。

市场调研实践 16-3

关于显著性检验的建议

保罗·施米格，DSS调研营销科学部

在进行定量的市场调研工作时，你要花费大量的时间进行测量和对比，但与用确定的衡量标准测量某一物理量不同的是，你的测量会有样本误差（样本误差属于技术层面，并不代表一种错误）。那么，当你对比两个测量结果时，由于两者皆存在样本误差，你不可能100%保证它们之间存在差异。但是，在统计上你能说："虽然没有100%的把握，但可以检验我们在95%或90%的置信水平下差异是否存在。"

进行比较的目的是为了引导你像数据的"翻译"一样评估数据。"这个差异是否重要，我们是否应当采取一定的行动，我们是否一个继续采取相同的广告策略，以提高品牌无提示认知（unaided awareness）？"不幸的是，数据统计并不能回答这些问题。

记住用统计方法检验差异和评价给定差异的内涵及联系的区别很重要。市场调研中最常见的检验方法是双样本的t检验。调研业界内有这样一个经典问题："上一年我们的品牌在受访者中的无提示知晓度为43.2%，今年这一比例攀升到47.5%。那么，两者的差异是否显著呢？"这种类型的问题相当常见，甚至于在你整个职业生涯中都可能见不到其他类型的检验。鉴于两个样本t检验的极端重要性，我们有必要至少牢记以下两点：

- 两个样本的t检验是双尾检验，关注"是否存在显著的差异"而非"A是否显著大于/小于B"。因此，当有显著差异存在时，我们可以说，"存在统计上显著的差异，而且该差异比观察值更高（低）"。
- 两个样本的t检验适用于样本方差相等的情况。由于我们不知道总样本的标准差，因此要联合两个样本的标准差来进行计算，得出相当于其加权平均数的数值。在学术研究中，你可以先检验两个样本的方差是否相等，但在商业世界中则基本上不需要这样做。

对于任何给定的差分，都能找到足够大的样本容量，使得该差分在两个样本的t检验中显著（样本容量作为等式中的分母）。我们也可以从另一角度来考虑：随着样本变得越来越大，即使是很小的差分都能在两个样本的t检验中变得统计显著，然而它的实用显著性却维持不变。0.5%的增长在统计上也许是显著的，但它的实用意义是否值得管理层予以关注呢？估计不值得吧。

最后，一定要记住统计上的显著性和直观上的显著性、重要性是不同的。在其技术意义的核心，统计学上的差异意味着比样本误差更大的差异。不要误用了统计检验，一个仅就数据分析而言非常有用的工具。

为评估人口普查估计值，LNA 决定用统计方法将其与调研结果进行对比，相关的样本

$$\overline{X} = 54\ 323（美元）$$
$$S = 4\ 323（美元）$$
$$n = 250$$

于是产生如下假设：

$$H_0: \mu = 55\ 347（美元）$$
$$H_a: \mu \neq 55\ 347（美元）$$

LNA 的决策者希望当 H_0 正确时，错误地拒绝它的概率仅为 5%（$\alpha = 0.05$）。0.05 就是本次检验的显著水平。

如果 $|\overline{X} - 55\ 347|$ 的值大于 $\alpha = 0.05$ 时抽样误差所能解释的范围，则拒绝 H_0。

为使计算结果可以直接与附录 C 中表 C-2 里的 Z 值进行对照，可采用以下准则对数据进行标准化处理：

如果 $\left|\dfrac{\overline{X} - 55\ 347}{S - \sqrt{n}}\right|$ 的值大于 α=0.05 时抽样误差所能解释的范围，则拒绝 H_0。

最后的表述可改写如下

$$\left|\frac{\overline{X} - 55\ 347美元}{S/\sqrt{n}}\right| > k$$

k 值是多大呢？如果 H_0 正确，并且样本容量足够大（$n \geqslant 30$），那么（根据中心极限定理），$\overline{X}$ 接近一个平均数 $\mu = 55\ 347$，标准差 $= \dfrac{S}{\sqrt{n}}$ 的正态随机变量。

如果 H_0 正确，那么当样本容量大于或等于 30 时，（$\overline{X}$ −55 347 美元）/（$S/\sqrt{n}$）接近一个标准正态变量 Z，其平均数为 0，标准差为 1。

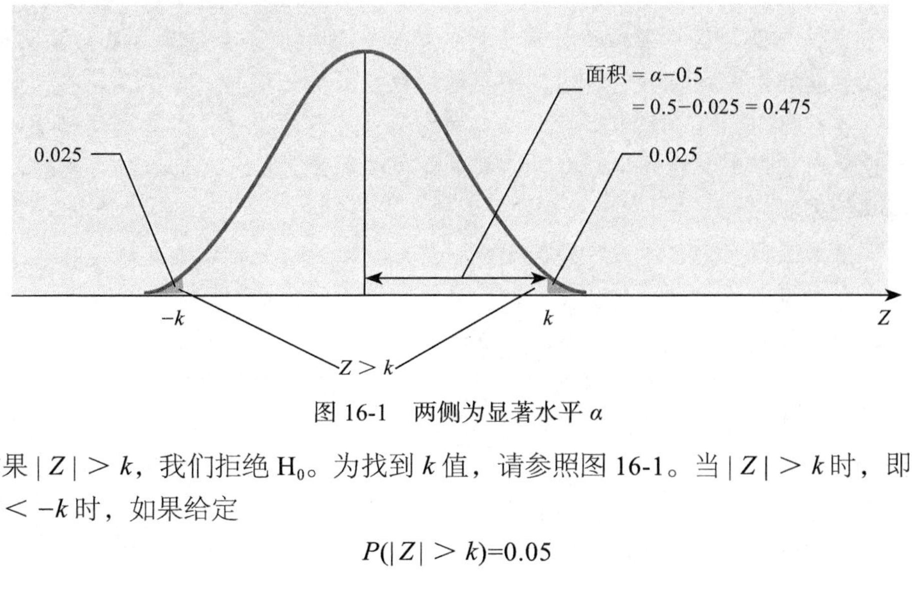

图 16-1　两侧为显著水平 α

如果 $|Z| > k$，我们拒绝 H_0。为找到 k 值，请参照图 16-1。当 $|Z| > k$ 时，即 $Z > K$ 或者 $Z < -k$ 时，如果给定

$$P(|Z| > k)=0.05$$

那么，整个阴影部分为 0.05，其中每尾各 0.025（双尾检验）。0 ～ k 的部分是 0.475，参照附录 C “Z 值表”，我们发现 k=1.96。因此检验就是

$$\text{如果}\left|\frac{\overline{X}-55\ 347\text{美元}}{S/\sqrt{n}}\right|>1.96\text{，拒绝 }H_0$$

否则不拒绝 H_0。也就是说，

$$\text{当}\left|\frac{\overline{X}-55\ 347\text{美元}}{S/\sqrt{n}}\right|>1.96\text{，或者当}\left|\frac{\overline{X}-55\ 347\text{美元}}{S/\sqrt{n}}\right|<\ 1.96\text{ 时，拒绝 }H_0$$

问题在于，$\overline{X}$ =54 323 美元与 55 347 美元之间的差异是否大到足以令 LNA 拒绝 H_0？结果表明

$$Z=\left|\frac{\overline{X}-55\ 347}{S/\sqrt{n}}\right|=\frac{54\ 323-55\ 347}{4\ 323/\sqrt{250}}=-3.75$$

由于 −3.75 < −1.96，因此我们拒绝 H_0。基于抽样调查结果以及 α=0.05 的显著水平，得出结论：该市场内的家庭平均收入并不等于 55 347 美元。如果 H_0 正确（μ=55 347 美元），那么从样本中得出的 $\overline{X}$ 值（55 323 美元）将在正态曲线中 $\overline{X}$ 值的左边，相差 3.75 个标准差。存在与平均数相差如此大的 $\overline{X}$ 值的机会是微乎其微的（概率小于 0.05）。因此可得出结论：H_0 不可能是正确的，只能拒绝它。

说了那么多，我们还是要告诫不能过度依赖统计性检验和检验结果的显著 / 不显著性。以下的“市场调研实践 16-4”将就此展开具体的论述。

市场调研实践 16-4

统计的精确度能够带来有效的结果吗

统计检验的结果可能是不可靠的。统计上的显著性不一定就意味着实际上的显著性。除了样本容量过大，还有很多其他的误差来源，可能在调研人员甄别统计显著性差异时带来困扰。

一般来说，有两类误差影响统计测量的有效性。随机误差会导致方差与真实值不符，但由于它在回复样本中是随机出现的，不会增加数据的统计误差。系统误差在回复样本中始终存在，在数据中产生一些可知的或不可知的偏差。通常来说，产生这些错误的原因有两类：在建立回复样本群的时候产生的样本误差和在设置问卷时产生的测量误差。

1. 样本误差

样本误差的三大来源包括：年龄段覆盖不全面、回复缺失和自主选择。

（1）年龄段覆盖不全——来自某一特定年龄段的回复数量不充分。

（2）回复缺失——部分人群不愿意参与调研项目。

（3）自主选择——受访者在调查过程中可以自主选择结束访问。例如，参与者在网络平台接受访问时可能感到无聊并在调查结束前退出。

2. 测量误差

以下六种类型的测量误差可能导致随机误差和系统误差。

（1）问题解释——受访者对一些迷糊的或模棱两可的问题有不同的解读。

（2）受访者个人观念——不管问题是如何表述的，受访者都会带有个人的观念，任何外部因素的改变也会影响他们对问题的理解。

（3）问题次序——在一份问卷的不同地方提问相同的问题，受访者也可能做出不一样的回复，因为他们的想法会受周围题目的影响。

（4）调查方法不同——调研人员必须注意到，采用不同的方式进行调查也可能会导致一些错误。

（5）调查性质表述——描述调查性质的不同方式也可能导致受访者做出不同的回复。

（6）省略重要问题——系统误差最常见的来源就是在一连串问题中关键变量的回复不够，缺少变量对数据分析结果的影响很大。

管理意义

调研人员必须认真区别不可避免的随机误差和系统误差。而且，必须认识到统计精度不足以表明差异是可用的或有意义的。调研人员要做的不是专注于显著性检验本身，而是甄别那些具有管理意义的结果——即与决策过程相关的结果。假设有一个充分大的样本，任何零假设都可能被拒绝，任意两个不相等的均值都可能被检验出具有统计性差异。两个不存在统计性差异的“不同”的群体间也可能存在统计意义上的联系。因此，统计检验应当被当作工具使用，以寻找有实际意义的内容，而不是去定义它。

问题：

1. 上面提到了很多可能导致误差的原因，你认为哪个最容易识别，哪个最难？说明你的理由。

2. 你是否能想到什么办法帮助调研人员决定检验结果中出现的统计性差异是否具有管理意义？

16.4 常用的统计检验方法

接下来，我们将介绍多种常用的差分统计检验方法。尽管除此以外，还有很多其他的统计检验方法也得到了发展和应用，但对它们进行全面讨论会超出本书的范围。

为对那些被计算并制表的数据进行比较，我们将采用 Z 分布、t 分布、F 分布及 χ^2 分布等分布。这些分布的表值可通过查阅附录 C 的表 C-2、表 C-3、表 C-4 和表 C-5 来获得。

16.4.1 独立样本与相关样本

有时我们需要检验这样一种假设：即一个总体中某个变量的数值与另一个总体中同一变量的数值相等。在选择合适的统计检验方法时，调研人员就需要注意：这些样本之间是相互独立的还是相关的。**独立样本**（independent samples）是指，对一个样本内某变量的测定，不会影响到对另一样本内同一变量的测定结果。只要对一个总体中某变量的测定不会影响到另一个总体中同一变量的测定结果，就不需要进行两次调查。在**相关样本**（related samples）中，对一个样本中某变量的测定会影响另一样本中同一变量的测定结果。

例如，在一项关于外出就餐频次的调研中，如果分别对男性和女性进行采访，一个男人的回答绝没有可能会影响或改变一个女人对同一条调研问题的答复，这就是关于独立样本的一个例子。另一方面，假如调研人员需要测定一项新的广告活动对消费者品牌知晓度的影响，而在推出新活动前，随机抽取消费者样本并进行调研；而且在新活动推出 90 天后，再对同一批样本进行调研。这些样本并不是相互独立的，因为 90 天以后的调研结果受到第一次调研的影响。

16.4.2 自由度

许多统计检验都要求调研人员指明自由度，以便从统计表中找出统计检验的临界值。**自由度**（degree of freedom）是一个统计问题中可以不被约束或自由变化的观测值的数目。

自由度（d.f.）的数目等于被观测单位数减去计算统计量所必需的假设或约束条件的数目。例如，5 个数相加，已知其平均数为 20。这种情况下，5 个数字中只有 4 个可以随意变化，因为一旦 4 个数字已知，最后一个数值也就知道了（可以计算出来），因为已知平均数必须是 20。假设我们知道 5 个数中的 4 个分别为 14、23、24 和 18，那么第五个数一定是 21，这样平均数才为 20。因此，我们可以说这个样本有 4 个（或 $n-1$ 个）自由度。这样做就像是样本中少了一个观测值一样，（就是说样本比被测个体少 1）。在计算中包含自由度可以更好地反映事实。

16.5 拟合优度

16.5.1 χ^2 检验

正如前文提到的一样，调查收集到的数据经常用单向频次和交叉表分析法。交叉表分析法的目的是研究不同变量间的关系。问题是，实际的回答是否与期望值相同呢？例如，我们通常将用户按性别（男性、女性）、年龄（小于 18 岁、18 ～ 35 岁、大于 35 岁）或收入水平（低、中、高）来进行分组，然后再结合品牌偏好或使用水平等制作交叉表格。卡方（χ^2）**检验**（chi-square，χ^2）能帮助调研人员确定观测到的频次形态是否与期望的一致，可检验观测到的分布与期望分布之间的拟合优度。我们将描述这项技术在检验单个样本和两个独立样本的交叉类别数据分布方面的应用。接下来的“市场调研实践 16-5”介绍了 χ^2 检验的一个运用案例。

市场调研实践 16-5

χ^2 检验运用案例

自从 1786 年美国第一个高尔夫球场在查尔斯顿开发以来，高尔夫就在南卡罗莱纳州的经济中扮演重要角色，络绎不绝的高尔夫爱好者在 2007 年为南卡莱罗纳州创造了高达 27.2 亿美元的经济效益。

高尔夫运动及其相关旅游产业对该地区独特的重要性让我们有机会了解该区域的一项营销计划——莫尔特比奇高尔夫通行证计划对当地游客和高尔夫爱好者的影响。

该项计划让符合条件的居民以及在该地区有别居的人士能够全年享受高尔夫费用折

扣。自 1993 年实施以来，受到广泛好评，如今已有超过 10 000 名成员，每年的更新率达到 75%。

复制成功

为了复制该成功经验，调研人员进行了一项市场调研，以确定该通行证应该仅包含高尔夫费用折扣还是应该扩展到其他如景点、餐厅和零售点的高尔夫旅游项目中。

通行证计划组同意支持该项调研，并协助整理了与通行证计划密切相关的一些营销项目，包括景点、餐厅和零售商店。具体如下：

景点：调查选取了莫尔特比奇地区 10 个具有代表性的旅游景点，这些景点吸引的人群既有成年人也有小孩。

餐厅类型：调研选取了莫尔特比奇的一些典型餐厅。

零售商店：调研选取的 10 家零售商店既包含专售高尔夫特色产品的，也包含一般类型的。

调查问卷采用几种不同的列表形式，通过电子邮件发送给受访者。除了各种与人口特征有关的问题，参与者被问及这些问题：他们是偶尔来游玩还是季节性游客？他们是部分时间在该地区居住还是长久居住？然后，他们将被划分为游客和居民两个类别。对于问卷上的每个景点、餐厅类型和零售商店，参与者都将回复他们是从不、很少、有时还是总是参观它们。

最终，调查收到了 529 份居民回复和 199 份游客回复，合计 728 份容量的样本。然后对这些数据进行了差分统计检验，检验居民和游客间的差异。

整体统计结果：整体上，总是参观某景点的人很少，从 Myrtle Waves 的 1.2% 到 Carolina Opry 的 8.5%。不同的是，总是参观餐厅的比率跨度较大，从主题餐厅的 2.3% 到牛排餐厅的 33.7%。而对于零售商店，该比率从老式高尔夫专卖店的 1% 到马丁高尔夫球协超市（Martin's PGA Superstore）的 57.2%。

景点：下面列出的是 6 处景点及 χ^2 检验的 P 值：Alabama Theater（$P < 0.0001$）、Carolina Opry（$P < 0.0001$）、Dixie Stampede（$P < 0.002$）、Legends in Concert（$P < 0.0001$）、Medieval Times（$P < 0.0001$）、Ripley's Aquarium（$P < 0.003$）。

在任何情况下，居民参观这些景点的意愿显著高于游客。然而，拥有通行证的成员有时或总是参观任意景点的比例很低，不同景点为 10.7% ～ 39.0%，平均下来也只有 19.8%。由于大部分拥有通行证的游客参观各景点的意愿不高，在考虑价格折扣计划时就不优先考虑景点。即使是居民，有时或总是参观任意景点的比例也高不了多少，不同景点为 9.9% ～ 43.9%，平均下来也只有 26.1%。

餐厅类型：下面列出的是两种类型餐厅及其 χ^2 检验的 P 值：意式餐厅（$P < 0.002$）、海鲜餐厅（$P < 0.008$）。

大部分拥有通行证的成员有时或总是参观下列餐厅的比例很高：牛排餐厅 79.2%，海鲜餐厅 77.8%，意式餐厅 68.0%，体育酒吧 51.1%。

虽然居民和游客参观牛排餐厅的比率没有显著的统计性差异，但拥有通行证成员有时或总是参观牛排餐厅的比率高达 83.6%，是餐厅类型中最高的。

零售商店：下面列出的是五家零售商店及其卡方检验的 P 值：Coastal Grand Mall（$P<0.0001$）、Colonial Mall（$P<0.04$）、Golf Dimensions Superstore（$P<0.044$）、Inlet Square Mall（$P<0.0001$）、MacFrugal's Golf（Murrells Inlet)（$P<0.034$）。

大部分拥有通行证的成员有时或总是参观零售商店的比例很高。

最常被访问的零售商店不是高尔夫特色商店就是综合零售中心。

建议

该调查的结果被发表在莫尔特比奇地区高尔夫球场业主协会（Myrtle Beach Area Golf Course Owners Association）的一次业主会议上，并提出了如下建议：

- 通行证折扣计划可能包含的三个方面以潜在价值降序排列为：购物、餐厅和景点。
- 既然通行证拥有者无论是居民还是游客有时或总是参观景点的比率都不高，就不建议将景点纳入折扣计划。景点吸引力不足就无法从该项目获利。
- 强烈建议将牛排餐厅和海鲜餐厅纳入折扣计划，无论通行证持有者是居民还是游客。该建议的依据是居民和游客回复有时或总是参观这两种类型餐厅的比率都很高。

虽然调查组也建议将零售商店纳入折扣计划，但仅限于高尔夫用品店。他们采取了这一建议并在大部分专卖店对拥有通行证的顾客进行 10% 价格折扣：Golf Dimensions（9 折）、Callaway Performance Center（9 折）。

效益提高

所有者网站 myrtlebeachgolfpassport.com 上同步采取了这些特殊的折扣。采取折扣计划以来，该网站上 81 家球场的效益都提高了。如果能找到更多合作者，该折扣计划还可能包含更多的餐厅和高尔夫产品零售店。

问题：

1. 在这个案例中，调研人员从 χ^2 检验中了解到哪些信息？
2. 调研人员找到了哪些与购物、餐厅和景点潜在价值有关的信息？

---

1. 单个样本的 χ^2 检验

假设一位电子器件零售连锁店的营销经理需要检验三种促销方案的效果（促销 1、促销 2、促销 3），每种促销方案历时一个月。他想通过统计促销期间到访试点商店的顾客数量来考察促销方案的效果。促销期间到访顾客的数量见下表：

促销期间的顾客数量

促销方案	月份	每月顾客数
1	4	11 700
2	5	12 100
3	6	11 780
合计		35 580

市场营销经理希望了解到，每次促销期间的到访顾客数量是否存在显著差别？单个样本的 χ^2 检验是能够解决这个问题的合适的检验方法。检验过程如下：

（1）明确原假设和备择假设。

- 原假设 H_0：不同促销期间到访的顾客数量都相等。
- 备择假设 H_a：不同促销期间到访的顾客数量有显著的差分。

（2）确定在原假设为真的情况下，到访顾客数量的期望值（E_i）应是多少。在本例中，原假设指在不同促销期间顾客数量没有差别，所以每次促销期间的期望顾客数量相等。当

然，这是假定了没有其他因素影响到访顾客的数量。在原假设中，每次促销期间到访顾客的期望值是 11 860，计算公式如下

$$E_i = \frac{TV}{N}$$

式中　TV——到访顾客总数；

N——月份数。

因此

$$\chi^2 = \frac{35\ 580}{3} = 11\ 860$$

调研人员要注意检查小期望频次出现的情况，因为它们有可能会扭曲 χ^2 的结果。期望频次小于 5 的组应小于总数的 20%，而且任何组的期望频次都不能小于 1。不过在本例中，不存在这个问题。

（3）用以下公式计算 χ^2 的值。

$$\chi^2 = \sum_{i=1}^{k} \frac{(O_i - E_i)^2}{E_i}$$

式中　O_i——第 i 类的观察值；

E_i——第 i 类的期望值；

k——类别数。

在本例中

$$\chi^2 = \frac{(11\ 700 - 11\ 860)^2}{11\ 860} + \frac{(12\ 100 - 11\ 860)^2}{11\ 860} + \frac{(11\ 780 - 11\ 860)^2}{11\ 860} = 7.6$$

（4）选择显著水平 α。如果选择显著水平为 0.05，那么 χ^2 值在 2 个自由度（$k-1=2$）时的临界值是 5.99（见附录 C 表 C-4 中自由度为 $k-1=2$，$\alpha=0.05$ 时）。

（5）陈述结果。由于计算的 χ^2 值（7.6）比表值（5.99）高，我们应拒绝原假设。所以，可以有 95% 的把握断定不同促销期间的到访顾客数量有差异。遗憾的是，这种检验只能告诉我们，在不同情形下，频次的总变差比期望的大，但它不能告诉我们不同情形之间是否存在显著差分。

2. 两个独立样本的 χ^2 检验

调研人员经常需要确定两个或两个以上不同变量间是否有联系。在规划营销战略之前，营销人员应该先对以下问题做出回答。例如，男性和女性是否可以等同地被细分为重度、中度、轻度使用者？购买者和非购买者能否等同地被细分为低、中、高收入群？这种情形一般适用于两个独立样本的 χ^2 检验。

表 16-5 展示了这项检验技术的应用。一家便利连锁店想确定顾客性别与到访频次之间的本质关系。到访频次被分为三个等级：1 ～ 5 次 / 月（轻度到访者），6 ～ 14 次 / 月（中度到访者），多于 15 次 / 月（重度到访者）。以下是执行这次检验的步骤。

表 16-5 两个独立样本的 χ^2 检验

到访便利店的男性				到访便利店的女性			
编号 X_m	到访频次 f_m	占总到访次数的百分比（%）	累计百分比（%）	编号 X_f	到访频次 f_f	占总到访次数的百分比（%）	累计百分比（%）
2	2	4.4	4.4	2	5	7.0	7.0
3	5	11.1	15.5	3	4	5.7	12.7
5	7	15.6	31.1	4	7	9.8	22.5
6	2	4.5	35.6	5	10	14.1	36.6
7	1	2.2	37.8	6	6	8.5	45.1
8	2	4.4	42.2	7	3	4.2	49.3
9	1	2.2	44.4	8	6	8.4	57.7
10	7	15.6	60.0	9	2	2.9	60.6
12	3	6.7	66.7	10	13	18.3	78.9
15	5	11.1	77.8	12	4	5.6	84.5
20	6	13.3	91.1	15	3	4.2	88.7
23	1	2.2	93.3	16	2	2.8	91.5
25	1	2.2	95.6	20	4	5.7	97.2
30	1	2.2	97.8	21	1	1.4	98.6
40	1	2.2	100.0	25	1	1.4	100.0
	$n_m = 45$				$n_f = 71$		
男性到访的平均数：$\overline{X}_m = \frac{\sum X_m f_m}{45} = 11.5$				女性到访的平均数：$\overline{X}_f = \frac{\sum X_f f_f}{71} = 8.5$			

以下是检验步骤：

（1）表述原假设和备择假设。

- 原假设 H_0：性别和到访频次间没有关系。
- 备择假设 H_a：性别和到访频次间有显著关系。

（2）将观察到的样本频次填入 $k \times r$ 交叉表中（交叉表或列联表）。其中，k 列表示各样本组，r 行表示情况或处理手段。分别计算每一列和每一行的总和。将这些总和记录在表格边缘处（称为边缘总和）。同时，计算整个表格的总和（N）。具体如下：

$k \times r$ 交叉表

到访次数	男性	女性	合计
1 ～ 5	14	26	40
6 ～ 14	16	34	50
15 以上	15	11	26
合计	45	71	116

（3）确定表中每个单元格的期望频次。将每个单元对应的两个边缘总和相乘，再除以总和 N。

期望频次计算表

到访频次	男性	女性
1 ～ 5	$\frac{45\times 40}{116}=15.52$	$\frac{71\times 40}{116}=24.48$
6 ～ 14	$\frac{45\times 50}{116}=19.40$	$\frac{71\times 50}{116}=30.60$
15 以上	$\frac{45\times 26}{116}=10.09$	$\frac{71\times 26}{116}=15.91$

注意：如果表中 20% 以上的单元的期望频次小于 5 或有任何一个单元的期望频次小于 1，χ^2 值都将被扭曲。在这种情形下，不宜使用 χ^2 检验。

（4）计算 χ^2 的值。

$$\chi^2=\sum_{i=1}^{r}\sum_{j=1}^{k}\frac{\left(O_{ij}-E_{ij}\right)^2}{E_{ij}}$$

式中 O_{ij}——i 行 j 列中的观察值；

E_{ij}——i 行 j 列中的期望值。

在本例中

$$\begin{aligned}\chi^2&=\frac{\left(14-15.52\right)^2}{15.52}+\frac{\left(26-24.48\right)^2}{24.48}+\frac{\left(16-19.40\right)^2}{19.40}\\&\quad+\frac{\left(34-30.60\right)^2}{30.6}+\frac{\left(15-10.09\right)^2}{10.09}+\frac{\left(11-15.91\right)^2}{15.91}\\&=5.12\end{aligned}$$

（5）陈述结果。在 χ^2 表中，当显著水平为 0.05、自由度为（r−1）（k−1）=2 时，χ^2 值为 5.99（见附录 C 表 C-4）。由于通过计算得出的 χ^2=5.12 比表中的 χ^2 值要小，因此不拒绝原假设，并可推出结论，即性别差异不会造成商店到访频次的显著差别。

16.6 关于一个平均数的假设检验

16.6.1 Z 检验

对总体平均数的推断是市场调研最常见的目标之一。如果样本容量足够大（$n \geqslant 30$），我们可使用 *Z* **检验**（*Z* test）来对涉及单个平均数的假设进行检验。对于小样本（$n < 30$），则应该用自由度为 n−1（n = 样本数）的 t 检验。

达拉斯市的一家音像制品连锁店最近对市场内 200 名消费者进行了一项调查，其中一个问题是：“和本地区其他音像店相比，你认为我们店是很好、稍好、一般、稍差、很差？”对不同回答的编码如右表：

反应	编码
很好	5
稍好	4
一般	3
稍差	2
很差	1

消费者对该音像店的平均打分为 3.4，样本标准差为 1.9。商店经理怎样才能肯定自己的店铺得分显著高于 3 分（量表的平均水平）

呢？在这种情况下，应使用 Z 检验。步骤如下：

（1）确定原假设和备择假设。

- 原假设 H_0：$M \leqslant 3$（M = 评价量表上的应答值）。
- 备择假设 H_a：$M > 3$。

（2）确定可容忍的抽样误差水平。若 $\alpha = 0.05$，则表中 Z 的临界值 = 1.64（见附录 B 表 B-3，自由度 = ∞，$\alpha = 0.05$，单尾。之所以使用 t 表，是因为样本容量大于 30 时，$t = Z$）。由于管理层需要非常肯定该店的平均得分显著高于 3 分，意味着由抽样误差导致判断错误的概率不应大于 0.05（$\alpha = 0.05$）。

（3）确定样本标准差，已知 S=1.90。

（4）使用下面的公式，计算平均数的标准误差估计值。

$$S_{\bar{X}} = \frac{S}{\sqrt{n}}$$

式中，$S_{\bar{X}}$ 表示平均数的标准误差估计值。

在本例中

$$S_{\bar{X}} = \frac{1.9}{\sqrt{200}} = 0.13$$

（5）计算检验统计量。

$$Z = \frac{\text{样本平均数 − 原假设表述中的总体平均数}}{\text{平均数的标准误差估计值}} = \frac{3.4-3}{0.13} = 3.07$$

（6）陈述结果。由于计算得出的 Z 值（3.07）大于 Z 值的临界值（1.64），因此拒绝原假设。该音像制品店的管理层可有 95% 的把握确信该店的平均得分显著高于 3 分。上面的专题里是对 Z 检验应用的进一步讨论。

16.6.2 *t* 检验

前面讲过，自由度为 $n-1$ 的 *t* **检验**（*t* test）适用于对小样本（$n < 30$）进行统计推断的情况。理论上 *t* 分布对大样本（$n \geqslant 30$）的情况也同样适用，但事实上，却会逐渐趋近于大样本下的正态分布。尽管大样本的检验一般使用 Z 检验，然而几乎所有的统计软件包都将 *t* 检验用于各种样本容量。

为了说明 *t* 检验的应用，下面对一家软饮料生产商在丹佛市对推出的一款新型软饮料进行的市场测试。该公司随机选取了 12 家坐落在丹佛市的超市，要求它们在规定时间内对该款软饮料进行促销。公司预计，要大规模打入

丹佛市软饮料销量

商店	周平均销量（X_i）
1	870
2	910
3	1 050
4	1 200
5	860
6	1 400
7	1 305
8	890
9	1 250
10	1 100
11	950
12	1 260

周平均销量：$\bar{X} = \frac{\sum_{i=1}^{n} X_i}{n} = 1\,087.1$

市场的话，每家店每周必须卖出 1 000 箱该款软饮料，以保证品牌具有足够高的获利性。上表显示了拟检验的每家店每周的实际平均销量。以下是检验各店的周平均销量是否超过 1 000 箱的步骤。

（1）确定原假设和备择假设。

- 原假设 H_0：$\overline{X} \leqslant 1\ 000$ 箱 / 店 / 星期（$\overline{X}$ = 各超市周平均销量的平均数）
- 备择假设 H_a：$\overline{X} \geqslant 1\ 000$ 箱 / 店 / 星期

（2）确定可容忍的抽样误差水平（α）。$\alpha = 0.05$ 时，t 的临界值为 1.796（附录 C 表 C-3，自由度 = 12−1 = 11，$\alpha = 0.05$，单尾。之所以采用单尾的 t 检验，是因为只有在该款软饮料的周平均销量大于 1 000 箱时，才能被大规模投入市场。）

（3）确定样本标准差。

$$S = \sqrt{\frac{\sum_{i=1}^{n}\left(X_i - \overline{X}\right)^2}{n-1}}$$

式中　X_i——第 i 个店的每周销量；

$\overline{X}$——周平均销量；

n——商店数。

计算 S 如下

$$S = \sqrt{\frac{403\ 822.9}{(12-1)}} = 191.6$$

我们将在下面专题中对 t 检验进行进一步的讨论。

（4）计算平均数的标准误差估计值。

$$S_{\overline{X}} = \frac{S}{\sqrt{n}} = \frac{191.6}{\sqrt{12}} = 55.3$$

（5）计算 t 检验统计量。

$$t = \frac{\text{样本平均数} - \text{原假设中的总体平均数}}{\text{平均数的标准误差估计值}}$$

$$= \frac{1\ 087.1 - 1\ 000}{55.31} = 1.6$$

（6）陈述结果。因为计算出的 t 值（1.6）小于临界 t 值（1.796），原假设成立。尽管在所抽选的 12 家超市的周平均销量（平均销量 / 店 / 星期）为 1 087.1 箱，多于 1 000 箱，但该差分不具统计显著性。因此，根据所确定的判定标准，该款软饮料不宜大规模进入市场。

16.7　关于两个平均数的假设检验

营销人员往往热衷于检验群体间的差别。接下来，我们将举例说明如何检验两个平均数之间的差分，其中的样本是相互独立的。

在前面提到的便利店例子中，管理层希望了解男性和女性在到访频次的差别。他们相信男性比女性更频繁地造访该店，故从光临该店的消费者中随机抽取 1 000 人，再进行数据收集。假设检验的步骤如下：

（1）原假设和备择假设。

- 原假设 H_0：$M_m - M_f \leqslant {}_0$，即男性来店的平均数（M_m）≤女性来店的平均数（M_f）；
- 备择假设 H_a：$M_m - M_f > 0$，即男性来店的平均数（M_m）＞女性来店的平均数（M_f）。两个平均数（见表 16-3）的差分是

$$11.49-8.51=2.98$$

（2）确定抽样误差水平（α）。经理决定这次检验可容忍的抽样误差水平为 α=0.05。对应 α=0.05 的 Z 值（临界值）=1.64，（附录 C 表 C-3，自由度 =∞，α=0.05，单尾。之所以使用 t 表，是因为样本容量大于 30 时，t=Z）。

（3）计算两个平均数差分的标准误差估计值。

$$S_{X_{m-f}} = \sqrt{\frac{S_m^2}{n_m} + \frac{S_f^2}{n_f}}$$

式中 S_m—— 男性总体的标准误差估计值；

S_f—— 女性总体的标准误差估计值；

n_m—— 男性样本的样本容量；

n_f—— 女性样本的样本容量。

因此

$$S_{X_{m-f}} = \sqrt{\frac{(8.16)^2}{45} + \frac{(5.23)^2}{71}} = 1.37$$

注意：该公式适用于两个样本的方差不相等的情况。当两个样本有相等的方差时，则用另一种公式。当在 SAS 或其他统计软件包中进行这个检验时，将提供两个 t 值，每个假定的方差对应一个 t 值。

（4）计算检验统计量。

$$Z = \frac{\text{第一和第二个样本平均数的差} - \text{原假设平均数间的差}}{\text{两个平均数间差的标准差}}$$

$$= \frac{(11.49 - 8.51) - 0}{1.37} = 2.18$$

（5）陈述结果。算出的 Z 值（2.18）大于临界值（1.64），因此拒绝原假设。因此，管理层可有 95%（$1-\alpha = 0.95$）的把握确信男性比女性更经常去便利店购物。

16.8 关于比率的假设检验

很多时候，调查人员会遇到采用百分数表达情况的方式。例如，营销人员希望检验偏爱 A 品牌的比率和偏爱 B 品牌的比率，又或者是检验品牌忠诚者的比率与非忠诚者的比率。

16.8.1 一个样本的比率检验

一家大银行对 500 名顾客进行调查，结果表明，愈 74% 的家庭的年收入高于 70 000 美元。如果事实的确如此，该公司将为这个群体度身打造一套新服务。在开发和推出新套餐之前，管理层想知道，总体中家庭年收入高于 70 000 美元的实际顾客比例是否高于 60%。调查结果显示，在被接受调查的银行客户中，74.3% 的顾客的家庭年收入高于 70 000 美元。以下是**比率假设检验**的步骤：

（1）表述原假设和备择假设。

- 原假设 H_0：$P \leqslant 0.60$；
- 备择假设 H_a：$P > 0.60$（其中，P 为家庭年收入≥ 50 000 元的顾客比例）。

（2）确定可接受的抽样误差水平（α）。α=0.05 时，表中 Z（临界值）=1.64（见附录 C 表 C-3，自由度 =∞，α=0.05，单尾。之所以使用 t 表，是因为样本容量大于 30 时，t=Z。)。

（3）使用原假设下的 P 值计算标准误差估计值。

$$S_P = \sqrt{\frac{P(1-P)}{n-1}}$$

式中 P——原假设条件下的总体比例；

n——样本容量。

因此

$$S_P = \sqrt{\frac{0.6(1-0.6)}{35-1}} = 0.022$$

（4）计算检验统计量。

$$Z = \frac{\text{观测样本比率} - \text{原假设总体比率}}{\text{标准误差估计值}\ (S_P)} = \frac{0.743-0.60}{0.022} = 6.5$$

（5）因为计算出的 Z 值大于 Z 的临界值，所以拒绝原假设。银行可有 95% 的把握（$1-\alpha$ =0.95）确信家庭年收入高于 70 000 美元的顾客的比例大于 60%，因此管理层可针对该群体推出新服务。

16.8.2 独立样本的两比率间差分的检验

在不少个案中，管理层感兴趣的是两个群体中具有某种行为或特征的人的所占比率的差分。 例如，经研究，便利店的管理层有理由相信，每月到访商店≥ 9 次（重度到访者）的人中，男性百分比＞女性百分比。以下是假设检验的步骤及要求：

（1）确定原假设和备择假设。

- 原假设 H_0：$P_m-P_f \leqslant 0$，即每月到访商店不小于 9 次的男性所占百分比（P_m）≤女性的百分比（P_f）。
- 备择假设 H_α：$P_m-P_f > 0$，即男性百分比（P_m）＞女性百分比（P_f）。

样本比率及其差分能从表 16-3 中计算出来是

$$P_m=26/45=0.58$$
$$P_f=30/71=0.42$$
$$P_m-P_f=0.58-0.42=0.16$$

（2）确定抽样误差水平 α=0.10（由管理层决定）。当 α=0.10，表中 Z 的临界值 =1.28（见附录 C 表 C-3，自由度 = ∞，α=0.05，单尾。之所以使用 t 表，是因为样本容量大于 30 时，t=Z）。

（3）计算两比例间差分的标准误差估计值。

$$S_{P_{m-f}}=\sqrt{P(1-P)\left(\frac{1}{n_m}+\frac{1}{n_f}\right)}$$

式中 $P=\dfrac{n_mP_m+n_fP_f}{n_m+n_f}$

P_m——男性样本中重度到访者的比率；

P_f——女性样本中重度到访者的比率；

n_m——男性样本容量；

n_f——女性样本容量。

因此

$$P=\frac{45(0.58)+71(0.41)}{45\times71}=0.42$$

$$S_{P_{m-1}}=\sqrt{0.48(1-0.48)\left(\frac{1}{45}+\frac{1}{71}\right)}=0.10$$

（4）计算检验统计量。

$$Z=\frac{\text{样本比率差}-\text{原假设比率差}}{\text{两个平均数间的标准误差估计值}}=\frac{(0.58-0.42)-0}{0.10}=1.60$$

（5）陈述结论。计算得出的 Z 值（1.60）大于临界 Z 值（当 α=0.10 时，Z=1.28），所以拒绝原假设。因此便利店高层可有 90% 的把握（1−α =0.90）确信每月到访商店≥ 9 次的消费者中男性所占的比例大于女性。

需注意，如果抽样误差水平被设为 0.05，则临界 Z 值为 1.64。这样，Z 的计算值小于临界值，我们就不能拒绝原假设。

16.9 方差分析

方差分析（analysis of variance，ANOVA）适用于对两个或以上独立样本的平均数的差分所进行的检验。尽管它也可用来对两个平均数进行差分检验，但是它更多的是用于对三个或三个以上独立样本的平均数进行差分检验。方差分析可以用来确定，抽样误差的存在是否使得样本中或样本之间平均数的差异大于预期。

之前论及的 Z 型和 t 型检验仅适用于涉及两个样本平均数时的假设检验，当有三个或三个以上样本时，利用这两种方法则缺乏效率。例如，有五个样本及对应的平均数，那么就需 10 次 t 检验来对每一对平均数进行检验。更重要的是，当有三个或更多个平均数出现时，使用 Z 型或 t 型检验，也增加了出现第一类错误的可能性。原因是每两个平均数组合都必须进行一次检验，平均数越多，需要检验的次数越多，检验结果表现出显著差分的机会就越大。若显著性水平为 0.05，则平均每 20 次检验中就可能出现一次由抽样误差而引起的错判。

单向方差分析经常被用来实验结果的分析。例如，一家制动器连锁店的市场部经理正准备挑选一种服务来进行店内促销：车轮校正、换机油或调整发动机。他想知道这三项服务带来的潜在销量是否存在显著差异。

该店在三个城市中随机选出 60 家连锁分店（每个城市选 20 家），每个城市分别促销一项服务，实验期间服务的价格和宣传等方面均维持不变。实验共进行 30 天，其间各项服务的销售情况均被一一记录。

被测城市的日平均销售额

芝加哥（车轮校正）		**克利夫兰**（换机油）		**底特律**（调整发动机）	
310	318	314	321	337	310
315	322	315	340	325	312
305	333	350	318	330	340
310	315	305	315	345	318
315	385	299	322	320	322
345	310	309	295	325	335
340	312	299	302	328	341
330	308	312	316	330	340
320	312	331	294	342	320
315	340	335	308	330	310
$\overline{X}=323$		$\overline{X}=315$		$\overline{X}=328$	

上表显示了每家连锁店的平均销售额。问题是，引起这些差异的主要原因是促销方式还是纯属偶然？下面是检验的过程。

（1）明确原假设和备择假设。

- 原假设 H_0：$M_1=M_2=M_3$，即三项服务平均销售额相同。
- 备择假设 H_a：不同服务之间销售额的差异大于抽样误差所能解释的程度。

（2）每个子样本平均数（$\overline{X}_j$）与总样本平均数（$\overline{X}_t$）离差平方和被样本容量（n_j）加权，这被称为“组间平方和”或组间变差（sum of squares among groups，SSA）。SSA 计算方法如下

$$SSA=\sum_{j=1}^{C} n_j\left(\overline{X}_j-\overline{X}_t\right)^2$$

在本例中，总体样本平均数为

$$\overline{X}_t=\frac{20(323)+20(315)+20(328)}{60}=322$$

因此

$$SSA=20(323-322)^2+20(315-322)^2+20(328-322)^2=1\,720$$

各样本平均数之间的差异越大，组间变差就越大。

（3）计算平均组间变差（MSA）。

$$MSA=\frac{组间变差（SSA）}{自由度（d.f.）}$$

式中，自由度 = 组数（C）$-1=3-1=2$。

因此

$$MSA=\frac{1\ 720}{2}=860$$

（4）将每个观测值（X_{ij}）与其对应的样本平均数（$\overline{X}_j$）之间的离差进行平方并加总，在 C 的水平（组数）上进行累加，所得值被称为“组内平方和”或“组内变差”，通常用总平方差（sum of squares error，SSE）表示。在本例中，SSE 计算方法如下

$$SSE=\sum_{j=1}^{C}\sum_{i=1}^{n_j}(X_{ij}-\overline{X}_j)^2$$
$$=(6\ 644)+(4\ 318)+(2\ 270)=13\ 232$$

（5）计算组内方差和的平均数。该值用均方误差（mean of square error，MSE）表示，反映了对数据出现随机误差的估计。MSE 计算方法如下

$$MSE=\frac{组内平方和（SSE）}{自由度（d.f.）}$$

自由度等于各组样本容量的总和减去样本组数（C），

$$d.f.=\left(\sum_{j=1}^{K}n_j-C\right)=(20+20+20)-3=57$$

因此

$$MSE=\frac{13\ 232}{57}=232.14$$

相对于 Z 和 t 分布来说，F 型抽样分布允许调研人员决定计算出的 F 值受偶然因素而非实验因素影响的概率。与 t 分布类似，F 分布的形状随样本容量的变化而轻微改变。因此，要采用 ***F* 检验**（F test），有必要计算出分子及分母的自由度。

（6）F 统计值计算方法如下

$$F=\frac{MSA}{MSE}=\frac{860}{232.14}=3.70$$

分子是 MSA，与它相关的自由度是 2（第 3 步）；分母是 MSE，与它相关的自由度是 57（第 5 步）。

（7）陈述结论。若 α 为 0.05，分子、分母的自由度分别是 2 和 57，从表中查得的临界 F 值大约为 3.15（见附录 C 表 C-5）。计算所得 F 值（3.70）比表中临界 F 值（3.15）大，拒绝原假设，因此我们可以说这三个平均数的差异超出了预期偶然因素可以解释的程度。

方差分析结果通常以如下方式表达：

差异来源	平方和	自由度	均方	F 统计值
实验处理	1 720（*SSA*）	2（$c-1$）	860（*MSA*）	3.70（计算值）
误差	13 232（*SSE*）	57（$n-$c）	232.14（*MSA*）	
合计	14 592（*SST*）	59（$n-1$）		

下面的“市场调研实践 16-6”提供了一个 ANOVA 的应用实例。

市场调研实践 16-6

12 枚硬币、3 家商店、2 个微生物学家和 1 个检验——ANOVA

ANOVA，即方差分析，是一项由英国统计学家罗纳 A、费雪（Ronald A. Fisher）于 1920 年发明的统计检验方法。同任职于伯明翰的阿斯通大学的英国微生物学家理查德·阿姆斯特朗（Richard Armstrong）和安东尼·希尔顿（Anthony Hilton）最近发现 ANOVA 是对复杂数据集进行统计检验的“最合适的方法”。在本例中，复杂数据集指的是从屠宰店、书报摊和三明治店收集到的硬币。

研究人员上述的场所中各随机抽取 4 枚硬币，并对这些硬币进行细菌数量分析。阿姆斯特朗和希尔顿把他们的检验程序描述为“在一个随机试验设计中进行 4 次重复的单向方差分析”。考虑到各对象间的差异，该检验程序把这些差异向下划分到各店，甚至是每家店所对应的 4 枚硬币。尽管如此，这仍只是一个单因素的方差分析实验——唯一的变量是“商店”。

接着他们又进行了一次因子分析来研究一些因素，即抹布的类型（棉布和海绵）和细菌数量转移到食物准备表面前的清洗工作，以及两个变量之间的关系。然后，他们进行了一次更为复杂的 ANOVA 研究来确定两种细菌在 10 个时间间隔的培养皿上生存的如何。ANOVA 方法使他们分辨变量间三个因子细微的交互模式（比如表面类型与细菌类别之间细微的交互），细菌数量随着时间的衰减因表面的类型产生差异，并且在相同的情况下其中一种细菌类型比其他类型在数量上衰减的要快。

每个这种调查领域都会产生数据丰富的 AVOVA 表格和信息，卫生检查员肯定能够发现现实的且及时的益处。研究人员高度称赞 ANOVA 技术，称为应用微生物学的“有力调查方法”，这是因为它能够突出单个因素的作用以及他们之间的交互作用。更好的是，在一个研究中结合不同的因素是有效的并且通常能减少复制需要的数量。

问题：

1. 你能为这些微生物学家设计出一个四因素的 ANOVA 检验法吗？
2. 这两名微生物学家把他们不同的 ANOVA 检验法应用到与食品供应有关的商店中。你觉得该如何把这种检验方法应用到牙医诊所中呢？

16.10 *p* 值及显著性检验

在本章讨论的各种检验中，我们先设立标准，即显著性水平和相应统计量的临界值，然后再将其与计算所得统计量值进行比较。如果计算所得的统计量超过临界值，那么就称被检验的结果在该水平上具有统计显著性。

然而，这种方法未说明计算所得统计量由于偶然因素引起的确切概率。计算这种概率所需的计算过程冗长，因此一般用电脑来处理，这种概率通常被称为 *p* 值。***p* 值**（*p* value）是指根据计算所得的统计量而能够满足统计（而非管理意义的）显著性要求的水平。

你可以在许多电脑统计软件包输出结果中看到如下符号：

- *p* 值
- ≤ *PROB*（概率）
- *PROB* =

这些符号用来识别可能由于偶然因素引起的假设总体参数与观察到的检验统计量之间存在巨大差距的概率。*p* 值越小，观察结果属于偶然因素（抽样误差）引起的概率越小。

表 16-6 是用电脑 *p* 值计算输出信息的一个例子。分析显示了两个独立样本均值之间差异的一个 *t* 检验。这本例中，原假设 H_0 是男性和女性之间对新沟通设备的支付意愿不存在差异（变量名称是 GENDER，数字编码 0 代表男性，1 代表女性。主题是问及他们愿意每个月为新的无线沟通服务支付多少，这种服务通过视频录像向他们进行描述。变量 ADDED PAY 是他们关于这个问题的回答）。结果显示女性愿意为新服务支付的平均为 16.82 美元，男性则为 20.04 美元。这个差异显著吗？

表 16-6 *t* 检验输出结果

基本统计	分组：GENDER（pcs. sta）						
Basic	组 1：G_1∶1						
Stats	组 2：G_2∶0						
变量	均值 G_1∶1	均值 G_2∶0	*t* 值	*df*	*p*	有效 *N* G_1∶1	有效 *N* G_2∶0
ADDED PAY	16.82 292	20.04 717	−1.32 878	200	0.185 434	96	106

计算出的 −1.328 的表明 *t* 值相对应地 *p* 值为 0.185，说明这种差异有 18.5% 的可能是由抽样误差造成的。比如说，检验的标准如果设定为 0.10（可以接受 10% 的概率来错误地拒绝 H_0），那么分析人员在这个例子中就不能拒绝 H_0。

本章小结

做出统计推断的目的在于把样本结果推广为总体特征。与差分相关的三个概念是：数学差分、管理意义上重要的差分和统计显著性。

假设是研究人员或管理者对一些需调研的总体特征做出的假定或设想。研究人员通过检验可以推断出与总体特征有关的假设是否有效。通过统计假设检验，研究人员可以计算出涉及观察值特征的概率以及得出假设结果是否为真的结论。在假设检验中，第一步应使假设具体化，然后选择合适的统计工具来检验假设，之后设定是否拒绝假设的标准。假设检验要受制于两种类型的错误，Ⅰ型错误（α 错误）出现在假设正确时，Ⅱ型错误（β 错误）则出现在假设错误时。最后，计算统计量的值，并提出概括检验结果的结论。

市场调研人员通常使用交叉表来解释不同变量间的联系。通常，调研人员应确定被调研人员、事物、分属不同类别的应答是否因偶然因素而不同。因此，在分析观察值分布于期望值分布关系时，进行“拟合优度”检验非常必要。一种常见的拟合优度检验是 χ^2 检验。

市场调研人员经常需要对总体平均数做出推断。当样本容量 $n \geqslant 30$ 且采集自正态总体时，进行平均数假设检验时最适合的是使用 Z 检验。若样本容量 $n < 30$，适合采用带有 $n-1$ 自由度的 t 检验。另外，市场调研人员对于检验不同组对营销变量反应的差异更感兴趣。另外，具有不同特征的组对与同一变量（如广告）的反应也是调研人员感兴趣的问题。在这种情况下，调研人员就要检验两种平均数间的差异。先计算 Z 值并与 Z 的临界值比较，通过比较，确定是否拒绝原假设。Z 检验也可用来检验单个或独立样本的比例假设。

当需检验三个或三个以上样本平均数差异时，方差分析是一个合适的统计工具。它通常用来进行几个独立组之间平均数差异的假设检验。它被用来检验、说明总体组件无显著差异的原假设是否成立。

复习思考题

1. 解释下述概念：数学差分、管理意义上重要的差分、统计显著性。是否存在统计上显著但缺少管理重要性呢？请解释原因。
2. 描述出假设检验的步骤。解释原假设和备择假设之间的区别。
3. 指出Ⅰ型错误和Ⅱ型错误之间的区别与联系。
4. 什么是独立样本？什么是相关样本？判断样本是否独立为何如此重要？
5. 假设你所在的学校图书馆想调查学生对周日上午（9～12 点）图书馆开馆的意见，并为此随机抽取了 1 600 名本科生（男女各半，大一至大四各 400 人）。下表显示“希望图书馆在周日上午开放”的学生的分布情况。由此可得出什么结论？

	大四	大三	大二	大一
女生	70	53	39	26
男生	30	48	31	27

6. 一家本地的汽车经销商想知道哪种促销手段能吸引最多的顾客，于是他们向每位光临陈列室并自愿试驾汽车的顾客发放奖品。经销商选择了四种方式，每周采用一种。结果如下：

周	奖励内容	共发出奖品
1	四脚合金梯凳	425
2	50 元储蓄券	610
3	本地牛排屋（4 人食量）	510
4	6 只粉红色火烈鸟 + 室外温度计	705

使用 χ^2 检验法检验这些促销方式，可得到什么结论？

7. 调研人员刚完成了一项对止痛片的调研，得到关于男性、女性分别经常购买的品牌。对下列数据进行 χ^2 检验，你可得出什么结论？

止痛片品牌	男性	女性	止痛片品牌	男性	女性
安乃近	40	55	安匹林	82	107
拜尔	60	28	伊克赛锭	72	84
百服宁	70	97	伊克赛锭 PM	15	11
Cope	14	21	Vanquigh	20	26

8. 一位儿童心理学家通过单面镜观测 8 岁儿童可以玩多久玩具医药箱。设计这种玩具的公司想确定是否应赋予玩具男性或女性导向。下表是观察所得的孩子玩玩具的时间（以分钟计）。请计算 t 值，并向公司管理层说明是否应对玩具赋予性别导向。

男孩	女孩	男孩	女孩
31	26	67	9
12	38	67	9
41	20	25	16
34	32	73	26
63	16	36	81
7	45	41	20
		15	5

9. 美洲航空公司正在考虑将哪种行李处理系统安装在波多黎各圣胡安的机场。其中一个由 Jano 系统公司制造，另一个由 Dynamic 公司生产，美洲航空已在两个小型机场分别安装了上述两系统。两个系统每月处理行李量相近。美航决定选用能将旅客等候行李时间为 20 分钟以上的情况降到最低限度的那种。分析下列数据，说明两个系统在 0.95 水平上是否存在明显差异。如果有，美洲航空应选哪一个？

等候时间 / 分钟	Jano 系统（频次）	Dynamic 系统（频次）	等候时间 / 分钟	Jano 系统（频次）	Dynamic 系统（频次）
10 ～ 11	4	10	24 ～ 25	14	4
12 ～ 13	10	8	26 ～ 27	6	13
14 ～ 15	14	14	28 ～ 29	10	8
16 ～ 17	4	20	30 ～ 31	12	6
18 ～ 19	2	12	32 ～ 33	2	8
20 ～ 21	4	6	34 ～ 35	2	8
22 ～ 23	2	12	36 及以上	2	2

10. 快餐店菜单的长度是受限制的。但麦当劳仍决定在菜单上为田园沙拉和主厨沙拉再加一种调料。他们准备试销四款风味：恺撒风味、乡村风味、绿色女神风味和俄罗斯风味。他们抽取了中北部的 200 家分店来参与本次调研，每款风味在 50 家店中试销。本次调研长达两周，每种风味售出的数量如下表所示。

作为调研人员，你应弄清不同风味之间的日销量差异是否大于偶然因素所能解释的范围。如果答案是肯定的，那么你会建议在全国各分店推广哪款新风味？

天	恺撒风味	乡村风味	绿色女神风味	俄罗斯风味
1	155	143	149	135
2	157	146	152	136
3	151	141	146	131
4	146	136	141	126
5	181	180	173	115
6	160	152	170	150
7	168	157	174	147

（续）

天	恺撒风味	乡村风味	绿色女神风味	俄罗斯风味
8	157	167	141	130
9	139	159	129	119
10	144	154	167	134
11	158	169	145	144
12	172	183	190	161
13	184	195	178	177
14	161	177	201	151

调研实例 16-1

国际客户市场细分结果

陈娜娜（Nala Chan）是斯图尔特巴金广告公司的一名广告经理。她负责国际市场客户并且刚刚浏览完最近的一项对全美前 40 市场的客户调研。该调研是 2011 年通过网络平台实施的，调研对象是调研开始之前 30 天在国际市场购物的顾客。下面的表中展示的是从国际市场销售部门选取的一些调研结果。

变　量	市场细分				
	单身	单身	已婚	已婚	已婚
	18 ~ 25 岁	26 ~ 40 岁	18 ~ 25 岁	26 ~ 40 岁	40 岁以上
当前顾客百分比①	15%	20%	27%	29%	9%
销售百分比①	10%	13%	29%	34%	14%
全球市场意识①	34%③	29%③	45%	51%④	53%④
形象指数（最高 100%）②	69%③	70%③	85%	92%④	93%④
未来 30 天光临全球市场意愿	21%③	19%③	33%	39%④	42%④
未来 30 天光临竞争市场意愿	38%④	40%④	28%	23%③	25%③
年龄低于 23 岁的平均人数	2.38	2.10	0	0	0.29
收入					
收入中间值（美元）	\$28 000③	\$39 500	\$44 430	\$56 580④	\$69 170④
收入高于 75 000 美元的比率	29%	28%	15.3%③	28%	36%
教育					
大学及大学以上教育程度比率	9%③	29%④	26%④	21%	21%
种族构成					
白种人比率	94%	92%	91%	95%	95%
黑种人比率	3%	4%	6%	2%	4%
西班牙人比率	2%	2%	2%	2%	1%
其他	4%	4%	3%	4%	2%

① 源于真实的客户数据。不适合进行显著性检验。

② 源于调研数据，经过多种方式获得，越高越好。

③ 显著低于平均数。

④ 显著高于平均数。

问题：

1. 哪个细分市场占了销售额的最大比重？
2. 哪个细分市场的全球市场意识最强？
3. 哪两个细分市场的销售占比超过 60%？
4. 哪个细分市场中全球化表现最差？解释一下这种差的表现的各个方面。
5. 根据这些结果，你能为该市场提出哪些建议。

调研实例 16-2

美国电话电报公司

马克·穆瑞（Marc Mulwray）是美国电话电报公司（AT&T）信任的市场调研负责人。马克被雇来帮助 AT&T 寻找高度竞争环境给 Verizon、Sprint 和 T-Mobile 三款手机带来的客户挑战。新的交易和价格计划，对网速的新评价和平常市场上可能出现的新设备等。

AT&T 面临的一项重大挑战就是如何保留客户，因为竞争者总在想方设法夺走客户，甚至为他们支付违背该公司合同的费用。因为现在几乎每个人都有无线电话或平板，无线设备用户的增量不断减少，保持现有客户就显得尤其重要。

马克承担着一项任务，估计出未来 6 个月内将会转向其他无线运营商的客户数量。为了解答这一问题，马克及其团队设计并实施了一项针对公司当前用户的市场调研。调研包括很多方面的内容：客户人口统计学特征、心理因素和无线使用等。但是，与客户可能转向其他各种运营商相关的最重要因素是价格和所提供的手机。调研运用邮件向受访者发送调查链接。最终有 1 200 名客户对问卷所有的问题都做出了回复。

最初的结果显示，14% 的客户可能离开。误差幅度的 2.8%，意味着在 95% 的置信水平下实际可能离开的客户比例为 11.2% ～ 16.8%。假设 AT&T 有 1 亿客户，那这一误差将导致 560 万（1 680 万 −1 120 万）的差距。公司的高级经理很关心这正负 2.8% 的误差范围，因为这意味着总共 5.6% 的误差跨度。现在必须进一步做出保留客户的预算，公司的高级经理希望得到更加确定的数字以便制订计划和计算相应的预算。

问题：

1. 在不增加样本数量的基础上，如何减小误差范围？你建议采用该方法吗？为什么？
2. 你认为公司的高级经理会对此方法的处理结果感到满意吗？
3. 如果调研了超过 1 000 名客户，其中 20% 显示他们可能离开，那误差的范围是什么？

第 17 章

Chapter17

二元变量相关和回归

□ **学习目标**

1. 理解二元变量相关分析
2. 熟悉二元变量回归分析
3. 定义相关分析

在本章中，我们将介绍几种计算二元变量关系的方法。

17.1 二元变量相关分析

在许多市场调研中，调研人员和管理者的兴趣都超出了运用前一章差分统计检验所能解决的问题。他们可能对两变量之间的相关度有兴趣。适合该类分析的统计方法被称为**二元变量法**（bivariate techniques）。若涉及两个以上的变量，采用的统计方法叫多元变量法（或多变量法）。多元变量法将在第 18 章讲述。

在分析两个变量之间的相关程度时，两个变量分别被定义为**自变量**（independent variable）和**因变量**（dependent variable）。自变量是指那些可以影响因变量结果的变量。例如，价格、广告支出或零售店数量等自变量可能被用来预测和解释某一品牌的销量或市场份额（因变量）。二元变量分析可以解决下述问题：商品的价格对销量有什么影响？家庭收入和娱乐支出两者之间存在什么关系？

必须要指出的是，在我们本章所讲述的所有分析方法中，没有一种可用于证明一个变量可以导致另一个变量的变化，它们只适用于描述变量之间统计关系的性质。

可供分析人员选择的二元变量方法有许多种。本章将详细论述适合可测量（定比或定距）数据的二元变量回归和皮尔逊积矩相关，以及适合于有序（等级）数据分析的斯皮尔曼等级相关。其他可用于分析二元变量间统计关系的统计方法还包括：两组 t 检验、交叉表或权变表中的卡方分析和两组方差的 ANOVA 分析（方差分析）。这些方法均在第 16 章中介绍过。

17.2 二元变量回归

二元变量回归分析（bivariate regression analysis）是一种适合于分析因变量与自变量两变量之间关系的统计方法。例如，调研人员想要了解销量（因变量）和广告（自变量）之间的关系。如果广告支出与销量之间的关系可以通过回归分析准确得知的话，那么调研人员就可以用生成的模型来预测不同广告支出水平下的产品销量。当一个问题涉及使用两个或多个自变量（如价格和广告）来预测因变量时，就要用到多元回归分析法（参见第 18 章）。

17.2.1 二元变量回归关系的性质

若研究自变量和因变量之间关系的性质，其中一种方法就是绘制**散点图**（scatter diagram）。因变量 Y 在纵轴上，自变量 X 在横轴上。通过观察散点图，可以得出两个变量之间是否存在直线或曲线关系。若两变量的关系呈现为直线或接近直线，那么就可以用线性回归方程分析这种关系。若图上呈现的是曲线关系，那么就要用到非线性回归分析法。此方法已经超出了本章论述范围。

图 17-1 描绘了变量 X（自变量）与 Y（因变量）之间的几种基本关系。散点图 17-1a 和 17-1b 表示 X 与 Y 是一种正比例线性关系，但图 17-1b 中的关系不如图 17-1a 中的明显。图 17-1c 说明变量 X 与 Y 是完全的反比例线性关系。例如价格与销量之间的关系：当价格上升时，销量下降；当价格下降时，销量上升。图 17-1d 和 17-1e 表明变量之间是一种非线性关系，要精确地描述它们之间的关系，最适合的方法是曲线回归方法。图 17-1f 表示 X 与 Y 之间没有任何关系。

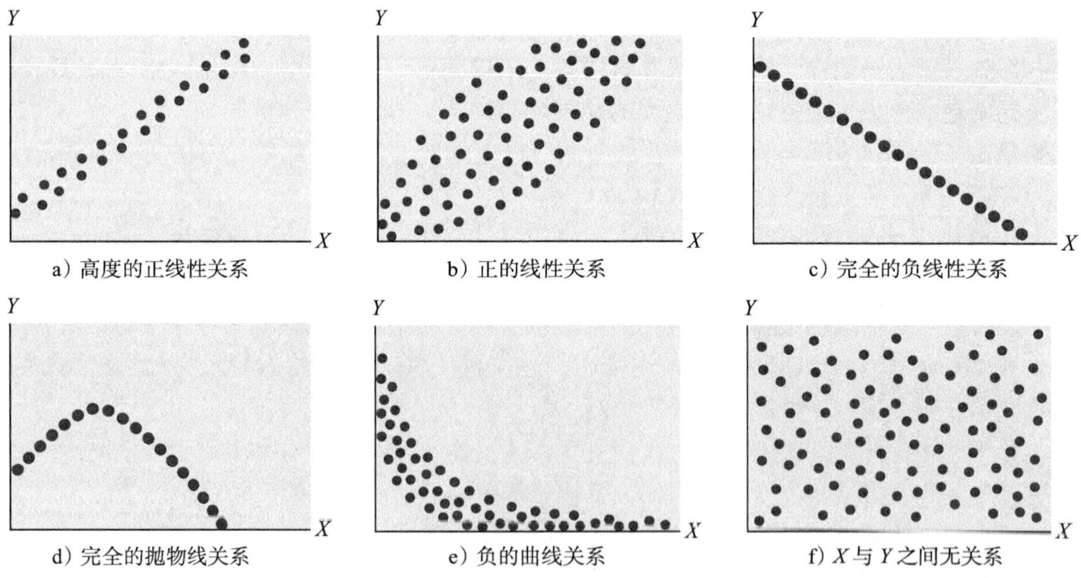

图 17-1 散点图表示的不同类型的关系

“市场调研实践 17-1”提供了一个创造性地运用回归法的案例。

市场调研实践 17-1

用回归法分析电视节目的作用

MTV 的少女妈妈（Teen Mom）节目向来争议颇多，但它已经成为保护公共健康的工具。美国国家统计局经济研究中心发布一项研究报告称，MTV 的少女妈妈（包括曾经的少女妈妈、16 岁以下的少女妈妈和孕妇）在降低青少年怀孕率上起到了很好的作用。

研究显示 MTV 上的节目对青年的行为会有积极的影响。威尔里斯学院经济学家菲利普·莱文和马里兰州大学经济学家梅丽莎·卡尼共同撰写了报告，他们称该研究结果解释了一个统计难题。1991 年以来，全美青年怀孕率以每年 2.5% 的速度在降低，但在 2009 年前后，该速度猛增到 7.5%。

莱文长期研究生殖健康经济学，他称："这种类型的数据变化很难理解。"人们通常猜测的解释是新的避孕方法和性教育导致该现象，但似乎都不太合理。经济变差有可能是其中一个因素。同时，莱文和卡尼偶然发现，美国全国预防青少年怀孕协会发布的一则公告将 16 岁以下怀孕少女计入了预防范围之内。

因此，他们对数据进行了处理，分析了尼尔森收视率和相关的节目推送及搜索。他们对照青年生日数据并做了些回归分析，他们得到的结论是：虽然经济因素也起到一定的影响，但青年怀孕率下降主要还是由该节目影响的，节目因素能解释 5.7%。

有人提出疑问：相关就一定意味着存在因果关系吗？即使不能确定其中的因果关系，也不能低估少年妈妈节目带来的影响。每周二的首映在所有电视节目中最受 12 ～ 34 岁观众的关注。那就值得一问：为什么该节目如此吸引人？

可能是那些扣人心弦的短片，也可能是电视节目的真实性。莱文在开始该研究之前并没有看过少年妈妈的节目，他原本以为节目展现的是女孩们和男友之间坦诚相待以及理性地讨论避孕。结果恰恰相反，他说："大量的节目都与冲突有关——女孩和男友、前任、父母以及自己内心的冲突。"

艾安娜·普雷斯利是一个长期致力于提高波士顿学校性教育整体水平的波士顿州议员，她说："数据显示能和信任的、无偏见的成年人讨论性爱的女孩通常会有更好的结果。"即使事实上少女怀孕率的降低与少女妈妈节目没多大关系，那节目也不会差到哪儿去。正确的做法是经常观看，并且勇敢讨论。

问题：

1. 回归分析显示少女妈妈节目对少女怀孕率产生了怎样的影响？
2. 如果有的话，回归结果告诉了我们哪些降低少女怀孕率的原因？

17.2.2　二元变量回归实例

Stop'N Go 公司最近致力于测算特殊地段车流量对坐落于该地的商店年销量的影响。为了控制其他变量，调研人员选定了 20 家商店。这些商店都有共同之处，即能显著影响商店销量的其他变量（如商店面积、停车量、周围居民点的人口统计特征等）是完全相同的。这项具体的分析是 Stop'N Go 公司致力于识别和量化影响商店销量因素的整体项目中的一部分。公司的最终目的是构建出一个模型来筛选潜在的店址，考虑实际购买情况与店铺建设，从中选择能够带来最多销售额的店址。

在确定了 20 个商店以后，Stop'N Go 公司在长达 30 天的时间内，每天到每个观测地点做车流量记录。而且，公司通过内部记录获得了这 20 家店前 12 个月的全部销售数据（见表 17-1）。

表 17-1 年销售额及平均每天车流量

商店编号（i）	平均每天的车流量 / 千辆（X_i）	年销售额 / 千美元（Y_i）	商店编号（i）	平均每天的车流量 / 千辆（X_i）	年销售额 / 千美元（Y_i）
1	62	1 121	11	35	893
2	35	766	12	27	588
3	36	701	13	55	957
4	72	1 304	14	38	703
5	41	832	15	24	497
6	39	782	16	28	657
7	49	977	17	53	1 209
8	25	503	18	55	997
9	41	773	19	33	844
10	39	839	20	29	883

最终结果数据的散点图如图 17-2 所示。根据散点图我们可以直观地看到总销售额随着每日平均车流量的增长而增长。现在我们的问题是，用什么样的方法可以更清楚地描绘两者之间的数量关系。

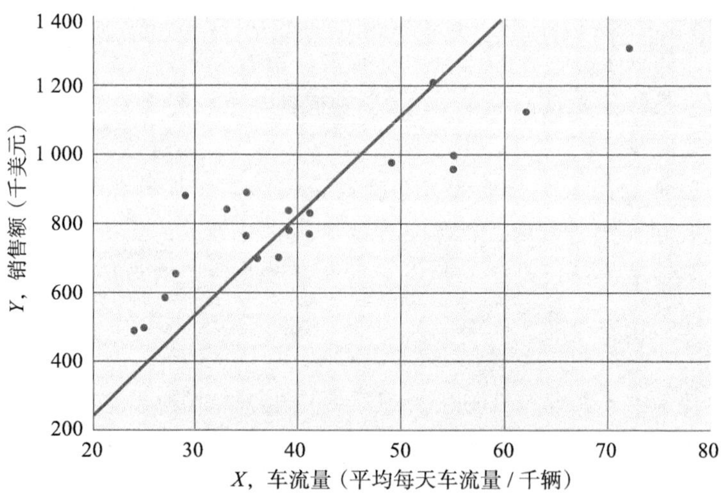

图 17-2 年销售额与车流量的散点图

1. 最小二乘估计法

最小二乘估计法（least-squares estimation procedure）是最能体现 X 与 Y 两个变量之间关系的浅显易懂的数学方法。在散点图中，没有任何一条直线可以完美地表示出每个观察结果。这表现为实际结果（散点分布）和预测结果（线所表示的值）之间不完全相符。散点图上的任何一条拟合直线都会存在误差。能够基本反映观察结果的直线可以画出许多条来，如图 17-2 所示。

最小二乘估计的结果是一条比其他线更能体现观察结果的直线。换句话说，这条直线上的离差平方和比可用于观察结果的其他任一条直线的离差平方和都小。这条直线的一般方程为 $Y=\hat{a}+\hat{b}X$ 。回归分析的估计方程式是

$$Y = \hat{a} + \hat{b}X + e$$

式中　Y——因变量，即年销售额（千美元）；

$\hat{a}$——估计值 Y 在回归直线上的截距；

$\hat{b}$——回归直线的估计斜率；

X——自变量，即日均车流量；

e——误差，即实际值和估计值之间的差额。

$\hat{a}$ 和 $\hat{b}$ 的值可以通过计算下列公式而得

$$\hat{b} = \frac{\sum X_iY_i - n\overline{X}\overline{Y}}{\sum X_i^2 - n(\overline{X})^2}$$

$$\hat{a} = \overline{Y} - \hat{b}\overline{X}$$

式中　$\overline{X}$——X 的平均值；

$\overline{Y}$——Y 的平均值；

n——样本容量（样本单位数量）。

根据表 17-2 的数据，$\hat{b}$ 的计算如下

$$\hat{b} = \frac{734\ 083 - 20(40.8)(841.3)}{36\ 526 - 20(40.8)^2} = 14.7$$

$\hat{a}$ 的计算如下

$$\hat{a} = \overline{Y} - \hat{b}\overline{X} = 841.3 - 14.72(40.8) = 240.9$$

因此，估计回归函数为

$$\hat{Y} = \hat{a} + \hat{b}X = 240.9 + 14.7(X)$$

式中，$\hat{Y}$ 是在给定 X 值情况下的估计回归函数值。

根据估计的回归方程，车流量（X）每增加 1 000 辆，年销售额将增加 14.720 美元（b 的估计值），$\hat{a}$ 的值是 240.9。从严格意义上讲，$\hat{a}$ 是当自变量 X 为 0 时因变量（Y）的估计值。

表 17-2　最小二乘估计参数的计算表

商店	X	Y	X^2	Y^2	XY
1	62	1 121	3 844	1 256 641	69 502
2	35	766	1 225	586 756	26 810
3	36	701	1 296	491 401	25 236
4	72	1 304	5 184	1 700 416	93 888
5	41	832	1 681	692 224	34 112
6	39	782	1 521	611 524	30 498
7	49	977	2 401	954 529	47 873
8	25	503	625	253 009	12 575
9	41	773	1 681	597 529	31 693
10	39	839	1 521	703 921	32 721
11	35	893	1 225	797 449	31 255
12	27	588	729	345 744	15 876
13	55	957	3 025	915 849	52 635
14	38	703	1 444	494 209	26 714

（续）

商店	X	Y	X^2	Y^2	XY
15	24	497	576	247 009	11 928
16	28	657	784	431 649	18 396
17	53	1 209	2 809	1 461 681	64 077
18	55	997	3 025	994 009	54 835
19	33	844	1 089	712 336	27 852
20	29	883	841	779 689	25 607
合计	816	16 826	36 526	15 027 574	734 083
平均值	40.8	841.3			

2. 回归线

表 17-3 显示了根据 $\hat{a}$ 和 $\hat{b}$ 计算的 Y 的预测值。此外，还显示了每一个观测值的误差（$Y-\hat{Y}$）。基于 Y 值得出的回归线如图 17-3 所示。

表 17-3　预测值和每个观测值的误差

商店	X	Y	$\hat{Y}$	$Y-\hat{Y}$	$(Y-\hat{Y})^2$	$(Y-\bar{Y})^2$
1	62	1 121	1 153.3	−32.295 1	1 043	78 232
2	35	766	755.9	10.057 16	101	5 670
3	36	701	770.7	−69.659 6	4 852	19 684
4	72	1 304	1 300.5	3.537 362	13	214 091
5	41	832	844.2	−12.243 4	150	86
6	39	782	814.8	−32.809 8	1 076	3 516
7	49	977	962.0	15.022 64	226	18 414
8	25	503	608.8	−105.775	11 188	114 447
9	41	773	844.2	−71.243 4	5 076	4 665
10	39	839	814.8	24.1901 5	585	5
11	35	893	755.9	137.057 2	18 785	2 673
12	27	588	638.2	−50.208 8	2 521	64 161
13	55	957	1 050.3	−93.277 9	8 701	13 386
14	38	703	800.1	−97.093 1	9 427	19 127
15	24	497	594.1	−97.058 6	9 420	118 542
16	28	657	652.9	4.074 415	17	33 966
17	53	1 209	1 020.8	188.155 6	35 403	135 203
18	55	997	1 050.3	−53.277 9	2 839	24 242
19	33	844	726.5	117.490 7	13 804	7
20	29	883	667.6	215.357 7	46 379	1 739
合计	816	16 826	168 26		171 605	871 860
平均值	40.8	841				

3. 相关强度的衡量：R^2

估计的回归函数描述了 X 和 Y 之间关系的性质。此外，另一个很重要的因素是变量之间的关系强度。Y 的实际值究竟与由模型得出的预测值相差多远呢？

判定系数（coefficient of determination）R^2 是衡量 X 和 Y 之间线性关系强度指标。它表示由 X 变差解释的 Y 的总变差的百分比。R^2 的值从 0 到 1。如果 X 和 Y 之间是完全的直线关系（即 Y 所有的变差均可由 X 的变差解释），那么 R^2 为 1。另一方面，如果 X 和 Y 之间，没有任何关系，则 Y 的任一变差均不能用 X 变差解释，则 R^2 为 0。

$$R^2=\frac{\text{已解释变差}}{\text{总变差}}$$

式中，已解释变差 = 总变差 − 未解释变差

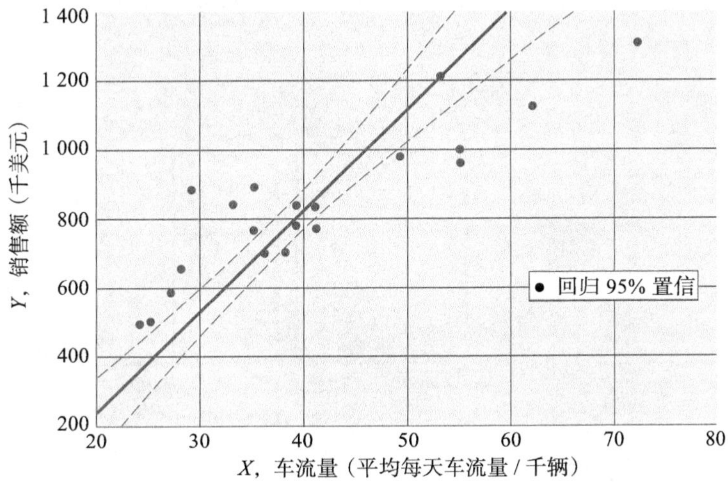

图 17-3　拟合样本数据的最小二乘回归线

Stop'N Go 公司案例数据的判定系数的计算如下 [$(Y-\hat{Y})^2$和 $(Y-\bar{Y})^2$ 的计算见表 17-3]

$$R^2=\frac{\text{总变差}-\text{未解释变差}}{\text{总变差}}=1-\frac{\text{未解释变差}}{\text{总变差}}$$

$$=1-\frac{\sum_{i=1}^{n}(Y_i-Y_i)^2}{\sum_{i=1}^{n}(Y_i-\bar{Y})^2}=1-\frac{171\ 605}{871\ 860}=0.803$$

在 Y（年销售额）变差中有 80% 能被 X（平均每天车流量）变差解释，所以在 X 和 Y 之间存在较强的线性关系。

4. 回归结果的统计显著性

在 R^2 的计算中，Y 的总变差被分为两部分

总变差 = 已解释变差 + 未解释变差

总变差是由 Y 围绕自己的平均数变化得到的，它测定的是 Y 值的变差而不考虑 X 的值。总变差或称总平方和（SST）可以表示为

$$SST=\sum_{i-1}^{n}(Y_i-\bar{Y})^2=\sum_{i=1}^{n}Y_i^2-\left(\frac{\sum_{i=1}^{n}Y_i^2}{n}\right)$$

已解释的变差或称**回归平方和**（sum of squares due to regression，SSR）可以表示为

$$SSR=\sum_{i-1}^{n}(\hat{Y}_i-\overline{Y})^2=a\sum_{i=1}^{n}Y_i+b\sum_{i=1}^{n}X_iY_i-\left(\frac{\sum_{i=1}^{n}Y_i}{n}\right)^2$$

图 17-4 显示了回归分析中各种变差的测量方法，*SSR* 表示了 Y_i（由估计回归方程预测的值）与 $\overline{Y}$（平均值）的差异。在标准回归方程里，已解释变差（*SSR*）在总变差（*SST*）中占很大比例。如果对于每一个 *X* 的取值，Y_i 恒等于 $\hat{Y}_i$，则得到完美的拟合。此时，*Y* 的所有观察值都将落在回归直线上。当然在此情况下，*SSR* 不等于 *SST*。

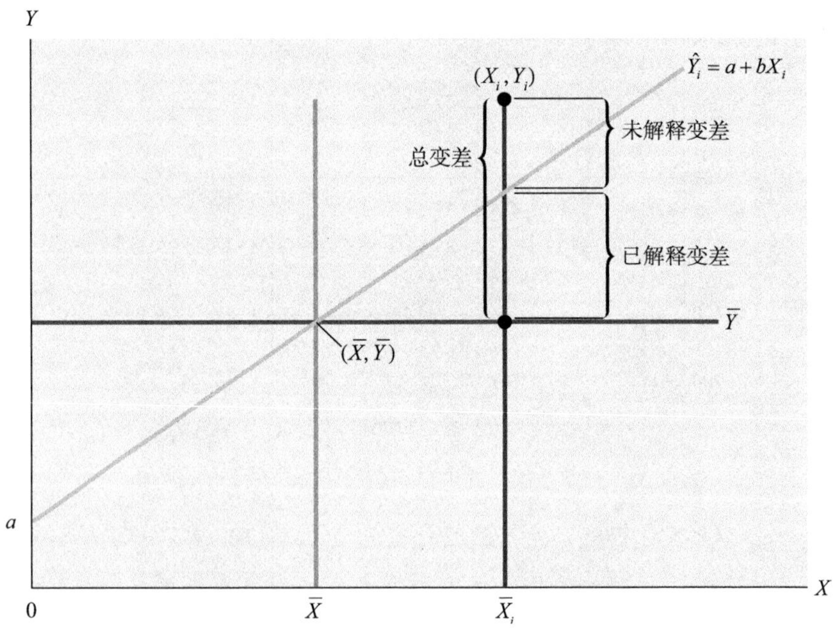

图 17-4　回归分析中各种变差的测量

未解释变差或**误差平方和**（error sum of squares，SSE）可由下式得到

$$SSE=\sum_{i=1}^{n}(Y_i-\hat{Y})^2=\sum_{i=1}^{n}Y_i^2-a\sum_{i=1}^{n}Y_i-b\sum_{i=1}^{n}X_iY_i$$

从图 17-4 可以看出，*SSE* 表示 *Y* 观测值与预测值之间的剩余变差（误差），因此剩余变差反映了数据在回归线周围分布的程度。如果这个拟合是完美的，则在回归线周围不会形成散点图，那么 *SSE* 等于零。

5. 关于总体回归的假设

这里，我们将研究对所提问题的 R^2 估计值的假设。回归模型所得结果中已解释的变差量是否相对于期望的随机变化更显著？或者是像在第 16 章讨论的各种统计检验那样，我们能在何种程度上将样本误差作为所得结果的一个解释？方差分析（*F* 检验）就是用来检验回归结果的显著性的。

方差分析表如表 17-4 所示，我们所列举例子的计算机输出结果如表 17-5 所示。总变

差和自由度在方差分析（ANOVA）表中列出，我们将利用该表的信息对 X 和 Y 的线性相关性进行显著性检验。正如前所述，F 检验的目的正在于此。我们的假设如下：

- 原假设 H_0：变量 X（每天平均车流量）与 Y（年销售额）之间无线性关系。
- 备择假设 H_a：X 和 Y 线性相关。

表 17-4　方差分析

变差来源	自由度	平方和	均方	F 统计量
回归（已解释）	1	SSR	$\frac{SSR}{1}$	$\frac{MSR}{MSE}$
剩余（未解释）	$n-2$	SSE	$\frac{SSE}{n-2}$	
合计	$n-1$	SST		

如同其他统计检验，我们必须选择 a，它是观察结果由于偶然因素发生的可能性或错误地拒绝了原假设的概率。在本例中，我们确定一个相当标准的显著性水平，a=0.05. 这意味着，若计算的 F 值超过了表中的临界值，我们错误地拒绝原假设的概率是 5%，F 值或 F 比率按下式计算（见表 17-5）。

$$F=\frac{MSR}{MSE}=\frac{700\ 255}{9\ 534}=73.5$$

表 17-5　回归分析结果

STAT. MULTIPLE REGRESS.	Regression Summary for Dependent Variable: R = .89619973 R² = .80317395 Adjusted R² = .79223917 F(1,18) = 73.451 p, .00000 Std. Error of estimate: 97.640					
N = 20	BETA	St. Err. of BETA	B	St. Err. of B	t(18)	p-level
Intercpt X	.896200	.104570	240.8566 14.7168	73.38347 1.71717	3.282164 8.570374	.004141 .000000

如果计算出的 F 值大于或等于表中临界值我们将拒绝原假设。F 比率的分子和分母的自由度分别为 1 和 18，a 值为 0.05。

在 a = 0.05，分子自由度为 1，分母自由度为 18 时，其 F 表中的临界值是 4.49（见附录 B 表 B-5）。因为计算的 F 值大于临界值，所以两个变量之间确实存在显著线性相关。这个结果与先前讨论的判定系数 R^2 一致。

6. 关于回归系数 b 的假设

最后，我们来研究回归系数 b 的假设。或许你可以回想起来，b 是当 X 变动一个单位时相应的 Y 变动的估计量，假设：

- 原假设 H_0 : b=0。
- 备择假设 H_a : $b \neq 0$。

我们应用 t 检验，从表 17-6 最后一行可以看到计算机程序得出的 t 值（8.57）和 p 值（不恰当拒绝原假设可能性为 0.000 0），见第 16 章对 p 值更具体的阐述。在给定的判断标准 a = 0.05 情况下，我们可以拒绝原假设。

市场调研实践 17-2

用回归分析法进行关键驱动因素分析

关键驱动因素分析是一个广义的概念，包含了很多分析手段。它通常包含至少一个因变量或结果变量，自变量的个数可能是一个，但通常都是多个。当一个解释变量与因变量的关系未知的时候，我们把它称作预测变量。因变量通常是管理者们试图用来提高公司绩效方法的一个指标。比如整体的满意度、忠诚度、价值和被推荐的可能性。

当进行关键驱动因素分析的时候，需要注意一个非常重要的问题：分析的目标是用来解释还是用来预测。

在分析开始之前回答这个问题不仅可以帮助选择分析方法，还可以在某种程度上帮助选择变量。如果分析的目标是用来解释的，我们就要找到一组能够解释因变量变化并且可操作的自变量。例如，研究对一个公司的整体满意度时，我们可以赋予不同的驱动满意度因素一定的分数，每个因素的得分增加就意味着整体满意度的增加。如果自变量对应的是不可操作的对象，分析的意义就不大。

如果分析的目标是用来预测的，我们就要找到能够做出预测的最好变量。与前一种分析不同的是我们不需要可操作的自变量，因为我们不打算改变因变量的值。只要给出了一个自变量的值，就能预测出一个因变量。例如，在金融服务行业很重要的一项工作就是根据客户资料推测（而不是改变）潜在客户的信誉度。

确定了分析类型之后，以下两点是在选择分析手段时需要注意的：

（1）有一个还是多个因变量？

（2）建立的关系模型是线性的，还是非线性的？

文章剩下的部分将讨论，在确切回答上述一个或两个问题的情况下适合使用的分析方法。

单个因变量

关键驱动因素分析法通常使用单个因变量模型，最常用的分析方法是多重回归——用多个自变量解释单个因变量。通常用 5 ～ 10 分的分数对诸如满意度或被推荐可能性的因变量进行总体衡量。

自变量是一些对驱动满意度因素的衡量，通常赋值的范围和因变量一样，但也可以不同。管理者关心的输出结果主要有两部分：模型的拟合优度和自变量的重要程度。

模型整体的拟合优度经常用 R^2 表示，它代表的是因变量总方差中能被自变量解释的部分。R^2 的值介于 0 ～ 1，越大说明拟合得越好。对于有关态度问题的研究，R^2 达到 0.4 ～ 0.6 就被认为拟合的好了。自变量的重要程度用系数或 beta 权重表示。变量 0.4 的权重表示，该变量变化一个单位，因变量将变化 0.4 个单位。而且，从 beta 权重中也能够知道对因变量影响最大的变量。

虽然回归模型分析法非常稳健，也被人们使用了多年，但它们也存在一些缺陷。回归分析最大的（也可能是最常见的）问题是多重共线性。当自变量之间高度相关时就会产生这一问题，这样它们对因变量的影响就被扭曲。当然有很多方法可以克服这一问题。

可以用一些类似因子分析的处理技术，从高度相关的自变量中提取因子，并将这些无关的因子作为回归分析的自变量。当然，这会使自变量的意义变得更难解释。另一种克服多重共线性的方法是在建立回归之前找到并剔除多余变量。但这种方法比较主观随意，可能导致遗漏重要变量。

问题：

1. 什么是关键驱动因素分析？回归分析在这类分析中扮演怎样的角色？
2. 怎样使用关键驱动因素结果去提升、描述客户满意度？请解释。

17.3　计量数据的相关分析：皮尔逊积矩相关

相关分析是衡量一个变量（因变量）变化和另一变量变化相联系的程度。如果分析两个变量之间的关系，这种分析被称为简单相关分析或二元**相关分析**（correlation analysis），**皮尔逊积矩相关**（Pearson's product-moment correlation）主要用于计量数据。可参见“市场调研实践 17-3”和“市场调研实践 17-5”。

在二元变量回归分析中，我们讨论了作为 X 和 Y 之间线性关系性质标准的判定系数 R^2。另一个描述性标准是相关系数 R，用来描述 X 和 Y 之间的相关联程度，由判定系数的平方根加上正负号（+ 或 −）得到

$$R=\pm\sqrt{R^2}$$

R 的取值范围从 −1（完全负相关）到 +1（完全正相关），R 越接近于 +1，X、Y 相联系程度越强，如果 R 等于 0，则 X 和 Y 之间没有联系。

如果不研究回归方程 R 值可以根据例子中的数据直接计算出来，使用下述公式

$$R=\frac{n\sum XY-(\sum X)(\sum Y)}{\sqrt{\left[n\sum X^2-(\sum X)^2\right]\left[n\sum Y^2-(\sum Y)^2\right]}}$$

$$=\frac{20(734\,083)-(816)(16\,826)}{\left[20(36\,526)-(816)^2\right]\left[20(15\,027\,574)-(16\,826)^2\right]}$$

$$=0.896$$

这个 R 值就暗示了平均每天的车流量与每年的销量之间的正相关。换句话说，连续增长的年销量与连续高增长的车流量直接相关。在“市场调研实践 17-6”中，我们将更完整地讨论二元变量回归分析和多元变量回归分析。

在“市场调研实践 17-4”中将提供另一种解释相关性的方法。

市场调研实践 17-3

重新思考皮尔逊积矩相关

在检测和复测过程中，皮尔逊积矩相关系数是衡量信度系数的最好方式吗？中国台湾台南市成功大学专家、博士、注册护士苗芬燕和李华罗（Miaofen Yen & LiHua Lo）对此表示怀疑。他们解释道：“在统计上，信度用回归方差和数据真实方差的比率大小衡量。在检测和复测过程中，统计工作者通常都用皮尔逊积矩相关系数计算信度，尤其是在护理研究上。但是，研究表明这一方法有三个局限：第一，皮尔逊积矩相关是用来检验两个变量之间关系的，不适合用来计算一个变量的两个数据集。第二，当实施了多次检测时，很

难辨别每次检测发生的变化。如果进行了三次检测，得到三个值，我们就没有办法计算同时适合这三个值的相关系数。第三，该方法还不能研究系统误差，即便得到的系数可能已经显示变量‘高度相关’。”

组内相关系数（ICC）是一种可供替代的方法，同样以处理系数得名，解决了上述三个问题。在使用ICC时，需要注意三个问题：第一，设计的研究应该关注信度而非相关性；第二，一定要采用正确的模型——单因素随机模型还是双因素随机模型；第三，一定要认真考虑研究中测度的数量。

苗芬燕和李华罗用一项有关乳房自我检查法的研究证明了ICC的能力。该研究的对象是自我检查法的感知能力和感知障碍。医生召集了10名护士，让她们在两周时间内完成两次调查，调查包含20个问题，每题5分。然后她们用ICC计算复测信度。计算得到了两个ICC系数：一个是单一测量的（这是计算ICC专门软件的一个预设参数）ICC系数（0.640），另一个是平均测量的ICC系数（0.781）。但是，研究者发现前一个系数最具实用性，因为实际上她们只进行一次检测。

得到的ICC系数（0.640）和皮尔逊积矩相关系数（0.643）很接近，但ICC系数在研究系统误差方面同样显示了它的优越性。当引入一个12分的系统误差时，两种方式得到的结果就不同了：皮尔逊积矩相关系数还是0.643，而ICC系数变成了0.554。这说明ICC系数对系统误差更敏感，也更适合在复测信度检测中使用。

问题：

1. 找几个使用皮尔逊积距相关方法衡量测试与再测试信度的例子，并评价使用ICC方法是否能够得出更好的结果。

2. 为什么皮尔逊相关不能精确地反映系统误差，ICC是如何更好地反映系统误差的？

市场调研实践 17-4

运用BDSE解释相关关系

相关系数的取值范围是 -1 ～ 1，绝对值越大，意味着变量间相关性越强。

有两种常用的方法解释相关性，但都无法使用户对解释结果有个清楚的理解。

一种方法是用相关系数计算方差解释比例，将相关系数的平方代表对整体方差的解释比例。这样，两个变量（如教育水平和收入）的相关系数是5，我们就说教育水平方差能够解释收入方差的25%。

另一种方法是相关系数的取值分类。将相关关系分为弱相关关系、中等相关关系和强相关关系。许多调研人员将小于3的划为弱相关，3 ～ 5为中等相关，大于5为强相关，这种解释方法的优点在于很好掌握。

还有一种方法是社会科学家在20世纪80年代发明的二项式效应大小显示法（BESD），它能够很好地解释相关关系结果是否重要。举个例子，如果你想预测某一客户群体的重复购买行为，调查使用客户态度指数，结果是重复购买和不重复购买的顾客各占一半。得到的相关系数是0.5，如果运用第一种方法，就说明重复购买方差中的25%能由指数方差解释。你可能会觉得该指数并不重要，只能解释方差的 25%。这可能是错误的想法，运用 BESD 能够说明原因。

首先，我们建立一个如表 17-6 所示 2×2 的矩阵。将客户态度指数分为两个水平（上一半和下一半），将客户重复购买行为也分为两个水平（重复购买还是不重复购买）。在测度之间无关的假设下，计算矩阵中的数值。这样，客户中态度指数在上一半和下一半的各占 50%，重复购买和不重复购买的也各占 50%。

表 17-6　Q 相关性的 BESD 举例

		重复购买	不重复购买
客户态度	上一半	50%	50%
指数得分	下一半	50%	50%

为了在矩阵中显示相关性，将相关系数整数部分除以 2，得到的值（0.25）加到左边上一半矩阵中，然后根据行列之和为 100% 的规则调整矩阵中其他部分的值（见表 17-7）。

表 17-7　0.5 相关性的 BESD 举例

		重复购买	不重复购买
客户态度	上一半	75%	25%
指数得分	下一半	25%	75%

BESD 告诉我们态度系数在前 75% 的客户会重复购买，后 25% 不会重复购买。这种方法的结果很容易理解，含义也很清楚。客户态度指数从低到高变化，重复购买的可能性增加到 3 倍——这是一个重要的结论。

BESD 是一种非常灵活的方法，它能用来处理任何形式的数据，只要数据的对分有意义。因此，下次解释相关关系时，别忘了使用 BESD。

问题：

1. 传统的解释相关性的两种方法是什么？请描述。
2. 什么是 BESD 方法？它能使结果变得更容易理解吗？请解释。

市场调研实践 17-5

皮尔逊积矩相关可以优化医疗统计

皮尔逊积矩相关是一种适用于分析两个数值型变量关系的统计工具。系数 r 是通过两个变量的协方差除以它们的标准变差而得来的，它可以测量两个变量的关系强度，其取值范围在 +1 ～ −1。

统计学家应该感谢英国的卡尔·皮尔逊（Karl Pearson，1857—1936）教授发明了皮尔逊计算法。1911 年，皮尔逊在英国伦敦大学创立了界上第一个应用统计学系。从那时起，很多领域的研究者，特别是医学领域的研究者，就依靠皮尔逊算法来优化数据。下面叙述的就是一个生动的例子。

人体运动实验室和布鲁塞尔国内医学研究人员组织了 427 名临床诊断患有慢性疲劳综合征（CFS）的女士和 204 名与其年龄相仿的不经常活动的女士参加心率测试项目。在她们骑固定式测功自行车的 8 ～ 12 分钟内，研究人员对她们的氧气水平、心率和其他身体参数进行监测。

研究者用皮尔逊相关研究每组两个变量之间相关性的变化（通过检验和控制的方法）。他们还用皮尔逊积矩相关识别两组间运动参数的区别，其目的是为了更好地了解两组之间的运动能力为什么不同。正如数据所示，皮尔逊算法提供了明确的相关性。

计算显示，厌氧临界值的负荷（减少氧气的摄入）的相关差异体现在：有慢性疲劳综合征的调研人员的最大心率可以达到0.37，而另一组长坐不动的调研人员的相关值达到0.70。同时计算显示，诊断患有慢性疲劳综合征的一组的最大呼吸系数与厌氧临界值的负荷正相关（$r=0.26$，$P<0.001$），与厌氧临界值时心率负相关（$r=0.15$，$P<0.01$）。在两组被调研人员中，最大呼吸系数与静息心率正相关（$r=0.17$，$P<0.02$），与厌氧临界值的负荷负相关（$r=0.24$，$P<0.002$）。

总的来说，皮尔逊积矩相关表明，心率的变化与患有慢性疲劳综合征的患者的运动能力的变化有很高的相关性。研究者表明，这是第一次如此大规模地在慢性疲劳综合征患者中评定运动能力。在皮尔逊积矩相关的支持下，研究报告证实患有慢性疲劳综合征的患者的运动能力显著降低了，其有时多达50%。

问题：

1. 解释统计操作中皮尔逊相关系数 r 可以明确显示两组间差异的原因。
2. 在该项研究中是否存在不可信的（可能偏高）r 值?

市场调研实践 17-6

综合运用二元变量相关和多元变量相关能给出最佳的描述

社会调研人员道格拉斯·柯比（Douglas Kirby）、卡琳·科伊尔（Karin Coyle）和杰弗里 B. 古尔德（Jeffrey B.Gould）曾在加利福尼亚州进行一项调查，该调查目的在于评估贫困状况和青少年早育率之间的关系。他们首先在1991～1996年有青少年登记分娩的地区中预选了1 811个地区。在样本筛选过程中，他们排除了那些不足200名年龄在15～17岁（被称为早育率）的年轻女性的地区，选取了1 192个地区作为样本。

该调研中，因变量是样本的每年平均生育人口数，自变量是从177个社会学指标中精选出来的19个人口统计学的特征变量。在这19个自变量中，有3个是描述种族的，其余16个分别代表其他因素，如教育程度、职业、社会经济地位、收入水平和住房状况等。

调研人员将青少年的早育率和19个社会学测度分别进行二元变量相关分析和回归分析。结果显示：在所有被调研人员中，指定地区的贫困家庭数量与年龄在15～17岁的青少年早育率呈高度相关。调研人员还指出，二元变量相关分析显示：家庭生活条件在贫困线以下的比例与青少年的早育率高度相关。中等家庭收入和接受公共救助的家庭数量也与早育率呈高度相关。在这4个贫困测度变量中，有3个有最大的相关系数。

但是，调研人员希望能探究更深层次关系，他们控制了家庭贫困水平的影响。所以，他们转而采用多元变量相关来分析贫困、低教育程度、就业状况和高水平就业之间的关系，他们发现这些因素对青少年的早育率也有重要的影响。多元相关显示，到目前为止，生活在贫困线上或贫困线以下的家庭数量是影响青少年早育率的最重要因素。

同样地，作为研究者和作家的克莱顿 E. 克莱默（Clayton E.Cramer）发现，二元变量相关的连续运用和后续多元变量的运用，在其《1993年布雷迪手枪暴力防制法》(又称《布雷迪法案》）的效果的研究中产生了最佳的结果。克莱默说，二元变量分析是一种很简单的操作，它可以很好地分析很多调研问题，例如机枪弹药品牌的比较，证明因素 A 的变化不能引起因素 B 的变化，或证明因素 A 影响因素 B。

但是当你处理较复杂的社会问题时，例如与犯罪和枪支控制有关的问题时，仅仅使用两个变量是无法充分地证明实际的因果关系。不同于二元变量相关分析，多元变量相关分析有助于确定一些十分精确的关系，例如 A 的 3% 增长可以引起 B 的 1% 增长。“多元变量分析是一种非常复杂的方法”，使用它的科学家会犯一些“合理的”错误，而且除科学家本人外其他人很难检测出来。但是，它的运用却产生了具有说服力的数据结果，那就是《布雷迪法案》对杀人犯罪率没有影响，克莱默说。

本章小结

二元变量分析是用于分析两个变量之间关系的一种统计方法。二元变量回归分析可以根据一个自变量的变化来预测一个因变量变化。研究自变量与因变量之间潜在关系的方法之一就是绘制散点图，如果两者之间的关系近似一条直线，那么就可以用线性回归进行分析；如果其呈曲线分布，那么就要采用曲线分析法。适用于两个变量的直线方程一般为

$$Y = a + bX$$

式中 Y——因变量；

X——自变量；

a——Y 轴截距；

b——X 轴增量引起的 Y 轴增量。

a 和 b 都是需要估计的未知参数，这种方法被称为简单线性回归分析。二元变量最小二乘回归分析是通过确定一条直线来测定变量 X 与 Y 的数学方法。这条直线应该满足：所有观察点都在这一条直线附近，其方差是所有拟合直线中最小的。

回归分析法反映了 X 和 Y 之间的关系，而调研人员还想知道两个变量之间的关联程度，这可由判定系数 R^2 来求出。判定系数 R^2 是由 X 变差解释的 Y 变量总变差的百分比，其取值在 0 ～ 1。方差分析（ANOVA）也可用于回归分析。总变差称为总平方和（SST）。已解释变差，或称为回归平方和（SSR），表示被回归方程解释的变异性。未解释变差被称为误差平方和（SSE）。

相关分析则是计算一个变量变化引起另一个变量变化的程度。相关分析能反映两个变量之间是正相关、负相关还是不相关。

复习思考题

1. 列举一个适合运用相关性分析方法的市场营销案例。
2. 一家人寿保险公司的销售经理负责测量公司销售人员的多项工作的满意度。他把满意度分数与销售人员受教育的年数进行相关分析（皮尔逊积矩相关），生成的相关系数为 0.11。根据该分析，他断定一位销售人员的工作满意度与他的教育程度几乎无关。你是否同意他的结论？请给出解释。

3. 散点图的目的是什么？
4. 解释判定系数的意义。判定系数可以反映自变量和因变量之间的什么关系？
5. 我们曾注意到，“一支美国橄榄球联合会（AFC）队赢得美国橄榄球‘超级碗’大赛时，第一季度的股市几乎在任何情况下都呈上升趋势；一支国家橄榄球联合会（NFC）队赢得超级杯大赛时，第一季的股市几乎在任何情况下都呈下降趋势”。这意味着股市的直接变化是由哪个橄榄球联合会获得超级杯引起的吗？这个例子可以说明什么？
6. 下表是在一家便民连锁店的 20 家分店中收集的数据：

第一列：每个分店的号码；

第二列：上一年的销售额（千美元）；

第三列：每天平均经过连锁店的车辆数目（根据每月的实际车流量计算）；

第四列：连锁店方圆两英里内的居住总人口（1990 年的统计数据）；

第五列：连锁店方圆两英里内家庭的平均收入（2000 年统计数据）。

分店编号	年销售额（千美元）	平均每天车流量	两英里内的人口数	该地区的平均收入
1	1 121	616 55	17 880	28 991
2	766	35 236	13 742	14 731
3	595	35 403	19 741	8 114
4	899	52 832	23 246	15 324
5	915	40 809	24 485	11 438
6	782	40 820	20 410	11 730
7	833	49 147	28 997	10 589
8	571	24 953	9 981	10 706
9	692	40 828	8 982	23 591
10	1 005	39 195	18 814	15 703
11	589	34 574	16 941	9 015
12	671	26 639	13 319	10 065
13	903	55 083	21 482	17 365
14	703	37 892	26 524	7 532
15	556	24 019	14 412	6 950
16	657	27 791	13 896	9 855
17	1 209	53 438	22 444	21 589
18	997	54 835	18 096	22 659
19	844	32 916	16 458	12 660
20	883	29 139	16 609	11 618

回答下列问题：

a. 哪三个变量是预测销售额的最好指标？请计算相关系数并回答该问题。

b. 进行下列回归分析：

- 根据销售额和平均每天交通量确立回归方程。

- 根据销售额和方圆两英里内的人口确立回归方程。

c. 解释两个回归分析的结果

7. 对以下问题做出解释：

a. Y=0.11+0.009X，Y 是送孩子上大学的可能性，X 是以千美元计算的家庭收入。
- 按照该模型，一个收入为 100 000 美元的家庭有多大可能送孩子上大学？
- 家庭收入 50 000 美元的呢？
- 家庭收入 17 500 美元的呢？
- 这些推测有一定的逻辑吗？请解释。

b. Y=0.25−0.003 9X，Y 代表去溜冰场的可能性，X 代表年龄。
- 根据该模型，一个 10 岁小孩去溜冰场的可能性有多大？
- 60 岁的老人呢？
- 40 岁的人呢？
- 这些推测有一定的逻辑吗？请解释。

8. 下列方差分析数据是根据一家玩具公司的年销售额（因变量）与年促销费用（自变量）得出的，其分子、分母的自由度分别为 1 和 19。当显著性 $a = 0.05$ 时，这两个变量的关系如何？请评论。

$$F = \frac{MSR}{MSE} = \frac{34\ 276}{4\ 721}$$

调研实例 17-1

Axcis 运动鞋

弗雷德·勒特雷尔（Fred Luttrell）是 Axcis 运动鞋公司的产品研发主管，最近他正在进行一项关于 12 款新鞋的消费者调研测试。作为测试的一部分，消费者要对 12 款新产品的质量和款式进行评分。评分范围为 1 ～ 10 分，“10”代表最好，“1”代表最差。

评价小组由 20 个消费者组成，消费者以小组形式进行评分。弗雷德认为，款式评分和质量评分之间存在一定的关系，款式获得高分数的鞋，质量也会获得高分数。12 款新鞋的评分结果如下：

运动鞋款式	款式评分	质量评分	运动鞋款式	款式评分	质量评分	运动鞋款式	款式评分	质量评分
1	9	8	5	8	7	9	8	6
2	7	7	6	5	5	10	10	9
3	6	8	7	9	7	11	6	5
4	9	9	8	7	9	12	9	10

问题：

1. 本章中的哪种统计方法更适合解释弗雷德的理论？为什么你觉得这种方法更适合？

2. 使用你选择的方法进行计算，看弗雷德的理论是否可以得到数据的支持。简述原假设和备择假设。弗雷德的理论可以得到统计上的支持吗？为什么？

第 18 章

Chapter18

多变量数据分析

□ 学习目标

1. 定义多变量数据
2. 了解多变量分析软件
3. 描述多元判别分析
4. 理解聚类分析
5. 理解因子分析

18.1 多变量分析

计算机软硬件的发展为在市场调研数据分析中使用很多高级统计方法提供了基础。这些发展也使得方便地分析大量且复杂的数据成为可能。特别地，多元变量分析方法在数据分析变革中已引起特别的关注。在“市场调研实践 18-1”中将介绍人才市场对拥有相关技能的人的高度需求。

多变量分析（multivariate analysis）这一术语是指同时对所研究的每个个人或对象的多重测量维度进行分析。某些专家认为，凡是多于两个变量的联立数据分析就叫多元变量分析。多元变量分析方法是前面章节中讨论过的一元变量和二元变量统计方法的延伸。

多元变量分析技术很多，本章将讨论其中的五种：

- 多元回归分析；
- 多元判别分析；
- 聚类分析；
- 因子分析；
- 联合分析。

市场调研实践 18-1

数据科学家：21 世纪最流行的工作

由于全世界公司数据库的高速增长，多年来市场对统计学家的需求都很高。然而，不断增加的社交媒体和移动终端带来大量的信息流是传统的数据存储和数据分析方法所不能处理的。在 2013 年 5 月，独立调查机构 SINTEF 声称：“在过去两年中，世界上数据的 90% 都被收集了。互联网公司充斥着待可分类的、有价值的数据。”例如，雅虎、谷歌、脸谱网和 eBay 公司，不得不需找新的方法捕获和处理每天接收到的大量的信息。这些信息大部分都没有固定的形式，也没有传统数据库那样的结构，因此需要新型的分析师和分析方法。这些新型分析师被称为数据科学家，因为他们要探索着分析大量不同的数据元素，很像工程师或科学家。原来是几 MB 或几 GB 的内容和数据，现在是几 TB、几 PB 甚至几 EB 的数据，包括图像、文本、视频，推特、博客，线上、线下行为和全球定位信息等。

数据科学家的关键任务之一是将这些不太好相互联系的不同数据来源结合起来。除非找到数据的模式或数据间的关系，不然这些原始数据就没有很大的作用。数据科学家需要用最先进的统计工具、开源程序和定制程序操作可得的信息。除了要掌握这些技术手段，他们还必须了解公司潜在的商业模式以区分有效关系和随机模式或巧合关系。而且，他们还需要将这些分散的数据部分整合成一个简洁明了的、具体的故事，以便公司高管能够理解并做出反应。目前大学教育还不能满足市场对这一新角色的需求，因此公司经常训练来自其他计算机、数学、经济学和生物学等学科的员工从事这一工作。性格内向、缺乏社会工作经验的人可能成为很好的数据管理者或分析者，但他们也可能因为缺少与客户或公司其他部门的人的交流技巧而错过一些重要的机会或方法。

例如，谷歌雇用数据科学家不断寻找新的方式将广告投递给最匹配的人群，以最大化广告的影响力和广告收入。如果没有认真分析，大量的数据很可能超出了模型的承载能力，导致数据间强烈的相关性无法被检测出来。然而，随着数据的爆炸性增长，发觉数据间异常的数学关系也很有价值。公司需要能够适当地解释这些异常，因此也需要最好的分析师和交流者。这些技能组合也很适合用来与银行打交道。

问题：

1. 最近你是否发现统计和数据分析被用在了一些你完全没想到的领域？它是如何被使用的？

2. 顶尖的公司发现很多高端的分析师和统计学家都有其他如经济学、数学和计算机的学科背景。你认为这些学科与数据分析有什么联系？

多数学生在初级统计学中已接触过多元回归分析，其他方法较新，他们可能对其了解不多。这些技术的概要性描述如表 18-1 所示。

表 18-1　多元变量分析方法的概要性描述

多元回归分析	能使调研人员根据一个以上的自变量来预测因变量的值
多元判别分析	能使调研人员根据两个或两个以上的自变量来预测不同组的特征
聚类分析	是用来识别组内同质而组间异质的过程
因子分析	允许分析人员通过识别数据的维度将一组变量转化成较少的因子或复合变量
联合分析	为估计消费者将不同产品特性或属性联系起来的效用提供了基础

尽管人们对多变量技术的了解仍然有限，但它们已有数十年的历史，其已在各种商务统计中得到广泛采用。例如，Fair Isaac 公司就是围绕多变量技术的商业应用而发展起来

的调研公司，其营业额达 7 000 万美元。该公司及其客户发现，这些技术能准确预测谁将按时付账、谁将延迟付账以及谁将赖账。根据这些分析，美国联邦政府用机密方式来识别逃税者。Fair Issac 公司的成功表明，多变量分析可以用来预测销售前景。下面的“市场调研实践 18-2”将介绍一系列的多元变量分析方法。

市场调研实践 18-2

11 种数据分析技术

高明的市场调研人员都知道，不同的营销问题适合用不同的分析工具。在众多工具中做出选择，调研人员必须了解每种工具的优缺点。接下来将介绍 11 种可能用到的工具。

（1）**多元回归分析**：分析一个数值型因变量和多个数值型自变量关系的分析方法。使用时必须认真考虑正态性、线性和同方差性等假设前提。该方法常用于预测。

（2）**逻辑回归**：由多个回归组成，用来评估一个二元选择出现的概率，再与预测到或观察到的情况进比较。估计不同人群做出某种选择的可能性，预测在存在替代选择的情况下消费者的行为。

（3）**判别分析法**：将观察对象根据其特征，分配到各个同性质的组里。要求数值型自变量是高度正态分布的。可以用来对人群进行分类，如购买者和非购买者。两组判别分析与逻辑回归法相似，但后者的假设前提更少。

（4）**多元方差分析（MANOVA）**：将分类自变量与数值型因变量进行对比，考虑多组因变量之间的关系。经常用在实验设计中，但不适用于样本容量太大的情况。

（5）**因素分析**：在各类相关的变量中提取出一些相互无关的因素，不存在因变量。主要包括普通因素分析和主成分分析。

（6）**聚类分析**：将大型数据样本对象按照合理的特征进行划分。并非所有的对象都能与定义的分组相匹配。主要的聚类分析法包括分层聚类分析、无分层聚类分析和两者的组合。

（7）**多维尺度分析（MDS）**：使用认知图表将消费者对商品相似度的判断转化为多个维度。该方法常在缺少比较原则的情况下使用，通常要求有观察对象四倍数量的维度。

（8）**关联分析**：通过对研究对象属性值的维数约化，得到认知图表。当评价大量属性时该方法很有效，因为它不要求个体对每个属性都做出评估。但是，当把自变量和因变量结合起来考虑时，解释起来比较困难。

（9）**联合分析**：同样因分析市场交易问题得名，衡量与产品或服务相关的特征的值。分析结果可用来预测产品偏好，估计不同方案下的市场需求量。

（10）**典型相关分析**：将自变量和因变量联系起来分析，可以是数值型自变量或非数值型分类变量。在所有多变量分析中，该方法的限制最少，假设前提也最少。

（11）**结构方程模型（SEM）**：运用多种技术（比如线性结构关系、隐变量分析和验证性因素分析等），同时检验数据集合间的多种关系。SEM 可以用来建立或检验反映自变量和一个或多个因变量因果关系的理论模型。

问题：

1. 当你选择一个多变量分析工具时，要考虑什么问题？
2. 你是否在做某个项目时发现选用的多变量分析工具不适用？你因此遇到了什么困难？

18.2　多变量分析软件

本章介绍的各类多变量技术要求的计算量是相当大的，因此要进行我们所讨论的分析需要依赖计算机及相关软件。直到 20 世纪 80 年代末，本节所涉及的绝大多数多元变量分析都是在大型机或小型机上进行的。因为当时个人计算机的计算速度、内存、存储能力等十分有限，可用的软件也不多，这些限制都成了历史。现在的个人计算机则有能力处理市场调研人员有可能遇到的任何问题，多数典型的问题在几秒钟内就可以得到解决。现在有许多 Windows 版本的多元变量分析软件，在众多面向 Windows 系统的多元变量分析软件中，SPSS 是众多最为出色软件中的一款，其在专业市场调研领域得到了最为广泛的应用。

这种软件包括数据库创建与管理模块、数据变换与处理模块、图表模块、描述性统计模块和多变量分析模块，而且其还拥有简单易用的图形界面。关于 SPSS 软件的其他信息详见 http://www.spss.com/analysis 。此外，这个网址还提供了其他一些有用的资料：

- 提供技术支持、产品信息、常见问题、各类下载以及产品回顾信息。
- 提供运用多变量分析解决企业实际问题的成功范例。
- 提供有关数据挖掘与数据仓库应用讨论的内容。

当我们讨论数据分析方法的时候，别忘了我们必须为模型收集数据。这是一项更大的挑战，将在有关银行业的“市场调研实践 18-3”中讨论。当我们涉及大数据的时候，这一挑战就更加明显。我们将介绍如何运用本章中介绍的很多分析技术，但首先我们必须收集数据并整理成我们能够使用的形式。更多有关的问题将在本章之后的部分讨论。

市场调研实践 18-3

掌握数据管理

贾德·夏尔马（Chandan Sharma）是 Verizon 解决方案公司金融服务市场部门的全球董事总经理，他说：“通过数据和分析方法推动客户购买对某些银行来说较为重要，这些机构已经开始重视培养它们自己的数据管理部门。”

“它们高度重视数据管理的作用，并且认识到在公司恰当的地方设置有关数据管理的功能相当重要，”他说，“这样它们就能轻松地以跨企业的视角了解客户。”

以 Dokota 为基地的西部大银行，苏福尔斯银行（Sioux Falls，拥有 90 亿美元资产）是完成了有关数据管理系列工作的组织之一，现在它还依靠这项成果创造的平台开发新的用户获取方式，掌握市场主动权。

罗恩·范·赞特（Ron Van Zanten）是该银行监管数据质量的副总裁，他说：“过去，我们在使用数据分析获取市场和客户的时候，为了保证那些代码可以用于不同的文件和记录而面临的最大挑战就是数据质量。”

范·赞特说，为了解决这个问题，银行从组织内部不同团队挑选人员组成了数据委员会。委员会建立了标准化的规定，这些规定被组织内不同的团队运用在和定价和账户有关的方面。这些规定现在在银行的不同系统中已经被标准化。

通过建立起信任，这项数据管理工作使得银行从职员那里得到了许多数据。范·赞特说："假设你组织里的员工看到一份报告后声称他的贷款数额不对，并且事实也确实如此的话，那么组织无论做什么都将受到质疑。"他还补充道："我们现在可以保证我们的数据和据此数据进行的工作是有效的。"

从组织内部获得数据并非易事。范·赞特的团队最近一直致力于集中银行数据库，他说："有时候让一些部门放弃它们的数据有点勉强。我们从其他数据库里拿到数据源，并把它们输入到我们自己的数据库里。这意味着有些人必须放弃对这些数据的占有，但这其实解放了我们的员工，他们不用再日复一日地做同样的报告。"

拥有了这个设计良好的数据库，银行开始着手吸引更多更优质的客户来扩充资本。该银行的分行过去经常失去一些新用户，但是现在凭借着新的数据管理，银行可以吸引客户，与客户建立更稳定的关系，并且吸引客户购买增值产品。

最近，银行从Experian处购买了人口统计数据来扩充自己的数据库，借此来寻找有潜在利益的客户，并向他们推销产品。

范·赞特说："我们建立了一个系统，以至于当一个新客户建立新账户时，我们就可以根据类似客户的选择来做出应对。如果客户选择开一张信用卡的话，我们会建议一些直接存款什么的，并吸引他们与我们建立稳定的关系。"

银行也致力于优化它们的产品价格体系，将产品的成本因素考虑在内。他说："我们考虑到资金的转移成本和操作成本，从账户中直接获得有关费用和收入的信息，然后在存贷差中保证收入。"

西部大银行（Great Western）现在能够分配数据给一些特别的客户，比如客户支票账户或小型业务客户，并能完全了解服务那些客户的成本。

18.3 多元回归分析

当调研人员的目标是调查两个及两个以上自变量（计量数据）与一个因变量（计量数据）之间的关系时，调研人员使用**多元回归分析**（multiple regression analysis）来进行分析。在某些情形中（后文将要谈到），如果记录的内容为二元变量的话，也可以引入类别变量。

多元回归分析是第17章讨论过的二元回归的延伸，它不仅适合于二维空间的直线观测分析，而且适合于多维空间的观测分析。多元回归所得结果以及相关解释基本与二元回归相似。多元回归分析的一般方程如下

$$Y = a + b_1X_1 + b_2X_2 + b_3X_3 + \cdots + b_nX_n$$

式中 Y—— 因变量；

a—— 常数项；

$b_1 \sim b_n$—— 回归系数，其表示自变量 X 每改变一个单位将引起 Y 的变化量，其取值可通过回归分析来估计；

$X_1 \sim X_n$—— 对因变量产生影响的自变量。

例如，下面的回归方程（a、b_1 和 b_2 的值已由回归分析模型估计出来了）

$$\hat{Y} = 200 + 17X_1 + 22X_2$$

式中　$\hat{Y}$—— 销售额；

X_1—— 广告费支出；

X_2—— 推销人员的数量。

此方程表明，每增加 1 名推销人员，销售额相应增加 22 单位；每增加 1 美元广告费，销售额相应增加 17 单位。

18.3.1　多元回归分析的应用

在市场调研中，多元回归分析的运用主要包括如下几方面：

- 预测各种营销组合变量对销售额或市场份额的影响。
- 预测各种人口统计因素或心理因素与消费者光顾各商场或其他服务场所的频次之间的关系。
- 确定各个因素对总体满意度的影响。
- 确定各种分类变量间的数量关系，如年龄、收入、对产品或服务的态度三个变量之间的关系。
- 确定哪个变量是某一特定产品或服务销售额的预测性变量。

上述应用的基本目的可归纳为两大类：①在给出自变量的基础上预测因变量的值；②明确自变量与因变量之间的关系。多元回归可满足其中的任何一类目标，也可同时满足这两类基本目标。

18.3.2　多元回归分析的测量

在二元回归问题的讨论中，**判定系数**（coefficient of determination）（或 R^2）被视为回归分析的一个结果。这个统计量的取值范围为 0 ～ 1，它表明总变差中由自变量解释的比例。例如，如果在某个给定的回归分析中 R^2 的值为 0.75，这说明因变量变差的 75% 可由自变量解释。

分析人员总是喜欢接近于 1 的 R^2。通常，他们将变量加入回归模型以查看变量对 R^2 值的影响。

b 值或**回归系数**（regression coefficients），指各个自变量对因变量的影响。考察各个 b 值是由偶然因素引起的概率也是恰当的。几乎所有统计软件包的输出结果都包含该概率的计算。通常，软件包要计算错误地拒绝原假设（b_n=0）的概率。

18.3.3　哑变量

某些情况下，分析人员在多元回归分析中需要使用类别自变量，如性别、婚姻状况、职业和种族。**哑变量**（dummy variables）即是以此为目的而提出的。将一个值（如女性）设定为“0”，将另一个值（如男性）设定为“1”，二分类别自变量就可转换为哑变量。对于拥有两个以上值的类别自变量，则需要稍微改进一下该方法。考虑一个关于美国种族的问题，其答案有三种可能，即非裔美国人、西班牙裔或高加索人。用哑变量对回答进行编码需要两个哑变量 X_1 和 X_2，其设定如下：

	X_1	X_2
如果是非裔美国人	1	0
如果是西班牙裔	0	1
如果是高加索人	0	0

18.3.4 应用和解释多元回归分析结果时存在的潜在问题

分析人员在应用和解释多元回归分析结果时可能会遇到一些问题，他们必须对这些问题有足够的敏感度。下面对这些问题进行了概括。

1. 共线性

多元回归分析的一个重要假设是，自变量不是彼此相关的。如果自变量彼此相关，那么预测的 Y 值将是无偏的，但 b（回归系数）的估计值将是有误差的和不稳定的。传统的观点认为，如果回归模型的目的完全是预测性的，这将不是个问题。但是，当分析的目的是确定自变量如何影响因变量时，b 值由于其**共线性**（collinearity）而有偏差将是个严重问题。

检测共线性最简便的方法是检验回归分析中每个变量间的相关矩阵。其中一个重要的规则是：找出自变量间相关系数为 0.30 或更大的自变量。如果存在如此高的相关性，那么分析人员应对各 b 值的失真进行查核。其中一个办法是：将两个或多个共线变量放在一个回归模型里进行运算，然后将它们彼此分开再进行运算。在回归模型中得到的 b 值应该与单独进行运算得到的 b 值是相似的。

解决共线性问题有多种方法，最常用的两种方法是：①如果两个变量彼此高度相关，那么其中一个变量在分析中可省略；②以某种方式（如指数形式）将相关的变量结合起来，形成一个新的复合自变量，该变量就可用于后续的回归分析中。

2. 因果关系

虽然回归分析能表现出变量间彼此是相互关联的或相互联系的，但却不能证明其**因果关系**（causation）。因果关系仅能以其他方法确定（前面章节有详细说明）。因此，要确定自变量与因变量间存在因果关系必须有逻辑性的理论性的基础。但是，即便有很强的逻辑性和统计相关性，也只是表明可能存在因果关系。

3. 系数尺度

只有在计量单位相同或数据标准化的情况下，与各自变量相联系的回归系数的大小才能直接进行比较。例如

$$\hat{Y} = 50 + 20X_1 + 20X_2$$

式中 $\hat{Y}$—— 预计的销售额；

X_1—— 广告费用（千美元）；

X_2—— 推销人员的数量。

上式似乎表明，增加 1 美元的广告费和增加 1 位推销人员对销售额的影响是相同的。

进一步考察可以看出，这是错误的。因为 X_1 和 X_2 是以不同的单位来测量的。如果我们想对各回归系数直接进行比较，则所有自变量必须以同一单位计量（如美元或千美元）或者数据必须被标准化。所谓标准化，是将数列中各数值与其平均数相减再除以数列标准差的结果，其过程可用下列公式表示

$$\frac{X_i - \bar{X}}{\sigma}$$

式中　X_i—— 数列中各自独立的数值；

$\bar{X}$—— 数列的平均值；

σ—— 数列的标准差。

4. 样本容量

相对于样本容量，自变量的个数影响着 R^2 的大小。一些重要的规则指出，观察数至少等于自变量个数的 10 ～ 15 倍。如在前例中，销售额是广告费用和推销人员数的函数，其有两个自变量，这就至少需要 20 ～ 30 个观察值。

18.4　多元判别分析

尽管**多元判别分析**（multiple discrimination analysis）与多元回归分析类似，但其也有许多不同之处。首先，在多元回归分析中，因变量必须是**可测量的**（metric）数据；在多元判别分析中，因变量在性质上属于**名义的或类别的**（nominal or categorical）。例如，因变量是一特定产品或服务的使用状态，使用该产品或服务的受访者在此变量中标“1”，而没使用的人可标“2”；自变量包括各种可测量的指标，如年龄、收入、受教育程度等。判别分析的目的是：

- 确定两个（或多个）组（如上例中的使用者和非使用者）在平均判别分方面是否存在统计显著性差异。
- 根据自变量的取值建立一个可对若干个人或客体进行分组的模型，即综合标准。通过模型分析，可判别任意个人或客体应属于哪个群体或类别。
- 确定两个组或多个组平均得分方面的差异有多少可以用自变量解释。

判别分析的一般模型为

$$Z = b_1X_1 + b_2X_2 + \cdots + b_nX_n$$

式中　Z—— 判别分；

$b_1 \sim b_n$—— 判别权数；

$X_1 \sim X_n$—— 自变量。

判别分（discriminant score）通常表示为 Z 分，它是根据公式为各个个体或客体计算得来的，这个分值是预测特定客体或个体属于哪个组的基础。判别权数也经常被称作**判别系数**（discriminant coefficient），是通过判别分析程序计算出来的。与特定自变量相联系的判别权数（或系数）的大小由公式中变量的方差结构决定。差别性大的自变量（在各组之间差异大），判别权数就大；反之，差别性小的自变量，判别权数就小。

判别分析的目的是预测类别变量。分析人员必须断定哪些变量将与某一个人或客体落

在两组（类）之一或多组（类）之一的可能性相关。从统计意义上看，分析各组差异的性质就是要找出一个自变量的线性组合（即判别函数）来表明组平均数间存在巨大的差别。在某些多元回归分析和多元判别分析都可以应用的领域，多元判别分析要更胜一筹。

判别分析的应用范围

判别分析可以回答市场调研中的许多问题。例如：

- 某品牌的购买者与非购买者之间有什么差别？
- 从人口统计及生活方式看，对某新产品具有较高购买可能性的顾客与具有较低购买可能性的顾客之间有什么区别？
- 从人口统计及生活方式看，经常光顾某一快餐店或商店的顾客与经常光顾另一家快餐店或商店的顾客之间有什么区别？
- 已经选购 HMO 保险和 PPO 保险的顾客对医疗的使用、感知和态度有什么不同？

18.5 聚类分析

聚类分析（cluster analysis）一般指的是指根据两个或多个分类变量将具有某种相似特征的个人或物体归为一类的方法和技巧，也称归类分析。其目的是把物体或人分成很多相对独立且较为固定的组，在每一组内，成员彼此之间在某方面具有极大的相似性。换句话说，在每一组内，成员之间都是很相似的，而组与组之间却具有极大的差异性。

聚类的过程

借助一定的数学方法和计算机，通过一些不同的步骤，就可以有效地对人或事物进行归类。聚类方法的例子包括 *K*- 均值聚类法、两阶段聚类法、最近邻聚类法、决策树、集成分析法、随机森林聚类法、BIRCH 和自组织映射聚类法。完成这些步骤的基本方法是相似的，但是都涉及这样一个问题：根据相对于一定的归类变量的值，来测量人或物体之间的相似程度。通常情况下，相似程度取决于测量结果之间的差异大小，我们可用图示来加以说明。例如，要对消费者进行归类，归类的标准为：每月在外吃饭的频次和每月在快餐店吃饭的频次（两个变量）。观察的结果用直角坐标系表示为图 18-1。图中每个点表示，根据这两个归类标准，某消费者应处的位置。任意两点之间的距离就表示两人的相似程度（两点越近，两人越相似）。在图中我们可以看出，消

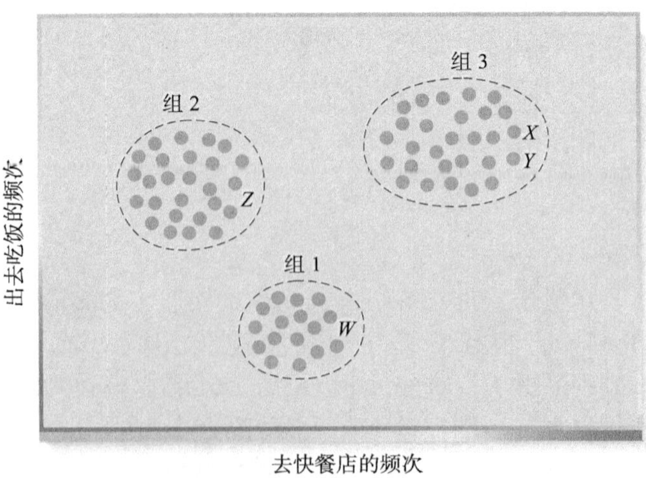

图 18-1　两个变量的聚类分析

费者 X 与消费者 Y 更相似，而与消费者 Z 和消费者 W 则相异。图中已列出三个较为明显的分类群体。

在同时考虑“出去吃饭的频次”和“去快餐店频次”这两个因素时，我们将消费者划分为三个类别小组：

组 1：这一组包括了那些既不经常出去吃饭，也不经常去快餐店的消费者。

组 2：包括了那些经常出去吃饭但不经常吃快餐的消费者。

组 3：包括了那些不但经常在外吃饭而且经常光顾快餐店的消费者。

快餐企业可以从中看出，它们应该在那些经常在外吃饭的消费者中寻找服务对象。为了进一步分析，研究人员应该再对组 3 消费者的人数、行为特点及心理倾向做进一步的总结分析。

在此例中，我们可以根据图 18-1 中点的分布进行分类 。然而，这是一种复杂烦琐、浪费时间、需要反复进行的过程。当分类的标准增加或分类对象增多时，它就会变得更加烦琐。你可以想象一下，在图 18-1 中，分类的标准只有两个，而分类对象也只有 100 人。如果分类标准增加到三个，且分类对象增加到 500 人时，又会是怎样一种局面呢？人脑恐怕很难想象得出。这时候，计算机可以帮助我们完成这项工作。它基本的方法就是，首先划定各组之间的界限，然后不断地修改界限，直到在每组内各点之间平均距离相对于组与组之间平均距离尽可能小时，才算是完成。

下面的“市场调研实践 18-4”还会更加详尽地介绍聚类分析的应用。

市场调研实践 18-4

如何用聚类分析细分市场

尽管许多可替代的统计方法在过去的数十年里不断变化，传统的 $K-$ 均值聚类分析方法仍然被公认为可靠而又有效的市场细分方法。聚类分析方法是一种比较容易获得的数据分析程序，而且能够给出除了极端情况下的令人满意的结果。

在运行聚类分析方法或者其他任何形式的有关部分前，必须首先定义哪些“基础”变量需要派上用场。细分方法需要和选择的变量一致。为了选择正确的基础变量，需要仔细浏览总体的细分目标。你想要在市场里找到的所有前景与特色都必须纳入基本变量。如果目的是为了确认新产品最好的受众，产品的偏好就需要考虑在内，连带在一起的还有人口统计数据以及客户态度，这些都可能跟客户的偏好有关。

研究的目标、过去的经历、对市场的了解、高质量的调研和可用数据的分析，可以用来确定待选的最优基本变量。除非你有非常具体的、定义准确的目标来细分市场，否则一般来说最好先设定较为宽泛的基本变量范围，然后再通过测试一步一步缩小范围。

基本变量选择完毕后，各种各样的数据处理和转换就需要准备就绪。如果根据不同的评价范围使用基本变量，你需要一些标准来防止过大数值对整个集群的影响，以及虚拟变量对数和非线性的转化，甚至需要建立复合变量来强调模型中的数据或重新调节的重要性。你需要观察潜在的基本变量的对应分布，来确保有足够的基本变量来有效地区别结果。

被设为基本变量的项目越多，那么关于主题的结果就会越多。为了防止纳入过多的基本变量，需要用有关因素的分析或者相关性的分析来选择有代表性的子集。

一旦基本变量选择完毕，运行集群分析方法就会变得比较容易。只需要输入基本变量，选择需要在你的数据里确认的集群数量就行了。然而，估计结果和确认最佳方法是一项需要反复训练的技能。你对目标理解得越透彻，你找到最好解决方法的可能性就越高。找到最好的集群是没有固定标准的。

你可以通过缩小潜在集群的方法，比如要求最小部分比例至少达到样本量的 10%。如果一个极小的部分（比如说不到样本量的 1%）一直出现在数据中，就可以考虑将它们设为异常值，并从数据中剔除。试着转换一些变量，移除一些项目，增加相关项目来加强具体特征的影响，以此来改变一些不符合预期的结果。

方差分析（ANOVA）是一种相当完美的变量分析方法。首先，使用方差分析可以确保你有足够的变量；然后，应用方差分析到相关的调研和外部数据中，以判断最终的方法是否足以区别结果的相关性。通过强调每项研究中最高和最低的项目，就可以迅速观测到最有效的项目。一旦你给那些部分赋予了具有一定意义的名字，并且那部分满足你的一般期望，那么该方法就值得考虑。

如果一个办法没有很快奏效，不要轻易放弃。多尝试几次，重新考虑你的基本变量。

18.6 因子分析

因子分析（factor analysis）的目的是使数据简单化，即减少变量的个数。其目标是从大量的测量数据（如等级评分）中总结出相对少数的简明信息，即因子。因子分析与聚类分析一样，其也没有因变量。

市场调研人员感兴趣的许多现象实质上是一些指标的组合概念，这些概念通常是通过等级评分问题来测量的。例如，要测量消费者对一种新型汽车的反应，其中一点就是测量它的“豪华程度”，而这个问题通常要通过评价汽车的“安静性”“平稳性”及“内部装潢”等指标来决定。汽车制造商想要生产一种“豪华型”汽车，但对于“豪华型”可能会有很多不同的要求和特征，而每一相关的要素都只反映“豪华”的某一侧面。

如果一个概念包含多方面的指标，那么它们可以综合在一起形成一个综合概念或计算出这个概念的平均得分。表 18-2 的资料即反映了 6 个消费者在 4 个特征方面对汽车的评价。 从中可以看出，注重汽车平稳性的消费者也倾向于关注安静性。类似的情况也存在于加速性能与操作性能。这四个指标可以被综合成两个简单的标准，即“豪华”和“性能”（见表 18-3 ）。

表 18-2 消费者对豪华汽车的评定值

受访者	平稳性	安静性	加速性能	操作性能
鲍勃	5	4	2	1
罗伊	4	3	2	1
汉克	4	3	3	2
珍妮特	5	5	2	2
珍妮	4	3	2	1
安	5	5	3	2
平均值	4.50	3.83	2.33	1.50

表 18-3　两个综合指标的平均得分

受访者	豪华	性能	受访者	豪华	性能
鲍勃	4.5	1.5	珍妮	3.5	1.5
罗伊	3.5	1.5	安	5.0	2.5
汉克	3.5	2.5	平均值	4.25	1.92
珍妮特	5.0	2.0			

从上面两个表的变化可见，最初的 4 个变量缩减为 2 个综合变量（即因子），而其中每一因子都暗含着原始变量的影响。

18.6.1　因子得分

因子分析结果可产生一个或几个因子或复合变量，**因子**（factor）的技术性定义实际就是指变量的线性组合。一个因子就是一系列相关变量的加权汇总。这与加权平均很相似，即在因子分析中要根据各个指标（变量）对每个因子变化的贡献进行加权。

进行因子分析时，要为数据组中每个受访者计算各因子得分。例如，在一个只有两因子的因子分析中，应根据下述公式计算因子得分

$$F_1 = 0.40A_1 + 0.30A_2 + 0.02A_3 + 0.05A_4$$

$$F_2 = 0.01A_1 + 0.04A_2 + 0.45A_3 + 0.37A_4$$

式中　$F_1 \sim F_n$—— 因子得分；

$A_1 \sim A_n$——“特性等级”评分。

用这些公式，我们就可以通过替代每个等式中变量 $A_1 \sim A_4$ 的评估值，计算出每个受访者的两因子得分。等式中的系数（如 0.40）是被应用到各个受访者的因子得分系数。

例如，某甲的两因子得分计算如下

$$F_1 = 0.40(5) + 0.30(4) + 0.02(2) + 0.05(1) = 3.29$$

$$F_2 = 0.01(5) + 0.04(4) + 0.45(2) + 0.37(1) = 2.38$$

在第一个等式中，对 A_1 和 A_2 而言，因子得分的系数或权数就较大（0.4 和 0.3），而 A_3，A_4 却较小。A_3，A_4 的权数较小是指这两个变量对于因子 F_1 的变化影响不大。无论受访者赋予 A_3 和 A_4 的等级评分是多少，它们对 F_1 值的影响几乎不存在。计算第二个因子得分（F_2）时，变量 A_3 和 A_4 却起很大的作用，而 A_1、A_2 却只有较小的影响。

系数的相对大小是有实际意义的。变量 A_1（0.4 的权数）较之 A_2（0.3 的权数）对因子 F_1 的变化有更大的作用。这个发现对于产品设计者来说，在他们估计不同设计变化的意义时是非常重要的。例如，产品部经理可能通过产品的重新设计和广告来提高车辆外观的档次。根据其他相关的研究，他认为花一定费用重新设计可把“平稳性”的平均得分从 4.5 提高到 4.8；同时，同样的费用也能使“安静性”的平均得分提高到 0.5。因子分析表明，要想使车辆的豪华程度得以提高，在同样的费用下，改善“安静性”比改善“平稳性”更有效。

18.6.2　因子载荷

通过检测**因子载荷**（factor loadings），我们可以测定因子起源的性质。用上述提过的

等式，针对每个受访者分别计算两个因子得分（F_1 和 F_2）。因子负荷值是通过计算每个因子得分（F_1 和 F_2）与每个初始等级变量的相关系数（−1 ～ +1）得到的。每个相关系数代表着与某一特定因子相关的变量的载荷值。如果 A_1 与因子 F_1 关系密切，那么其载荷值或相关系数就较大。这个分析结果就生成了与表 18-4 相似的结果。因为因子载荷值是相关系数，所以当其数值分别接近 +1 和 −1 时，分别表明有正的或负的相关关系。变量 A_1 和 A_2 与因子 F_1 值紧密相关（高度相关），而变量 A_3 和 A_4 与因子 F_2 值紧密相关，换句话说，变量 A_1 和 A_2 在因子 1 中有“高载荷”，并且“界定了”该因子。

表 18-4　两因子的因子载荷

变量	与因子 1 相关的系数	与因子 2 相关的系数
A_1	0.85	0.10
A_2	0.76	0.06
A_3	0.06	0.89
A_4	0.04	0.79

18.6.3　因子命名

当确定了每个因子的定义后，下一步就是给因子命名。在为因子命名时，既要有对“高负荷”变量的观察和了解，又要凭直觉来判断。通常，对某个特定因子来说，在负荷高的变量间往往存在某种一致性（或共性）。依据这个一致性就可以为因子命名，例如前面例子里就把“平稳性”和“安静性”命名为“豪华”。此外，虽然我们选择用“豪华”来命名这个因子，但当另一个研究人员看到同一个结果时，他也可能决定把这个因子命名为“高级”或别的名称。

18.6.4　因子数目的确定

在因子分析中，我们还要解决一个问题，那就是确定最后要保留多少个因子为宜。最后的结果中可以只有一个因子，也可以有和初始变量一样多的因子，这个决定通常是通过观察由每一因子说明了的原始数据总变差的百分比而得到的。

在选择要保留的因子数目方面有多个规则，其中一重要规则是：当附加一个因子而不再有意义时就不再予以保留了。最初被识别出来的因子往往能表现出逻辑上的一致性，但最后被识别出来的那些则经常会解释不通，那是因为它们包含了大量的随机变动。

18.7　联合分析

联合分析（conjoint analysis）是一种很受营销人员喜欢的多变量分析程序，它能帮助营销人员决定新产品或服务需要什么样的特征以及如何定价。人们普遍认为，联合分析大受欢迎的原因在于，它对这些重要问题进行研究时较之传统的创意测试方法更有力、更灵活且花费更小。

联合分析并不是一个完全标准化的程序。典型的联合分析包括一系列步骤，涉及许多程序，而不是单一程序（这与回归分析不同）。幸运的是，联合分析并不难懂，下面将介绍联合分析在高尔夫球案例中的应用。

18.7.1　联合分析实例

假设你是 Titleist 公司的产品经理，该公司是高尔夫球的主要制造厂商。你从最近组织的焦点小组访谈、以前的各种研究和你作为一个高尔夫球爱好者的体验得知，高尔夫爱好者主要以三个重要属性为标准来评估高尔夫球，它们分别是平均击球距离、球的平均寿命和价格。同时，你还了解到每个属性都有个可能的取值范围。

（1）平均击球距离：

- 比高尔夫球爱好者的平均水平多 10 码；
- 与高尔夫球爱好者的平均水平相当；
- 比高尔夫球爱好者的平均水平低 10 码。

（2）球的平均寿命：

- 54 个洞；
- 36 个洞；
- 18 个洞。

（3）每个球的价格：

- 2 美元；
- 2.5 美元；
- 3 美元。

潜在购买者心中理想的高尔夫球应有以下特征：

- 平均击球距离：比高尔夫球爱好者的平均水平多 10 码。
- 球的平均寿命：54 个洞。
- 每个球的价格：2 美元。

对于制造商来说，基于制造成本的考虑，理想的高尔夫球应有以下特征：

- 平均击球距离：比高尔夫球爱好者的平均水平低 10 码。
- 球的平均寿命：18 个洞。
- 每个球的价格：3 美元。

上述这些特征是根据这样的事实得出的：击球距离越短、寿命越短，制造成本越低。若按照顾客的标准改进生产，必然可以大大提高销量，但对于厂商来说却毫无利益可言。相反，若完全按照厂商心目中的理想标准改进生产的话，销量必然不高。所以，从商业的眼光来看，“最好”的高尔夫球往往是位于这两个极端的中间。

解决这一问题的传统方法也许能提供如表 18-5 所示的信息。正如你所看到的，表中所列的信息并没有提供新的关于该生产什么样高尔夫球的想法，它仅仅表明消费者所希望的击球距离是高于平均距离 10 码，寿命是 54 个洞，仅此而已，这些结果是显而易见的。

表 18-5　有关球距和寿命的传统非联合评估

平均击球距离		球的平均寿命	
等级	水平（码）	等级	水平（洞）
1	275	1	54
2	250	2	36
3	225	3	18

18.7.2　联合考虑特性

在联合分析中，我们让受访者将特性联合起来进行评估而不是单个逐项评估。将平均击球距离和平均寿命进行不同的组合，然后让两个高尔夫球爱好者对此进行评估，结果如

表 18-6 和表 18-7 所示。

表 18-6　1 号高尔夫球爱好者对击球距离和球的寿命联合排序

击球距离（码）	球的寿命（洞）		
	54	36	18
275	1	2	4
250	3	5	7
225	6	8	9

表 18-7　2 号高尔夫球爱好者对击球距离和球的寿命联合排序

击球距离（码）	球的寿命（洞）		
	54	36	18
275	1	3	6
250	2	5	8
225	4	7	9

正如所预计的，他们最愿意购买和最不愿意购买的球是相同的。可是，分析他们对球的第二至八选择会发现，第一个高尔夫球爱好者更看重球的击球距离（他宁可接受一个寿命较短但击球距离较长的球），而第二个人则更看重球的寿命（他宁愿接受一个击球距离较短但寿命较长的球）。

这类信息是联合分析能够提供的最具启发性的信息，传统分析是做不到的。这种技术能让营销人员看到潜在消费者愿意舍弃哪个特性去换取其他特性。这是我们在购买决策过程中每天都要做的事（例如，你会用相对较高的价格在某个商店购买商品，仅仅因为这个商店更便利）。

18.7.3　效用评估

下一步就三种价格水平、三个击球距离、三个寿命水平计算一系列的值，通常称为**效用**（utilities）。计算的方法是，将一个特定的价格、寿命、击球距离组合的评分相加起来，以能够预测受访者对那个特定组合的排序。1 号高尔夫球爱好者的效用估计如表 18-8 所示。正如你所看到的，这一系列的数与原始等级完全吻合。这些数字或效用之间的关系是固定的，虽然这样有些武断。换句话说，我们可以用任何参数乘或除表 18-8 所示的效用，得到相同的相对结果。

表 18-8　1 号高尔夫球爱好者的等级分类（括号中）和联合效用——击球距离和球的寿命

击球距离（码）	球的寿命（洞）		
	54	36	18
275	（1）	（2）	（4）
	150	125	100
250	（3）	（5）	（7）
	110	85	60
25	（6）	（8）	（9）
	50	25	0

估计这些效用的精确程序超出了我们所要讨论的范围。它们通常是用于回归、方差分析或线性规划有关的程序计算出来的。

1 号高尔夫球爱好者对球的寿命和价格的取舍如表 18-9 所示。这些信息可用于评估我们早先讨论过的可以与球的寿命效用相加的一系列效用。1 号高尔夫球爱好者的等级划分如表 18-10 所示。

表 18-9　1 号高尔夫球爱好者对价格和球的寿命组合的联合等级划分

价格（美元）	球的寿命（洞）		
	54	36	18
2.00	1	2	4
2.50	3	5	7
3.00	6	8	9

这一步形成了一套关于高尔夫球的三个特性在不同水平上的效用，成功地反映出了 1 号

高尔夫球爱好者对不同因素的取舍。这些效用如表 18-11 所示。

表 18-10　1 号高尔夫球爱好者的等级分类（括号中）和联合效用——球的价格和寿命

价格（美元）	球的寿命（洞）		
	54	36	18
2.00	(1)	(2)	(4)
	70	45	20
2.50	(3)	(5)	(7)
	55	30	5
3.00	(6)	(8)	(9)
	50	25	0

表 18-11　1 号高尔夫球爱好者对效用的完整评估

击球距离（码）		球的寿命（洞）		球的价格（美元）	
水平	效用	水平	效用	水平	效用
275	100	54	50	2.00	20
250	60	36	25	2.50	5
225	0	18	0	3.00	0

18.7.4　模拟购买者的选择

由于种种技术原因，公司可能出于只能生产具备三类特性的 27 种高尔夫球中的两种。这种可能性显示在表 18-12 中。如果计算出 1 号高尔夫球爱好者的效用并将其应用于我们能够生产的两种高尔夫球，那么就得到了表 18-13 中所显示的两种球的总效用。基于这种结果，我们预计 1 号高尔夫球爱好者在较长寿命和有效远距离的高尔夫球中比较喜欢前者，因为它有更高的总效用。我们只需要在高尔夫球运动者的样本中重复这一过程，就可以估测出两种球的潜在市场份额。此外，也可以将类似分析扩展到其他类型的高尔夫球。

表 18-12　模拟球的简介

属性	远距离的球	长寿命的球
击球距离	275	250
球的寿命	18	54
价格（美元）	2.50	3.00

表 18-13　两个样本的预计总效用

属性	球的距离（码）		球的价格（美元）	
	水平	效用	水平	效用
击球距离	275	100	250	60
球的寿命	18	0	54	50
价格	2.50	5	3.00	0
总效用		105		110

这里谈到的三个步骤，即收集权衡数据、利用数据估测购买者的偏好结构和预见选择，是联合分析应有的基础。虽然这里讨论的权衡矩阵方法简单易行，对于解释联合分析很有用，而且对于特性少的问题很有效，但是这种方法在今天不被广泛使用。

现在进行联合分析最普遍的方法之一是模拟购买者选择。将两个或两个以上的产品摆放在一起，并标注有关产品待分析特征的细节，然后让调研对象从各产品中挑选一个。为了反映产品的各种特征，该模拟将重复进行多次，但是无论进行了多少次都不能包含重复的调研人员。

计算机模拟时还可以根据前期回复和人群特征调整对每个受访者的模拟，在那些很可能影响产品选择的问题上多分配时间。基于菜单的联合分析能够复制消费者在超值套餐和照菜单点之间的选择。还有些计算机模拟能够让受访者在适当的约束条件下设计自己的产品，就像让消费者在线配置自己的戴尔电脑或装配自己的新车。只要设计、执行和分析进行的恰当，上述或其他方法都能够用来收集用以估计效用的信息。

前面曾提到，联合分析有许多方法。不过，如果你理解了这个简单的例子，那么也就理解了联合分析的基本思想。

18.7.5 联合分析的局限性

与其他许多调查技术一样，联合分析在一定程度上受到人为因素的影响。受访者在调查过程中可能比在真实情况下更深思熟虑，他们也可能在调查中比在实际市场环境中获得更多的产品信息。

最后还需要记住一点：任何新产品或服务的广告和促销都能够导致消费者感觉的形成，这种感觉与通过用于调查的产品描述所产生的感觉是不同的。

18.8 大数据和 Hadoop 平台

大数据是用来描述大量复杂数据集的术语。很多公司在计算机时代初期就开始收集交互信息。然而，数据规模在过去短短几年间发生了令人出乎意料的增长，并且现在需要处理的数据也很难同传统的分级数据库结构相匹配。大数据要求有全新的数据收集和数据管理方法，能够以更快的速率处理规模更大、形式更复杂的数据。大部分的大数据处理程序现在还处于开发阶段，能够使用这些工具的人才也很稀缺。

Hadoop 是一个由 Apache 基金会发布的开源分布式计算平台，通过成百上千个相互连接的计算机处理大量的信息。每个计算机各自处理一小部分数据，这样就能以与使用传统数据库结构差不多的时间完成诸如收集几十亿记录的任务。每个数据块都有多个备份，因此任何处理差错都能被另外与该数据块相联系的计算机迅速发现。谷歌和雅虎都参与了 Hadoop 平台的开发和基础技术的设计，因为它们也在探索存储和处理所收集的大量调研数据的方法。

现在，很多需要处理大数据的公司都在使用 Hadoop，比如亚马逊、eBay、脸谱网、谷歌、IBM、领英、Spotify、推特和雅虎。

18.9 预测分析

预测分析描述了一系列从数据集中提取和分析信息的方法技术。统计学、机器学习、数据库管理和计算机程序都在识别模式和转换数据信息中起作用。随着数据指数性地增长，这些工具组合在商业上的重要性与日俱增。因为公司都要在数据中寻找有效信息以提高效率。预测分析既可以运用于传统数据库，也可以运用于大数据。还可以运用于诸如计分卡使用情况的观察数据，诸如社交媒体文件的网络信息，网站跟踪数据以及一些原始调查的结果。欺诈检测、趋势分析、目标导向性营销、高频用户推测和潜在购买者鉴别等，只是预测分析的一些运用方面。

18.9.1　预测分析使用流程

1. 设置数据集

进行预测分析之前，必须设置一个与研究问题相关的目标数据集。预测分析只能用来寻找存在数据间的数据模式或关系。因此，数据集通常要足够大才能包含现实中可能存在的所有模式和关系。

以往，设置一个如此庞大的数据集需要很多的金钱和时间；现在，从客户中收集几个 TB 的信息对大部分公司来说只是日常项目，并且许多社交媒体公司也为需要的人提供了获取大量信息的途径。此外，还有许多第三方供应商为美国的家庭和公司提供了可供购买的数据信息。

2. 预处理

设置好数据集后，就要进行数据检验，对包含过多因素的观察数据、错误的数据以及遗漏的数据进行编辑和删减。可以用数据转换处理不规则数据，最小化极端值。从类似的记录中引入缺失值以及建立预测模型填补缺失信息是常用的方法。联系多个数据集合也是数据预处理的内容。

3. 建模

在建模过程中可以采用多种手段：

- **聚类**。这项工作的目的是发掘数据中具有与预设变量相关相似的集合。这些相似性并非一目了然，也不是单个变量组或很少项目量就能决定的。进行聚类时，通常需要经过大量的测试才能找到最好的方法。在本章的前面部分介绍的聚类分析，通常用来发现数据背后令人意想不到的联系。
- **分类**。一些完全可得的信息，比如人口统计信息和地理位置信息，也可以用来区分个体的关键行为（购买频率或产品偏好）。一些专有资料，比如播出的线上广告或之前销售的产品，都能够非常有效地预测将来的行为。聚类分析得到的客户划分也要考虑在模型内，以预测新客户属于那个分类。成功的模型可以用来处理那些因数据缺失而无法直接处理的新客户和新记录。
- **估计**。应当计算个体或群体的一些关键值，比如风险指数、欺诈比率、客户保留比率、客户终身价值和可能购买比率等。这些值可以根据当下拥有的有限数据预测未来结果。它们也能够用来检测个体或群体以发现客户行为的变化，尽早做出反应，防止客户流失和利润减少。

4. 验证结果

预测分析的最后一步是将预测模型算法运用到更广泛的数据集中，以验证模型发掘的数据模式。并非在前面步骤中得到的所有模式和关系都能够用到现实生活中。在验证过程中，用到的测试数据集是那些未曾用来建立预测模型算法的数据。输出的结果将和预想的结果相比较。

例如，如果要开发算法预测最可能回复邮件的人，那么开发和调试过程都要依靠过去的邮件发送数据。一旦建立了算法，将运用到那些没有用在建立算法的邮件或最近真实发送的邮件中。如果预测模型的测试结果没有达到预期的精确水平，那就需要重新浏览之前的步骤以修正模型和算法。

5. 运用结果

一旦模型建立完毕并经过验证，就能够运用到现有的或将来的客户记录中，以提高营销效率。例如，从新的销售调查中收集而来的具体信息，可以用来将个体划分到所属的市场分类中。根据他们所属的分类，就能够为其提供最适合产品，发送最有吸引力的营销信息。每项记录附带的购买期望清单能够让公司避免浪费营销费用在不太可能购买的人身上（运用预测模型），而将资源集中在那些最可能购买或最具终身价值的客户上。

下面的“市场调研实践 18-5”将介绍一个大型零售商运用预测模型的实例。在下一节中将讨论一些有关隐私方面的问题。

市场调研实践 18-5

塔吉特如何比父亲更早发现少女怀孕

你每次购物的时候，都在和零售商分享有关你的消费模式的私人信息。许多零售商都在研究这些信息，以发现你喜欢什么，需要什么，以及哪种优惠券最合你的胃口。例如，塔吉特超市就发明了一种方法，能够在你需要买尿布之前就从与你有关的数据中推测出你是否怀孕。

查尔斯·都希格（Charles Duhigg）在《纽约时报》上概述了塔吉特是如何在即将成为父母的客户还没成为婴儿用品狂热和忠实购买者之前发现他们的。他在塔吉特极度兴奋并切断一切有关客户怀孕信息之前与该公司的统计学家安德烈·波尔（Andrew Pole）进行过交谈。塔吉特为所有的客户分配了一个客户 ID，并将其与他们的信用卡、姓名及邮件地址信息相联系。它们组成了一个信息集，用来存储一切他们所购买过的物品信息以及塔吉特收集或购买的其他人口统计信息。通过这个信息集，安德烈·波尔就能观察到所有在塔吉特婴儿登记簿上签名的女士的购买数据。

他使用多种方法分析数据，就得到了有用的规律。很多人都会购买洗液，但安德烈·波尔的一名同事注意到。在婴儿登记簿上的女士大约在登记后第四个月初购买大量的无香型洗液。还有一名分析师注意到，在最初的 20 周的某个时间，孕妇会购买大量提供钙、镁和锌的产品。许多购物者还会购买肥皂和棉球，但某人一旦开始购买大量无香味肥皂和超大包棉球，以及消毒杀菌剂和毛巾，就意味着她们离分娩日期很近了。

当安德烈·波尔的计算机浏览数据时，他就能够联合分析大约 25 种产品，得到每位客户的“怀孕预测分”。更重要的是，他还能比较精确地估计出怀孕女士的分娩日期，因此塔吉特就能够根据孕妇所处的具体阶段向她们送出合适的优惠券。

举一个例子，塔吉特的一位购物者 Jenny Ward（虚构名字），23 岁，住在亚特兰大。

她在 3 月购买了 cocoa-butter 润肤乳、一个能够装下两个尿布包大小的女士手提包、补锌和镁的产品，以及一块亮蓝色的小地毯。通过分析，她是一名孕妇的可能性是 87%，并且她的分娩日期在 8 月末的某个时候。根据小地毯的颜色，也许那还是一名男孩。

因此，塔吉特就根据客户的“怀孕预测分”向她们发送婴儿用品优惠券。一个怒气冲冲的男人闯入塔吉特在明尼阿波利斯的一家实体店，要求与经理谈谈。“我的女儿在你们的邮件中收到这个，”他说，“她只是个高中生，你们就送给她婴儿衣服和婴儿床的优惠券？你们是在鼓励她怀孕吗？”

该经理完全不懂那个男人在说什么，他看了看邮件，很显然该邮件是发送给那名男士的女儿的，邮件中包含了孕妇服、幼儿家具以及微笑的婴儿图像的广告。经理当场向该男士道歉，并在几天后又打电话道歉了一次。然而，在电话中那位父亲显得有点尴尬。“我和我女儿进行过谈话，”他说，“我发现我没有完全注意到我家里发生的一些事情，她的分娩日期预计在 8 月。我需要向你道歉。”

但是塔吉特很快发现，人们对该公司提前了解她们的怀孕信息感到不满。“如果我们送给客户一些产品样本并说‘恭喜你即将拥有第一个小孩’，但其实她们并没有告诉我们她们怀孕了，有些人就会对此感到不满，”安德烈·波尔对我说，“我们一向非常服从一切隐私法律。但是即使遵守法律也不意味着不能做让人感到不自在的事。”

因此，塔吉特就变本加厉地发送优惠券。公司建立了个性化的小册子，不仅向高“怀孕预测分”的客户寄送尿布、摇铃和婴儿床的优惠券，甚至还包括睡前故事书。

“接着我们在其中混入一些明知孕妇不会购买的用品，这样婴儿用品广告就显得是随机发送的。我们同时寄出割草机和尿布广告，同时寄出酒杯和婴儿服装的优惠券。这样，所有的产品就像是随机选择的。

“我们发现，只要孕妇没有发现自己被监视，她们就会使用优惠券。她们以为同街区的其他人也收到了附带尿布和婴儿床优惠券的邮件。只要我们没有吓到她们，该方法就有效。”

因此，塔吉特对待孕妇的哲学与第一次约会的哲学相似：即使你已经在脸谱网或谷歌上完全了解了对方，也要假装只是略懂一点，以免吓坏了对方。

都希格说，塔吉特在 21 世纪前 10 年取得了巨大的成就，2002 年利润增长到 440 亿美元，到 2010 年波尔退休的时候，已经增长到 670 亿美元。在波尔的帮助下，该零售巨头垄断了幼婴用品市场，引用该公司总裁格雷格·斯坦哈费尔（Gregg Steinhafel）向投资者自夸的一句话：“专注于经营母亲和婴儿需要的产品。”

18.9.2　隐私和伦理问题

大多数人都认为预测模型是道德中立的，然而建立预测模型时数据的收集方法、获得的数据类型，可能产生一些有关隐私、合法性和伦理方面的问题。例如，为了国家安全或执法目的而进行的电话监听和网络使用监测就产生了隐私问题。

18.9.3　商业预测建模软件及运用

像甲骨文和微软等数据库提供商提供了最适用于它们的平台的工具。Hadoop 拥有大量开源的商业工具。用来预测建模的高度集成安装包也越来越多，包括：

- Angoss KnowledgeSTUDIO；
- Clarabridge；
- RapidMiner；
- SAS Enterprise Miner；
- SPSS Modeler；
- STATISTICA Data Miner。

本章小结

多变量分析是指用来对所研究的每个个人或对象的多重测量同时进行分析的一组统计过程。一些流行的多变量技术包括多元回归分析、多元判别分析、因子分析、聚类（归类）分析、知觉图和联合分析。

多元回归分析使调研人员可以根据一个以上自变量的水平来预测因变量。由多元回归分析得到的一个统计量被称为判定系数或 R^2，它的取值范围在 0 ～ 1，代表了因变量变化中由自变量变化解释的百分比。b 值，叫回归系数，指明了单个自变量对因变量的影响。

多元回归要求因变量是可测量的，而在多元判别分析中使用的因变量在性质上是类别变量。多元判别分析可以用来确定在两个或两个以上组的平均判别分是否存在统计显著性差异。这种技术可以用于建立模型，根据个人或客体在几个变量上的得分将其进行分组。最后，多元判别分析也可以进行两个或两个以上组的平均得分的差异中有多少是因为自变量引起的。判别分被称为 Z 分，是根据判别方程获得的。

聚类分析使调研人员可以识别各组群，这些组群内的个人或客体具有相似性而与其他组群有所不同。聚类分析要求所有自变量是可测量的，但对因变量则没有特殊规定。聚类分析是进行市场细分的有效工具。

因子分析的目的是使大量的数据简单化。其目标是利用少量的概括性指标（即因子）来反映在大量可测量的数据（如等级评分）中的信息。在因子分析中，没有因变量。因子分析产生出因子，每个都是一组相关变量的加权组合。每个指标都根据其对每个因子变化的贡献来加权。另外一个重要的概念是因子载荷，因子载荷是通过计算因子得分与初始输入变量间的相关系数来决定的。通过检查哪些变量对给定因子的载荷值大，研究人员可以为因子命名。

联合分析是一种用于衡量潜在消费者如何根据每种产品或服务的不同特性对不同产品和服务进行权衡的技术。这种技术允许调研人员决定各种特性在各种水平上的相对值。这些估计值被称为效用，它们可作为模拟消费者选择的基础。

预测建模综合运用统计学、机器学习、人工智能以及计算机程序识别市场数据集中的数据模式。在数据指数增长的背景下，该方法变得越来越重要。

复习思考题

1. 区别多元判别分析和聚类分析，并举几个运用两类分析的实例。
2. 多元回归的目的是什么？举一个在市场调研中应用多元回归的例子。如何判断多元回归的效果？

3. 什么是哑变量？举例说明。
4. 描述一下多元回归中与共线性有关的潜在问题。如何测试共线性？如果共线性是一个问题，调研人员该怎么办？
5. 一名销售经理检查了年龄、教育程度、反映内向或外向的性格水平，即由公司 120 人组成的销售队伍实现的销售水平。分析数据后，销售经理说："有一点是很清楚的，一位推销员，教育水平越高、外向程度越大，个人销售水平就越高。换句话说，良好的教育和外向的性格能够使一个人销售更多。"你是否同意销售经理的结论？为什么？
6. 产生的因子和由因子分析的得来的因子载荷都是数学框架。调研人员的任务是要说明这些因子是什么。

下表列出了从一项对有线电视观众调研中得出的四个因子。请给这四个因子命名，并说明原因。

因子 1	我不喜欢有线电视的电影频道一次又一次地重复播放电影	0.79
	有线电视电影频道应延长电影重播之间的时间	0.75
	我想有线电影频道总在重复播放东西	0.73
	过不多长时间，你就会看到所有付费电影，那么为什么还要有线服务	0.53
因子 2	我爱看爱情故事	0.76
	我喜欢感动人的电视节目	0.73
	有时候看电视我会哭	0.65
	我喜欢看为电视制作的电影	0.54
因子 3	喜欢电视的宗教节目（负相关）	−0.76
	我不认为电视福音传教主义是好的	0.75
	我不喜欢宗教节目	0.61
因子 4	我宁愿在家看电视也不愿去看电影	0.63
	我喜欢有线电视，因为这样不必出去看电影	0.55
	我更喜欢有线电视电影，因为去电影院太贵了	0.46

7. 下面是一个判别分析表。数据有关有线电视用户、从前的有线电视用户、从未使用过有线电视的人，以及他们对各种态度问题的反应。看一下不同的判别权数，对于三个组你有什么看法？

		判别权数		
		使用者	以前的使用者	从不使用者
使用者				
A19	懒散的维修	−0.40		
A18	无修理服务	−0.34		
A7	故障的抱怨者	+0.30		
A5	可选的过多	−0.27		
A13	反对体育者	−0.24		
A10	反对宗教者	+0.17		

（续）

		判别权数		
		使用者	以前的使用者	从不使用者
以前的使用者				
A4	对重复性节目厌倦		+0.22	
A18	无修理服务		+0.19	
H12	玩扑克和下棋的人		+0.18	
H1	自命不凡的人		−0.18	
H3	喜欢聚会的人		+0.15	
A9	更喜欢看录像的人		+0.16	
从不使用者				
A7	故障的抱怨者			−0.29
A19	懒散的维修			+0.26
A5	选择过多			+0.23
A13	反对体育者			+0.21
A10	反对宗教者			−0.19

8. 下表显示了两个因变量的回归系数：第一个因变量是消费者为有线电视花费的意愿，自变量是对有关态度陈述的反应；第二个因变量是从不允许家中有有线电视的人。通过考察回归系数，你对愿意为有线电视花钱的人和那些不允许家里有有线电视的人有什么看法？

	回归系数		回归系数
愿意为有线电视花钱	−3.04	**对重复节目厌倦**	
懒散的维修	2.81	从不允许家中有有线电视	0.37
有线电影的观看者	2.73	反对体育运动者	0.47
喜剧观看者	−2.62	反对性内容	0.88
早睡的人	2.25	可选择的过多	
故障抱怨者	2.18		
失恋者	−2.06		

调研实例 18-1

比萨快客的满意度调研

问题

比萨快客（Pizza Quik）是一家区域性比萨连锁店，其在美国中西部的 7 个州都有分店。比萨快客引入了全面质量管理制度。作为这种制度的一部分，公司承诺提供以市场为导向的高质量产品。因此，比萨快客要进行一项市场调研来解决两个问题：第一，顾客是怎样定义质量的；第二，顾客对于质量有着怎样的期待。

调研目标

这次调研的目标是：

- 识别影响消费者满意度的关键因素。

- 根据关键因素来衡量目前的消费者满意度。
- 确定影响消费者整体满意度的不同关键因素的相对重要性。
- 提供管理上的建议，指明公司的努力方向。

调研方法

第一个调研目标可以用定性分析的方法来实现。几个调研小组与消费者进行沟通，从而确定比萨快客的产品和服务的哪些属性对消费者而言是最重要的。在以上研究的基础上，下列属性被识别出来：

- 食物的整体质量。
- 菜单的多样性。
- 比萨快客的员工服务态度。
- 性价比。
- 服务的速度。

在调研的第二个阶段，调研人员对 1 200 个随机选取的在过去 30 天内曾在比萨快客购买比萨或就餐（在餐厅就餐或外卖）的顾客进行了电话访谈。调研中得到的关键信息如下：

- 对比萨快客整体满意度的评分（满分为 10 分，“1” 表示特别不满意，“10” 表示特别满意）。
- 对比萨快客在定性研究中识别的 5 个满意度关键因素的评分（参考整体满意度的评分规则）。
- 人口特征。

结果和分析

这次调研采用外延交叉列表法（extensive cross tabulations）和其他传统的统计分析方法。分析的关键步骤是：以整体满意度为因变量，以受访者对产品与服务关键属性的满意程度为预测变量，建立一个回归模型。分析结果如下

$$S = 0.48X_1 + 0.13X_2 + 0.27X_3 + 0.42X_4 + 0.57X_5$$

式中　S——整体满意度的评分；

X_1——食品质量的评分；

X_2——菜单多样性的评分；

X_3——员工服务态度的评分；

X_4——价值的评分；

X_5——服务速度的评分。

整体满意度和 5 个关键属性的平均评分（以 10 分为满分）如下：

$$S = 7.3$$

$$X_1 = 6.8$$

$$X_2 = 7.7$$

$$X_3 = 8.4$$

$$X_4 = 6.9$$

$$X_5 = 8.2$$

回归系数显示了决定整体满意度的不同属性相对重要程度的估计值。结果显示 X_5（服务速度的评分）是驱动整体满意度的最重要的因素。结果表明，服务速度评分每提升一个单位，平均满意度就会提高 0.57。例如，现在服务速度的平均评分是 8.2，如果提高服务速度，将这项评分提高到 9.2，那么平均满意度的评分会提高到 7.87。根据回归分析的结果，X_1（价值的评分）对整体满意度的影响仅次于服务速度。从另一方面看，在对整体满意度的作用上，X_2（菜单多样性的评分）是最不重要的，X_3（员工服务态度的评分）在重要性排序中位于中游。

经营表现评分提供了一种不同的格局。根据平均评分的结果，顾客认为比萨快客在 X_3（员工服务态度的评分）方面做得最好，而在 X_1（食品质量的评分）方面做得最差。

问题：

1. 在矩阵中标注重要性和经营表现的评分。一个坐标轴代表重要性（从低到高），另一个坐标轴代表经营表现（从低到高）。
2. 你认为应对哪个象限投入最多的关注？为什么？
3. 你认为应对哪个象限投入最少的关注？为什么？
4. 根据你的分析，你会建议这家公司在哪个方面投入更多的努力？是什么逻辑支持着你的建议？

调研实例 18-2

Gibson 公司对预测分析法的应用

Gibson 家庭折扣中心在得克萨斯州和俄克拉何马州的大约 100 个地点经营中型折扣店。正如它的名字所表达的，该折扣店面向那些寻找优惠和折扣的购物者。它经营各种各样的商品，几乎包含所有你在沃尔玛能看到的东西。但它不像 7-Eleven 那样，附带经营一些食品杂货。它尤其注重销售过季的成衣制品。在过去 5 年中，Gibson 在稳步扩大它的市场。

在广告助理的建议下，Gibson 最近购买了目标区域的家庭清单，其中包含的家庭数目超过 100 万。清单包含了所有家庭成员的名字、地址和其他由 Acxiom 公司收集的信息，信息中还包含了每个家庭对一些调查问题的回复。该调查是在购物中心进行的，通过网络小组成员得到邮件地址并发出调查邀请。

Gibson 仍然非常依靠于每周向目标区域的家庭发送邮件通知。该地区只有不到 200 万个家庭，因此购买的家庭清单已经包含了一半的家庭。随着时间的推移，Gibson 很有希望收集到剩下那 100 万个家庭的相同信息。然而，该公司想用现有的清单去提高营销效率，尤其是提高成衣制品的销量。正如上面提到的，与经营的其他商品相比，成衣制品一般是滞后销售。

Gibson 公司的经理注意到越来越多的机构在使用预测分析，他相信使用这些工具能够提高公司成衣制品及其他商品的销量。为此，Gibson 最近雇用了一个名叫戴维的年轻人，他之前在塔吉特当预测分析师。在加入塔吉特之前，戴维从美国西北大学毕业，并获得预测分析学硕士学位。

他为 Gibson 完成的第一项工作就是通过网络平台随机选择了目标地区的 3 218 个家庭进行市场细分研究。通过人口统计变量、行为变量、态度变量和其他变量识别出 6 种市场类别。研究过程中用到了聚类分析。为了得到能够最好描述每个市场类别的名字，他观察了每个类别的具体特征。下表提供了 6 种市场类别的一些摘要项：

项　目	网购者	专卖店顾客	购物狂	热爱高端品牌顾客	节约型顾客	打折老手
总共数量（3 218）	349	599	253	445	742	830
占比（%）	11	19	8	14	23	26
服装花费比率（%）	7	19	11	11	19	18
平均年龄（岁）	32.3	39.7	36.7	42.3	41.5	41.9
平均收入（千美元）	113	125	103	128	103	77
服装平均花费（美元）	1 220	1 613	1 842	1 323	1 270	1 118
选择 Gibson 品牌整体比率（%）	22	13	18	9	39	44

通过观察 6 种分类，戴维认为节约型顾客和打折老手是最好的目标群体。他将结果向经理层展示，经过一番激烈的讨论，经理接受了该项建议。

在讨论阶段，管理层中一部分人认为每个家庭都可能是潜在客户，另一部分人则认为要专注于那些最可能是他们客户的人。接受了戴维的建议后，管理层让戴维分析清单中的 100 万个家庭，并将每个家庭划分为两组：一组为节约型顾客加打折老手（第一组）；另一组是 6 种分类中的其他类别（第二组）。

潜在的经济影响是巨大的。例如，在我们的调查数据中，估计只有 42% 的家庭属于目标分类。如果这项估计是对的，那么只有 420 000 的家庭是我们的目标，另外 580 000 则不是。仅仅就邮件通知来说，减少 580 000 份每年可以节省 22 620 000 美元（52 周 × 580 000 份 × 每份 0.75 美元的印刷费、邮寄费和处理费）。

整体的研究设计包括市场细分和将该分类结果运用到 Gibson 的 100 万份家庭名单中。过程如下：

- 进行市场细分研究，将市场划分为上述几个分类。
- 将 Acxiom 公司那 100 万份家庭数据添加到市场划分调研受访者的数据上。主要是受访者的地址信息。
- 将市场分类作为因变量，附加的家庭数据作为预测变量，对它们进行市场分类预测。这样不需要对那些家庭进行有关市场划分的提问就能预测 100 万份数据的市场分类信息。
- 目的就是预测人们是否属于下面两种分类之一：节约型顾客加打折老手（第一组）或其他类别（第二组）。戴维选择用多元判别分析来完成这项工作。结果如右表所示：
- 估计多元判别分析模型的预测能力。估计结果见下页的表格。整体上有将近 79% 的数据得到了准确预测，因此可以认为该模型的预测能力很强。

标准判别函数系数

变　量	函数
	1
低于 10 名购买者的高端品牌	0.934
上一年度休闲旅行花费	−0.063
价格的重要程度（1 ～ 10 分）	0.086
待业在家或家庭主妇	0.070
低端产品花费	0.163

分类结果[①, ②, ③]

分类			预测的分组		合计
			1.00	2.00	
原始数据	合计	1.00	1 063	284	1 347
		2.00	405	1 466	1 871
	%	1.00	78.9	21.1	100.0
		2.00	21.6	78.4	100.0

①原始数据的 78.9% 得到了正确的分类。

②模型用到了交叉检验的方法。

③ 78.4% 的交叉检验分组情况得到正确的分类。

- 将模型运用到那 100 万份家庭数据库中，预测它们属于哪一种市场分类，并集中精力致力于第一组人群的营销。

问题：

1. Acxiom 的数据在整个分析过程中起到什么作用？如果没有这些数据有可能运用这项分析结果吗？为什么？

2. 如果你想要联系全部的节约型顾客和打折老手，你要向那 100 万份家庭清单中的哪些发送邮件？

3. 上述案例介绍的方法存在什么缺陷？优缺点各有哪些？

附录 18A

市场调研在组织和伦理问题中的角色

贯穿企业组织的市场调研

（1）在今天的商业界，数据解释的问题并没有完全解决。有些人必须关注数据来搞清它们的含义，这通常是由市场调研人员做的。但调研结果影响工程、财务和生产运营时，这三方面的人员应解释所有的市场调研数据。你对这种情形有些什么不同看法吗？

（2）通过对一个大型电力公共事业部门所做的市场调研发现：对修理人员能力的信赖是顾客对电力部门满意与否的首要决定因素。基于这些发现，这个部门启动了一场较大规模颂扬电力部门维修人员英雄事迹的广告攻势，修理人员讨厌这种广告攻势，他们知道自己不能像广告中那样达到顾客的期望。那么应该采取什么样的做法呢？

（3）当市场调研被用于战略规划时，它经常在决定外部环境中的长期机遇和危机时起重要的作用。危机可能来自竞争对手的可察觉到的未来行动、新的竞争者、政府的政策、顾客品位的改变或其他各种来源。管理者的战略决策将决定公司的长期获利性，甚至可能决定企业的生存。大多数高层管理者不是市场调研人员或统计人员，因此他们需要知道他们应给予数据多大的信赖。换句话说，当市场调研人员提供统计结果、结论和建议时，他们必须理解高层管理者对于意义含糊不清和不精确的容忍度。为什么？这种理解对市场调研人员提供给管理者的资料有多大影响？ 在什么情况下，高层管理者的容忍程度能改变呢？

伦理困境：市场调研中的品牌化黑匣子

市场调研在 20 世纪 80 年代中期进入了品牌化阶段，在 20 世纪 90 年代得到快速发展，并延续至今。访问几乎任何一个大型市场调研公司的网站，你都会看到一系列有品牌的调研产品。这些产品涉及从市场细分到顾客价值分析的方方面面，它们都带有一个小型的标志 SM、TM 或 ®。这里有一些例子：MARC 调研公司的 Designor SM、美国市场事实调研公司的品牌愿景 ®、美国马瑞兹调研公司的 80/203® 公关经理调研法和美国整体研究公司的 TRBC TM（一种规模偏差修正算法）。

这些产品有一个共同点，那就是它们都被注册过。这意味着这些公司不会公开这些方法的具体实施步骤，这就是为什么它们被轻蔑地看成黑匣子。被称为黑匣子的方法都是注册过的——公司因此可以保护产品的研发投入（黑匣子和品牌名称不是同义词，几乎所有被注册的方法都有一个清晰的品牌名称，但是也有些具有品牌的方法并没有注册）。如果顾客在某种方法中得到了附加价值，服务的提供商便可以收取额外服务费。

至少有两个因素推动了品牌化的潮流：第一，竞争压力迫使组织寻找提供差异化产品的新方法；第二，很多大型的调研机构都向公众发行了股票，这些公司每个季度都承受着增加销售额和利润的持续性压力。其中一种方法就是提高服务的售价。如果一家公司有一个对市场细分情况进行调研的已注册方法，它很可能相对于那些使用常用软件，如 SPSS 或 SAS，进行调研的公司收取更多的费用。具有讽刺意义的是，也许有些黑匣子就是一些极其标准化的软件，如 SPSS 和 SAS。但是，如果它们的拥有者不公开它们的使用方法和其中包含的技术，那么这些方法将会一直是黑匣子。

问题：

1. 使用品牌化的黑匣子模型是否是不道德的？

2. 是否应该强迫市场调研服务提供商向顾客解释调研模型的运行原理？

3. 法律是否应该要求市场调研公司对其调研方法进行效度和信度测试，以证明它们的方法比那些没有注册过的方法更好？

第 19 章

Chapter19

沟通调研成果

□ 学习目标

1. 了解调研报告的基本目的
2. 学习如何组织和准备一份调研报告
3. 全面了解如何解释和展示市场调研结果
4. 学习如何进行个人汇报

调研报告是所有研究努力的收尾之笔，在传播关键发现及其影响上至关重要，本章带你解决这个问题。

19.1 调研报告

调研目的、基于调研做出的决策和分析，以及报告应该被用于指导调研的设计和执行。对于基于调研的项目，尤其是问卷设计应该时常参考调研目标。现在我们有了数据，它们已经被制成了交叉列表，并且进行了统计测试和大量的统计分析，调研人员及其团队筛选了所有的信息，并将这些信息与最初的目标以及和这些目标有关的决策结合起来。这些过程可以持续进行下去，但是时间表上的截止日期推动进程的结束，通常比我们希望的要快。

调研人员掌握了大量的信息——大量的交叉列表和统计分析、成堆的笔记，以及其他信息。他们面临的挑战是：如何以连贯的报告形式打包所有的这些信息，高效、有效地传播关键发现，以及基于这些发现做出的决策。我们常常把这个过程视为讲故事的过程。在开始讲故事之前，你必须要有一个好的构思——故事的结局。所有的分析都是为了得出结论。一旦你知道或者确定了你想要得出的重点，详细制定出你需要什么来和读者进行沟通，以使他们得出相同的结论变得相对简单。

调研公司有统一的报告风格很重要。所有的分析师风格一致，这样即使只是瞟了一眼报告，也能知道是哪家特定公司做的。说了这么多，我们必须承认，当客户有自己的报告标准时，有时候需要运用不同的方法，而不是运用上述推荐的方法。在一些情况下，客户甚至要求调研供应商根据客户风格的 PPT 模板制做报告。下列的“市场调研实例 19-1”告诉你们如何写出好报告的小窍门。

市场调研实例 19-1

如何写调研报告

这种事频繁发生——作为一名市场调研人员，你为获取富有洞见的数据而通宵达旦，但最后让你震惊的是，你的调研报告最终却以失败告终。

是什么出了问题？很可能是你展示调研结果的方式出了问题。以数据为导向的报告写作方式，要么会造成报告干枯乏味，要么导致客户无法发现掩埋在诸多数据之下的干货。

下一次你打开微软 Word 之前，先学学如何从头到尾吸引住顾客。

写之前想一想

开始之前，撰写之时以及做最后修改时，这三件事应该作为重中之重：熟悉你的读者、熟悉你的数据和你做调研时的背景。

位于纽约的北美 Gfk 客户调研公司副总裁奥利 · 马拉凡金（Orly Maravankin）说，如果研究者提前与公司领导人或客户沟通，弄清楚他们的商业目的，会对研究者有很大帮助，这会帮助你弄清楚你要在研究报告中实现什么。除此之外，可以读一读你公司或客户公司的年报，了解一下与你调研有关的文化与社会趋势，发掘数据所支持的商业认知。

万事达公司（MasterCard）信息与企划部门高级负责人弗莱德 · 约翰说："首先，你得要弄清楚你真正需要说的是什么。你想要你的客户带着哪些基本知识离开？"通常而言，读报告的人要的不是数据而是对未来业务发展需采取步骤的认识。他说，关键在于不要简单地汇报你发现了什么。

讲故事

美国密苏里州芬顿的马瑞兹调研公司（Maritz Research）的首席汇报员艾德 · 斯托林斯（Ed Stalling）常常把时间分成两部分：回顾公司的调研报告和改善员工的写作技巧和概念。他表示，在准备写报告时，要先找到组织和提炼想法的方式，比如画板和可视框架纲要，纲要会使调研的背景更清晰，也能使人更好地看到哪些数据最重要。要牢记写报告好比讲故事，要有清晰的开头、中间和结尾。"如果你想让顾客接收到信息，你必须跳出具体细节"。

不能把所有的"干货"都攒到报告结尾，约翰说，"此时读者的精神已经游离了"。拉里 · 吉布森是来自明尼阿波利斯市的咨询员，也是 EMA 公司的高级调研员，他曾经在美国市场营销协会（AMA）举办的应用调研方法大会个别指导班做"撰写调研报告，创建展示框架"的展示。他表示，有一个技巧就是像写新闻稿一样报告，新闻的标题就展现出其内容，每一部分的开头句子就总结出最重要的论据，"任何一段文档中最重要的位置就是第一段开头的部分，文档要么就此吸引住读者，要么就一了百了"。

为保证读者一直感兴趣，我们必须以简洁和谈话型语言写报告：用主动语态，避免长句子和行话。约翰说："如果报告读起来像人际沟通语言，而不是由机器人堆砌出来的生硬语言，就会起到积极作用"。

吉布森说因为报告传达的意思至关重要，所以报告撰写者的总结一定要清楚明晰，要让读者就算随意浏览内容也能明白你在说什么。用写作语气和引人入胜的观点使数据鲜活起来。想知道如何设定语气基调，找到你最喜欢的商业专栏作家，分解他们的文章格式，问问自己为什么会被他们的文章吸引。

报告写完以后，隔一段时间再去检查修改，这样能以比较新的观点去看报告。分别和一位不清楚你撰写报告内容的同事和一位知晓你报告内容的同事分享，来测试一下他们能不能理解你所要表达的内容且一直兴致勃勃。

问题：

1. 你应该把报告中所有有价值的干货放在报告结尾吗？为什么要这么说？
2. 在展示报告时，如何使人们一直感兴趣？为什么这很重要？
3. 报告的读者想要的是数字，还是想要为下一步的商业行动寻找洞见呢？为什么这么说？
4. 根据这个作者所说，在写报告或者做汇报之前要做的第一件事是什么？为什么这件事重要？这件事简单吗？

19.2 组织调研报告

传统的调研报告的基本内容包含以下几个方面：

（1）**标题页**。标题页主题是项目名称，其他附加因素包括客户组织名称、调研公司名称和报告的日期。

（2）**目录**。目录不能多于一页并且需要列出报告的主要部分以及每一部分开始的页码，目的是为读者提供便利并且能够使研究人员迅速在报告中找到参考信息。

（3）**执行摘要**。这可能是调研报告中最难撰写的一部分因为它必须简明地包含主要发现以及根据这些发现给出的建议。不是所有的调研报告都包含建议，调研报告是否包含建议取决于报告的性质、调研公司期望获得什么、调研的发现。然而，所有的调研报告都应该包含主要发现。调研报告必须简明简短的要求增加了其撰写难度（最长 2 ～ 4 页），许多调研人员发现将他们获得的大量信息概括成 2 ～ 4 页非常困难。长篇大论容易，但是简洁地进行概括相对困难。执行摘要不是概括每个发现，而应该集中于那些重要的并且和研究目的相关的发现。

（4）**背景**。背景设定了进行研究的情景并且突出了调研的总体目标，需要做出的决策，企业在所研究问题上的优势和劣势以及其他类似信息。这部分不能多于 1 ～ 2 页。另外，将大量信息凝结成要点存在 定难度。

（5）**方法论**。这部分讨论如何完成调研以及为什么以这种方式进行调研。在这部分需要强调的问题包括谁是受访者，为什么访问这些人以及如何访问（如电话调研、邮件调研、网络调研，或者这些方法的组合），为什么以这种方法访问，如何选取受访者，使用何种抽样方法，样本是否具有代表性，受访者的人数，如何处理完成的调研结果，使用何种数据处理程序，以及为什么使用这些程序等。这部分不需要太长，1 ～ 2 页最合适。假如需要更详细地阐述调研方法的一些技术性因素，那么更加详细的信息，例如使用数据处理程序应该附于附录部分。

（6）**结果**。这部分通常是报告中最长的部分，应总结出每个调研问题的结果。

（7）**附录**。这是最后一部分，通常会附上一些支撑性材料，比如一份调研报告，每个调研问题的交叉列表（客户可以查阅某些未被列在发现中的具体问题），以及其他支持性材料，比如一些特殊调研步骤、技巧的详细技术性信息。

19.3 阐释结论

对于第一次撰写研究报告的个人来说，最困难的是阐述发现并从中得出结论，然后利用这些结论形成建议。调研的**执行摘要**（executive summary）部分解释了调研发现，数据意味着什么，如果需要采取行动，采取何种行动。这个过程存在的困难时完全可以理解的，鉴于调研人员经常淹没在成堆的电脑打印输出、大量的问卷、上百页的交叉列表、大量的数据测试结果、大量的数据分析输出，以及有关项目的便签上写满了笔记。然而，调研人员能够运用系统的方法得出结论。

在市场调研的早期阶段，应该将陈述调研目的和背景作为阐释结论和得出结论的指导。

结论（conclusions）是对调研目的所提问题回答的归纳，或者在其他方面服务于调研目的。这些结论经归纳产生，即从零碎信息中得出。调研人员必须提炼合并信息然后撰写出能总结调研结果的描述性陈述。简言之，调研报告的总结应是一段陈述或一系列陈述，该陈述能将调研结果传达给读者但又不一定包括从统计分析中得出的数据。撰写报告的真实过程要求有说故事的能力，如“市场调研实例 19-2”所示。

市场调研实例 19-2

洞见要多，数据要少——为什么你的调研应讲故事

调研人员本来多是操心细心的人。在项目进行中，我们要操心很多事情，要确保调研中每个细节都是完美的，我们撰写问题又重写问题，害怕有人看不懂，我们不停地对调研进行测试，填完的表格逐渐涌入，我们还要从头到尾细致监测调研进程。是不是超出配额了？要舍弃哪些？调研时间是不是太长了？

撰写报告时，我们逐渐培养起一种敏感性，能够捕捉到经手数据的一些微妙和细节之处。因此，我们想让客户（内部公司或外部客户）了解到我们发现的那些枯燥的发现。往往结果就是我们写成的报告有 50 多页，内附成百上千的数点和各种图表。当然，我们也会在执行摘要部分将内容简明地概括，希望能够借此吸引高级执行官，让他们对接下来的报告数据细节备感兴趣。

这就是我们的问题：我们希望有人真的会去读这些细节。

吸引力再强也没用

以我在这个领域 20 年的工作经验来看，无论我们把报告写得多有吸引力，没有市场营销经理或者高级执行官会为了弄清楚为什么新产品不够好，或者搞明白怎么弥补问题而去研读调研报告的一半，如果情况乐观的话，往往他们连一半都读不到。事实上，大多数人只会在个人口头展示中选取三四个关键点阐述，他们很少会继续看报告。

所以这对我们来说意味着什么呢？

我们在“讲故事”时要有策略。尽管这并不新鲜，你也会说“我一直都是这么干的”，但是新的经济形势——预算不断缩减，调研时长缩短，公司内部调研资源也日益稀少——使得我们改变“讲故事”的方式和述说地向变得尤为重要，毕竟很多客户自己不是调研的人。

激发客户

故事大都引人入胜，让人如身临其境，并给人们灵感和激励——这是我们这些专业人士需要做的——激发我们的客户采取行动。大多数客户只想知道马上要做的、能够帮他们从根本上改善经营的三件事，对于那些时间本来就紧张的高级执行官来说更是这样。他们想要快速上手又建议有趣的阅读格式。

客户确实为问题的解决方法付了钱，但是我们需要以更聪明的方式告诉他们答案，但在传达调研信息的时候我们需要机智一些。如果客户只抓重点，我们不得不过滤剪辑掉一些实验结果。只专注于几个能讲清数据含义的问题，无须确保每个问题都配有一个图表。客户其实会更满意，因为这样的报告更容易懂，也更方便做决定。

多一点洞见，少一点数据

相信我，这是可以达到的——无论问卷有多长、答案有多丰富，需要的是以不同的视角去撰写一个报告。

我们公司达到了——在市场细分调研和品牌健康度调研中，尤其是跟踪调研。一个很好也有点极端的例子就是，我们为一家汽车公司做的品牌健康度调研。调研时长 20 分钟，三本交叉列表汇总有 700 多页。最后，我们成功将这些信息提炼压缩至 20 张关键 PPT 页面，颇具战略性地做了报告，顾客反响很好。

瞄准“终点”再出发

巧妙做好报告的一个重要方面即是瞄准“终点”再出发，或者说瞄准调研的商业目的。客户正在努力解决的问题是什么？调研来的数据如何应用？最终要向谁报告？

如果客户回答不上来这些基本问题，我们会敦促他们组织内部寻找答案。要是他们还没有答案，就提醒他们想一想口头展示，基于这个研究得出哪 5 点或 10 点结论是他们想要拎出来说的。一旦这个确定了，我们会对项目的真正目的有了一定了解后，就可以据此来撰写报告了。我们经常添加一些超越研究的二级数据和竞争性评估来支撑报告。

更好的反应

不要理解错了，达到这个境界绝不是件容易的事，我也并非在暗示要对调研结果进行选择性分析。按我说的去做，报告写起来不会更轻松，也不会更短，实际上更难。哪些数据要留在正文，哪些要放进附件甚至要剪辑掉——这是非常艰难的选择。但是，最终的成品却能更好地反映我们的努力和细心。

问题：

1. 作者说“瞄准‘终点’再出发”是什么意思？在你看来这个方法合理吗？为什么？
2. 数据和洞见的区别是什么？现在的决策者想要的是什么？
3. 决策者愿意看完长达 50 页的详细 PPT，然后再做出决策吗？为什么这么说？

4. 你的调研报告和汇报应不应该像讲故事一样？为什么？

5. 你希望通过自己的报告和汇报激发客户吗？如果这样做有好处的话，会有什么好处？

19.3.1　报告格式

市场调研报告的格式和编制在过去的 15 年发生了巨大的变化。寻找更有效和高效的沟通调研结果的压力促使调研人员严重依赖汇报软件，微软的 PPT 主导了这个市场。

典型的市场调研报告是用图形“讲故事”，这是客户所期望调研人员使用的汇报方式。客户通常明确地表明希望在他们的招标书中出现以图形为基础的报告。在过去，调研报告通常为 50 页或更多的文字以及一些图形，但是现在以有限的文字陈述，假如串联在一起的话只有几页文字，但却包含 20 ～ 30 页的图形。这些方法可使面临时间压力的经理们快速抓住主要发现并直接跳到结论和建议。今天，大多数客户只是想要一份 PPT 副本，而不是冗长的、详细的传统报告。

图形、文本框、项目符号列表被用来解释各种图形的含义。报告中使用演示软件的那几页提供在图 19-1 ～图 19-9。

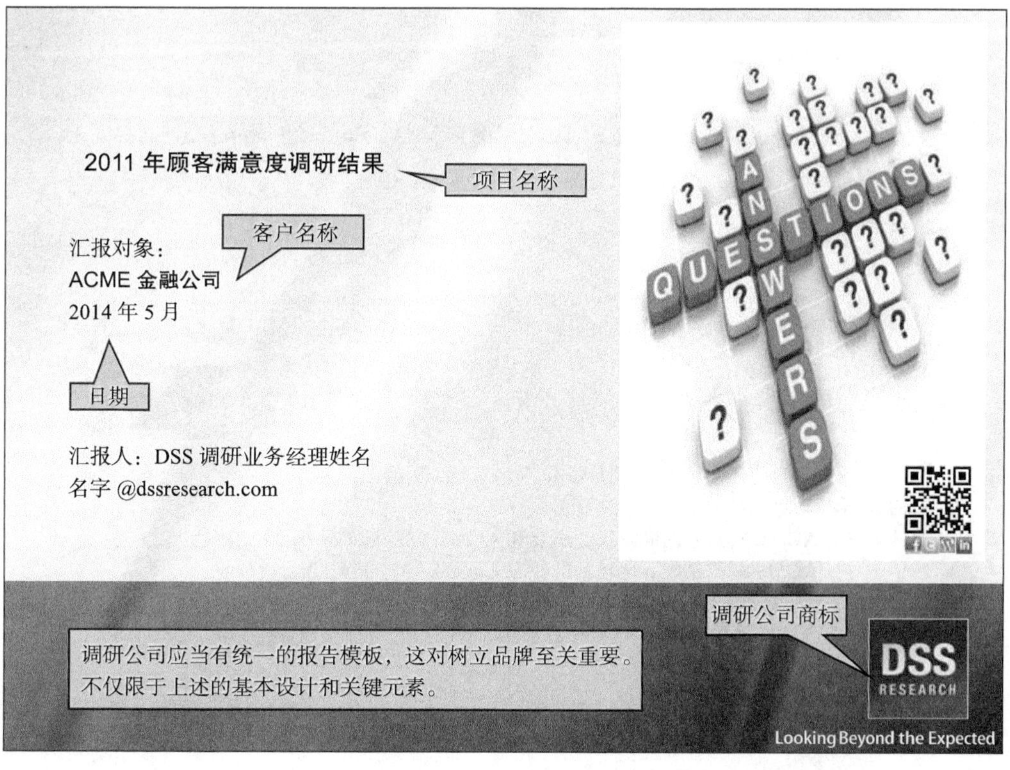

图 19-1　封面页样本

内容目录

不要多于一页，帮助使用者迅速找到感兴趣的内容，列出主要部分。

ACME| 金融客户满意度调查 |2014 年 5 月　1　dssresearch.com

图 19-2　内容目录样例

背景与目标

用项目符号标志将关键目标简洁标出。

背景：ACME，像其他在扩张的组织一样，希望设计一个项目来评估顾客对该组织服务的满意度。这些信息将用于提高 ACME 的工作质量，目的是为这些努力提供理性的指导。

目标：设计这类调研是为达到以下目的：

- 评估 ACME 与竞争对手相比的总体满意度。
- 评估客户对 ACME 新网站的满意度，所有和 ACME 的交易都能在网站上进行。
- 评估客户对 ACME 所提供的其他项目的特定元素和服务的满意度。
- 找到满意 / 不满意的主要原因。
- 以项目和服务客户的重要性和 ACME 的表现，对项目和服务元素进行评估和分类（例如，找出优势方面和有待提高的地方）。

ACME| 金融顾客满意度调查 |2014 年 5 月　2　dssresearch.com

图 19-3　背景与目标样例

执行摘要

专注于关键发现，而不要重复细节结果。

大多数客户是忠实的，但是满意度下降了

- 4/5 的客户认为他们与 ACME 的关系建立在长期合作的基础上。超半数是稳定客户，偏爱 ACME，被视为 ACME 的忠实客户。
- 2014 年，有 2/3 的客户称对 ACME 的表现满意。然而，相比较 2010 的 80.1%，下滑明显。
- ACME 总体满意度和忠实度比美国全国平均水平低很多。

重度使用者满意度很高，轻度使用者满意度较低

- 重度使用者满意度比轻度使用者满意度高，更倾向于长期使用。
- 尽管生疏用户所占比例很小，但是轻度使用者在该群体所占比例较大。

ACME 使用过程为主要优势

- 经过关键驱动因素分析，客服和流程是 ACME 的主要优势。
- 对付款操作的满意度呈上升趋势。评级看齐全国平均水平，比 2013 年有大幅上涨。

员工评级依然强势，知识是关键财富

- 大多数客户对 ACME 员工各方面均很满意。4/5 受访者对员工专业知识表示很满意，最高满意度的范围涵盖所有员工。
- 满意度得分相对较低的员工评级与员工的可接近度有关。关键驱动因素分析认定提高员工的可接近度存在改善空间。

ACME| 金融顾客满意度调查 |2014 年 5 月 3 dssresearch.com

图 19-4a 执行摘要第一页样例

执行摘要

提供指导。

与赔偿问题、政策和程序有关的关键机会

- 2011 年，认为 ACME 报销和赔偿不当的客户大幅上涨，关键驱动因素分析认定两者均有改善空间。
- 其他可改善之处主要是一系列政策和流程：
    - 致力于改善病人看护质量
    - 有临床上正确的使用指南
    - 行政政策流程有利于提高看护质量
    - 不以质量为代价控制成本
- 另外，疏离型客户或者有流失风险的客户认为 ACME 的政策和流程是通过降低质量来控制成本，对此表达了强烈不满。
- 为获得内科医生的认可，需继续专注改善这些参数。

ACME| 金融顾客满意度调查 |2014 年 5 月 4 dssresearch.com

图 19-4b 执行摘要第二页样例

方法论

简洁明了地解释所完成的工作

调查问卷：该问卷由 DSS 公司设计。ACME 审核通过了该问卷终稿。

采用的方法：一部分合格调查对象取自 ACME 公司所提供的清单。设计样本如下：

	2014			2013			2012		
	重度使用者	轻度使用者	总计	重度使用者	轻度使用者	总计	重度使用者	轻度使用者	总计
完成的问卷	52	60	112	101	71	172	87	71	158
邮寄的问卷	200	200	400	200	200	400	200	200	400
无效问卷	NA	NA	NA	NA	NA	8	NA	NA	14
回答率（%）	26.0	30.0	28.0	50.5	35.5	43.0	43.5	35.5	39.5
调整后的回收率（%）②	NA	NA	28.3	NA	NA	43.9	NA	NA	40.9
抽样误差（%）①	NA	NA	±7.9	NA	NA	±5.6	NA	NA	±6.1
最初邮寄问卷时间	2014 年 2 月 28 日			2013 年 3 月 7 日			2012 年 2 月 28 日		
第二次邮寄问卷时间	2014 年 3 月 21 日			2013 年 3 月 28 日			2012 年 3 月 21 日		
收问卷最后一天	2014 年 4 月 27 日			2013 年 5 月 2 日			2012 年 4 月 25 日		

数据收集：所有数据均由 DSS 调研公司收集。

数据加工和分析：由 DSS 对所有完成的调查进行加工，并分析结果。

① 置信水平 95%，方差采取最保守假设（$p=0.5$）。

② 排除了无效问卷。

ACME| 金融顾客满意度调查 |2014 年 5 月　5　dssresearch.com

图 19-5　方法论页面样例

计划忠实度

超半数客户是安全的或偏爱 ACME 的，被视为 ACME 的忠实客户。1/4 的客户有流失的风险，且不都是因为不满。疏远公司的客户仅占很小的比例，专家占了该类别的很大部分。

按类别分析忠实度

页面开始总结关键几点。

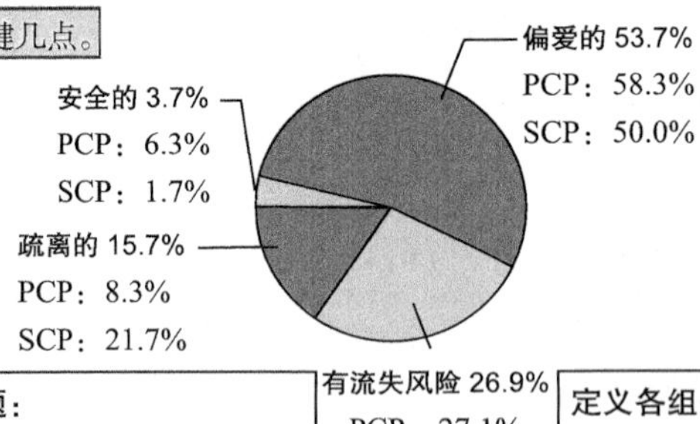

全国平均水平

安全的：11.8%
偏爱的：61.1%
有流失风险：21.4%
疏离的：5.6%

用于判定"忠实度"的问题：

- Q13：总体来说，你对 ACME 的满意度如何？
  非常满意　满意　不满意　非常不满意
- Q15：如果你的父母问你要选择哪个护理计划经理，你会推荐 ACME 吗？
  当然会　也许会　也许不会　当然不会
- Q16：如果你的内科医生有意与护理计划经理合作，你会推荐 ACME 吗？
  当然会　也许会　也许不会　当然不会
- Q17：我与 ACME 的关系是长期的。
  非常同意　同意　不同意　强烈反对

定义各组：

- **安全的**——4 个问题全都选了第一项：对 ACME 非常满意和忠诚。
- **偏爱的**——4 个问题全都选了前两项（但不是全选了第一项）：对 ACME 相能满意和忠诚。
- **有流失风险**——4 个问题中有一、二或者三题（但不是所有）选了后两项：不一定满意，对 ACME 有忠诚问题。
- **疏离的**——4 个问题全部选了后两个选项：对 ACME 不满意并且有可能离开 ACME。

ACME| 金融顾客满意度调查 |2014 年 5 月　6　dssresearch.com

图 19-6　图表使沟通更有效率

质量和补偿问题——ACME

虽然比例明显低于全国平均数，但大多是客户对 ACME 的政策和流程都持积极态度。

Q2. 你对 ACME 的……支持 / 反对程度如何？

回答强烈支持或支持……的百分比

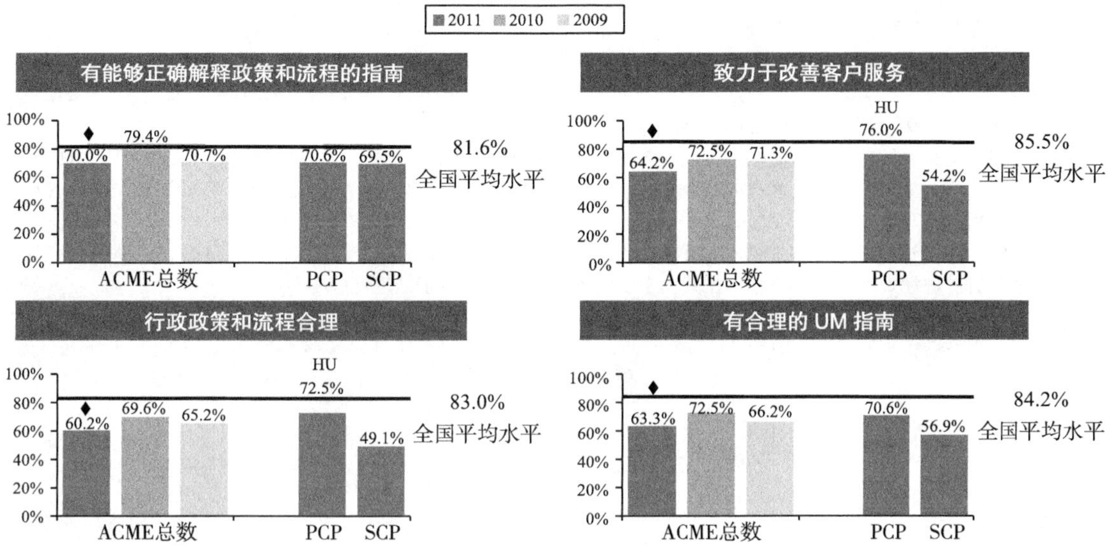

♦ 表明在 0.05 水平上，2011 年 ACME 总计结果比全国平均水平高或者低。

HU 表明 PCP 结果在 0.05 水平上显著高于专家结果。

ACME| 金融顾客满意度调查 |2014 年 5 月　　7　　dssresearch.com

图 19-7　一个主题用多个图形总结

内科医生交流：网络接口和使用

客户使用网络的机会持续增加，宽带是最普遍的连接方式，超过半数的人使用这种连接方式。

Q10. 你或你的员工目前有使用网络的机会途径吗？

回答“是”的比例

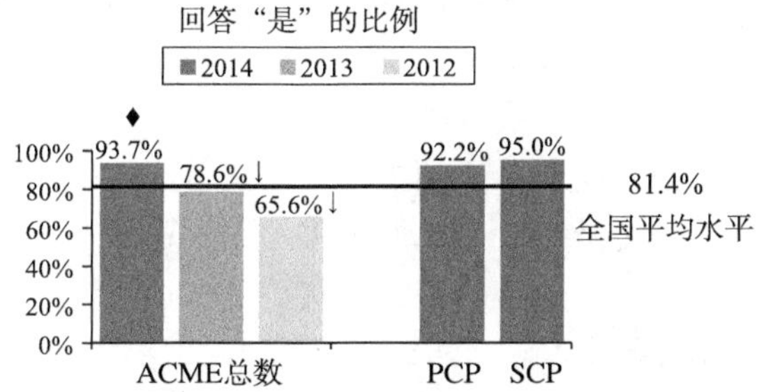

如果有，那么……

Q11. 如果有，使用的是下面哪种？ ^**

	ACME 2014 年总计	使用程度	
		重度	轻度
基础：	（*n*=101）	（*n*=46）	（*n*=55）
宽带	55%	52%	58%
拨号连接	23.8%	19.6%	0
其他	20.8%	28.3%	14.5%

^　2011 年的新问题。

**　注意全国平均数据不可用。

↓↑　表明在 0.05 水平上，该年结果显著高于或低于 2011 年 ACME 结果。

♦　表明在 0.05 水平上，2011 年 ACME 总计结果显著高于或低于全国平均水平。

ACME| 金融顾客满意度调查 |2014 年 5 月　　8　　dssresearch.com

图 19-8　图表结合

关键驱动因素的统计模型：POWER™ 表格

分类矩阵：如可侧矩阵所示，模型中每项的重要性和绩效结果都体现在表格上。这个矩阵简明地总结了哪些对客户来说很重要以及 ACME 在这些项目上的表现如何。这个矩阵分成了四个象限。四个象限是由重要性和绩效量表中位数的交叉点来定义的。对四个象限的解释如下：

- **权利：**这些项目对客户很重要，在这些项目上 ACME 的绩效水平很高。增进和利用你在这个象限的优势。
- **机会：**这个象限的项目对客户非常重要，但是 ACME 的绩效水平在平均水平之下。将资源集中于改善项目流程以及显著提高满意度水平。
- **等待：**尽管这些项目对客户仍然很重要，但是重要程度低于右边象限中的项目。相对而言，ACME 在这些项目上的绩效水平相对较低。在其他重要的项目处理完后再来处理这些项目。
- **保留：**这个象限的项目对客户不那么重要，但是 ACME 的绩效水平在平均水平之上。在其他更重要的项目处理完后再来处理这些项目。

POWeR™ 分类矩阵

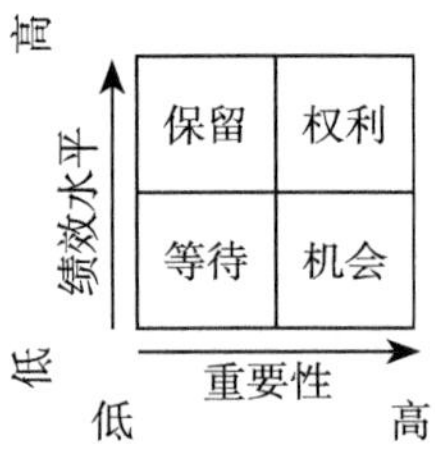

ACME| 金融顾客满意度调查 |2014 年 5 月 9 dssresearch.com

图 19-9 图形和文字如何解释统计结果

19.3.2 建议的形成

建议形成于推论过程。为了为制定战略或战术提供建议，市场调研人员将结论运用于特定领域。建议通常关注客户如何获得差异化优势。潜在的市场营销组合产生的差异化优势提供了真正的利益，目标市场部能从别处获得这种潜在的市场营销组合（例如，美国航空公司拥有独占的在外国机场卸载货物的权利）。

在一些情况下，市场调研人员必须拒绝提出具体的建议，取而代之的是更一般化的建议。例如，市场调研人员可能并没有掌握足够的关于资源、基于公司经验的信息或关于接收报告的决策制定者的信息；或者研究人员接到正式通知，建议由决策制定者来制定。在这些情况下，研究人员仅提供结论。

最后的报告代表了市场调研人员努力的制高点。报告的质量和提出的建议通常决定了回馈报告提供商。在公司内，市场调研部门出具的内部报告产生的影响较少，但是出具优秀报告的传统可能导致绩效工资的增长，最终导致调研人员的晋升。

19.3.3 汇报

有些客户可能要求将调研结果做汇报。汇报有多个目的，要求有关方面齐聚一堂，重新认识调研目标和调研方法，也为各方倾听意料之外的事件、调研结果和相关依据提供机会，同时还能展示调研结果提出相关建议。实际上，对公司的某些决策者来说，听汇报是他们唯一接触调研结果的时候，他们从不读调研报告。还有一些经理只会大致浏览调研报告借此回想汇报中的要点。总之，高效展示沟通绝对是至关重要的。“市场调研实例 19-3”为如何展示提供一些指导。

市场调研实例 19-3

高效汇报指南

传达准确信息的人是好的调研人员，传达商业洞见的人是伟大的调研人员。对于很多研究经理来说，一大挑战是如何才能被视为积极参与公司战略决策的、富有洞察力的思考者，而不仅仅是"数据库"，除了调研所得的数据以外毫无贡献。

假设你是一个市场调研人员，拥有数年的工作经验，所做的汇报也都为人称道。你很有可能已经达到了事业的某个关键节点——你已经不再满足于只做一个负责调研数据的调研人员，你想扮演更重要的、更具战略意义的角色。简言之，你希望能有机会坐在那些讨论你调研报告意义的决策者中间。

怎样才能成为其中一员呢？或者说怎样才能提振事业，被人挖掘？首先要从汇报开始——要意识到"还不错"真的只是不错而已。我自己既听过几百场口头汇报（很多无聊透顶）也做过上百场口头汇报，展示对象从中层管理者到公司董事会，我认为转型成为决策者的最好方式就是做出这样的口头汇报：一要有趣；二要提供与决策相关的、有意义的洞见。换言之，如果你想跻身公司高层，你就要给出高水平的汇报。

按照下列指南所说，给出高效的调研汇报。

改变观点

那如何才能做出高层次的汇报，并从最高管理层获取更积极的反响呢？你怎样去改变组织内部观点认为你只是一个老老实实负责数据的人呢？

首先，我们要明白数据是一回事，而数据的意义——或者它对于企业的真正内涵，又是另外一回事。许多调研汇报过长，过于学术化和概念化。在需要有洞见的地方充斥着数据。

做汇报的目的不是向你的客户展现你的付出，也不是炫耀你对于某一个话题的知识。相反，它的目的在于传达洞见，帮助客户更轻松地做出关键决策。高层管理者只想知道，"根据你的调研，下个周二我们要采取什么不同的措施"。

如果你有这个倾向（其实我们也都有），即对你亲手收集整理出来的数据有感情的话，要想做出有影响力的汇报，第一步就是挥刀砍向你的数据"丛林"，除掉与重点相关度不高的所有数据。严谨地修剪完以后，就可以开始学习如何分别开来之不易的原始数据与数据支撑起来的更重要的商业洞见。

遵守以下"五绝"

我观察和指导别人做展示已逾 25 年，见过很棒的汇报，也见过很烂的汇报。一个有吸引力且高效的汇报是由多个方面促成的。如果坚持我下文提出的"五绝"原则，一般而言你的汇报对象一定会兴趣盎然，接受你传达的讯息——更重要的是，有所行动。

（1）**紧凑**。很多调研汇报似乎都是称重论斤卖，动不动七八十页，甚至更多。在今天的商业氛围里，人们连 40 页都没时间读完，更不要说 80 页了。结论要简洁，专注于洞见。不要在调研所用的方法论细节和调研技巧上浪费时间，没人会在乎的。管理层相信你有能力做好，他们只想知道你发现了什么。

（2）**简单。**我们所做的工作往往很复杂，但是我们的成功往往依赖于能否将其简单地呈现出来——以好让听汇报的人轻松地跟上我们。有时候，为了保持一个口头汇报的简短，我们常常竞相比较谁能在一张PPT页面上装进尽可能多的信息。数据又不是你的子女，不妨把它们扔到一边。需要牢记，要向展示观众传达最重要的讯息，还要控制住告诉他们全城所有细节的冲动。

（3）**专注于客户的需求，而不是你的需求。**任何情况下，你要做的都是吸引客户——所有一切都与他们有关。商业汇报的目的不是展示你工作多么勤奋，你调研模型多棒，也不是为了汇报你对展示软件的高超应用，你只需要解释调研结果对于企业来说意味着什么就好。

（4）**吸引自己，也要吸引别人。**让客户感到无聊可不是你的权利！我认识的一个研究者曾经说过："我们能有多兴奋？研究而已嘛。"唉！如果我们想让别人把我们当回事，而且相信我们能为战略讨论带来价值，我们首先要吸引住自己，兴奋和热情是有感染力的。我们的汇报是在讲有趣的"故事"，不是念字典。

（5）**冒险。**为了成为尽善尽美的专家，我们中的很多人对于数据的准确性非常痴迷，结果，我们有时会拒绝做出任何超出调研结果的结论。其实，执行官们每天都会根据并非面面俱到的信息做出有分寸的猜测。如果我们不能和他们一样接受不确定性，根据详细情报冒险，我们就无法成为决策者中的一员。和这些大佬们起头并进——去冒险，寻求答案，解释调研结果的内涵。

捕捉那些少有人告诉你的信息

如果你的汇报充满了严谨的表格、内容密集的展示页面、大量的信息和对方法论的细致讨论，很有可能就是你的观众已经感到无聊透顶了，但他们不会告诉你的。汇报也好，人生也好，大多数人倾向于把那些消极的看法藏在内心，因为他们不想伤害你，尤其是在他们把你视作一个数据怪物的时候。

"高层管理者很想告诉你，但是不能告诉你的五句话。"

（1）"我们已经被你弄得无聊死了。"

（2）"够了，别再扯数据了，我们要做什么？"

（3）"我不能一天都坐这儿听你的汇报——下次把50页改成10页怎么样？"

（4）"我不在乎你用了哪些巧妙的方法——公司运行得怎么样？"

（5）"你能不能有个角度呢？"

想要你的观众看起来津津有味、兴趣盎然，而不是空洞和茫然无神吗？那就向他们清晰、简洁地汇报你的商业洞见吧，不要一味追求数据。

努力让人以新的视角对你"刮目相看"

洞见不需要密集的图表，需要的是清晰、简洁、凝练的信息，管理决策者不需要知道你调研细节，只想知道你的调研对公司业务的影响和意义。想要成为他们中的一员吗？那就把你调研的影响意义，为什么它对公司很重要汇报给公司的决策者——汇报文件应不多于15页——你会发现自己已经让别人刮目相看，也会成为战略圆桌讨论的常客。

问题：

1. 作者所说的"冒险"是什么意思？有什么风险？可能会有什么回报？

2. 要形成洞见需要什么？不需要什么？

3. 如果你的汇报充满了严谨的表格、内容密集的展示页面、大量的信息和对方法论的细致讨论，可能会对你的客户产生什么影响？

4. 汇报者如何能吸引其观众？

19.4　进行汇报

有效的汇报应以听众为核心展开。汇报者不仅要充分考虑听众偏好、态度、偏见、教育背景和时间因素，而且还应注意相关的词语、概念，对不易理解的数字进行解释。良好的汇报应在汇报最后留出时间供听众提问，并对此开展讨论。

汇报失败的原因：其一或许在于没有充分理解本章开始所列举的阻碍有效沟通的因素；其二是没有意识到或不承认调研报告的目的在于说服。这当然不是说要歪曲事实，而是调研的发现来强化调研的建议和结论。

在准备汇报的过程中，调研人员应时刻注意以下几个问题：

- 数据的真正含义是什么？
- 它们有什么影响？
- 我们能从数据中获得些什么？
- 在现有的条件下我们应做些什么？
- 将来如何进一步提高这类研究水平？
- 如何能使这些信息得到更有效的运用？

在互联网上展示汇报

有了 PPT，将 PPT 展示发布在网站上更容易了。将 PPT 展示发布到网站上使个人能够使用，不管他们在哪里或者什么时候需要。另外，调研人员能够将结果发布在互联网的不同位置。发布的步骤非常简单：

（1）打开 PPT。看看幻灯片发布在网站上看起来的效果，从“文件”菜单选择“网页预览”。在进行完编辑后，从相同的菜单栏选择“以网页格式保存”。

（2）“另存为”对话框允许改变 PPT 展示的标题，改成任何你想要在访问者的浏览器中显示的标题。

（3）点击“发布”按钮，进入“发布为网页”对话框，在这里你可以自定义你的展示。

（4）“ Web 选项”对话框让你指定发布文件的方式，并将发布文件储存在服务器，也可以指定是否自动更新内部链接。

“市场调研实例 19-4”有报告最新趋势信息。

市场调研实例 19-4

市场调研人员的“愿望清单”

市场调研人员参与公司的技术研发并不罕见。Confirmit 是一家市场调研公司，在针对市场调研软件的调研中，对那些调研人员做了调查，希望获得新兴的行业走势反馈，摸清整个行业中技术所起的作用。近期的一个研究发现了结果汇报环节发生的一些变化和研究者相关软件的使用情况。

时间跨度为一年，Confirmit 发现调研报告的各个汇报方式的使用比例发生了巨大变化。PowerPoint 展示工具使用率一直最大，但是从 56% 下降到了 48%。微软文字处理文档、打印的表格以及 Acrobat PDF 的使用都下降了。在线结果汇报没有变化，互动分析作为唯一使用率上升的沟通方式，从 8% 涨到 10%，轻微上涨。尽管似乎有许多调研人员使用多格式（multiformat）汇报方式，但这种模式的比例也在下滑。虽然 52% 的公司认为交叉列表报告的制作能力非常重要，但是真正用到的公司只有 14%。

调研人员对分析、报告工具的改善意见主要集中于两大点：第一，74% 的人把有关 PowerPoint 的问题列为“前三项”，希望软件开发者能解决必须手动将导入的图表转换成展示材料的问题，将其自动化；第二，3/5 的应答者认为在线分析工具目前令人不太满意，他们正在积极寻找可替代的方式，38% 的人将更好的桌面分析工具作为“前三项”。

问题：

1. 你认为哪一种汇报方式对调研报告来说最有用？会不会有些方式更适合某些具体情况的要求？你会使用多格式方式汇报吗？

2. 你有没有用软件生成过调研报告？生成的结果如何？以你自己的经验为基础，你的“愿望清单”里，你最希望优先实现哪个愿望？

本章小结

一份全面的市场调研报告的七个部分，按顺序分别是：标题页、目录、执行摘要、背景、方法论、结论、附带支持性信息的附录。

调研报告的主要目标是陈述具体的调研目的，解释为什么以及如何展开调研，汇报调研发现，提出结论和建议。这些元素中的大部分都包含在执行摘要中。结论中不一定要包含从调研中提取的统计数据，但需要总结与所陈述的目标相关的结果。结论部分也不给出企业应该采取什么行动的建议。这留给建议部分，建议运用结论指导具体的营销战略或战术，帮助企业在市场中建立有利地位。

现在的调研报告大量使用图形来陈述关键发现，大多数调研人员使用 PPT 来创建调研报告。至于方法，报告将文字的使用量最小化，将信息以“最小字节”传递给客户，并且大量使用图表。除了撰写报告——其实通常只是复制 PPT 的内容，还需要报告调研结果。通常情况下，客户或者在客户的要求下的调研人员会将研究报告发布在互联网上。这位客户组织遍布全球的员工都能阅读报告创造了有利条件。互联网也能用于支持在不同的地点同时报告调研结果。

复习思考题

1. 调研报告有什么作用？试举例说明。

2. 区分调研报告中的发现、结论和建议。
3. 为什么调研报告中应该包含执行摘要？执行摘要应该包含哪些内容？

案例分析 19-1

美国联合慈善总会

有些拒绝为美国慈善总会捐赠的人声称对慈善总会有意见，所以慈善总会很关注这些人的态度，另外慈善总会还对使非捐赠者转变成捐赠者的因素很感兴趣。该调研报告的执行摘要见下文。下面的标题及标题下方的正文都来自 PowerPoint 页面，该展示是由进行调研的公司提供的。

执行摘要目标与方法论

- 本调研的主要目的是厘清非捐赠者对联合慈善会的看法、非捐赠的原因和促使非捐赠者日后捐赠的因素。
- 该调研依靠在线调研收集数据。
- 调研使用的是概率抽样。
- 726 人给出了回复。

结果

- 对联合慈善会持积极看法的比例比消极看法的多，但是大多数人对此没有倾向。
- 只有 5.2% 的人认为慈善总会在帮助需要援助的人方面表现差劲。
- 慈善总会管理用费只占捐款总额的 9% ～ 10%，但 80.6% 的人认为慈善总会的行政费用超过了 10%。
- 不捐赠的主要原因为：向宗教组织等其他慈善机构捐赠，缺乏对捐赠资金使用的了解，个人观点，没有喜欢的慈善机构，捐赠压力以及宁愿选择捐赠时间等。
- 被要求捐赠时，压力反而常常成为他们不捐赠的一个重要因素。
- 那些表示因个人经济状况做出不捐决定的人中，35.6% 表示，如果被邀，会向慈善总会捐赠。
- 很明显，在捐赠方面，其他慈善机构、宗教派别和慈善总会呈竞争态势。
- 很多回复者表示，如果他们能够指定接受捐赠的慈善机构，对慈善总会和它所支持的慈善机构有更多了解，被要求捐赠，捐赠压力小一点，能通过扣除工资方式捐赠以及在捐资发放上有更多选择的话，他们会捐赠的。
- 雇主参与慈善总会活动，员工被要求参加，49.6% 的此类员工没有参加。
- 公司活动能影响为数不少的高收入人群，如执行官、专家和管理人员，但是大量低收入群体、服务人员不包含其中。

结论

- 消极看法不是不捐的主要原因，而积极看法不一定就意味着捐赠。
- 非捐赠者缺乏有关慈善总会的足够信息，无法对该组织有准确认识。
- 有一些人对慈善总会和它捐资流向的组织缺乏认识和了解。
- 回复者对慈善总会管理费用的预期高于真实费用。

- 为获得有限的捐赠，慈善总会处于竞争中。

建议

- 就不捐者对慈善总会及其使命的了解，进行新的调研。
- 对潜在捐赠者进行“扫盲”，内容主要有关慈善总会的使命、所支持的组织、总会的正常支出等。
- 工作场合多办活动，开发新途径促进对捐赠方式的认识。
- 适当采用有竞争力的市场营销策略来应对慈善总会的竞争对手。

问题：

1. 你认为执行摘要提供了有助于决策的信息吗？
2. 上文都包含了本章所讨论的执行摘要应包含的所有元素吗？
3. 发现、结论和建议在逻辑上与目标一致吗？为什么呢？

案例分析 19-2

TouchWell 店铺概念与命名调研

TouchWell 是一家医疗保险规划公司，主要经营区域为得克萨斯，包括达拉斯－沃斯堡地区（DFW）、休斯敦、奥斯汀和圣安东尼奥。Touchwell 希望能医疗保险行业的变化，目前形势：

- 60% 的消费者是通过就业单位和配偶就业单位购买保险的。
- 8% 的消费者自己直接从保险公司购买保险。
- 16% 的消费者购买的是政府项目，包括老年医疗保险（Medicare）和残障、低收入者医疗保险。
- 16% 的人未投保。

2010 年通过的《保护患者与平价医疗法案》将给 TouchWell 及其他保险公司的行业背景带来一些变化：

- 用人单位开始放弃购买员工保险，通过用人单位购买保险的消费者比例将下降，尤其是小规模用人单位。
- 以前由用人单位购买保险的多数消费者将会自己直接从保险公司购买，医疗保险市场 2013 年成立，得到联邦政府或州政府支持。
- 未购买保险的人群可以在上述医疗保险市场购买，政府将有一定额度的补贴，补贴额最高达 100%。

多数消费者会选择自己直接从保险公司购买保险，这意味着医疗保险像其他消费品一样，品牌的重要性越来越突出，TouchWell 需要与消费者建立更密切的关系，为此进行了这个调研。为应对这些变化，TouchWell 的管理层决定在它所服务的整片市场选定地点开设店铺，为消费者与医疗保险公司沟通互动提供便利的渠道。他们注意到，其他地区的医疗保险公司也开了实体店铺，为保持竞争力，TouchWell 也需要这样做。TouchWell 执行官希望弄清店铺概念在不同地区、对不同人群的总体吸引力，检验他们提出的各种店铺的名称并量化各种店铺特点的相对重要性。

TouchWell 近期的调研所用的方法论和部分调研结果见下文。

问题：

1. 请评价这个展示的总体有效性。页面是否简明易懂？是否能高效传达关键信息？为改善展示，你有什么建议吗？

2. 请评价"总体概念吸引力"结果页面。这个页面传达了什么信息？有没有清晰的图景？如果要改变的话，你会对这条信息的展示做出怎样的改变？

3. 请评价"名字对比"结果页面。很多经理偏爱"Touchwell 护理吧"这个名字。你会对这些经理说什么？以这个调研结果为基础，在所有被检验的名字中，你的第一选择是什么？第二选择呢？第三选择呢？

4. 服务吸引力将如何影响你对开设的服务种类的建议？使用可能性又将如何影响建议？你认为哪一个最重要？

5. 有关护理中心的关键特点，你有怎样的建议？

案例分析

医疗保险店铺命名调研

汇报对象：
TouchWell
2014 年 4 月

汇报人：
Acme 调研公司

方法论

调查问卷： Acme 和 TouchWell 合作开发的网上调查问卷管理。

数据收集： 所有数据均由 Acme 通过网上调查收集。

样本设计：

- **合格问卷：** 符合条件的回答者 18 ～ 80 岁居住在 TouchWell 市场的会员和非会员客户。
- **样本来源：** 样本由网上样本公司提供，TouchWell 提供了补充样本。
- **样本类型：** 分层概率抽样样本。
- **样本容量：** 完成了 800 份调查（400 份成员，400 份非成员）。
- **抽样误差：** 变量采用最保守估计（p=0.5）置信水平为 95% 时，容量为 800 的样本抽样误差为 ± 3.5%。

数据加工与制表： 所有调查的加工和结果的分析均由 Acme 完成。所有数据按照种族、性别、收入、教育和年龄分类，准确模拟真实的人口比例。

注：空间不足时，低于 5.0% 的比例未在表或图上标出。除非另有说明，所有图代表的均是在满分为 10 的标准中得分最高的三项。

TouchWell| 店铺命名调研 |2014 年 4 月　　2

概念描述

为更好地改善您和家人的健康与福祉，我们正在努力打造一个新型空间，请您留下您的宝贵意见，我们将十分感激。

一家医疗保险公司打算在得克萨斯州开设店铺，以方便您和您的邻居或社区内其他人面对面与健康管理员沟通。

这些店铺的独特之处在于你将可以：

- 获得个人医疗保险问题的答复，一站式解决医疗保险体系的复杂问题。
- 从热情友好、充满关怀的员工处得知如何保持身体健康、提高身体素质，或者在身体抱恙时，怎样能够快速恢复。
- 获知有利于您管理健康的资源和工具，包括您购买的医疗保险、政府项目和社区组织。
- 在需要用到医疗保险时，可帮您安排，比如选择医生，需要时帮助转诊以及办理预约等。
- 解决顾客问题，比如与身份证有关的问题或保险申领以及付款等问题。

店面不仅对社区内所有人开放，也会成为该医疗保险公司成员管理自己的健康的便利点。

TouchWell| 店铺命名调研 |2014 年 4 月 3

概念总体吸引力

近半数的人认为店铺这个概念很有吸引力，46% 的人表示店由 TouchWell 来开，使得店铺概念更有吸引力，40% 的人表示因此对 TouchWell 看法更积极。另外，超过 40% 的人表示可能会光临店铺。

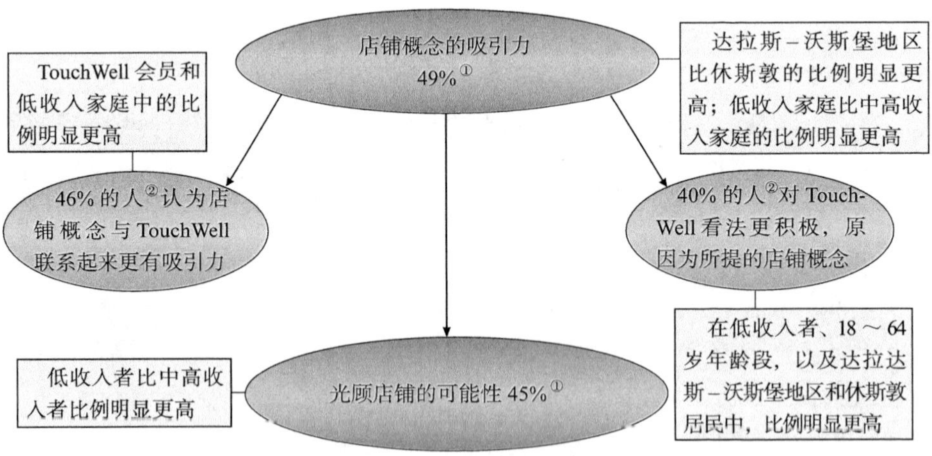

Q3：以上述描述为基础，您认为刚读到的店铺概念有多大的吸引力？

Q4：假如您的小区内有这样一家店铺，您光顾的可能性为多大？

Q5：如果您小区内的店铺是 TouchWell 开的，这会不会改变您对店铺的这个概念的看法？

Q6：如果您小区内的店铺是 TouchWell 开的，这会不会改变您对 TouchWell 的看法？

① 满分是 10 分的前三项。

② 满分是 5 分的前两项。

TouchWell| 店铺命名调研 |2014 年 4 月 4

名字对比

无论有无视觉图像，所有组中最受欢迎的两个都是 TouchWell 护理中心和 TouchWell 顾客护理中心。

最受欢迎的名字对比

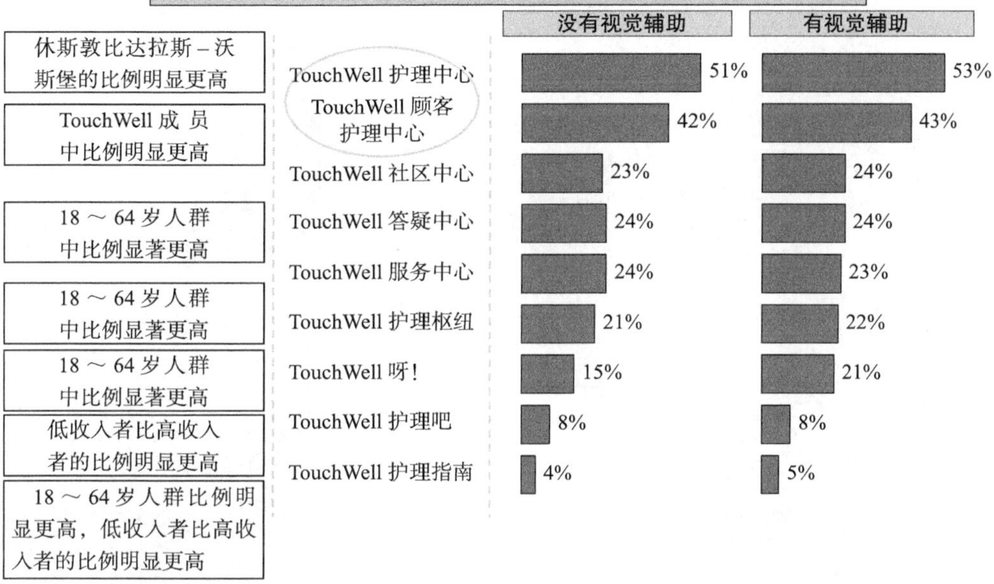

Q7a：下列名称与店铺的概念契合度如何？

Q7b：我们向您展示的是生活中可能遇见的各种店铺名。对于每个名字，请您告诉我们这个名字与店铺的契合度如何。

TouchWell| 店铺命名调研 |2014 年 4 月 5

名字对比

TouchWell 护理中心得票最多。

最终赢家

TouchWell| 店铺命名调研 |2014 年 4 月 6

吸引度与享受服务的可能性

被测的 29 项服务中，最有吸引力的是：临床答疑 / 协调护理、销售、教育和健康扫描。使用可能性并不一定与吸引力一致。例如，健身锻炼课程在吸引力排行第 11，但却是最有可能被用到的。

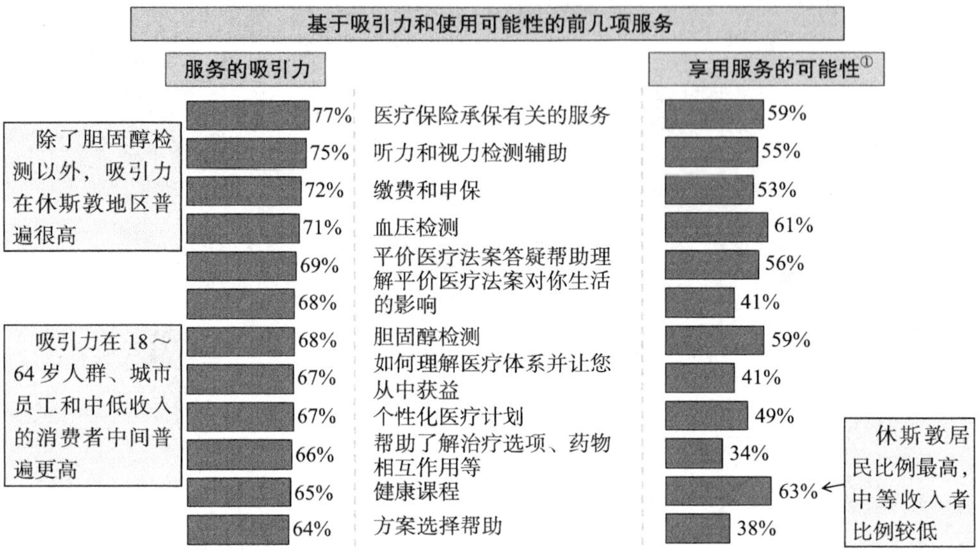

Q8：店铺提供多种服务。下列每项的吸引力如何？

Q9：店铺服务中，哪些你很可能会使用？请选择所有符合的选项。

注：①表示以会使用服务的人的比例为基础，得出数据。

店铺特征的重要性

吸引顾客驱车去店铺，知识丰富的和友好的工作人员、个性化的服务和方便的地点是最重要的特征。

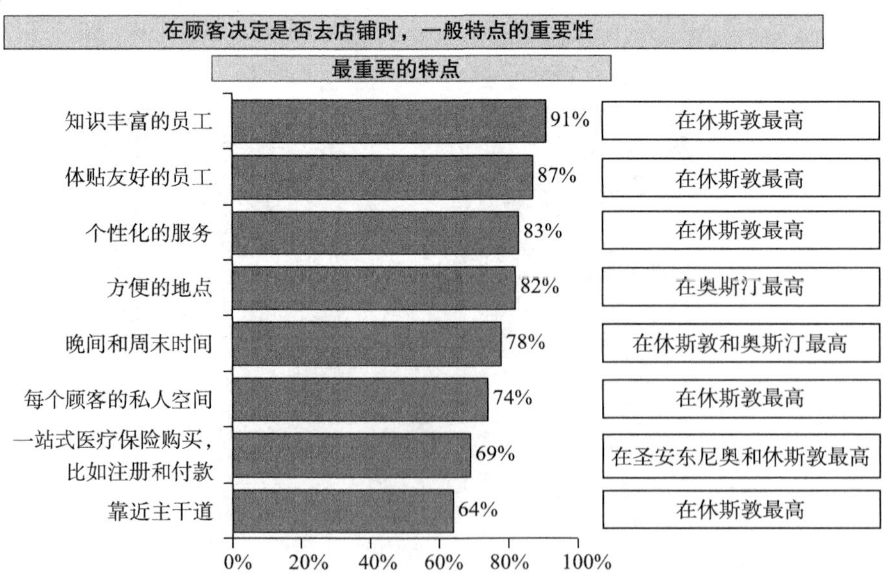

Q10：现在，我们很想了解您在决定是否前往上述店铺时，一般店铺特征对您来说的重要性。为此，我们请您按照您觉得的重要性，为下列各项排名。

信息源

近 3/4 的人靠医生或药剂师获取健康信息。传统上，家人和朋友位列第二，但是已被网络超越。

维持或者改善健康的信息源

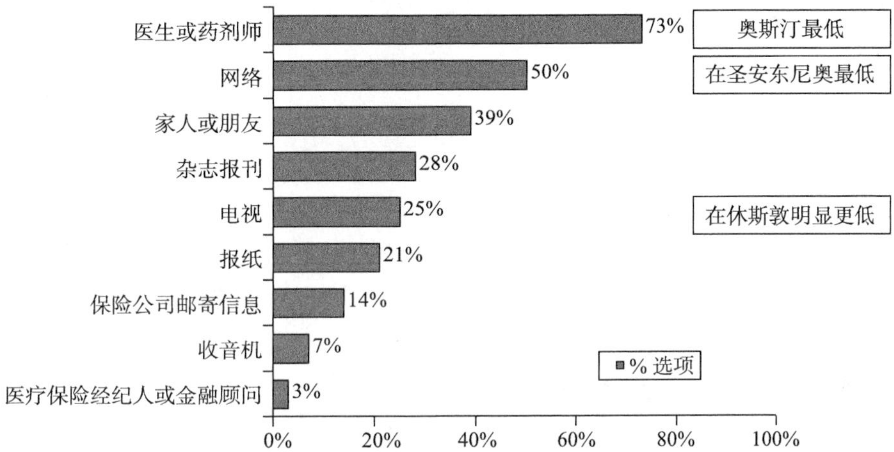

Q2：如果有的话，下列哪一项是您维持或者改善健康的信息源？

回答者缩略

大多数是表示自己健康状况处于非常好、良好和好的状态，半数是大学毕业生或有研究生文凭。来自圣安东尼奥的回答者已婚比例非常高，休斯敦的回答者收入最低且男性较少。

	总计	地区				年龄（岁）		成员 / 非成员	
		达拉斯（B）	奥斯汀（C）	圣安东尼奥（F）	休斯敦（E）	18 ～ 64（F）	65 ～ 80（G）	成员（H）	非成员（I）
健康状况									
非常好，良好或好	87%	86%	85%	83%	90%	89% G	78%	84%	87%
教育程度									
大学毕业及以上	50%	53%	52%	44%	51%	55% G	37%	49%	52%
婚姻状况									
已婚	44%	46%E	38%	50% CE	31%	41%	52% F	46%	42%
收入									
低，年收入低于 50 000 美元	49%	48%	39%	45%	67% BCD	39%	57% F	48%	49%
中等，年收入在 50 000 ～ 100 000 美元	29%	31%	35%	33%	25%	32%	28%	32%	30%
高，年收入高于 100 000 美元	22%	21% E	26% E	22% E	8%	29% G	15%	20%	21%
性别									
男性	48%	51% E	55% E	42%	38%	46%	54% F	47%	49%

注：一个大写字母（ABC）表明比对应栏的数据高出很多。

第 20 章

Chapter20

市场调研管理

□ 学习目标

1. 理解客户想从市场调研供应商或调研部门那里获得什么
2. 了解如何管理市场调研供应商组织
3. 学习沟通
4. 理解公司市场调研部门管理中独特的管理问题
5. 学习客户盈利能力管理
6. 了解公司人事管理和发展
7. 学习如何管理市场调研部门

市场调研行业正处在一个有趣的阶段。大型的跨国调研公司通过收购合并和有机增长茁壮发展，营销人员也迫使调研人员不得不做出更多有价值的贡献，网络和数字创新在不断地改变市场，不断出现的新兴调研技术得到发展和商业化应用。一项对 249 名专业市场调研员的研究发现，这些专家型回复者称这是个激动人心的时代，也是个富有挑战的时代。他们预测未来的市场调研行业将越来越多地受到创新和技术的综合驱动。这意味着，未来的行业经理必须有无法替代的技能组合才能在这样的环境中生存下去。

位于新泽西州萨米特的洛克霍普（Rockhopper）研究公司对 512 名职业市场调研人员做了研究，研究发现了这个行业如今面临的问题：

- 73% 的受访者觉得研究日益商品化，与以前相比，客户更不愿意为质量多花钱。
- 70% 的受访者表示，与以前相比，客户要求用更短的时间进行调研项目，用更快的速度汇报调研结果。
- 63% 的受访者认为，非研究型管理层会自行在网上进行调研。
- 45% 的受访者预测，管理层认为可以通过网络获悉任何东西，这会导致对基础调研需求的下降。

我们来看看，在今天的行业背景，市场调研供应商和公司内部市场调研部门里的调研经理是如何应对挑战和机遇的。

20.1　市场调研供应商的管理

20.1.1　客户的需求

管理市场调研供应商涉及了解客户需求与期望、与客户保持良好的沟通、有效地管理调研过程、良好的时间管理、成本管理和客户盈利能力管理。如果大型组织中的市场调研部门为本组织进行调研，那么它也会同样面临这些管理问题。如果组织外包调研，那么优秀的管理就需要选择合适的供应商。调研部门也必须尽力在组织营销决策制定过程中发挥更大的作用，尽力避免成为“命令接受者”。

市场趋势公司（Market Directions）是密苏里州堪萨斯的一家市场调研公司，它对全美范围内的市场调研客户做了一个调研，请他们对有关调研公司与调研部门的几个陈述的重要性进行排序。概括来自各个行业的数据，得出以下 10 条：

（1）保守客户的机密。

（2）诚信。

（3）准时。

（4）灵活。

（5）按照项目规范说明书递交报告。

（6）提供高质量的结果。

（7）响应客户的需求。

（8）高质量控制标准。

（9）与客户互动中坚持顾客导向。

（10）让客户了解整个项目的进展。

最重要的两个因素是保守机密与诚信，这是伦理道德问题，已经在本书前面部分讨论了，其余的因素都是与管理调研职能以及保持良好沟通方面相关的。

市场调研实例 20-1

市场调研客户管理的“十诫”

如果你想和客户建立长期的合作关系——无论是在事业上还是在其他方面，形成自己的一套与客户相处的哲学至关重要。我总结了自己过去 10 年的成功经验和失败教训，以下是我的客户管理“十诫”。

（1）如果你和客户之间建立了稳固的关系，客户会包容你所犯的一两个错误。我们从“十诫”中最重要的问题开始，因为其他“九诫”都是以这条为基础的。这就是为什么有些人为同一个客户进行了 20 个调研项目后，和客户的关系依然不咸不淡，而有些人只做了几个项目就能更好地长期合作。

（2）如果你与客户交谈时，顶多做到“不加分也不丢分”，那就努力想想你要说的内容。我们对客户开口时只会有三种结果：加分；减分；不加分也不减分。和客户沟通时，当你说的话是加分项的时候，你能感觉得到；同理，你也会知道哪些话会让客户笑容僵硬。真正考验理解能力的是加分和减分中间的广大区间。你对中间部分的内容思考越多，就越有利于你。这么做是为了尽可能缩小中立区，尽量使想法落在加分区。

（3）自始至终都要比客户多想两三步。在事情发生之前就有所考虑会提高工作的质量，对融合了科学与艺术的研究项目来说，向来都很重要。保持前瞻性能使艺术发挥作用——提高质量、增加创新点子。一天下来，客户就会放心把项目交到你手里，以后也会为你提供合作项目。

（4）作为项目总监，你是创收人员的延伸，但你需要把为之投入努力的项目视如己出。项目总监是二把手，甚至可能是调研承包商的主要代表人，但并不负责增加或者创造收入。因此，项目总监很容易因为自己的次等地位，不卖力从而表现不佳。项目总监应明白，他们在客户面前的表现和创收人员一样重要。作为一名项目总监，如果你真的相信自己肩负着研究努力的结果，客户的研究体验就很可能是成功的。但是底线是项目总监和创收人员都需要对项目"视如己出"。

（5）不要坐等客户做事。比如说，客户同意并签订了一个项目进程表，按照进程表，你周一将调查初稿发给客户，而客户则要在周三下午5点之前给出反馈。周三下午越来越近，而客户毫无动静，你可以继续想象顾客会在5点给出反馈，也可以询问客户调查初稿是否有模糊之处需要解释。当然这么做实际上是为了提醒客户不要忘了截止日期。项目几乎所有的错误都会由你承担，你不能被动地坐等客户做事。

（6）重要问题不能只凭与客户的口头交流——要有文字记录。这不限于市场调研行业。你们就一个重要问题沟通过，最后对方观点不一致，出入很大，这种事情已经发生过多少次？你要么坚持自己不是这么说的，要么坚持你说的意思和别人理解的不一样。如果只有口头语言，事情可能会变得非常混乱。如果你和客户就一个非常重要的问题对话，而除了口头语言以外没有其他文本，你很可能会有麻烦。为什么？因为当你与客户口径不一致时，就算你是对的，你都输了。

（7）不时把你的观点让渡给客户有助于巩固合作伙伴关系。这可能是最有争议也是最难实现的一"诫"了。这似乎与传统的客户管理技巧相悖，毕竟作为创收人员，我们的责任就是时不时为客户提供新颖的点子，证明其价值，建立客户对我们的信任。这是不错，但是人性是人们不愿意只做点头说可以的人。客户与创收人员在想法上有来有往，这样的关系是最好的。有时候，两个人有同样的想法则更好。

（8）知道何时给客户打电话或者发电子邮件。既有积极的沟通形式（如面对面沟通和现场电话），也有消极的沟通形式（如电子邮件和语音信息）。知道如何正确地使用电话或邮件是无害性交流和灾难性沟通的分水岭。

例如，客户委托你做一个跨国调研，涉及10个国家。按照调研进程表，周五的时候所有国家的数据应该已经收集完毕，但是有两个国家拖了后腿。你决定采取新的调研方法来完成剩下的调查，除非能在项目的其他阶段弥补上，不然会比原先的安排晚一个星期。给客户发邮件或者语音信息都是自找麻烦。但是，给客户发电子邮件或语音信息，请他给你打电话讨论一个问题是完全可以的。一般而言，任何消极甚至中立的事情都只能面对面交流，如果你不知道发电子邮件或语音消息是否恰当，那就不要发。

（9）争取与客户多见面。有时候，用最大限度的方式处理问题，问题就会变得清晰明了。假如你从不和客户见面，你和客户的关系能包容错误吗？当然不能。即使你和客户由于距离的原因不能定期见面，也要尽可能多地争取见面时间。

（10）做最有利于项目的事，如果这些事也有利于你，那最好不过；如果对你不利，要以项目的利益为先。要想成功地管理客户，这一点至关重要。市场调研项目很容易自己跑偏。一个看起来简单顺畅、进程清晰的项目，可能很快就脱轨。最后，所有一切围绕的中心是项目，不是你。这很残酷，如果项目束缚了你的生活，那又怎样？这只是暂时的。

问题：

1. 和客户见面重不重要？你不能只靠电话、短信、邮件以及其他不需面对面沟通的方式吗？为什么这么说？
2. 在关键问题上，能完全以与客户的口头聊天为依据吗？为什么？
3. 你能坐等客户做他们该做的事情吗？说出你的理由。

近期对客户公司进行的调查显示，对调研供应商满意度普遍偏高（5 分制下得分 4.08 分）。客户满意度最高的是数据质量和结果的准时回馈，而相对成本得分最低。年度调查表明，三大调研供应商的得分一直很高，它们分别是位于辛辛那提的 Directions Research 公司、Burke 公司、纽约雪城的 KS&R 公司。

巩固可接受供应商的数量

从 2010 年起，市场调研客户开始削减供应商，检查合同，看哪些合同可以淘汰，哪些需要修改，哪些可以终止。根据客户所说，能留在客户调研供应商名单上的关键是供应商对公司的贡献。这就意味着调研公司需要了解客户所在的行业，追踪行业趋势并为客户的独特需求量体裁衣。

20.2 沟通

在供应商与客户之间建立良好关系的关键是良好的沟通。每个项目都应该安排一个联络人来充当供应商与客户的沟通纽带。在大型公司中，这个联络人可能是客户经理或项目经理，而在小公司中，他可能是公司所有者或合伙人。但是，无论职位头衔是什么，联络人都必须准确地、诚实地、频繁地与客户沟通。

在项目开始之前，联络人应该与客户仔细核对项目目标、研究方法、时间安排，以确保其中不存在任何误解。然后，客户应该在问卷上签字保证，这表明客户同意，这一问卷足以收集到实现调研目标所需的原始数据。

约翰·科利亚斯（John Colias）是医学附属研究中心调研公司（MARC Research）的副总裁，他就调研供应商与客户之间的沟通说了下面一番话：

> 当一家公司聘请一家市场调研公司来设计一项研究时，供应商必须作为调研人员和营销团队的一部分。为成为团队中的有效成员，供应商也必须深刻地理解市场营销问题。这种理解源于调研人员、营销人员和供应商之间进行的有关营销问题与经营决策的对话交流。这一对话使调研目标转化为具体的交付成果，这些交付成果直接影响经营决策。

联络人必须弄清客户多长时间需要一次进度报告。至少每星期应该报告一次。报告的内容应该包括项目的进展状况、遇到的不同寻常的问题，如果是成本加成项目的话，还应有到目前已发生的费用。成本加成是指实际成本加上追加提价以与开销持平。当一家大型公司（如福特汽车公司）的调研部门为另一个部门做调研项目时，通常会采用成本加成的形式。

20.3 项目经理的关键角色

由于大多数调研项目都是由相对较大的调研供应商进行的，因而与大多数调研客户进行互动的是项目经理而不是公司老板。但对于调研客户来说，项目经理就代表了供应商。上乘的项目经理会帮助客户确定调研目标，设计调研，完美执行调研，密切监控项目，以超出预期的方式汇报结果并就结果提供商业洞见。

不需要客户操心的项目总监，客户都愿意和他们反复合作。这种类型的项目总监懂得项目的方方面面且熟悉项目的目标。即使项目出现了一些问题，客户也相信项目总监会解决这些问题。他们就像是安全网，使得客户确信项目的结局一定是圆满的而不是一团糟。拥有这种特质的项目总监提高了市场调研供应商的行业标准。

相反，差劲的项目经理可能会导致供应商流失客户。能破坏供应商和客户关系的行为如下：

- 项目经理从不露面、不履行责任，他把所有事情交给一个无法回复问题或者解决问题的初级人员。
- 项目总监在项目出问题时不汇报，等到问题集中爆发的时候，客户被震惊到。
- 项目总是不能及时完成或者超出预算，且没有提前告知。

20.4 调研过程的管理

除良好的沟通之外，**调研管理**（research management）有 6 项重要的目标：建立高效组织；保证数据质量；遵守时间进度表；成本控制；客户盈利能力管理；员工的管理与发展。项目经理对进程来说至关重要。针对项目经理提出的一些建议请见下面的“市场调研实践 20-2”。

市场调研实践 20-2

轻轻松松管理项目

管理项目看起来是一件令人生畏的事，因为项目种类很多，有小规模简单的也有大规模复杂的。无论你是在策划一个项目、一场慈善活动、一座海边的梦中房屋还是一个网站，要想成功实现计划，你都需要良好的项目管理能力。

项目管理是一门学科，一门为了成功完成某个项目的目的目标而规划、组织、确保以及获取资源的学科。

项目经理要对所有影响项目成败的事情负责，直接也好间接也好。项目经理处在项目中心位置，不仅要管理工作团队，还要监管上司和同级对项目的贡献，后者和前者同样重要。

你具备成为一个项目经理的潜质吗？有几个问题可以检测自己是否具备这些潜质：

你是个有条理且细心的人吗？

- 你和各式各样的人（包括员工）打交道时，感觉自在吗？
- 你频繁联系别人做后续跟进时，能做到不害怕打扰别人吗？
- 高效记录对你来说很简单吗？
- 人们会把你称为天生的领导者和激发者吗？
- 你能独立工作而不需要监管或赞扬吗？
- 你能高效管理自己的金钱和时间吗？

如果你对这些问题的答案大都为“是”，那么你就拥有了项目管理所需要的基础技能。另外，你还会享受项目管理和你的工作。

有几个小窍门能在下个项目中应用：

第一，你需要用范围和总体目标来定义项目。就项目目标咨询所有与项目相关的人，定义这些目标并安排好他们的主次顺序，这对项目的成功至关重要。不要依据你个人观点给出项目所需预算、资源、时间等。总体来说，项目定义需要包括以下内容：

- 项目描述；
- 在给定的时间内可以实现也可以量化的目标；
- 具体的目标清单；
- 成功的标准；
- 需要改变方向时可采用的备选计划。

第二，你需要制订一个计划。这是最重要的一个过程，没有计划你就无法控制项目。为了迅速启动项目，制订计划常常被忽略。但是如果正确操作，计划会节省时间、金钱，省去不必要的麻烦和问题。这个计划不仅要包括完成项目所需要的人员和资源，还应估计每项活动需要的时间和努力。制定一个切合实际的进程表，每项重要活动的完成时间节点都有着重标注，最重要的是，估计时把项目团队考虑进去。使用软件包（类似软件很多，包括微软产品），有助于制定项目进程、可交付品、任务、时长以及完成每项任务所需要的资源。

一定要意识到有哪些风险。你需要辨别出前方可能出现的问题、变化和挑战，并对它们有所理解。让你的团队一起解决问题能创造更好的工作环境。未能有效识别出这些风险，则是项目失败或者不能尽如人意最重要的原因。

第三，沟通。讽刺的是，尽管所有人都承认有效的沟通对项目的重要性，但是在很多公司的很多项目里，沟通依然是个问题区域。也许这是因为沟通方式不同，对信息的接受程度也不同。项目经理必须了解项目团队并知道哪些方法最有效果，比如开会、邮件、视频会议、电话等。

第四，项目经理必须沉着，创造平衡的环境。无论项目中发生什么情况，在高压下保持姿态是必需的。项目经理必须要有弥合差异的独特能力，找到团队的凝聚力量，使团队就项目目标、目的、个人角色（这可能是最重要的），达成共识。

第五，向过去学习。过去相似的项目可能出现过一些问题，项目经理可以从过去的经验里规避一些损失较大的错误。此外，利用过去取得的成功经验也会对公司有所帮助。

向过去学习包括评估过去自己的错误和他人的错误。这可能比较困难，因为当我们与项目联系太密切的时候，我们没有办法看清项目潜在的不足。从他人那里学习也很困难，但如果有档案或者有知情人能提供一些真知灼见，学习起来会容易一些。

第六，最容易被忽视的重要一步，可能就是庆祝项目的完结。你的团队勤奋工作，他们的努力需要得到承认和奖励。庆祝可以是一个不在公司举办的精致晚会，也可以是简单的电影票、饭店餐券等。这种团队建设很重要，能够鼓舞团队士气和生产力。

问题：

1. 项目经理要负责哪些工作？这些工作包括监控上司和同级的贡献吗？
2. 为什么沟通在项目管理中这么重要？项目经理的高效沟通有什么特点？
3. 为什么项目经理向过去学习很重要？

20.4.1 供应商的组织结构

从传统上讲，大部分市场调研公司都是围绕职能进行组织的。例如，大型供应商可能有不同的部门，它们分别进行抽样、问卷编制、实地调研、编码、制表、统计和销售，甚至客户服务人员与管理项目、编写问卷与报告的人员也可能是分开的。每个部门都有一个深谙该部门职能的领导者，管理着部门内工作的分配。项目从一个部门“流”向另一个部门。

职能型组织允许技术人员从事如编程与数据分析的幕后工作，让联络人进行项目管理和客户联系事务，它提供了知识培养型监督。举例来说，样本设计的新手在资深专家指导下工作。它允许开发良好的工作流程以及质量标准，因此便于始终如一地完成任务。它使特定项目的难题与参与项目的人员的技能相匹配，因此将常规工作分配给初级职工，而将最复杂的任务留给专家。工作与技能水平的匹配可以让员工更快乐，使项目成本更低。

然而，职能型组织并非没有问题。部门员工专注于执行自己的任务，这有碍于员工关注整个项目流程和客户。部门标准与调度策略本身可能具有生命力，提高了一个部门的工作效率与质量，但这使及时地完成整个项目变得困难。不与客户联系，部门会形成内部型导向，将客户视为问题而非他们的谋生方法。因为项目经理或作业调度人员要与多个部门的领导者协商每个项目的计划安排，部门间的沟通与调度不仅耗时，还会出错。每个部门都觉得自己做得非常好，然而，从外部来看整个过程，仿佛就是死板、繁文缛节和无效的。

为应对以上这些问题，一些公司以团队形式来组织公司。它们解散职能部门，将员工按客户群或调研类型分成各个小组。这些团队包括拥有从头到尾完成某项研究所需的全部或大部分技能的员工。一个典型的团队可能包括几个客户服务 / 项目管理人员、一个实地调研主管、一个问卷设计人员和一个技术规划专员。员工经常接受多种职能的交叉培训。团队几乎总是由有客户服务或项目管理背景的高级员工领导。

围绕这一主题有许多变形。在团队中，工作可能仍然是专业化的（技术规划专员制作项目列表)，或者有大量的交叉培训（每个人制作项目列表)。由一两个专家执行的高度专业化的职能（如统计分析）可能仍然作为职能部门，所有人都可以利用这些职能。混合法也是可能的，一些职能移到团队中，而其他职能（如现场管理）仍然作为职能部门。

因为每个客户群控制着自己的资源，进度安排和沟通是更容易的。不需要经过部门领导或中央调度，客户群的领导者就可以直接优先考虑每个人的工作，使员工致力于他们的项目。

技术与作业人员更接近客户，更符合客户的需求。通过缩短这些员工与客户的距离，他们更容易理解客户所处的环境状况，更容易专注于满足客户的需求。

员工可能更具灵活性，拥有更广泛的技能。当涉及的所有人都向同一个人报告时，交叉培训和交叉分配工作会更容易。

20.4.2 数据质量管理

也许调研管理最重要的目标是确保调研过程产生的数据的质量或完整性。你很可能已经听过电视播音员说，“民意调查的误差幅度为 3%”。这一陈述中有一些问题和暗含的假设。首先，通过第 13 章中关于抽样误差的讨论，你知道这一陈述并没有说明自身的置信水平。换句话说，民意调研人员对民意调查有 3% 的误差幅度有多大的把握？他们有 68.26% 的把握、95.44% 的把握、99.74% 的把握，还是其他程度的把握？其次，这一陈述并没有表明，这一误差仅指随机抽样误差。暗含的或未陈述的假设是，没有其他的误差来源，所有其他误差来源已经通过调研设计与程序被有效地处理了，或者所有其他误差来源已经通过对整个样本采取综合测量而被有效地随机化了。根据定义，当每个方向上的误差都一样多时，误差就是随机的，那么综合测量（如平均数）就不会受到影响了。市场调研经理能够通过准备好的政策与程序来减小误差的来源（参见第 6 章），从而确保高质量的数据。

最近的一次哈里斯民意调查发现，关于误差有许多误解。在调查了 1 052 个美国成年人后，哈里斯报告了如下情况：

- 52% 的成年人错误地相信“3% 左右的误差”这一陈述意味着“考虑所有的误差，所有调研结果的最大误差为 3%”。
- 66% 的成年人错误地相信“误差范围”这一词组包括计算了由“问题的言辞表达”引起的误差。
- 不少人错误地相信误差范围的计算包括开发具有代表性的基础中的误差或称量误差（45%），由访谈人员造成的错误（45%）以及问题在调查中所处的位置引起的误差（40%）。
- 只有 12% 的公众同意“误差范围”这一词组应该仅指某一特定的误差来源，如抽样误差——他们几乎总是这样做的。
- 56% 的人相信，误差范围的陈述并没有说明这一计算不包括除纯随机样本的抽样误差外的所有误差来源。

市场调研人员不仅要试图减小误差也要在解释误差范围这一术语方面做得更好一些。

简单地说，“调查统计数值有正负 3% 的误差”会给一般受众一个有关准确性方面的假象。应该让读者知道其他可能的误差来源，例如调研人员误差或问题措辞引起的误差，即使计算这些误差是不可行或不切合实际的。

此外，管理者必须建立校对程序，以确保仔细审核以书面报告和其他交流方式提供给客户的所有的文本、图表和图示，错误可能误使客户做出错误的决策。假设数据显示有 18% 的购买意向，但是报告却显示为 81%，这一印刷上的错误很容易导致一个错误的决策。即使客户发现相当小的错误，调研人员以及所有调研结果的可信性都可能打上很大的问号。经验法则告诉我们，绝不向客户提供未经仔细核查过的信息。

20.4.3 时间管理

调研管理的第二个目标是按照进度安排开展项目。在市场调研中时间管理是重要的，因为客户通常有一份他们必须遵循的时间进度计划。例如，在 3 月 1 日获得调研结果可能是绝对的死命令，这样这些结果就能出现在新产品委员会季度会议上。调研结果将会影响试验性产品能否获得追加的开发基金。

两大问题会严重扰乱时间安排，它们是错误地估计发生率与访谈时长。低于预期的发生率将要求比原计划更多的访谈资源来使工作得以按时完成。如果调研经理没有可用于项目的剩余资源，那么完成项目就要花费更长的时间。对于比预期更长的访谈而言，情况同样如此。

发生率（incidence rate）是指某一研究一般总体中有资格作为受访者（人或家庭）的比例。通常，发生率的估计不是以严格的数据为基础的，而是以不完整数据为基础的，不完整主要是指相对不准确或过时的。发生率问题不仅增加完成项目抽样所需的时间而且会消极影响调研数据收集阶段的成本。

项目经理必须尽早获得有关项目能否按时完成的信息。如果存在问题，经理必须决定是否采取措施来加速进程。也许培训额外的访谈人员将有助于加速调查的完成。其次，调研人员必须通知客户，项目将会比预期花费更长的时间。然后，调研人员可以和客户探究延期是否是可能的或客户可能愿意做哪些变更，以让项目按原时间计划完成。例如，客户可能愿意减少总样本容量或通过剔除一些非关键性的问题来缩短访谈时间。因此，建立一个系统是十分重要的。这样，在项目开始的头几天，调研人员和客户都能注意到潜在的问题。

时间管理，像成本控制一样，需要建立系统以让管理层知道项目是否按进度进行。必须制定政策和程序来高效快速地解决时间安排问题，及时通知客户存在的问题和可能的解决方案。

20.4.4 成本管理

与数据质量管理和时间管理比较起来，成本管理是相对比较简单的。成本管理只需要遵守好的经营方式，例如成本追踪与控制的程序。尤其是，好的成本控制程序包括以下要素：

- 每天准确地获取数据收集成本以及其他与项目相关的成本的系统。
- 每天向沟通联络人做的成本报告。理想的情况是，报告应该显示与预算相关的实际成本。
- 调研组织机构中的要求联络人向客户以及调研公司的高级管理者传递预算信息的政策与惯例。
- 快速识别超预算状况、发现原因、寻找解决方案的政策和惯例。

如果因为客户提供错误的信息（如发生率、访谈时长），项目超预算了，那么就不得不在早期阶段为客户提供一些选择：追加成本投入，减少样本容量，缩短访谈时长，或者综合采取以上三项措施。如果公司等到项目完成时才将这一问题告诉客户，客户可能会说："你本应该早点告诉我的——现在我是无能为力了。"在这种情况下，调研公司很可能不得不承担超额成本了。

1. 外包

从 21 世纪初到 2009 年的大趋势是外包，到 2010 年外包趋势转向内包。**"外包"**（outsource）这一术语在本书是指，让另一个国家的人员完成某一市场调研项目涉及的一些或全部的职能。当调研公司在国外创立全资子公司时，这被称为**离岸外包**（captive outsourcing）。简单的外包是国内调研公司与提供市场调研职能的外国公司建立关系。例如，印度孟买的 Cross-Tab 市场调研公司提供在线调研程序、数据处理、数据分析以及其他服务。其他开始外包的服务为数据管理和样本管理。一家公司进行外包时，有许多需要考虑的问题，如表 20-1 所示。

表 20-1　进行外包需要考虑的问题

问　题	管理策略
保密问题	需要与第三方提供商和离岸中心的高级经理人员签署恰当的保密和数据安全协议。也推荐频繁的审计，以确保遵守合约
基础设施	目标国和目标国所选的城市可以使用的基础设施是重要的，如电力、带宽、与机场良好的连通性、客户团队访问时可用的酒店设施，当然包括有才能的员工可利用的酒店设施
交付成果质量	细致地说明文档对在任何地方执行的工序而言都是重要的，但在离岸外包的情况下，它们是加倍重要的。此外，为了委托国客户所在国与供应商所在国团队之间的沟通，必须制定适合的系统和协议
专业知识	确保海外团队的高级成员对市场调研领域有深刻的理解，而不仅仅是拥有信息技术（IT）或数据处理背景
文化问题	有必要懂得离岸地的文化和人们的敏感度。文化误解能导致疑虑担忧，会影响工作质量
委托国的失业和对代理机构负面的宣传	为了促进可实现的成本节约产生增长，在同样的代理机构中，优秀的员工被保留下来，获得其他职责的工作。采取公关措施解释离岸外包对委托国经济有利是很重要（经济研究已经表明，从长期看离岸外包对委托国的经济有更大的利益，实际上会创造更多的工作机会）
对员工的法律责任	如果能外包给第三方供应商将没有这种风险。如果准备采用离岸外包，那么仔细研究目标国的劳工法就是重要的，这能确保没有法律冲突

2. 内包

某些公司（主要是客户公司）为削减成本，由外包转向**内包**（insource）。与雇请调研公司不同的是，它们自己进行在线调研，这是以更少的预算产出更多调研认识的一种方式。这为像 ConfirmIt 这样的公司提供了发展机遇，这些公司提供的软件平台，能帮助调研公司和调研客户创建并发放问卷，收集数据以及分享详细的分析。MarketSight 和 Vovici 公司与 ConfirmIt 类似，功能上有一点出入。随着内包的发展，在线调研工具销售商的年收入预计会以 15% ～ 20% 的比例上涨。内包最先涉及的主要是对顾客的定期调研和质量调研，现在逐渐转向网络市场调研群体和企业客户满意度和忠实度反馈管理。

20.4.5 客户盈利能力管理

虽然市场调研部门能够专注于为内部客户实施“立即响应式”项目，市场调研供应商必须考虑利益率。20% 的客户产生 80% 的利润的古谚通常是对的。

明尼阿波利斯市的风俗研究公司（Custom Research Incorporated）数年前意识到，它有太多的客户，而优质客户太少。根据客户对风俗研究公司的利润的感知价值，这个公司将它的客户分为四类（见图 20-1）。风俗研究公司 157 个客户中仅有 10 个属于最合意的类别（产生高成交额和高利润率）。另外 101 个客户对收入或利润贡献极少。简言之，风俗研究公司花费了太多的时间与太多的有价值的人力资源在太多的不能带来利润的客户上。

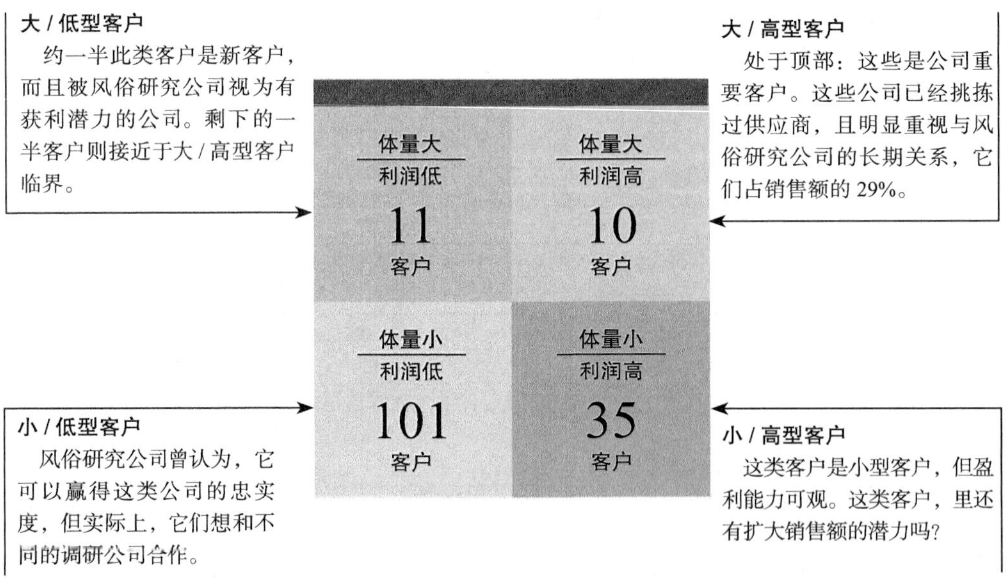

图 20-1 风俗研究公司客户盈利能力分析

在评估要保留哪些客户的同时，风俗研究公司通过从客户这一年带给公司的总收入中扣除所有直接成本和销售费用来计算每个客户所能带来的利润。也就是说，风俗研究公司会问：“如果这个客户流失了，我们不会招致哪些成本？”高分与低分的分界点纯粹是主观的，它们与风俗研究公司获取利润额和利润率的目标是相对应的。风俗研究公司管理层决定，它必须系统地抛弃大量的老客户并仔细地筛选有潜力的新客户。风俗研究公司筛选新客户方面的问题如表 20-2 所示。

表 20-2　风俗研究公司使用的筛选问题和每个问题的基本原理

问　题	理　由
你是怎么知道我们公司的	不好的回答是："我是在黄页中发现你们公司的。"与许多公司不同，风俗研究公司不问这一问题，因此它能决定如何分摊营销投入。"如果某人在黄页中发现我们，他们没有理由让我们来做供应商而不让其他任何公司来做。"风俗研究公司共同的创立者之一朱迪·科尔森（Judy Corson）解释道 好的回答是："我在另一家公司的一个同事与你们合作过。"
是哪类工作（从涉及的行业或范围来看）	最重要的是，回答展现了来访者是否试图查明一次性临时项目的价格，或者是否项目完全超出风俗研究公司的领域。如果是这样，来访者被指是间接竞争者
你的预算是多少	这近似于问某人挣多少钱，但可能的客户对项目成本大致正确的估计，有助于风俗研究公司确定客户在想什么
你们的决策标准是什么	风俗研究公司知道在盲目投标或持续很久的委员会风格决策中其并不走运，那么风俗研究公司喜欢与有某些决策制定权力的来访者打交道——努力避免被卷入听起来像竞标战的任何事
为获得你的业务，我们和谁竞争	风俗研究公司喜欢知晓其主要竞争对手的名字，6 个大型公司，包括医学附属研究中心集团（MARC Group）、美国市场事实调研公司（Market Facts）和伯克市场调研公司（Burke Marketing Research）
你为什么考虑更换供应商	"这是一把双刃剑，"共同创立者之一杰夫·波普（Jeff Pope）解释道，"难以突破的客户是更好的，因为他们不会轻易更换供应商。但是，你需要找到一种方法进入，于是对新的供应商合理的需求是可以的。"每个月 20 ～ 30 个来访者中只有两三个来访者正确地回答了足够多的问题，他们更值得关注。那么，为什么还要将时间花在剩下的那部分来访者上呢？"为他们效劳……你不知道他们会去哪里。"

运用客户分析，风俗研究公司的客户从 157 个降为 78 个，其收入从 1 100 万美元升为 3 000 万美元。最重要的是，其利润多了两倍多。为了弥补他们打算在两年内抛弃的大约 100 个客户，管理者已经计算出，他们需要从大约 20 个公司中多获得 20% ～ 30% 的业务，这通过与保留的客户建立密切的个人关系来完成。这一过程涉及风俗研究公司研究行业、客户公司和其调研人员，以充分理解客户的需求。对于每个客户，风俗研究公司都制订了一个惊喜计划，为客户提供附加值。例如，陶氏品牌（Dow Brands）获得了一些免费赠送的软件，风俗研究公司知道其需要这些软件。一对一的关系营销已经成为风俗研究公司成功的关键。

20.4.6　员工的管理与发展

任何市场调研公司的主要资产都是公司的员工。专利技术和专有模式有助于人们区分市场调研公司，但是公司的成功最终依赖于员工的专业性和他们交付有质量的产品的决心。因此，招募和保留能干的积极热心的员工就至关重要了，这也是永恒的管理挑战。

凯瑟琳·奈特（Kathleen Knight）是纽约州塔里敦的市场调研公司 BAIGlobal 的董事长兼首席执行官，她就调研公司员工开发提出了一些建议：

- 创造一个鼓励冒险精神，勇于实验，敢于承担责任的环境。对市场调研公司而言，这带来的益处，如新服务开发、新技术与业务增长，会超过任何潜在的风险。然而，员工需要感觉到公司支持他们的冒险精神。新的想法和不同的业务模式需要受到尊重，并给予开发的空间。

- 承认好业绩与责任承担。承认员工付出而取得的好成绩并奖励。奖励最好的形式之一是，该奖励在公司中应该是大家可见可知的。当完成了一项出色的工作时，确保每个人都知道，优秀卓越是很重要的。
- 在某一组织结构下提供工作自主权。市场调研是技术科学，必须将数字加起来。但是，它也是商业，项目必须产生收入以支付各种账单。在这些范围内，有许多不同的方法让工作得以完成。让员工将其个人特色赋予项目，这样在工作中，员工会感觉到像真止的合作伙伴。
- 以创业态度吸引和支持员工。设定业务目标和经营管理参数，然后让员工决定采用什么方法来完成工作。这让每个人充分发挥他的能力并取得最好的成功。
- 将奖励与业务成果联系起来。为调研人员提供公开的财务数据似乎创造了一种让所有人都激动的商业意识。通常，非常优秀的调研人员对行业财务动态知之甚少，他们很高兴有机会学习这方面的知识，从而对营收成果负更多的责任。
- 公开你的账簿。调研公司可以为高级员工提供完整的财务信息，以让他们知道几个月和几年后他们做得有多好。对于个人、团体和公司而言，账本盈亏结算线是最好的绩效综合衡量方法。公开账簿确立了整个组织的共同的使命与目标。
- 在组织中提供多样性。了解新产品、服务新客户以及和新的调研团队合作是有趣且令人兴奋的。获取新职位的机会通常是公司某人需要的职业动力，这让其真正做得很好。这类工作更换的可能性似乎可以增加员工的满意度。如果你关注个体并通过训练在组织中创建职业生涯通道，优秀的调研人员更可能会留下来。
- 提供清晰的晋升途径。员工愿意知道他们如何能够前进，想对他们的职业有所控制。清晰的标准和预期在帮助调研人员感觉舒服轻松方面大有帮助。在市场调研公司中，最好的培养是学徒式培养，和高级调研员合作，一起做有趣的工作。当初级员工预期，高级管理者将是良师益友，初级员工可以向他们学习时，有才华的人会成长并会成功，共同产生出色的工作业绩将促进每个人的职业发展。

市场调研实例 20-3

方案无往不胜的十大诀窍

艾米莉·沃特和萨拉·德萝摩，DSS 的财务执行官

一个好的方案能帮助你赢得更多客户，促进业务发展。为满足顾客方案的要求，拟写方案时要记得以下小窍门。

（1）严格遵守方案请求。这要求包括信息索求、页面长度要求、格式要求以及标签。严格遵守要求表明你注意细节，而不遵守要求很可能会导致方案被取消资格。

（2）充分回答对方提的问题，但是不要带入无关信息。你的回答应该简洁清晰。

（3）记得“推销”你的公司。一定要强调凭什么什么顾客要选择你，你所在的公司和其他公司有什么区别？客户会规避有风险的决策，所以把握机会强调为什么会是最合适的人选。

（4）避免提交“存货”型方案。你会经常有机会借鉴过去的方案，但要根据顾客具体

情况量身打造方案，避免成为磨具，避免泛泛而谈。

（5）了解方案阅读者。为新客户准备的方案通常比为现有客户准备的更详细，因为现有客户比较熟悉公司的情况。如果你得到了客户最重视的评价标准，那就向这些标准靠拢。

（6）弄清客户允许多少接洽且多少接洽比较适中。有些情况下，客户会要求你通过一个专门的人接洽，不允许你和其他人接洽。但是，如果客户的方案请求结构没有这么严密，你也可能会直接接洽到决策者。在这种情况下，你就拥有了促使决策者做出对你有利的宝贵机会。

（7）提前规划。你有机会询问客户信息的时间一般都很短，提前查看客户的方案请求，把你想要询问客户的问题都列出来。大多数方案请求中提交问题都有时间截止日期，所以你只有一次拿到问题回复的机会。在回复方案请求时，如果你还要从分包商和同事处获取信息，尽快发出信息请求，以避免最后时刻的忙乱。

（8）在项目明细和价格上，清楚写下你的估计。大多数情况下你得不到为项目定价所需要的全部信息，所以不得不根据自己的经验和类似项目的数据做一些合理估计。如果你缺乏手头上这类方案的经验，不要害怕征询同事的意见。确保在方案中清楚地写下所有的假设和估计。

（9）只有当被问到替代方案时，才提出替代的解决之道。如果客户要求你提供替代解决方式或者建议，则无论如何要提供替代方案。如果没有人明确要求你更改方案请求明细，那就坚持只写被要求写的部分。

（10）及时提交方案！过时的方案往往不予考虑。一定要及时提交方案，不然你所有的努力都白费了！如果客户要求提交纸质材料，那么你要确保方案及时到达目的地。

20.5 市场调研部门的管理

公司市场调研部门的管理者面临来自调研供应商一系列不同的问题。这些问题涉及有效支配调研预算，为公司按优先次序安排项目，保留有经验的员工，选择正确的调研供应商，让市场调研职能在公司中更具战略性，衡量市场调研的投资回报。

20.5.1 调研部门预算分配

无论谁控制调研项目的预算，明智地支配资金是重要的，精心支配调研人员时间是最为重要的。当客户（新产品开发经理或品牌经理）为每个项目提供资金，不能理解为什么市场调研部门没有员工来做客户想要做的任何事时，合理安排员工时间就显得尤其重要了。在这种情况下，许多调研部负责人正在学习如何按优先次序安排项目。有几种有效的方法来达成这一目标。

一项调研发现，只有约 20% 的调研项目关注于具有重要战略意义的问题。其余 80% 的项目关注于战术问题，如定价、广告宣传、产品分销，或者为现有产品增加新的特色。调研人员和客户一致同意，他们更愿意花费更多的时间在战略性问题上，如识别有潜力的新市场或开发新产品和服务。

例如，一个调研小组通过集合来自市场调研、营销、研发、制造、销售领域的专家，来设计新的开发工序以优化公司新产品开发过程，调研小组主动承担了该任务。

另一个调研小组的负责人学着促进战略规划（他的公司中的特设工作），当需要采取跨职能部门行动时，他就能帮助他的管理团队规划。

几个调研负责人说，在每年预算季节开始之前，他们试着与客户见面，讨论在新的一年里什么调研问题对客户而言是最重要的。双方就新的一年里重要项目以及分配多少时间或资金达成一致。虽然每个人都承认不可预见的情况几乎总是迫使其修改计划，但有一个年度计划会使管理者迅速适应并具有灵活性。

许多部门负责人说，他们相信调研小组在重要项目上拥有预算自主支配权是重要的。如果调研项目通常由客户提供资金的话，就尤为重要了。一个新的调研主管用自主支配预算去研究，面对发展变化的产业，为什么他所在组织主要产品的需求似乎在下降？另一个调研人员投资店铺布局设计项目上，因为他觉得，以前的设计很可能抑制销售，他是对的。还有一个小组投资学习情景规划并用它来帮助客户挑选新产品测试方案。

20.5.2 按优先次序安排项目

估计一个调研项目的财务回报是使项目支出合理化的一种很好的方法，因为它为客户提供了一种定量研究方法，这有助于客户识别“必备”（must-have）项目与“有则更好”（nice-to-have）的项目。它不仅是摆脱不太重要的工作的有效方法，而且有助于加深与客户的关系，因为它表明，调研人员也在考虑他们的账本盈亏结算线。我们将在本章后面部分介绍一种方法来衡量市场调研投资回报率，这种方法是由调研顾问黛安娜·施马兰奇（Diane Schmalensee）和唐·莱什（Dawn Lesh）创造的。

估计某一项目的投资回报率有一些益处。首先，在开始工作前估计调研预期回报有助于：让调研专注于重要的调研目标以及弄清客户的需求；区分可能实施的项目（有更高的投资回报率）和不可能实施的项目；考虑预期的财务收益，弄清在某一项目上花费多少资金和时间是值得的。

其次，调研收益估计不会在计划阶段结束。理想的情况是，调研人员在工作完成后再向客户核对以确认实际的收益。这让调研人员与客户了解最初的投资回报率估计的准确性，以及如何提高未来估计的准确性。

最后，在项目之前与之后和客户进行有关投资回报率的讨论，这是一种很好的方法，它表明调研职能部门是客户的合作伙伴——分享客户的目标和有效地花费调研经费。这一过程的另一个好处是，让过分劳累的调研人员回避或推迟不太重要的调研。

20.5.3 留住熟练员工

当调研人员感到工作过度，发现如果不放弃他们个人时间需求，他们难以满足客户的需求时，便开始失去工作热情，并考虑去其他地方工作。一个熟练员工的流失能损害一个调研小组，这意味着剩下的员工要承担更多的工作，它也破坏宝贵的客户关系。识别和奖赏努力工作的员工是尤其重要的。如何做呢？调研显示，市场调研部门的员工重视做有趣的能实现个人抱负的工作，珍视出色完成一项工作后的认可以及挣足够多的薪水。足够多的薪水是多少呢？表 20-3 展示了一项 2013 年针对客户公司调研人员的薪水调查。

表 20-3　客户公司调研人员报酬表　（单位：美元）

工　作	基础工资	津贴 / 其他	总　计
高级副董事或副董事	167 732	84 922	252 654
市场调研总监 / 高级总监	133 035	54 319	187 354
市场调研经理	97 355	28 442	125 797
财务执行官 / 经理	36 750	9 000	45 750
客户洞见经理	98 453	36 797	135 250
市场营销总监	123 950	62 776	186 726
品牌经理或产品经理	79 222	7 000	86 222
项目经理	84 694	21 769	106 463
高级研究分析师	76 404	14 169	90 573
研究分析师	58 591	20 482	79 073
统计员	86 889	22 667	109 556
调研助理	35 417	8 300	43 717
销售 / 财务代表	23 000	16 000	39 000

资料来源：Emily Goon, “A Report On The 2013 Quirk’s Salary Review of Corporate Researchers, *Quirk’s Marketing Research Review*, June 2013, p 66.

以下是留住关键调研员工的一些方法技巧：

（1）定期进行绩效考核，为出色完成工作提供持续的反馈或者提供提高绩效的方法。许多员工认为，老板在绩效考核时会厚此薄彼。那么，部门领导者就应该试着运用每个职位清晰的绩效标准并为每个人提供客观评价。

（2）公开认可出色的工作。一些小组在员工会议期间讲出色的工作；在部门中公开宣布客户对荣誉墙（wall of fame）的评价意见；让老板给在家中工作的员工寄送亲笔信，称赞他们的工作；为表现出众的团队举办比萨派对；或者仅仅让部门领导者短暂地拜访员工的办公室并表示祝贺与感谢。

（3）提供不同的加薪以承认卓越表现。虽然全面的统一薪酬增长是经常使用的（因为这是最容易实施的），并没有承认卓越绩效，这让业绩较差的人相信自己做了足够多的工作。

（4）工作多样化。为了让每个人感到有趣，一些调研小组识别出一次性项目，然后让员工自愿为他们服务。特别项目的例子包括为公司战略计划和高能见度的跨职能团队形成提供支持的项目，或者使用新技术或解决不同寻常的有趣的主题的项目。

伯尼·艾森菲尔德是一位独立市场调研顾问，在“市场调研实践 20-4”里谈及理想的市场调研行业求职者难以量化的技巧。

市场调研实践 20-4

理想的市场调研人员应有的软技能

理想的市场调研人员应有良好的数量技能，但在今天竞争激烈的动态市场中，他们还应有其他的技能和特点。

终生学习者

最好的研究者都是贪婪的阅读者、旅行家、网络检索者、新闻迷，他们积累的知识和技巧常常出人意料地得以应用。例如，以生物学的进化论类比解释市场的竞争形势。

调研人员好奇心都很强。他们想了解人的行为、态度、观点以及隐藏的原因和动机。好奇心强的人喜欢问问题，仔细聆听答案，并从回复者身上探究出更多信息。

雇用调研人员时，检测好奇心的一个好法子是看应聘者在面试中提出的问题数量，尤其是不涉及薪酬的问题。但是，观察应聘者进行调查访问或者焦点小组访谈的方法更好。

适应能力强的人

除了要有良好的教育背景，成功的应聘者不仅要有很强的适应能力，还需明白在商业世界"简洁"的重要性。新的调研人员必须适应公司的截止日期并迅速行动，有时候必须牺牲方法上的准确性，或者在有缺陷的数据基础上得出结论。

除了要有好的教育背景，我建议入行新手要有访谈经验。在实际访谈中获得的学习和成长都是无法替代的，能提高你拟写真实调查问卷——回复者愿意回答的问卷的能力。

合作者

公司内部调研人员不仅是公司管理层和外部供应商的信使，理想情况下，调研人员应该是公司战略制定者或者决策者的合作伙伴。他们必须理解调查的背景环境和调查目的，还要以决策者的调查目的为基础，帮助创建问卷问题，收集用以回答问题的数据。因而，每个调研人员都应该把握组织提供的学习和培训机会以获得行业背景知识。

问题：

1. 你认为要成为一个好的市场调研人员需要什么技巧？
2. 沟通技巧在你心中处于什么地位？

20.5.4 挑选合适的市场调研供应商

一旦确定项目的性质类型、范围和目标，下一步就是评估供选择的供应商的能力。一些调研供应商有特定领域的专业。一些公司专门从事广告或消费者满意度调研，而其他公司专注于某一特定技术方法（如联合分析或市场细分）或数据收集方法（如街上拦截访谈法、邮寄调研或互联网固定样本调研），还有一些公司专注于特定产品（如快餐）或特定行业（如医疗保险）。

市场调研公司，至少风俗调研公司的业务，是先由客户发出请求才能做成生意的。调研公司的市场营销部门的目标就是要使公司成为请求的对象之一。为此，你需要让潜在客户意识到你公司的存在，并说服对方你们能做好那个调研。调研客户会有一个调研公司库，他们相信里面的公司可以实现他们的目的，并以合理价格输出高质量、可行性强的结果。

潜在客户的请求可能是正式的，也可能是非正式的。非正式请求可能是通过电话或邮件传递客户需求的关键信息（调研目的、接受访谈者的特点、对数据采集方式的考虑以及其他抽样细节，所有他们认为合适的专业分析技巧，他们需要的时间表，还有其他相关细节)。调研公司所给的回复可能只是简短邮件，内附方法论、成本和时间表。这个请求可能只会给某一个受信任或者某几个有过合作经验的公司。

正式请求可能是客户送达的正式方案请求书，有时长达 20 多页，详细介绍项目并询问以下方面的问题：

- 调研公司、其使用客户公司产品 / 服务的经验，以及在所要调查领域的经验。
- 建议的方法。
- 对于项目领导者或者其他团队关键人物的背景信息。
- 质量监控程序。
- 调研公司的经济状况。
- 完成工作所需的详细时间表。
- 进行调研所要的详细成本。
- 由调研公司提供的、能评论该公司调研结果的证明人。

不谈客户方案请求书或调研公司所给回复的正式程度，潜在客户下一步要做的就是审阅方案，提出问题，选择最佳调研公司，考虑成本，做出最终选择并通知提交了方案书的调研公司是否赢得项目。

调研部门管理者应该提防公司致力于某一特定技术和 / 或数据收集方法，它们更可能“强迫”部门调研项目采用它们特定的模型，而不会调整调研以满足调研部门项目具体的需求。

调研部门管理者在他们决策时，必须考虑公司的规模。供应商的规模是一个相当重要的决策标准，不要让大项目将小公司压得喘不过气来。相反地，一个小项目在大公司中可能不会得到应有的关注。

原则上，与项目范围一致的公司中选择最小的公司。然而，占市场调研供应商年收入 30% 或更大比例的任何项目，对那个公司而言可能就太大了，以至于其不能有效地进行处理。

调研部门管理者应该预先确立管理项目的人员，应该提前确定谁将对项目日常管理负责。也就是说，日常管理负责人会是“推销”这个项目的人或者是几百英里外的项目主管吗？如果不能联系到他们，有可以使用能干的协助支援员工吗？

调研部门管理者需要熟悉潜在供应商的背景，问每个潜在供应商一些一般性问题，以确定供应商的稳定性和它以令人满意的方式完成项目的资格能力。这些问题如下：

- 该供应商已经经营多久了？
- 其他公司让该供应商实施调研项目的原因是什么？记住，要求每个公司写推荐信并审查它们是重要的。
- 从事项目的这些人的学历背景和经验如何？也就是说，项目主管、现场经理、数据处理经理等人的学历背景和经验。项目团队的各组成部分是否保持恰当的平衡？高层管理者、技术性调研员和分析员之间的比例是否得当？
- 项目的成功依靠分包商的能力吗？如果市场调研供应商将转包项目的任何部分，弄清楚分包商和其能力资格是重要的。

此外，调研管理者应该复审每个潜在供应商的质量控制标准。任何调研项目结果的有效性取决于供应商实施的质量控制措施。例如，关于电话研究，有关回呼、监督和确认的程序是什么？避免公司在运营过程中不执行普遍接受的惯例是明智的。

在决策中必须考虑公司的声誉。声誉是重要的，但部门不应该过分重视声誉。然而，在一些情形中可能需要享有盛誉的调研公司的服务，因为公司计划公布结果或者在广告中运用这些结果，于是提供最好的声望可能确实是一项好的投资。例如，戴尔极力兜售其在J.D. Power市场调研公司顾客满意度调研中的战绩。

最后，管理者应该避免让价格成为供应商选择的唯一决定因素。当复审方案时，价格应该是最后考虑的一项。

如今许多客户公司都不再只看重传统的挑选标准，它们所找的是合作者而不是调研提供者。来自俄亥俄州阿克伦多元化能源公司——第一能源公司（FirstEnergy Corporation）的员工调研经理博斯・史丽芙说，“供应商应尝试成为更好的顾问”，和客户合作，完全了解客户的公司和客户的行业。建立合作关系，而不是单纯的买卖关系，使得调研商能帮助客户更好地利用大量数据，而这些数据往往是大多数客户公司内部的调研机构已经获取到的。

加拉・阿莫罗索（Gala Amorso）是来自包装消费品巨头McCormick&Company公司的商场调研总监，她称还想和市场调研公司有更紧密的联系。她说：“对于我来说，伙伴的区别在于无论我们有没有项目我们都可以和他们沟通，非伙伴关系就只能在有项目的时候找到他们。”她还补充道，一个伙伴式的调研供应商从满足客户的调研需求里跳出来，预测公司的需要，从已有数据中挖掘新的商业认识并辅助公司获得越快来越好的商业见解。

在美国选取正确的调研供应商可能很棘手，而在发展中国家，这个问题成指数增长。

20.5.5 让市场调研发挥决策制定作用

对于市场调研部门而言，一个更具战略意义的管理问题是，在管理决策制定过程中市场调研的作用与重要性。调研人员的挑战是，摆脱长期作为支持性职能的传统角色——对项目和新产品开发经理的需求做出响应，然后关注数字的产生而不是它们对于公司的意义。市场调研与纽威尔集团（Newell Rubbermaid）的决策在一体化中出现新变化，在下文的“市场调研实践20-5”进行详细讨论。

市场调研实践 20-5

调研当道，纽威尔重组首席市场营销官模型

自从理查德・戴维斯成为纽威尔集团首席市场营销官后，他就开始改革这家拥有缤乐美（Paper Mate）笔、葛莱（Graco）婴儿用品、乐柏美（Rubbermaid）储存产品、卡福莱（Calphalon）厨具等众多品牌的公司。他整合了市场营销的员工和机构，并赋予一支经扩充的独立调研团队前所未有的权利。

公司虽然裁员了，但是他在位于亚特兰大的总部设立了有130名员工的市场营销部门，同时在上海和圣保罗也有还在扩大的营销站点，伦敦也为写字工具设有营销中心。现

有市场调研员工 20 名，人数大约翻了一番，总体调研经费也有类似增长。他还打算增加在媒体上的经费投入。

现在到了最艰难的时刻：请证明这些措施都有效，尤其是很多方面与像宝洁、联合利华这样的大公司的标准做法相左。

2012 年年末，戴维斯被首席执行官迈克·波尔克（Mike Polk）招进纽威尔时，他马上觉察到改革的必要性。首席营销执行官负责发展能力、加工、培训，但是市场营销的组织没有集中的领导，而是分散到各个业务单元，营销预算和营销决策都受到业务单元的控制。

这样做的一大后果就是“在理解顾客方面缺乏投入”，有些品牌所依靠的依然是 10 年前的消费者消费习惯调研。市场营销人力和经费的使用也不能与公司的发展的战略重点相一致——比如促进公司在亚洲和拉丁美洲市场的发展、发展丰富写字工具等。通过市场营销力量的整合统一，戴维斯表示可以在降低总体成本的情况下，增加在“顾客认识”方面的经费投入。

戴维斯说，整合后就能够对公司内部市场营销机构进行培训，并且吸引像 BBH 和 PHD 这样的大型广告公司。纽威尔之前把 2.5 亿美元分流到无数的小项，分散到无数个国家后，这些大广告公司就不会考虑和纽威尔合作。

为找广告公司——要在 10 月审阅后定下来，戴维斯放弃了传统的“客户招揽”流程，称其“是对时间和资源的完完全全的浪费”。相反，他和广告公司领导人聊天，内容有关“什么造就了好的广告，做过哪些为之自豪的广告作品以及哪些方面有改善空间”。

戴维斯的说法——“任何大广告公司都会招到优质人才”是他上述做法的部分原因。接着是领导力的质量问题。他们为什么想要和我们合作？他们是如何看待作为客户的我们的？

因为戴维斯是最终拍板的人，这使得上述流程简单化。戴维斯说：“我的前任负责能力营销，技能培养和培训，我也负责这些，但是我需要照看的主要工作是市场营销。我负责广告和综合发展（mix development），这些非常有用，当我们开发新方法、流程、技巧时，我不需要说服人们‘这个不错’，我可以告诉他们，让他们去做。”

“当然，我们没有时间围着一个和我们规模相近的公司转，告诉它们应该怎么做事情。就算是规模更大的公司，可能也没有这个闲工夫，这我就不清楚了。”

戴维斯治下的纽威尔市场营销部门另一个较大的变动就是市场调研部门——也是向他汇报——拥有了前所未有的权威。戴维斯先生希望产品概念和广告想法能在顾客中进行测试，他也给了调研人员否决营销人员，称其想法“不值得测试”的权力。

戴维斯认为这种权利应该成为标准做法，而不是个“例外”，因为市场调研人员是在替顾客发声。他说：“整天把‘顾客就是上帝’挂在嘴边的公司数不胜数，但是它们真的做到了吗？”

当然，最后市场会做出判断。戴维斯指出，纽威尔的一项调查表明书写高度流畅的笔对顾客来说很重要，在经历大量抽样调研后，在电视广告上大量宣传笔的流畅度后，缤乐美笔旗下的 InkJoy 笔赢得了市场份额。

纽威尔又投资了另一个“商业洞见”——巴西建筑工人在锯片上花掉了太多来之不易

的钞票——用双刃的刀片代替 Irwin 工具，这也是在大量抽样调查的基础上进行的。

问题：

1. 纽威尔改变了市场调研融入组织的方式和影响决策的机制，是怎样改变的？

2. 这些变化是否起效的早期表现是什么？

为了让高层管理者倾听，专家认为，调研人员必须超越简单地处理数据和结果的工作，他们必须理解潜在的处于危险中的商业问题，调整收集信息的方式以及他们如何分析信息的方式。他们也必须接触其他部门，建立关系，更好地理解涉及整个公司的问题。“我们需要从进行调研向提供远见方向发展，”位于加利福尼亚州森尼韦尔市的雅虎公司首席观察官（Chief of Insights）彼得·达博尔（Peter Daboll）说，“如果你想在决策制定时有你的位置，你必须是高层人员。成为高层人员意味着要从收集、校对和呈献向参与、调解和推荐等方面转变。领导层想要新奇的答案，而不是带给他们答案的工具。”

“我极力强调，虽然调研经理和合伙人可能身处市场调研部门——但我坚决主张，他们应该将自己看成业务团队的成员。”这是首要的，礼来公司（Lilly）美国市场调研主管达里尔·帕普（Daryl Papp）说。他补充说，他的部门约一半的专业人士来自于营销领域而非调研领域，他们想要花几年时间了解公司业务，扩大视野。帕普相信，让市场调研人员与其他渴望高层次管理的同事在一起，有助于在他的部门中形成业务导向的精神状态。

市场调研执行委员会报告称，69% 的高级执行官表示希望调研人员能成为战略伙伴，但其中只有 29% 的人表示已经这么看待调研人员。另外，将调研人员视为伙伴的执行官比起将调研视为分析源的分析官，更有可能根据调研改变决策（比例分别是 57% 和 33%）。

市场调研部门可以采取一些具体措施稳固自己在公司内部的地位，提高与战略和顾问的相关度。这些措施包括：以市场影响为动力，领导战略重点，挖掘丰富的客户和市场洞见，用创新去创造，为影响力而汇报展示。

1. 以市场影响为动力

某些调研部门里，成功被定义为对项目的成功执行——客户满意的调查问卷，在预算内准时完成实地访问，在报告或者汇报里总结所有能塞进去的新信息等，然后调研人员开始下一个项目。绩效述评偏重于项目管理技巧的质量。

将这些与高等管理者希望从调研中得到的东西进行对比。公司为调研投入大量资金，所以想知道自己这笔投入对市场产生的影响。高级管理层的时间非常宝贵，所以他们只想知道关键的商业洞见和基于这些洞见要采取的行动。如果这笔投入没有产生或者只产生了很小的市场影响力，公司为还有什么理由要继续投入呢？

不是只要发现了商业洞见就能对市场产生影响。商业洞见必须要与业务经济和组织优劣势结合起来，并与公司内部正确的部门沟通并得到执行。

调研部门要营造出一种环境，在这种环境里，市场影响力对这个部门的愿景和任务来说必不可少，意义深远的影响成为调研文化的一部分，而这种文化奖励这种影响。

2. 领导战略重点

调研人员常常抱怨他们在战术问题上花了太多时间和金钱，而到了重要战略问题时，却没有足够的预算。这种事情发生的时候，就清晰表明调研项目和预算很有可能没有被组织高层审阅，有可能是预算受控于品牌层面的市场营销人员，而尘封起来的部门调研预算没有被高级管理层审阅，或者高级管理层不相信或者没有意识到调研有助于重大的战略问题的推进。

调研部门经理必须理解公司面临的战略问题，然后决定未解决问题需要哪些资源，最后必须撰写调研战略计划，并送达高级管理层。

3. 发展丰富的客户和市场洞见

商业洞见包括有市场影响力的发现：“**洞见**（insight）是指很有可能产生巨大市场影响力的新知识。”

《福布斯》的一篇文章（见下面的“市场调研实例 20-6”）展望未来的市场调研部门。

市场调研实践 20-6

未来的市场调研部门将是这样

未来不是 2020 年，未来即当下。每天我们都能看到、感觉到市场营销的功能在发生急剧变化，因而跟上变化的方式也在变化。不能重组适应 2020 年（也即当下）需求的市场营销组织，就会被淘汰。

但是，重组后的组织是什么样子的呢？为解答这个问题，在过去几个月里，美国国家广告从业者协会（ANA）、世界广告从业者联合会（WFA）和跨国市场营销策略顾问公司 EffectiveBrands 联手对高级市场营销领军型公司进行了一个在规模和范围上都史无前例的全球型调查研究，既包括定量研究，也包括定性研究。马克·德·斯万阿伦斯（Marc deSwaan Arons）是 EffectiveBrands 的主席，他将于本周末在菲尼克斯市会和一队首席市场营销官一起，向 ANA 年度会议的与会者展示这个调查项目的部分初期发现。除了 ANA 和 WFA 以外，《福布斯》也是这个项目的合作者，其他合作者还有 Spencer Stuart、Adobe 和 MetrixLab 公司。

根据这个被叫作“市场营销 2020”的项目，最终胜出的是一体化程度非常高的组织——中心 – 辐条结构，在这个结构中首席市场营销官处于中心枢纽位置，产品经理、市场策略经理、广告总监、公共关系经理、市场调研总监、市场推广总监等类似工作岗位构建起车轮的框架。竖桶型框架最终会消失，这种新模型内部的相互连接和一体化促进了所有构成元素的协调发展。

以前组织的结构是这样的：

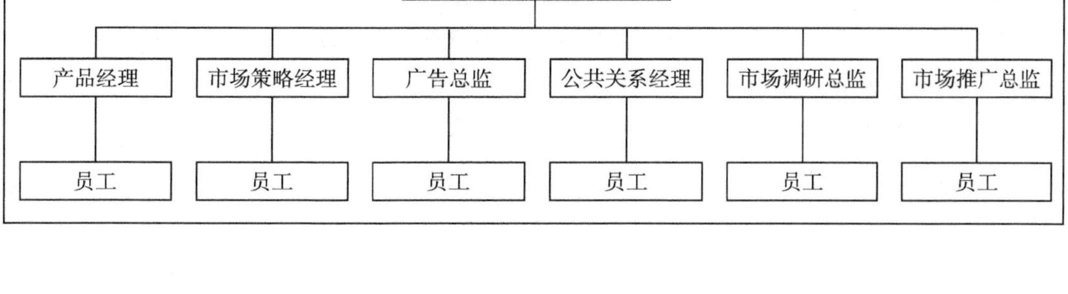

现在是这样的：

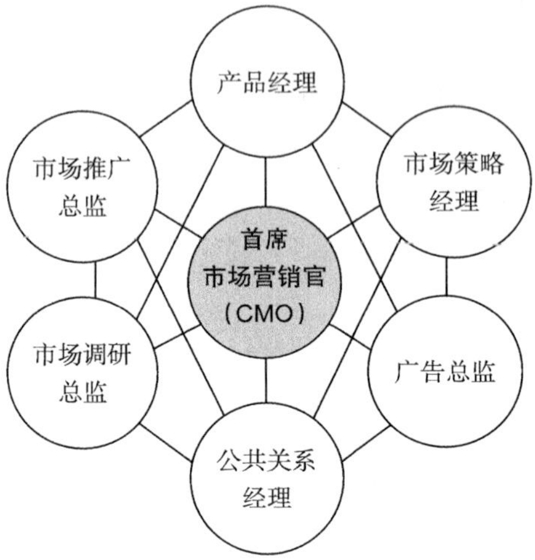

2020 年不变的组织特点是：业务发展的目标，清晰的使命，内部职能领域的完全一致，个人清晰的角色和责任划分，调研中心和根据信息所做的努力和付出，由伙伴式调研公司和公司内部调研混合组成的团队，跨平台社交媒体的参与，首席执行官和首席市场营销官之间的坚固纽带。

调查还总结到首席体验官将是所有成功的组织不可少的。这个人可能是首席市场营销官、首席执行官，也可能是另一个负责监管市场营销员工，这些员工分成不同的组："思考"（营销分析人员）、"感觉"（营销参与人员）和"执行"（制作 / 内容创作人员）。

最成功的首席市场营销官同时还会承担额外的责任，比如 IT 和人力资源。

无缝协调——首席体验官

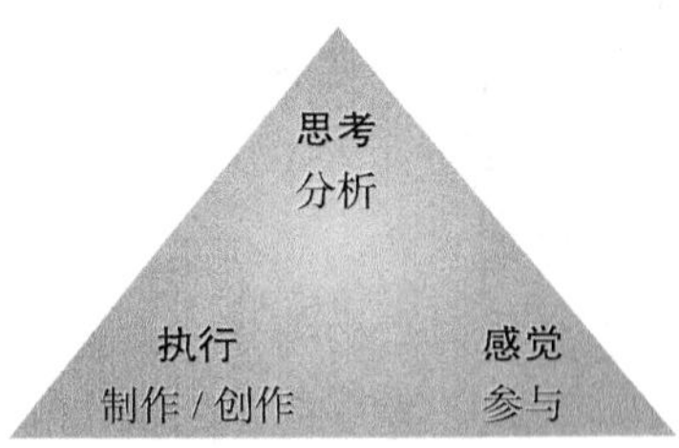

随着研究的深入，会有更多的发现成型。请继续关注 ANA/EffectiveBrands 的这个"市场营销 2020"项目。

问题：

1. 为什么作者相信市场调研部门需要变革以迎接未来的挑战？
2. 他认为有必要采取的变革背后有什么考虑呢？
3. 认可他对未来市场调研组织的看法会有什么好处？

近年来挖掘商业洞见的工具越来越多。在线调研能力使得细分以及其他量化技巧越来越平价，而且促进了虚拟购物的能力。人种志学研究成为主流。神经科学、眼动仪和面部解密方法都在发展。聚集在一起的在线小组群提供公司与客户、客户与客户沟通交流的机会。聆听社交媒体变得越来越重要。

如今的挑战是发现能够增加市场竞争力的商业洞见，能引发客户情感共鸣的商业洞见，有机会最终对市场产生重大影响的商业洞见。

4. 用创造去创新

高级管理层喜欢创新因为创新可以带来更高的资金流、带来更多收入。**创新**（innovation）是一个组织内部对创造想法的成功应用；**创造**（creativity）是产生或发现潜在的、有用的想法的能力。创造是创新的必备条件。按照表 20-4 所示的创造性解决问题的流程，市场调研人员可以在汇报展示和基于调研得来的建议中融入创新。

表 20-4　创造性解决问题的流程

创造性解决问题的流程第一步是要评估形势。这个流程分为三个阶段，其中两个阶段又有多个步骤，每个步骤都有一个收敛（convergence）部分和一个发散（divergence）部分。发散是指得出众多问题、愿望、想法或行动；收敛是指上述步骤被精炼成一个或几个，以供将来探索。

阶段一是对问题的探索，包括三个步骤：

（1）**明确挑战**：在这里先采用发散模式想出模糊的认知，再用收敛模式加以定义。

（2）**探索事实和感受**：这是一个经典的调研步骤。制作一个列有事实、感觉以及相关数据的发散表格，再用收敛模式，找到重要的数据。

（3）**问题陈述和重述**：原始的看法在甄选出重点数据后会被重新审视，用发散方式制出多个问题陈述，再用收敛模式选出一个对问题陈述，并将其转化成一个能促使答案产生的问题。

阶段二是新想法的产生，只有一个步骤：

（4）**产生新想法**：为回答上面问题陈述中提出的问题，想出尽可能多的答案。我们要的是突破。收敛后，想法结合、分类，最后选择一项或一个小的次项。

阶段三就是采取行动，有两个步骤：

（5）**发展解决答案**：步骤（4）中选出来的想法用针对此次挑战生成的标准进行检查和改良。额外思考后，如果想法更符合关键的标准，这些想法能得到巩固改善。

（6）**计划行动**：最后一步，规划执行计划的流程。就有利因素、不利因素、增加计划的有趣性等进行发散思考，收敛思考后拟好标准行动计划。

5. 为影响力而汇报展示

如果没有行动，世界上最有潜力的商业洞见也不能创造价值。调研人员应主动促进变化产生，因为这是实践商业洞见的要求。以有市场影象力为目标进行汇报展示、促进沟通是至关重要的。汇报的目的就是创造影响。任何其他的都是表面的。

下面技巧可以帮助创造影响力：

- 用汇报讲故事，而且要简洁明了。
- 运动视觉讲故事，可以的话加入视频。
- 了解客户和他们内心的想法，在展示之前处理可能会出现的问题。
- 观众想知道的是他们要做什么，而不是你们做了些什么。
- 你的工作没有随着汇报的结束而结束，还要承担起促进变革的责任。

20.5.6　衡量市场调研的投资回报率

将营销作为艺术形式的传统观点很久以前就消失了。代替它的是严格的会计责任观念。营销支出费用成为投资，来源于金融领域的绩效衡量。于是，在大型公司中日益流行。这需要市场调研证明它的价值。越来越受欢迎的方式是投资回报率（ROI）。投资回报率是一项投资的税后收入除以投资额的所得值。反对使用投资回报率来衡量市场调研对一个组织的价值的几个争论如下：

（1）投资回报率理论上存在缺陷，因为它用利润收益除以支出，而不是减去支出。所有规范的底线标准，如利润、现金流、报酬率和股东价值，都用收入减去支出，用一个值除以另一个值会扭曲结果。

（2）根据预计的资金回报率，发明投资回报率是用来比较资金的多种使用方案的。然而，市场调研通常是一连串的花费，其继续是为了每一年的比较。如果考虑投资一词真实的含义的话，市场调研几乎不是一项投资。

（3）提高投资回报率倾向于局部优化支出。多项投资会减小利润回报。初期利润能带来最大的投资回报率，但使生产能力（即总利润回报）最大化要求更多的支出，这会超出既定支出。在同样的低风险水平下，你愿意投入 2 美元获得 100% 的回报，还是投入 1 000 美元获得 80% 的回报？这一缺点直接起因于除法异常，而不是减法异常。

（4）投资回报率通常关注于短期，而且并没考虑对营销资产（商标资产品牌资本品牌资产）或更长时间段里营销的动态发展的影响。

（5）投资回报率之比是为了比较开支的多种方案。调研并不是真正的市场营销组合要素，调研不是营销组合应该控制的。这样一种比较并不是对比同类的事物。内部信息，如账目管理或预算，是一种更近的比较，它与营销指标争夺高层管理者运用的推动促进业务公司发展的仪表盘上的空间。可是，根据内部会计职能，什么时候有人需要投资回报率呢？

尽管有这些缺点，投资回报率还是日益流行起来。如何运用投资回报率应得到进一步检验，如何来运用它？两种方法是**精简投资回报率**（ROI lite）和**完整投资回报率**（ROI complete）。这两种方法是由位于纽约的唐·莱什国际公司董事长唐·莱什与位于马萨诸塞州切斯纳特希尔的施马兰奇合作伙伴公司（Schmalensee Partners）董事长黛安娜·施马兰奇创造的。

1. 精简投资回报率

为了衡量精简投资回报率，在前期计划中，市场调研让客户做两方面的估计：

（1）决策预期资金额将基于调研而定。

（2）预期做出“正确”决策的信心的提高。例如，不说某项决策值 1 000 万美元，客户可能说它值 800 万～1 200 万美元，或者客户可以说他期待他的信心提高 40% ～ 60%。

拥有这些问题的答案，市场调研中可用下面的公式计算期望精简投资回报率

$$\text{精简投资回报率}=\frac{\text{价值}\times\text{增加的信心}}{\text{调研支出}}$$

例如，假定一个公司必须决定在一项 200 万美元的广告活动中运用五个创造性的方法中的哪一个。

- 由于不确定广告将如何影响销售，公司决定用 200 万美元活动支出作为价值估计值。没有人知道五种方法中哪一种是最好的，于是随机挑选出最好方法的把握仅为 20%。

- 公司相信在调研后它将有 80% 的把握做出最好的决策（增加了 60%）。
- 文案测试的支出为 25 万美元。

$$\text{精简投资回报率}=\frac{200\text{ 万美元 }\times 60\%}{25\text{ 万美元}}=\frac{120}{25}=480\%$$

对精简投资回报率的讨论有助于决定在调研上投入多少资金。如果决策的价值较低或者预期不确定性减少较低，那么预算应该保持较低的水平。在调研完成后，市场调研公司再与客户见面，根据已获得的信息来修正精简投资回报率的估计值。

2. 完整投资回报率

除添加了采取行动的可能性这一概念外，完整投资回报率类似于精简投资回报率。市场调研公司与客户讨论进行调研与不进行调研时采取行动的估计的可能性。如果公司通常在没有调研的情况下行动，那么市场调研可能不能提高行动的可能性，公司应该不会花很多的资金在调研上。然而，如果公司在没有调研的情况下几乎不行动，那么调研就更具价值。

运用下面的公式可计算完整投资回报率

$$\text{完整投资回报率}=\frac{\text{价值}\times\text{增加的信心}\times\text{增加的行动的可能性}}{\text{调研支出}}$$

例如，假设决策是关于是否进入新市场：

- 成本（包括调研、制造和营销）估计为 2 000 万美元，第一年潜在收入估计为 5 000 万美元。客户与市场调研公司同意使用第一年净收入 3 000 万美元作为预期价值（请注意，既然一些市场调研部门计算持续的收入来源的净现值，但是我们应该让例子简单些）。
- 领导层知道进入新市场是冒险的。若不进行调研，他们仅有 10% 的把握做出正确的决策；若进行调研，他们估计有 70% 的把握，提高了 60%。
- 领导层通常在不进行调研的情况下行动。若不进行调研（基于过去的经验），他们行动的可能性约为 50%；若进行调研，他们行动的可能性将增长到 80%，提高了 30%。
- 调研的成本为 100 万美元。公司决定进一步实施调研，因为到第一年年末预期将有 540% 投资回报率：

$$\text{完整投资回报率}=\frac{3\,000\text{ 万美元 }\times 60\%\times 30\%}{100\text{ 万美元}}=\frac{540}{100}=540\%$$

完成调研后，市场调研公司和客户重新计算投资回报率。

如果调研表明公司不应该进入市场会怎样？假使那样，调研仍有正投资回报率，因为它防止公司投资于失败的项目。运用以前的例子，假设调研让公司有 80% 的把握确信它将损失 2 000 万美元的投资。在调研之前，公司有 50% 可能性采取行动和做出失败决策，这意味着调研的回报是 800%：

$$\text{实际投资回报率}=\frac{2\,000\text{ 万美元 }\times 80\%\times 50\%}{100\text{ 万美元}}=\frac{800}{100}=800\%$$

如果调研说服公司放弃起初偏向的市场（如上文所示），转而投资于其他市场，第一年能够产生 3 000 万美元新利润又会怎样？假设公司有 70% 的把握备选方案是最好的（因为在调研前它仅有 10% 的把握，增加了 60%）。同时假设，调研增加了实际进入新市场的可能性 30%。这样投资回报率甚至更高：

$$实际投资回报率 = (2\ 000\ 万美元 \times 80\% \times 50\%) + \frac{(3\ 000\ 万美元 \times 60\% \times 30\%)}{100\ 万美元}$$

$$= \frac{800 + 540}{100} = 1\ 340\%$$

即使调研预测有积极的结果，如果客户决定不行动又会怎样？领导层发生变动或者资金有其他用途时，投资回报率为 0，但前期调研讨论后清楚表明，这是客户的选择，而不是市场调研的过错。

询问客户他们采取行动的可能性并不总是容易的。有时公司委托进行调研仅仅是为了保佑已经做出的决策，或者公司可能期望调研增加它们的知识，但并不必要采取行动。这样的例子将是新市场细分调研或消费者满意度追踪。在这些情况下，行动的可能性与价值完全取决于学习到了什么。一个市场调研主管说，"就像评估 IT 投资的回报一样，有如此多必要的假设以至于你不可能确信你的估计接近将来真实的结果。对于某些探索性调研，你做了你才知道它是否会产生效益。"因为这些讨论是困难的，一些市场调研组更喜欢宁愿用精简投资回报率而不是完整投资回报率。

量化调研经济价值的好处包括：

- 提高高级管理层和其他职能部门对调研部门的信赖程度。
- 在调研过程中，提高对最具经济价值的因素的关注度。
- 调研更有可能会被视为投资而不是支出。
- 在争取调研经费时拥有更多的活力。
- 更好地分清项目重点，分配调研资源。
- 调研部门在执行过程中全程关注会更有动力。

本章小结

供应商调研营销管理除良好的沟通之外，还有 6 个项重要目标：建立高效组织；保证数据质量；遵守时间进度表；成本控制；客户盈利能力管理；员工的管理与发展。许多调研公司正由传统的职能型组织结构向基于团队的组织转变。市场调研经理通过尝试试图努力将误差来源减到最少，以确保获得高质量数据。调研人员也应该奋斗争取让客户和受众更好地理解边际误差这一概念。时间管理要求报告潜在问题管理和有效快速解决落后于预定计划的政策方针的系统。成本管理需要良好的成本跟踪和成本控制程序。客户盈利能力管理要求市场调研供应商决定每个客户对调研人员总盈利能力的贡献程度，应该避免不能为公司带来利润的客户，应该将为公司带来微利的客户发展成为高利润客户或者放弃这些客户。供应商应该利用关系营销来建立与识别出的高利润贡献者的客户之间牢固的有利润可赚的长期关系。最后，员工管理与开发要求鼓励员工冒险和承担责任，为员工识别他们能干好的工作，为员工提供工作自主权、与业务结果相联系的奖励、新挑战和清晰的职业通道。

市场调研外包虽然流行了一段时间，但是很多客户公司也开始市场调研内包。外包是一种既能降低成本又能节省时间的方法。外包公司提供程序编制、数据处理、数据分析、数据管理和样本管理等服务。当考虑外包时，一些重要的问题是保密问题、基础设施、交付成果质量、专业知识、文化问题、委托国的失业所带来的潜在负面名声和对员工的法律责任。内包也能节省资源和节约时间。众多精细的在线调研工具，使很多公司自己进行在线调研。内包已经从基本的在线调研发展到调查在线群体、企业客户满意度和忠实度回馈管理。

公司中市场调研部门的管理者与来自调研供应商的管理者面临一系列不同的问题。在这些问题中，有效地分配调研预算，按优先次序安排项目，留住熟练的员工，选择合适的调研供应商，让市场调研职能在公司中更具战略性作用和衡量市场调研的投资回报率就是这些问题中的一部分。

安排项目顺序的一种技巧是首先关注战略性项目，再关注战术性项目。这也适用于分配公司的调研预算。此外，应为潜在投资回报率最高的项目提供资金。留住关键调研人员的方法是提供有吸引力、可实现个人抱负的工作，识别能很好完成工作的员工，提供具有竞争力的薪资。

公司调研部门的管理者必须开发新方法来挑选合适的调研供应商，这包括评价相互竞争的调研供应商的能力和复审每个供应商的质量控制水平。如今，很多客户公司不再注重传统的调研供应商的遴选标准，而是要求调研公司成为合作伙伴。

许多调研部门的目标是从简单的数据收集向战略决策过程伙伴参与者转变。本章在如何使之成为现实方面给予了一些建议。最后，许多公司正在衡量市场调研的投资回报率，将这一工具运用于市场调研会有很多优势，比如提高高层管理者的信任度。

复习思考题

1. 调查介绍简报陈述说“努力的结果差距为 ±3%”，这可能吗？如果不行，这样展示有什么问题？
2. 叙述帮助管理者确保高质量数据的四种不同方法。
3. 需要制定什么政策确保适时及时地处理调研项目？如果项目进度落后于进度安排，应该采取什么措施？
4. 调研供应商如何开发它的员工？
5. 每个公司都应该进行客户盈利能力研究吗？为什么？
6. 外包对市场调研产业有利有益吗？为什么？那么内包呢？
7. 解释一下商业洞见、创新和创造的关系。
8. 应该如何分配一个公司的市场调研预算？这是唯一的分配方法吗？
9. 在调研部门中，可以接受的令人满意的安排调研项目先后顺序的方法是什么？
10. 为了在组织中起到更具战略性的作用，市场调研应该做些什么？
11. 假设一个公司正在试图决定是否进入一个新市场，预计第一年的收入为 220 万美元。因为管理层对该市场了解甚少，不进行调研，他们做出正确决策的把握为 20%。进行调研，他们有 80% 的把握。不进行调研进入该市场的估计可能性为 40%。进行调研后，该数值将上升为 80%。调研成本为 40 万美元。第一年的投资回报率是多少？

12. 市场调研供应商要想和客户公司成为战略合作伙伴，需要采取哪些措施？

案例分析 20-1

沃尔瑟调研公司对项目经理的管理

拉里·沃尔瑟（Larry Walther）于 1992 年在美国亚利桑那州菲尼克斯创立他的调研公司。一开始，公司仅有两名员工和一些当地的客户。他的访谈人员是分包雇用来的，当拉里的客户向他支付时，他才支付访谈人员工资。为了勉强平衡支出，他在几个购物中心设了办公点，创立了一个焦点小组访谈测试室，既承接实地调研工作，也承接全套调研服务，拉里的公司开始成长。1997 年，公司的营业收入达到 100 万美元，拥有 20 个员工。如今该公司有 300 名员工。

伴随着公司的成长，职能型组织结构创立形成，一半是出于偶然，一半是有意为之。例如，为了管理 15 个服务 / 销售人员，设立了一个单独的部门。同样的事发生在问卷设计与编制、高级分析、数据库管理等方面。

公司的成长已经远远超出他的想象，然而在组织中并非所有的事情都很顺利。最近，拉里失去了一些关键人员，整个公司士气低落。一些客户抱怨项目延期和报告令人不满意。实际上，最近他失去了一个合作时间长、关系密切的客户。问题大部分（当然不是所有的问题）是由项目经理和他对项目监控不足造成的。拉里自己对最佳客户进行的非正式调查显示：

- 所雇的实地调研人员中有些不合格的人。
- 不合格的访谈人员被用于行政采访。
- 监督人员无法跟上讨论指南中发生的变化。
- 报告缺乏深度、理解或商业洞见。
- 展示和报告混乱无序。

拉里还从与他关系好的一个客户那里得知了一个故事：该客户的调研报告应在周五呈递给客户。项目总监那天要外出度假，就安排了公司里的另一个人去给客户递交报告。但是，项目总监忽视了跟客户说自己要度假的事，也没有给客户交接人的姓名和电话号码。要交报告那天，客户给项目经理打电话得知她正在度假。自然，客户恐慌了，就给拉里的高级助手打电话询问："我的报告在哪里？"客户最后如期拿到了报告，但是和沃尔瑟调研公司的关系受到了严重损害。

问题：

1. 拉里正在考虑改编整顿组织，他应该怎么做？
2. 保留职能型组织结构的优势是什么？劣势是什么？
3. 拉里有可能从团队型组织结构中收获什么？转成这种形式的组织有风险吗？
4. 在指导和监管项目经理上，拉里应该怎么做？

案例分析 20-2

约翰尼·杰茨快餐

约翰尼·杰茨快餐（Johnny Jets Drive-Ins）是一家在美国 27 个州设有 4 500 个店的快餐馆。约翰尼·杰茨的顾客可以选择在饭馆吃（美食车上、饭馆屋里、楼台上）或者打包带走。无论他们的选择是什么，他们都可以通过智能手机、平板、电脑或餐馆的触屏菜单订餐。

约翰尼·杰茨成立 17 年来，发展速度很快，经济收益客观。随着新饭馆的数量增加放缓，近两年来增速下降。

细分市场

管理层觉得约翰尼·杰茨已经较为成熟，公司的增长需要更多地由已有公司的销售来推动，同时在公司的市场营销方面需要更高效。这种想法背后的一大原因是，它已经通过"店址模型体系"牢牢把握住了所有最佳开店地址，在新地址开店，未来增长空间有限。

公司聘请了一家著名的市场咨询公司来帮助应对挑战、评估战略选择。这家公司已经为约翰尼·杰茨做了三个月的数据分析，初始建议是约翰尼·杰茨需要：

- 以顾客态度、行为、人口学分组及其他因素为基础，找到快餐行业自然的市场分类。
- 在所有快餐市场分类中，找到约翰尼·杰茨能吸引到的一类或几类消费者。
- 评估约翰尼·杰茨吸引快餐行业其他市场细分小项或者扩大市场范围的机会。
- 通过适当改变餐馆选址策略、改善营销吸引力或者营销定位、改变产品以及适当改变营销组合的其他元素等，更高效地专注于目标市场细分小项。

选择调研公司

约翰尼·杰茨之前从来没有进行过策略调查。在咨询公司的帮助下，约翰尼·杰茨意识到它们用来进行味道测试和跟踪调查的调研公司没有能力和专业知识，不足以进行它所需要的市场细分调研。通过行业联系和咨询公司的意见，约翰尼·杰茨锁定了四家做过快餐行业和市场细分调研的调研公司。方案请求投给了这四家公司，要求表明目的、调研时间、调研公司的具体信息——历史、资源、经验、关键项目成员的背景、质量监管流程、经济状况，以及所建议的调研方法、具体项目时间表和成本等。

评估方案

管理层收到三家公司的方案，另一家公司婉拒了请求，原因是该公司此刻正在给约翰尼·杰茨的一个主要竞争对手做相似的工作，利益上有冲突。约翰尼·杰茨的团队评估了这三份方案，并决定：

- 三份方案书都合格。
- 三家公司所建议的调研方法高度相似。
- 均可满足时间要求。
- 三家公司所给价格中最高价与最低价差别约为 10%。

管理层倾向于 DSS 调研的方案，它所出的价格比最低价高 7%。偏向 DSS 的原因是：

- DSS 方案中的方法论比其他方案更具创新性，其解方案似乎将更具可行性。

- DSS 价格处于三家价格的中间水平。
- DSS 所提供的推荐人比其他几家的推荐人反馈更积极。
- 最后，管理层喜欢 DSS 在“为什么约翰尼·杰茨要选择你”这个部分的回答。

DSS 在“为什么约翰尼·杰茨要选择你”这个部分的回答如下：

- **对项目的完美执行**。建立在经验、兢兢业业的账户管理团队和技术的基础上。
- **经验丰富的员工**。我们拥有逾 400 名知识广博、经验丰富的员工，支撑我们完美完成工作，迅速高效地对您的需求做出反应。
- **专注于快餐行业，有知识、有经验**。我们时刻关注该行业的动态，对这个行业和行业内顾客有很深的了解。
- **所有的工作都由本公司完成，以控制质量、时间和成本。**
- **对客户的承诺**。这是我们的基因，永远为客户考虑。
- **积极主动、积极应答的项目管理模式**。我们的项目经理、流程和调查管理系统让您时刻了解项目进展、参与调研过程。
- **对质量不懈追求**。在它的学术背景下——包括已出版的研究和行业领先的教材，DSS 老板麦克·尼克松深知并在企业上下反复强调高质量调研的重要性。
- **最高的回答率**。建立在最好的数据收集实践上，降低无回答造成的偏差，提高结果的准确性。
- **强大的分析**。尼克松先生曾为研究者教授并写过大量各种强大的分析技巧。他创立了一个市场营销学小组，将其作为平台，向客户传达最好的分析方式，向他们传递决策信息的力量。
- **清晰富有洞见的报告**。我们的报告能为您提供满足您目的的所有信息。
- **无与伦比的价值**。我们的内部体系能使我们细致地追踪成本、发现效率低的地方。这个内部体系，与我们在快餐行业广泛的经验相结合，让我们得以提出十分具有竞争力的价格，输出最有价值的调研。

问题：

1. 评价约翰尼·杰茨选择调研供应商的流程。如果你的做法不同于它的做法，有哪些不同？
2. 以利益冲突为由，拒绝提交方案合适吗？为什么这么说？
3. 你认为 DSS 在“为什么约翰尼·杰茨要选择你”这个部分的回答怎样？
4. 以所提供的信息为依据，你会选择 DSS 来做这个调研吗？

附录 A
Appendix A

统 计 表

表 A-1 随机数

63271	59986	71744	51102	15141	80714	58683	93108	13554	79945
88547	09896	95436	79115	08303	01041	20030	63754	08459	28364
55957	57243	83865	09911	19761	66535	40102	26646	60147	15702
46276	87453	44790	64122	45573	84358	21625	16999	13385	22782
55363	07449	34835	15290	76616	67191	12777	21861	68689	03263
69393	92785	49902	58447	42048	30378	87618	26933	40640	16281
13186	29431	88190	04588	38733	81290	89541	70290	40113	08243
17726	28652	56836	78351	47327	18518	92222	55201	27340	10493
36520	64465	05550	30157	82242	29520	69753	72602	23756	54935
81628	36100	39254	56835	37636	02421	98063	89641	64953	99337
84649	48968	75215	75498	49539	74240	03466	49292	36401	45525
63291	11618	12613	75055	43915	26488	41116	64531	56827	30825
70502	53225	03655	05915	37140	57051	48393	91322	25653	06543
06426	24771	59935	49801	11082	66762	94477	02494	88215	27191
20711	55609	29430	70165	45406	78484	31639	52009	18873	96927
41990	70538	77191	25860	55204	73417	83920	69468	74972	38712
72452	36618	76298	26678	89334	33938	95567	29380	75906	91807
37042	40318	57099	10528	09925	89773	41335	96244	29002	46453
53766	52875	15987	46962	67342	77592	57651	95508	80033	69828
90585	58955	53122	16025	84299	53310	67380	84249	25348	04332
32001	96293	37203	64516	51530	37069	40261	61374	05815	06714
62606	64324	46354	72157	67248	20135	49804	09226	64419	29457
10078	28073	85389	50324	14500	15562	64165	06125	71353	77669
91561	46145	24177	15294	10061	98124	75732	00815	83452	97355
13091	98112	53959	79607	52244	63303	10413	63839	74762	50289
73864	83014	72457	22682	03033	61714	88173	90835	00634	85169
66668	25467	48894	51043	02365	91726	09365	63167	95264	45643

（续）

84745	41042	29493	01836	09044	51926	43630	63470	76508	14194
48068	26805	94595	47907	13357	38412	33318	26098	82782	42851
54310	96175	97594	88616	42035	38093	36745	56702	40644	83514
14877	33095	10924	58013	61439	21882	42059	24177	58739	60170
78295	23179	02771	43464	59061	71411	05697	67194	30495	21157
67524	02865	39593	54278	04237	92441	26602	63835	38032	94770
58268	57219	68124	73455	83236	08710	04284	55005	84171	42596
97158	28672	50685	01181	24262	19427	52106	34308	73685	74246
04230	16831	69085	30802	65559	09205	71829	06489	85650	38707
94879	56606	30401	02602	57658	70091	54986	41394	60437	03195
71446	15232	66715	26385	91518	70566	02888	79941	39684	54315
32886	05644	79316	09819	00813	88407	17461	73925	53037	91904
62048	33711	25290	21526	02223	75947	66466	06332	10913	75336
84534	42351	21628	53669	81352	95152	08107	98814	72743	12849
84707	15885	84710	35866	06446	86311	32648	88141	73902	69981
19409	40868	64220	80861	13860	68493	52908	26374	63297	45052
57978	48015	25973	66777	45924	56144	24742	96702	88200	66162
57295	98298	11199	96510	75228	41600	47192	43267	35973	23152
94044	83785	93388	07833	38216	31413	70555	03023	54147	06647
30014	25879	71763	96679	90603	99396	74557	74224	18211	91637
07265	69563	64268	88802	72264	66540	01782	08396	19251	83613
84404	88642	30263	80310	11522	57810	27627	78376	36240	48952
21778	02085	27762	46097	43324	34354	09369	14966	10158	76089

表 A-2　正态分布：Z 值

Z	0.00	0.01	0.02	0.03	0.04	0.05	0.06	0.07	0.08	0.09
0.0	0.0000	0.0040	0.0080	0.0120	0.0160	0.0199	0.0239	0.0279	0.0319	0.0359
0.1	0.0398	0.0438	0.0478	0.0517	0.0557	0.0596	0.0636	0.0675	0.0714	0.0753
0.2	0.0793	0.0832	0.0871	0.0910	0.0948	0.0987	0.1026	0.1064	0.1103	0.1141
0.3	0.1179	0.1217	0.1255	0.1293	0.1331	0.1368	0.1406	0.1443	0.1480	0.1517
0.4	0.1554	0.1591	0.1628	0.1664	0.1700	0.1736	0.1772	0.1808	0.1844	0.1879
0.5	0.1915	0.1950	0.1985	0.2019	0.2054	0.2088	0.2123	0.2157	0.2190	0.2224
0.6	0.2257	0.2291	0.2324	0.2357	0.2389	0.2422	0.2454	0.2486	0.2518	0.2549
0.7	0.2580	0.2612	0.2642	0.2673	0.2704	0.2734	0.2764	0.2794	0.2823	0.2852
0.8	0.2881	0.2910	0.2939	0.2967	0.2995	0.3023	0.3051	0.3078	0.3106	0.3133
0.9	0.3159	0.3186	0.3212	0.3238	0.3264	0.3289	0.3315	0.3340	0.3365	0.3389

（续）

Z	0.00	0.01	0.02	0.03	0.04	0.05	0.06	0.07	0.08	0.09
1.0	0.3413	0.3438	0.3461	0.3485	0.3508	0.3531	0.3554	0.3577	0.3599	0.3621
1.1	0.3643	0.3665	0.3686	0.3708	0.3729	0.3749	0.3770	0.3790	0.3810	0.3830
1.2	0.3849	0.3869	0.3888	0.3907	0.3925	0.3944	0.3962	0.3980	0.3997	0.4015
1.3	0.4032	0.4049	0.4066	0.4082	0.4099	0.4115	0.4131	0.4147	0.4162	0.4177
1.4	0.4192	0.4207	0.4222	0.4236	0.4251	0.4265	0.4279	0.4292	0.4306	0.4319
1.5	0.4332	0.4345	0.4357	0.4370	0.4382	0.4394	0.4406	0.4418	0.4429	0.4441
1.6	0.4452	0.4463	0.4474	0.4484	0.4495	0.4505	0.4515	0.4525	0.4535	0.4545
1.7	0.4554	0.4564	0.4573	0.4582	0.4591	0.4599	0.4608	0.4616	0.4625	0.4633
1.8	0.4641	0.4649	0.4656	0.4664	0.4671	0.4678	0.4686	0.4693	0.4699	0.4706
1.9	0.4713	0.4719	0.4726	0.4732	0.4738	0.4744	0.4750	0.4756	0.4761	0.4767
2.0	0.4772	0.4778	0.4783	0.4788	0.4793	0.4798	0.4803	0.4808	0.4812	0.4817
2.1	0.4821	0.4826	0.4830	0.4834	0.4838	0.4842	0.4846	0.4850	0.4854	0.4857
2.2	0.4861	0.4864	0.4868	0.4871	0.4875	0.4878	0.4881	0.4884	0.4887	0.4890
2.3	0.4893	0.4896	0.4898	0.4901	0.4904	0.4906	0.909	0.4911	0.4913	0.4916
2.4	0.4918	0.4920	0.4922	0.4925	0.4927	0.4929	0.4931	0.4932	0.4934	0.4936
2.5	0.4938	0.4940	0.4941	0.4943	0.4945	0.4946	0.4948	0.4949	0.4951	0.4952
2.6	0.4953	0.4955	0.4956	0.4957	0.4959	0.4960	0.4961	0.4962	0.4963	0.4964
2.7	0.4965	0.4966	0.4967	0.4968	0.4969	0.4970	0.4971	0.4972	0.4973	0.4974
2.8	0.4974	0.4975	0.4976	0.4977	0.4977	0.4978	0.4979	0.4979	0.4980	0.4981
2.9	0.4981	0.4982	0.4982	0.4983	0.4984	0.4984	0.4985	0.4985	0.4986	0.4986
3.0	0.4986	0.4987	0.4987	0.4988	0.4988	0.4989	0.4989	0.4989	0.4990	0.4990

表 A-3　*t* 分布

df	单尾检验的显著水平				
	0.10	0.05	0.025	0.01	0.005
1	3.078	6.314	12.706	31.821	63.657
2	1.886	2.920	4.303	6.965	9.925
3	1.638	2.353	3.182	4.541	5.841
4	1.533	2.132	2.776	3.747	4.604
5	1.476	2.015	2.571	3.365	4.032
6	1.440	1.943	2.447	3.143	3.707
7	1.415	1.895	2.365	2.998	3.499
8	1.397	1.860	2.306	2.896	3.355
9	1.383	1.833	2.262	2.821	3.250

（续）

df	单尾检验的显著水平				
	0.10	0.05	0.025	0.01	0.005
10	1.372	1.812	2.228	2.764	3.169
11	1.363	1.796	2.201	2.718	3.106
12	1.356	1.782	2.179	2.681	3.055
13	1.350	1.771	2.160	2.650	3.012
14	1.345	1.761	2.145	2.624	2.977
15	1.341	1.753	2.131	2.602	2.947
16	1.337	1.746	2.120	2.583	2.921
17	1.333	1.740	2.110	2.567	2.898
18	1.330	1.734	2.101	2.552	2.878
19	1.328	1.729	2.093	2.539	2.861
20	1.325	1.725	2.086	2.528	2.845
21	1.323	1.721	2.080	2.518	2.831
22	1.321	1.717	2.074	2.508	2.819
23	1.319	1.714	2.069	2.500	2.807
24	1.318	1.711	2.064	2.492	2.797
25	1.316	1.708	2.060	2.485	2.787
26	1.315	1.706	2.056	2.479	2.779
27	1.314	1.703	2.052	2.473	2.771
28	1.313	1.701	2.048	2.467	2.763
29	1.311	1.699	2.045	2.462	2.756
30	1.310	1.697	2.042	2.457	2.750
40	1.303	1.684	2.021	2.423	2.704
60	1.296	1.671	2.000	2.390	2.660
120	1.289	1.658	1.980	2.358	2.617
∞	1.282	1.645	1.960	2.326	2.576

表 A-4 χ^2 分布

df	单尾检验的显著水平									
	0.995	0.99	0.975	0.95	0.90	0.10	0.05	0.025	0.01	0.005
1	0.0000393	0.000157	0.000982	0.000393	0.015709	2.70554	3.84146	5.02389	6.63490	7.87944
2	0.0100251	0.0201007	0.0506356	0.102587	0.210720	4.60517	5.99147	7.37776	9.21034	10.5966
3	0.0717212	0.114832	2.15795	0.351846	0.584375	6.25139	7.81473	9.34840	11.3449	12.8381
4	0.206990	0.297110	0.484419	0.710721	1.063623	7.77944	9.48773	11.1433	13.2767	14.8602
5	0.411740	0.554300	0.831211	1.145476	1.61031	9.23635	11.0705	12.8325	15.0863	16.7496
6	0.675727	0.872085	1.237347	1.63539	2.20413	10.6446	12.5916	14.4494	16.8119	18.5476

（续）

df	单尾检验的显著水平									
	0.995	0.99	0.975	0.95	0.90	0.10	0.05	0.025	0.01	0.005
7	0.989265	1.239043	1.68987	2.16735	2.83311	12.0170	14.0671	16.0128	18.4753	20.2777
8	1.344419	1.646482	2.17973	2.73264	3.48954	13.3616	15.5073	17.5346	20.0902	21.9550
9	1.734926	2.087912	2.70039	3.32511	4.16816	14.6837	16.9190	19.0228	21.6660	23.5893
10	2.15585	2.55821	3.24697	3.94030	4.86518	15.9871	18.3070	20.4831	23.2093	25.1882
11	2.60321	3.05347	3.81575	4.57481	5.57779	17.2750	19.6751	21.9200	24.7250	26.7569
12	3.07382	3.57056	4.40379	5.22603	6.30380	18.5494	21.0261	23.3367	26.2170	28.2995
13	3.56503	4.10691	5.00874	5.89186	7.04150	19.8119	22.3621	24.7356	27.6883	29.8194
14	4.07468	4.66043	5.62872	6.57063	7.78953	21.0642	23.6848	26.1190	29.1413	31.3193
15	4.60094	5.22935	6.26214	7.26094	8.54675	22.3072	24.9958	27.4884	30.5779	32.8013
16	5.14224	5.81221	6.90766	7.96164	9.31223	23.5418	26.2962	28.8454	31.9999	34.2672
17	5.69724	6.40776	7.56418	8.67176	10.0852	24.7690	27.5871	30.1910	33.4087	35.7185
18	6.26481	7.01491	8.23075	9.39046	10.8649	25.9894	28.8693	31.5264	34.8053	37.1564
19	6.84398	7.63273	8.90655	10.1170	11.6509	27.2036	30.1435	32.8523	36.1908	38.5822
20	7.43386	8.26040	9.59083	10.8508	12.4426	28.4120	31.4104	34.1696	37.5662	39.9968
21	8.03366	8.89720	10.28293	11.5913	13.2396	29.6151	32.6705	35.4789	38.9321	41.4010
22	8.64272	9.54249	10.9823	12.3380	14.0415	30.8133	33.9244	36.7807	40.2894	42.7958
23	9.26042	10.19567	11.6885	13.0905	14.8479	32.0069	35.1725	38.0757	41.6384	44.1813
24	9.88623	10.8564	12.4011	13.8484	15.6587	33.1963	36.4151	39.3641	42.9798	45.5585
25	10.5197	11.5240	13.1197	14.6114	16.4734	34.3816	37.6525	40.6465	44.3141	46.9278
26	11.1603	12.1981	13.8439	15.3791	17.2919	35.5631	38.8852	41.9232	45.6417	48.2899
27	11.8076	12.8786	14.5733	16.1513	18.1138	36.7412	40.1133	43.1944	46.9630	49.6449
28	12.4613	13.5648	15.3079	16.9279	18.9392	37.9159	41.3372	44.4607	48.2782	50.9933
29	13.1211	14.2565	16.0471	17.7083	19.7677	39.0875	42.5569	45.7222	49.5879	52.3356
30	13.7867	14.9535	16.7908	18.4926	20.5992	40.2560	43.7729	46.9792	50.8922	53.6720
40	20.765	22.1643	24.4331	26.5093	29.0505	51.8050	55.7585	59.3417	63.6907	66.7659
50	27.9907	29.7067	32.3574	34.7642	37.6886	63.1671	67.5048	71.4202	76.1539	79.4900
60	35.5346	37.4848	40.4817	43.1879	46.4589	74.3970	79.0819	83.2976	88.3794	91.9517
70	43.2752	45.4418	48.7576	51.7393	55.3290	85.5271	90.5312	95.0231	100.425	104.215
80	51.1720	53.5400	57.1532	60.3915	64.2778	96.5782	101.879	106.629	112.329	116.321
90	59.1963	61.7541	65.6466	69.1260	73.2912	107.565	113.145	118.136	124.116	128.299
100	67.3276	70.0648	74.2219	77.9295	82.3581	118.498	124.342	129.561	135.807	140.169

表 A-5 *F* 分布

	自由度数值																		
	1	2	3	4	5	6	7	8	9	10	12	15	20	24	30	40	60	120	∞
1	161.4	199.5	215.7	224.6	230.2	234.0	236.8	238.9	240.5	241.9	243.9	245.9	248.0	249.1	250.1	251.1	252.2	253.3	254.30
2	18.51	19.00	19.16	19.25	19.30	19.33	19.35	19.37	19.38	19.40	19.41	19.43	19.45	19.45	19.46	19.47	19.48	19.49	19.50
3	10.13	9.55	9.28	9.12	9.01	8.94	8.89	8.85	8.81	8.79	8.74	8.70	8.66	8.64	8.62	8.59	8.57	8.55	8.53
4	7.71	6.94	6.59	6.39	6.26	6.16	6.09	6.04	6.00	5.96	5.91	5.86	5.80	5.77	5.75	5.72	5.69	5.66	5.63
5	6.61	5.79	5.41	5.19	5.05	4.95	4.88	4.82	4.77	4.74	4.68	4.62	4.56	4.53	4.50	4.46	4.43	4.40	4.36
6	5.99	5.14	4.76	4.53	4.39	4.28	4.21	4.15	4.10	4.06	4.00	3.94	3.87	3.84	3.81	3.77	3.74	3.70	3.67
7	5.59	4.74	4.35	4.12	3.97	3.87	3.79	3.73	3.68	3.64	3.57	3.51	3.44	3.41	3.38	3.34	3.30	3.27	3.23
8	5.32	4.46	4.07	3.84	3.69	3.58	3.50	3.44	3.39	3.35	3.28	3.22	3.15	3.12	3.08	3.04	3.01	2.97	2.93
9	5.12	4.26	3.86	3.63	3.48	3.37	3.29	3.23	3.18	3.14	3.07	3.01	2.94	2.90	2.86	2.83	2.79	2.75	2.71
10	4.96	4.10	3.71	3.48	3.33	3.22	3.14	3.07	3.02	2.98	2.91	2.85	2.77	2.74	2.70	2.66	2.62	2.58	2.54
11	4.84	3.98	3.59	3.36	3.20	3.09	3.01	2.95	2.90	2.85	2.79	2.72	2.65	2.61	2.57	2.53	2.49	2.45	2.40
12	4.75	3.89	3.49	3.26	3.11	3.00	2.91	2.85	2.80	2.75	2.69	2.62	2.54	2.51	2.47	2.43	2.38	2.34	2.30
13	4.67	3.81	3.41	3.18	3.03	2.92	2.83	2.77	2.71	2.67	2.60	2.53	2.46	2.42	2.38	2.34	2.30	2.25	2.21
14	4.60	3.74	3.34	3.11	2.96	2.85	2.76	2.70	2.65	2.60	2.53	2.46	2.39	2.35	2.31	2.27	2.22	2.18	2.13
15	4.54	3.68	3.29	3.06	2.90	2.79	2.71	2.64	2.59	2.54	2.48	2.40	2.33	2.29	2.25	2.20	2.16	2.11	2.07
16	4.49	3.63	3.24	3.01	2.85	2.74	2.66	2.59	2.54	2.49	2.42	2.35	2.28	2.24	2.19	2.15	2.11	2.06	2.01
17	4.45	3.59	3.20	2.96	2.81	2.70	2.61	2.55	2.49	2.45	2.38	2.31	2.23	2.19	2.15	2.10	2.06	2.01	1.96
18	4.41	3.55	3.16	2.93	2.77	2.66	2.58	2.51	2.46	2.41	2.34	2.27	2.19	2.15	2.11	2.06	2.02	1.97	1.92
19	4.38	3.52	3.13	2.90	2.74	2.63	2.54	2.48	2.42	2.38	2.31	2.23	2.16	2.11	2.07	2.03	1.98	1.93	1.88
20	4.35	3.49	3.10	2.87	2.71	2.60	2.51	2.45	2.39	2.35	2.28	2.20	2.12	2.08	2.04	1.99	1.95	1.90	1.84
21	4.32	3.47	3.07	2.84	2.68	2.57	2.49	2.42	2.37	2.32	2.25	2.18	2.10	2.05	2.01	1.96	1.92	1.87	1.81
22	4.30	3.44	3.05	2.82	2.66	2.55	2.46	2.40	2.34	2.30	2.23	2.15	2.07	2.03	1.98	1.94	1.89	1.84	1.78

23	4.28	3.42	3.03	2.80	2.64	2.53	2.44	2.37	2.32	2.27	2.20	2.13	2.05	2.01	1.96	1.91	1.86	1.81	1.76
24	4.26	3.40	3.01	2.78	2.62	2.51	2.42	2.36	2.30	2.25	2.18	2.11	2.03	1.98	1.94	1.89	1.84	1.79	1.73
25	4.24	3.39	2.99	2.76	2.60	2.49	2.40	2.34	2.28	2.24	2.16	2.09	2.01	1.96	1.92	1.87	1.82	1.77	1.71
26	4.23	3.37	2.98	2.74	2.59	2.47	2.39	2.32	2.27	2.22	2.15	2.07	1.99	1.95	1.90	1.85	1.80	1.75	1.69
27	4.21	3.35	2.96	2.73	2.57	2.46	2.37	2.31	2.25	2.20	2.13	2.06	1.97	1.93	1.88	1.84	1.79	1.73	1.67
28	4.20	3.34	2.95	2.71	2.56	2.45	2.36	2.29	2.24	2.19	2.12	2.04	1.96	1.91	1.87	1.82	1.77	1.71	1.65
29	4.18	3.33	2.93	2.70	2.55	2.43	2.35	2.28	2.22	2.18	2.10	2.03	1.94	1.90	1.85	1.81	1.75	1.70	1.64
30	4.17	3.32	2.92	2.69	2.53	2.42	2.33	2.27	2.21	2.16	2.09	2.01	1.93	1.89	1.84	1.79	1.74	1.68	1.62
40	4.08	3.23	2.84	2.61	2.45	2.34	2.25	2.18	2.12	2.08	2.00	1.92	1.84	1.79	1.74	1.69	1.64	1.58	1.51
60	4.00	3.15	2.76	2.53	2.37	2.25	2.17	2.10	2.04	1.99	1.92	1.84	1.75	1.70	1.65	1.59	1.53	1.47	1.39
120	3.92	3.07	2.68	2.45	2.29	2.17	2.09	2.02	1.96	1.91	1.83	1.75	1.66	1.61	1.55	1.50	1.43	1.35	1.25
∞	3.84	3.00	2.60	2.37	2.21	2.10	2.01	1.94	1.88	1.83	1.75	1.67	1.57	1.52	1.46	1.39	1.32	1.22	1.00
1	4052	4999.5	5403	5625	5764	5859	5928	5982	6022	6056	6106	6157	6209	6235	6261	6287	6313	6339	6366
2	98.50	99.00	99.17	99.25	99.30	99.33	99.36	99.37	99.39	99.40	99.42	99.43	99.45	99.46	99.47	99.47	99.48	99.49	99.50
3	34.12	30.82	29.46	28.71	28.24	27.91	27.67	27.49	27.35	27.23	27.05	26.87	26.69	26.60	26.50	26.41	26.32	26.22	26.13
4	21.20	18.00	16.69	15.98	15.52	51.21	14.98	14.80	14.66	14.55	14.37	14.20	14.02	13.93	13.84	13.75	13.65	13.56	13.46
5	16.26	13.27	12.06	11.39	10.97	10.67	10.46	10.29	10.16	10.05	9.89	9.72	9.55	9.47	9.38	9.29	9.20	9.11	9.06
6	13.75	10.92	9.78	9.15	8.75	8.47	8.26	8.10	7.98	7.87	7.72	7.56	7.40	7.31	7.23	7.14	7.06	6.97	6.88
7	12.25	9.55	8.45	7.85	7.46	7.19	6.99	6.84	6.72	6.62	6.47	6.31	6.16	6.07	5.99	5.91	5.82	5.74	5.65
8	11.26	8.65	7.59	7.01	6.63	6.37	6.18	6.03	5.91	5.81	5.67	5.52	5.36	5.28	5.20	5.12	5.03	4.95	4.86
9	10.56	8.02	6.99	6.42	6.06	5.80	5.61	5.47	5.35	5.26	5.11	4.96	4.81	4.73	4.65	4.57	4.48	4.40	4.31
10	10.04	7.56	6.55	5.99	5.64	5.39	5.20	5.06	4.94	4.85	4.71	4.56	4.41	4.33	4.25	4.17	4.08	4.00	3.91
11	9.65	7.21	6.22	5.67	5.32	5.07	4.89	4.74	4.63	4.54	4.40	4.25	4.10	4.02	3.94	3.86	3.78	3.69	3.60
12	9.33	6.93	5.95	5.41	5.06	4.82	4.64	4.50	4.39	4.30	4.16	4.01	3.86	3.78	3.70	3.62	3.54	3.45	3.36
13	9.07	6.70	5.74	5.21	4.86	4.62	4.44	4.30	4.19	4.10	3.96	3.82	3.66	3.59	3.51	3.43	3.34	3.25	3.17

（续）

	自由度数值																		
	1	2	3	4	5	6	7	8	9	10	12	15	20	24	30	40	60	120	∞
14	8.86	6.51	5.56	5.04	4.69	4.46	4.28	4.14	4.03	3.94	3.80	3.66	3.51	3.43	3.35	3.27	3.18	3.09	3.00
15	8.68	6.36	5.42	4.89	4.56	4.32	4.14	4.00	3.89	3.80	3.67	3.52	3.37	3.29	3.21	3.13	3.05	2.96	2.87
16	8.53	6.23	5.29	4.77	4.44	4.20	4.03	3.89	3.78	3.69	3.55	3.41	3.26	3.18	3.10	3.02	2.93	2.84	2.75
17	8.40	6.11	5.18	4.67	4.34	4.10	3.93	3.79	3.68	3.59	3.46	3.31	3.16	3.08	3.00	2.92	2.83	2.75	2.65
18	8.29	6.01	5.09	4.58	4.25	4.01	3.84	3.71	3.60	3.51	3.37	3.23	3.08	3.00	2.92	2.84	2.75	2.66	2.57
19	8.18	5.93	5.01	4.50	4.17	3.94	3.77	3.63	3.52	3.43	3.30	3.15	3.00	2.92	2.84	2.76	2.67	2.58	2.49
20	8.10	5.85	4.94	4.43	4.10	3.87	3.70	3.56	3.46	3.37	3.23	3.09	2.94	2.86	2.78	2.69	2.61	2.52	2.42
21	8.02	5.78	4.87	4.37	4.04	3.81	3.64	3.51	3.40	3.31	3.17	3.03	2.88	2.80	2.72	2.64	2.55	2.46	2.36
22	7.95	5.72	4.82	4.31	3.99	3.76	3.59	3.45	3.35	3.26	3.12	2.98	2.83	2.75	2.67	2.58	2.50	2.40	2.31
23	7.88	5.66	4.76	4.26	3.94	3.71	3.54	3.41	3.30	3.21	3.07	2.93	2.78	2.70	2.62	2.54	2.45	2.35	2.26
24	7.82	5.61	4.72	4.22	3.90	3.67	3.50	3.36	3.26	3.17	3.03	2.89	2.74	2.66	2.58	2.49	2.40	2.31	2.21
25	7.77	5.57	4.68	4.18	3.85	3.63	3.46	3.32	3.22	3.13	2.99	2.85	2.70	2.62	2.54	2.45	2.36	2.27	2.17
26	7.72	5.53	4.64	4.14	3.82	3.59	3.42	3.29	3.18	3.09	2.96	2.81	2.66	2.58	2.50	2.42	2.33	2.23	2.13
27	7.68	5.49	4.60	4.11	3.78	3.56	3.39	3.26	3.15	3.06	2.93	2.78	2.63	2.55	2.47	2.38	2.29	2.20	2.10
28	7.64	5.45	4.57	4.07	3.75	3.53	3.36	3.23	3.12	3.03	2.90	2.75	2.60	2.52	2.44	2.35	2.26	2.17	2.06
29	7.60	5.42	4.54	4.04	3.73	3.50	3.33	3.20	3.09	3.00	2.87	2.73	2.57	2.49	2.41	2.33	2.23	2.14	2.03
30	7.56	5.39	4.51	4.02	3.70	3.47	3.30	3.17	3.07	2.98	2.84	2.70	2.55	2.47	2.39	2.30	2.21	2.11	2.01
40	7.31	5.18	4.31	3.83	3.51	3.29	3.12	2.99	2.89	2.80	2.66	2.52	2.37	2.29	2.20	2.11	2.02	1.92	1.80
60	7.08	4.98	4.13	3.65	3.34	3.12	2.95	2.82	2.72	2.63	2.50	2.35	2.20	2.12	2.03	1.94	1.84	1.73	1.60
120	6.85	4.79	3.95	3.48	3.17	2.96	2.79	2.66	2.56	2.47	2.34	2.19	2.03	1.95	1.86	1.76	1.66	1.53	1.38
∞	6.63	4.61	3.78	3.32	3.02	2.80	2.64	2.51	2.41	2.32	2.18	2.04	1.88	1.79	1.70	1.59	1.47	1.32	1.00

术 语 表

ad hoc mail surveys **专程邮寄调研** 未经事先联系，调研人员根据受访者姓名与地址将问卷邮寄给受访者，有时又被称为单程邮寄调研。

after only with control group design **仅后期测量控制组设计** 将受试者或测试单元随机地分配到实验组和控制组中，但不进行因变量的前期测量的真实实验设计。

allowable sampling error **允许抽样误差** 调研人员可以接受的抽样误差值。

analysis of variance，ANOVA **方差分析** 两个或两个以上变量平均值差异的检验。

applied research **应用性调研** 以解决具体的实体问题为目标的调研，利于更好地了解市场、搞清战略或战术失败的原因并降低管理决策中的不确定性。

attitude **态度** 一种与我们周围环境的某些方面相关的包括动机、情感、感觉的认知过程的持久结构。

balanced scales **平衡量表** 肯定态度的答案数目与否定答案数目相等的量表。

basic or pure research **基础性调研或纯调研** 以拓展新的知识领域为目的而不是为解决具体的实际问题的调研。

before and after with control group design **前后测量控制组设计** 包括目标受试者或测试单元被随机地分配实验组（和控制组），以及对两个组进行前期测量的真实实验设计。

bivariate regression analysis **二元变量回归分析** 是对两个变量（自变量和因变量）线性关系强度的分析。

bivariate techniques **二元变量法** 分析两个变量之间关系的统计方法。

call center telephone interviews **呼叫中心电话访谈** 通过一套专门设施给受访者打电话进行的访谈。

captive outsourcing **离岸外包** 一个调研公司为外包创立全资附属的外国子公司。

cartoon test **漫画测试法** 要求受访者完成漫画中的一个人物的对话的测试。

case analysis **案例研究** 从与当前情形相似的案例中得到信息。

causal research **因果调研** 决定一种变量是否能够引起另一变量产生可观察到的变化的调研方法。

causal studies **因果性研究** 确定一个变量是否导致或决定另一个变量值的研究。

causation **因果关系** 对一个变量的变化导致或促进另一个变量发生可观测到的变化的推断。

census **普查** 从同质总体中的每一个单位中获取资料。

central limit theorem **中心极限定理** 大量样本平均数或比例抽样的分布，不论他们的总体分布如何，都趋近于正态分布。

chance variation **偶然变异** 样本值与总体均值的真实值之间的差异。

chi square test **$\chi 2$ 检验** 对变量的观察值分布和期望值分布之间拟合优度的检验。

clarity **明晰** 避免模棱两可的术语，使用合理的用语和俗语，以适合于目标观众，一次只问一个问题。

closed ended questions **封闭式问题** 一种应答者从一系列问题中做出选择的问题。

closed online panel recruitment **封闭式在线小组招募** 只邀请经过提前筛查的人或者具备某种共同、已知特征的人加入调研组。

cluster analysis **聚类分析** 以两个或更多的变量分类为基础，把物体或人分到一些相互独立的小组的过程。

cluster sample **整群抽样** 在总体中以群为单位，随机抽取一些群，对选中的群的所有个体进行全面调研的概率抽样法，以此减少收集资料的费用。

coding **编码** 为某一问题的不同答案分组并分配数字代码的过程。

coefficient of determination **判定系数** 被自变量解释的变差在总变差中所占的比例。

collinearity **共线性** 自变量间的相互关系，能导致有偏估计的回归系数。

commercial online panels **商业在线小组** 如eRewards或SSI这样调研供应商，投资一些钱用于提前招募那些愿意参与在线市场调研的人形成商业在线小组，商业在线小组为许多不同的公司的多个项目所使用。大多数在线小组要求人们在加入时填写大量含有个人信息，通过这些信息，在寻找调研对象时就容易找到符合要求的人选。

comparative scales **比较性量表** 应答者对某一客体、观念或人与另一客体、观念或人进行比较判断的量表。

computer assisted telephone interviews，CATI **计算机辅助电话访谈** 访谈员直接将受访者的答案输入计算机的中心控制电话访谈。

conclusions **结论** 对根据调研目标或者为了满足调研目标而提出的问题的答案进行的概括。

concomitant variation **相随变化** 假定的原因与假定的结果同时发生或变化的程度。

concurrent validity **同时效度** 在同一时点测量的变量可以通过测量工具预测的程度。

confidence interval **置信区间** 在一个特定的置信水平下，包含只是总体值的区间。

confidence level **置信水平** 实际总体值在特定置信区间范围内的概率。

conjoint analysis **联合分析** 用来把人们将产品或服务特性不同水平相联系的值定量化的程序。

constant sum scales **固定总数量表** 要求应答者根据各个特性的重要程度将一个给定分数（通常是100分）在两个或多个特性间进行分配的量表。

constitutive definition **组成性定义** 用其他概念和架构来定义某个概念，对所研究的概念确立边界，表明了所研究概念的中心思想。

constructs **架构** 存在于更高抽象层次上的概念。

construct validity **架构效度** 测量能够证实根据所研究概念的理论而建立的假设的程度。

consumer drawings **消费者绘图法** 受访者用图画的形式描述他们的感受或对某事物的感觉。

consumer orientation **消费者导向** 识别并集中于最有可能购买产品的个人或企业，生产更能有效满足他们需求的产品或服务。

contamination **干扰** 包括实验中不属于锁在区域的大量反应者。例如，看见广告的外来购买者往往购买在测试地区进行测试的产品。

content validity **内容效度** 测量工具的条款能够覆盖所研究的内容的程度。

convenience samples **便利抽样** 基于便利性（调研容易接近的人）的非概率抽样。

convergent validity **收敛效度** 测量同一概念的不同测量工具的关联程度。

conversion **转换** 一个人在广告商网页的基础上采取的行动，比如退出、注册、在购物车中增加商品或浏览特定的页面。

correlation analysis **相关分析** 一个变量变化引起另一个变量变化程度的分析。

cost per impression **单位印象成本** 将广告送达一个潜在顾客的成本，一般以千人成本（CPM）为表达标准。

creativity **创造** 产生或发现潜在的、有用的想法的能力。

criterion related validity **相关准则效度** 测量工具预测已确定的准则变量的能力。

cross tabulation **交叉分组表** 检测对一个问题的回答与对另一个或几个问题的回答之间联系的表。

custom research firms **定制调研公司** 进行定制化的市场调研，进而为公司客户的特定项目服务的公司。

data entry **数据录入** 将信息转化为电子格式的过程。

data mining **数据挖掘** 数据挖掘是指使用统计或其他先进的软件来发现隐藏在资料中不易发现的模型。

data visualization **数据可视化** 使用图像可视技术阐述数据间的关系。

decision rule **判定标准** 决定是拒绝或不拒绝原假设的规则或标准。

decision support system，DSS **决策支持系统** 一种互动的、个人化的管理信息系统，由决策者个人启动并操作。

degree of freedom **自由度** 一个统计问题中可以不被约束或自由变化的观测值的数目。

Delphi method **德尔菲法** 从专家收集很多轮的个人观点，过一系列的密集的问卷和附加的观点反馈，得到最可靠的一致性观点。

dependent variable **因变量** 由自变量解释或引起变化的因素。

depth interviews **深度访谈法** 刺探和诱导详细的问答的一对一会谈，通常使用不定向技术来揭示隐藏的动机。

descriptive function **描述功能** 对事实的收集和表述。

descriptive studies **描述性调研** 回答是谁、什么、何时、何地和如何等问题的调研。

design control **设计控制** 利用实验设计去控制外来原因性因素。

determinant attitudes **决定性态度** 指那些最接近特别偏好或是明确购买意愿的顾客态度。

diagnostic function **诊断功能** 对信息或活动的解释。

dichotomous questions **二项式问题** 要求应答者在两个固定答案中加以选择的问题

discriminant coefficient **判别系数** 对某个具体的自变量判别的力度。

discriminant score **判别分** 预测某个人或事物应属于哪个组的基础。

discriminant validity **区别效度** 假定不同的架构间缺乏关联的程度。

discussion guide **讨论指南** 关于焦点小组座谈的讨论主题的书面清单。

disguised observation **掩饰观察** 在不为被观察者所知的情况下的监测过程。

disproportional or optimal allocation **非比例分配或最佳分配** 各类型中抽取的样本单位数要与该类型的相对样本容量及特征标准差成正比。

door-to-door interviews **入户访谈** 在消费者家中进行的面对面的访谈。

editing **编辑** 检查问卷以确保按跳问形式进行，需要填写的问题已经填好。

electroencephalograph，EEG **脑电图** 一种可以测量大脑中电位节奏波动的仪器。

equivalent form reliability **等价形式信度** 使用尽可能相同的两种工具对同一客体进行测量而产生相似结果的能力。

error checking routines **错误检查程序** 可接受用户指令检查数据逻辑错误的计算机程序。

error sum of squares **误差平方和** 未被回归解释的变差。

ethics **道德** 伦理准则或价值观，通常指导着个人或群体的行为。

ethnographic research **人种志调研** 在自然状态下研究人们的行为，包括观察行为和物理环境。

evaluative research **评估性调研** 用于评估项目绩效的调研。

executive interviews **经理访谈** 工业性入户访谈。

executive summary **执行摘要** 执行摘要是调研报告的一个组成部分，它要对以下的内容进行解释：为什么要作调研；调研发现了什么；这些发现有什么意义；如果有的话，应该采取哪些行动。

experience surveys **经验性调研** 与对问题能够提供独特见解的公司内外的富有知识的个人进行讨论。

experiment **实验法** 调研人员改变一个或多个

变量，观测这种变化对另一个变量的影响，从中发现因果关系。

experimental design **实验设计** 调研研究人员有能力控制和操纵一个或多个独立变量的实验。

experimental effect **实验影响** 处理变量对因变量的影响。

exploratory research **探索性调研** 为澄清拟解决问题的确切性质所做的初步调研，或者是识别将要研究的重要变量。

external validity **外在有效性** 将实验中被测量的因果关系一般化到外部的人、环境和时间的程度。

face validity **表面效度** 似乎测量了所要测量内容的一种测量。

factor analysis **因子分析** 简化数据的过程，通过识别数据中隐含的维度，将一组变量减少为少数几个因子或复合变量。

factor loading **因子载荷** 每个因子得分和初始变量间的相关性。

field experiments **现场实验** 在实验室以外的真正市场条件下进行的实验。

field management companies **实地调研公司** 提供诸如问卷格式、过滤性问题的撰写以及所有数据收集等支持性服务的全面调研公司。

field service firms **现场服务公司** 只负责为公司客户或调研公司收集调研数据的公司。

finite population correction factor，FPC **有限总体修正系数** 当样本容量超过全及总体的5%时，对样本容量进行的调整。

focus group **焦点小组访谈法** 一组8~12参与者，由主持人引导就某一特定的主题或观念进行深入讨论。

focus group facility **焦点小组访谈测试室** 由会议室风格或起居室风格的房间和单独的观察室组成，并具备自动录像设备的测试场所。

focus group moderator **焦点小组访谈主持人** 受调研委托商雇用组织焦点小组访谈的人。这个人需要具备心理学或社会学的知识或者至少营销学的知识。

frame error **抽样框误差** 因使用不准确或不完整的抽样框而产生的误差。

F test ***F*检验** 对由偶然因素引起的一个特殊计算值出现概率的检验。

galvanic skin response，GSR **皮肤电反应** 测量活化反应引起皮肤对电阻变化的仪器。

garbologists **垃圾研究人员** 通过对人们的生活垃圾进行分类来分析他们的消费模式的研究人员。

geographic information system，GIS **地理图形信息系统** 利用二手资料和原始资料绘制地图，形象地回答研究问题的计算机系统。

goal orientation **目标导向** 强调企业目标的实现，是对消费者导向的一种限制。

graphic rating scales **图示评比量表** 提供给应答者一个有两个固定端点的图示连续谱，以评价某一概念或客体。

group dynamics **群体动力** 在一个群体中，群体成员之间的相互作用力。

hermeneutic research **解释性调研** 通过交谈关注解释的调研。

history **历史因素** 发生在实验的开始与结束之间的事件或外生变量。

hypothesis **假设** 调研人员或管理者对于被测总体特征的假定或设想。

hypothesis test of proportions **比例假设检验** 用来确定比例间差异大于期望值是否由于抽样误差引起的检验。

independence assumption **独立性假设** 在确定样本容量时，假设每个样本单位的抽取都是相互独立的。

independent samples **独立样本** 对某一样本某个变量的测量不会对其他样本的该变量的测量产生影响。

independent variable **自变量** 调研人员在某种程度上可控制或操纵的、被假设导致或影响因变量的符号或概念。

individual depth interviews **个人深度访谈法** 刺探和诱导详细问答的一对一会谈，通常使用不定向技术来揭示隐藏的动机。

input error **输入误差** 向计算机输入调研文件

的信息时发生错误而产生的误差。

insight **洞见** 指很有可能产生巨大市场影响力的新知识。

logical or machine cleaning of data **逻辑或自动清理** 计算数据的最后错误检查。

instant analysis **即时分析** 任务报告，主持人或客户组织讨论进行头脑风暴。

instrument variation **工具因素** 因测量工具的不同或改变（如不同的访谈人员或观察者）而导致测量的不同。

intelligent data entry **智能数据录入** 通过数据录入设施或与之连接的机器对录入数据、录入设施信息进行逻辑检查。

internal consistency reliability **内在一致信度** 对在同一时间内，利用不同的样本对同一现象进行测量而产生相似结果的能力。

internal database **内部数据库** 根据组织内部资料建立的数据库。

internal validity **内在有效性** 对于观察到的实验结果可以避免有争议的解释的程度。

interrupted time-series design **间断时间序列设计** 实验处理"间断了"正在进行的多重测量研究。

interval estimates **区间估计** 对总体值落在某范围内的可能性的推断。

interval scales **等距量表** 各点之间具有相同间距以显示相对数量，可以包含一个设定的任意零点的顺序量表。

interviewer error or interviewer bias **调研人员误差（调研人员偏差）** 因调研人员有意识地或无意识地影响受访者而产生的误差。

itemized rating scales **列举评比量表** 应答者必须在有限的列举类别中做出选择的量表。

judgment samples **判断抽样** 一种非概率抽样，抽选标准是基于调研人员的自我判断，调研人员自我判断样本的总体代表性。

laboratory experiments **实验室实验** 在可控环境下进行的实验。

Likert scales **李克特量表** 针对一系列表达对被测概念肯定或否定态度的陈述，要求应答者指出同意或不同意的程度。

marketing research online community，MROC **市场调研在线论坛** 由精心挑选的愿意参加网络对话的一组消费者构成。

longitudinal study **纵向研究** 在不同的时点对相同的受访者进行反复抽样的一种研究。

low-ball pricing **虚假低价** 开出不现实的低价以保证公司的经营业务，然后再以其他方式暗中提高价格。

machine cleaning of data **数据自动清理** 计算机对数据错误的最后清查。

mail panels **邮寄小组调研** 提前联系与筛选受访者，并定期向受访者寄送问卷。

mall-intercept interviews **街上拦截访谈** 拦住购物中心的消费者（或其他人流量集中地区的消费者），并进行面对面的访谈。

management decision problem **管理决策问题** 解决问题所需采取的管理行动的类别的描述。

marketing **市场营销** 市场营销是为顾客、客户、合作伙伴和整个社会创造、沟通、传送并交换有价值产品的活动及一系列组织和过程。

marketing concept **营销观念** 一种基于消费者导向、目标导向和系统导向的经营哲学。

marketing mix **营销组合** 用来满足具体顾客群需求的产品、服务、定价、促销、提供物和渠道的独特组合。

marketing research **市场调研** 计划、收集和分析与营销决策有关的资料，并向管理者沟通分析结果。

marketing research aggregator **市场调研整合者** 获得、编录、重订格式、细分和转售由或大或小的市场调研公司已经出版了的调研报告的公司。

marketing research objective **市场调研目的** 目标描述，即关于解决市场调研问题所需的详细信息的界定。

marketing research problem **市场调研问题** 对决策人员解决决策问题所需要具体信息类型和怎样有效获取信息的陈述。

marketing strategy **营销战略** 基于现在和未来的内部能力以及预计的外部环境变化，

指导企业资源的长期使用的规划。

maturation **成熟因素** 在实验期间发生的与实验无关的一些变化，但这些变化可以影响对实验因素的反应。

mean **平均值** 某个变量所有观察到的不同值加总再除以观察次数所得的值。

measurement **测量** 按照特定的规则将数字或符号分配给目标、人、状态或事件，将其特性量化的过程。

measurement error **测量误差** 因寻找的信息与测量过程实际获得的信息之间的差异而产生的误差。

measurement instrument bias **测量工具误差** 因问卷设计或测量工具而产生的误差，又被称为问卷偏差。

median **中位数** 有一半的观察值小于它的观察值。

mode **众数** 出现最频繁的数值。

mortality **失员** 实验过程中测试单元或物体的损失。问题是，损失的单元与留下的单元存在系统差异。

multidimensional scales **多维量表** 用来测量某一概念、受访者或对象的多个维度的量表。

multiple choice questions **多项式选择题** 要求应答者在多于两个固定答案中加以选择的问题。

multiple discriminant analysis **多元判别分析** 基于两个或更多个自变量预测各组成员的过程。

multiple regression analysis **多元回归分析** 根据多个自变量的水平来预测因变量的水平的过程。

multiple time-series design **多重时间序列设计** 具有一个控制组的间断时间序列设计。

multistage area sampling **多区域抽样** 国家或地区抽样中选择逐渐缩小的总体单位，例如，先是县，然后是街区，最后是家庭。

multivariate analysis **多变量分析** 对每个个体或研究对象的多重测量同时进行分析的统计过程。

mystery shoppers **神秘购物者** 假装成消费者在雇主的或者雇主竞争对手的商店收集有关消费者－雇员互动的数据和观测数据，他们也可能比较雇主和其竞争对手商店商品的价格、陈列以及相似性。

net promoter score，NPS **一种满意度测量；** 当回答问题（如“你会推荐它给朋友吗？”）时，推荐者所占的百分比减去诋毁者所占的百分比。

neuromarketing **神经营销学** 研究消费者面对激励时的大脑模式和生理测定的过程。

neural network **中枢网络** 指通过模仿人类大脑极其通过示例的学习能力来从数据中找到一定的模式的过程的计算机项目。

nominal or categorical **名义的或类别的** 在多元判别分析中，因变量在性质上属于名义的或类别的（例如，1= 男性，2= 女性）。大多数数学和统计程序不能用于额定数据。

null hypothesis **原假设** 现状的假设，假设检验的基本思想是概率性质的反证法。

nominal scales **类别量表** 将数据分成互相排斥、完全穷尽的各种类别的量表。

nonbalanced scales **非平衡量表** 答案偏向一端或另一端的量表。

noncomparative scales **非比较性量表** 应答者在没有其他客体、观念或人作为参照的情况下做出判断。

nonprobability sample **非概率抽样** 包括在不遵守随机原则的情况下从总体选择指定调研单位的所有方法。

nonresponse bias **拒答误差** 因回答者与拒答者之间系统化差异而产生的误差。

nonsampling error **非抽样误差** 抽样误差之外的所有误差，也叫作测量误差。

normal distribution **正态分布** 呈钟形，是关于平均数对称的连续分布，其平均值、中位数和众数相等。

ordinal scales **顺序量表** 除了具有类别量表用数字代表特征的特点外，还增加了对数据排序的能力。

observation research **观察法** 在不直接交

互的条件下，监控被调研者行为的描述性调研。

observation research **观察调研法** 记录行为模式而不进行语言上的沟通的系统过程。

one-group pretest posttest design **一组前后测试设计** 没有控制群体，在实验前、后进行市场测试的预先实验设计。

one-shot case study **一组后期测量设计** 没有控制群体，仅是一种随后测量的预先实验设计。

one-way frequency table **单向频次表** 显示对某一问题做出每种回答的人的数量的表。

one-way mirror observation **单向镜观察法** 通过躲在单向镜的后面进行观察的行为。

open ended questions **开放式问题** 一种应答者可以自由地用自己的语言来回答和解释有关想法的问题类型。

open observation **公开观察** 人们知道他们正受到观察和检测的过程。

open online panel recruitment **开放式在线小组招募** 任何网络用户可以自我选择加入调研组。

operational definition **操作性定义** 确定要测量的可观察的事物特性，并赋予概念某一数值的过程。

opportunity identification **机会识别** 利用市场调研来发现和评估新的机会。

paired comparison scales **配对比较量表** 要求被访者按照一定的标准，从一组的两个客体中选出一个的量表。

Pearson's product moment correlation **皮尔逊积矩相关** 用于计量数据的相关分析。

personification **拟人化法** 将一种产品与人做比较。

photo sort **图片归类法** 受访者将不同类型的人的图片按照他所认为的这类型的人应使用的产品或服务进行分类。

physical control **物理控制** 在整个实验过程中保持外生变量的值或水平不变。

pilot studies **前导性研究** 与大面积的定量研究相比，通常仅使用有限的样本和不太严格的抽样技术的调研。

point estimates **点估计** 对于特定总体值的估计相关的抽样误差的推断。

population **总体** 从中获取所需信息的总体，也叫作全域或者同质总体。

population distribution **总体分布** 总体中所有要素单位的频率分布。

population parameter **总体参数** 描述和区分一个完整总体的因素或者值，比如平均年龄和收入。

population specification error **调研对象范围误差** 因错误地界定总体或万物而产生的误差。

population standard deviation **总体标准差** 代表全部总体的一个变量的标准值。

predictive function **预测功能** 对如何使用描述和诊断功能做出规定，以便预测事先计划的营销决策的结果。

predictive validity **预测效度** 通过使用当前测量工具预测变量未来水平的程度。

pre-experimental designs **预先实验设计** 对外生变量有少量或没有控制的设计。

pretest **预先测试** 问卷的试运行。

primary data **原始资料** 为解决当前问题而专门收集的新资料。

probability sample **概率抽样** 总体的每一个单位都有已知的非零的概率被抽中。

profession **职业** 其成员资格是由客观标准所决定的组织，如考试。

professionalism **职业素养** 是由具有较高技能、专业判断自由和独立工作能力的员工所具有的素质。

programmatic research **计划性调研** 旨在通过市场细分、市场机会分析或消费者态度与产品使用研究来确定营销选择的调研。

projective test **投射测试** 通过使受访者将情感投射到无限制的情境中，来了解其内心深处的情感的方法。

proportional allocation **按比例分配** 根据总体中各类型比例来决定样本中各种类型单位比例的方法。

proportional property of the normal distribution **正态分布的比例性** 对于所有的正态分布，落于平均值与给定的标准差之间的观测值的数量是一样的。

purchase-intent scales **购买意向量表** 用于测量应答者是否购买某一产品的量表。

p value ***p* 值** 指根据计算所得的统计量而能够满足统计显著性要求的水平。

qualitative research **定性调研** 调研资料不经过量化或数量分析。

quantitative research **定量调研** 使用数学分析方法的调研研究方法。

quasi-experiments **准实验** 调研人员缺乏对实验处理时间进度表的完全控制或必须以一种非随机性方式将被测试者分配到实验处理中的研究。

questionnaire **问卷** 为达到研究目的和收集必要数据而设计好的一系列问题。

quota sampling **配额抽样** 在总体各层中限定配额的非概率抽样。

random-digit dialing **随机数字拨号** 一种随机产生电话号码列表的方法。

random error or random sampling error **随机（抽样）误差** 因偶然变异而产生的误差。

randomization **随机化** 将受试者随机地分配给处理条件。

rank-order scales **等级顺序量表** 应答者被要求用一个条款来判断另一个，并且将其排序的量表。

ratio scales **等比量表** 拥有绝对零点，可以对变量的实际数值进行比较的等距量表。

recommendations **建议** 运用结论指导形成营销战略或战术，关注形成客户的差异化优势。

refusal rate **拒访率** 联络到的人中拒绝接受访谈的人的比例。

regression coefficients **回归系数** 指明了单个自变量对因变量的影响。

regression to the mean **均值的回归** 目标群体的行为在实验过程中向行为的平均值发展的趋势。

related samples **相关样本** 对某一样本某个变量的测量会影响对其他样本的该变量的测量。

reliability **信度** 能够从一次测试到下一次测试保持一致的测量。

request for proposal，RFP **征求建议书** 发给市场调研供应商的一份征求意见书，邀请他们提交一份正式建议，其中包括出价。

research design **调研设计** 是指回答市场调研目的所执行的计划，是解决问题的框架结构。

research management **调研管理** 监督良好沟通系统的开发、数据质量、时间进度安排、成本控制、客户盈利能力和员工开发。

research proposal **调研计划** 一份给出了调研目的、调研设计、时间期限和成本的调研文件，通常与征求建议书相对。

research request **调研申请书** 大型组织使用的、描述可能的调研项目及其对组织的好处和估计成本的内部文件。在调研申请被批准前，项目不能启动。

response bias **回答误差** 因人们错误地回答某一问题的倾向而产生的误差，而无论人们是有意的还是无意的。

return on quality **质量回报** 基于下述原则的管理目标：①传递的质量应该是目标市场所期望的水平；②必须对利润率有正向影响。

rule **规则** 一种指南、方法或指令，它告诉调研人员该做什么。

sample **样本** 同质总体的子集。

sample design error **样本设计误差** 因样本设计或抽样程序中的问题而产生的误差。

sample distribution **样本分布** 每个样本中所有要素单位的频率分布。

sample size **样本容量** 由于对总体有代表性而被定义并从总体中选出的总体的子集。

sampling **抽样** 从较大群体的子集中获得信息的过程。

sampling distribution of the mean **样本均值的抽样分布** 所有样本（从特定总体中抽取，

样本容量一定）均值在理论上的频率分布，该分布是正态分布。

sampling distribution of the proportion **比例抽样分布** 从特定总体中抽出许多样本，比例抽样的频率分布叫比例抽样分布，是正态分布。

sampling error **抽样误差** 选择的样本不能很好地代表总体时产生的误差。

sampling frame **抽样框** 一份总体单位或成员的名单，样本单位可从这份名单中抽取。

scale **量表** 一系列结构化的符号和数字，这些符号和数字可以按照一定的规则分配给适用于量表的个人（或他们的行动、态度）。

scaled-response questions **量表应答式问题** 选择答案的设计能够抓住应答者回答强度的多项选择题。

scaling **量表** 以数字（或其他符号）代表客体的某个特征，从而对所考察的客体的不同特征以多个数字来代表的过程。

scanning technology **扫描技术** 数据录入的一种形式，即问卷上的回答可以通过数据录入设备进行自动读取。

scatter diagram **散点图** 数据点在直角坐标系平面上的分布图，因变量 Y 在纵轴上，自变量 X 在横轴上。通过观察散点图，可以得出两个变量之间是否存在直线或曲线关系。

screeners **过滤性问题** 用以识别合格应答者的问题。

secondary data **二手资料** 以前已经收集好的资料。

selection error **抽选误差** 因不完整或不恰当的抽样程序或者未恰当执行正确的抽样程序而产生的误差。

selective research **选择性调研** 用于测试备选决策的调研。

self-administered questionnaires **自我管理式问卷** 没有访谈员介入，受访者自行填写问卷的一种访谈方法。

semantic differential scales **语意差别法** 让应答者利用描述某一概念的一系列对立（相反）的形容词或短语对某一概念进行分等。根据应答者对每一对形容词评分的平均值，构造出“轮廓”或“形象图”，用以测量某一产品或公司相对于竞争者的优势和劣势。

sentence and story completion **句子与故事完型法** 由受访者用自己的语言将残缺的句子或故事补充完整的测试方法。

simple random sample **简单随机抽样** 为总体的每一个元素进行编号，然后使用随机数表选择特定的收入样本的元素的概率抽样。

situation analysis **情况分析** 研究将要展开市场调研的决策环境。

skip pattern **跳问模式** 根据应答者回答确定问题顺序的模式。

snowball samples **滚雪球抽样** 这种抽样中，附加的被调研人员是以最初调研人员提供的名单为基础选择的。

split-half technique **折半技术** 通过将各测量项目和相关结果分为两部分，以评价量表测试信度的一种方法。

spurious association **虚假联系** 由一个或一组未经检验的变量产生的假定的效应和假定结果之间的联系。

stability **稳定性** 从测试到再测试，结果变化很少。

standard deviation **标准差** 是离散程度的一个衡量标准。用一组中的每个值减去组平均数，再将各个值平方后，除以（项数 −1），最后开平方，便可以得到标准差。

standard error of the mean **平均数的标准误差** 样本平均数分布的标准差。

standard normal distribution **标准正态分布** 平均值为 0、标准差为 1 的正态分布。

Stapel scales **斯塔普量表** 一种从 +5 ～ −5 的刻度量表，要求应答者评价描述性形容词与被测概念的适合程度。

statistical control **统计控制** 通过对每个实验处理条件下的因变量数值进行统计上的调整，来调整混淆变量的影响。

statistical power **统计功效** 不发生第二类误

差的概率。

statistical significance **统计显著性** 大到不可能是由于偶然因素或抽样误差而引起的一个差分。

storytelling **故事叙述法** 是一种要求受访者讲述他们对一个公司或一种产品的体验的投射法，也被称作隐喻法。

strategic partnership **战略伙伴关系** 由两家或更多的拥有独特技能和资源，可以向客户提供一项新服务的公司所组成的联盟，对联盟中的每一家公司提供战略支持，或者以其他方式创造共同利益。

sum of squares due to regression **回归平方和** 用回归解释的变差。

supervisor's instructions **管理者说明** 指导专业调研机构如何进行调研的书面说明。

surrogate information error **替代信息误差** 因解决某一问题实际所需的信息与调研人员所收集的信息之间的差异而产生的误差。

survey objectives **询问的目标** 通过问卷调研来寻求制定决策所需信息。

survey research **询问调研法** 通过调研人员与被访者的交互作用来了解被访者的事实、观点和态度等信息。

Syndicated service research firms **辛迪加服务研究公司** 收集、打包并向多家公司出售同样的市场信息的公司。

systematic error or bias **系统误差（偏差）** 因调研设计执行中的问题或错误而产生的误差，有时又被称为非抽样误差。

systematic sampling **等距抽样** 一种对编号过的总体中的元素，按跨越等距离的方法进行抽样的概率性抽样。

systems orientation **系统导向** 创造能够监控外部环境并将营销组合作用于目标市场的系统。

temporal sequence **时间序列** 按照事件原因排列的顺序

test market **市场测试** 利用实验或准实验设计的方法对一种新产品或营销组合的某种要素进行的测试。

test-retest reliability **测试－再测试信度** 在尽可能相同（或相近）的条件下，使用同一测量工具二次以产生稳定结果的能力。

third-person techniques **第三人称法** 让受访者从第三人称（“你的邻居”“大多数人”）的角度回答问题，从而了解受访者的感受的方法。

treatment variable **处理变量** 在实验中被操纵的自变量。

true experimental design **真实实验设计** 利用一组实验群体和一组控制群体的研究，而且对两个组的测试单元分配是随机进行的。

T test ***T*** **检验** 当样本容量太小以至于不能使用Z检验时，用于单个样本均值检验的假设检验。

Type I error（α error） **Ⅰ型错误** 原假设事实上正确时，却拒绝了它。

Type II error（β error） **Ⅱ型错误** 原假设事实上错误时，却接受了它。

unidimensional scales **一维量表** 用于测量某一概念、受访者或对象的单一特性的量表。

unrestricted internet sample **无限制网络样本** 任何愿意参加网络调研的人组成的自选样本群。

utilities **效用** 通过联合分析确定的属性级的相对价值。

validation **确认** 确定调研是否按事先规定程序进行的过程。

validity **效度** 试图要测量的事物是否实际上得到测量。

variable **变量** 反映任何一组值的符号和概念。

word association tests **词语联想法** 一种由面谈者提出一个词语，受访者立刻说出头脑中出现的第一种事物的测试方法。

Z test ***Z*** **检验** 对样本容量足够大且采集于正态总体的单个平均值的假设检验。